法律问答十卷书

劳动就业卷

中国法制出版社
CHINA LEGAL PUBLISHING HOUSE

前　言

　　劳动，是宪法明确规定的公民权利和义务，是每一个年满十六周岁的中国公民所享有的基本权利，是千千万万普通群众维系生活和家庭的重要手段。如今，随着市场经济的不断发展，原有的"铁饭碗""大锅饭"已经被完全打破，大多数企业与劳动者之间都实行劳动合同制度。二者的关系也逐渐由依附关系转化为契约合同关系。随着法治的不断发展，劳动者的工资、福利、就业保护等权利也都得到了极大的维护和保障。

　　然而，由于劳动者在劳动关系中始终处于弱势地位，即使双方进行双向选择，劳动者的权利保护和救济问题仍显得尤为突出。很多时候，劳动者都会遇到这样或那样的问题。当某人寻求到一份合适的工作时，用人单位却称要暂扣他的身份证，上缴一定数额的保证金，此时他该怎么选择？当某人与用人单位签订完劳动合同，他依法可以享受到哪些劳动权利，用人单位不予配合，甚至变相剥夺劳动者权利时，此时他该如何维权？当某人生了二胎，用人单位就把她调到了无关紧要的岗位，同时大幅降低了工资，她该何去何从？当某人与领导发生争执，领导一怒之下开除了他，他真就可以一走了之吗？

　　在实际生活中，很多劳动者往往不知道自己的劳动权益何在，遇到问题时如何解决、如何维权；很多用人单位往往不知道自己的做法是否侵犯到劳动者的合法权益，是否会给自己的企业带来劳动纠纷与麻烦。这一切，都归咎于他们在劳动就业方面法律知识的匮乏。因此，学习劳动就业相关法律知识势在必行。

在此，为了帮助大家学习一些劳动就业法律知识，我们精心编写了《法律问答十卷书.劳动就业卷》，希望对大家有所帮助。下面，我们一起来了解一下本书。

本书的内容以"提出问题—解决问题"的方式呈现，主要特色可归纳为以下四点：

第一，全面性。虽然本书的总字数不多，但是问题量大，知识点丰富，很多重要的法律知识都囊括其中，具有相当的全面性。

第二，专业性。本书的编写者为专业的法律人士，他们都具有扎实、深厚的法律功底以及法律实践经验，能最大限度地保证本书的严谨性与专业性。

第三，实用性。本书的选题宗旨之一即为"实用"。能给读者带来实惠、帮助读者解答和解决问题，是我们写书的职责所在。

第四，通俗性。法律专业语言晦涩难懂，法律条文内容也大多不易理解。我们在书中注重用通俗易懂的语言来解答各种法律问题，有些还辅以例证来解读，以期能够把问题讲清楚、讲透彻、讲明白。

最后，希望本书能给您的人生带来启迪与帮助！书中存在的不足之处，敬请批评指正！

本书编委会

2022 年 8 月

目　录

一、劳动合同
（一）劳动合同的订立

1	劳动合同应该在什么时候订立？	
2	用人单位不与劳动者签订劳动合同的，会面临怎样的后果？	
2	在线上签订的电子劳动合同有法律效力吗？	
3	用人单位能否向劳动者收取财物？	
4	用人单位能否扣押员工的身份证或其他证件？	
4	用人单位能否要求新员工自己承担上岗培训费？	
5	劳动者欺诈用人单位签订劳动合同，会面临怎样的后果？	
6	竞业限制协议适用于哪类劳动者？	
6	无固定期限劳动合同含义是什么？适用的情形有哪些？	
7	用人单位与劳动者应签订无固定期限劳动合同而未签订的，按什么情况处理？	
8	什么情况下用人单位可以解除无固定期限劳动合同？	
9	计件工是否应当订立书面劳动合同？	
10	做兼职是否应当订立书面劳动合同？	
10	劳动合同中约定绩效不佳时终止劳动合同情形的效力如何？	
11	建筑公司与劳动者约定"患病或受伤后就解除劳动合同"，有效吗？	

12	劳动合同期满后,用人单位与劳动者未续签,劳动者继续上班产生何种法律效果?
13	劳务派遣中,用人单位与劳动者订立劳动合同的限制有哪些?
13	用工单位将连续用工期限分割为数个短期劳务派遣协议,将会面临怎样的法律后果?

(二) 劳动合同的履行与解除

14	劳动者非因本人原因被安排到新单位工作,工作年限应如何计算?
15	劳动者达到法定退休年龄后,劳动合同是否终止?
15	用人单位分立或合并,是否会影响原劳动合同的效力?
16	用人单位变更法定代表人等事项,是否会影响劳动合同的效力?
16	对劳动合同进行的"口头"变更,是否有效?
17	劳动者单方解除劳动合同,适用于哪些情形?
18	用人单位在什么情形下可以要求劳动者支付违约金?
19	用人单位单方解除劳动合同,适用于哪些情形?
19	劳动者患病痊愈后不能从事原工作,用人单位能否解除劳动合同?
20	对即将退休的老员工,用人单位可以解除劳动合同吗?
20	经济性裁员的含义是什么?适用于哪些情形?
21	用人单位是否有权解除与孕期女职工的劳动合同?
22	用人单位与负有保密义务的劳动者约定竞业限制时,需要注意哪些事项?
22	劳动者因工伤不能从事原工作,用人单位能解除劳动合同吗?

| 23 | 在什么情形下,用人单位解除约定服务期的劳动合同,可以要求劳动者支付违约金? |
| 23 | 劳动合同规定了劳动者的竞业限制,但未明确终止劳动合同后的经济补偿的,劳动者是否可以要求经济补偿? |

二、试用期与服务期

25	企业与试用期内的员工签订的是试用期合同还是劳动合同?
25	三年劳动合同期限是否包含两个月试用期期限?
26	单位可以与新入职的员工约定多久的试用期?
27	同一企业可以与同一员工约定多次试用期吗?
27	试用期内的劳动者与正式员工相比较,享有哪些权利?
28	所有的劳动合同都可以约定试用期吗?
29	在试用期内的劳动者辞职需要以书面的形式提前通知用人单位吗?
30	用人单位可以自由规定劳动者在试用期内的工资数额吗?
30	兼职约定一个月的试用期合法吗?
31	服务期限长于劳动合同期限时,以哪个期限为准?
32	服务期内,劳动者以单位拒绝为其缴纳社会保险为由解除劳动合同的,需要承担责任吗?
32	服务期内因劳动者严重失职导致劳动合同解除的,用人单位是否有权要求劳动者支付违约金?

三、福利待遇

(一) 薪　资

| 34 | 上班时没有在劳动合同中约定具体工资,工资该如何计算? |
| 35 | 最低工资是什么?加班费、补贴、津贴算在最低工资里吗? |

35	回乡参加人大代表选举，用人单位可以扣工资吗？
36	用人单位总是晚于约定的时间发工资，应该怎么办？
37	用人单位拖欠工资，除要求支付工资外，劳动者可以要求单位支付赔偿金吗？
37	要求用人单位支付工资的前提是有书面劳动合同吗？
38	劳务派遣中，到底是用人单位支付工资还是用工单位支付工资？
39	劳动者主张加班费的，其是否应当承担举证责任？

（二）社　保

39	达到法定退休年龄之前可以支取基本养老保险金吗？
40	因为丧失劳动能力而提前退休，可以领取养老保险吗？
41	退休时还差2年才能算缴费15年，还可以继续缴纳吗？
41	劳动者因工受伤，医疗费可以让工伤保险和医疗保险一起报吗？
42	退休人员再就业时因工受伤，还能享受工伤保险待遇吗？
43	什么情况下才可以领取失业保险金？
43	缴纳了7年失业保险费，失业后可以领多久的失业保险金？
44	领取失业保险金期间，失业人员个人还要缴纳医保吗？
45	劳动者主动离职，可以享受失业保险待遇吗？
45	男性可以享受生育保险待遇吗？
46	在非工作地购买自住住房可以申请住房公积金贷款吗？
47	住房公积金可以继承吗？

（三）工作时间与休息休假

47	标准工时制度中，劳动者正常的工作时间是多久？
48	加班费到底应该怎么计算？

49	每天加班超过 2 小时，用人单位违法吗？
50	劳动合同中约定的加班时间一定有效吗？
50	实行标准工时或综合计算工时，都是公司说了算吗？
51	工作多久之后可以休年假？
52	什么情况下不能享受当年的年休假？
52	如何确定年休假的天数？
53	累计工作 7 年，当年的年休假已经休完，之后又休了 2 个月的病假，下一年还能休年休假吗？
53	如果劳动者的年休假没休满，可以要求用人单位补偿吗？
54	离职时发现自己当年的年休假还没安排，可以要求用人单位补偿吗？

（四）对女职工的特别保护

55	因怀孕女职工不能为企业带来效益而降低其工资，合法吗？
55	对于不能适应原岗位工作的孕期女职工，用人单位应该如何安排工作？
56	在工作时间方面，法律是如何保护哺乳期女职工的？
56	用人单位可以删减产期女职工的产假吗？
57	公司可以安排怀孕 7 个月以上的女职工上夜班吗？

四、工伤处理

（一）工伤认定

58	工作期间休息时被砸伤，可以享受工伤待遇吗？
58	执行工作任务期间被他人打伤，属于工伤吗？
59	上班途中发生交通事故，可以认定为工伤吗？
60	上班时突发疾病，三天后抢救无效死亡，能否算作工伤？
61	因醉酒在单位工作时意外摔伤，是否属于工伤？

61	职工因见义勇为而受伤能否认定为工伤?
62	职工因工外出期间发生事故死亡,是否构成工亡?
63	员工在公司组织旅游期间突发心脏病死亡,是否能够享受工伤待遇?
63	发生工伤事故应在多长时间内申请工伤认定?
64	谁应当承担工伤认定的证明责任?
65	对工伤认定结果不服的,职工一方有何救济途径?

(二) 劳动能力鉴定

65	职工发生工伤后,具备什么条件时应当进行劳动能力鉴定?
66	劳动能力鉴定申请是否必须由工伤职工本人提出?
66	不服劳动能力鉴定结论应当如何救济?
67	申请人应当向谁提出劳动能力鉴定申请?
67	申请劳动能力鉴定需要提交的材料有哪些?

(三) 工伤待遇

68	职工发生工伤,治疗期间,是否还有工资福利待遇?
69	什么是生活护理费?其支付标准有哪些?
69	被鉴定为一级至四级伤残的工伤职工可以享受哪些待遇?
70	被鉴定为五级、六级伤残的工伤职工可以享受哪些待遇?
71	被鉴定为七级至八级伤残的工伤职工可以享受哪些待遇?
72	工伤复发还能享受工伤待遇吗?
72	职工因工死亡,其近亲属可以获得哪些补助?
73	职工在因工外出期间发生事故的,其亲属可以享受什么待遇?
74	拒不接受劳动能力鉴定是否还能享受工伤保险待遇?

五、争议解决

75	发生劳动争议后,劳动者申请救济的方式有哪些?
76	劳动争议调解机构有哪些?
76	劳动争议中,劳动者能否申请支付令?
77	用人单位拒绝履行调解协议书,劳动者能否向法院申请强制执行?
78	劳动者能否以口头形式申请仲裁?
78	申请劳动仲裁是否有时间限制?
79	在劳动争议中,举证责任应由谁承担?
80	不服休息休假争议的终局仲裁裁决,还有何救济途径?
81	用人单位不及时执行劳动仲裁结果,劳动者如何救济?
82	因拖欠工资申请仲裁,是否有仲裁时效限制?
82	因辞退发生劳动争议是否必须先申请仲裁才能起诉?

一、劳动合同

（一）劳动合同的订立

💡 劳动合同应该在什么时候订立？

我国《劳动合同法》第七条规定："用人单位自用工之日起即与劳动者建立劳动关系。用人单位应当建立职工名册备查。"第十条规定："建立劳动关系，应当订立书面劳动合同。已建立劳动关系，未同时订立书面劳动合同的，应当自用工之日起一个月内订立书面劳动合同。用人单位与劳动者在用工前订立劳动合同的，劳动关系自用工之日起建立。"

由此可见，劳动者被用人单位录用后，一般应当在用工之日，也就是劳动者上班之日同时签订书面劳动合同，如果这时没有签订书面劳动合同的，应当在上班之日起一个月内签订书面劳动合同。例如，甲在2020年11月18日被乙公司录用并上班，2020年11月18日就是乙公司的用工之日，也是甲乙劳动关系建立之日，甲乙应当同时订立书面劳动合同，没有订立的，应当在2020年12月18日之前订立书面劳动合同。

用人单位不与劳动者签订劳动合同的，会面临怎样的后果？

我国《劳动合同法实施条例》第六条规定："用人单位自用工之日起超过一个月不满一年未与劳动者订立书面劳动合同的，应当依照劳动合同法第八十二条的规定向劳动者每月支付两倍的工资，并与劳动者补订书面劳动合同……前款规定的用人单位向劳动者每月支付两倍工资的起算时间为用工之日起满一个月的次日，截止时间为补订书面劳动合同的前一日。"第七条规定："用人单位自用工之日起满一年未与劳动者订立书面劳动合同的，自用工之日起满一个月的次日至满一年的前一日应当依照劳动合同法第八十二条的规定向劳动者每月支付两倍的工资，并视为自用工之日起满一年的当日已经与劳动者订立无固定期限劳动合同，应当立即与劳动者补订书面劳动合同。"

由此可见，从劳动者开始上班的那天起，满一个月未满一年，用人单位没有或拒绝与劳动者签订劳动合同的，应该从劳动者上班之日起，满一个月的第二日至补订劳动合同的前一日，支付劳动者两倍工资，并与劳动者补订书面劳动合同；满一年后，用人单位仍然没有或拒绝与劳动者签订劳动合同的，应该从劳动者上班之日起，满一个月的第二日到满一年的前一日，支付劳动者两倍工资，在劳动者上班满一年的当日，视为用人单位和劳动者订立了无固定期限劳动合同，并应当立即补订书面劳动合同。

在线上签订的电子劳动合同有法律效力吗？

根据《劳动合同法》第十条的规定，建立劳动关系，应当订立书面劳动合同。但是在现实生活中，由于种种原因，劳动者可能无法及时赶到用人单位签订劳动合同，而通过网络签订合同又具有很大的便捷性，因此他们往往会采用在线签合同的形式。那么，这样签订的劳动合同有法律效力吗？

根据《人力资源社会保障部办公厅关于订立电子劳动合同有关问题的函》中对北京市人力资源和社会保障局的答复是："用人单位与劳动者协商一致，可以采用电子形式订立书面劳动合同。采用电子形式订立劳动合同，应当使用符合电子签名法等法律法规规定的可视为书面形式的数据电文和可靠的电子签名。用人单位应保证电子劳动合同的生成、传递、储存等满足电子签名法等法律法规规定的要求，确保其完整、准确、不被篡改。符合劳动合同法规定和上述要求的电子劳动合同一经订立即具有法律效力，用人单位与劳动者应当按照电子劳动合同的约定，全面履行各自的义务。"

由此可见，用人单位与劳动者协商一致，可以采用电子形式订立书面劳动合同，但是要做足上面所规定的各项条件，否则是无效的。

用人单位能否向劳动者收取财物？

甲公司与乙订立劳动合同时收取乙5000元押金，后乙从甲公司辞职，要求甲公司退还押金，甲公司拒绝，甲公司的做法是否恰当？

我国《劳动合同法》第九条规定："用人单位招用劳动者，不得扣押劳动者的居民身份证和其他证件，不得要求劳动者提供担保或者以其他名义向劳动者收取财物。"第八十四条第二款、第三款规定："用人单位违反本法规定，以担保或者其他名义向劳动者收取财物的，由劳动行政部门责令限期退还劳动者本人，并以每人五百元以上二千元以下的标准处以罚款；给劳动者造成损害的，应当承担赔偿责任。劳动者依法解除或者终止劳动合同，用人单位扣押劳动者档案或者其他物品的,依照前款规定处罚。"

由此可见,用人单位无权向劳动者收取财物,已经向劳动者收取财物的,应当限期退还,并接受劳动行政部门的罚款,给劳动者造成损失的,还应当承担赔偿责任。因此,甲公司不仅应当将5000元"押金"退还给乙,还应当接受罚款。

用人单位能否扣押员工的身份证或其他证件?

我国《劳动合同法》第九条规定:"用人单位招用劳动者,不得扣押劳动者的居民身份证和其他证件,不得要求劳动者提供担保或者以其他名义向劳动者收取财物。"第八十四条第一款规定:"用人单位违反本法规定,扣押劳动者居民身份证等证件的,由劳动行政部门责令限期退还劳动者本人,并依照有关法律规定给予处罚。"

由此可见,用人单位无权扣押员工的身份证或其他证件,违反规定扣押的,由劳动行政部门责令退还,并且给予相应处罚。例如,甲公司与乙签订劳动合同时扣押了乙的身份证和毕业证原件,后乙从甲公司辞职并想要回身份证和毕业证原件,甲公司不仅应当予以退还,并且劳动行政部门还可以对用人单位进行相应处罚。

用人单位能否要求新员工自己承担上岗培训费?

甲被乙公司录用后,乙公司对甲进行了为期一周的岗前培训,并告知甲应当向乙公司交纳2000元的培训费,乙公司的做法是否恰当?

我国《劳动法》第六十八条第一款规定:"用人单位应当建立职业培训制度,按照国家规定提取和使用职业培训经费,根据本单位实际,有计划地对劳动者进行职业培训。"《劳动部关于严禁用人单位录用职工非法收费的通知》第二条规定："用人单位不得在招工条件中规定个人缴费内容，劳动行政部门要加强对用人单位招工启示、简章的审查，对违反规定的，应给予警告，并责令其改正。"以及第三条规定："劳动行政部门要加强对用人单位录用职工行为的监督检查。对用人单位在录用职工时非法向劳动者个人收取费用的，应责令用人单位立即退还劳动者；……"

由此可见，用人单位对新员工进行上岗培训，是根据本单位实际情况，对劳动者进行的职业培训，应当根据国家规定提取和使用职业培训费，不应当由新员工自己承担培训费。因此，上述案例中，乙公司的做法不符合《劳动法》的规定，甲无须向乙公司交纳培训费。

劳动者欺诈用人单位签订劳动合同，会面临怎样的后果？

甲在向乙公司求职时隐瞒自己的大专学历，谎称自己是本科学历并与乙公司签订了劳动合同，后乙公司发现被欺骗，甲将面临怎样的后果？

我国《劳动合同法》第二十六规定："下列劳动合同无效或者部分无效：（一）以欺诈、胁迫的手段或者乘人之危，使对方在违背真实意思的情况下订立或者变更劳动合同的；……"第三十九条规定："劳动者有下列情形之一的，用人单位可以解除劳动合同：……（五）因本法第二十六条第一款第一项规定的情形致使劳动合同无效的；……"

由此可见，劳动者欺骗用人单位，使其在违背真实意思的情况下订立的劳动合同无效，用人单位可以解除该劳动合同。因此，上述案例中，由于甲与乙公司签订劳动合同时隐瞒了自己的学历，属于以欺诈方式使乙公司在违背真实意思的情况下订立劳动合同，乙公司可以解除与甲的劳动合同。

竞业限制协议适用于哪类劳动者？

我国《劳动合同法》第二十三条第二款规定："对负有保密义务的劳动者，用人单位可以在劳动合同或者保密协议中与劳动者约定竞业限制条款，并约定在解除或者终止劳动合同后，在竞业限制期限内按月给予劳动者经济补偿。劳动者违反竞业限制约定的，应当按照约定向用人单位支付违约金。"第二十四条第一款规定："竞业限制的人员限于用人单位的高级管理人员、高级技术人员和其他负有保密义务的人员。……"

由此可见，竞业限制协议仅适用于用人单位的高级管理人员、高级技术人员和其他负有保密义务的人员。并且，对于负有保密义务的劳动者，用人单位与劳动者是"可以"约定，而不是"必须"约定，是否约定竞业限制条款由双方自己决定。例如，甲是乙公司的车间主任，负责保管乙公司的技术资料，则甲是负有保密义务的人，乙公司可以与甲签订竞业限制协议。

无固定期限劳动合同含义是什么？适用的情形有哪些？

我国《劳动合同法》第十四条规定："无固定期限劳动合同，是指用人单位与劳动者约定无确定终止时间的劳动合同。用人单位与劳动者协商一致，可以订立无固定期限劳动合同。有下列情形之一，劳动者提出或者同意续订、订立劳动合同的，除劳动者提出订立固定期限劳动合同外，应当订立无固定期限劳动合同：

（一）劳动者在该用人单位连续工作满十年的；

（二）用人单位初次实行劳动合同制度或者国有企业改制重新订立劳动合同时，劳动者在该用人单位连续工作满十年且距法定退休年龄不足十年的；

（三）连续订立二次固定期限劳动合同，且劳动者没有本法第三十九条和第四十条第一项、第二项规定的情形，续订劳动合同的。

用人单位自用工之日起满一年不与劳动者订立书面劳动合同的，视为用人单位与劳动者已订立无固定期限劳动合同。"

由此可见，无固定期限劳动合同，是指用人单位与劳动者约定无确定终止时间的劳动合同，适用于法条列举的以上几种情形。

用人单位与劳动者应签订无固定期限劳动合同而未签订的，按什么情况处理？

于某是某机械制造厂的工人，他从十年前就一直在该厂工作，2021年，于某的劳动合同期限届满。工厂准备与于某再次签订为期三年的劳动合同。而于某认为，自己已经在工厂连续工作了十年，要求工厂与其签订无固定期限的劳动合同，却遭到了工厂的拒绝。那么请问，用人单位与劳动者应签订无固定期限劳动合同而未签订的，按什么情况处理？

我国《最高人民法院关于审理劳动争议案件适用法律问题的解释（一）》第三十四条第二款明确规定："根据劳动合同法第十四条规定，用人单位应当与劳动者签订无固定期限劳动合同而未签订的，人民法院可以视为双方之间存在无固定期限劳动合同关系，并以原劳动合同确定双方的权利义务关系。"

由此可知，在劳动者符合与用人单位签订无固定期限劳动合同的条件后，即使用人单位拒绝与劳动者签订无固定期限的劳动合同，法律为保障劳动者的合法权益，双方在提起诉讼后，法院也可以视为双方已经签订了无固定期限的劳动合同。此种规定是法律对于处于弱势地位的劳动者的权利保障，避免用人单位侵害劳动者的合法权益。在前面的案例中，于某已经在该工厂工作了十年，可以视为其与工厂签订了无固定期限劳动合同。

什么情况下用人单位可以解除无固定期限劳动合同？

我国《劳动合同法实施条例》第十九条规定："有下列情形之一的，依照劳动合同法规定的条件、程序，用人单位可以与劳动者解除固定期限劳动合同、无固定期限劳动合同或者以完成一定工作任务为期限的劳动合同：

（一）用人单位与劳动者协商一致的；

（二）劳动者在试用期间被证明不符合录用条件的；

（三）劳动者严重违反用人单位的规章制度的；

（四）劳动者严重失职，营私舞弊，给用人单位造成重大损害的；

（五）劳动者同时与其他用人单位建立劳动关系，对完成本单位的工作任务造成严重影响，或者经用人单位提出，拒不改正的；

（六）劳动者以欺诈、胁迫的手段或者乘人之危，使用人单位在违背真实意思的情况下订立或者变更劳动合同的；

（七）劳动者被依法追究刑事责任的；

（八）劳动者患病或者非因工负伤，在规定的医疗期满后不能从事原工作，也不能从事由用人单位另行安排的工作的；

（九）劳动者不能胜任工作，经过培训或者调整工作岗位，仍不能胜任工作的；

（十）劳动合同订立时所依据的客观情况发生重大变化，致使劳动合同无法履行，经用人单位与劳动者协商，未能就变更劳动合同内容达成协议的；

（十一）用人单位依照企业破产法规定进行重整的；

（十二）用人单位生产经营发生严重困难的；

（十三）企业转产、重大技术革新或者经营方式调整，经变更劳动合同后，仍需裁减人员的；

（十四）其他因劳动合同订立时所依据的客观经济情况发生重大变化，致使劳动合同无法履行的。"

由此可见，当出现以上情形时，用人单位可以解除与劳动者之间的无固定期限的劳动合同。

计件工是否应当订立书面劳动合同？

甲在乙科技股份有限公司的质检室工作，工资为计件工资并按月发放。甲与乙是否应当订立书面劳动合同？

我国《劳动合同法》第十条第一款规定："建立劳动关系，应当订立书面劳动合同。"以及《劳动法》第三十七条规定："对实行计件工作的劳动者，用人单位应当根据本法第三十六条规定的工时制度合理确定其劳动定额和计件报酬标准。"

计件制工作，又称计件工时制，是指以工人完成一定数量的合格产品或一定的作业量来确定劳动报酬的一种劳动形式。正因计件工作只是一种薪酬计算方式，无论采取何种方式计算，均不影响劳动者和用人单位之间的劳动关系，因此即便是计件工，也应当依据我国《劳动合同法》的规定，订立书面劳动合同。因此，上述案例中甲与乙科技股份有限公司应当订立书面劳动合同。

做兼职是否应当订立书面劳动合同？

我国《劳动合同法》第六十八条规定："非全日制用工，是指以小时计酬为主，劳动者在同一用人单位一般平均每日工作时间不超过四小时，每周工作时间累计不超过二十四小时的用工形式。"第六十九条规定："非全日制用工双方当事人可以订立口头协议。从事非全日制用工的劳动者可以与一个或者一个以上用人单位订立劳动合同；但是，后订立的劳动合同不得影响先订立的劳动合同的履行。"

由此可见，兼职工作是非全日制的工作形式，依法可以订立口头协议，不要求必须签订书面劳动合同。例如，甲是在校大学生，课余时间找了份家教兼职，辅导乙的孩子功课，甲与乙可以只订立口头协议，不要求必须签订书面劳动合同。

劳动合同中约定绩效不佳时终止劳动合同情形的效力如何？

甲被乙公司录用并签订劳动合同，合同中约定："当劳动者绩效不佳时劳动合同终止"，该条款效力如何？乙公司能否以甲绩效不佳为由终止合同？

我国《劳动合同法》第四十四条规定："有下列情形之一的，劳动合同终止：

（一）劳动合同期满的；

（二）劳动者开始依法享受基本养老保险待遇的；

（三）劳动者死亡，或者被人民法院宣告死亡或者宣告失踪的；

（四）用人单位被依法宣告破产的；

（五）用人单位被吊销营业执照、责令关闭、撤销或者用人单位决定提前解散的；

(六) 法律、行政法规规定的其他情形。"

我国《劳动合同法实施条例》第十三条规定："用人单位与劳动者不得在劳动合同法第四十四条规定的劳动合同终止情形之外约定其他的劳动合同终止条件。"

由此可见，用人单位与劳动者在劳动合同中约定不属于《劳动合同法》第四十四条规定的情形作为劳动合同终止条件的，属于违法行为，该约定无效。因此，上述案例中约定条款无效，乙公司不能以甲绩效不佳为由终止合同。

建筑公司与劳动者约定"患病或受伤后就解除劳动合同"，有效吗？

沈某是某建筑公司的职工，其与用人单位签订了劳动合同，但是，用人单位在劳动合同中约定，若沈某受伤或患病，则在处理好相关治疗等事宜后就解除劳动合同。那么，这样的约定有效吗？

根据我国《最高人民法院关于审理劳动争议案件适用法律问题的解释（一）》第三十五条的规定："劳动者与用人单位就解除或者终止劳动合同办理相关手续、支付工资报酬、加班费、经济补偿或者赔偿金等达成的协议，不违反法律、行政法规的强制性规定，且不存在欺诈、胁迫或者乘人之危情形的，应当认定有效。前款协议存在重大误解或者显失公平情形，当事人请求撤销的，人民法院应予支持。"

据此可知，劳动者与用人单位就解除劳动合同达成的协议，必须符合下列两个条件才能认定为有效：（1）不违反法律、行政法规的强制性规定；（2）没有欺诈、胁迫或乘人之危的情形。对于上面的案例，根据《劳动合同法》的规定，劳动者患病或者非因工负伤，在规定的医疗期满后不能从事原工作，也不能从事由用人单位另行安排的工作的，用人单位提前三十日以书面形式通知劳动者本人或者额外支付劳动者一个月工资后，可以解除劳动合同。如果劳动者是在本单位患职业病或者因工负伤，无论是在规定的医疗期内，还是被确认丧失或者部分丧失劳动能力的，都不能因此与之解除劳动合同。建筑公司与沈某之间的约定是违反法律的强制性规定的，是无效的。

劳动合同期满后，用人单位与劳动者未续签，劳动者继续上班产生何种法律效果？

我国《劳动合同法》第五十条规定："用人单位应当在解除或者终止劳动合同时出具解除或者终止劳动合同的证明，并在十五日内为劳动者办理档案和社会保险关系转移手续。劳动者应当按照双方约定，办理工作交接。……"《最高人民法院关于审理劳动争议案件适用法律问题的解释（一）》第三十四条第一款规定："劳动合同期满后，劳动者仍在原用人单位工作，原用人单位未表示异议的，视为双方同意以原条件继续履行劳动合同。一方提出终止劳动关系的，人民法院应予支持。"

由此可见，劳动合同期满后劳动合同终止，用人单位应当出具终止劳动合同的证明，并为劳动者办理相关手续，劳动者应当办理工作交接，终止劳动关系。但是，在用人单位与劳动者未续签的情况下，劳动者继续上班并且用人单位也接受，则二者以实际行为默许继续劳动合同，可以参照原劳动合同继续履行。例如，甲与乙公司订立的劳动合同期限为三年，期满后，甲乙未续签，甲继续在乙公司上班，乙公司表示接受，则甲可按照原来的劳动合同要求乙公司继续向其支付报酬。

劳务派遣中，用人单位与劳动者订立劳动合同的限制有哪些？

甲是乙劳务派遣公司的员工，乙劳务派遣公司与甲订立劳动合同时约定："劳动合同期限为一年，且被派遣劳动者在无工作期间，劳务派遣公司无须支付其工资。"该约定是否有效？

我国《劳动合同法》第五十八条规定："劳务派遣单位是本法所称用人单位，应当履行用人单位对劳动者的义务。……劳务派遣单位应当与被派遣劳动者订立二年以上的固定期限劳动合同，按月支付劳动报酬；被派遣劳动者在无工作期间，劳务派遣单位应当按照所在地人民政府规定的最低工资标准，向其按月支付报酬。"

由此可见，在劳务派遣中，劳务派遣单位，即用人单位，与劳动者之间订立的劳动合同，在合同期限和工资支付方面都有限制。因此，上述案例中，甲乙之间的约定因违反法律规定而无效，甲乙之间的劳动合同期限最低是两年，并且在甲无工作期间，乙劳务派遣公司也应当按照当地最低工资标准，向甲按月支付报酬。

用工单位将连续用工期限分割为数个短期劳务派遣协议，将会面临怎样的法律后果？

我国《劳动合同法》第五十九条第二款规定："用工单位应当根据工作岗位的实际需要与劳务派遣单位确定派遣期限，不得将连续用工期限分割订立数个短期劳务派遣协议。"第六十二条规定："用工单位应当履行下列义务：……（五）连续用工的，实行正常的工资调整机制。……"第六十三条第一款规定："被派遣劳动者享有与用工单位的劳动者同工同酬的权利。用工单位应当按照同工同酬原则,对被派遣劳动者与本单位同类岗位的劳动者实行相同的劳动报酬分配办法。用工单位无同类岗位劳动者的,参照用工单位所在地相同或者相近岗位劳动者的劳动报酬确定。"

由此可见,用工单位将连续用工期限分割为数个短期劳务派遣协议的做法是违反法律的,是无效的,劳动者仍然可以要求用工单位按照本单位同类岗位劳动者的劳动报酬,来支付其工资。例如,甲用工单位为了规避风险,将其对乙员工的连续用工期限分割为数个短期劳务派遣协议,甲的做法因违反法律规定而无效,乙仍然可以要求甲用工单位按照本单位同类岗位劳动者的报酬,来支付自己的工资。

(二) 劳动合同的履行与解除

劳动者非因本人原因被安排到新单位工作,工作年限应如何计算?

甲在乙公司工作5年后,被乙公司安排到丙公司工作,又工作了3年后,丙公司与甲协商解除劳动合同,则甲在丙公司的工作年限应如何计算?

我国《劳动合同法实施条例》第十条规定:"劳动者非因本人原因从原用人单位被安排到新用人单位工作的,劳动者在原用人单位的工作年限合并计算为新用人单位的工作年限。原用人单位已经向劳动者支付经济补偿的,新用人单位在依法解除、终止劳动合同计算支付经济补偿的工作年限时,不再计算劳动者在原用人单位的工作年限。"

由此可见,劳动者非因本人原因被安排到新单位工作,其在新单位的工作年限要与原单位的工作年限合并计算，但在计算经济补偿时，如果原单位已经向劳动者支付了经济补偿，则不再计算原单位工作年限。因此，在上述案例中，乙公司安排甲到丙公司工作时，甲在丙公司的工作年限为8年。但是在计算丙公司支付经济补偿时，如果乙公司已经向甲给付了经济补偿，则不再计算甲在乙公司的5年工作年限，甲在丙公司的工作年限为3年。

劳动者达到法定退休年龄后，劳动合同是否终止？

我国《劳动合同法实施条例》第二十一条规定："劳动者达到法定退休年龄的，劳动合同终止。"《劳动合同法》第四十四条规定："有下列情形之一的，劳动合同终止：……（二）劳动者开始依法享受基本养老保险待遇的；……"《劳动法》第七十三条规定："劳动者在下列情形下，依法享受社会保险待遇：（一）退休；……"

由此可见，当劳动者达到法定退休年龄，办理退休手续，依法享受社会保险待遇，用人单位与劳动者签订的劳动合同便终止。例如，甲（男性）是乙公司的员工，现在已经达到法定退休年龄（60周岁），乙公司为甲办理了退休手续，甲退休后依法领到了"退休金"，则甲与乙公司之间的劳动合同依法终止。

用人单位分立或合并，是否会影响原劳动合同的效力？

甲为乙公司员工，被乙公司录用时签订了劳动合同，在劳动合同存续期间，乙公司与丙公司合并为丁公司，则甲乙签订的劳动合同是否继续有效？

我国《劳动合同法》第三十四条规定："用人单位发生合并或者分立等情况，原劳动合同继续有效，劳动合同由承继其权利和义务的用人单位继续履行。"

由此可见，用人单位在经营过程中发生了合并或分立等情形，并不影响原劳动合同的效力。因此，在上述案例中，甲乙签订的劳动合同继续有效，由继承乙公司权利义务的丁公司继续履行，甲在丁公司继续上班，丁公司按照劳动合同向甲支付劳动报酬。

用人单位变更法定代表人等事项，是否会影响劳动合同的效力？

我国《劳动合同法》第三十三条规定："用人单位变更名称、法定代表人、主要负责人或者投资人等事项，不影响劳动合同的履行。"

由此可见，劳动合同是劳动者合法权益的保护伞，用人单位应严格履行劳动合同的条款，不得因用人单位变更名称、法定代表人、主要负责人或者投资人等事项而拒绝履行合同义务。例如，甲为乙公司员工，在乙公司工作时发生事故受重伤，经鉴定为工伤，于是甲起诉到法院要求乙公司赔偿。在法院审理期间，乙公司的法定代表人由赵某变更为钱某，钱某主张事故发生在公司法定代表人变更之前，公司没有责任。对此，根据《劳动合同法》第三十三条的规定，公司变更法定代表人，并不影响劳动合同的履行，钱某的主张没有事实根据和法律依据，法院应不予支持，判决乙公司败诉。

对劳动合同进行的"口头"变更，是否有效？

吴某是某食品加工厂的员工，在签订劳动合同时，其与该工厂在劳动合同中约定每月的基本工资为4000元，劳动合同期限为三年。后来，在工作了一年后，因其工作业绩突出，食品加工厂的老板准备为吴某涨工资。但双方未采用书面形式修改劳动合同。在之后的两次发工资中,工厂直接为吴某发了4500元。那么请问,吴某与食品加工厂对劳动合同进行的口头变更是否具有法律效力?

我国《最高人民法院关于审理劳动争议案件适用法律问题的解释(一)》第四十三条规定:"用人单位与劳动者协商一致变更劳动合同,虽未采用书面形式,但已经实际履行了口头变更的劳动合同超过一个月,变更后的劳动合同内容不违反法律、行政法规且不违背公序良俗,当事人以未采用书面形式为由主张劳动合同变更无效的,人民法院不予支持。"

据此可知,在现实生活中,若用人单位与劳动者就劳动合同的变更内容达成一致,并且双方已经就口头合同的变更履行超过一个月,且没有违反强制性法律规定和公序良俗,即使未采用书面形式,那么该口头变更也是具有法律效力的。在前面的案例中,食品加工厂的老板提出给吴某涨工资,并且在其后的两个月都多发了工资,那么,食品加工厂与吴某之间对劳动合同进行的口头变更就是有效的,任何一方不能再使用"未签订书面合同"而主张其无效。

劳动者单方解除劳动合同,适用于哪些情形?

我国《劳动合同法》第三十八条规定:"用人单位有下列情形之一的,劳动者可以解除劳动合同:

(一)未按照劳动合同约定提供劳动保护或者劳动条件的;

(二)未及时足额支付劳动报酬的;

(三)未依法为劳动者缴纳社会保险费的;

(四)用人单位的规章制度违反法律、法规的规定,损害劳动者权益的;

(五)因本法第二十六条第一款规定的情形致使劳动合同无

效的；

（六）法律、行政法规规定劳动者可以解除劳动合同的其他情形。

用人单位以暴力、威胁或者非法限制人身自由的手段强迫劳动者劳动的，或者用人单位违章指挥、强令冒险作业危及劳动者人身安全的，劳动者可以立即解除劳动合同，不需事先告知用人单位。"

由此可见，当发生以上列举的前六种情形时，劳动者在通知用人单位后可以单方解除劳动合同，而当发生强迫劳动等情形时，无须通知用人单位即可随时解除。

用人单位在什么情形下可以要求劳动者支付违约金？

甲为乙公司的员工，乙公司与甲在劳动合同中约定："若甲在劳动合同期内辞职，须向乙公司支付 5000 元违约金。"该约定是否有效？

我国《劳动合同法》第二十五条规定："除本法第二十二条和第二十三条规定的情形外，用人单位不得与劳动者约定由劳动者承担违约金。"第二十二条规定："用人单位为劳动者提供专项培训费用，对其进行专业技术培训的，可以与该劳动者订立协议，约定服务期。劳动者违反服务期约定的，应当按照约定向用人单位支付违约金……"第二十三条规定："……劳动者违反竞业限制约定的，应当按照约定向用人单位支付违约金。"

由此可见，劳动者只有在违反了服务期约定或者竞业限制约定时，才应当向用人单位支付违约金，除此之外，用人单位不得与劳动者约定由劳动者承担违约金。因此，上述案例中，甲乙之间的约定是无效的。

用人单位单方解除劳动合同，适用于哪些情形？

我国《劳动合同法》第三十九条规定："劳动者有下列情形之一的，用人单位可以解除劳动合同：

（一）在试用期间被证明不符合录用条件的；

（二）严重违反用人单位的规章制度的；

（三）严重失职，营私舞弊，给用人单位造成重大损害的；

（四）劳动者同时与其他用人单位建立劳动关系，对完成本单位的工作任务造成严重影响，或者经用人单位提出，拒不改正的；

（五）因本法第二十六条第一款第一项规定的情形致使劳动合同无效的；

（六）被依法追究刑事责任的。"

由此可见，当劳动者出现了以上情形，用人单位可以单方解除劳动合同。例如，甲为乙公司的安全部经理，因其怠于行使职责，导致乙公司因多名工作人员无证上岗而被行政罚款、相关项目停工的严重后果，乙公司则可依甲严重失职，给用人单位造成重大损害为由，单方解除劳动合同。

劳动者患病痊愈后不能从事原工作，用人单位能否解除劳动合同？

甲为乙公司员工，工作期间患病住院，痊愈后无法再从事原来的工作，乙公司能否直接解除与甲之间的劳动合同？

我国《劳动合同法》第四十条规定："有下列情形之一的，用人单位提前三十日以书面形式通知劳动者本人或者额外支付劳动者一个月工资后，可以解除劳动合同：（一）劳动者患病或者非因工负伤，在规定的医疗期满后不能从事原工作，也不能从事由用人单位另行安排的工作的；……"

由此可见，劳动者患病痊愈后不能从事原工作，用人单位不能直接解除劳动合同，只有当其不能从事另行安排的工作时，才可以解除，并且应当提前三十日通知劳动者或者额外支付劳动者一个月工资。因此，上述案例中，乙公司不能直接解除劳动合同。

对即将退休的老员工，用人单位可以解除劳动合同吗？

我国《劳动合同法》第四十二条规定："劳动者有下列情形之一的，用人单位不得依照本法第四十条、第四十一条的规定解除劳动合同：……（五）在本单位连续工作满十五年，且距法定退休年龄不足五年的；……"

由此可见，对即将退休的老员工，如果在用人单位连续工作满十五年，并且距离法定退休年龄不足五年，用人单位不得在劳动者没有过错的情况下辞退，或者为了经济考虑将劳动者裁员。例如，甲（男）在乙公司已经连续工作了16年，并且今年已经58岁了，乙公司不能在甲不存在任何过错的情况下将其辞退，也不能因为经济考虑将其裁员。

经济性裁员的含义是什么？适用于哪些情形？

我国《劳动合同法》第四十一条规定："有下列情形之一……用人单位提前三十日向工会或者全体职工说明情况，听取工会或者职工的意见后，裁减人员方案经向劳动行政部门报告，可以裁减人员：（一）依照企业破产法规定进行重整的；（二）生产经营发生严重困难的；（三）企业转产、重大技术革新或者经营方式调整，经变更劳动合同后，仍需裁减人员的；（四）其他因劳动合同订立时所依据的客观经济情况发生重大变化,致使劳动合同无法履行的。……"

经济性裁员,是指用人单位为了保护自己在市场经济中的竞争能力和生存能力,在濒临破产进行法定整顿期间,辞退一部分职工,以改善经营状况。经济性裁员适用于以上列举的四种情形,并且要履行法定的程序,提前告知工会并听取意见,向劳动部门报告裁减方案。例如,乙公司因破产重整,需要进行经济性裁员,履行了法定程序后,可以对本公司员工进行裁员。

用人单位是否有权解除与孕期女职工的劳动合同?

甲为乙公司一名女员工,甲在孕期工作时,严重违反乙公司的规章制度,乙公司能否解除与甲之间的劳动合同?

我国《劳动合同法》第四十二条规定:"劳动者有下列情形之一的,用人单位不得依照本法第四十条、第四十一条的规定解除劳动合同:……(四)女职工在孕期、产期、哺乳期的;……"第三十九条第(二)项规定:劳动者有下列情形之一的,用人单位可以解除劳动合同:(二)严重违反用人单位的规章制度的。

由此可见,女职工在孕期、产期、哺乳期的,用人单位不得在其没有过错的情况下辞退,或者为了经济考虑将其裁员。但是如果女职工在孕期、产期、哺乳期工作时,出现了《劳动合同法》第三十九规定的情形,用人单位仍然可以单方解除劳动合同。因此,上述案例中乙公司有权解除与甲之间的劳动合同,因为甲的行为属于《劳动合同法》第三十九第一款第(二)项规定的情形。

💡 用人单位与负有保密义务的劳动者约定竞业限制时，需要注意哪些事项？

我国《劳动合同法》第二十三条规定："……对负有保密义务的劳动者，用人单位可以在劳动合同或者保密协议中与劳动者约定竞业限制条款，并约定在解除或者终止劳动合同后，在竞业限制期限内按月给予劳动者经济补偿。……"第二十四条第二款规定："在解除或者终止劳动合同后，前款规定的人员到与本单位生产或者经营同类产品、从事同类业务的有竞争关系的其他用人单位，或者自己开业生产或者经营同类产品、从事同类业务的竞业限制期限，不得超过二年。"

由此可见，用人单位与负有保密义务的劳动者约定竞业限制时，需要注意两点：第一，在解除或者终止劳动合同后，在竞业限制期限内按月给予劳动者经济补偿；第二，竞业限制期限不得超过两年。例如，乙公司与该公司员工甲签订了竞业限制协议，期限为两年，甲在乙公司工作一年后辞职，则乙公司应当在甲辞职后的两年竞业限制期限内，按月给予甲经济补偿。

💡 劳动者因工伤不能从事原工作，用人单位能解除劳动合同吗？

我国《劳动合同法》第四十二条规定："劳动者有下列情形之一的，用人单位不得依照本法第四十条、第四十一条的规定解除劳动合同：……（二）在本单位患职业病或者因工负伤并被确认丧失或者部分丧失劳动能力的；……"

由此可见，劳动者在本单位患职业病或者因工负伤，并被确认丧失或者部分丧失劳动能力的，即劳动者因工伤不能从事原工作，用人单位不得在劳动者没有过错的情况下辞退，或者为了经济考虑将劳动者裁员。实践中用人单位对患职业病或者因工负伤并被确认丧失或者部分丧失劳动能力的劳动者，通常是将其安排到劳动强度不大，工作稍轻松的工作岗位，如门岗、收发室等。

💡 在什么情形下，用人单位解除约定服务期的劳动合同，可以要求劳动者支付违约金？

我国《劳动合同法实施条例》第二十六条规定："用人单位与劳动者约定了服务期，劳动者依照劳动合同法第三十八条的规定解除劳动合同的，不属于违反服务期的约定，用人单位不得要求劳动者支付违约金。有下列情形之一，用人单位与劳动者解除约定服务期的劳动合同的，劳动者应当按照劳动合同的约定向用人单位支付违约金：

（一）劳动者严重违反用人单位的规章制度的；

（二）劳动者严重失职，营私舞弊，给用人单位造成重大损害的；

（三）劳动者同时与其他用人单位建立劳动关系，对完成本单位的工作任务造成严重影响，或者经用人单位提出，拒不改正的；

（四）劳动者以欺诈、胁迫的手段或者乘人之危，使用人单位在违背真实意思的情况下订立或者变更劳动合同的；

（五）劳动者被依法追究刑事责任的。"

由此可见，当劳动者出现以上情形时，用人单位解除约定服务期的劳动合同，可以要求劳动者支付违约金。

💡 劳动合同规定了劳动者的竞业限制，但未明确终止劳动合同后的经济补偿的，劳动者是否可以要求经济补偿？

董某是某科技公司的一名技术开发人员，因所从事的工作涉及商业秘密，故他在签订劳动合同的同时与用人单位约定了竞业限制，但未明确劳动合同期限届满后对于董某的经济补偿数额。两年后，董某的劳动合同期限届满，在待遇不变的情形下，其没有与该科技公司续订劳动合同。那么，在这种情况下，因为存在竞业限制，董某是不是可以要求用人单位支付相应的经济补偿金？

我国《最高人民法院关于审理劳动争议案件适用法律问题的解释（一）》第三十六条规定："当事人在劳动合同或者保密协议中约定了竞业限制，但未约定解除或者终止劳动合同后给予劳动者经济补偿，劳动者履行了竞业限制义务，要求用人单位按照劳动者在劳动合同解除或者终止前十二个月平均工资的30%按月支付经济补偿的，人民法院应予支持。前款规定的月平均工资的30%低于劳动合同履行地最低工资标准的，按照劳动合同履行地最低工资标准支付。"

据此可知，在劳动合同中，如果劳动者有竞业限制并且依约履行了义务，即使用人单位并没有明确终止劳动合同后给予劳动者经济补偿，也不意味着劳动者就无法得到经济补偿金。在前面的案例中，在终止劳动合同后，董某在履行竞业限制义务的情况下，可以向用人单位请求支付相应的补偿金。

二、试用期与服务期

企业与试用期内的员工签订的是试用期合同还是劳动合同？

我国《劳动法》第十六条第二款规定："建立劳动关系应当订立劳动合同。"《劳动合同法》第十九条第四款规定："试用期包含在劳动合同期限内。劳动合同仅约定试用期的，试用期不成立，该期限为劳动合同期限。"《劳动合同法》第十条第一款、第二款规定："建立劳动关系，应当订立书面劳动合同。已建立劳动关系，未同时订立书面劳动合同的，应当自用工之日起一个月内订立书面劳动合同。"

由此可见，劳动关系存续期间，企业与员工签订的皆为劳动合同。员工虽然还在试用期内，但已经与企业建立了劳动关系。因此，无论是否在试用期内，企业与员工订立的都为劳动合同。例如，李某大学毕业后进入一家互联网企业，与企业约定了一个月试用期，入职当天，公司拿出一份试用期合同让李某签。李某可以拒绝签订这份合同，而要求与公司签订劳动合同。

三年劳动合同期限是否包含两个月试用期期限？

王某海外留学归国后在上海的一家知名房地产公司工作，入职时，王某与该房地产公司签订了书面劳动合同，约定了三年的劳动合同期限。为了考察王某的各方面能力，该公司与王某还约定两个月的试用期。请问试用期是否包含在劳动合同期限内？

我国《劳动合同法》第十九条第四款规定："试用期包含在劳动合同期限内。劳动合同仅约定试用期的，试用期不成立，该期限为劳动合同期限。"

由此可见，试用期是包含在劳动合同期限内的，不管双方签订的劳动合同期限是三年，还是五年，如果约定了试用期，试用期都是包含在其中的，而且劳动合同中不允许只约定试用期。在上面的案例中，王某和某房地产公司约定的劳动合同期限是三年，试用期是两个月，这两个月的试用期是包含在三年的劳动合同期限内的。

单位可以与新入职的员工约定多久的试用期？

我国《劳动合同法》第十九条第一款规定："劳动合同期限三个月以上不满一年的，试用期不得超过一个月；劳动合同期限一年以上不满三年的，试用期不得超过二个月；三年以上固定期限和无固定期限的劳动合同，试用期不得超过六个月。"此外，我国《劳动法》第二十一条也规定："劳动合同可以约定试用期。试用期最长不得超过六个月。"

由此可见，试用期期限的长短并非单位随意设定的。只有劳动合同期限在三个月以上的才可以约定试用期，而且一定条件下，单位可以为员工设定的试用期期限最长为六个月。

例如，吴某通过面试进入一家机械制造厂工作，该制造厂负责人担心吴某不能胜任单位安排的任务，在与吴某签订为期三年的劳动合同时约定了一年的试用期。根据我国《劳动法》及《劳动合同法》的规定,不论劳动合同的期限是多长,试用期最长都不得超过六个月。因此,案例中机械制造厂给吴某设定的一年试用期是不符合法律规定的。

同一企业可以与同一员工约定多次试用期吗?

试用期是单位与劳动者相互了解、相互考察的期限。在试用期期间,单位可以考察新入职的员工是否符合本单位的招聘条件,员工也可以考察单位是否符合自己的要求。试用期对双方都是有利的,但不能随意地约定,需要受到法律的限制,我国《劳动合同法》第十九条第二款规定:"同一用人单位与同一劳动者只能约定一次试用期。"

因此,无论同一单位与同一员工签订的劳动合同期限多长或签订的次数多少,试用期最多只能约定一次。所谓的重新计算试用期以及其他变相延长试用期的做法都是与我国法律相违背的,单位应自觉遵守法律规定,尊重劳动者的合法权利。

试用期内的劳动者与正式员工相比较,享有哪些权利?

劳动者在试用期内应当享有正式员工的全部权利。根据我国《劳动合同法》的规定,劳动者在试用期内享有以下几个方面的权利:

(1)劳动者有获得劳动报酬及享受社会保险福利待遇的权利。劳动者在入职后付出了劳动,用人单位即负有向劳动者足额支付劳动报酬的义务。社会保险是法律规定的为劳动者提供物质帮助的一项社会保障制度，劳动关系建立之后，用人单位即应按月为劳动者缴纳养老、医疗、失业等社会保险费用。

（2）劳动者享有休息休假的权利。我国《劳动法》等法律规定了劳动者的工作时间和休假制度。用人单位应按法律规定给予劳动者休息的时间，不得违法延长劳动时间。

（3）劳动者有获得劳动安全卫生保护的权利。劳动安全卫生保护是保护劳动者的生命安全和身体健康，是对劳动者切身利益最直接的保护。用人单位必须为劳动者提供符合国家规定的劳动安全制度，减少职业危害。

（4）劳动者享有向有关部门提起劳动纠纷处理的权利。在劳动过程中，劳动者与所在的用人单位不可避免地会出现各方面的分歧。若用人单位一方违反法律及合同约定对劳动者的合法权利造成损害的，劳动者有权获得赔偿。

所有的劳动合同都可以约定试用期吗？

李某的父亲是一名软件工程师，受家庭环境的影响，李某上大学后选择了软件开发专业，大学毕业后李某与一家软件开发公司签订了以完成指定的软件开发任务为期限的劳动合同，并约定一个月的试用期，请问该软件开发公司的做法符合法律规定吗？

根据《劳动合同法》第十九条第三款的规定："以完成一定工作任务为期限的劳动合同或者劳动合同期限不满三个月的，不得约定试用期。"

由此可见，若双方签订没有具体工作期限的劳动合同，只是约定劳动者完成指定工作任务所使用的时间为该劳动合同的期限，则不能约定试用期；另外，如果劳动合同的期限不满三个月，也是不能约定试用期的。所以，并非所有的劳动合同都可以约定试用期。

在上面的案例中，李某与软件开发公司签订的是以完成一定工作任务为期限的劳动合同，根据法律规定是不能约定试用期的，所以，软件开发公司和李某约定一个月试用期的做法是不符合法律规定的。

在试用期内的劳动者辞职需要以书面的形式提前通知用人单位吗？

我国《劳动合同法》第三十七条规定："劳动者提前三十日以书面形式通知用人单位，可以解除劳动合同。劳动者在试用期内提前三日通知用人单位，可以解除劳动合同。"

由此可以看出，非试用期内的劳动者如果计划辞职到另一家单位就业，则需要提前三十天通知所在单位，且通知必须以书面的形式作出。而试用期内的劳动者如果想要解除劳动关系，只需要提前三天通知用人单位就可以，并且通知也没有强调要求用书面形式，即只要口头通知用人单位就可以了。

例如，王某和所在的建筑设计单位于2020年12月1日签订了为期三年的劳动合同，并约定了一个月试用期，工作了半个月后，王某发现单位的业务范围不符合自身的专业方向，于是王某去了律师事务所，向律所表达了自己近期想要辞职的想法。律所告知王某在试用期内辞职，只需要提前三天通知所在单位就行，通知的形式，口头或者书面均可。若过了试用期，则需要以辞职信或其他书面形式提前三十天通知所在单位。

用人单位可以自由规定劳动者在试用期内的工资数额吗?

我国《劳动合同法》第二十条规定:"劳动者在试用期的工资不得低于本单位相同岗位最低档工资或者劳动合同约定工资的百分之八十,并不得低于用人单位所在地的最低工资标准。"所谓"本单位相同岗位最低档工资",是指同一个用人单位内部与试用期内劳动者所在岗位相同的岗位上,正式工的最低档工资标准;"劳动合同约定工资",是指劳动合同约定的劳动者在试用期满后的月工资标准;"用人单位所在地的最低工资标准",是指在劳动者提供了正常劳动的前提下,用人单位依法应支付的最低劳动报酬,是试用期内劳动者所得工资的底线。本单位相同岗位最低档工资或者劳动合同约定的工资的80%,可以高于但不得低于用人单位依法应支付的最低劳动报酬标准。

由此可以看出,用人单位在规定试用期内员工的工资时,要依据一定的标准,并非完全自由规定。

兼职约定一个月的试用期合法吗?

杨某是一名自由职业者,打算做一份兼职,在求职网站上查询,杨某找到一份符合自己要求的工作并与兼职单位就薪资、工作时间等事宜进行了协商。隔天,杨某正式报到到岗后,单位提出其工作的第一个月为试用期。请问单位提出的一个月的试用期是否合法?

根据我国《劳动合同法》第七十条规定:"非全日制用工双方当事人不得约定试用期。"所谓"非全日制用工",是指以小时计算薪资为主,劳动者在同一用人单位一般平均每日工作时间不超过四个小时，每周工作时间不超过二十四小时的一种用工形式。相较于全日制用工，非全日制用工形式比较灵活，其劳动者所得的薪酬也往往低于全日制劳动者的收入，为了最大限度地维护劳动者的合法权益，法律明确规定对兼职人员不得约定试用期。

因此，上述案例中，杨某从事的是兼职工作，单位提出一个月试用期的行为是违法的。

服务期限长于劳动合同期限时，以哪个期限为准？

我国《劳动合同法》第二十二条第一款规定："用人单位为劳动者提供专项培训费用，对其进行专业技术培训的，可以与该劳动者订立协议，约定服务期。"可以看出，服务期实质上是劳动者因接受了用人单位给予的特殊待遇而承诺必须为用人单位服务的期限，若劳动者在约定的服务期内提前离职，则需承担相应的责任。同时《劳动合同法实施条例》第十七条规定："劳动合同期满，但是用人单位与劳动者依照劳动合同法第二十二条的规定约定的服务期尚未到期的，劳动合同应当续延至服务期满；双方另有约定的，从其约定"。

由此可见，服务期，是指用人单位和劳动者约定的，劳动者因获得了特殊待遇从而必须与用人单位持续劳动关系的期限。服务期满，劳动合同期限还未终止，则顺延至劳动合同期满。若服务期期限长于劳动合同期限，即劳动合同期满，但服务期尚未到期的，劳动合同应顺延至服务期满，如果双方约定有其他选择的，以约定为准。

服务期内，劳动者以单位拒绝为其缴纳社会保险为由解除劳动合同的，需要承担责任吗？

我国《劳动合同法》第三十八条第一款规定："用人单位有下列情形之一的，劳动者可以解除劳动合同：（一）未按照劳动合同约定提供劳动保护或者劳动条件的；（二）未及时足额支付劳动报酬的；（三）未依法为劳动者缴纳社会保险的……。"同时，我国《劳动合同法实施条例》第二十六条第一款规定："用人单位与劳动者约定了服务期，劳动者依照劳动合同法第三十八条的规定解除劳动合同的，不属于违反服务期的约定，用人单位不得要求劳动者支付违约金。"

由此可以看出，在服务期内，劳动者并非一律不得解除劳动关系。如单位违反约定，拒绝为劳动者缴纳社会保险，无论劳动者是否仍在服务期内，一样可以主动与单位解除劳动关系，且劳动者无须承担任何违约责任。

服务期内因劳动者严重失职导致劳动合同解除的，用人单位是否有权要求劳动者支付违约金？

根据我国《劳动合同法实施条例》第二十六条第二款的规定："有下列情形之一，用人单位与劳动者解除约定服务期的劳动合同的，劳动者应当按照劳动合同的约定向用人单位支付违约金：（一）劳动者严重违反用人单位的规章制度的；（二）劳动者严重失职，营私舞弊，给用人单位造成重大损害的……"。

由此可以看出，在服务期内，当劳动者出现上面几种情形时，是需要向用人单位支付违约金的。

例如，谢某与单位约定了三年服务期，在培训过程中，谢某获知了单位的一些商业秘密，某日，谢某在与朋友聊天时，将单位的商业秘密泄露了出去，导致单位的竞争对手获得了这些商业秘密，使得谢某所在单位遭受巨大的经营损失。此时，单位与谢某解除约定了服务期的劳动合同是符合法律规定的。同时，谢某还应当依照劳动合同的约定向用人单位就未完成的服务期支付违约金。

三、福利待遇

（一）薪　资

> 上班时没有在劳动合同中约定具体工资，工资该如何计算？

小明是今年的应届毕业生，毕业后，小明经家里的安排到亲戚所在的公司任职，碍于情面，小明没有和公司详细洽谈薪资待遇。工作后，小明发现自己的工资不稳定而且偏低。这合理吗？小明的薪资该如何计算？

劳动报酬是劳动合同的必备条款，必须在劳动合同中予以明确。我国《劳动合同法》第十八条明确规定了劳动合同中对劳动报酬约定不明确的解决方式："劳动合同对劳动报酬和劳动条件等标准约定不明确，引发争议的，用人单位与劳动者可以重新协商；协商不成的，适用集体合同规定；没有集体合同或者集体合同未规定劳动报酬的，实行同工同酬；没有集体合同或者集体合同未规定劳动条件等标准的，适用国家有关规定。"

案例中，小明未与公司明确约定薪资，其首先可以与公司重新协商确定，若协商失败，其可以主张按集体合同的规定领取报酬；无法通过集体合同确定工资的，其可以要求同工同酬或者适用国家有关规定确定工资。

三、福利待遇　　35

💡 最低工资是什么？加班费、补贴、津贴算在最低工资里吗？

根据《关于贯彻执行〈中华人民共和国劳动法〉若干问题的意见》第五十四条规定："劳动法第四十八条中的'最低工资'是指劳动者在法定工作时间内履行了正常劳动义务的前提下，由其所在单位支付的最低劳动报酬。最低工资不包括延长工作时间的工资报酬，以货币形式支付的住房和用人单位支付的伙食补贴，中班、夜班、高温、低温、井下、有毒、有害等特殊工作环境和劳动条件下的津贴，国家法律、法规、规章规定的社会保险福利待遇。"

由此可见，最低工资仅仅是劳动者在法定工作时间内正常履行工作义务的报酬，既不包括加班费，也不包括用人单位通过现金或银行卡转账支付给员工的住房补贴、伙食补贴、通信补贴以及在特殊工作环境和劳动条件下的津贴等。例如，某地的最低工资标准是1800元每月，周某在当地某单位当保洁员，但公司给付她的工资为1500元，加上每个月的伙食补助300元才1800元，尽管周某每月领到手的钱有1800元，但其实周某的工资是低于最低工资标准的，周某可以与单位沟通，也可以向劳动监察部门求助或申请劳动争议仲裁。

💡 回乡参加人大代表选举，用人单位可以扣工资吗？

黄某系甲省丙乡人，今年2月，刚回岗位不久的黄某被要求回乡参加乡镇人大代表的选举工作。黄某请假回去参加完选举回来后发现，自己回乡参加选举那两天的工资被扣了，用人单位的做法合理吗？其是否可以扣发黄某的工资？

用人单位的做法不合理。《劳动法》第五十一条规定："劳动者在法定休假日和婚丧假期间以及依法参加社会活动期间，用人单位应当依法支付工资。"根据《工资支付暂行规定》第十条的规定，此类社会活动包括：依法行使选举权或被选举权；当选代表出席乡（镇）、区以上政府、党派、工会、青年团、妇女联合会等组织召开的会议；出任人民法庭证明人；出席劳动模范、先进工作者大会等。

故此，劳动者在工作时间内依法行使选举权或被选举权的，应被视为提供了正常劳动，不能扣发工资。上面的案例中，黄某回乡参加人大代表选举工作的行为是行使选举权和被选举权的行为，单位应照常支付工资。

用人单位总是晚于约定的时间发工资，应该怎么办？

小丽在一家贸易公司做行政，她与公司的劳动合同上载明的工资支付时间为每月9日，但公司总是到月中旬甚至下旬才发工资，公司说当月发工资就可以了，不一定严格按合同来。公司的说法正确吗？小丽该怎么办？

公司的说法不正确。根据《工资支付暂行规定》第七条的规定，工资至少每月支付一次，实行周、日、小时工资制的可以按周、日、小时支付工资。但无论采取何种支付方式，用人单位都应当按照劳动合同的约定按时向劳动者支付工资，如遇节假日或休息日，则应提前在最近的工作日支付。因此，小丽所在公司的做法和说法都是错误的，其应按照劳动合同约定在每月9日支付工资。对于迟延支付工资的情况，小丽既可以跟公司协商，也可以向劳动监察部门举报。

💡 用人单位拖欠工资，除要求支付工资外，劳动者可以要求单位支付赔偿金吗？

我国《劳动合同法》第八十五条规定："用人单位有下列情形之一的，由劳动行政部门责令限期支付劳动报酬、加班费或者经济补偿；劳动报酬低于当地最低工资标准的，应当支付其差额部分；逾期不支付的，责令用人单位按应付金额百分之五十以上百分之一百以下的标准向劳动者加付赔偿金：（一）未按照劳动合同的约定或者国家规定及时足额支付劳动者劳动报酬的……"《最高人民法院关于审理劳动争议案件适用法律问题的解释（一）》第四十五条规定："用人单位有下列情形之一，迫使劳动者提出解除劳动合同的，用人单位应当支付劳动者的劳动报酬和经济补偿，并可支付赔偿金：……（二）未按照劳动合同约定支付劳动报酬或者提供劳动条件的；（三）克扣或者无故拖欠劳动者工资的；……"

也就是说，在用人单位拖欠工资时，劳动者不仅能要求公司支付全部工资，还可以要求对方支付相应的赔偿金。并且，如果劳动者就此提出辞职，也不影响同时向用人单位索要劳动报酬、经济补偿和赔偿金。

💡 要求用人单位支付工资的前提是有书面劳动合同吗？

小宋在广东的一家工厂上班，到厂里工作两个月后，工厂只发了一个月的工资给小宋。小宋问询后得知自己只能领签了劳动合同的那个月的工资，因为第一个月没签合同，所以没有工资。那么，用人单位支付工资是不是必须以劳动合同为前提呢？

工资是雇主或者用人单位依法或按照约定对劳动者的劳动所支付的报酬，劳动者提供了劳动，与用人单位成立了劳动关系，用人单位就应当向劳动者支付工资。换言之，只要劳动关系存在，用人单位就应当支付劳动报酬，是否订立劳动合同并不影响工资的支付。根据我国《劳动合同法》第十条的规定，劳动关系自用人单位用工之日起建立。如果用人单位招用劳动者未订立劳动合同，但劳动者可以通过工作证、服务证、考勤记录等证明劳动关系存在的，就可以主张工资。案例中，工厂的做法肯定是错误的，自小宋在工厂工作之日起，双方就建立了劳动关系，工厂就应当支付工资。对于未支付的部分，小宋可以要求其支付，也可以投诉或申请劳动争议仲裁。

劳务派遣中，到底是用人单位支付工资还是用工单位支付工资？

唐某本来是A公司的员工，后因工作需要，被A公司派遣到B公司上班。唐某到B公司上班两个月都没收到工资，两公司互相推诿，都说应该由对方发工资。请问，到底该由谁给唐某发工资呢？

我国《劳动合同法》第五十八条第二款规定："劳务派遣单位应当与被派遣劳动者订立二年以上的固定期限劳动合同，按月支付劳动报酬；被派遣劳动者在无工作期间，劳务派遣单位应当按照所在地人民政府规定的最低工资标准，向其按月支付报酬。"该条中的"劳务派遣单位"即用人单位，被派遣的单位则为用工单位。由此可见，在劳务派遣中，应当由用人单位（劳务派遣单位）发放工资。实践中，为方便起见，许多用人单位也会与用工单位在劳务派遣协议中约定具体由谁支付工资，有约定的，就按约定的处理。上面的案例中，A公司作为劳务派遣单位是用人单位，B公司作为接受劳务派遣的单位是用工单位，所以在没有特别约定的情况下，应当由A公司向唐某支付工资。

💡 劳动者主张加班费的，其是否应当承担举证责任？

根据《最高人民法院关于审理劳动争议案件适用法律问题的解释（一）》第四十二条的规定："劳动者主张加班费的，应当就加班事实的存在承担举证责任。但劳动者有证据证明用人单位掌握加班事实存在的证据，用人单位不提供的，由用人单位承担不利后果。"

由此可见，在劳动纠纷中，如果劳动者要求用人单位支付加班费，此时劳动者有义务向司法机构举证证明自己进行了加班。否则，其要求用人单位支付加班费的请求不会得到支持。此外，如果劳动者无法提供加班的证据，但是其能证明加班的证据被用人单位掌握，那么，此时举证责任就转移到用人单位头上。如果用人单位不提供加班的证据，法律直接推定加班事实存在。

（二）社　保

💡 达到法定退休年龄之前可以支取基本养老保险金吗？

张阿姨今年 48 岁，因身体不适提前办理了退休手续。张阿姨在公司已经缴纳了近 20 年的社保，办理完退休手续后，张阿姨可以提前支取个人账户里的养老保险金吗？

张阿姨在达到法定退休年龄之前不能领取养老保险金，也不能提前支取个人账户中的养老保险金。

根据我国《社会保险法》第十六条第一款的规定："参加基本养老保险的个人，达到法定退休年龄时累计缴费满十五年的，按月领取基本养老金。"

由此可见，领取养老保险的条件有两个，一是达到法定退休年龄；二是累计缴费满15年。

同时，该法第十四条规定："个人账户不得提前支取，记账利率不得低于银行定期存款利率，免征利息税。个人死亡的，个人账户余额可以继承。"

当前，我国女性的法定退休年龄是55周岁，哪怕张阿姨顺利办理了提前退休手续且缴纳了20年社保，在其年满55周岁之前，都无法领取养老保险，也不能提前支取个人账户中的养老保险金。

因为丧失劳动能力而提前退休，可以领取养老保险吗？

根据我国《社会保险法》第十六条的规定，个人在达到法定退休年龄时累计缴费满15年的，可以按月领取基本养老金。那么，法律对于某些弱势群体是否有特殊规定呢？例如，某人因为严重的疾病或因交通事故伤残而不再具有劳动能力，不得不提前退休的，可以提前领取基本养老保险吗？

答案是否定的。对此，我国《社会保险法》第十七条明确规定："参加基本养老保险的个人，因病或者非因工死亡的，其遗属可以领取丧葬补助金和抚恤金；在未达到法定退休年龄时因病或者非因工致残完全丧失劳动能力的，可以领取病残津贴。所需资金从基本养老保险基金中支付。"

据此可知，在未达到法定退休年龄前，即便是因病或非因工致残丧失劳动能力，也不能提前领取养老保险金，而只能领取相应的病残津贴。例如，已缴纳社保16年的老李假期外出旅游时出了车祸，因高位截瘫无法继续工作，在这种情况下，老李只能领取病残津贴，而不能领取基本养老金。

退休时还差 2 年才能算缴费 15 年，还可以继续缴纳吗？

赵阿姨今年 55 岁，马上就要办理退休了，但她总共才缴纳了 13 年的社保，她担心自己领不到养老金，到处问办法，赵阿姨应该怎么办呢？

我国《社会保险法》第十六条第二款规定："参加基本养老保险的个人，达到法定退休年龄时累计缴费不足十五年的，可以缴费至满十五年，按月领取基本养老金；也可以转入新型农村社会养老保险或者城镇居民社会养老保险，按照国务院规定享受相应的养老保险待遇。"根据该条规定，达到法定退休年龄之后可以继续缴费，直至累计缴费满 15 年；也可以转入新型农村社会养老保险或者城镇居民社会养老保险，然后按规定申请养老金。因此，上面案例中的赵阿姨可以继续交社保，直到累计缴满 15 年，然后依法申领养老金；也可以将自己的社保关系转入新型农村社会养老保险或者城镇居民社会养老保险，再按规定缴费、申领养老金。

劳动者因工受伤，医疗费可以让工伤保险和医疗保险一起报吗？

陈某在车间工作时被机器夹伤，经鉴定为 7 级伤残。住院治疗期间，陈某共花费医疗费、康复费、伙食费等合计 8 万余元。陈某想着，自己有工伤保险，又有医疗保险，是不是可以就这笔费用报两次呢？

陈某的想法是错误的，不能重复报销。我国《社会保险法》第三十条第一款规定："下列医疗费用不纳入基本医疗保险基金支付范围：（一）应当从工伤保险基金中支付的……"第三十八条规定："因工伤发生的下列费用，按照国家规定从工伤保险基金中支付：（一）治疗工伤的医疗费用和康复费用；（二）住院伙食补助费……"根据前面两项规定可知,劳动者因工伤产生的医疗费等费用应当由工伤保险基金支付,而不由基本医疗保险基金支付。上面的案例中,即便陈某是买了医保和工伤保险,但他是因工负伤,所产生的治疗和康复费用应该走工伤保险的报销程序,不能同时走医保和工伤保险两项程序。

退休人员再就业时因工受伤,还能享受工伤保险待遇吗?

现实生活中,许多已经达到法定退休年龄的"爷爷奶奶"还在工作,为了妥善解决此类人员与用人单位之间的争议,《最高人民法院关于审理劳动争议案件适用法律问题的解释(一)》第三十二条第一款明确规定:"用人单位与其招用的已经依法享受养老保险待遇或者领取退休金的人员发生用工争议而提起诉讼的,人民法院应当按劳务关系处理。"

"按劳务关系处理",这是否就意味着此类人员在工作中受伤的,就不能再享受工伤保险待遇了呢?其实不然。《最高人民法院关于离退休人员与现工作单位之间是否构成劳动关系以及工作时间内受伤是否适用〈工伤保险条例〉问题的答复》中提到:"根据《工伤保险条例》第二条、第六十一条等有关规定,离退休人员受聘于现工作单位,现工作单位已经为其缴纳了工伤保险费,其在受聘期间因工作受到事故伤害的,应当适用《工伤保险条例》的有关规定处理。"

基于此,离退休人员再就业时因工负伤的,若其单位为他购买了工伤保险,其仍然可以享受工伤保险待遇。例如,徐老师今年61岁,其退休后被返聘到学校继续当老师,后在一次上实验课时受伤,如果学校给徐老师买了工伤保险的话,徐老师还是可以享受工伤保险待遇的。

什么情况下才可以领取失业保险金?

小王今年25岁,刚刚经历了创业失败。某次他路过社区居委会时看见失业保险金的宣传,觉得自己现在也处于失业状态,是不是也可以领取失业保险金呢?

失业保险金是失业保险经办机构依法支付给符合一定条件的失业人员的基本生活费用,是对失业人员在失业期间没有工资收入的临时性补偿。失业保险金具有较为严格的领取条件,根据《社会保险法》第四十五条的规定,失业人员必须符合以下条件,才能从失业保险基金中领取失业保险金:其一,失业前用人单位和失业人员本人已经缴纳失业保险费满一年;其二,非因本人意愿中断就业的,也就是说失业人员并非主动离职,而是被迫离职的;其三,失业人员已经进行失业登记,并有求职要求的。只有前述条件同时具备,才可以领取失业保险金,享受失业保险待遇。因此,如果小王想享受失业保险待遇的话,也必须符合前述条件。从案例看,小王系创业失败,没有缴纳失业保险费,也没有办理相关登记,可能无法领取失业保险金。

缴纳了7年失业保险费,失业后可以领多久的失业保险金?

我国《社会保险法》第四十六条规定:"失业人员失业前用人单位和本人累计缴费满一年不足五年的,领取失业保险金的期限最长为十二个月;累计缴费满五年不足十年的,领取失业保险金的期限最长为十八个月……重新就业后,再次失业的,缴费时间重新计算,领取失业保险金的期限与前次失业应当领取而尚未领取的失业保险金的期限合并计算,最长不超过二十四个月。"

根据该规定可知,领取失业保险金的期限需要根据缴纳失业保险费的年限来确定。例如,林某及其用人单位缴纳了7年的失业保险费,林某失业之后,最长可以领取18个月的失业保险金。但是,如果林某领取该次失业保险金之后再就业、后又再失业的,林某先前缴纳失业保险金的时间就不能计算了,但林某先前未领取的部分保险金可以在这次失业之后应当领取的合并计算。假如,林某前一次领了12个月失业保险金之后就业,工作2年(缴纳2年失业保险)之后再次失业,再次领取失业保险金时,其缴费年限就是2年,加之林某还有6个月的失业保险金没有领,所以林某最多可以领取18个月的失业保险金。

领取失业保险金期间,失业人员个人还要缴纳医保吗?

小张工作3年后被公司裁员,无奈之下只能靠领取失业保险金暂时补贴生活。某次他突然想到,失业后自己的医保就断了,那自己还需不需要单独缴纳个人部分呢?

小张不需要缴纳基本医疗保险费。我国《社会保险法》第四十八条规定:"失业人员在领取失业保险金期间,参加职工基本医疗保险,享受基本医疗保险待遇。失业人员应当缴纳的基本医疗保险费从失业保险基金中支付,个人不缴纳基本医疗保险费。"

据此可知,领取失业保险金期间,失业人员的基本医疗保险不会中断,而且其个人也不需要单独缴费,其应缴纳部分会从失业保险基金中支出。上面的案例中,小张正处于领取失业保险金的状态,他个人应该缴纳的医保费用会从失业保险基金中支付,小张不必再单独缴纳基本医疗保险费用。

劳动者主动离职，可以享受失业保险待遇吗？

我国《社会保险法》第四十五条规定："失业人员符合下列条件的，从失业保险基金中领取失业保险金：（一）失业前用人单位和本人已经缴纳失业保险费满一年的；（二）非因本人意愿中断就业的；（三）已经进行失业登记，并有求职要求的。"由此可见，从离职原因来看，仅"非因本人意愿中断就业的"失业人员才能从失业保险基金中领取失业保险金。根据人社部《实施〈中华人民共和国社会保险法〉若干规定》第十三条的规定，所谓"非因本人意愿中断就业"包括以下情形："（一）依照劳动合同法第四十四条第一项、第四项、第五项规定终止劳动合同的；（二）由用人单位依照劳动合同法第三十九条、第四十条、第四十一条规定解除劳动合同的；（三）用人单位依照劳动合同法第三十六条规定向劳动者提出解除劳动合同并与劳动者协商一致解除劳动合同的；（四）由用人单位提出解除聘用合同或者被用人单位辞退、除名、开除的；（五）劳动者本人依照劳动合同法第三十八条规定解除劳动合同的……"

也就是说，仅在劳动者被动离职（如劳动合同期满、单位破产、单位被吊销营业执照或关闭或撤销、单位因劳动者过失、裁员等原因解除劳动合同等）时，才构成"非因本人意愿中断就业"，这是享受失业保险待遇的重要条件之一。例如，小黄因为不喜欢工作岗位主动提出离职，就不属于"非因本人意愿中断就业"，而是"自愿中断就业"，小黄就不能享受失业保险待遇。

男性可以享受生育保险待遇吗？

生育保险是国家通过立法保护职工因生育子女而暂时中断劳

动,暂无工资收入而给予的生活保障和物质帮助。在我国,生育保险是强制险,职工无论男女,用人单位都应为其缴纳生育保险费。

我国《社会保险法》第五十四条规定:"用人单位已经缴纳生育保险费的,其职工享受生育保险待遇;职工未就业配偶按照国家规定享受生育医疗费用待遇。所需资金从生育保险基金中支付。生育保险待遇包括生育医疗费用和生育津贴。"

根据该规定可知,如果男性职工的配偶未就业、无生育保险的,其也可以享受生育保险待遇中的生育医疗费用待遇,换言之,也可以说男性是可以享受生育保险待遇的。例如,李某系某公司员工,单位为其缴纳了生育保险,但李某的妻子是全职主妇,如果李某的妻子怀孕生子,她也可以享受生育保险医疗费用的待遇,只是不能获得生育津贴。

在非工作地购买自住住房可以申请住房公积金贷款吗?

小吴是杭州人,大学毕业后留在上海工作,用人单位按照最高标准为小吴缴存了住房公积金。2020年,小吴结婚,婚后想在杭州买一套房自住,请问小吴可以申请住房公积金贷款吗?应该向谁申请呢?

《建设部、财政部、中国人民银行关于住房公积金管理若干问题的指导意见》第二十条规定:"职工在缴存住房公积金所在地以外的设区城市购买自住住房的,可以向住房所在地管理中心申请住房公积金贷款,缴存住房公积金所在地管理中心要积极协助提供职工缴存住房公积金证明,协助调查还款能力和个人信用等情况。"

由此可见,异地购买自住住房的,也可以申请住房公积金贷款。案例中,小吴缴存住房公积金的地点在上海,欲购买的自住房在杭州，所以小吴可以向杭州的管理中心申请住房公积金贷款。

💡 住房公积金可以继承吗？

住房公积金是用人单位和劳动者对等缴存的长期住房储金，可以有效减轻贷款职工的负担。但是，并非所有人都可能及时使用住房公积金，那么，如果劳动者在职期间死亡，其继承人是否可以继承他的公积金呢？

根据《住房公积金管理条例》第三条的规定："职工个人缴存的住房公积金和职工所在单位为职工缴存的住房公积金，属于职工个人所有。"也就是说，公积金是职工的个人财产。而根据《民法典》第一千一百二十二条的规定，遗产是指自然人死亡时留下的个人合法财产。

因此，公积金作为职工的个人合法财产，在其死亡后也属于遗产，死亡职工的继承人当然可以继承。例如，杨某系某校老师，他的公积金是按最高标准缴存的。2021年，杨某在讲台上突发疾病身亡，除杨某的工资等收入外，杨某账户内的公积金也是杨某的遗产，其继承人可以主张继承，即依法提取杨某账户内结余的住房公积金。

（三）工作时间与休息休假

💡 标准工时制度中，劳动者正常的工作时间是多久？

小陈在广东一家工厂上班，劳动合同中只说按标准工时制计算工作时长，但是并没有具体说每日要工作多久，实际上小陈每天的工作时间将近10个小时，请问小陈的正常工作时间应该是多久？

标准工时制，是指我国法律规定的在正常情况下劳动者从事工作的时间。根据《劳动法》第三十六条的规定，我国目前实行的是"每日工作时间不超过八小时，平均每周工作时间不超过四十四小时"的标准工时制度。否则，用人单位就是延长了劳动者的工作时间，对于延长的工作时间，劳动者有权要求用人单位支付加班费。如果用人单位是违法延长工作时间的，还可能面临要承担行政责任。上面的案例中，小陈与工厂的劳动合同明确约定为标准工时制，也就是说小陈的正常工作时间是每天不超过 8 小时，平均每周工作时间不超过 44 小时。现在小陈每天工作近 10 小时，已经超出了劳动合同约定的范畴，其有权主张加班费。若工厂违法延长工作时间的，小陈还可以向劳动监察部门举报。

加班费到底应该怎么计算？

加班费是劳动者按照用人单位的安排在规定的工作时间之外进行劳动或者工作而应当获得的报酬或补偿。我国《劳动法》第四十四条明确规定了加班费的计算方式，即："有下列情形之一的，用人单位应当按照下列标准支付高于劳动者正常工作时间工资的工资报酬：（一）安排劳动者延长工作时间的，支付不低于工资的百分之一百五十的工资报酬；（二）休息日安排劳动者工作又不能安排补休的，支付不低于工资的百分之二百的工资报酬；（三）法定休假日安排劳动者工作的，支付不低于工资的百分之三百的工资报酬。"

例如，于某在一贸易公司市场部任职，若该公司安排于某在某一正常的工作日延长 1 小时的工作时间（加班 1 小时），于某相应的加班费就是不低于其工资 150% 的报酬；若该公司安排其在周六或周日加班，则应当首先安排于某补休，若不能安排补休的，于某相应的加班费为不低于其工资200%的报酬；若该公司安排于某在元旦或春节等法定节假日加班，于某相应的加班费为不低于其工资的300%的报酬。当前，对于加班费的计算，现行法仅规定了最低的计算标准，劳动者可以和用人单位就加班费的计算进行协商，但协商确定的计算标准不能低于前述法条规定的标准。

每天加班超过2小时，用人单位违法吗？

许某在一家电子厂上班，每天都要加班超过2小时，有时候连一周一天的假期都保证不了。许某很忧愁，因为工厂的工资高，加班费也给得爽快，但每天都加班也不是办法。许某想知道工厂安排长时间加班的行为是否合法，如果不合法，可以怎么办？

我国《劳动法》第四十一条规定："用人单位由于生产经营需要，经与工会和劳动者协商后可以延长工作时间，一般每日不得超过一小时；因特殊原因需要延长工作时间的，在保障劳动者身体健康的条件下延长工作时间每日不得超过三小时，但是每月不得超过三十六小时。"第四十二条规定："有下列情形之一的，延长工作时间不受本法第四十一条规定的限制：（一）发生自然灾害、事故或者因其他原因，威胁劳动者生命健康和财产安全，需要紧急处理的；（二）生产设备、交通运输线路、公共设施发生故障，影响生产和公众利益，必须及时抢修的……"第九十条规定："用人单位违反本法规定，延长劳动者工作时间的，由劳动行政部门给予警告，责令改正，并可以处以罚款。"

由此可见，用人单位是不能随意安排劳动者加班的，否则将面临行政处罚。案例中，许某工作的工厂每天延长2小时的工作时间,甚至安排劳动者在休息日加班,已经超过了每日加班 1 小时的标准,且其安排加班并不属于《劳动法》第四十二条规定的情形,已然违法,相较于高工资而言,劳动者的身体健康更为重要,许某可以向劳动行政部门投诉。

劳动合同中约定的加班时间一定有效吗?

我国《劳动法》第三十六条明确规定:"国家实行劳动者每日工作时间不超过八小时,平均每周工作时间不超过四十四小时的工时制度。"第四十一条规定:"用人单位由于生产经营需要,经与工会和劳动者协商后可以延长工作时间,一般每日不得超过一小时;因特殊原因需要延长工作时间的,在保障劳动者身体健康的条件下延长工作时间每日不得超过三小时,但是每月不得超过三十六小时。"

由此可知,用人单位是不能随意安排员工加班的。现实生活中,有些用人单位会在劳动合同中要求劳动者服从公司的加班安排,甚至事先在劳动合同中载明劳动者每周应加班的时间。例如,甲公司在该公司每份劳动合同中都写明:"员工应严格服从公司的加班安排,每年 10—11 月,每日加班××小时。"虽然劳动者可能在签合同时同意了该条款,但法律关于加班时间的规定是强制性的,如果用人单位违法延长工作时间,事先约定也没有法律效力。

实行标准工时或综合计算工时,都是公司说了算吗?

小唐在一家贸易公司上班,该公司在淡季对员工实行标准工时制度,在旺季实行综合工时制度,小唐有个疑问,公司说实行标准工时就实行标准工时,说实行综合计算工时就实行综合计算工时,这样合法吗?

在我国，标准工时就是每天工作时间不超过 8 小时，每周工作时间不超过 44 小时。综合工时就是以周、月、季度或年为周期，综合计算工作时间，但是其每日或每周平均工作时间应与标准工时相同。因综合工时并未明确劳动者每天工作的时间，故其适用范围仅限于某些特殊行业。例如，需要连续作业的交通（水陆空）行业、受季节和自然条件限制较多的地质、建筑、旅游等行业等。依据我国《劳动法》第三十九条的规定，企业要实行综合工时制的，必须申请劳动行政部门批准。

由此可见，工时制度并不是用人单位想改就能改的。所以案例中贸易公司的做法不合法，其不能自行决定实行综合工时制。并且，实行综合工时制度并不等于不必支付加班费，如果超过法定工作时间的，公司仍然要支付加班费。

工作多久之后可以休年假？

年休假是国家明确规定的用人单位应当给职工享受的一年一次的带薪假期。我国《劳动法》第四十五条规定："国家实行带薪年休假制度。劳动者连续工作一年以上的，享受带薪年休假。具体办法由国务院规定。"《职工带薪年休假条例》第二条也规定："机关、团体、企业、事业单位、民办非企业单位、有雇工的个体工商户等单位的职工连续工作 1 年以上的，享受带薪年休假（以下简称年休假）。单位应当保证职工享受年休假。职工在年休假期间享受与正常工作期间相同的工资收入。"

由此可见，劳动者工作一年之后就可享受年休假期。例如，小王在一家私企上班，2020 年 5 月 1 日入职，2021 年 4 月 30 日，小王工作满一年，这之后，小王就可以开始享受年休假。

什么情况下不能享受当年的年休假？

《职工带薪年休假条例》第四条规定："职工有下列情形之一的，不享受当年的年休假：（一）职工依法享受寒暑假，其休假天数多于年休假天数的；（二）职工请事假累计20天以上且单位按照规定不扣工资的；（三）累计工作满1年不满10年的职工，请病假累计2个月以上的；（四）累计工作满10年不满20年的职工，请病假累计3个月以上的；（五）累计工作满20年以上的职工，请病假累计4个月以上的。"

由此可知，职工如果有上面列举的几种情形，是不能享受当年的年休假的。例如，小梅在某学校当老师，每年有将近4个月的寒暑假，其就不能享受年休假。小豪在某私企工作，因家中有事，他断断续续请了25天的事假且照常领取工资，他也不能享受当年的年休假。

如何确定年休假的天数？

向某在某科技公司工作了5年，按规定她应该休多少天的年休假？

根据我国《职工带薪年休假条例》第三条的规定："职工累计工作已满1年不满10年的，年休假5天；已满10年不满20年的，年休假10天；已满20年的，年休假15天。国家法定休假日、休息日不计入年休假的假期。"

根据该条规定，年休假天数根据职工累计工作时间确定。上面的案例中，向某在公司工作了5年，按规定她应该休5天的年休假。

累计工作 7 年，当年的年休假已经休完，之后又休了 2 个月的病假，下一年还能休年休假吗？

截至 2020 年，李某在某公司工作已满 7 年，2020 年 5 月，李某休了 5 天的年休假，之后因为生病，又休了 2 个月的病假，他明年还能休年休假吗？

李某不能休 2021 年的年休假。根据《企业职工带薪年休假实施办法》第八条的规定："职工已享受当年的年休假，年度内又出现条例第四条第（二）、（三）、（四）、（五）项规定情形之一的，不享受下一年度的年休假。"而根据《职工带薪年休假条例》第四条的规定，不能享受下一年度的年休假的情形有以下几种："（一）职工依法享受寒暑假，其休假天数多于年休假天数的；（二）职工请事假累计 20 天以上且单位按照规定不扣工资的；（三）累计工作满 1 年不满 10 年的职工，请病假累计 2 个月以上的；（四）累计工作满 10 年不满 20 年的职工，请病假累计 3 个月以上的……"

上面的案例中，李某已经休了当年的年休假，又休了 2 个月的病假，符合上面法律规定的情形，故其不能再休明年的年休假。

如果劳动者的年休假没休满，可以要求用人单位补偿吗？

《职工带薪年休假条例》第五条第三款规定："单位确因工作需要不能安排职工休年休假的，经职工本人同意，可以不安排职工休年休假。对职工应休未休的年休假天数，单位应当按照该职工日工资收入的 300% 支付年休假工资报酬。"《企业职工带薪年休假实施办法》第十条第二款规定："用人单位安排职工休年休假，但是职工因本人原因且书面提出不休年休假的，用人单位可以只支付其正常工作期间的工资收入。"

也就是说，用人单位是否需要补偿未休满年休假的职工，应视具体原因具体分析。例如，姚某的公司因紧急业务在经过全体员工同意的情况下未安排或未安排满当年的年休假，其就应向员工支付日工资收入的3倍的报酬；如果姚某因为自己的原因申请不休年休假的，公司就仅需正常的支付工资给姚某，不必额外补偿。

离职时发现自己当年的年休假还没安排，可以要求用人单位补偿吗？

赵某在传媒公司上班，劳动期限届满后，赵某未与公司续约。办理离职手续时赵某想起自己当年的年休假申请还没被批准，赵某可以就此要求公司补偿吗？

赵某可以依法要求公司予以补偿。《企业职工带薪年休假实施办法》第十二条第一款规定："用人单位与职工解除或者终止劳动合同时，当年度未安排职工休满应休年休假的，应当按照职工当年已工作时间折算应休未休年休假天数并支付未休年休假工资报酬，但折算后不足1整天的部分不支付未休年休假工资报酬。"

由此可见，在公司与职工解除劳动合同或劳动合同依法终止时，若公司当年度没有保障职工的年休假休满的，职工可以要求公司按其当年已工作时间折算未休年休假的天数并支付工资报酬。折算方法为：（当年度在本单位已过日历天数÷365天）×职工本人全年应当享受的年休假天数－当年度已安排年休假天数。可见，赵某是可以要求公司支付相应的工资报酬作为补偿的。

（四）对女职工的特别保护

💡 因怀孕女职工不能为企业带来效益而降低其工资，合法吗？

《女职工劳动保护特别规定》第五条规定："用人单位不得因女职工怀孕、生育、哺乳降低其工资、予以辞退、与其解除劳动或者聘用合同。"第十四条规定："用人单位违反本规定，侵害女职工合法权益的，女职工可以依法投诉、举报、申诉，依法向劳动人事争议调解仲裁机构申请调解仲裁，对仲裁裁决不服的，依法向人民法院提起诉讼。"

据此可知，孕期女职工是法律特殊保护的劳动者，用人单位不能因为女职工怀孕、生育、哺乳而降低工资或直接解除劳动合同，女职工在面临此种情形时，可以拿起法律的武器保护自己。例如，黄某刚到单位工作1年，就查出来怀孕了，随着肚子越来越大，公司同事都看出来了。公司就借此机会把黄某的工资降低了500元，对此，黄某可以向劳动行政部门投诉、申诉或者申请仲裁，要求公司恢复其工资。

💡 对于不能适应原岗位工作的孕期女职工，用人单位应该如何安排工作？

小秦刚刚怀孕，自己和胎儿的状态都不太稳定，不能继续高强度工作。为了安全健康，小秦拿着医院的证明申请换一个稍微轻松一些的岗位，但被公司拒绝了，公司的做法是否合法？

公司的做法不合法，《女职工劳动保护特别规定》第六条第一款规定："女职工在孕期不能适应原劳动的，用人单位应当根据医疗机构的证明，予以减轻劳动量或者安排其他能够适应的劳动。"

由此可见，用人单位也负有保护孕期女职工的义务。上面的案例中，公司应当根据医院的证明给小秦换岗或者减少其工作量。

在工作时间方面，法律是如何保护哺乳期女职工的？

《女职工劳动保护特别规定》第九条规定："对哺乳未满1周岁婴儿的女职工，用人单位不得延长劳动时间或者安排夜班劳动。用人单位应当在每天的劳动时间内为哺乳期女职工安排1小时哺乳时间；女职工生育多胞胎的，每多哺乳1个婴儿每天增加1小时哺乳时间。"

可见，法律为保证哺乳期女职工的哺乳和休息时间也作了安排。例如，小明生了1个女儿，2个月后就回到了工作岗位，在这种情况下，小明所在公司就不能要求小明加班，也不能排夜班，并且应当在每天的工作时间内为小明安排1个小时的哺乳时间。

用人单位可以删减产期女职工的产假吗？

韩某生产完之后刚休了1个月的产假就被召回公司工作，她的同事都很意外，产假是可以根据公司的意愿删减吗？

我国《劳动法》第六十二条规定："女职工生育享受不少于九十天的产假。"《女职工劳动保护特别规定》第七条规定："女职工生育享受98天产假，其中产前可以休假15天；难产的，增加产假15天；生育多胞胎的，每多生育1个婴儿，增加产假15天。女职工怀孕未满4个月流产的，享受15天产假；怀孕满4个月流产的，享受42天产假。"

可见，产假是国家给予在职妇女产期前后的假期待遇，其不能因为任何原因减少。所以公司是不能任意删减员工的产假的,上面案例中公司的做法错误,韩某可以拒绝工作安排,也可以向劳动行政部门投诉。

公司可以安排怀孕7个月以上的女职工上夜班吗?

小云怀孕刚满7个月,而她的工作性质又比较特殊,有时会上夜班。小云曾因自己孕期不能劳累为由拒绝了一次夜班排班,她担心公司因此不重视她,所以默默承受着公司的夜班安排。请问,公司的做法是否恰当,小云应当怎么办?

我国《劳动法》第六十一条明确规定:"不得安排女职工在怀孕期间从事国家规定的第三级体力劳动强度的劳动和孕期禁忌从事的劳动。对怀孕七个月以上的女职工,不得安排其延长工作时间和夜班劳动。"第九十五条规定:"用人单位违反本法对女职工和未成年工的保护规定,侵害其合法权益的,由劳动行政部门责令改正,处以罚款;对女职工或者未成年工造成损害的,应当承担赔偿责任。"

根据上面这两条法律规定可知,怀孕7个月以上的员工是用人单位应该特别保护的员工,如果违反了保护规定的,用人单位将要承担法律责任。因此,上面案例中公司的做法错误,孕期中,身体健康最重要,小云可以拒绝公司的夜班安排,也可以通过换班等方式协调。

四、工伤处理

（一）工伤认定

工作期间休息时被砸伤，可以享受工伤待遇吗？

甲是 A 公司的一名员工，上班开会后休息期间，其去上厕所时不慎滑倒摔伤膝盖，半月板严重损伤。那么，甲受伤是否属于工伤呢？

我国《工伤保险条例》第十四条第（一）项规定，职工在工作时间和工作场所内，因工作原因受到事故伤害的，应当认定为工伤。工作时间""工作地点""因工作原因"是构成工伤的三要素，其中，"工作时间"的认定应当注意，工作间歇中的休息也属于在工作时间内，它与职工的本职工作密不可分，职工不可能连续不间断地工作，合理的休息是必要的，这是职工工作时间的自然延伸，属于工作的一部分。由此可见，员工在工作期间休息时遭到事故伤害的，属于《工伤保险条例》中规定的工伤情形，前文所举的例子中甲在会议结束后去上厕所，属于合理的需要，在此期间受伤应当认定为工伤。

执行工作任务期间被他人打伤，属于工伤吗？

我国《工伤保险条例》第十四条第（三）项规定：职工在工

作时间和工作场所内,因履行工作职责受到暴力等意外伤害的,应当认定为工伤。

由此可见,在工作时间和工作场所内,他人不服从职工因履行工作职责所实施的管理行为,对职工实施暴力伤害,职工因此受伤的,应当对该职工认定为工伤。

举例来说,秦某是某大厦保安,一日,王某想进入大厦但忘记带门卡,受到秦某的阻拦,秦某称必须有担保人引导客人才能进入,王某则称没有担保人。二人争执不下,王某恼羞成怒,对秦某大打出手,造成秦某身上多处骨折。秦某作为大厦保安,负有大厦入口的安保责任,依照大厦规定对外来人员进行合理的询问和阻拦是其职责所在。由于秦某在是坚守岗位的过程中被王某打伤,属于在工作时间和工作场所内,因履行工作职责受到暴力等意外伤害的情形,依法应当认定为工伤。

上班途中发生交通事故,可以认定为工伤吗?

小夏上班途中,经过一辆停在路边的汽车时,不料车主猛开车门,小夏躲闪不及被车门撞伤。经交警部门认定,小夏承担此次事故的次要责任。那么,小夏的情况属于工伤吗?

我国《工伤保险条例》第十四条第(六)项规定:职工在上下班途中,受到非本人主要责任的交通事故或者城市轨道交通、客运轮渡、火车事故伤害的,应当认定为工伤。

根据这一规定,要符合工伤需满足三个条件:一是伤害必须发生在"上下班途中",也就是从职工居住地到工作场所之间的路途中,既包括职工按正常工作时间上下班的途中,也包括职工加班加点上下班的途中;二是职工本人承担事故的非主要责任;三是此处的"交通事故"特指《道路交通安全法》所称的道路上发生的车辆安全事故,既包括机动车事故,也包括非机动车事故。

前文的案例中,小夏是在上班途中遭遇交通事故,且小夏不承担事故的主要责任,符合工伤认定的三个条件,应当认定为工伤。

上班时突发疾病,三天后抢救无效死亡,能否算作工伤?

甲在值班时突发脑溢血,被紧急送往医院救治,三天后抢救无效死亡。甲的死亡能否认定为工伤?

根据我国《工伤保险条例》第十五条第一款第(一)项规定,职工在工作时间和工作岗位,突发疾病死亡或者在48小时之内经抢救无效死亡的,视同工伤,享受工伤保险待遇。这一规定设定了三个条件,这三个条件必须同时满足,才能视同工伤。一是事故必须发生在工作时间内,这里的"工作时间"是广义的工作时间,不仅包括单位规定的正常工作时间,还包括加班加点的工作时间,以及工作间隙中的休息时间;二是工作岗位。"工作岗位"既包括职工日常的工作岗位,也包括经用人单位指派和安排的其他工作岗位;三是突发疾病死亡或者48小时之内抢救无效死亡。"48小时"的起算时间,以医疗机构的初次诊断时间作为突发疾病的起算时间。"突发疾病",是指在上班期间职工突发职业病以外的由于职工自身原因而引起的疾病,包括与工作无关的各类疾病,如心脏病、脑出血、心肌梗死等。如果职工突发疾病,在48小时外抢救无效死亡,则不能认定为工伤。

前文的例子中,甲突发脑溢血,抢救三天无效后死亡,不符合"突发疾病死亡或者48小时内抢救无效死亡"的情形,依法不能认定为工伤。

因醉酒在单位工作时意外摔伤，是否属于工伤？

我国《工伤保险条例》第十六条规定"职工符合本条例第十四条、第十五条的规定，但是有下列情形之一的，不得认定为工伤或者视同工伤：（一）故意犯罪的；（二）醉酒或者吸毒的；（三）自残或者自杀的。"

也就是说，因醉酒等情形而导致的伤亡事故，无论是否发生在工作时间、工作地点以及是否因工作原因导致，均不能作为工伤处理。

举例来说，甲是某单位的在职员工，平时喜欢饮酒，一日甲醉酒后办公，在办理业务过程中不慎摔了个跟头，导致左腿膝盖轻微骨折。在这个例子中，甲在工作时间和工作岗位，因工作原因受到事故伤害，本应依照法律认定为工伤，但是由于事故发生在甲醉酒的状态下，依照《工伤保险条例》第十六条的规定，就不能认定为工伤。

职工因见义勇为而受伤能否认定为工伤？

王某是某小区的一名保安。某日晚上值夜班期间，小区门外的街道上有人对一过往行人进行抢劫，王某听见呼救的声音就立即前去施救。在与歹徒搏斗的过程中，王某不慎从台阶上摔下，多处致伤。那么，王某所受伤害能否被认定为工伤？

我国《工伤保险条例》第十五条第一款规定："职工有下列情形之一的，视同工伤：（一）在工作时间和工作岗位，突发疾病死亡或者在48小时之内经抢救无效死亡的；（二）在抢险救灾等维护国家利益、公共利益活动中受到伤害的；（三）职工原在军队服役，因战、因公负伤致残，已取得革命伤残军人证，到用人单位后旧伤复发的。"

由此可见，国家鼓励公民见义勇为，主动帮助他人的行为。职工见义勇为，为制止违法犯罪行为而受到伤害的，属于《工伤保险条例》第十五条第一款第（二）项规定的为维护公共利益受到伤害的情形，应当视同工伤。

在前面的例子中，王某见义勇为，在与歹徒搏斗的过程中受伤，属于"在抢险救灾等维护国家利益、公共利益活动中受到伤害"的情形，应当对王某认定为工伤。

职工因工外出期间发生事故死亡，是否构成工亡？

根据我国《工伤保险条例》第十四条第（五）项的规定：职工因工外出期间，由于工作原因受到伤害或者发生事故下落不明的，应当认定为工伤。所谓"因工外出"，有两层含义，一是指由于工作需要被领导指派到本单位以外工作；二是指职工因为完成工作任务而外出办公。所谓"由于工作原因受到伤害"，是指由于工作原因直接或间接造成的伤害。所谓"发生事故下落不明"，是指因遭受安全事故、意外事故等事故而失去音讯、职工处于生死不明的情形。

由此可见，职工受用人单位指派或者因工作需要在工作场所以外从事与工作职责有关的活动，发生事故的，可以认定为工伤或者工亡。

举个例子来说，甲系某市自来水公司的职工，单位委派其赴省城水质监测中心开展业务。甲在办理完公务从省城返回途中，发生交通事故导致死亡。经单位申请，甲被认定为工亡。

💡 员工在公司组织旅游期间突发心脏病死亡，是否能够享受工伤待遇？

余某是某保险公司的业务员，年底公司组织员工外出旅游，在海边游泳时，余某发生意外当场身亡。经当地公安机关法医鉴定中心鉴定，余某死于突发性心脏病。那么，余某的意外死亡是否属于工伤呢？

公司组织的外出虽然不是在工作时间内，但是这都是为了让员工有更好的状态去工作，一般应看作工作时间的延伸。如果员工在这期间遭受伤害或突发疾病死亡，单位应当承担责任。对此，我国《工伤保险条例》第十四条第（一）项、第（二）项规定：在工作时间和工作场所内，因工作原因受到事故伤害的以及工作时间前后在工作场所内，从事与工作有关的预备性或者收尾性工作受到事故伤害的，应认定为工伤。第十五条第一款第（一）项规定：在工作时间和工作岗位，突发疾病死亡或者在48小时之内经抢救无效死亡的，视同工伤。

由此看来，在前文的案例中，余某虽然是在公司组织的外出旅游期间发生意外事故身亡，但是仍应认定为在工作时间和工作岗位上突发疾病死亡，依法视同工伤。因此，职工在公司组织的旅游期间意外死亡能够享受工伤待遇。

💡 发生工伤事故应在多长时间内申请工伤认定？

我国《工伤保险条例》第十七条第一款、第二款规定："职工发生事故伤害或者按照职业病防治法规定被诊断、鉴定为职业病，所在单位应当自事故伤害发生之日或者被诊断、鉴定为职业病之日起30日内，向统筹地区社会保险行政部门提出工伤认定申请。遇有特殊情况，经报社会保险行政部门同意，申请时限可以适当延长。用人单位未按前款规定提出工伤认定申请的，工伤职工或者其近亲属、工会组织在事故伤害发生之日或者被诊断、鉴定为职业病之日起1年内，可以直接向用人单位所在地统筹地区社会保险行政部门提出工伤认定申请。"

由此可见，提出工伤认定的主体有两类，一类是用人单位，另一类是工伤职工一方。用人单位的申请时间为30日内，工伤职工一方的申请时间为1年内，两者都是从事故伤害发生之日或者被诊断、鉴定为职业病之日起算。超过这个期限，不再受理。不过，法律中还特别规定如果遇有特殊情况，经报社会保险行政部门同意，申请时限可以适当延长。

谁应当承担工伤认定的证明责任？

我国《工伤认定办法》第十七条规定："职工或者其近亲属认为是工伤，用人单位不认为是工伤的，由该用人单位承担举证责任。用人单位拒不举证的，社会保险行政部门可以根据受伤害职工提供的证据或者调查取得的证据，依法作出工伤认定决定。"

由此可见，当职工一方和用人单位一方对是否属于工伤发生争议时，由用人单位一方承担举证责任，证明不是工伤。这一规定，对于受伤的劳动者来说无疑起到保护作用。

举例来讲，甲在下班回家途中摔伤，甲认为自己的受伤属于工伤，并因此申请工伤认定，而用人单位主张甲是在下班后受的伤，不属于工伤，双方各执一词。在这种情况下，应当由用人单位举证证明甲不属于工伤。用人单位如果拒不举证，则应承担不利的诉讼后果。

💡 对工伤认定结果不服的，职工一方有何救济途径？

我国《工伤认定办法》第二十三条规定："职工或者其近亲属、用人单位对不予受理决定不服或者对工伤认定决定不服的，可以依法申请行政复议或者提起行政诉讼。"

由此可见，劳动者或用人单位对工伤认定结论不服的，有两种救济途径，可以依法申请行政复议；对复议决定仍不服的，可以提起行政诉讼。

举例来说，小丽在下班途中经过菜市场，于是去买菜，不料买菜时被自行车撞伤。小丽向劳保局申请工伤认定，劳保局作出了不予认定工伤的结论。在这种情况下，小丽有两种方法救济自己的权利，一种是直接向有关行政机关申请行政复议；另一种是对复议决定不服可以向人民法院提起诉讼。

（二）劳动能力鉴定

💡 职工发生工伤后，具备什么条件时应当进行劳动能力鉴定？

我国《工伤保险条例》第二十二条规定："劳动能力鉴定是指劳动功能障碍程度和生活自理障碍程度的等级鉴定。劳动功能障碍分为十个伤残等级，最重的为一级，最轻的为十级。生活自理障碍分为三个等级：生活完全不能自理、生活大部分不能自理和生活部分不能自理。劳动能力鉴定标准由国务院社会保险行政部门会同国务院卫生行政部门等部门制定。"

同时我国《工伤保险条例》第二十一条规定："职工发生工伤，经治疗伤情相对稳定后存在残疾、影响劳动能力的，应当进行劳动能力鉴定。"

由此可见，工伤职工进行劳动能力鉴定应当具备以下条件：一是经过治疗后，伤情处于相对稳定状态；二是虽经治疗，但还是造成职工存在残疾；三是工伤职工存在的残疾达到了影响劳动能力的程度。

劳动能力鉴定申请是否必须由工伤职工本人提出？

甲在下班途中遭遇车祸变成植物人，由于甲本人已经失去行为能力，那么谁可以代甲提出劳动能力鉴定申请呢？

根据我国《工伤保险条例》第二十三条的规定："劳动能力鉴定由用人单位、工伤职工或者其近亲属向设区的市级劳动能力鉴定委员会提出申请，并提供工伤认定决定和职工工伤医疗的有关资料。"

也就是说，除工伤职工本人有权提出申请外，用人单位和配偶、父母等近亲属也可以提出鉴定申请。前面案例中，在甲本人不能提出劳动能力鉴定申请的情况下，其所在单位和近亲属可以代甲提出劳动能力鉴定申请。

不服劳动能力鉴定结论应当如何救济？

甲因工致伤，本人向当地劳动能力鉴定委员会申请劳动能力鉴定，鉴定结论为因工致残十级。甲拿着鉴定结论书，感到十分困惑，自己伤得如此严重，怎么会只有十级伤残？问题来了，甲对此鉴定结论不服，有何救济途径？

我国《工伤保险条例》第二十六条规定："申请鉴定的单位或者个人对设区的市级劳动能力鉴定委员会作出的鉴定结论不服的，可以在收到该鉴定结论之日起15日内向省、自治区、直辖市劳动能力鉴定委员会提出再次鉴定申请。省、自治区、直辖市劳动能力鉴定委员会作出的劳动能力鉴定结论为最终结论。"

也就是说，公司职工有两次申请劳动能力鉴定的机会，如果职工对劳动能力鉴定结论不服，应当在 15 日内向省一级劳动能力鉴定委员会提出鉴定申请。但应当注意的是，省一级劳动能力鉴定委员会的鉴定结论为最终结论，如果对此不服不得再次申请鉴定。

所以前面的例子中，甲面对此鉴定结论并不是只能被迫接受，而是有办法救济自己的权利。如果他不服鉴定结论，可以在 15 日内向省、自治区、直辖市劳动能力鉴定委员会提出再次鉴定申请。

💡 申请人应当向谁提出劳动能力鉴定申请？

小明在工作中发生意外事故受伤，近日伤情渐趋稳定，他想进行劳动能力鉴定，那么小明应当向那个部门提出申请？

我国《工伤职工劳动能力鉴定管理办法》第七条规定："职工发生工伤，经治疗伤情相对稳定后存在残疾、影响劳动能力的，或者停工留薪期满（含劳动能力鉴定委员会确认的延长期限），工伤职工或者其用人单位应当及时向设区的市级劳动能力鉴定委员会提出劳动能力鉴定申请。"由此可见，进行劳动能力鉴定的前提必须属于工伤，并是在经过治疗后伤情稳定的情况下，提出申请的主体有工伤职工和用人单位两类。

所以，在前面的案例中，小明作为工伤职工，应当向设区的市级劳动能力鉴定委员会提出劳动能力鉴定申请。

💡 申请劳动能力鉴定需要提交的材料有哪些？

在发生比较严重的工伤事故之后，除了要及时申请工伤认定之外，劳动能力鉴定也是一项必不可少的环节，很多人因为没有及时申请而导致赔偿不如预期。那么，申请劳动能力鉴定需要提交哪些材料呢？

我国《工伤职工劳动能力鉴定管理办法》第八条规定："申请劳动能力鉴定应当填写劳动能力鉴定申请表，并提交下列材料：（一）有效的诊断证明、按照医疗机构病历管理有关规定复印或者复制的检查、检验报告等完整病历材料；（二）工伤职工的居民身份证或者社会保障卡等其他有效身份证明原件。"

由此可见，申请劳动能力鉴定时，按照上面法律规定提交材料即可。

（三）工伤待遇

职工发生工伤，治疗期间，是否还有工资福利待遇？

我国《工伤保险条例》第三十三条第一款、第二款规定："职工因工作遭受事故伤害或者患职业病需要暂停工作接受工伤医疗的，在停工留薪期内，原工资福利待遇不变，由所在单位按月支付。

停工留薪期一般不超过 12 个月。伤情严重或者情况特殊，经设区的市级劳动能力鉴定委员会确认，可以适当延长，但延长不得超过 12 个月。工伤职工评定伤残等级后，停发原待遇，按照本章的有关规定享受伤残待遇。工伤职工在停工留薪期满后仍需治疗的，继续享受工伤医疗待遇。"

由此可见，职工发生工伤的治疗期间属于在停工留薪期内的，在停工留薪期内，原工资、薪水、福利、保险等待遇不变，由所在单位按月支付。但停工留薪的时间不是无限长的，其有一定的时间上限，即一般不会超过 12 个月。由此可见，职工发生工伤，治疗期间，依法享受原工资福利待遇。

什么是生活护理费？其支付标准有哪些？

甲在一家水泥厂工作，有一次工作期间发生事故，导致高位截瘫，生活完全不能自理，终日卧床，饮食起居都靠亲属照顾。其所在的城市为我国中部某不发达地区一县级市，该地区上年度职工的月平均工资为 800 元/月，那么，甲能获得多少护理费赔偿额呢？

首先来看一下，什么是生活护理费？生活护理费，是指工伤职工处于停工留薪期或者被评定为伤残等级，并且生活需要护理，依法从单位或者工伤保险基金中用于生活护理的费用。

那么生活护理费应当按照什么样的标准向工伤职工支付呢？对此，我国《工伤保险条例》第三十四条有规定："工伤职工已经评定伤残等级并经劳动能力鉴定委员会确认需要生活护理的，从工伤保险基金按月支付生活护理费。生活护理费按照生活完全不能自理、生活大部分不能自理或者生活部分不能自理 3 个不同等级支付，其标准分别为统筹地区上年度职工月平均工资的 50%、40% 或者 30%。"

由此可见，护理费赔偿的支付方式为按月支付，其计算方法按照生活完全不能自理、生活大部分不能自理、生活部分不能自理 3 个不同等级又有不同。在前文的例子中，甲高位截肢，生活完全不能自理，甲所能获得的护理费赔偿额为：800 元/月×50%＝400 元/月。

被鉴定为一级至四级伤残的工伤职工可以享受哪些待遇？

我国《工伤保险条例》第三十五条规定："职工因工致残被鉴定为一级至四级伤残的，保留劳动关系，退出工作岗位，享受以下待遇：

（一）从工伤保险基金按伤残等级支付一次性伤残补助金，标准为：一级伤残为 27 个月的本人工资，二级伤残为 25 个月的本人工资，三级伤残为 23 个月的本人工资，四级伤残为 21 个月的本人工资；

（二）从工伤保险基金按月支付伤残津贴，标准为：一级伤残为本人工资的 90%，二级伤残为本人工资的 85%，三级伤残为本人工资的 80%，四级伤残为本人工资的 75%。伤残津贴实际金额低于当地最低工资标准的，由工伤保险基金补足差额；

（三）工伤职工达到退休年龄并办理退休手续后，停发伤残津贴，按照国家有关规定享受基本养老保险待遇。基本养老保险待遇低于伤残津贴的，由工伤保险基金补足差额。

职工因工致残被鉴定为一级至四级伤残的，由用人单位和职工个人以伤残津贴为基数，缴纳基本医疗保险费。"

也就是说，被鉴定为四级伤残的工伤职工可以享受较为优厚的待遇，除可以保留劳动关系外，还可以根据伤残等级获得一次性伤残补助金、伤残津贴等；办理了退休手续的职工，虽不能再继续享受伤残津贴，但可以享受基本养老保险待遇。

💡 被鉴定为五级、六级伤残的工伤职工可以享受哪些待遇？

我国《工伤保险条例》第三十六条规定："职工因工致残被鉴定为五级、六级伤残的，享受以下待遇：

（一）从工伤保险基金按伤残等级支付一次性伤残补助金，标准为：五级伤残为 18 个月的本人工资，六级伤残为 16 个月的本人工资；

(二) 保留与用人单位的劳动关系，由用人单位安排适当工作。难以安排工作的，由用人单位按月发给伤残津贴，标准为：五级伤残为本人工资的70%，六级伤残为本人工资的60%，并由用人单位按照规定为其缴纳应缴纳的各项社会保险费。伤残津贴实际金额低于当地最低工资标准的，由用人单位补足差额。"

由此可见，职工因工致残被鉴定为五级、六级伤残的，可以按照伤残等级享受一次性伤残补助金待遇，并能够保留劳动关系，由用人单位安排工作；难以安排工作的职工还可以享受伤残津贴待遇。

💡 被鉴定为七级至八级伤残的工伤职工可以享受哪些待遇？

我国《工伤保险条例》第三十七条规定："职工因工致残被鉴定为七级至十级伤残的，享受以下待遇：

(一) 从工伤保险基金按伤残等级支付一次性伤残补助金，标准为：七级伤残为13个月的本人工资，八级伤残为11个月的本人工资，九级伤残为9个月的本人工资，十级伤残为7个月的本人工资；

(二) 劳动、聘用合同期满终止，或者职工本人提出解除劳动、聘用合同的，由工伤保险基金支付一次性工伤医疗补助金，由用人单位支付一次性伤残就业补助金。一次性工伤医疗补助金和一次性伤残就业补助金的具体标准由省、自治区、直辖市人民政府规定。"

由此可见，职工因工致残被鉴定为七级至十级伤残的，可以按照伤残等级获得一次性伤残补助金。如果因为合同期满或者双方合意解除劳动、聘用合同的，工伤职工还可以获得一次性工伤医疗补助金和一次性伤残就业补助金。

工伤复发还能享受工伤待遇吗？

我国《工伤保险条例》第三十八条规定："工伤职工工伤复发，确认需要治疗的，享受本条例第三十条、第三十二条和第三十三条规定的工伤待遇。"具体为：职工因工作遭受事故伤害或者患职业病进行治疗，享受工伤医疗待遇。职工治疗工伤应当在签订服务协议的医疗机构就医，情况紧急时可以先到就近的医疗机构急救。工伤职工因日常生活或者就业需要，经劳动能力鉴定委员会确认，可以安装假肢、矫形器、假眼、假牙和配置轮椅等辅助器具，所需费用按照国家规定的标准从工伤保险基金支付。职工因工作遭受事故伤害或者患职业病需要暂停工作接受工伤医疗的，在停工留薪期内，原工资福利待遇不变，由所在单位按月支付。

总而言之，职工工伤复发，还可以享受工伤待遇，主要有三方面的待遇：医疗待遇、停工留薪期待遇和伤残辅助器具待遇。

职工因工死亡，其近亲属可以获得哪些补助？

我国《工伤保险条例》第三十九条规定："职工因工死亡，其近亲属按照下列规定从工伤保险基金领取丧葬补助金、供养亲属抚恤金和一次性工亡补助金：

（一）丧葬补助金为6个月的统筹地区上年度职工月平均工资；

（二）供养亲属抚恤金按照职工本人工资的一定比例发给由因工死亡职工生前提供主要生活来源、无劳动能力的亲属。标准为：配偶每月40%，其他亲属每人每月30%，孤寡老人或者孤儿每人每月在上述标准的基础上增加10%。核定的各供养亲属的抚恤金之和不应高于因工死亡职工生前的工资。供养亲属的具体范围由国务院社会保险行政部门规定；

（三）一次性工亡补助金标准为上一年度全国城镇居民人均可支配收入的 20 倍。

伤残职工在停工留薪期内因工伤导致死亡的，其近亲属享受本条第一款规定的待遇。

一级至四级伤残职工在停工留薪期满后死亡的，其近亲属可以享受本条第一款第（一）项、第（二）项规定的待遇。"

由此可见，职工因工死亡，近亲属可以获得三项补助，分别为丧葬补助金、供养亲属抚恤金和一次性工亡补助金。并且，如果一级至四级伤残职工在停工留薪期满后死亡的，可以获得丧葬补助金和供养亲属抚恤金。

职工在因工外出期间发生事故的，其亲属可以享受什么待遇？

赵某受单位领导指派外出执行工作任务期间遭遇火灾，赵某在救火时被严重烧伤，丧失劳动能力，劳动保障局依法认定赵某受伤为工伤。那么，赵某的亲属可以享受什么待遇？

我国《工伤保险条例》第四十一条规定："职工因工外出期间发生事故或者在抢险救灾中下落不明的，从事故发生当月起 3 个月内照发工资，从第 4 个月起停发工资，由工伤保险基金向其供养亲属按月支付供养亲属抚恤金。生活有困难的，可以预支一次性工亡补助金的 50%。职工被人民法院宣告死亡的，按照本条例第三十九条职工因工死亡的规定处理。"

在上面的例子中，赵某属于在抢险救灾中发生事故，其亲属可以代领三个月的工资，并可以申请供养抚恤金。

拒不接受劳动能力鉴定是否还能享受工伤保险待遇？

小王是在单位工作时被砸伤，被当地劳动保障局认定为工伤，但是小王拒绝进行劳动能力鉴定，那么小王还能享受工伤保险待遇吗？

我国《工伤保险条例》第四十二条规定："工伤职工有下列情形之一的，停止享受工伤保险待遇：（一）丧失享受待遇条件的；（二）拒不接受劳动能力鉴定的；（三）拒绝医疗的。"

具体而言，在享受工伤保险待遇期间，如果工伤职工的情况发生了变化，如工伤痊愈的或者工伤职工死亡、失踪、定残改为享受工伤死亡待遇或者按照残疾等级享受工伤致残待遇等，将不再具备享受工伤保险待遇的条件。除此之外，拒绝接受劳动能力鉴定、医疗也是停止享受工伤待遇的条件。因此，在上面的案例中，小王因为拒绝接受劳动能力鉴定而不能享受工伤保险待遇。

五、争议解决

发生劳动争议后,劳动者申请救济的方式有哪些?

我国《劳动争议调解仲裁法》第四条规定:"发生劳动争议,劳动者可以与用人单位协商,也可以请工会或者第三方共同与用人单位协商,达成和解协议。"

同时该法第五条规定:"发生劳动争议,当事人不愿协商、协商不成或者达成和解协议后不履行的,可以向调解组织申请调解;不愿调解、调解不成或者达成调解协议后不履行的,可以向劳动争议仲裁委员会申请仲裁;对仲裁裁决不服的,除本法另有规定的外,可以向人民法院提起诉讼。"

在劳动争议中,一方为劳动者,另一方为用人单位。双方发生劳动争议时,一般可以通过以下途径解决:(1)与用人单位协商解决。这是解决争议最便捷的方式,便于劳动者在短时间内实现自己的诉求,如果协商不成再考虑其他解决途径。(2)找工会或者第三方调解。工会是保护劳动者权利的组织,劳动争议发生时,可以申请工会介入,进行调停。(3)申请仲裁。如果前面两种方式解决不了,劳动者可以向劳动争议仲裁委员会申请劳动仲裁。(4)如果当事人对劳动争议仲裁裁决不服的,还可以向法院起诉。在这些救济途径中,大多没有行使的先后顺序。但是需要注意的是,发生劳动争议不能直接提起诉讼,只能先向劳动争议仲裁委员会申请仲裁,对仲裁裁决不服的才可以向人民法院提起诉讼。

劳动争议调解机构有哪些?

白云公司与员工赵某因经济补偿金问题发生争议,之后在企业劳动争议调解委员会的主持调解下,白云公司与赵某达成了解决协议,这种调解方式是否合法呢?

《劳动争议调解仲裁法》第十条规定:"发生劳动争议,当事人可以到下列调解组织申请调解:(一)企业劳动争议调解委员会;(二)依法设立的基层人民调解组织;(三)在乡镇、街道设立的具有劳动争议调解职能的组织。企业劳动争议调解委员会由职工代表和企业代表组成。职工代表由工会成员担任或者由全体职工推举产生,企业代表由企业负责人指定。企业劳动争议调解委员会主任由工会成员或者双方推举的人员担任。"

该法第十一条规定:"劳动争议调解组织的调解员应当由公道正派、联系群众、热心调解工作,并具有一定法律知识、政策水平和文化水平的成年公民担任。"

因此,符合法律规定的调解机构主要有:(1)企业劳动争议调解委员会;(2)依法设立的基层人民调解组织;(3)在乡镇、街道设立的具有劳动争议调解职能的组织。在上面的例子中,白云公司与员工赵某的劳动争议由企业劳动争议调解委员会进行调解解决,是法定的调解方式,合理合法。

劳动争议中,劳动者能否申请支付令?

我国《劳动合同法》第三十条规定:"用人单位应当按照劳动

合同约定和国家规定，向劳动者及时足额支付劳动报酬。用人单位拖欠或者未足额支付劳动报酬的，劳动者可以依法向当地人民法院申请支付令，人民法院应当依法发出支付令。"

同时《民事诉讼法》第二百二十一条规定："债权人请求债务人给付金钱，有价证券，符合下列条件的，可以向有管辖权的基层人民法院申请支付令：（一）债权人与债务人没有其他债务纠纷的；（二）支付令能够送达债务人的。申请书应当写明请求给付金钱或者有价证券的数量和所根据的事实，证据。"

由此可见，劳动者在索要工资时，用人单位托词不给付或不足额支付的情况下，劳动者可以依法向当地人民法院申请支付令。

支付令即督促程序，是指人民法院根据债权人的给付金钱等的申请，以支付令的形式，催促债务人限期履行义务的程序。支付令具有强制性，发生法律效力的支付令与人民法院生效判决、裁定具有同等强制力。支付令的存在，有利于劳动者更便捷地进入司法程序，为劳动者保护自己的合法权利提供了重要手段。

用人单位拒绝履行调解协议书，劳动者能否向法院申请强制执行？

小丽在执行工作任务期间受伤，关于赔偿问题与公司达成了调解协议，公司同意支付医疗费等费用。但是，调解协议达成后，公司却并未支付协议所约定的费用，小丽能否向法院申请强制执行？

我国《劳动争议调解仲裁法》第十五条规定："达成调解协议后，一方当事人在协议约定期限内不履行调解协议的，另一方当事人可以依法申请仲裁"。

由此可见，对于一方当事人没有在约定的期限内履行调解协议书中约定的义务时，另一方当事人不能直接申请法院强制执行该调解协议书，而只能申请劳动仲裁。因为双方当事人达成的调解协议，只具有民事合同的效力，而不具备强制执行力。

在前面的例子中，小丽不能向法院申请强制执行。

💡 劳动者能否以口头形式申请仲裁？

程序员张某因被公司辞退，想要向劳动争议仲裁委员会申请仲裁，试问，他能否直接口头提出申请？

我国《劳动争议调解仲裁法》第二十八条规定："申请人申请仲裁应当提交书面仲裁申请，并按照被申请人人数提交副本。仲裁申请书应当载明下列事项：（一）劳动者的姓名、性别、年龄、职业、工作单位和住所，用人单位的名称、住所和法定代表人或者主要负责人的姓名、职务；（二）仲裁请求和所根据的事实、理由；（三）证据和证据来源、证人姓名和住所。书写仲裁申请确有困难的，可以口头申请，由劳动争议仲裁委员会记入笔录，并告知对方当事人。"

由此可见，申请劳动仲裁原则上应当以书面形式提出，只有在书写确有困难的情况下，才可以口头申请。书写仲裁申请困难主要是指不识字、不认字等严重书写障碍的情况，对于单纯的不知道如何写、懒得写等情形，不能作为口头申请的条件。

在上面的例子中，张某作为程序员，在没有书写困难的情形存在时，应当提交书面申请，不能口头申请。

💡 申请劳动仲裁是否有时间限制？

我国《劳动争议调解仲裁法》第二十七条规定："劳动争议申

请仲裁的时效期间为一年。仲裁时效期间从当事人知道或者应当知道其权利被侵害之日起计算。

前款规定的仲裁时效，因当事人一方向对方当事人主张权利，或者向有关部门请求权利救济，或者对方当事人同意履行义务而中断。从中断时起，仲裁时效期间重新计算。

因不可抗力或者有其他正当理由，当事人不能在本条第一款规定的仲裁时效期间申请仲裁的，仲裁时效中止。从中止时效的原因消除之日起，仲裁时效期间继续计算。

劳动关系存续期间因拖欠劳动报酬发生争议的，劳动者申请仲裁不受本条第一款规定的仲裁时效期间的限制；但是，劳动关系终止的，应当自劳动关系终止之日起一年内提出。"

由此可见，当事人申请劳动仲裁是有时间限制的，应当在一年的时效期间内提出，该时效期间是可变期间，当事人既可以通过向对方当事人主张权利，也可以通过向有关部门主张权利的方式中断时效。

💡 在劳动争议中，举证责任应由谁承担？

嘉某公司认为，员工林某在上班期间经常迟到、早退，而且在被警告后仍然无视公司的制度，给公司管理带来了严重问题，于是解除了与林某的劳动合同。林某对此不服，他主张自己严格遵守了公司的规定，没有迟到、早退现象。嘉某公司于是申请劳动仲裁，那么在该劳动争议中，谁应当承担举证责任呢？

我国《劳动争议调解仲裁法》第六条明确规定："发生劳动争议，当事人对自己提出的主张，有责任提供证据。与争议事项有关的证据属于用人单位掌握管理的，用人单位应当提供；用人单位不提供的，应当承担不利后果。"

由此可见，在劳动争议的解决中，是否需要承担举证责任，关键看是谁提出了主张，提出主张的一方需要对自己的主张举证证明。但是，需要注意的是，如果所要提供的证据被用人单位掌握，那么，即使该证据是由劳动者一方提出的，也应当由用人单位提供。

在上面的劳动争议仲裁中，对于林某存在经常迟到、早退的现象，属于嘉某公司提出的主张，应当由嘉某公司提供证据证明，而林某不需要承担举证责任。

不服休息休假争议的终局仲裁裁决，还有何救济途径？

赵某与某公司因休息休假问题产生纠纷而进行劳动仲裁。后赵某不服仲裁裁决，但不知道还可以怎么办来为自己做主。

我国《劳动争议调解仲裁法》第四十七条规定："下列劳动争议，除本法另有规定的外，仲裁裁决为终局裁决，裁决书自作出之日起发生法律效力：（一）追索劳动报酬、工伤医疗费、经济补偿或者赔偿金，不超过当地月最低工资标准十二个月金额的争议；（二）因执行国家的劳动标准在工作时间、休息休假、社会保险等方面发生的争议。"由此可见，上面这些事项的劳动仲裁裁决为终局裁决。针对这些终局裁决，根据《劳动争议调解仲裁法》第四十八条的规定："劳动者对本法第四十七条规定的仲裁裁决不服的，可以自收到仲裁裁决书之日起十五日内向人民法院提起诉讼。"也就是说，赵某还可以向人民法院提起诉讼。

此外，根据《劳动争议调解仲裁法》第四十九条规定："用人单位有证据证明本法第四十七条规定的仲裁裁决有下列情形之一，可以自收到仲裁裁决书之日起三十日内向劳动争议仲裁委员会所在地的中级人民法院申请撤销裁决：（一）适用法律、法规确有错误的；（二）劳动争议仲裁委员会无管辖权的；（三）违反法定程序的；（四）裁决所根据的证据是伪造的；（五）对方当事人隐瞒了足以影响公正裁决的证据的；（六）仲裁员在仲裁该案时有索贿受贿、徇私舞弊、枉法裁决行为的。人民法院经组成合议庭审查核实裁决有前款规定情形之一的，应当裁定撤销。仲裁裁决被人民法院裁定撤销的，当事人可以自收到裁定书之日起十五日内就该劳动争议事项向人民法院提起诉讼。"

由此可见，终局裁决并不意味着仲裁机构的裁决有着绝对的执行力，劳动者和用人单位双方都可以依法对仲裁裁决提出合法的救济，以维护自身的合法权益。

用人单位不及时执行劳动仲裁结果，劳动者如何救济？

青某公司拖欠员工李某工资长达一年之久，在与公司协商没有得到回应后，李某向当地仲裁机构申请仲裁，之后，仲裁机构认可了李某的请求，要求青某公司支付拖欠的工资。但是，青某公司收到仲裁结果后，以各种理由回避，没有积极履行，李某应如何救济？

《劳动争议调解仲裁法》第五十一条规定："当事人对发生法律效力的调解书、裁决书，应当依照规定的期限履行。一方当事人逾期不履行的，另一方当事人可以依照民事诉讼法的有关规定向人民法院申请执行。受理申请的人民法院应当依法执行"。

由此可见，劳动仲裁裁决裁决不能得到有效履行的，权利人可以申请强制执行。强制执行的执行者是人民法院，强制执行依据是合法的执行文书，包括发生法律效力的判决书、裁定书以及依法应由法院执行的其他法律文书,如仲裁裁决书。

在上面的案例中,李某在青某公司不执行劳动仲裁裁决的情况下,可以向人民法院申请强制执行。

因拖欠工资申请仲裁,是否有仲裁时效限制?

小张与甲公司签订了三年的劳动合同,开始上班后,甲公司累计拖欠小张 10 个月的工资。小张不想终止劳动合同,想通过劳动仲裁的方式解决这一问题,但是担心时效问题。

我国《劳动争议调解仲裁法》第二十七条第一款和第四款规定:"劳动争议申请仲裁的时效期间为一年……劳动关系存续期间因拖欠劳动报酬发生争议的,劳动者申请仲裁不受本条第一款规定的仲裁时效期间的限制;但是,劳动关系终止的,应当自劳动关系终止之日起一年内提出。"

由此可见,对拖欠劳动报酬发生的争议,劳动者申请仲裁的时效取决于劳动关系是否还存在。如果劳动关系还存在,就不受仲裁时效限制,劳动者可以随时申请仲裁;但如果劳动关系终止,则会受到仲裁时效的限制,劳动者应在合同终止之日起一年内申请仲裁。

在上面的例子中,小张与甲公司之间属于因拖欠劳动报酬引起的争议,且劳动关系还存在,所以申请仲裁不受时效的限制,小张无须顾虑。

因辞退发生劳动争议是否必须先申请仲裁才能起诉?

甲公司以员工乙不服从工作安排为由将其开除。如果乙不服公司的开除决定,能否不申请仲裁而选择直接向法院起诉?

我国《劳动争议调解仲裁法》第五条规定:"发生劳动争议,当事人不愿协商、协商不成或者达成和解协议后不履行的,可以向调解组织申请调解;不愿调解、调解不成或者达成调解协议后不履行的,可以向劳动争议仲裁委员会申请仲裁;对仲裁裁决不服的,除本法另有规定的外,可以向人民法院提起诉讼。"

由此可见,调解、仲裁以及诉讼都是解决劳动争议的有效途径,但是根据上面法律条文的规定,劳动者只有在经过劳动争议仲裁委的仲裁,并且不服仲裁结果时,才能向人民法院提起诉讼。也就是说,在涉及劳动争议的案件中,劳动仲裁为前置程序,属于必经程序。

在上面的例子中,乙不服甲公司开除决定时,应当先向劳动争议仲裁委员会申请仲裁,对裁决不服才能向法院起诉。

图书在版编目（CIP）数据

法律问答十卷书. 劳动就业卷／荣丽双编著. —北京：中国法制出版社，2023.3
ISBN 978-7-5216-2777-0

Ⅰ.①法… Ⅱ.①荣… Ⅲ.①劳动法-中国-问题解答 Ⅳ.①D920.5

中国版本图书馆CIP数据核字（2022）第122888号

策划编辑／李佳　　责任编辑／刘冰清　　封面设计／杨鑫宇

法律问答十卷书. 劳动就业卷
FALÜ WENDA SHI JUAN SHU. LAODONGJIUYEJUAN

编著／荣丽双
经销／新华书店
印刷／三河市紫恒印装有限公司
开本／880毫米×1230毫米　32开　　　　　印张／3　字数／64千
版次／2023年3月第1版　　　　　　　　　 2023年3月第1次印刷

中国法制出版社出版
书号 ISBN 978-7-5216-2777-0　　　　　　（全十册）总定价：79.80元

北京市西城区西便门西里甲16号西便门办公区
邮政编码：100053　　　　　　　　　　　 传真：010-63141600
网址：http://www.zgfzs.com　　　　　　 编辑部电话：010-63141837
市场营销部电话：010-63141612　　　　　 印务部电话：010-63141606

（如有印装质量问题，请与本社印务部联系。）

法律问答十卷书

生老病死卷

中国法制出版社
CHINA LEGAL PUBLISHING HOUSE

前　言

生、老、病、死贯穿人生始终，且不以人的意志为转移。在人生的每个阶段，都有法律相伴，需要法律来解决和界定某些事。如某人出生后，如何确定出生日期，是否享有民事权利？在某人生病时，一旦遭遇医疗事故，陷入医疗纠纷，该如何解决？当某人退休养老时，将享有哪些社会权利？在某人驾鹤归西时，其家属承办后事时应如何进行？这一切，都跟法律相关。

法律，是我们人生中最忠实可靠的伴侣。法律是正义的、公平的。我们遇到的麻烦事、纠纷、侵害等，都可以通过法律途径来解决。在人生的各个阶段，法律都是我们最坚强的后盾。学习和了解一些关于生老病死的法律知识，如关于出生与教育方面的法律知识、退休与养老方面的法律知识、医疗纠纷相关的法律知识、死亡与丧葬方面的法律知识、继承方面的法律知识等，对我们的人生会有莫大的帮助。

在此，为了帮助大家系统有效地学习生老病死相关法律知识，我们经过总结，精心编写了《法律问答十卷书·生老病死卷》，提炼了大量与生老病死有关的法律知识，希望能对大家有所帮助。下面，我们一起来了解一下本书。

本书的内容以"提出问题—解决问题"的方式呈现，主要特色可归纳为以下四点：

第一，全面性。虽然本书的总字数不多，但是问题量大，知识点丰富，常见的生老病死法律知识点都被囊括其中，具有相当的全面性。

第二，专业性。本书的编写者为专业的法律人士，他们都具有扎实、深厚的法律功底以及法律实战经验，能最大限度地保证本书的严谨性与专业性。

第三，实用性。本书的选题宗旨之一即为"实用"。能给读者带来实惠、帮助读者解答和解决问题，是我们写书的职责所在。

第四，通俗性。法律专业语言晦涩难懂，法律条文内容也大多不易理解。我们在书中注重用通俗易懂的语言解答各种法律问题，有些还辅以例证来解读，以期能够把问题讲清楚、讲透彻、讲明白。

最后，希望本书能给您的人生带来启迪与帮助！书中存在的不足之处，敬请批评指正！

本书编委会

2022 年 8 月

目 录

一、出生与教育

1 | 如何确定法律意义上的出生日期?
2 | 按照法律规定,应该如何确定孩子的监护人?
2 | 7岁的孩子具有民事权利吗?
3 | 父母可以立遗嘱指定谁做孩子的监护人吗?
3 | 刚出生的孩子可以接受家人的高额赠与吗?
4 | 孩子可以随妈妈姓吗?
5 | 子女是否只能跟随父母的姓氏?
5 | 父母可以拒绝为新生儿办理接种疫苗吗?
6 | 家长应该配合幼儿园、学校查验"疫苗本"吗?
7 | 普通学校可以拒绝接收残疾少年上学吗?
7 | 少年犯服刑时可以继续接受义务教育吗?
8 | 经济困难无法继续读书的学生能接受国家的帮助吗?
8 | 孩子在非户籍所在地上学有法律依据吗?
9 | 义务教育中包含收取杂费这一项吗?
10 | 学校划分重点班与非重点班的做法合法吗?

二、退休与养老

11 | 养老保险缴纳未满15年,还能享受养老保险待遇吗?
12 | 退休之前是否可以提前支取养老保险金?

12	离退休人员再就业是否还适用工伤？
13	儿女们协商确定老人的监护人时，需要考虑老人的意愿吗？
14	什么是意定监护？
15	哪些人对老年人负有法定赡养义务？
15	赡养孤寡老人的义务由谁承担？
16	从为老年人服务的角度看，医疗机构能够做哪些？
16	博物馆、美术馆等场所对老年人有什么样的优待呢？
17	国家鼓励老年人在自愿和量力的情况下，从事哪些活动？

三、医疗纠纷

18	诊断特殊疾病时造成的误诊，属于医疗事故吗？
19	被没有执业许可证的诊所误诊的，是否构成医疗事故？
19	擅自使用最昂贵的治疗方案导致患者财产损失的，是否构成医疗事故？
20	医生透露病情后，病人无法接受死亡的，医院是否应承担赔偿责任？
21	病人有权复印病历资料吗？若医院拒绝，是否应承担责任？
22	紧急抢救时已尽合理诊疗义务但仍导致患者残疾的，医院需要承担责任吗？
22	因患者原因延误诊断导致治疗失败的，医院是否还需承担责任？
23	阑尾手术中损伤周边脏器的，医院应承担赔偿责任吗？
24	因手术过失和患者自身其他疾病导致医疗损害的，应如何赔偿损失？
24	发生医患纠纷后，患者家属拒绝尸检的，应如何认定责任？
25	哪些费用应算入医疗事故损害赔偿当中？
27	医疗事故损害赔偿中的医疗费用应如何计算？

27	医疗事故致人死亡的，丧葬费、死亡赔偿金应如何计算？
28	患者因医疗事故误工的，误工费应如何计算？
29	小纪因感冒去诊所打针，诊所医生不慎将针打到了小纪臀部神经，导致小纪右腿残疾。请问，小纪的生活补助费、残疾用具费应如何计算？
30	医院能否拒绝患者家属进入透析室陪护的要求？
30	医生能以"不宜说明"为由，拒绝向患者及家属透露病情吗？
31	无法取得患者家属同意的情况下，医院能否对昏迷的患者进行手术？
32	护理人员未按时给药造成患者病情恶化，谁应承担责任？
33	要求急诊病人排队就诊，导致其死亡的，医院是否有责任？
33	患者家属拒绝在手术单上签字致人死亡的，谁应承担责任？
34	患者拒绝使用高昂药物治疗导致死亡的，谁应承担责任？
35	经患者同意进行实验性临床医疗，造成患者残疾的，医院是否需承担责任？
36	私自将患者的检查结果告知他人，是否构成侵权？
37	隆鼻过程中造成周边脸部皮肤毁损的，医院是否应承担责任？

四、死亡与丧葬

（一）死 亡

38	公民被宣告死亡后，是否应当为其办理注销户口登记？如何办理？
39	宣告死亡的条件是什么？
39	公民被宣告死亡后，如何确定死亡日期？
40	被宣告死亡人在被宣告死亡期间所实施的法律行为有效吗？

41	公民能否申请撤销死亡宣告?
41	死亡宣告被撤销后,原有婚姻关系是否会自行恢复?
42	被宣告死亡期间子女被他人收养,死亡宣告被撤销后能否要回孩子?
43	被宣告死亡后房产被继承,"复活"后还能要回房产吗?
43	被宣告死亡后财产被他人恶意侵占,"复活"后还能要回财产吗?

(二) 丧 葬

44	占用耕地修建坟墓是违法的吗?
45	对于违反规定的土葬行为,民政部门是否可以强制火化?
45	异地死亡,遗体能否运回家乡土葬?
46	出卖纸人纸马等迷信殡葬用品,是违法行为吗?

五、遗产继承

(一) 继承权

48	我国法律对继承人的继承顺序有规定吗?
49	女儿结婚后还有权继承父母的遗产吗?
49	虐待老人的子女也能继承父母的遗产吗?
50	得到老人原谅的不孝子女,再次承担起赡养义务,还能继承老人的遗产吗?
51	王某可以继承其同母异父的兄弟孙某的遗产吗?
51	侄子可以继承姑姑的遗产吗?
52	吴某的父亲过世,吴某有权代替父亲继承其爷爷的遗产吗?
53	对公婆的遗产,儿媳有继承权吗?
53	养父母是养子的合法继承人吗?
54	篡改遗嘱的继承人还有继承权吗?

55	为争夺遗产杀害其他继承人，会因此丧失继承权吗？
55	继承人会因尽了主要赡养义务而多分得遗产吗？
56	非亲非故的徐某会因主动赡养孤寡老人而分得遗产吗？
56	如何确定在同一事件中死亡的互有继承权的人的继承顺序？

（二）遗　产

57	死者留下的财产都属于遗产吗？
58	遗产必须由子女平均继承吗？
58	父亲过世，其子女可以将父母的共同财产作为遗产予以继承吗？
59	继承人对不易分割的汽车等遗产该如何继承？
60	我国法律对无人继承的遗产的权属有规定吗？
60	继承人可以以放弃继承权为由拒绝承担被继承人的债务吗？

（三）遗嘱与遗赠

61	口头遗嘱有法律效力吗？
61	打印遗嘱的生效条件是什么？
62	如何立一份有效的录音录像遗嘱？
63	小学生有权订立的遗嘱吗？
64	内容互相冲突的两份遗嘱应如何确定效力？
65	立遗嘱人订立遗嘱后又对遗嘱财产进行了处理，是对遗嘱的撤销吗？
65	可以将处分个人财产的遗书认定为遗嘱吗？
66	我国法律对遗嘱见证人有要求吗？
67	被继承人设立遗嘱时应当给哪些人保留必要的遗产份额？
67	遗嘱无效后可以按法定继承方式继承遗产吗？
68	遗嘱与遗赠扶养协议哪个效力更高？

| 69 | 受遗赠人会因60日内没有作出接受遗赠的意思表示而丧失接受遗赠的权利吗？ |
| 69 | 遗产管理人应当如何确定？其义务与职责又有哪些？ |

一、出生与教育

如何确定法律意义上的出生日期?

幼儿园的老师问兰兰的生日是哪一天,兰兰不知道,回家问妈妈。妈妈也有点犯难:兰兰实际是4月2日深夜出生的,但是医院的接生记录记载为4月3日,医院出具的出生证明是4月4日,兰兰的户口本登记的日期也是4月4日。那么,兰兰的生日应该以哪个日期为准呢?

兰兰的法定出生日期应以出生证明上的登记日期为准。《民法典》第十三条规定:"自然人从出生时起到死亡时止,具有民事权利能力,依法享有民事权利,承担民事义务。"第十五条规定:"自然人的出生时间和死亡时间,以出生证明、死亡证明记载的时间为准;没有出生证明、死亡证明的,以户籍登记或者其他有效身份登记记载的时间为准。有其他证据足以推翻以上记载时间的,以该证据证明的时间为准。"

由此可知,公民的民事权利能力自出生时开始享有。而出生时间以出生证明记载的时间为准;没有出生证明的,以户籍登记或者其他有效身份登记记载的时间为准。除非有其他证据足以推翻以上记载时间的,则以该证据证明的时间为准。因此,本案中兰兰的出生证明上记载的是4月4号,应认定为法定出生日期。

💡 按照法律规定，应该如何确定孩子的监护人？

几天前，罗某夫妇不幸遭遇车祸身亡，只留下仅仅5岁的儿子聪聪。在处理完罗某夫妇的后事以后，聪聪的爷爷奶奶和聪聪的舅舅为抚养孩子问题一直争执不休，两家人都想抚养聪聪。请问，法律上会支持谁成为聪聪的监护人呢？

根据《民法典》第二十七条的规定："父母是未成年子女的监护人。未成年人的父母已经死亡或者没有监护能力的，由下列有监护能力的人按顺序担任监护人：（一）祖父母、外祖父母；（二）兄、姐；（三）其他愿意担任监护人的个人或者组织，但是须经未成年人住所地的居民委员会、村民委员会或者民政部门同意。"

由此可知，在未成年子女父母双亡的情况下，如果祖父母和外祖父母有监护能力的，应该优先抚养该未成年人。所以，在上面的案例中，聪聪的爷爷奶奶和舅舅争夺聪聪的抚养权，应该由其爷爷奶奶优先当监护人。只有在没有人当聪聪监护人的情况下，经过聪聪住所地的居民委员会、村民委员会或者民政部门同意，舅舅才可以成为聪聪的监护人。

💡 7岁的孩子具有民事权利吗？

7岁的健健期末考试考了全班第一名，为了奖励健健，家里每一个人都为他准备了喜欢的礼物。爸爸买了乐高，妈妈买了他爱吃的点心，爷爷奶奶则为他买了一台价格不菲的钢琴。那么，健健有权利接受爷爷奶奶的赠与吗？

能否接受赠与，首先应当确定其是否具有民事权利能力。所谓民事权利能力，是民法赋予民事主体从事民事活动，从而享受民事权利和承担民事义务的资格。《民法典》第十三条规定："自然人从出生时起到死亡时止,具有民事权利能力,依法享有民事权利,承担民事义务。"第十四条规定:"自然人的民事权利能力一律平等。"

由此可见,我国法律规定公民从出生到生命终止都具有民事权利能力,依法享有民事权利。因此,7 岁的健健具有民事权利能力,也依法享有民事权利。而且,公民的民事权利不因年龄大小而发生改变。在本案中,不管健健是 7 岁还是 70 岁,他都享有民事权利能力,可以依法行使自己的民事权利,当然也具有接受赠与的民事权利。

父母可以立遗嘱指定谁做孩子的监护人吗?

王某离异,与五岁的儿子相依为命。今年 5 月的一天,王某由于匆忙上班途中发生车祸,被送到医院后,因失血过多,时间无多。王某弥留之际最挂念的就是儿子的监护人。于是,王某与妈妈商量后,立下遗嘱:由自己的妈妈即孩子外婆做儿子的监护人。那么,王某的指定监护遗嘱有效吗?

我国《民法典》第二十九条规定:"被监护人的父母担任监护人的,可以通过遗嘱指定监护人。"由此可见,父母作为孩子的监护人时,是有权利"托孤",指定谁做孩子监护人的,这也叫作"遗嘱指定"。这一情形一般适用于父母身患疾病、面对灾难险情等有可能不能再抚养孩子的情形。通过遗嘱指定的监护人,应该会更有利于孩子的成长。所以王某的做法是有效的,也是有利于孩子成长的。

刚出生的孩子可以接受家人的高额赠与吗?

我国《民法典》第十三条规定:"自然人从出生时起到死亡时

止，具有民事权利能力，依法享有民事权利，承担民事义务。"而能否成为赠与合同的当事人，涉及的是公民权利能力的法律范畴，而不是行为能力的法律关系。由于新生儿具有民事权利能力，依法享有民事权利，因此可以接受赠与。例如，28岁的杨某莉前几天在妇产医院生下了女儿涵涵，全家人高兴万分，为家里刚刚加入的新成员激动不已。家境富裕的娘家和婆家纷纷表示要送涵涵一份新生礼物，爷爷奶奶送了孙女一颗钻戒，姥姥姥爷直接为涵涵存下了价值20万元的教育基金。虽然涵涵只是一个新生儿，但是根据上面的法律规定，涵涵具有民事权利能力，依法享有民事权利，是可以接受赠与的。

孩子可以随妈妈姓吗？

小美前几天在妇产医院生下了二胎女儿，全家人高兴万分，都沉浸在儿女双全的幸福中。小美的老公何先生准备为这个小娃娃取一个独一无二的名字。小美则表示，第一个孩子随父亲姓何，第二个孩子可不可以随自己姓。何先生不同意，认为孩子就应该随自己的姓，随妈姓像什么样子。那么，孩子真的必须随父亲姓吗？

根据我国《民法典》第一千零一十五条的规定，一般情况下，自然人应当随父姓或者母姓。因此，孩子不是必须随父亲姓的。需要提醒父母的是，名字毕竟只是一个符号，关键是培养孩子成材，如果仅仅为孩子跟谁的姓而闹得夫妻不和、家庭不睦，则有些得不偿失。因此，在这个案例中，该新生儿既可以随父亲姓何，也可以随母亲小美的姓，并不是必须随父亲姓的，具体孩子的姓氏还需要父母协商。

子女是否只能跟随父母的姓氏?

一般来说,子女应当跟随父或母一方的姓氏。但是,当具有法定情形时,也可以选取父母以外的其他姓氏。我国《民法典》第一千零一十五条第一款规定:"自然人应当随父姓或者母姓,但是有下列情形之一的,可以在父姓和母姓之外选取姓氏:(一)选取其他直系长辈血亲的姓氏;(二)因由法定扶养人以外的人扶养而选取扶养人姓氏;(三)有不违背公序良俗的其他正当理由。"

从这条规定可以看出,子女能够选取父母以外姓氏的情形主要有三种:第一,选取其他直系长辈血亲的姓氏,这里的直系长辈并没有限制辈数,只要是具有血缘关系的直系长辈,选取其姓氏都是被法律允许的。第二,子女被法定扶养人以外的人抚养时,可以选择该抚养人的姓氏。例如,小明父母双亡后由舅舅抚养,此时小明就可以选择跟随舅舅的姓氏。第三,在不违背公序良俗原则的前提下,只要理由正当,经户籍登记机关批准,就可以选择父母以外的姓氏。

本条规定也可以结合案例进行理解,如小王和妻子小张育有一子乐乐。小王从小父母离异,由其母亲冯某一人带大。迫于小王生父的压力,冯某未能成功为小王改姓,便想让乐乐跟自己姓冯。在这种情况下,冯某是乐乐的亲生奶奶,也就是乐乐的直系长辈血亲,只要小王和小张协商一致,就可以给乐乐选取"冯"姓。

父母可以拒绝为新生儿办理接种疫苗吗?

张某夫妇生活贫困,生下孩子后不久就去外地打工了,孩子交由奶奶照顾。某日,孩子奶奶带孩子体检时,医生告诉奶奶:孩子需要打疫苗。孩子奶奶赶紧给张某夫妇打电话让其回家带孩子打疫苗,张某夫妇因为工作太忙,直接说不用给孩子打疫苗。请问,可以不用给新生儿接种疫苗吗？

每一个孩子都有依法按时接受免疫规划疫苗的权利，父母必须按时到卫生防疫部门为孩子接种疫苗。我国《疫苗管理法》第四十七条第一款规定："国家对儿童实行预防接种证制度。在儿童出生后一个月内，其监护人应当到儿童居住地承担预防接种工作的接种单位或者出生医院为其办理预防接种证。接种单位或者出生医院不得拒绝办理。监护人应当妥善保管预防接种证。"第九十二条第一款规定："监护人未依法保证适龄儿童按时接种免疫规划疫苗的，由县级人民政府卫生健康主管部门批评教育，责令改正。"

由此可知，监护人应当依法保证适龄儿童按时接种免疫规划疫苗。在本案例中，张某夫妇作为新生儿的监护人，拒绝给孩子办理预防接种手续，是违法的，应及时改正。必要时，县级人民政府卫生健康主管部门可对其进行批评教育，责令改正。

家长应该配合幼儿园、学校查验"疫苗本"吗？

我国《疫苗管理法》第四十八规定："儿童入托、入学时，托幼机构、学校应当查验预防接种证，发现未按照规定接种免疫规划疫苗的，应当向儿童居住地或者托幼机构、学校所在地承担预防接种工作的接种单位报告，并配合接种单位督促其监护人按照规定补种。疾病预防控制机构应当为托幼机构、学校查验预防接种证等提供技术指导。儿童入托、入学预防接种证查验办法由国务院卫生健康主管部门会同国务院教育行政部门制定。"

由此可见，幼儿园、学校要求家长交"疫苗本"是有法可依的，家长应该予以配合。例如，一天，笑笑的班主任嘱咐全班同学，第二天一定要把疫苗接种证带到学校，以备查验。笑笑回到家问妈妈要疫苗接种本，妈妈正好工作上遇到一点麻烦，不耐烦地拒绝找疫苗证。根据上述法条，家长有义务配合学校查验疫苗证。因此，本案例中笑笑的妈妈不能直接拒绝交"疫苗本"。

普通学校可以拒绝接收残疾少年上学吗？

四年前，东东因为感冒高烧不退，又耽误了就医时间，造成了小儿麻痹，腿部萎缩厉害，无法正常行走，但是身体其他方面都正常。如今，七岁的东东到了上学的年纪，妈妈准备把他送到家附近的实验小学读书，却被学校以东东是残疾人为由拒绝了。请问，学校有拒绝东东接受教育的权利吗？

我国《义务教育法》第十九条第二款规定："普通学校应当接收具有接受普通教育能力的残疾适龄儿童、少年随班就读，并为其学习、康复提供帮助。"在我国，当地政府会根据需要设置相应的实施特殊教育的学校（班），对视力残疾、听力语言残疾和智力残疾的适龄儿童、少年实施义务教育，以解决残疾儿童和少年的义务教育问题。残疾适龄儿童和少年具有接受普通教育能力的，就可以到普通学校接受义务教育。因此，如果他们向普通学校申请入学的，普通学校不能以儿童和少年残疾为由拒绝接受。在这个案例中，东东仅仅是腿部残疾，属于智力正常的适龄儿童，具有接受普通教育的能力，该实验小学无权拒绝东东的入学。

少年犯服刑时可以继续接受义务教育吗？

我国《义务教育法》第二十一条规定："对未完成义务教育的未成年犯和被采取强制性教育措施的未成年人应当进行义务教育，所需经费由人民政府予以保障。"保障少年犯顺利接受义务教育，可以保障少年在被解除强制措施后能够迅速回归社会，最大限度地维护未成年人的合法权益。因此，适龄少年因违法行为或犯罪终止学业的，在被采取强制措施期间，负责对少年犯管制的相关部门应提供条件保障适龄少年完成义务教育。例如，十四岁的小林因犯罪获刑，刚进监狱时还是初中学生，其母担心小林出监狱时已经与社会脱节，于是咨询律师怎样让小林可以在服刑期间也接受教育。律师则让小林母亲放心，称小林属于未完成义务教育的未成年犯，政府会保障小林接受义务教育的。

经济困难无法继续读书的学生能接受国家的帮助吗？

根据我国《义务教育法》第四十四条的规定："义务教育经费投入实行国务院和地方各级人民政府根据职责共同负担，省、自治区、直辖市人民政府负责统筹落实的体制。农村义务教育所需经费，由各级人民政府根据国务院的规定分项目、按比例分担。各级人民政府对家庭经济困难的适龄儿童、少年免费提供教科书并补助寄宿生生活费。义务教育经费保障的具体办法由国务院规定。"

由此可知，国家有政策可以保障经济困难的学生接受义务教育。例如，十四岁的小明是一名初二的学生，五岁的时候父母双亡，一直养育自己的爷爷也在今年突然中风，没有任何收入的小明决定退学去打工，照顾爷爷。班主任了解情况后，劝说小明不要退学，告诉小明说国家对这种情况有政策，政府会免费为其提供教科书并补助寄宿生活费，小明可以接受完整的义务教育课程。

孩子在非户籍所在地上学有法律依据吗？

晓丽的爸妈在深圳打工，打算当晓丽读初中时就把她从湖南老家接过来上学。但是，晓丽的小学班主任说，晓丽只能在户籍所在地湖南上学。那么，晓丽真的无法去深圳上学了吗？

根据我国《义务教育法》第十二条的规定："适龄儿童、少年免试入学。地方各级人民政府应当保障适龄儿童、少年在户籍所在地学校就近入学。父母或者其他法定监护人在非户籍所在地工作或者居住的适龄儿童、少年，在其父母或者其他法定监护人工作或者居住地接受义务教育的，当地人民政府应当为其提供平等接受义务教育的条件。具体办法由省、自治区、直辖市规定。县级人民政府教育行政部门对本行政区域内的军人子女接受义务教育予以保障。"

由此可知，即使孩子不是该地区的户籍，依然可以在该地区上学。晓丽的父母在深圳打工，其在非户籍所在地上学是在法律规定的范围内的。晓丽可以按照相关规定申请借读，在非户籍所在地入学，而且可以与当地户籍的适龄儿童或少年平等地接受义务教育。

义务教育中包含收取杂费这一项吗？

国家建立义务教育经费保障机制，保证义务教育制度实施。但是，现实教学中普遍存在着补课费问题，这是否合理呢？补课可计入教师的工作量中，作为工作考核的一项内容，但不得因此向学生收取费用。我国《义务教育法》第二条第三款规定："实施义务教育，不收学费、杂费。"

由此可知，九年义务教育的实施已经全面免除义务教育学、杂费，所以义务教育中不包含收取杂费这一项。例如，刚放学的轩轩问妈妈要补课费，说英语老师以后每个月为大家课后补习英语，需要收取补课费1000元，妈妈很诧异，年级开会时，年级主任多次强调，义务教育是不需要收取杂费的。妈妈立即给英语老师打电话询问，英语老师回应，这是学校的统一安排。很明显，案例中该学校的做法是违法的，轩轩妈妈可以向教育部门反映。

学校划分重点班与非重点班的做法合法吗？

某天，上初三的康康垂头丧气回到家，跟妈妈说，自己被分进普通班了，自己的好朋友安安进了重点班，感觉以后差距会越来越大。在妈妈询问之后才知道，儿子分进普通班是因为刚考完的期中考试成绩不佳，妈妈很生气，觉得学校不应该把班级按成绩分成三六九等。那么，学校的做法合法吗？

根据我国《义务教育法》第二十二条的规定："县级以上人民政府及其教育行政部门应当促进学校均衡发展，缩小学校之间办学条件的差距，不得将学校分为重点学校和非重点学校。学校不得分设重点班和非重点班。县级以上人民政府及其教育行政部门不得以任何名义改变或者变相改变公办学校的性质。"

由此可见，学校不可以设置重点班与非重点班。在本案例中，学校擅自区分重点班和普通班的做法是不合理的。当地的教育主管部门应当对有这类行为的学校进行整治，依法责令其限期改正，如果情节严重，应依法对相关负责人给予行政处分。

二、退休与养老

养老保险缴纳未满 15 年，还能享受养老保险待遇吗？

刘先生现年 51 岁，今年刚刚办理了养老保险并开始缴费。刘先生心有疑虑，即使自己连续不间断地缴纳养老保险，到自己退休时，缴费年限仍达不到法律规定的最低年限，这种情况下自己还能享受养老保险待遇吗？

我国《社会保险法》第十六条规定："参加基本养老保险的个人，达到法定退休年龄时累计缴费满十五年的，按月领取基本养老金。参加基本养老保险的个人，达到法定退休年龄时累计缴费不足十五年的，可以缴费至满十五年，按月领取基本养老金；也可以转入新型农村社会养老保险或者城镇居民社会养老保险，按照国务院规定享受相应的养老保险待遇。"

由此可见，如果退休时缴纳基本养老保险费不足 15 年，可以通过延长缴费至满 15 年或者申请转入户籍所在地新型农村社会养老保险或者城镇居民社会养老保险的方式来解决养老保险的问题。上面的例子中，刘先生达到退休年龄后可以根据自己的实际情况选择其中一种方式来享受养老保险待遇。

退休之前是否可以提前支取养老保险金？

王女士今年48岁，5月份从所在单位辞职了。离职后，王女士想把自己社保中的养老保险金提前取出来。那么，王女士想提前支取养老保险金的做法能否得到法律支持呢？

我国《社会保险法》第十四条规定："个人账户不得提前支取，记账利率不得低于银行定期存款利率，免征利息税。个人死亡的，个人账户余额可以继承。"同时，该法第十六条第一款规定，参加基本养老保险的个人，达到法定退休年龄时累计缴费满十五年的，按月领取基本养老金。

可见，达到法定退休年龄是开始享受养老保险待遇必须具备的条件之一，养老保险金个人账户不得提前支取。在前面的例子中，王女士未达到法定退休年龄，不能享受养老保险待遇，当然也就不能提前支取养老保险金，她的做法不能得到法律支持。

离退休人员再就业是否还适用工伤？

林某退休后，被某公司聘请为技术顾问。一天，林某在上班过程中不慎从楼梯上摔倒，医药费花了3万多元，林某要求公司给予工伤待遇赔偿，遭到公司拒绝。那么，该公司的做法是否正确？林某能否享受工伤待遇呢？

人力资源社会保障部《关于执行〈工伤保险条例〉若干问题的意见（二）》第二条规定："达到或超过法定退休年龄，但未办理退休手续或者未依法享受城镇职工基本养老保险待遇，继续在原用人单位工作期间受到事故伤害或患职业病的，用人单位依法承担工伤保险责任。用人单位招用已经达到、超过法定退休年龄或已经领取城镇职工基本养老保险待遇的人员，在用工期间因工作原因受到事故伤害或患职业病的,如招用单位已按项目参保等方式为其缴纳工伤保险费的,应适用《工伤保险条例》。"

《最高人民法院行政审判庭关于离退休人员与现工作单位之间是否构成劳动关系以及工作时间内受伤是否适用〈工伤保险条例〉问题的答复》中规定:"根据《工伤保险条例》第二条、第六十一条等有关规定,离退休人员受聘于现工作单位,现工作单位已经为其缴纳了工伤保险费,其在受聘期间因工作受到事故伤害的,应当适用《工伤保险条例》的有关规定处理。"

由此可见,如果招用单位已经为离退休人员办理了工伤保险,该职工发生工伤后,适用《工伤保险条例》的规定,直接享受工伤保险待遇。而如果招用单位没有为离退休人员办理工伤保险的,离退休人员发生工伤的,用人单位也应该负责,参照工伤保险的相关待遇标准妥善处理。在前面的例子中,公司拒绝林某的做法是不合法的,林某有权获得相应的工伤赔偿、补偿等待遇。

💡 儿女们协商确定老人的监护人时,需要考虑老人的意愿吗?

今年八十多岁的老刘患有轻度精神障碍,他有一儿一女,考虑到小儿子照顾老人比较方便,他们就协商由小儿子担任老刘的监护人,负责照顾老人的饮食起居。老刘得知后表示强烈反对,他认为小儿子不够孝顺,想让大女儿照顾自己。那么,老人的诉求能否得到满足呢?

我国《老年人权益保障法》第二十六条规定:"具备完全民事行为能力的老年人,可以在近亲属或者其他与自己关系密切、愿意承担监护责任的个人、组织中协商确定自己的监护人。监护人在老年人丧失或者部分丧失民事行为能力时,依法承担监护责任。老年人未事先确定监护人的,其丧失或者部分丧失民事行为能力时,依照有关法律的规定确定监护人。"同时,我国《民法典》第三十条规定:"依法具有监护资格的人之间可以协议确定监护人。协议确定监护人应当尊重被监护人的真实意愿。"

由此可见,老年人可以自愿决定自己的监护人,子女们协商确定老年人的监护人时,必须尊重老人的意愿。在前面的例子中,老刘的小儿子和大女儿都是依法具有监护资格的人,可以协商确定谁来担任老刘的监护人,但是必须尊重老刘的意愿。

什么是意定监护?

年过七旬的李某一直有一块心病,担心自己将来病情加重、头脑不清醒时,自己的六个子女会因为对自己的救治和照顾问题起纷争,想趁着自己头脑还清醒时与子女们商量,让小女儿担任自己将来的监护人。最后,李某与小女儿签订了意定监护协议,并对协议办理了公证。请问,什么是意定监护?

根据我国《民法典》第三十三条的规定:"具有完全民事行为能力的成年人,可以与其近亲属、其他愿意担任监护人的个人或者组织事先协商,以书面形式确定自己的监护人,在自己丧失或者部分丧失民事行为能力时,由该监护人履行监护职责。"

这是法律关于意定监护的具体规定,这一制度是专门为具有完全民事行为能力的成年人设立的法律制度,自己可以在意识清醒时,书面指定一个人作为自己失能后的监护人,照顾自己的生活,处置自己的财产等。在前面的例子中,李某完全可以在自己意识清醒时与自己的任何一个子女甚至任何一个愿意担任其监护人的人签订书面的意定监护协议,来确定自己将来失去行为能力后的监护人。

哪些人对老年人负有法定赡养义务？

根据我国《老年人权益保障法》第十四条的规定："赡养人应当履行对老年人经济上供养、生活上照料和精神上慰藉的义务，照顾老年人的特殊需要。赡养人是指老年人的子女以及其他依法负有赡养义务的人。赡养人的配偶应当协助赡养人履行赡养义务。"同时，我国《民法典》第一千零七十四条第二款规定："有负担能力的孙子女、外孙子女，对于子女已经死亡或者子女无力赡养的祖父母、外祖父母，有赡养的义务。"

由此可见，对老年人依法负有赡养义务的人包括两类：老年人的子女和老年人的孙子、外孙子女。应当注意的是，"老年人的子女"包括老年人的亲生子女、继子女和养子女；老年人的孙子女、外孙子女承担赡养义务的前提有两点：（1）有负担能力；（2）老年人的子女已经死亡或者无赡养能力。

赡养孤寡老人的义务由谁承担？

家住某市大西村的老王是个孤寡老人，无儿无女，平时靠卖废品为生。近日，已经近八十岁的老王频繁生病，身体日渐虚弱，但是身边一直没人照顾。那么，对于像老王这样的孤寡老人应当由谁来管呢？

根据我国《老年人权益保障法》第三十一条的规定："国家对经济困难的老年人给予基本生活、医疗、居住或者其他救助。老年人无劳动能力、无生活来源、无赡养人和扶养人，或者其赡养人和扶养人确无赡养能力或者扶养能力的，由地方各级人民政府依照有关规定给予供养或者救助。对流浪乞讨、遭受遗弃等生活无着的老年人，由地方各级人民政府依照有关规定给予救助。"

也就是说，孤寡老人并不是没有人赡养，赡养孤寡老人的义务依法由国家和政府承担。孤寡老人，是指超过六十周岁、无儿无女、没人照顾的老年人，这样的老年人在丧失劳动能力时应当由当地政府承担起赡养责任。在前面的例子中，老王确实属于孤寡老人，在没有扶养人又丧失劳动能力的情况下，应当由当地政府负责赡养。

从为老年人服务的角度看，医疗机构能够做哪些？

根据我国《老年人权益保障法》第五十七条的规定："医疗机构应当为老年人就医提供方便，对老年人就医予以优先。有条件的地方，可以为老年人设立家庭病床，开展巡回医疗、护理、康复、免费体检等服务。提倡为老年人义诊。"

由此可见，我国法律在医疗方面给老年人提供了很大方便，结合上面法条的规定，医院在日常接诊的过程中，应当坚持老人就医优先的原则，为老年人就医提供方便，有条件的可以设立老年人就医绿色通道；对待老年患者，问诊要细心，讲解要耐心。鼓励为老年人义诊和免费体检等。

博物馆、美术馆等场所对老年人有什么样的优待呢？

近期，郑先生张罗着带自己年迈的父母去本市各大景点逛一逛，带老人散散心。让郑先生惊喜的是，很多景点都对老年人免费开放，为郑先生和父母节省了很大一笔开支。那么，国家对老年人有什么样的社会优待呢？

根据我国《老年人权益保障法》第五十九条的规定："博物馆、美术馆、科技馆、纪念馆、公共图书馆、文化馆、影剧院、体育场馆、公园、旅游景点等场所，应当对老年人免费或者优惠开放。"

由此可见，国家对于老年人的生活很关照，以法律规定的方式让老年人享受诸多的社会优待，这不仅是法律赋予老年人的权利，而且也能最大限度地引导老年人过上更高品质的生活，同时还极大地发扬了我国传统优秀文化"尊老爱幼"的美德。

国家鼓励老年人在自愿和量力的情况下，从事哪些活动？

某市某小区的退休工人们自发组织成立了志愿团队，想对小区建设尽一份力。但同时他们也疑惑，国家是否鼓励老年人团队有所作为？自己又可以从事哪些方面的活动呢？

根据我国《老年人权益保障法》第六十九条的规定："国家为老年人参与社会发展创造条件。根据社会需要和可能，鼓励老年人在自愿和量力的情况下，从事下列活动：（一）对青少年和儿童进行社会主义、爱国主义、集体主义和艰苦奋斗等优良传统教育；（二）传授文化和科技知识；（三）提供咨询服务；（四）依法参与科技开发和应用；（五）依法从事经营和生产活动；（六）参加志愿服务、兴办社会公益事业；（七）参与维护社会治安、协助调解民间纠纷；（八）参加其他社会活动。"

由此可见，国家鼓励老年人参与家庭治理和社会治理，积极为老年人发光发热搭建平台，鼓励老年人在化解纠纷、组建关系、公益服务等方面更多参与。

三、医疗纠纷

诊断特殊疾病时造成的误诊，属于医疗事故吗？

一天，谢某全身突然红肿、酸痛，高烧不退；一番检查后，医生却无法确诊。后经专家会诊，才确定了一套治疗方案。但经过治疗，谢某的病情不仅没有减轻反而越来越严重，谢某家属以医院误诊为由要求承担责任。请问，医院的该误诊行为属于医疗事故吗？

我国《医疗事故处理条例》第二条规定："本条例所称医疗事故，是指医疗机构及其医务人员在医疗活动中，违反医疗卫生管理法律、行政法规、部门规章和诊疗护理规范、常规，过失造成患者人身损害的事故。"同时，本法第四十九条第二款规定："不属于医疗事故的，医疗机构不承担赔偿责任。"

由此可知，构成医疗事故，必须满足两个条件：一是在医疗活动中，违反了医疗卫生管理法律、行政法规、部门规章和诊疗护理规范、常规；二是造成患者人身损害。但是，如果因客观资料不全或症状特殊，即使医生积极会诊观察，却仍无法认定疾病的，则不构成医疗事故，不需承担责任。所以，上面所列举的例子，医院的误诊行为不属于医疗事故，不需对此承担赔偿责任。

被没有执业许可证的诊所误诊的,是否构成医疗事故?

孙某因感冒,到一家私人诊所看病,医生给他配了一些西药。孙某服药半小时后出现了不良反应,到市级医院检查,发现是药物中毒。原来,那家诊所根本就没有执业许可证,医生还误将治疗癌症的药物当作感冒药开给了孙某。请问,该诊所的行为是否构成医疗事故?

我国《医疗事故处理条例》第二条规定:"本条例所称医疗事故,是指医疗机构及其医务人员在医疗活动中,违反医疗卫生管理法律、行政法规、部门规章和诊疗护理规范、常规,过失造成患者人身损害的事故。"同时,本法第六十条第一款规定:"本条例所称医疗机构,是指依照《医疗机构管理条例》的规定取得《医疗机构执业许可证》的机构。"本法第六十一条规定:"非法行医,造成患者人身损害,不属于医疗事故,触犯刑律的,依法追究刑事责任;有关赔偿,由受害人直接向人民法院提起诉讼。"

由此可知,医疗事故的主体是医疗机构及其医务人员。而此处所说的医疗机构,是指已经获得《医疗机构执业许可证》的合法医疗机构。对于没有执业许可证就擅自行医的机构,其属于非法行医,对患者造成人身损害的,不属于医疗事故。所以,上面列举的案例,诊所的行为不属于医疗事故。

擅自使用最昂贵的治疗方案导致患者财产损失的,是否构成医疗事故?

《医疗事故处理条例》第二款规定:"本条例所称医疗事故,是指医疗机构及其医务人员在医疗活动中,违反医疗卫生管理法律、行政法规、部门规章和诊疗护理规范、常规,过失造成患者人身损害的事故。"同时,《民法典》第一千二百二十七条规定:"医疗机构及其医务人员不得违反诊疗规范实施不必要的检查。"

由此可知,医疗事故,必须是医疗机构及其医务人员违反医疗卫生管理法律法规和诊疗护理规范、常规,过失造成患者人身损害。而在未告知患者医疗方案费用的情况下,擅自为其使用最为昂贵的治疗,导致患者财产损失的,不属于医疗事故,而属于过度医疗行为,可以要求医院承担侵权责任。例如,姜某总是全身浮肿、尿量减少,到医院检查发现是肾病。医生建议做肾脏透析,姜某表示同意,但医生在没有经过姜某同意的情况下,私自给其使用了最为昂贵的肾脏透析方案,造成姜某财产损失。那么,该事故虽然不构成医疗事故,但姜某可以要求医院承担侵权责任。

医生透露病情后,病人无法接受死亡的,医院是否应承担赔偿责任?

老王家人带老王去医院检查,发现其得了非常严重的肺心病,需要手术治疗。为了不让其担心,家人故意隐瞒病情。但在一次查房中,医生直接告诉老王,其病情十分严重,老王听后,直接突发心梗去世。请问,医院需承担责任吗?

我国《医疗事故处理条例》第十一条规定:"在医疗活动中,医疗机构及其医务人员应当将患者的病情、医疗措施、医疗风险等如实告知患者,及时解答其咨询;但是,应当避免对患者产生不利后果。"同时,《执业医师法》第二十六条规定:"医师应当如实向患者或者其家属介绍病情,但应注意避免对患者产生不利后果。医师进行实验性临床医疗,应当经医院批准并征得患者本人或者其家属同意。"

由此可知，医疗机构及其医务人员，在医疗活动中，有义务将患者的病情、医疗措施、医疗风险等如实告诉患者及其家属，并及时解答咨询，但应当讲究方式方法，避免对患者产生不利后果。所以，上面列举的案例，医院的做法存在过失，应承担相应的赔偿责任。

病人有权复印病历资料吗？若医院拒绝，是否应承担责任？

《医疗事故处理条例》第十条规定："患者有权复印或者复制其门诊病历、住院志、体温单、医嘱单、化验单（检验报告）、医学影像检查资料、特殊检查同意书、手术同意书、手术及麻醉记录单、病理资料、护理记录以及国务院卫生行政部门规定的其他病历资料。患者依照前款规定要求复印或者复制病历资料的，医疗机构应当提供复印或者复制服务并在复印或者复制的病历资料上加盖证明印记。复印或者复制病历资料时，应当有患者在场……"同时，《民法典》第一千二百二十二条规定："患者在诊疗活动中受到损害，有下列情形之一的，推定医疗机构有过错：（一）违反法律、行政法规、规章以及其他有关诊疗规范的规定；（二）隐匿或者拒绝提供与纠纷有关的病历资料；（三）遗失、伪造、篡改或者违法销毁病历资料。"

由此可知，患者有权复印或复制其就诊时的病历资料。若医院拒绝提供与纠纷有关的病历资料，而使患者有损失的，则应推定医院有过错。例如，小张在工作时不慎摔伤，出院后向工厂索要医疗费用时，工厂要求其提供病历资料，否则不予报销。但小张向医院索要病历资料时，却被拒绝。那么，可以推定医院有过错，应对小张的损失承担赔偿责任。

💡 紧急抢救时已尽合理诊疗义务但仍导致患者残疾的,医院需要承担责任吗?

徐某不慎摔伤,当场陷入重度昏迷,医生立即对其进行了紧急抢救。但因徐某腰部伤势过重,尽管医生全力救治,徐某的下半身仍无法恢复正常,造成终身残疾。请问,这种情况下,医院还需要承担责任吗?

我国《医疗事故处理条例》第三十三条规定:"有下列情形之一的,不属于医疗事故:(一)在紧急情况下为抢救垂危患者生命而采取紧急医学措施造成不良后果的;……"同时,《民法典》第一千二百二十四条第一款规定:"患者在诊疗活动中受到损害,有下列情形之一的,医疗机构不承担赔偿责任:(一)患者或者其近亲属不配合医疗机构进行符合诊疗规范的诊疗;(二)医务人员在抢救生命垂危的患者等紧急情况下已经尽到合理诊疗义务;(三)限于当时的医疗水平难以诊疗。"

由此可知,在抢救生命垂危的患者时,医护人员采取紧急医学措施并尽到合理诊疗义务,但仍造成不良后果的,不属于医疗事故,医院不需要承担赔偿责任。上面列举的案件,医院采取了最佳治疗方案且尽到合理诊疗义务,故不需要承担赔偿责任。

💡 因患者原因延误诊断导致治疗失败的,医院是否还需承担责任?

小赵在体检时被查出患有乳腺癌,医生建议其立即进行手术。但小赵担心手术后会对自己的生活造成影响,所以医生只能对其进行保守治疗。半年后癌细胞扩散,小赵错过了最佳治疗时间。请问,医院是否需要承担责任?

我国《医疗事故处理条例》第三十三条规定:"有下列情形之

一的,不属于医疗事故:……(五)因患方原因延误诊疗导致不良后果的;……"同时,《民法典》第一千二百一十八条规定:"患者在诊疗活动中受到损害,医疗机构或者其医务人员有过错的,由医疗机构承担赔偿责任。"

由此可知,患者在接受治疗时受到损害的,若医疗机构及其医护人员确有过错的,医疗机构承担赔偿责任;若因患者原因延误治疗导致治疗失败的,则医疗机构不需要承担责任。所以,前面列举的案例,因小赵自己的原因延误治疗导致癌细胞扩散,医院不需要承担赔偿责任。

阑尾手术中损伤周边脏器的,医院应承担赔偿责任吗?

刘某突然肚子疼,经检查是阑尾炎,需要进行手术。手术后,刘某总感觉腹部疼痛且小便不畅。后检查发现,手术中因医生操作不当,造成刘某右侧输尿管受损。请问,医院需要承担赔偿责任吗?

我国《民法典》第一千二百一十八条规定:"患者在诊疗活动中受到损害,医疗机构或者其医务人员有过错的,由医疗机构承担赔偿责任。"同时,《医疗事故处理条例》第十五条规定:"发生或者发现医疗过失行为,医疗机构及其医务人员应当立即采取有效措施,避免或者减轻对患者身体健康的损害,防止损害扩大。"

由此可知,在诊疗活动中,因医疗机构及其医护人员的过错,造成患者人身损害的,医疗机构应承担赔偿责任;当医院发现医疗过失行为时,应立即采取有效措施,避免或减轻对患者身体的损害,以防止损害扩大。所以,上面列举的案例,医院应当承担赔偿责任,而且在发现刘某身体发生损害后,首先应立即采取有效措施，避免或减轻对刘某身体的损害。

因手术过失和患者自身其他疾病导致医疗损害的，应如何赔偿损失？

《医疗事故处理条例》第四十九条规定："医疗事故赔偿，应当考虑下列因素，确定具体赔偿数额：（一）医疗事故等级；（二）医疗过失行为在医疗事故损害后果中的责任程度；（三）医疗事故损害后果与患者原有疾病状况之间的关系。不属于医疗事故的，医疗机构不承担赔偿责任。"同时，《民法典》第一千一百六十五条第一款规定："行为人因过错侵害他人民事权益造成损害的，应当承担侵权责任。"第一千一百七十三条规定："被侵权人对同一损害的发生或者扩大有过错的，可以减轻侵权人的责任。"

由此可知，承担侵权责任，以过错责任为原则，无过错为例外。只要发生侵权行为，行为与结果有因果关系，就应承担侵权责任。在医疗事故中，还应结合医疗事故等级、医疗过失行为在医疗事故损害后果中的责任程度、医疗事故损害后果与患者原有疾病状况之间的关系来确定具体赔偿数额。例如，周某做了子宫肌瘤切除手术，但因周某患有糖尿病且术后自己护理不当，导致刀口处感染发炎。到医院治疗时，医生在处理其伤口时操作不当，又造成周某感染加重，昏迷不醒。那么，在要求医院承担赔偿责任时，应按照上述规定，区分出医院应承担的责任比例，从而确定具体的赔偿数额。

发生医患纠纷后，患者家属拒绝尸检的，应如何认定责任？

杨某患有心脏病，需要进行心脏搭桥手术，但在手术中，杨某突然死亡。杨某家属认为是医生操作不当才使杨某命丧手术台,要求医院承担责任。为了查明杨某死因,医院要求尸检,但杨某家人坚持反对。请问,此时应如何认定责任?

我国《医疗事故处理条例》第十八条第三款规定:"医疗事故争议双方当事人可以请法医病理学人员参加尸检,也可以委派代表观察尸检过程。拒绝或者拖延尸检,超过规定时间,影响对死因判定的,由拒绝或者拖延的一方承担责任。"

由此可知,在医患纠纷当中,对患者死因无法确定或有异议的,应在死亡后48小时内进行尸检。若一方拒绝或拖延,导致尸检超过规定时间,影响对死因判定的,该方应承担相应的责任。所以,上面列举的案例,由于杨某家属拒绝尸检,影响对死因的判定,其应承担相应的责任。

哪些费用应算入医疗事故损害赔偿当中?

《医疗事故处理条例》第五十条规定:"医疗事故赔偿,按照下列项目和标准计算:

(一)医疗费:按照医疗事故对患者造成的人身损害进行治疗所发生的医疗费用计算,凭据支付,但不包括原发病医疗费用。结案后确实需要继续治疗的,按照基本医疗费用支付。

(二)误工费:患者有固定收入的,按照本人因误工减少的固定收入计算,对收入高于医疗事故发生地上一年度职工平均工资3倍以上的,按照3倍计算;无固定收入的,按照医疗事故发生地上一年度职工年平均工资计算。

(三)住院伙食补助费:按照医疗事故发生地国家机关一般工作人员的出差伙食补助标准计算。

（四）陪护费：患者住院期间需要专人陪护的，按照医疗事故发生地上一年度职工年平均工资计算。

（五）残疾生活补助费：根据伤残等级，按照医疗事故发生地居民年平均生活费计算，自定残之月起最长赔偿30年；但是，60周岁以上的，不超过15年；70周岁以上的，不超过5年。

（六）残疾用具费：因残疾需要配置补偿功能器具的，凭医疗机构证明，按照普及型器具的费用计算。

（七）丧葬费：按照医疗事故发生地规定的丧葬费补助标准计算。

（八）被扶养人生活费：以死者生前或者残疾者丧失劳动能力前实际扶养且没有劳动能力的人为限，按照其户籍所在地或者居所地居民最低生活保障标准计算。对不满16周岁的，扶养到16周岁。对年满16周岁但无劳动能力的，扶养20年；但是，60周岁以上的，不超过15年；70周岁以上的，不超过5年。

（九）交通费：按照患者实际必需的交通费用计算，凭据支付。

（十）住宿费：按照医疗事故发生地国家机关一般工作人员的出差住宿补助标准计算，凭据支付。

（十一）精神损害抚慰金：按照医疗事故发生地居民年平均生活费计算。造成患者死亡的，赔偿年限最长不超过6年；造成患者残疾的，赔偿年限最长不超过3年。"

由此可见，一旦发生医疗事故，患者及其家属可以根据自己的实际情况，并依据上述规定，向医院提出合理的损害赔偿请求，以保护自己的最大利益。例如，医生在给小李做切除阑尾手术时，不慎将一块止血纱布留在其肚子里，导致小李腹部感染严重。那么，小李可以根据自己的情况，在法律规定范围内提出相应的赔偿项目，至于数额多少可根据当时情况或与医院协商确定。

医疗事故损害赔偿中的医疗费用应如何计算?

小宏突感胃部疼痛,去医院检查后,被确诊为胃癌早期,需要进行手术。术后,经过对切除部分做病理分析,发现小宏并没有得胃癌,只是普通的胃炎。请问,小宏如果找医院赔偿,医疗费用应如何计算?

我国《医疗事故处理条例》第五十条规定:"医疗事故赔偿,按照下列项目和标准计算:(一)医疗费:按照医疗事故对患者造成的人身损害进行治疗所发生的医疗费用计算,凭据支付,但不包括原发病医疗费用。结案后确实需要继续治疗的,按照基本医疗费用支付。……"

由此可知,发生医疗事故后,患者可以根据自身损害进行治疗所需要的医疗费用计算赔偿标准。如果事后需要继续治疗的,也需要按照基本医疗费用计算支付。这里的医疗费,我们可以看作是患者身体受到侵害后所接受的医学上的检查、治疗和康复所需的必须费用,但不包括原发病治疗费用。所以,上面所列举的案例,小宏的医疗费用应根据其自身损害进行治疗,所需要的医疗费用计算,若结案后仍需要接受治疗,那么医院也应按基本治疗费用向其支付。

医疗事故致人死亡的,丧葬费、死亡赔偿金应如何计算?

郑某因心脏病需要做搭桥手术,在手术中因医生的违规操作造成郑某突发性大出血,经抢救无效死亡。请问,郑某的丧葬费、死亡赔偿金应如何计算?

我国《医疗事故处理条例》第五十条规定:"医疗事故赔偿,按照下列项目和标准计算:……(七)丧葬费:按照医疗事故发生地规定的丧葬费补助标准计算……"同时,《最高人民法院关于审理人身损害赔偿案件适用法律若干问题的解释》第十五条规定:"死亡赔偿金按照受诉法院所在地上一年度城镇居民人均可支配收入标准,按二十年计算。但六十周岁以上的,年龄每增加一岁减少一年;七十五周岁以上的,按五年计算。"

由此可知,医疗事故致人死亡的,死者家属有权要求存在过错的医疗机构支付丧葬费和死亡赔偿金;而丧葬费和死亡赔偿金具体金额需要按照上述法律规定和司法解释计算,同时,死亡赔偿金会因年龄有所不同。上面列举的案例,郑某家属在要求医院支付丧葬费和死亡赔偿金时,应按上述规定计算。

患者因医疗事故误工的,误工费应如何计算?

《医疗事故处理条例》第五十条规定:"医疗事故赔偿,按照下列项目和标准计算:……(二)误工费:患者有固定收入的,按照本人因误工减少的固定收入计算,对收入高于医疗事故发生地上一年度职工年平均工资3倍以上的,按照3倍计算;无固定收入的,按照医疗事故发生地上一年度职工年平均工资计算……"同时,《最高人民法院关于审理人身损害赔偿案件适用法律若干问题的解释》第七条规定:"误工费根据受害人的误工时间和收入状况确定。误工时间根据受害人接受治疗的医疗机构出具的证明确定。受害人因伤致残持续误工的,误工时间可以计算至定残日前一天。受害人有固定收入的,误工费按照实际减少的收入计算。受害人无固定收入的,按照其最近三年的平均收入计算;受害人不能举证证明其最近三年的平均收入状况的,可以参照受诉法院所在地相同或者相近行业上一年度职工的平均工资计算。"

由此可知，因医疗事故导致误工的，患者有权要求有过错的医疗机构支付误工费。而误工费会因是否有固定收入而有所不同，具体的计算方法按照上述规定确定。当然，若患者没有劳动能力，那么自然也就没有必要计算误工费了。例如，韩某因在工作时不慎摔伤入院就医，医生在为韩某治疗右腿骨折时因操作失误，导致韩某右腿骨膜受损，恢复期延长四个月。那么，误工费就是韩某四个月的工资，若韩某的工资高于事故发生地上一年度职工平均工资 3 倍以上，需按 3 倍计算。

患者因医疗事故致残，生活补助费、残疾用具费应如何计算？

💡 **小纪因感冒去诊所打针，诊所医生不慎将针打到了小纪臀部神经，导致小纪右腿残疾。请问，小纪的生活补助费、残疾用具费应如何计算？**

我国《医疗事故处理条例》第五十条规定："医疗事故赔偿，按照下列项目和标准计算：……（五）残疾生活补助费：根据伤残等级，按照医疗事故发生地居民年平均生活费计算，自定残之月起最长赔偿 30 年；但是，60 周岁以上的，不超过 15 年；70 周岁以上的，不超过 5 年；（六）残疾用具费：因残疾需要配置补偿功能器具的，凭医疗机构证明，按照普及型器具的费用计算；……"同时，《最高人民法院关于审理人身损害赔偿案件适用法律若干问题的解释》第十二条规定："残疾赔偿金根据受害人丧失劳动能力程度或者伤残等级，按照受诉法院所在地上一年度城镇居民人均可支配收入标准，自定残之日起按二十年计算。但六十周岁以上的，年龄每增加一岁减少一年；七十五周岁以上的，按五年计算。受害人因伤致残但实际收入没有减少，或者伤残等级较轻但造成职业妨害严重影响其劳动就业的，可以对残疾赔偿金作相应调整。"

由此可知，残疾生活补助费，是根据年龄来计算的，不同的年龄会导致赔偿数额的不同。所以，上面列举的案例，小纪的生活补助费和残疾用具费，结合实际情况，按照上述规定计算。

医院能否拒绝患者家属进入透析室陪护的要求？

楚某被确诊为尿毒症，需要每隔五天进行一次透析。楚某的老公韩某担心妻子在透析室里无人照顾，便要求进入透析室陪护，结果被拒绝。请问，医院的做法是否正确？

我国《执业医师法》第二十一条规定："医师在执业活动中享有下列权利：（一）在注册的执业范围内，进行医学诊查、疾病调查、医学处置、出具相应的医学证明文件，选择合理的医疗、预防、保健方案；……（五）在执业活动中，人格尊严、人身安全不受侵犯；……"同时，《民法典》第一千二百二十八条规定："医疗机构及其医务人员的合法权益受法律保护。干扰医疗秩序，妨碍医务人员工作、生活，侵害医务人员合法权益的，应当依法承担法律责任。"

由此可知，在诊疗活动中，医护人员正常的诊疗行为受法律保护，任何人不得对其进行干扰。所以，上面列举的案例，医院的做法正确。

医生能以"不宜说明"为由，拒绝向患者及家属透露病情吗？

老陈被诊断为股骨头坏死，医生与其交流时，老陈就表示，如果自己不能动了，就一头撞死，坚决不拖累孩子。医生见老陈心态非常不好，便没有将病情告诉他。可老陈的女儿小陈想了解父亲病情,医生却以"不宜说明"为由拒绝透露。请问,医生的做法正确吗?

我国《民法典》第一千二百一十九条第一款规定:"医务人员在诊疗活动中应当向患者说明病情和医疗措施。需要实施手术、特殊检查、特殊治疗的,医务人员应当及时向患者具体说明医疗风险、替代医疗方案等情况,并取得其明确同意;不能或者不宜向患者说明的,应当向患者的近亲属说明,并取得其明确同意。"

由此可知,在诊疗活动中,医务人员应将患者病情向患者及其家属说明;若不宜向患者说明的,也应向患者的近亲属说明,并取得其明确同意。上面列举的案例,医生的做法不妥,尽管不宜告诉老陈,但应告诉老陈的女儿小陈。

无法取得患者家属同意的情况下,医院能否对昏迷的患者进行手术?

《医疗机构管理条例》第三十三条规定:"医疗机构施行手术、特殊检查或者特殊治疗时,必须征得患者同意,并应当取得其家属或者关系人同意并签字;无法取得患者意见时,应当取得家属或者关系人同意并签字;无法取得患者意见又无家属或者关系人在场,或者遇到其他特殊情况时,经治医师应当提出医疗处置方案,在取得医疗机构负责人或者被授权负责人员的批准后实施。"同时,《民法典》第一千二百二十条规定:"因抢救生命垂危的患者等紧急情况,不能取得患者或者其近亲属意见的,经医疗机构负责人或者授权的负责人批准,可以立即实施相应的医疗措施。"

由此可知,医院在施行手术时,必须经患者及其家属的签字同意;若患者生命垂危,而又不能取得患者或其近亲属的同意,经医院负责人或授权的负责人批准，也可以立即施行手术治疗。例如，老方突发心脏病，昏倒在马路上，幸亏好心人将其送到医院。经检查，老方需要立即进行手术，但老方昏迷，又无法联系到老方的家属。那么，在经医院负责人批准后，医生可以立即对老方进行手术治疗。

护理人员未按时给药造成患者病情恶化，谁应承担责任？

黄某从工地的高架上摔下，头部受伤，经检查，黄某颅内大面积出血。开颅手术后，医护人员给予黄某一级护理，需要每两个小时给药一次。某天，因护士谢某的疏忽，间隔了五个小时才向黄某给药，导致黄某的病情一度恶化。请问，谁应承担责任？

我国《综合医院分级护理指导原则（试行）》第十四条规定："对一级护理患者的护理包括以下要点：……（三）根据医嘱，正确实施治疗、给药措施；……"同时，《民法典》第一千一百九十一条规定："用人单位的工作人员因执行工作任务造成他人损害的，由用人单位承担侵权责任。用人单位承担侵权责任后，可以向有故意或者重大过失的工作人员追偿。劳务派遣期间，被派遣的工作人员因执行工作任务造成他人损害的，由接受劳务派遣的用工单位承担侵权责任；劳务派遣单位有过错的，承担相应的责任。"

由此可知，对于一级护理人员，应根据医嘱，正确实施治疗、给药措施；若违反上述规定，造成患者损害的，构成医疗事故。又因护理人员是在执行工作任务时造成患者损害的，故医院应承担责任。所以，上面列举的案例，医院应对黄某的损害承担赔偿责任。

要求急诊病人排队就诊，导致其死亡的，医院是否有责任？

《医疗机构管理条例》第三十一条规定："医疗机构对危重病人应当立即抢救。对限于设备或技术条件不能诊治的病人，应当及时转诊。"同时，《民法典》第一千二百二十二条规定："患者在诊疗活动中受到损害，有下列情形之一的，推定医疗机构有过错：（一）违反法律、行政法规、规章以及其他有关诊疗规范的规定……"

由此可知，对于危重病人，医疗机构及其医护人员应当立即予以抢救。因违反上述规定，造成患者损害的，可以推定医疗机构有过错，应当承担赔偿责任。例如，郑某突发脑溢血，需要立即抢救，但因当日医生少病人多，医护人员要求郑某排队就诊，结果郑某因救治不及时而死亡。那么，可以推定医院存在过错，应承担赔偿责任。

患者家属拒绝在手术单上签字致人死亡的，谁应承担责任？

小红突然有了临盆征兆，经检查，需要马上进行剖腹产手术，但小红的婆婆却不让手术，称其已找人算过，只有明天生产，孩子才能大富大贵一生。于是，小红的老公拒绝在手术单上签字，结果导致胎儿死亡。请问，胎儿的死亡谁应负责？

我国《民法典》第一千二百一十九条规定："医务人员在诊疗活动中应当向患者说明病情和医疗措施。需要实施手术、特殊检查、特殊治疗的，医务人员应当及时向患者具体说明医疗风险、替代医疗方案等情况，并取得其明确同意；不能或者不宜向患者说明的，应当向患者的近亲属说明，并取得其明确同意。医务人员未尽到前款义务，造成患者损害的，医疗机构应当承担赔偿责任。"同时，该法第一千二百二十四条规定："患者在诊疗活动中受到损害，有下列情形之一的，医疗机构不承担赔偿责任：（一）患者或者其近亲属不配合医疗机构进行符合诊疗规范的诊疗；……"

由此可知，因患者或其家属拒绝或不配合治疗导致损害结果的发生，且医疗机构与医务人员已尽到说明、劝说义务，没有其他过错的，医疗机构和医务人员不承担赔偿责任。所以，上面列举的案例，医院不需要承担赔偿责任，胎儿死亡的责任应由小红家属自行承担。

💡 患者拒绝使用高昂药物治疗导致死亡的，谁应承担责任？

老何因心脏病住院接受治疗，治疗期间，医生建议使用一种价格昂贵的抗心律失常药物，否则难以控制病情。但老何不想给家人增添负担，拒绝使用该药物，并签署了拒绝用药声明。后医生反复多次劝解无果。半年后，何某因突发心脏病去世。请问，谁应承担责任？

我国《医疗事故处理条例》第三十三条规定："有下列情形之一的，不属于医疗事故：……（五）因患方原因延误诊疗导致不良后果的；……"同时，《民法典》第一千二百二十四条规定："患者在诊疗活动中受到损害，有下列情形之一的，医疗机构不承担赔偿责任：（一）患者或者其近亲属不配合医疗机构进行符合诊疗规范的诊疗；……前款第一项情形中，医疗机构或者其医务人员也有过错的，应当承担相应的赔偿责任。"

由此可知，医务人员已尽到全面告知的义务，且没有任何过错；但患者或其家属仍拒绝或不配合使用治疗药物或治疗方案，导致患者伤残的，医疗机构不承担赔偿责任。所以，在上面列举的案例中，医院不承担赔偿责任，患者及其家属自行承担损失。

💡 经患者同意进行实验性临床医疗，造成患者残疾的，医院是否需承担责任？

《执业医师法》第二十六条第二款规定："医师进行实验性临床医疗，应当经医院批准并征得患者本人或者其家属同意。"《医疗机构管理条例》第三十三条规定："医疗机构施行手术、特殊检查或者特殊治疗时，必须征得患者同意，并应当取得其家属或者关系人同意并签字；无法取得患者意见时，应当取得家属或者关系人同意并签字；无法取得患者意见又无家属或者关系人在场，或者遇到其他特殊情况时，经治医师应当提出医疗处置方案，在取得医疗机构负责人或者被授权负责人员的批准后实施。"《医疗机构管理条例实施细则》第八十八条规定："条例及本细则中下列用语的含义：……特殊检查、特殊治疗：是指具有下列情形之一的诊断、治疗活动：……（三）临床试验性检查和治疗；……"《民法典》第一千二百一十九条规定："医务人员在诊疗活动中应当向患者说明病情和医疗措施。需要实施手术、特殊检查、特殊治疗的，医务人员应当及时向患者具体说明医疗风险、替代医疗方案等情况，并取得其明确同意；不能或者不宜向患者说明的，应当向患者的近亲属说明，并取得其明确同意。医务人员未尽到前款义务，造成患者损害的，医疗机构应当承担赔偿责任。"

由此可知，在经过患者及其家属同意，并签署同意书后，医疗机构可以进行实验性临床医疗，若造成患者损害的，医疗机构可以免责。例如，范某腰部受到重创，医生称现在没有特别好的方法可以治疗范某的腰伤，但现有一种仍在实验阶段的方案，不知道范某及家属是否同意采用。范某及其家属经过商量后，同意试用，并签署同意书。那么，若方案失败，对范某造成损害的，医院可以不承担责任。

私自将患者的检查结果告知他人，是否构成侵权？

经检查，苏某被确诊为艾滋病。不久后，苏某公司的人竟然都知道了苏某患有艾滋病，并对其避而远之。后经查证，发现是体检医院的一名医生将其体检信息透漏给了他人。请问，医院是否构成侵权？

我国《民法典》第一千二百二十六条规定："医疗机构及其医务人员应当对患者的隐私和个人信息保密。泄露患者的隐私和个人信息，或者未经患者同意公开其病历资料的，应当承担侵权责任。"同时，《执业医师法》第二十二条规定："医师在执业活动中履行下列义务：……（三）关心、爱护、尊重患者，保护患者的隐私；……"此外，本法第三十七条规定："医师在执业活动中，违反本法规定，有下列行为之一的，由县级以上人民政府卫生行政部门给予警告或者责令暂停六个月以上一年以下执业活动；情节严重的，吊销其执业证书；构成犯罪的，依法追究刑事责任：……（九）泄露患者隐私，造成严重后果的；……"

由此可知，保护患者隐私是医护人员应尽的义务，若私自泄露患者隐私，造成患者损害的，医疗机构应承担侵权责任，事后可再追究直接责任人的责任。医师泄露患者隐私的行为造成严重后果的，则被给予警告或责令暂停六个月以上一年以下执业活动；情节严重的，还会被吊销执业证书；构成犯罪的，依法追究刑事责任。所以，上面列举的案例，医院应承担侵权责任，事后可追究该医生的责任。

💡 隆鼻过程中造成周边脸部皮肤毁损的，医院是否应承担责任？

小美在一家正规美容医院做了隆鼻手术。手术前，医生未告知其手术风险。结果，术后小美发现鼻子周围的皮肤变黑溃烂。经检查，隆鼻时医生不慎破坏了周边脸部皮肤细胞，导致皮肤细胞死亡。请问，小美可以要求美容医院承担责任吗？

我国《民法典》第一千二百一十八条规定："患者在诊疗活动中受到损害，医疗机构或者其医务人员有过错的，由医疗机构承担赔偿责任。"同时，该法第一千二百一十九条规定："医务人员在诊疗活动中应当向患者说明病情和医疗措施。需要实施手术、特殊检查、特殊治疗的，医务人员应当及时向患者具体说明医疗风险、替代医疗方案等情况，并取得其明确同意；不能或者不宜向患者说明的，应当向患者的近亲属说明，并取得其明确同意。医务人员未尽到前款义务，造成患者损害的，医疗机构应当承担赔偿责任。"

由此可知，在诊疗活动中，医疗机构及其医务人员存在过错，或未尽到风险告知说明义务，造成患者损害的，医疗机构应承担赔偿责任。所以，上面列举的案例，小美可要求美容医院承担赔偿责任。

四、死亡与丧葬

（一）死　亡

公民被宣告死亡后，是否应当为其办理注销户口登记？如何办理？

根据《公安部三局关于传发〈死亡人员户口注销工作规范〉的通知》第一条的规定："公民死亡或者被宣告死亡后，应当在一个月以内，由户主、亲属、抚养人或者村（居）民委员会凭死亡人员的居民户口簿、居民身份证及以下死亡证明材料之一，向死亡人员户口所在地公安派出所申报注销户口登记：（一）医疗机构出具的《死亡医学证明（推断）书》；（二）公安、司法部门出具的非正常死亡证明；（三）人民法院出具的宣告死亡生效判决书；（四）其他能够证明死亡的材料。"

由此可见，如果公民被宣告死亡，应当办理注销户口登记，时间为一个月，而且需要遵循一定的程序。只要满足以上法条规定的条件和程序，就能为被宣告死亡人员办理注销户口登记。举个例子来说，家住某村的王某因病去世，王某的户主、亲属、抚养人或者王某所在的村民委员会应当在一个月之内向当地公安派出所申报注销户口登记，并且需要带齐死亡人员的居民户口簿、居民身份证及死亡证明材料。

宣告死亡的条件是什么？

2011年，王某因生活所迫外出打工谋生，留下家中的妻子林某、三岁的女儿王小某和王某的老母亲相依为命。王某一走就是六年，杳无音讯。2021年，林某向当地人民法院申请宣告王某死亡。那么，林某是否能够申请成功呢？

根据我国《民法典》第四十六条的规定："自然人有下列情形之一的，利害关系人可以向人民法院申请宣告该自然人死亡：（一）下落不明满四年；（二）因意外事件，下落不明满二年。因意外事件下落不明，经有关机关证明该自然人不可能生存的，申请宣告死亡不受二年时间的限制。"

由此可见，自然人下落不明满一定年限，其利害关系人就可以向法院申请宣告该自然人死亡。其中，下落不明是指自然人离开最后住所地而没有音讯。利害关系人包括被申请宣告死亡人的配偶、父母、子女、兄弟姐妹、祖父母、外祖父母、孙子女、外孙子女，以及其他与被申请人有民事权利义务关系的人。符合以上条件，才能申请宣告公民死亡。

在前面的例子中，王某已经下落不明满四年，并且申请人林某是其配偶，属于法定的利害关系人，因此，林某能够申请成功，法院应当宣告王某死亡。

公民被宣告死亡后，如何确定死亡日期？

根据我国《民法典》第四十八条的规定："被宣告死亡的人，人民法院宣告死亡的判决作出之日视为其死亡的日期；因意外事件下落不明宣告死亡的，意外事件发生之日视为其死亡的日期。"

由此可见，被宣告死亡人的死亡日期是采用法律拟制的方式确定的。因为下落不明人是否真实死亡以及真实死亡日期客观上往往难以确定，为了尽快处理被宣告死亡人的民事权利义务关系，我国法律统一拟制规定死亡日期。

举个例子来说，李某是一名登山运动爱好者。2019年5月12日，李某在一次登山过程中不幸遭遇泥石流而失去音讯，生死不明。两年后经李某父亲申请，当地人民法院宣告李某死亡。由于李某是遭遇意外事件下落不明而被宣告死亡的，所以意外事件发生之日，也就是2019年5月12日视为其死亡的日期。

被宣告死亡人在被宣告死亡期间所实施的法律行为有效吗？

余某于2012年离乡务工，之后与家人失去联系，一直杳无音讯。2021年经其妻子申请，当地人民法院宣告余某死亡。但余某实际上并未死亡，而是在另一个城市继续生活，余某在被宣告死亡后向刘某借了一笔钱，二人签订了借款合同。那么问题来了，余某已经被人民法院宣告死亡，他是否还能向别人借款，二人签订的借款合同是否被法律所承认呢？

我国《民法典》第四十九条规定："自然人被宣告死亡但是并未死亡的，不影响该自然人在被宣告死亡期间实施的民事法律行为的效力。"根据这一法条规定，如果公民被人民法院宣告死亡但是并未实际死亡的，在被宣告死亡期间是可以实施法律行为的。所谓的"法律行为"，是指公民所实施的对自己的权利义务产生法律效力的行为。那么，上述案例中余某和刘某所签订的合同是否就一定被法律所承认呢？答案是不一定，法律规定自然人被宣告死亡但是并未死亡的，不影响该自然人在被宣告死亡期间实施的民事法律行为的效力，只是说"被宣告死亡"并不会对法律行为的效力本身产生障碍，至于该民事法律行为是否有效，还要看是否存在其他影响效力的事由。

具体来说，余某有权与刘某签订借款合同，但若合同存在无效或者可撤销的事由，如刘某是被胁迫签订的，那么双方的合同就是可撤销的而非有效合同，反之，合同具备效力，受法律所承认和保护。

公民能否申请撤销死亡宣告？

高某和施某是夫妻关系，高某外出十余年未归，经施某申请被当地人民法院宣告死亡。今年春天，高某突然回到家乡，施某想申请撤销对高某的死亡宣告。那么，法院是否应当支持施某的请求呢？

根据我国《民法典》第五十条的规定："被宣告死亡的人重新出现，经本人或者利害关系人申请，人民法院应当撤销死亡宣告。"

由此可见，宣告死亡是能够被撤销的。应当注意，撤销死亡宣告应当符合以下两个条件：首先是被宣告死亡的人重新出现，即被宣告死亡人并没有实际死亡；其次必须由本人或者利害关系人申请。如果符合以上条件，人民法院就应当撤销死亡宣告。在上面的案例中，被宣告死亡的高某并未实际死亡，其回到家乡后，施某作为其配偶，有权申请法院撤销对高某的死亡宣告，人民法院应当撤销。

死亡宣告被撤销后，原有婚姻关系是否会自行恢复？

陆某被宣告死亡后，他的妻子关某改嫁他人，其后又离婚。三年后，关某得知前夫陆某仍然在世，并被撤销了死亡宣告，遂主张与陆某恢复婚姻关系。那么，该死亡宣告被撤销后，陆某与关某原有的婚姻关系是否自行恢复？

根据我国《民法典》第五十一条的规定："被宣告死亡的人的婚姻关系，自死亡宣告之日起消除。死亡宣告被撤销的，婚姻关系自撤销死亡宣告之日起自行恢复。但是，其配偶再婚或者向婚姻登记机关书面声明不愿意恢复的除外。"

由此可见，婚姻关系和婚姻效力会随着夫妻一方被宣告死亡而自行消除，却并不当然随着死亡宣告被撤销而自行恢复。恢复是原则，不恢复是例外，这是法律为了保护夫妻对方当事人的合法权益所作出的立法选择。在前面的例子中，陆某和关某的婚姻关系在陆某被宣告死亡之日起消灭，在死亡宣告被撤销后，由于关某已经再婚过，所以她与陆某的婚姻关系不能自行恢复。

💡 被宣告死亡期间子女被他人收养，死亡宣告被撤销后能否要回孩子？

根据我国《民法典》第五十二条的规定："被宣告死亡的人在被宣告死亡期间，其子女被他人依法收养的，在死亡宣告被撤销后，不得以未经本人同意为由主张收养行为无效。"

由此可见，被宣告死亡人的子女被他人收养，死亡宣告被撤销后，原父母子女关系并不自行恢复，收养关系也不会因此自行解除，被宣告死亡人不得以未经本人同意为由主张收养关系无效。但是这并不意味着被宣告死亡人就一定要不回孩子，如果收养人和被收养人同意，被宣告死亡人仍然可以主张收养无效，恢复原父母子女关系。

举个例子来说，邱某外出务工，与家中失去联系，经债权人申请，邱某被人民法院宣告死亡，邱某的女儿邱小某被余某收养。2021年冬天，邱某突然返回家乡，要求撤销死亡宣告，并要求要回自己的女儿。根据法律规定，邱小某与余某因为收养而确定了新的父母子女关系，这一关系并不因邱某撤销了死亡宣告而自行消灭，邱某也不能以自己没有同意收养为由主张收养是无效的。

被宣告死亡后房产被继承，"复活"后还能要回房产吗？

胡小某的父亲胡某某外出打工后失踪，最终被宣告死亡，胡小某依法继承了父亲的房产，后因急事胡小某不得已将房屋卖给朋友冷某，并办理了过户手续。一年后，胡小某的父亲又重新出现，他得知自己的房产被儿子卖掉后很生气，要求冷某返还房产，冷某不同意。那么，胡某某还能要回房产吗？

《民法典》第五十三条第一款规定："被撤销死亡宣告的人有权请求依照本法第六编取得其财产的民事主体返还财产；无法返还的，应当给予适当补偿。"根据法条的表述，如果被宣告死亡人重新出现，一般情况下应当返还其财产，但是如果已经合法转让给第三人，则此时财产无法返还，由依照《民法典》取得其财产的人适当补偿被宣告死亡人。

结合案例来讲，如果房屋还在胡小某的名下，胡小某应当将该财产返还给父亲胡某某。但此时房屋已经被第三人冷某合法取得，此时法律更倾向于保护第三人的合法利益，胡某某不能直接向冷某要回房子，而是应当由"当时继承人"胡小某适当补偿父亲胡某某的损失。

被宣告死亡后财产被他人恶意侵占，"复活"后还能要回财产吗？

2013 年，黄某因患疾病多次住院治疗，出院后被继子秦某安排到老家静养。2021年秦某向当地人民法院申请宣告黄某死亡，称其继母离家出走六年杳无音讯。当地人民法院发布公告后对黄某作出了死亡宣告。秦某将其继母名下的财产全部继承。两年后，黄某得知这一情况，向人民法院申请撤销死亡宣告并要求秦某返还其财产。请问，黄某的主张能否得到法院支持呢？

根据我国《民法典》第五十三条第二款规定："利害关系人隐瞒真实情况，致使他人被宣告死亡而取得其财产的，除应当返还财产外，还应当对由此造成的损失承担赔偿责任。"

由此可见，被宣告死亡的人"复活"，被他人恶意侵占的财产不仅能够要回，还可以主张赔偿损失。在前面的例子中，秦某作为利害关系人，隐瞒了真实情况，致使黄某被人民法院宣告死亡，从而秦某继承了其财产，属于恶意侵占。黄某不仅能够将全部财产要回，还能要求秦某赔偿自己的损失。

（二）丧　葬

💡 占用耕地修建坟墓是违法的吗？

岳某长年在外务工。春节回家后，岳某发现门口突然多出了一座坟墓，占用了一直用于种植水稻的耕地。于是，岳某向当地自然资源主管部门举报。

根据我国《殡葬管理条例》第十条第一款的规定："禁止在下列地区建造坟墓：（一）耕地、林地；（二）城市公园、风景名胜区和文物保护区；（三）水库及河流堤坝附近和水源保护区；（四）铁路、公路主干线两侧。"

由此可见，村民是不可以占用耕地修建坟墓的。此外，村民占用耕地修建坟墓还会受到相应惩罚。我国《土地管理法》第七十五条规定:"违反本法规定,占用耕地建窑、建坟或者擅自在耕地上建房、挖砂、采石、采矿、取土等,破坏种植条件的,或者因开发土地造成土地荒漠化、盐渍化的,由县级以上人民政府自然资源主管部门、农业农村主管部门等按照职责责令限期改正或者治理,可以并处罚款;构成犯罪的,依法追究刑事责任。"在前面的案例中,当地自然资源主管部门、农业农村主管部门等可以责令违法者限期改正或者治理,还可以并处罚款。如果涉及犯罪了,应当联系公安部门处理。

对于违反规定的土葬行为,民政部门是否可以强制火化?

根据我国《殡葬管理条例》第十二条、第十三条的规定,火化遗体必须凭公安机关或者国务院卫生行政部门规定的医疗机构出具的死亡证明,由殡仪馆、火葬场等殡仪服务单位承办。即使是运输遗体,也必须进行必要的技术处理,确保卫生,防止污染环境。

目前,中国绝大多数城市聚居地区已被禁止土葬,土葬已被火葬逐步取代。国家划定范围作为火葬区,禁止土葬。也就是说,在国家所划定的火葬区内,是不允许村民土葬的,如果违反规定,民政部门会根据《殡葬管理条例》的规定,对违法者进行行政处罚。但即使应当火葬,也必须由殡葬服务部门按照程序进行,而不能由民政部门强制火化。

异地死亡,遗体能否运回家乡土葬?

根据《民政部、公安部、外交部、铁道部、交通部、卫生部、海关总署、民用航空局关于尸体运输管理的若干规定》第三条的规定："凡属异地死亡者，其尸体原则上就地、就近尽快处理。如有特殊情况确需运往其他地方的，死者家属要向县以上殡葬管理部门提出申请，经同意并出具证明后，由殡仪馆专用车辆运送。"

由此可见，在异地死亡者的遗体一般是不能够运回家乡进行土葬的。但是，如果确实存在特殊情况，死者家属可以向县以上殡葬管理部门提出申请，经其同意并出具证明后，就可以由殡仪馆专用车辆将死者遗体运往其他地方。之所以规定这些条件，也是国家出于对安全卫生的考量。至于是否能够将遗体运回家乡进行土葬，要看死者家乡是否属于国家允许土葬的地区，如果在国家所划定的火葬区内，是不能土葬的。

举例来讲，高某家住贵州某个少数民族村寨，属于国家允许土葬的地区。高某外出旅游时不幸从高处跌落摔死，高某家属向市殡葬管理所提出申请，请求将高某尸体运回家乡土葬。只有经市殡葬管理所同意并出具证明后，由殡仪馆专用车辆运送，才能将高某尸体运回家乡土葬。

出卖纸人纸马等迷信殡葬用品，是违法行为吗？

某市民政局会同市场监督管理局通过现场检查发现，张某所开的寿衣铺存在销售封建迷信殡葬用品的违法行为，随后进行调查，并对张某作出了行政处罚。张某感到很冤枉，买卖纸人纸马等殡葬用品是传统，怎么就违法了呢？那么，制造或者销售纸人纸马等迷信殡葬用品究竟是不是违法行为呢？

我国《殡葬管理条例》第十七条规定："禁止制造、销售封建迷信的丧葬用品。禁止在实行火葬的地区出售棺材等土葬用品。"该法第二十二条还规定："制造、销售不符合国家技术标准的殡葬设备的，由民政部门会同工商行政管理部门①责令停止制造、销售，可以并处制造、销售金额1倍以上3倍以下的罚款。制造、销售封建迷信殡葬用品的，由民政部门会同工商行政管理部门予以没收，可以并处制造、销售金额1倍以上3倍以下的罚款。"

由此可见，我国法律明确禁止制造、销售封建迷信的丧葬用品，制造或者销售纸人纸马等迷信殡葬用品是违法行为，会受到相应的处罚。在上面的案例中，张某开设店铺销售封建迷信殡葬用品，是法律所禁止的违法行为，应当受到处罚。

---

① 现为市场监督管理部门。

五、遗产继承

（一）继承权

我国法律对继承人的继承顺序有规定吗？

我国《民法典》第一千一百二十七条规定："遗产按照下列顺序继承：（一）第一顺序：配偶、子女、父母；（二）第二顺序：兄弟姐妹、祖父母、外祖父母。继承开始后，由第一顺序继承人继承，第二顺序继承人不继承；没有第一顺序继承人继承的，由第二顺序继承人继承。本编所称子女，包括婚生子女、非婚生子女、养子女和有扶养关系的继子女。本编所称父母，包括生父母、养父母和有扶养关系的继父母。本编所称兄弟姐妹，包括同父母的兄弟姐妹、同父异母或者同母异父的兄弟姐妹、养兄弟姐妹、有扶养关系的继兄弟姐妹。"

据此可知，我国《民法典》规定的继承顺序为：配偶、子女、父母是法定的第一顺序继承人，兄弟姐妹、祖父母、外祖父母为法定的第二顺序继承人，只有在没有第一顺序继承人的情况下，第二顺序继承人才有继承权。例如，林某因病去世，留下妻子赵某与尚未成年的儿子。林某的父母已经去世，但他还有一个哥哥。林某去世后，除一些存款外，留下了婚前购买的一套房屋。依据上述条文的规定，林某的妻子赵某及儿子作为林某的第一顺序继承人可以继承林某的财产，而林某的哥哥是第二顺序继承人，依法不能继承林某的财产。

💡 女儿结婚后还有权继承父母的遗产吗？

张某与妻子冯某生育一儿一女，女儿小梅已经出嫁，儿子小亮也已经结婚生子。张某因病去世后，妻子冯某由于伤心过度，不久后也离世了。张某夫妻去世后，小梅与小亮因遗产继承问题发生争执。小亮认为姐姐已经出嫁，不能再继承父母的财产。请问，小亮的主张合理吗？

我国《民法典》第一千一百二十六条明确规定："继承权男女平等。"由此可知，儿女对父母的遗产享有平等的继承权，案例中的小梅不会因为出嫁而失去继承遗产的权利，所以小亮认为姐姐没有继承权的主张是没有法律依据的。

💡 虐待老人的子女也能继承父母的遗产吗？

我国《民法典》第一千一百二十五条第一款明确规定："继承人有下列行为之一的，丧失继承权：……（三）遗弃被继承人，或者虐待被继承人情节严重……"同时，我国《最高人民法院关于适用〈中华人民共和国民法典〉继承编的解释（一）》第六条对虐待被继承人的认定及权利的丧失进行了补充规定："继承人是否符合民法典第一千一百二十五条第一款第三项规定的'虐待被继承人情节严重'，可以从实施虐待行为的时间、手段、后果和社会影响等方面认定。虐待被继承人情节严重的，不论是否追究刑事责任，均可确认其丧失继承权。"

依据条文规定可知，子女不履行赡养义务，遗弃被继承人或者虐待被继承人情节严重的，依法丧失继承权。例如，李强有一个弟弟李伟，因李伟是家中最小的孩子，父母对他一直疼爱有加，李强嫉妒李伟受到父母宠爱，所以一直很叛逆。长大后，弟弟去了大城市打拼，李强则一事无成，留在了家乡。李强为此埋怨父母，只要遇到不如意的事，就对父母拳打脚踢，实施虐待。后来，父母因虐待所致的伤病和心里的积怨交加，相继离世。那么，在这种情况下，李强就会因虐待父母而丧失继承遗产的权利。

得到老人原谅的不孝子女，再次承担起赡养义务，还能继承老人的遗产吗？

黄某是独生子，父母对他非常宠爱，导致黄某个性张扬跋扈。长大后，黄某想要做什么事，只要被父母反对，就会跟父母大吵大闹，甚至动手打父母。父母对黄某非常失望，但后来黄某被人欺骗，父母不但没有埋怨他，还替他偿还了债务。黄某这才开始洗心革面，孝顺父母，并得到了父母的原谅。那么，在父母去世后，黄某会因曾经虐待父母而不能再继承父母的遗产吗？

我国《民法典》第一千一百二十五条明确规定："继承人有下列行为之一的，丧失继承权：（一）故意杀害被继承人；（二）为争夺遗产而杀害其他继承人；（三）遗弃被继承人，或者虐待被继承人情节严重；（四）伪造、篡改、隐匿或者销毁遗嘱，情节严重；（五）以欺诈、胁迫手段迫使或者妨碍被继承人设立、变更或者撤回遗嘱，情节严重。继承人有前款第三项至第五项行为，确有悔改表现，被继承人表示宽恕或者事后在遗嘱中将其列为继承人的，该继承人不丧失继承权。受遗赠人有本条第一款规定行为的，丧失受遗赠权。"

具体到上面的案例，黄某曾经不孝顺父母，有过动手殴打父母等虐待行为。但后来因为父母无私的付出，及时悔悟，并得到了父母原谅。根据条文规定，黄某得到了父母的谅解，愿意承担起赡养父母的义务，依法不丧失继承权，可以继承父母的遗产。

王某可以继承其同母异父的兄弟孙某的遗产吗？

王某 5 岁时父亲因安全事故去世，他的母亲带着他改嫁，他的继父有一个儿子孙某。在母亲与继父相继去世后，王某只剩下孙某这一个同母异父的弟弟孙某。不幸的是，孙某因突发疾病去世，那么，王某有权继承孙某的遗产吗？

我国《民法典》第一千一百二十七条明确规定："遗产按照下列顺序继承：（一）第一顺序：配偶、子女、父母；（二）第二顺序：兄弟姐妹、祖父母、外祖父母……本编所称兄弟姐妹，包括同父母的兄弟姐妹、同父异母或者同母异父的兄弟姐妹、养兄弟姐妹、有扶养关系的继兄弟姐妹。"

依据条文规定，案例中王某与孙某是同母异父的兄弟，属于《民法典》规定的第二顺序继承人，在孙某没有第一顺序继承人情况下，王某可以继承孙某的遗产。

侄子可以继承姑姑的遗产吗？

杨某年幼失怙，由姑姑抚养长大。为了杨某着想，姑姑一生未婚未育。姑姑步入晚年后，杨某尽心尽力照顾姑姑，并为她养老送终。姑姑去世后，留下一套房屋作为遗产，既没有留下遗嘱，也没有其他继承人。在这种情况下，杨某能否继承该房屋呢？

我国《民法典》第一千一百二十七条规定，遗产按照下列顺序继承：（一）第一顺序：配偶、子女、父母；（二）第二顺序：兄弟姐妹、祖父母、外祖父母。继承开始后，先由第一顺序继承人继承，没有第一顺序继承人的，则由第二顺序继承人继承。同时，该法第一千一百二十八条第二款规定："被继承人的兄弟姐妹先于被继承人死亡的，由被继承人的兄弟姐妹的子女代位继承。"也就是说，遗产应当按照一定的顺序继承，在没有第一顺位继承人的情况下，才会由第二顺序的继承人继承遗产。而且，第二顺序的兄弟姐妹继承人如果先于被继承人死亡，应该由兄弟姐妹的子女代位继承。

在上面的案例中，杨某父母均已过世。姑姑去世后，并没有第一顺位继承人（父母、儿女、配偶）。杨某的父亲是姑姑的兄弟，是姑姑的第二顺序继承人，对姑姑的财产享有继承权。杨某父亲既然先于姑姑去世，杨某作为父亲的直系晚辈血亲，就有权代位继承姑姑的遗产。

吴某的父亲过世，吴某有权代替父亲继承其爷爷的遗产吗？

我国《民法典》第一千一百二十八条第一款和第三款规定："被继承人的子女先于被继承人死亡的，由被继承人的子女的直系晚辈血亲代位继承。""代位继承人一般只能继承被代位继承人有权继承的遗产份额。"

上述条文是对我国代位继承权作出的规定，依据条文规定的内容可知，如果子女作为继承人先于被继承人过世，那么可由子女的直系晚辈血亲在其该继承的遗产份额内行使代位继承权。例如，吴某的父亲因发生交通事故过世，吴某的爷爷生病在床，他的奶奶已经去世，一直由吴某及吴某两位伯父照顾吴某的爷爷。吴某的爷爷去世后，吴某两位伯父认为吴某的父亲已经去世，爷爷的遗产应该由他们两人平分。此时，吴某可依据《民法典》第一千一百二十八条的规定，行使代位继承权，要求代替父亲继承爷爷的遗产。需要注意的是，吴某只能在他父亲继承的份额内行使权利。

💡 对公婆的遗产，儿媳有继承权吗？

袁某的丈夫朱某是一名人民警察，因丈夫工作比较忙，一直由袁某全力照顾家庭。某天，朱某因执行任务牺牲，袁某和公婆伤心欲绝。公婆只有朱某一个孩子，袁某决定替丈夫朱某照顾二老到百年。几年后，公婆相继离世，那么，袁某对公婆的遗产有继承权吗？

我国《民法典》第一千一百二十九条规定："丧偶儿媳对公婆，丧偶女婿对岳父母，尽了主要赡养义务的，作为第一顺序继承人。"由条文规定可知，案例中袁某在丈夫去世后，承担起了赡养公婆的全部义务，照顾公婆如同照顾父母一般。所以袁某对公婆的遗产依法享有继承权，可以作为第一顺序继承人继承其公婆的遗产。

💡 养父母是养子的合法继承人吗？

我国《民法典》第一千一百二十七条规定："遗产按照下列顺序继承：（一）第一顺序：配偶、子女、父母……本编所称子女，包括婚生子女、非婚生子女、养子女和有扶养关系的继子女。本编所称父母，包括生父母、养父母和有扶养关系的继父母……"

由条文规定可知，养父母与养子女之间适用父母与子女之间的权利义务关系，养子女与养父母互为继承人，在养子女去世后，养父母对养子女的遗产享有继承权。例如，在地震后，陈某夫妻收养了孤儿唐某，唐某在养父母的照顾下，走出了悲伤的阴影，并考上了大学。唐某大学毕业后，到某城市工作，凭借自己的努力，买了一套房子，并把养父母接来同住。不幸的是，唐某在超强工作的压力下猝死。除养父母外，唐某没有其他亲人，那么，陈某夫妻就是唐某的第一顺序继承人，对唐某的遗产依法享有继承权。

篡改遗嘱的继承人还有继承权吗？

范某是家中长子，他还有两个妹妹。范某母亲已经去世，卧病在床的父亲一直由范某照顾，他的两个妹妹时常来看望父亲，并向范某支付相应的赡养费。自知病情加重，父亲为以防万一，便写了一份遗嘱，由范某兄妹三人共同继承遗产。范某见过遗嘱，认为自己承担了主要赡养责任，想要多继承些财产，便私自改了遗嘱。那么，范某还有继承权吗？

我国《民法典》第一千一百二十五条第一款第（四）项明确规定："（四）伪造、篡改、隐匿或者销毁遗嘱，情节严重。"依据条文规定可知，继承人有伪造、篡改、隐匿或者销毁遗嘱行为的，如果情节严重会丧失继承权。同时，我国《最高人民法院关于适用〈中华人民共和国民法典〉继承编的解释（一）》第九条对"情节严重"进行了规定："继承人伪造、篡改、隐匿或者销毁遗嘱，侵害了缺乏劳动能力又无生活来源的继承人的利益，并造成其生活困难的，应当认定为民法典第一千一百二十五条第一款第四项规定的'情节严重'。"

也就是说，继承人伪造、篡改或销毁遗嘱，对缺乏劳动能力又无生活来源的继承人造成利益侵害并使其生活困难的，属于情节严重的情形，继承人的继承权因此而丧失。案例中，范某虽然篡改了遗嘱，但不属于情节严重的情形，所以范某的继承权并不会因此而丧失。

为争夺遗产杀害其他继承人,会因此丧失继承权吗?

肖某是某建筑集团董事长,与前妻周某生育一子肖峰。肖峰10岁时,肖某与第二任妻子刘某结婚,生下二子肖明。在肖峰37岁的时候,肖某查出得了绝症,不久后离世。肖某没有留下遗嘱,为了争夺遗产,肖峰设计出一场交通事故,导致肖明死亡。那么,肖峰会丧失继承权吗?

我国《民法典》第一千一百二十五条第(二)项规定:"(二)为争夺遗产而杀害其他继承人;……"由条文规定可知,继承人如果为争夺遗产而杀害其他继承人的,会丧失继承权。遗产的继承有遗嘱继承和法定继承两种方式,案例中肖某没有订立遗嘱,故应按法定继承的方式分配遗产。肖峰为一己之私,杀害肖明,依法应被剥夺继承遗产的权利。法律作出这样的规定是为了约束各继承人,避免出现为自己的私利而做出侵害他人生命权的行为。

继承人会因尽了主要赡养义务而多分得遗产吗?

我国《民法典》第一千一百三十条第一款和第三款规定:"同一顺序继承人继承遗产的份额,一般应当均等。""对被继承人尽了主要扶养义务或者与被继承人共同生活的继承人,分配遗产时,可以多分。"

在我国,权利与义务相统一,履行的义务较多,享受的权利也会相应地多一些。在继承中,继承人如果尽到了主要的赡养义务,也可依法多分得一些遗产。例如,冯某与妻子杨某生育一子冯英,一女冯慧。冯英比妹妹大十岁,十分宠爱妹妹。杨某在冯英20岁的时候因病去世,冯某便承担起支撑家庭的重担。妹妹出嫁后,一直由冯英照顾年迈的父亲。不久后,冯某去世,没有留下任何遗嘱，在继承遗产时，因冯英承担着照顾父亲的全部责任，故其可以依据上述条文的规定主张多分得一些财产。

非亲非故的徐某会因主动赡养孤寡老人而分得遗产吗？

徐某在某城市打工，租了某处住房。房东是一位年近70岁的大爷祝某。祝某没有子女，老伴也已经去世，他名下只有这一处两居室的住房，并将其中一间租给了徐某。徐某知道祝某没有子女照顾后，便主动承担起了照顾老人的责任。2021年5月，祝某去世，留下一笔遗产。那么，徐某可以分得祝某的遗产吗？

我国《民法典》第一千一百三十一条规定："对继承人以外的依靠被继承人扶养的人，或者继承人以外的对被继承人扶养较多的人，可以分给适当的遗产。"同时，《最高人民法院关于适用〈中华人民共和国民法典〉继承编的解释（一）》第二十条规定："依照民法典第一千一百三十一条规定可以分给适当遗产的人，分给他们遗产时，按具体情况可以多于或者少于继承人。"

依据上述条文的规定，与被继承人没有亲属关系又主动承担起赡养被继承人责任的人，对被继承人遗产享有继承权，可以分得部分遗产。案例中徐某与祝某非亲非故，出于善心，徐某自告奋勇照顾祝某，在祝某去世后，徐某依法可以适当分得祝某的遗产。

如何确定在同一事件中死亡的互有继承权的人的继承顺序？

莫某决定今年十一假期带着母亲外出旅游。9月30日，莫某与母亲乘坐某次航班，飞往目的地，结果飞机出现故障，莫某与母亲在事故中丧生。莫某没有其他兄弟姐妹，父亲已经去世，他还有妻子和一个女儿。这种情况下，该如何确定继承顺序呢？

我国《民法典》第一千一百二十一条第二款规定:"相互有继承关系的数人在同一事件中死亡,难以确定死亡时间的,推定没有其他继承人的人先死亡。都有其他继承人,辈份不同的,推定长辈先死亡;辈份相同的,推定同时死亡,相互不发生继承。"

具体到上面的案例,莫某与母亲各自都有继承人,莫某的继承人有他的母亲、妻子和女儿,而莫某母亲的继承人是莫某。因莫某与其母亲辈分不同,依据上述条文的规定,推定莫某母亲先死亡,莫某后死亡。莫某母亲死亡,由莫某取得遗产。莫某死亡后,由莫某的继承人,即莫某的妻子和女儿继承遗产份额。

(二) 遗 产

💡 死者留下的财产都属于遗产吗?

我国《民法典》第一千一百二十二条规定:"遗产是自然人死亡时遗留的个人合法财产。依照法律规定或者根据其性质不得继承的遗产,不得继承。"

据此可知,公民死亡时,其个人的合法财产可以作为遗产进行分配。例如,梁某原是某银行的职工,现已退休。梁某的老伴在两年前去世,她的两个儿子轮流照顾她。后梁某因病住院,于半个月后去世。梁某名下有一处房产及家具家电、二百万元的存款以及一些首饰。其中,经查,二百万元的存款中有一百万属于其曾在银行工作时为人办理贷款所得的"好处费"。那么,按照法律规定,这些财产中的一百万存款就不属于遗产,因为其不是合法所得。

遗产必须由子女平均继承吗？

高某有一子两女，儿子卢某及儿媳与高某生活在一起，承担着赡养母亲高某的主要责任。高某的大女儿已经结婚，嫁到了外地，小女儿正在读研究生，相对来说其对母亲尽的扶养义务较少。高某去世后，没有留下遗嘱。那么，对高某留下的遗产，三个孩子必须平均继承吗？

我国《民法典》第一千一百三十条规定："同一顺序继承人继承遗产的份额，一般应当均等。对生活有特殊困难又缺乏劳动能力的继承人，分配遗产时，应当予以照顾。对被继承人尽了主要扶养义务或者与被继承人共同生活的继承人，分配遗产时，可以多分。有扶养能力和有扶养条件的继承人，不尽扶养义务的，分配遗产时，应当不分或者少分。继承人协商同意的，也可以不均等。"

由条文规定可知，对父母留下的遗产，原则上应由子女平均继承。但在赡养义务上，子女尽到的义务多少也会对继承的份额产生影响，尽到主要扶养义务的继承人可以多分，而不尽扶养义务的人应当不分或者少分。另外，子女之间也可以协商确定遗产份额。案例中，卢某作为继承人之一，在母亲生前承担了主要的赡养义务，可以主张多分一些遗产。

父亲过世，其子女可以将父母的共同财产作为遗产予以继承吗？

我国《民法典》第一千一百五十三条规定："夫妻共同所有的财产，除有约定的外，遗产分割时，应当先将共同所有的财产的一半分出为配偶所有，其余的为被继承人的遗产。遗产在家庭共有财产之中的，遗产分割时，应当先分出他人的财产。"

据此可知，继承人只能继承被继承人的个人财产，如果夫妻一方去世,在分割去世一方的财产时,应当先将尚未去世的另一方的财产分出来,剩下的财产可以作为遗产予以分割。例如,王某与妻子张某婚后共同购买了一处房屋,房产证上登记的是夫妻二人的名字。他们生育了两个儿子,都已经成家,但两个儿子因出现一些矛盾,互不来往。后王某因病去世,他的两个儿子都想要分割遗产,且担心母亲偏袒对方,擅自把房子过户给对方。依据上述条文的规定,在分割遗产,张某首先对房子一半的份额拥有所有权,另一半才可以作为遗产由继承人继承,并由王某的两个儿子及张某分别继承三分之一的份额。

继承人对不易分割的汽车等遗产该如何继承?

郑某与丈夫吴某结婚前,由吴某出资购买了某处房产。而郑某的父母给了郑某十万元作为嫁妆。结婚后,郑某用自己的积蓄购买了一辆价值五万元的汽车。婚后一年,郑某因意外身亡。那么,郑某的汽车等遗产该如何分割呢?

我国《民法典》第一千一百五十六条规定:"遗产分割应当有利于生产和生活需要,不损害遗产的效用。不宜分割的遗产,可以采取折价、适当补偿或者共有等方法处理。"同时,《最高人民法院关于适用〈中华人民共和国民法典〉继承编的解释(一)》第四十二条规定:"人民法院在分割遗产中的房屋、生产资料和特定职业所需要的财产时,应当依据有利于发挥其使用效益和继承人的实际需要,兼顾各继承人的利益进行处理。"

由条文规定可知,对于汽车等不易分割的遗产,各继承人在继承时,可以采取折价、适当补偿或者共有等方法予以处理。案例中,郑某的遗产包括钱款及一辆汽车。钱款容易分割,由继承人按份额进行继承即可。而对汽车这类不易分割的财产,可由一位继承人取得所有权,再由该继承人对其他继承人进行补偿;或者将该汽车出卖,由继承人分割卖车款。

我国法律对无人继承的遗产的权属有规定吗?

我国《民法典》第一千一百六十条规定:"无人继承又无人受遗赠的遗产,归国家所有,用于公益事业;死者生前是集体所有制组织成员的,归所在集体所有制组织所有。"

由条文规定可知,对无人继承又无人受遗赠的遗产归国家所有,且应用于公益事业,其他人不可随意占有。例如,杜某与女友白某感情很深,两人结婚后不久,白某因病去世。杜某缅怀妻子,决定不再结婚。年老后,杜某没有子女,也没有其他亲人,去世时留下了一处房产和部分钱款。对于杜某的遗产,无人继承也无人受遗赠,依法应归国家所有,不能由他人随意占有。

继承人可以以放弃继承权为由拒绝承担被继承人的债务吗?

江某出生于农村,父亲已经去世。不甘于在家乡以农耕为生,江某于是去东北打拼事业,留下母亲及弟弟在老家。母亲为盖新房,向亲戚借了五万块钱。后来母亲因病去世,留下遗产的同时,也留下了五万元的债务。如果江某明确表示放弃继承权,他可以不承担债务吗?

我国《民法典》第一千一百二十四条第一款规定:"继承开始后,继承人放弃继承的,应当在遗产处理前,以书面形式作出放弃继承的表示;没有表示的,视为接受继承。"同时,该法第一千一百六十一条第二款规定:"继承人放弃继承的,对被继承人依法应当缴纳的税款和债务可以不负清偿责任。"

据此可知，继承人在作出书面的明确表示后，可以放弃继承权，而且放弃继承权的人对被继承人的债务不负偿还责任。在上面的案例中，如果江某明确表示放弃了继承权，那么对母亲的债务，江某就不必承担偿还责任。

（三）遗嘱与遗赠

💡 口头遗嘱有法律效力吗？

我国《民法典》一千一百三十八条规定："遗嘱人在危急情况下，可以立口头遗嘱。口头遗嘱应当有两个以上见证人在场见证。危急情况消除后，遗嘱人能够以书面或者录音录像形式立遗嘱的，所立的口头遗嘱无效。"

据此可知，如果处于危急情况，遗嘱人可以以口头方式订立遗嘱，但应当有两个以上见证人在场见证。待危急情况解除后，立遗嘱人能够以书面形式或者录音形式订立遗嘱的，之前所立的口头遗嘱不再具有效力。例如，许某怀孕快要生产时，到医院做产检，医生告知许某，因营养过剩，胎儿体重过大，建议剖腹产，但许某表示反对。在生产当日，许某出现了产后大出血，随时会出现生命危险。在医生和护士的见证下，许某口头订立了遗嘱。后医生全力抢救，将许某从死亡边缘拉了回来。由于许某病危的情况已经解除，能够以其他形式订立遗嘱，所以之前的口头的遗嘱就不再具有法律效力了。

💡 打印遗嘱的生效条件是什么？

易大爷上了年纪以后，身体一日不如一日。由于以前中风过，易大爷的手脚都很不灵活，很难写出能让人辨认得出来的字迹。于是，易大爷通过语音输入的方式，在电脑上立下遗嘱，打印出来并按了指印。那么，易大爷的这份打印遗嘱能否生效呢？

我国《民法典》第一千一百三十三条第一款规定："自然人可以依照本法规定立遗嘱处分个人财产，并可以指定遗嘱执行人。"由此可见，自然人有权通过立遗嘱来决定自己死后遗产的分配。同时，法律为自然人规定了多种立遗嘱的方式，这些方式都有着不尽相同的生效条件。《民法典》第一千一百三十六条规定："打印遗嘱应当有两个以上见证人在场见证。遗嘱人和见证人应当在遗嘱每一页签名，注明年、月、日。"也就是说，打印遗嘱要想具有法律上的效力，必须满足两个条件：第一，需要有两个及以上的具有见证能力的见证人在场见证；第二，遗嘱人和见证人均应在遗嘱的每一页上进行签名，并标注立遗嘱当天的具体日期。由此可见，在上面的案例中，易大爷要想立下一份合法有效的打印遗嘱，首先应当找来两个以上的见证人。当见证人全程见证易大爷立遗嘱的过程后，还应当和易大爷一起在遗嘱上签名、写日期。经过此程序后，易大爷的打印遗嘱才能生效。

如何立一份有效的录音录像遗嘱？

录音录像遗嘱，顾名思义就是遗嘱人通过录音录像的方式来决定自己死后遗产的分配问题。要确定一份录音录像遗嘱是否有效，首先应当确认遗嘱人在立遗嘱时是否表达出了自己真实的意思表示。为了确保遗嘱人的意思表示真实，我国法律对录音录像遗嘱的生效条件进行了相关规定。

我国《民法典》第一千一百三十七条规定："以录音录像形式

立的遗嘱，应当有两个以上见证人在场见证。遗嘱人和见证人应当在录音录像中记录其姓名或者肖像，以及年、月、日。"从这条规定可以看出，从立遗嘱的程序来讲，录音录像遗嘱的生效要件主要有两个：第一，遗嘱人在立遗嘱时必须有两个以上见证人在场见证。第二，遗嘱人和见证人均应在录音录像中记录姓名或肖像，以及立遗嘱时精确到日的具体日期。

例如，胡奶奶没上过学，不认识字，想通过录音录像的方式来立一份遗嘱，她应当如何做才能使遗嘱有效呢？胡奶奶应当先找到两名或两名以上的见证人，见证人必须具有见证能力，且不能为胡奶奶的继承人、受赠人及他们的利害关系人。见证人需要全程见证胡奶奶立录音录像遗嘱的过程，并且和胡奶奶一起在录音录像遗嘱中留下肖像或姓名，并记录当天的年月日。

💡 小学生有权订立的遗嘱吗？

小莉生活在单亲家庭，一直与母亲生活在一起。小莉的母亲在一场交通事故中去世，此后9岁的小莉便由姨母赵某抚养。2021年3月，小莉12岁生日的时候，为了感恩姨母对她无微不至的照顾，便写下遗嘱，打算将自己所有的财产交由姨母继承。请问，小莉订立的遗嘱有效吗？

我国《民法典》第一千一百四十三条第一款规定："无民事行为能力人或者限制民事行为能力人所立的遗嘱无效。"无行为能力人或者限制行为能力人尚不能完全辨认自己的行为，且对自己做出的某些行为不能完全承担民事责任，所以我国法律规定未成年人做出的与其年龄、智力不相符的部分行为不具有法律效力。就如案例中的小莉，年仅12岁，无法完全认识到自己订立遗嘱所产生的效力，如果允许其随意订立遗嘱的话，很容易造成自身合法利益的损害。因此，她订立的遗嘱无效。

被继承人受胁迫而订立遗嘱，继承人可以主张该遗嘱无效吗？

我国《民法典》第一千一百四十三条第二款规定："遗嘱必须表示遗嘱人的真实意思，受欺诈、胁迫所立的遗嘱无效。"

由条文规定可知，被继承人对自己的财产拥有处分权，所订立的遗嘱应当是其真实意思表示，任何人不得强迫、欺骗被继承人订立遗嘱，否则遗嘱无效。例如，宋大爷一直由儿子大宝照顾。宋大爷还有一个女儿，但因交通事故离世，留下一个女儿芳芳。宋大爷自知已经年迈，想订立遗嘱，将自己财产的一半留给外孙女芳芳继承。大宝知道后，威胁父亲订立遗嘱，将全部财产由他继承，否则就不承担赡养义务。宋大爷无奈之下，只好按儿子的说法订立了遗嘱。依据上述条文的规定，宋大爷是在儿子胁迫之下订立的遗嘱，并非宋大爷真实意思表示，所以该份遗嘱无效。

💡 内容互相冲突的两份遗嘱应如何确定效力？

胡某与前妻生育一女胡某静，离婚后胡某静跟随母亲生活。胡某与现任妻子李某生育一子胡某斌。胡某生前订立了遗嘱，遗嘱中写明由胡某斌继承他的全部财产。2021年2月，胡某卧病在床，女儿胡某静时常来照顾，胡某深受感动，又订立了一份遗嘱，由儿子和女儿共同继承自己的财产。那么，胡某订立的两份遗嘱效力如何确定？

我国《民法典》第一千一百四十二条第一款和第三款规定："遗嘱人可以撤回、变更自己所立的遗嘱。""立有数份遗嘱，内容相抵触的，以最后的遗嘱为准。"由条文规定可知，被继承人可以订立多份遗嘱，但遗嘱内容不应存在冲突。若多份遗嘱内容有冲突，以最后订立的遗嘱为准，其他遗嘱无效。所以，案例中应以胡某最后订立的那份遗嘱为准，第一份遗嘱不再具有法律效力。

💡 立遗嘱人订立遗嘱后又对遗嘱财产进行了处理，是对遗嘱的撤销吗？

我国《民法典》第一千一百四十二条第二款规定："立遗嘱后，遗嘱人实施与遗嘱内容相反的民事法律行为的，视为对遗嘱相关内容的撤回。"据此可知，被继承人订立遗嘱后，又对财产做出了处理，致使立遗嘱人已经失去财产所有权的，遗嘱相关内容被视为撤回。例如，赵某有两个儿子，赵某强和赵某勇。赵某订立了一份遗嘱，打算由两个儿子共同继承自己名下的房屋。后来，赵某强向父亲提出购买该房屋，对房屋重新装修当成婚房，赵某同意了。案例中赵某先订立遗嘱，后又将遗嘱所涉及的房屋出卖，导致房屋所有权已经转移，那么赵某之前订立的遗嘱的关于房屋的部分就视为撤回。

💡 可以将处分个人财产的遗书认定为遗嘱吗？

韩某是国内知名作家，写过十几部畅销书，但韩某患有抑郁症，一直在治疗。2021年3月，韩某在写完自己最后一部小说后自杀离世。他的家人在他的书桌上发现了一张遗书，韩某在遗书中写到将自己财产的一半捐赠给小说人物的原型——某福利院的孤儿范某。那么，韩某的遗书是遗嘱吗？

我国《最高人民法院关于适用〈中华人民共和国民法典〉继承编的解释（一）》第二十七条的规定："自然人在遗书中涉及死

后个人财产处分的内容，确为死者的真实意思表示，有本人签名并注明了年、月、日，又无相反证据的，可以按自书遗嘱对待。"

依据条文规定可知，案例中韩某写下遗书，将自己财产的一半捐赠给小说人物的原型，确为韩某真实意思表示，如果此遗书有韩某的签名，并且注明了年月日，且又无相反证据的话，可以认定为韩某生前订立的是自书遗嘱。韩某的继承人在继承韩某的财产时，应当尊重韩某的意愿，将一半的财产捐赠给孤儿范某。

我国法律对遗嘱见证人有要求吗？

我国《民法典》第一千一百四十条规定："下列人员不能作为遗嘱见证人：（一）无民事行为能力人、限制民事行为能力人以及其他不具有见证能力的人；（二）继承人、受遗赠人；（三）与继承人、受遗赠人有利害关系的人。"

依据条文规定可知，我国法律规定了遗嘱见证人的限制条件，无行为能力人或限制行为能力人不能完全辨认自己的行为，所以不能成为见证人。而继承人或受遗赠人是遗产利益的获得者，出于公平、公正原则的考虑，不应由其担任遗嘱见证人。与继承人或受遗赠人有利害关系的人担任遗嘱见证人，同样会出现有损公平、公正的情形，也不能成为遗嘱见证人。

例如，郭某年事已高，并患有脑血栓，手指不能活动。郭某想在去世前，订立一份遗嘱，由他自己口述，一位遗嘱见证人代他书写遗嘱。可供选择的人有郭某多年的好友钟某，郭某的表妹蔡某，以及郭某的两个女儿。依据上述条文可知，能够作为遗嘱见证人的有钟某、蔡某，郭某可以邀请他们二位担任遗嘱见证人。

五、遗产继承　67

💡 被继承人设立遗嘱时应当给哪些人保留必要的遗产份额？

金某与妻子詹某没有子女，便收养了孤儿周某。周某26岁结婚后，便很少与养父母来往。2014年6月，金某与詹某发生交通事故，詹某在事故中死亡，金某腿部受伤，丧失了劳动能力，且没有其他生活来源。2021年5月，周某被查出得了绝症。如果周某想订立遗嘱，他需要给金某保留必要的遗产份额吗？

我国《民法典》第一千一百二十七条规定："遗产按照下列顺序继承：（一）第一顺序：配偶、子女、父母……本编所称父母，包括生父母、养父母和有扶养关系的继父母……"第一千一百四十一条规定："遗嘱应当为缺乏劳动能力又没有生活来源的继承人保留必要的遗产份额。"

由条文规定可知，养父母与养子女之间可以进行遗产继承。被继承人在订立遗嘱时，应当为缺乏劳动能力并且没有生活来源的继承人保留必要的遗产份额，以保障其基本生活。在上面的例子中，金某是周某的养父，二人适用父母子女之间的权利义务关系。因此，金某是周某的合法继承人。因金某没有劳动能力且没有生活来源，周某在订立遗嘱时应当为金某保留必要的遗产份额。

💡 遗嘱无效后可以按法定继承方式继承遗产？

刘某明因遗产继承问题与姑姑刘某丽及奶奶产生了矛盾。姑姑拿出一份遗嘱，遗嘱中写明由刘某丽及刘某明的奶奶平均继承刘某明爷爷的遗产。刘某明不认可遗嘱的真实性，后来经过鉴定，遗嘱中的字体果真不是刘某明爷爷所写，遗嘱被认定无效。那么，刘某明可以主张按照法定继承方式对遗产进行继承吗？

我国《民法典》第一千一百五十四条规定，有下列情形之一的，遗产中的有关部分按照法定继承办理：（一）遗嘱继承人放弃继承或者受遗赠人放弃受遗赠；（二）遗嘱继承人丧失继承权或者受遗赠人丧失受遗赠权；（三）遗嘱继承人、受遗赠人先于遗嘱人死亡或者终止；（四）遗嘱无效部分所涉及的遗产；（五）遗嘱未处分的遗产。

由条文规定可知，如果发生上述情况，遗产应当按照法定继承办理。在上面的例子中，刘某丽出具的遗嘱已经被认定无效，依法应当按照法定继承的方式分割遗产，所以刘某明的主张是合法、合理的。

遗嘱与遗赠扶养协议哪个效力更高？

《最高人民法院关于适用〈中华人民共和国民法典〉继承编的解释（一）》第三条规定："被继承人生前与他人订有遗赠扶养协议，同时又立有遗嘱的，继承开始后，如果遗赠扶养协议与遗嘱没有抵触，遗产分别按协议和遗嘱处理；如果有抵触，按协议处理，与协议抵触的遗嘱全部或者部分无效。"

根据规定可知，如果被继承人既与他人订立遗赠扶养协议，又立有遗嘱的，在遗赠扶养协议与遗嘱不冲突的时候，遗赠扶养协议与遗嘱同时适用；若二者相抵触，则应按遗赠扶养协议处理，遗嘱与协议冲突的部分无效。

例如，郑某与丈夫有一个女儿婷婷。婷婷长大后到某外企担任销售部经理。因工作比较忙，父亲去世后，婷婷为母亲雇了保姆谢某，由谢某负责照顾母亲。郑某为感谢谢某无微不至的照顾，与谢某订立了遗赠扶养协议，将自己的十万元存款赠给谢某。同时，郑某订立了遗嘱，遗嘱中写到由婷婷继承其全部财产。依据上述条文的规定，在继承郑某的财产时，谢某按遗赠扶养协议的约定，可以继承十万元，剩下的遗产再由婷婷继承。

💡 受遗赠人会因 60 日内没有作出接受遗赠的意思表示而丧失接受遗赠的权利吗？

罗某与俞某是朋友，某年冬天两人相约去钓鱼，结果罗某掉进了河里，俞某跳入河中将罗某救了上来，自己却因此丢了性命。二十几年后，罗某患病即将不久于人世，为了补偿俞某，罗某决定将自己名下的一处房产遗赠给俞某的儿子俞某亮。俞某亮一直对父亲去世的事情难以释怀，所以对罗某的遗赠不置可否。那么 60 日后，俞某亮会因此丧失该权利吗？

我国《民法典》第一千一百二十四条第二款规定："受遗赠人应当在知道受遗赠后六十日内，作出接受或者放弃受遗赠的表示；到期没有表示的，视为放弃受遗赠。"由条文规定可知，受遗赠人应当在知道受遗赠后 60 日内，明确作出是否接受遗赠的意思表示，否则就会丧失这一权利。在上面的例子中，俞某亮对罗某的遗赠 60 日内没有作出接受的意思表示，因此 60 日过后，俞某亮不再享有接受遗赠的权利。

💡 遗产管理人应当如何确定？其义务与职责又有哪些？

遗产管理人是我国《民法典》中新增的制度。《民法典》第一千一百四十五条规定："继承开始后，遗嘱执行人为遗产管理人；没有遗嘱执行人的，继承人应当及时推选遗产管理人；继承人未推选的，由继承人共同担任遗产管理人；没有继承人或者继承人均放弃继承的，由被继承人生前住所地的民政部门或者村民委员会担任遗产管理人。"此外，当继承人对遗产管理人的确定存在争议时，可以根据《民法典》第一千一百四十六条的规定："对遗产管理人的确定有争议的，利害关系人可以向人民法院申请指定遗产管理人。"向法院提起诉讼。

确定遗产管理人后，遗产管理人应当履行法律规定的相关职责。《民法典》第一千一百四十七条规定："遗产管理人应当履行下列职责：（一）清理遗产并制作遗产清单；（二）向继承人报告遗产情况；（三）采取必要措施防止遗产毁损、灭失；（四）处理被继承人的债权债务；（五）按照遗嘱或者依照法律规定分割遗产；（六）实施与管理遗产有关的其他必要行为。"同时，第一千一百四十八条规定："遗产管理人应当依法履行职责，因故意或者重大过失造成继承人、受遗赠人、债权人损害的，应当承担民事责任。"也就是说，遗产管理人必须按照法律规定，认真履行自己的职责。如果遗产管理人出于故意或者重大过失，给相关权利人造成了损害，也应当承担相应的责任。

图书在版编目（CIP）数据

法律问答十卷书．生老病死卷／荣丽双编著．—北京：中国法制出版社，2023.3
ISBN 978-7-5216-2777-0

Ⅰ．①法… Ⅱ．①荣… Ⅲ．①医疗事故-民事纠纷-中国-问题解答 Ⅳ．①D920.5

中国版本图书馆 CIP 数据核字（2022）第 122884 号

策划编辑：李佳　　　责任编辑：刘冰清　　　封面设计：杨鑫宇

法律问答十卷书．生老病死卷
FALÜ WENDA SHI JUAN SHU. SHENGLAOBINGSIJUAN

编著／荣丽双
经销／新华书店
印刷／三河市紫恒印装有限公司
开本／880 毫米×1230 毫米　32 开　　　　印张／2.5　字数／55 千
版次／2023 年 3 月第 1 版　　　　　　　　2023 年 3 月第 1 次印刷

中国法制出版社出版
书号 ISBN 978-7-5216-2777-0　　　　　　（全十册）总定价：79.80 元

北京市西城区西便门西里甲 16 号西便门办公区
邮政编码：100053　　　　　　　　　　　传真：010-63141600
网址：http://www.zgfzs.com　　　　　　编辑部电话：010-63141837
市场营销部电话：010-63141612　　　　　印务部电话：010-63141606

（如有印装质量问题，请与本社印务部联系。）

法律问答十卷书

商业经营卷

中国法制出版社
CHINA LEGAL PUBLISHING HOUSE

前　言

随着经济全球化的发展，市场环境越来越复杂。但可喜的是，我国的市场依然保持着强大的韧性和活力，新型产业、新兴模式不断出现。但是，就在这充满活力和希望的市场环境中，商业经营丑闻却频频见诸报端，例如虚假出资、抽逃出资、行贿、会计和财务数据造假、偷税漏水、欠薪、产品质量问题、消费欺诈……数不胜数。针对这种情况，我们必须强调企业守法经营的重要性。

守法经营既有利于促进企业良性发展，也有利于提高企业在消费者眼中的评价，继而增强自己的市场竞争力。有些企业被短期的利益蒙蔽了眼睛，投机取巧、走歪门邪道，既侵害了消费者的合法权益，又给自己带来了风险，可谓百害而无一利；有些企业因为不懂法，长期依赖习惯做事，在无意识的情况下因违法经营而遭受处罚，"无知者无罪"仅为托辞，在商业经营中并无适用余地。因此，作为经营者，我们必须学习法律法规，遵守法律、商业经营的规则和制度，才能用好企业这个组织体，为我国经济发展做贡献；作为消费者，我们同样应当了解商业经营的相关法律规范，才能更好地保护自己的合法权益，监督企业行为，为良好的市场环境尽一份力。

在此，为了帮助大家学习一些商业经营方面的法律知识，我们精心编写了《法律问答十卷书·商业经营卷》，希望能给大家带来启迪和帮助。下面，我们一起来了解一下本书。

本书的内容以"提出问题——解决问题"的方式呈现，主要特色可归纳为以下四点：

第一，全面性。虽然本书的总字数不多，但是问题量大，知识点丰富，很多重要的法律知识都囊括其中，具有相当的全面性。

第二，专业性。本书的编写者为专业的法律人士，他们都具有扎实、深厚的法律功底以及法律运用实践经验，能最大限度地保证本书的严谨性与专业性。

第三，实用性。本书的选题宗旨之一即为"实用"。能给读者带来实惠、帮助读者解答和解决问题，是我们写书的职责所在。

第四，通俗性。法律专业语言晦涩难懂，法律条文内容也大多不易理解。我们在书中注重用通俗易懂的语言解答各种法律问题，有些还辅以例证来解读，以期能够把问题讲清楚、讲透彻、讲明白。

最后，希望本书能给您带来启迪与帮助！书中存在的不足之处，敬请批评指正！

本书编委会
2022 年 8 月

目 录

一、企业的创办

1	设立公司之前一定要申请名称预先核准吗？
2	可以用租赁的场所注册公司吗？
2	有限责任公司股东的上限是多少？
3	有限责任公司的注册资本如何确定？
3	有限责任公司的章程是什么？一般包括哪些内容？
4	有限责任公司的章程和股份有限公司的章程有什么区别？
5	有限责任公司的股东要对公司债务承担无限责任吗？
6	一人有限责任公司可以再投资设立一家新的一人有限责任公司吗？
6	发起人为设立公司而以自己名义签订的合同，公司需要承担责任吗？
7	发起人为自己谋利而以设立中公司的名义签订的买卖合同，公司需要承担合同责任吗？
8	公司设立期间，发起人在履行公司设立职责时导致他人损害，受害人可以请求公司承担责任吗？
9	公司成立失败，对此有过错的发起人应该如何承担责任？
10	认股之后，发起人没有在法定期限内召开创立大会，认股人可以要求发起人返还股款吗？

10	通过募集设立的方式设立股份有限公司,每个发起人认购的股份都必须超过股份总数的35%吗?
11	通过募集设立方式设立的股份有限公司的注册资本如何确定?
11	股份公司成立之后,部分发起人没按公司章程约定足额缴纳出资,其他发起人要对此负责吗?
12	出资设立公司的财产是受贿得来的,相关的股权怎么处理?
13	以伪造的公司住所地证明申请设立公司,会被处罚吗?

二、股权与组织管理

14	有限责任公司的股东不同意某股东转让股权的,应该怎么办?
15	有限责任公司连续三年盈利而不给股东分红的,股东可以要求公司收购其股权吗?
15	有限责任公司股东去世后,继承人是否可以继承其股东资格?
16	有限责任公司股东未按照法定程序转让股权的,其他股东应该怎么办?
17	有限责任公司增加或减少注册资本,必须经过多少股东的同意?
17	有限责任公司的股东会可以行使哪些职权?
18	有限责任公司的董事会的职权有哪些?
19	有限责任公司的董事会决议被人民法院撤销的,依据该决议订立的合同是否还具有法律效力?
20	有限责任公司的总经理的职权是什么?
20	有限责任公司的监事会的职权有哪些?

21	公司以章程中规定股东不得查阅公司文件材料为由，拒绝其查阅公司财务报告的行为是否合法？
22	有限责任公司中，股东可用哪些方式协商解决重大分歧？
23	股份有限公司股东的记名股票被盗的，应该怎么办？
23	股份有限公司的高管可以随时转让其股份吗？
24	在哪些情形下，股份有限公司可以收购本公司股份？
25	股份有限公司创立大会的职权有哪些？
26	在哪些情形下，股份有限公司应召开临时股东大会？
26	股份有限公司的哪些人可提议召开董事会会议？

三、正当经营

（一）反不正当竞争

28	经营者效仿名牌为自己产品起名合法吗？
29	经营者为成交业务可以给交易方经理回扣吗？
30	经营者为提升销量"雇人好评"，属于合法竞争吗？
31	经营者可以使用他人以不正当手段取得的客户信息吗？
32	经营者进行有奖销售，可以将最高奖金设置为66000元吗？
32	只是说别人家的商品不好，也是不正当竞争吗？
33	雇用黑客给竞争对手搞破坏，会受到什么处罚？

（二）合法经营

34	因产品缺陷对人造成损害的，赔偿人是生产商还是销售商？
35	已出售的不合格食品，可以"召回"吗？
35	进口产品的包装能否只标注外文说明？
36	促销商品和正价商品的质量保证责任有区别吗？
36	顾客在商场中被人打伤，商场是否承担赔偿责任？
37	因为商品打折就不给开发票，合法吗？

38	"买一赠一"活动,赠品的质量问题应当如何保证?
39	店员失误将顾客烫伤,谁来承担责任?
40	顾客在喝咖啡时丢失物品,责任谁来承担?
41	对违反店堂告示的顾客,商家是否有权对其进行惩罚?
42	商家为打开市场,可以以低于成本价格销售产品吗?
43	对产品进行广告宣传时用"最高级"词语,合法吗?
43	酒类广告涉及治疗功能合法吗?
44	医疗器械广告中保证"安全性、有效性"的宣传语是否合法?
44	招标单位向几家公司发出投标邀请才有效?
45	噪声污染影响居民生活,该如何维权?
45	环境污染纠纷案件,举证责任谁来承担?

四、企业财税管理

47	会计从业资格证是从事会计工作的必备条件吗?
47	公司会计伪造、变造会计账簿,公司是否也应受罚?
48	若缴纳税款的最晚期限为休息日,那么最晚缴税时间如何确定?
49	追缴纳税人未缴税款,是否有时间限制?
50	什么情况下,税务机关可以责令纳税人提供纳税担保?
50	纳税担保里面包括滞纳金吗?
51	还能将已被纳税抵押的财产转让给他人吗?
52	对采取欺骗手段提供担保的纳税人,应如何处罚?
53	对于因税务机关怠于行使权利致抵押物超过保质期的,谁应承担责任?
54	公司尚未缴清税款,公司法定代表人还能否出国?

54	在处理不动产时,欠缴大额税款的纳税人要向税务机关报告吗?
55	应如何处罚骗取国家出口退税款的纳税人?
56	如何处罚拒绝税务机关检查的纳税人?
56	拒绝提供有关材料的纳税人将面临怎样的法律后果?
57	不服税务机关处罚决定的,可以直接向法院起诉吗?

五、企业合并、分立、解散与清算

59	能否不通知债权人直接完成公司合并?
60	公司想要分立的,需要履行哪些程序?
60	分立后的公司对于原公司的债务是否需要清偿?
61	股东能否因为公司处于亏损状态,请求解散公司?
62	股东申请解散公司时能否同时申请对公司进行清算?
63	在解散公司之诉中,股东能否申请财产保全?
63	在解散公司之诉中,能否将其他股东列为共同被告?
64	在公司解散诉讼中,有无措施可以避免公司解散?
65	能否以公司无法偿还外债申请破产清算?
66	破产清算过程中,员工能否主张优先偿还工资?
66	公司清算是否有时间限制?
67	债权人能否以股东怠于履行义务损害自身利益为由请求其承担连带责任?
68	利用虚假清算报告使公司注销的,承担何种责任?
69	清算组成立后,原法定代表人能否继续代表公司参加诉讼?

一、企业的创办

设立公司之前一定要申请名称预先核准吗？

《公司登记管理条例》第十七条规定："设立公司应当申请名称预先核准。法律、行政法规或者国务院决定规定设立公司必须报经批准，或者公司经营范围中属于法律、行政法规或者国务院决定规定在登记前须经批准的项目的，应当在报送批准前办理公司名称预先核准，并以公司登记机关核准的公司名称报送批准。"

根据该条规定可知，在我国，进行企业名称预先核准是企业设立的必经程序。但是，为了优化营商环境，《国家发展改革委、市场监管总局关于新时代服务业高质量发展的指导意见》要求推进企业名称登记管理制度改革，取消企业名称预先核准，在全国范围内开展扩大企业名称自主申报改革试点。目前，黑龙江、重庆等地已经取消了企业名称预先核准。例如，胡某与唐某欲在重庆成立有限责任公司，不再需要到企业登记机关申请名称预先核准，只需要向企业登记机关申请企业名称预先登记即可。该名称经企业登记机关确认予以保留的，胡某和唐某可以收到《名称预先登记告知书》，在其办理公司设立登记时直接予以登记。

可以用租赁的场所注册公司吗？

王某想开间贸易公司，可他父母说他一没资金二没场地，注册不起公司。王某就纳闷了，注册公司一定得买办公室吗？自己租来的场所不可以用来注册吗？

租赁的场所也可以用来登记注册公司。公司住所地是主要办事机构所在地，住所是公司登记的必要事项之一，申请设立公司，必须向公司登记机关提交公司住所证明。我国《公司登记管理条例》第二十四条规定："公司住所证明是指能够证明公司对其住所享有使用权的文件。"

由此可见，设立公司所需要的公司住所并不一定是要公司或公司股东所有的房产，只要公司对该住所有使用权证明即可。一般而言，该使用权可以通过所有权或者承租权获得，简言之，申请人可以以公司自由房屋申请注册公司，也可以以租赁房屋申请设立公司。申请公司时，只要提交相应的房产证、买卖合同、租赁合同即可。所以，在上面案例中，王某父母的说法是错误的，注册公司不一定需要购买办公室，租赁的场所也可以用来注册公司。

有限责任公司股东的上限是多少？

我国《公司法》对有限责任公司的股东人数有明确的限制性规定。该法第二十三条规定："设立有限责任公司，应当具备下列条件：（一）股东符合法定人数……"第二十四条规定："有限责任公司由五十个以下股东出资设立。"

根据这一规定可知，有限责任公司的股东最多为五十人，股东超过这个人数的，可以考虑设立股份有限公司。例如，某高校一社团欲将某项目投入实践，成立公司。该项目的参与者有 55 人，如果其想设立有限责任公司的话,项目的55位参与者就不能都成为该公司的股东,否则无法办理公司设立登记。这种情况,社团可以设立股份有限公司,也可以通过其他方式设立公司。

有限责任公司的注册资本如何确定?

秦某和宋某合资设立了一家餐饮公司,一开始,秦某和宋某协商确认的出资额分别为40万元和60万元,公司设立之后1个月内实缴完毕。公司的营业执照上也载明公司的注册资本为100万元。后宋某因故仅实缴35万元。二人对公司资产进行整理时,对公司的注册资本产生了争议,秦某认为是75万元,宋某认为是100万元。请问,有限责任公司的注册资本到底如何确定?该公司的注册资本为多少?

我国《公司法》第二十六条规定:"有限责任公司的注册资本为在公司登记机关登记的全体股东认缴的出资额。法律、行政法规以及国务院决定对有限责任公司注册资本实缴、注册资本最低限额另有规定的,从其规定。"

据此可知,有限责任公司的注册资本是根据公司登记机关登记的全体股东认缴的出资额确定的。上面所列举的案例中,秦某和宋某分别认缴40万元和60万元,合计100万元,公司的注册资本就是100万元,与股东实缴的数额并无联系。也正因如此,宋某应当按照约定补足其认缴的出资额,否则将违反股东的出资义务。

有限责任公司的章程是什么?一般包括哪些内容?

公司章程是公司依法制定的明确公司名称、住所、经营范围、公司经营、组织、管理制度等重要事项的文件,是公司设立中最主要和最重要的文件之一，对公司、股东、董事、监事、高级管理人员均具有约束力，公司的运营管理都要依据公司章程和法律法规进行。根据《公司法》第二十五条的规定："有限责任公司章程应当载明下列事项：（一）公司名称和住所；（二）公司经营范围；（三）公司注册资本；（四）股东的姓名或者名称；（五）股东的出资方式、出资额和出资时间；（六）公司的机构及其产生办法、职权、议事规则；（七）公司法定代表人；（八）股东会会议认为需要规定的其他事项。股东应当在公司章程上签名、盖章。"需要注意的是，根据《公司法》第二十三条的规定，股东共同制定的公司章程是设立有限责任公司的必备条件，申请设立公司时，必须有合法真实有效的公司章程。例如，黄某和张某、赵某等人欲设立有限责任公司的话，应当先确定公司章程，其中必须包括公司的名称、住所、经营范围、注册资本、股东的出资方式、出资额和出资时间等内容，之后方可申请设立公司。

有限责任公司的章程和股份有限公司的章程有什么区别？

A 公司（有限责任公司）欲与何某、徐某等人设立股份有限公司 B 公司。因 B 公司预设的股东和高管与 A 公司较为相似，A 公司的负责人便提出申请设立公司时直接采用 A 公司的章程，此提议遭到多数人否决，理由是有限责任公司和股份有限公司的章程是不同的，那么，它们的区别到底在哪里呢？

我国《公司法》第八十一条规定："股份有限公司章程应当载明下列事项：（一）公司名称和住所；（二）公司经营范围；（三）公司设立方式；（四）公司股份总数、每股金额和注册资本；（五）发起人的姓名或者名称、认购的股份数、出资方式和出资时间；（六）董事会的组成、职权和议事规则；（七）公司法定代表人；（八）监事会的组成、职权和议事规则；（九）公司利润分配办法；（十）公司的解散事由与清算办法；（十一）公司的通知和公告办法；（十二）股东大会会议认为需要规定的其他事项。"第二十五条规定："有限责任公司章程应当载明下列事项：（一）公司名称和住所；（二）公司经营范围；（三）公司注册资本；（四）股东的姓名或者名称；（五）股东的出资方式、出资额和出资时间；（六）公司的机构及其产生办法、职权、议事规则；（七）公司法定代表人；（八）股东会会议认为需要规定的其他事项。股东应当在公司章程上签名、盖章。"可见，有限责任公司与股份有限公司的章程在必要记载事项上是存在差异的，如有限责任公司的章程中并不一定需要载明公司利润分配办法、公司解散与清算事由，但这在股份有限公司中却是必需的。因此，上述案例中A公司负责人的提议确实错误，B公司不能直接采用A公司的章程。

💡 有限责任公司的股东要对公司债务承担无限责任吗？

我国《公司法》第三条规定："公司是企业法人，有独立的法人财产，享有法人财产权。公司以其全部财产对公司的债务承担责任。有限责任公司的股东以其认缴的出资额为限对公司承担责任；股份有限公司的股东以其认购的股份为限对公司承担责任。"

根据该规定可知，公司作为独立法人，应当独立承担民事责任，公司股东对公司承担的是有限责任。在有限责任公司，股东仅需以其认缴的出资额为限对公司承担责任。例如，王某是甲公司的股东，其认缴出资额为100万元。若甲公司对外负债200万元，公司无力清偿，王某仅需要以其认缴的100万元为限对该债务承担责任。若王某未实缴出资的,其需要补足出资;若王某已经实缴完毕,则其无须用个人财产为公司清偿债务。也就是说,王某出资之后,该出资即成为公司财产,与王某没有投入公司的其他财产是分开的,王某不必以个人财产对公司债务承担责任。

一人有限责任公司可以再投资设立一家新的一人有限责任公司吗?

万某于 2017 年个人投资成立了鑫鑫公司(有限责任公司)。2021 年,万某想利用鑫鑫公司成立一个全资子公司(有限责任公司),这可以吗?

不可以。我国《公司法》第五十八条明确规定:"一个自然人只能投资设立一个一人有限责任公司。该一人有限责任公司不能投资设立新的一人有限责任公司。"

由此可见,为确保一人有限责任公司债权人的合法权益不受公司及股东的不当行为损害,公司法对自然人设立一人有限责任公司进行了限制,即禁止自然人滥设一人有限责任公司。也就是说《公司法》禁止一个自然人同时拥有两个以上一人有限责任公司的股权,也禁止自然人间接控制多个一人公司。因此,上述案例中的万某在已经投资设立了一家一人有限责任公司的情况下,不能再利用这个一人有限责任公司投资设立另一个一人有限责任公司。

发起人为设立公司而以自己名义签订的合同,公司需要承担责任吗?

秦某与朋友赵某、周某等人欲成立一家科技公司。设立公司期间,秦某以自己的名义与一设备供应商菜菜公司签订了买卖合同。

公司成立后,菜菜公司如期履行了交货义务,科技公司也开始使用这批设备办公。后菜菜公司要求科技公司支付货款,但周某等人认为应当由秦某付款。请问,发起人为设立公司以自己名义对外签订的合同,公司需要承担责任吗?

科技公司应当承担付款责任。《最高人民法院关于适用〈中华人民共和国公司法〉若干问题的规定(三)》第二条规定:"发起人为设立公司以自己名义对外签订合同,合同相对人请求该发起人承担合同责任的,人民法院应予支持;公司成立后合同相对人请求公司承担合同责任的,人民法院应予支持。"

由此可见,根据合同的相对性,在公司设立过程中,发起人以自己名义对外签订的合同本应由发起人自行承担责任。但在公司成立后,相对人也可以要求公司承担责任。前述案例中,科技公司已经开始使用菜菜公司的设备办公,实际享有了合同权利,且公司已经成立,理应承担付款责任,周某等人的说法错误。

💡 发起人为自己谋利而以设立中公司的名义签订的买卖合同,公司需要承担合同责任吗?

《最高人民法院关于适用〈中华人民共和国公司法〉若干问题的规定(三)》第三条规定:"发起人以设立中公司名义对外签订合同,公司成立后合同相对人请求公司承担合同责任的,人民法院应予支持。公司成立后有证据证明发起人利用设立中公司的名义为自己的利益与相对人签订合同,公司以此为由主张不承担合同责任的,人民法院应予支持,但相对人为善意的除外。"

据此可知,一般情况下,在公司设立后,应当对发起人以设立中公司的名义对外签订的合同承担责任。但在符合下列条件时,公司可以拒绝承担责任：（1）公司有证据证明发起人为自己谋利而利用设立中公司的名义与相对人签订合同；（2）相对人非为善意。例如，谭某是长远公司的发起人之一，设立公司期间，其以设立中公司的名义贷款购买了一套商品房供自己家人使用。这种情况下，如果长远公司能够证明谭某系为自己利益签订的买卖合同且买方知道或应当知道此事，长远公司就可以拒绝承担合同责任。

公司设立期间，发起人在履行公司设立职责时导致他人损害，受害人可以请求公司承担责任吗？

陈某和黄某欲成立一家有限责任公司，为了节省成本，公司的装修是陈某自己负责的。一日，陈某在挂外墙装饰时没放好广告牌，掉下来砸到了路人罗某，导致其受伤。公司成立之后，罗某起诉要求公司承担责任，公司应当担责吗？

公司应当担责，但其在承担责任之后，可以向陈某追偿。《最高人民法院关于适用〈中华人民共和国公司法〉若干问题的规定（三）》第五条规定："发起人因履行公司设立职责造成他人损害，公司成立后受害人请求公司承担侵权赔偿责任的，人民法院应予支持；公司未成立，受害人请求全体发起人承担连带赔偿责任的，人民法院应予支持。公司或者无过错的发起人承担赔偿责任后，可以向有过错的发起人追偿。"

据此可知，发起人因履行公司设立职责造成他人损害的，可分以下两种情况：其一，公司成立的，受害人可以要求公司担责；其二，公司不成立的，受害人可要求全体发起人担责。前述案例中，陈某因履行公司设立职责造成罗某受伤，公司成立后，罗某可以要求公司担责。但因陈某对侵权行为有过错（未放好广告牌），故公司承担责任后可以向陈某追偿。

💡 公司成立失败，对此有过错的发起人应该如何承担责任？

《最高人民法院关于适用〈中华人民共和国公司法〉若干问题的规定（三）》第四条的规定："公司因故未成立，债权人请求全体或者部分发起人对设立公司行为所产生的费用和债务承担连带清偿责任的，人民法院应予支持。部分发起人依照前款规定承担责任后，请求其他发起人分担的，人民法院应当判令其他发起人按照约定的责任承担比例分担责任；没有约定责任承担比例的，按照约定的出资比例分担责任；没有约定出资比例的，按照均等份额分担责任。因部分发起人的过错导致公司未成立，其他发起人主张其承担设立行为所产生的费用和债务的，人民法院应当根据过错情况，确定过错一方的责任范围。"

可见，发起人是连带责任人，公司设立失败后，债权人可以要求全体债务人各自按比例清偿债务，也可以要求部分发起人承担全部清偿义务。只要债务没有清偿完毕，无论连带责任人是否应债权人的请求清偿过债务，对没有清偿的债务部分，都有清偿的义务。如债权人要求部分发起人清偿的，该部分发起人清偿债务之后，可以请求其他发起人分担，根据公司成立失败的原因，发起人承担责任的比例具体有以下几种情形：第一，在发起人对公司设立失败均不存在过错时，若发起人之间有约定责任承担比例的，则按约定；没有约定的，则按约定出资比例承担；没有约定出资比例的，则该债务由全体发起人平均承担。第二，因发起人过错导致公司成立失败的，该过错发起人应当根据过错情况承担责任。例如，马某、李某、何某在发起设立公司期间，因何某的过错导致公司成立失败，那么何某就应当根据过错情况对相应债务承担责任。

认股之后，发起人没有在法定期限内召开创立大会，认股人可以要求发起人返还股款吗？

杨某认购了某股份有限公司的股份，根据法律规定，发起人应当在股款募足之后30日内召开创立大会，但发起人并没有如期召开大会。杨某可以要求发起人退还股款吗？

可以。我国《公司法》第八十九条第二款明确规定："发行的股份超过招股说明书规定的截止期限尚未募足的，或者发行股份的股款缴足后，发起人在三十日内未召开创立大会的，认股人可以按照所缴股款并加算银行同期存款利息，要求发起人返还。"

由此可知，发行股份的股款缴足后30日内，发起人未依法召开创立大会的，认股人可以要求发起人返还已缴纳的股款，还可以要求加算银行同期存款利息。因此，前述案例中，杨某作为认股人，可以要求发起人返还其已经缴纳的股款并支付相应的银行同期存款利息。

通过募集设立的方式设立股份有限公司，每个发起人认购的股份都必须超过股份总数的35%吗？

我国《公司法》第八十四条规定："以募集设立方式设立股份有限公司的，发起人认购的股份不得少于公司股份总数的百分之三十五；但是，法律、行政法规另有规定的，从其规定。"

据此可知，对于通过募集设立方式设立股份有限公司的，法律对发起人认购的股份数额有最低限额要求，即除非有例外规定，发起人认购的股份不能少于公司股份总数的35%。此处的"发起人"

是指公司所有的发起人,而不是每个发起人。这是因为,如果发起人不具备相应的经济能力的话,其就无法对公司承担起责任,容易损害投资者的利益。例如,甲公司、乙公司与秦某等人欲募集设立一股份有限公司,认购时,甲公司、乙公司与秦某等发起人总共认购的股份总数应当不低于35%,而非各自分别认购的股份不得低于股份总数的35%。

💡 通过募集设立方式设立的股份有限公司的注册资本如何确定?

我国《公司法》第八十条第二款、第三款规定:"股份有限公司采取募集方式设立的,注册资本为在公司登记机关登记的实收股本总额。法律、行政法规以及国务院决定对股份有限公司注册资本实缴、注册资本最低限额另有规定的,从其规定。"

根据该规定可知,除非另有规定,采用募集方式设立的股份有限公司的注册资本为其在公司登记机关登记的实收股本总额。需要注意的是,该"实收股本总额"并不包括发起人、股东认购但并未实际缴纳的部分。例如,甲公司是以募集方式设立的公司,通过募集,认购人共实缴2000万元,发起人认购500万元,但并未实缴。经过工商登记之后,甲公司的注册资本为2000万元,未实缴的500万元不在注册资本之内。

💡 股份公司成立之后,部分发起人没按公司章程约定足额缴纳出资,其他发起人要对此负责吗?

A公司、文某、张某、周某发起设立一家股份有限公司,公司章程约定A公司出资500万元、文某以房屋作价200万元出资、张某出资150万元、周某出资150万元,出资应在公司设立之日起10

日内实缴完毕。后发现文某房屋仅值80万元，且未办理所有权移转手续。其余发起人需要对此承担责任吗？要承担什么责任？

其余发起人需要承担连带责任。股份有限公司以其全部财产承担责任，这是公司经营的基础，也是对债权人的担保。因此，股东应当足额缴纳出资。我国《公司法》第九十三条第一款规定："股份有限公司成立后，发起人未按照公司章程的规定缴足出资的，应当补缴；其他发起人承担连带责任。股份有限公司成立后，发现作为设立公司出资的非货币财产的实际价额显著低于公司章程所定价额的，应当由交付该出资的发起人补足其差额；其他发起人承担连带责任。"

由此可见，在股东以非货币财产出资时，该财产的价值应当与公司章程所定价额相当，否则出资人要承担补足责任，其余发起人也要承担连带责任。前述案例中，文某作价出资的房屋仅值80万元，远远低于公司章程确定的200万元，对此，文某应当通过货币或非货币方式补足至200万元，其余发起人也应对此承担连带责任。

出资设立公司的财产是受贿得来的，相关的股权怎么处理？

周某系某国有企业的高管，其利用受贿得来的一辆小汽车作价30万元出资参与了甲公司的设立，获得该公司15%的股权。后周某受贿一事败露，他在甲公司的股权怎么处理？

根据《最高人民法院关于适用〈中华人民共和国公司法〉若干问题的规定（三）》第七条第二款的规定："以贪污、受贿、侵占、挪用等违法犯罪所得的货币出资后取得股权的，对违法犯罪行为予以追究、处罚时，应当采取拍卖或者变卖的方式处置其股权。"

据此可知，法律并不保护受贿所得的非法财产，以此作为出资获得的股权，也不受法律保护。法院在追究受贿罪时，将对相应的股权采取拍卖、变卖的方式加以处置。前述案例中，周某的股权是用受贿所得的财产出资获得的，同样是非法财产，当周某被追究责任时，其在甲公司的股权将被拍卖或变卖。

以伪造的公司住所地证明申请设立公司，会被处罚吗？

我国《公司登记管理条例》第六十四条规定："提交虚假材料或者采取其他欺诈手段隐瞒重要事实，取得公司登记的，由公司登记机关责令改正，处以5万元以上50万元以下的罚款；情节严重的，撤销公司登记或者吊销营业执照。"

设立公司，应当依法提交真实、合法、有效的各类材料，如公司章程、身份证明、公司住所证明等。如果提交伪造材料申请设立公司的，可能导致公司设立失败。即使公司成功设立的，也会因为提交虚假材料面临罚款的处罚，甚至可能会被撤销公司登记或吊销营业执照。例如，某甲为了开教育培训公司，伪造公司住所证明资料顺利设立公司。之后，相关部门稽查时发现此事，该公司不仅应当根据要求改正，还面临着5万元至50万元的罚款。如果情节严重的话，该公司可能会被撤销登记或吊销营业执照。

二、股权与组织管理

💡 有限责任公司的股东不同意某股东转让股权的，应该怎么办？

顾某是某软件开发有限责任公司的股东，因家里急需用钱，顾某准备将自己在该公司的股份转让给范某，但是，该公司的其他股东以范某非本公司的股东为由不同意，导致顾某无法转让股份。那么，请问此时顾某应该怎么办？

我国《公司法》第七十一条第一款、第二款规定："有限责任公司的股东之间可以相互转让其全部或者部分股权。股东向股东以外的人转让股权，应当经其他股东过半数同意。股东应就其股权转让事项书面通知其他股东征求同意，其他股东自接到书面通知之日起满三十日未答复的，视为同意转让。其他股东半数以上不同意转让的，不同意的股东应当购买该转让的股权；不购买的，视为同意转让。"

据此可知，在公司的股东不同意股东以外的人受让股权时，不同意的股东应购买转让的股权。在上面的案例中，某软件开发公司的其他股东不同意顾某将股份转让给范某，此种情况下，顾某可以要求其他股东购买自己的股份。

有限责任公司连续三年盈利而不给股东分红的，股东可以要求公司收购其股权吗？

方某是某科技有限责任公司的股东，该公司的经济效益一直非常好，但是，从 2018 年以来，该公司已经连续三年没有给股东分红。请问，此种情况下，方某是否可以要求公司收购他的股权？

我国《公司法》第七十四条明确规定："有下列情形之一的，对股东会该项决议投反对票的股东可以请求公司按照合理的价格收购其股权：（一）公司连续五年不向股东分配利润，而公司该五年连续盈利，并且符合本法规定的分配利润条件的……自股东会会议决议通过之日起六十日内，股东与公司不能达成股权收购协议的，股东可以自股东会会议决议通过之日起九十日内向人民法院提起诉讼。"

据此可知，公司在符合下列条件下，不给股东分配利润的，股东才可以要求公司收回股权：（1）连续五年不分配利润；（2）公司连续五年盈利，并符合分配利润的条件。在上面的案例中，某科技公司虽然一直盈利，但尚未符合连续五年不分利润的标准，故方某此时还不能要求公司收购他的股权。

有限责任公司股东去世后，继承人是否可以继承其股东资格？

周某是某传媒有限责任公司的股东，在该公司拥有 30% 的股份。2021 年 1 月，周某因车祸去世，周某唯一的继承人只有他的妻子。因此，周某的妻子要求继承周某的股东资格，成为公司股东。那么，请问周某的妻子是否可以继承他在传媒有限责任公司的股东资格？

我国《公司法》第七十五条规定："自然人股东死亡后，其合法继承人可以继承股东资格；但是，公司章程另有规定的除外。"

据此可知，在自然人股东死亡后，如果公司的章程没有特别规定，则原股东的继承人可以继承其在公司的股东资格。但是，因有限责任公司具有人合性，故如果公司的章程中约定自然人股东死亡后，其继承人不能继承股东资格，则该股东的合法继承人就不能继承其股东资格。在上面的案例中，如果某传媒公司的公司章程中没有特别约定，则周某的妻子是可以继承周某在该公司的股东资格，成为该公司的股东的。反之，如果公司的章程中有约定，周某的妻子就不能继承其股东资格。

有限责任公司股东未按照法定程序转让股权的，其他股东应该怎么办？

《最高人民法院关于适用〈中华人民共和国公司法〉若干问题的规定（四）》第二十一条第一款、第二款规定："有限责任公司的股东向股东以外的人转让股权，未就其股权转让事项征求其他股东意见，或者以欺诈、恶意串通等手段，损害其他股东优先购买权，其他股东主张按照同等条件购买该转让股权的，人民法院应当予以支持，但其他股东自知道或者应当知道行使优先购买权的同等条件之日起三十日内没有主张，或者自股权变更登记之日起超过一年的除外。前款规定的其他股东仅提出确认股权转让合同及股权变动效力等请求，未同时主张按照同等条件购买转让股权的，人民法院不予支持，但其他股东非因自身原因导致无法行使优先购买权，请求损害赔偿的除外。"

据此可知，有限责任公司的股东没有按照法定程序，而是私下转让股权的，其他股东可以在法定期限内主张优先购买权。例如，陈某是某有限责任公司的股东，因需要用钱，故未经法定程序，在其他股东不知情的情况下，私自将股权转让给他人。在此种情况下，其他股东可以自股权变更登记之日起一年内主张优先购买权。

有限责任公司增加或减少注册资本，必须经过多少股东的同意？

江某与其两个大学同学成立了一个网络有限责任公司，由于公司近两年的经济效益非常好，故该公司的股东会决议准备增加30万元的注册资本。请问，如果该公司增加注册资本，必须要经过多少股东的同意？

我国《公司法》第四十三条规定："股东会的议事方式和表决程序，除本法有规定的外，由公司章程规定。股东会会议作出修改公司章程、增加或者减少注册资本的决议，以及公司合并、分立、解散或者变更公司形式的决议，必须经代表三分之二以上表决权的股东通过。"

由此可知，有限责任公司的股东会如果作出增加公司注册资本的决议，则其必须要经过代表三分之二以上表决权的股东通过。在上面的案例中，某网络有限责任公司如果要增加注册资本，则其必须要经过代表该公司三分之二以上表决权的股东通过，否则，该公司就不能增加注册资本。

有限责任公司的股东会可以行使哪些职权？

沈某是某有限责任公司股东会的成员，但是，其并不知道有限责任公司的股东会享有哪些职权。那么，请问有限责任公司的股东会可以行使哪些职权？

我国《公司法》第三十七条规定："股东会行使下列职权：（一）决定公司的经营方针和投资计划；（二）选举和更换非由职工代表担任的董事、监事，决定有关董事、监事的报酬事项；（三）审议批准董事会的报告；（四）审议批准监事会或者监事的报告；（五）审议批准公司的年度财务预算方案、决算方案；（六）审议批准公司的利润分配方案和弥补亏损方案；（七）对公司增加或者减少注册资本作出决议；（八）对发行公司债券作出决议；（九）对公司合并、分立、解散、清算或者变更公司形式作出决议；（十）修改公司章程；（十一）公司章程规定的其他职权。对前款所列事项股东以书面形式一致表示同意的，可以不召开股东会会议，直接作出决定，并由全体股东在决定文件上签名、盖章。"

由此可见，有限责任公司的股东会可以行使上面法律规定的职权。在上面的案例中，沈某作为某有限责任公司股东会的成员，在召开股东会时，股东会可以行使法律规定的以上事项职权。

有限责任公司的董事会的职权有哪些？

我国《公司法》第四十六条规定："董事会对股东会负责，行使下列职权：（一）召集股东会会议，并向股东会报告工作；（二）执行股东会的决议；（三）决定公司的经营计划和投资方案；（四）制订公司的年度财务预算方案、决算方案；（五）制订公司的利润分配方案和弥补亏损方案；（六）制订公司增加或者减少注册资本以及发行公司债券的方案；（七）制订公司合并、分立、解散或者变更公司形式的方案；（八）决定公司内部管理机构的设置；（九）决定聘任或者解聘公司经理及其报酬事项，并根据经理的提名决定聘任或者解聘公司副经理、财务负责人及其报酬事项；（十）制定公司的基本管理制度；（十一）公司章程规定的其他职权。"

据此可知，有限责任公司的董事会可以行使上面的职权。例如，石某是某乳业有限责任公司董事会的成员，其是第一次作为董事会成员，因此并不清楚董事会可以行使哪些职权。一次，该公司召开董事会准备制订公司的利润分配方案，对此，石某认为这是总经理的职责。石某的想法是错误的，制订利润分配方案是董事会的职权。

有限责任公司的董事会决议被人民法院撤销的，依据该决议订立的合同是否还具有法律效力？

某服装有限责任公司的董事会作出重新聘任总经理的决议，为此，公司按照规定与沈某签订了聘用合同，由沈某担任该公司的总经理。但是，在签订劳动合同之后，董事会的此项决议因违反程序性规定被法院撤销，请问，依据该决议签订的劳动合同是否还有效？

《最高人民法院关于适用〈中华人民共和国公司法〉若干问题的规定（四）》第六条规定："股东会或者股东大会、董事会决议被人民法院判决确认无效或者撤销的，公司依据该决议与善意相对人形成的民事法律关系不受影响。"

据此可知，即使董事会的决议被人民法院判决确认无效或撤销，只要相对人是善意的，则公司据此决议形成的民事法律关系就不会因决议的无效或撤销而失去法律效力。在上面的案例中，虽然某服装公司董事会作出的聘任总经理的决议因违反程序被法院撤销，但是，沈某作为善意相对人，该公司据此与沈某所签订的劳动

有限责任公司的总经理的职权是什么？

王某与时某准备成立一家装修有限责任公司，由王某担任公司的总经理。但是，王某并不知道自己可以行使哪些职权。请问，有限责任公司的总经理可以行使哪些职权？

根据我国《公司法》第四十九条的规定："有限责任公司可以设经理，由董事会决定聘任或者解聘。经理对董事会负责，行使下列职权：（一）主持公司的生产经营管理工作，组织实施董事会决议；（二）组织实施公司年度经营计划和投资方案；（三）拟订公司内部管理机构设置方案；（四）拟订公司的基本管理制度；（五）制定公司的具体规章；（六）提请聘任或者解聘公司副经理、财务负责人；（七）决定聘任或者解聘除应由董事会决定聘任或者解聘以外的负责管理人员；（八）董事会授予的其他职权。公司章程对经理职权另有规定的，从其规定。经理列席董事会会议。"

由此可见，作为有限责任公司的总经理可以行使以上八项职权。在上面的案例中，王某作为某服装公司的总经理，可以行使这八项职权。

有限责任公司的监事会的职权有哪些？

张某是某有限责任公司监事会的一名监事，因该公司董事会不按照规定召集股东会会议，故监事会准备提议召开临时股东会议。但是，张某提出，这并非监事会的职权。请问有限责任公司的监事会有哪些职权？

我国《公司法》第五十三条规定:"监事会、不设监事会的公司的监事行使下列职权:(一)检查公司财务;(二)对董事、高级管理人员执行公司职务的行为进行监督,对违反法律、行政法规、公司章程或者股东会决议的董事、高级管理人员提出罢免的建议;(三)当董事、高级管理人员的行为损害公司的利益时,要求董事、高级管理人员予以纠正;(四)提议召开临时股东会会议,在董事会不履行本法规定的召集和主持股东会会议职责时召集和主持股东会会议;(五)向股东会会议提出提案;(六)依照本法第一百五十一条的规定,对董事、高级管理人员提起诉讼;(七)公司章程规定的其他职权。"

据此可知,董事会具有以上七项职权。在上面的案例中,当公司董事会不按照规定召集股东会会议时,监事会可以召集和主持股东会议,张某的说法是错误的。

公司以章程中规定股东不得查阅公司文件材料为由,拒绝其查阅公司财务报告的行为是否合法?

范某是某电器有限责任公司的股东,其怀疑公司做假账,故准备查阅公司的财务会计报告。但是,该公司却以公司章程中规定股东不能查阅、复制公司文件为由,拒绝了范某查阅财务会计报告的请求。请问,该公司的做法是否合法?

我国《公司法》第三十三条规定:"股东有权查阅、复制公司章程、股东会会议记录、董事会会议决议、监事会会议决议和财务会计报告。股东可以要求查阅公司会计账簿。股东要求查阅公司会计账簿的,应当向公司提出书面请求,说明目的。公司有合理根据认为股东查阅会计账簿有不正当目的,可能损害公司合法利益的,可以拒绝提供查阅,并应当自股东提出书面请求之日起十五日内书面答复股东并说明理由。公司拒绝提供查阅的,股东可以请求人民法院要求公司提供查阅。"

由此可知,查阅公司财务报告是股东的权利。为保护这一权利,我国《最高人民法院关于适用〈中华人民共和国公司法〉若干问题的规定(四)》第九条明确规定:"公司章程、股东之间的协议等实质性剥夺股东依据公司法第三十三条、第九十七条规定查阅或者复制公司文件材料的权利,公司以此为由拒绝股东查阅或者复制的,人民法院不予支持。"

因此,在上面的案例中,某电器公司的做法是不合法的。

有限责任公司中,股东可用哪些方式协商解决重大分歧?

《最高人民法院关于适用〈中华人民共和国公司法〉若干问题的规定(五)》第五条规定:"人民法院审理涉及有限责任公司股东重大分歧案件时,应当注重调解。当事人协商一致以下列方式解决分歧,且不违反法律、行政法规的强制性规定的,人民法院应予支持:(一)公司回购部分股东股份;(二)其他股东受让部分股东股份;(三)他人受让部分股东股份;(四)公司减资;(五)公司分立;(六)其他能够解决分歧,恢复公司正常经营,避免公司解散的方式。"

由此可知,在有限责任公司股东发生重大分歧时,如果起诉到法院后,当事人之间可以协商解决纠纷,如果其协商解决纠纷的方式符合上述法律规定,则人民法院应予支持。例如,某有限责任公司因股东会在进行增资决议时发生重大分歧,诉至法院。某区人民法院受理后,首先进行调解。在调解过程中,部分股东提出由该公司回购持反对意见的股东的股份，以解决纠纷。在此种情况下，人民法院可予以支持。

💡 股份有限公司股东的记名股票被盗的，应该怎么办？

黄某是某股份有限公司的股东，拥有该公司2%的股权，并且黄某的股票都是记名股票。但是，一天，黄某家里遭遇小偷，自己所有的记名股票都被盗走。请问，黄某应该怎么办？

我国《公司法》第一百四十三条规定："记名股票被盗、遗失或者灭失，股东可以依照《中华人民共和国民事诉讼法》规定的公示催告程序，请求人民法院宣告该股票失效。人民法院宣告该股票失效后，股东可以向公司申请补发股票。"

由此可知，对于被盗、遗失或灭失的记名股票，股东可以依据公示催告程序向法院申请宣告该股票失效，然后再向公司申请补发股票。所谓公示催告程序，是指由当事人向人民法院提出书面申请，人民法院根据申请以公告的方式催告利害关系人，在法定期间内申报权利，超过法定期限无人申报的，人民法院便会作出宣告股票无效的判决。在上面的案例中，黄某的记名股票被盗之后，他可以向法院提出书面申请，在法院宣告股票失效后，再向公司申请补发股票。

💡 股份有限公司的高管可以随时转让其股份吗？

根据《公司法》第一百四十一条第一款、第二款规定："发起人持有的本公司股份，自公司成立之日起一年内不得转让。公司公开发行股份前已发行的股份，自公司股票在证券交易所上市交易之日起一年内不得转让。公司董事、监事、高级管理人员应当向公司申报所持有的本公司的股份及其变动情况，在任职期间每年转让的股份不得超过其所持有本公司股份总数的百分之二十五；所持本公司股份自公司股票上市交易之日起一年内不得转让。上述人员离职后半年内，不得转让其所持有的本公司股份。公司章程可以对公司董事、监事、高级管理人员转让其所持有的本公司股份作出其他限制性规定。"

由此可知，股份有限公司的发起人、董事、监事、高级管理人员在转让股份时需要受到一定的限制。例如，陈某是某股份有限公司的总经理，其在入职时公司给了陈某3%的股权，三年后，陈某从该公司离职，准备将自己在该公司的股权转让。此种情况下，陈某必须在离职半年之后才能进行股权转让。

在哪些情形下，股份有限公司可以收购本公司股份？

我国《公司法》第一百四十二条第一款、第二款规定："公司不得收购本公司股份。但是，有下列情形之一的除外：（一）减少公司注册资本；（二）与持有本公司股份的其他公司合并；（三）将股份用于员工持股计划或者股权激励；（四）股东因对股东大会作出的公司合并、分立决议持异议，要求公司收购其股份；（五）将股份用于转换上市公司发行的可转换为股票的公司债券；（六）上市公司为维护公司价值及股东权益所必需。

公司因前款第（一）项、第（二）项规定的情形收购本公司股份的，应当经股东大会决议；公司因前款第（三）项、第（五）项、第（六）项规定的情形收购本公司股份的，可以依照公司章程的规定或者股东大会的授权，经三分之二以上董事出席的董事会会议决议。"

由此可知，在出现上述六种情形时，股份有限公司可以收购本公司股份。例如，某化妆品公司于 2020 年 6 月上市，在上市后，该公司准备将公司的部分股份用于员工持股计划。在此种情况下，该公司则可以收购本公司股份，但是，必须要经过董事会会议决议通过。

股份有限公司创立大会的职权有哪些？

曾某与几个朋友一起作为发起人成立了一家股份有限公司，在创立中，曾某等人准备召开创立大会。但是，他们并不清楚股份有限公司创立大会可以行使哪些职权。那么，请问股份有限公司创立大会的职权有哪些？

我国《公司法》第九十条规定："发起人应当在创立大会召开十五日前将会议日期通知各认股人或者予以公告。创立大会应有代表股份总数过半数的发起人、认股人出席，方可举行。创立大会行使下列职权：（一）审议发起人关于公司筹办情况的报告；（二）通过公司章程；（三）选举董事会成员；（四）选举监事会成员；（五）对公司的设立费用进行审核；（六）对发起人用于抵作股款的财产的作价进行审核；（七）发生不可抗力或者经营条件发生重大变化直接影响公司设立的，可以作出不设立公司的决议。创立大会对前款所列事项作出决议，必须经出席会议的认股人所持表决权过半数通过。"

由此可见，股份有限公司的创立大会具有以上七项职权。在上面的案例中，曾某等人在召开大会时，创立大会可以行使这七项职权。

在哪些情形下，股份有限公司应召开临时股东大会？

某机械制造企业是某市一家上市公司，截至2021年4月，该公司已经出现连年亏损。为此，该公司准备召开临时股东大会。但是，部分股东不同意，认为股份有限公司不能随便召开临时股东大会。请问，在哪些情形下，股份有限公司应召开临时股东大会？

我国《公司法》第一百条规定："股东大会应当每年召开一次年会。有下列情形之一的，应当在两个月内召开临时股东大会：（一）董事人数不足本法规定人数或者公司章程所定人数的三分之二时；（二）公司未弥补的亏损达实收股本总额三分之一时；（三）单独或者合计持有公司百分之十以上股份的股东请求时；（四）董事会认为必要时；（五）监事会提议召开时；（六）公司章程规定的其他情形。"

由此可见，在出现上面六种情形之一时，股份有限公司可以召开临时股东大会。在上面的案例中，如果某机械制造公司未弥补的亏损达到实收股本总额的三分之一时，则可以召开临时股东大会，反之，则不能召开。

股份有限公司的哪些人可提议召开董事会会议？

我国《公司法》第一百一十条规定："董事会每年度至少召开两次会议，每次会议应当于会议召开十日前通知全体董事和监事。代表十分之一以上表决权的股东、三分之一以上董事或者监事会，可以提议召开董事会临时会议。董事长应当自接到提议后十日内，召集和主持董事会会议。董事会召开临时会议，可以另定召集董事会的通知方式和通知时限。"

由此可知，具有十分之一以上表决权的股东、三分之一以上的董事、监事会可以提议召开董事会临时会议。例如，某股份有限公司因总经理在一次交易中出现重大失误，导致公司受损严重。因此，该公司准备解聘现任总经理，于是，该公司的部分董事要求召开董事会临时会议，以决议解聘总经理。在此种情况下，只有提议的董事占三分之一以上，董事会临时会议才能召开，否则就无法召开。

三、正当经营

（一）反不正当竞争

经营者效仿名牌为自己产品起名合法吗？

某饮料生产厂生产的果汁，口味很好，质量也很好，但是销量不好。公司领导经过调查研究，发现影响销量的主要原因是品牌影响力不够，于是仿照热销的"美某源"品牌，重新起了一个新名"姜某源"，那么饮料生产厂领导的做法符合法律规定吗？

我国《反不正当竞争法》第六条规定："经营者不得实施下列混淆行为，引人误认为是他人商品或者与他人存在特定联系：（一）擅自使用与他人有一定影响的商品名称、包装、装潢等相同或者近似的标识……（四）其他足以引人误认为是他人商品或者与他人存在特定联系的混淆行为。"

同时该法第十八条第一款规定："经营者违反本法第六条规定实施混淆行为的，由监督检查部门责令停止违法行为，没收违法商品。违法经营额五万元以上的，可以并处违法经营额五倍以下的罚款；没有违法经营额或者违法经营额不足五万元的，可以并处二十五万元以下的罚款。情节严重的，吊销营业执照。"

由此可见，经营者擅自使用与他人有一定影响的商品名称近似的标识，让人误认为是他人商品或者与他人存在特定联系的，属于不正当竞争行为，依法会受到相应的处罚。上面案例中，饮料生产厂领导为饮料起名为"姜某源"，足以使消费者产生混淆，属于《反不正当竞争法》第六条第一项规定的不正当竞争行为，监督检查部门有权依法对该饮料厂进行处罚。

经营者为成交业务可以给交易方经理回扣吗？

我国《反不正当竞争法》第七条规定："经营者不得采用财物或者其他手段贿赂下列单位或者个人，以谋取交易机会或者竞争优势：（一）交易相对方的工作人员；（二）受交易相对方委托办理相关事务的单位或者个人；（三）利用职权或者影响力影响交易的单位或者个人。经营者在交易活动中，可以以明示方式向交易相对方支付折扣，或者向中间人支付佣金。经营者向交易相对方支付折扣、向中间人支付佣金的，应当如实入账。接受折扣、佣金的经营者也应当如实入账。经营者的工作人员进行贿赂的，应当认定为经营者的行为；但是，经营者有证据证明该工作人员的行为与为经营者谋取交易机会或者竞争优势无关的除外。"

该法第十九条规定："经营者违反本法第七条规定贿赂他人的，由监督检查部门没收违法所得，处十万元以上三百万元以下的罚款。情节严重的，吊销营业执照。"

由此可见，经营者为谋取交易机会或竞争优势，采用财物或者其他手段贿赂交易相对方的"相关人员"属于不正当竞争行为，监督检查部门可以依法对其进行处罚。例如，甲公司欲长期订购乙公司的一批药物，双方代表就相关事宜交涉了5天，但仍未签订合同。甲公司认为乙公司一直拖延，斤斤计较，应该是想得到一些好处。于是甲公司向乙公司的经理允诺，每批药物给予乙公司经理3

万元的回扣，双方达成一致，顺利签订了合同。那么甲公司给予乙公司经理回扣的行为属于不正当竞争行为，监督检查部门可以依法对其进行处罚。

经营者为提升销量"雇人好评"，属于合法竞争吗？

某网店上新了一批女士服装，但销量一直不好，为提高销量，该店雇用了一大批网购达人在线上下订单、支付价款购买商品，在确认收货后给予该店好评，然后店家再将商品的价款退回给这些网购达人，并向其支付雇用费用，通过这种方式，该店的月销量增加了3倍。那么，该店此种"雇人好评"的销售方式，属于合法竞争吗？

我国《反不正当竞争法》第八条第一款、第二款规定："经营者不得对其商品的性能、功能、质量、销售状况、用户评价、曾获荣誉等作虚假或者引人误解的商业宣传，欺骗、误导消费者。经营者不得通过组织虚假交易等方式，帮助其他经营者进行虚假或者引人误解的商业宣传。"

同时该法第二十条规定："经营者违反本法第八条规定对其商品作虚假或者引人误解的商业宣传，或者通过组织虚假交易等方式帮助其他经营者进行虚假或者引人误解的商业宣传的，由监督检查部门责令停止违法行为，处二十万元以上一百万元以下的罚款；情节严重的，处一百万元以上二百万元以下的罚款，可以吊销营业执照。经营者违反本法第八条规定，属于发布虚假广告的，依照《中华人民共和国广告法》的规定处罚。"

由此可见，经营者对其商品的性能、质量、销售状况、用户评价等信息的宣传要真实，不得欺骗、误导消费者，否则监督检查部门可以依法对其进行处罚。上面案例中，该淘宝店店主通过"雇人好评"，制造虚假的销售状况，以提高销量，违反了《反不正当竞争法》的规定，属于违法行为，将会面临监督检查部门的处罚。

经营者可以使用他人以不正当手段取得的客户信息吗？

我国《反不正当竞争法》第九条规定："经营者不得实施下列侵犯商业秘密的行为：（一）以盗窃、贿赂、欺诈、胁迫、电子侵入或者其他不正当手段获取权利人的商业秘密；（二）披露、使用或者允许他人使用以前项手段获取的权利人的商业秘密；……第三人明知或者应知商业秘密权利人的员工、前员工或者其他单位、个人实施本条第一款所列违法行为，仍获取、披露、使用或者允许他人使用该商业秘密的，视为侵犯商业秘密。本法所称的商业秘密，是指不为公众所知悉、具有商业价值并经权利人采取相应保密措施的技术信息、经营信息等商业信息。"

同时，该法第二十一条规定："经营者以及其他自然人、法人和非法人组织违反本法第九条规定侵犯商业秘密的，由监督检查部门责令停止违法行为，没收违法所得，处十万元以上一百万元以下的罚款；情节严重的，处五十万元以上五百万元以下的罚款。"

由此可见，使用他人以不正当竞争手段取得的商业秘密违反法律规定，属于违法行为。例如，李某是某保险公司的业务经理，李某的朋友董某在电信公司工作。董某违反公司规章制度，通过非正常手段获取了大量的客户信息，提供给李某。李某明知这些客户信息是董某通过非正常的途径获取的，仍有偿使用这些客户信息。客户信息是董某所在公司的商业秘密，李某有偿使用董某提供的客户信息是侵犯商业秘密的行为，属于违法行为，监督检查部门可以依法对其进行处罚。

💡 经营者进行有奖销售，可以将最高奖金设置为 66000 元吗?

圣诞节来临之际，某商场为吸引消费者，决定开展为期三天的抽奖式有奖销售活动。活动内容为：活动期间，凡在本商场一次性消费 199 元以上的消费者，可凭购物小票到该商场服务前台参与抽奖，最高奖金为 66000 元。可是活动刚开始，就被相关部门制止。那么，经营者进行有奖销售活动，奖金有限制吗?

我国《反不正当竞争法》第十条规定："经营者进行有奖销售不得存在下列情形：……（三）抽奖式的有奖销售，最高奖的金额超过五万元。"同时该法第二十二条规定："经营者违反本法第十条规定进行有奖销售的，由监督检查部门责令停止违法行为，处五万元以上五十万元以下的罚款。"

由此可见，经营者进行抽奖式的有奖销售时，设置的奖金不得超过五万元。上面案例中，该商场设置的奖金最高为 66000 元，已超过法律规定的 50000 元的上限，违反了《反不正当竞争法》的相关规定，监督检查部门可以依法对其进行处罚。

💡 只是说别人家的商品不好，也是不正当竞争吗?

我国《反不正当竞争法》第十一条规定："经营者不得编造、传播虚假信息或者误导性信息，损害竞争对手的商业信誉、商品声誉。"

同时该法第二十三条规定："经营者违反本法第十一条规定损害竞争对手商业信誉、商品声誉的，由监督检查部门责令停止违法行为、消除影响，处十万元以上五十万元以下的罚款；情节严重的,处五十万元以上三百万元以下的罚款。"

由此可见,市场经济中,经营者应当合法竞争,禁止恶意损害竞争对手的商业信誉、商品声誉。例如,甲企业和乙企业都是某市经营餐饮的公司,两家公司是竞争关系。2021年,乙公司因发生一次食品安全事件,销量急剧下滑,甲公司销量仍呈现上升趋势。乙公司为打压甲公司的气势,到处散播甲公司的食材不好的言论。乙公司属于不正当竞争,是违法行为,监督检查部门可以依法对其进行处罚。

雇用黑客给竞争对手搞破坏,会受到什么处罚?

张某和李某的公司都是从事开发软件的业务,张某公司的效益一直稳步上升,但李某公司的效益却一直不好。李某因为嫉妒,就雇用了三名黑客给张某的公司搞破坏,致使张某的公司不能正常运行,造成了重大损失。那么,李某的行为会受到什么处罚呢?

我国《反不正当竞争法》第十二条规定:"经营者利用网络从事生产经营活动,应当遵守本法的各项规定。经营者不得利用技术手段,通过影响用户选择或者其他方式,实施下列妨碍、破坏其他经营者合法提供的网络产品或者服务正常运行的行为:(一)未经其他经营者同意,在其合法提供的网络产品或者服务中,插入链接、强制进行目标跳转;(二)误导、欺骗、强迫用户修改、关闭、卸载其他经营者合法提供的网络产品或者服务;(三)恶意对其他经营者合法提供的网络产品或者服务实施不兼容;(四)其他妨碍、破坏其他经营者合法提供的网络产品或者服务正常运行的行为。"

同时该法第二十四条规定:"经营者违反本法第十二条规定妨碍、破坏其他经营者合法提供的网络产品或者服务正常运行的,由监督检查部门责令停止违法行为,处十万元以上五十万元以下的罚款;情节严重的,处五十万元以上三百万元以下的罚款。"

由此可见,李某雇用黑客破坏张某公司的行为属于不正当竞争的行为,应当受到法律的处罚。根据《反不正当竞争法》第二十四条的规定,督检查部门可以责令李某停止违法行为,处十万元以上五十万元以下的罚款;情节严重的,处五十万元以上三百万元以下的罚款。

(二) 合法经营

💡 因产品缺陷对人造成损害的,赔偿人是生产商还是销售商?

我国《产品质量法》第四十一条第一款规定:"因产品存在缺陷造成人身、缺陷产品以外的其他财产(以下简称他人财产)损害的,生产者应当承担赔偿责任。"

同时该法第四十三条规定:"因产品存在缺陷造成人身、他人财产损害的,受害人可以向产品的生产者要求赔偿,也可以向产品的销售者要求赔偿。属于产品的生产者的责任,产品的销售者赔偿的,产品的销售者有权向产品的生产者追偿。属于产品的销售者的责任,产品的生产者赔偿的,产品的生产者有权向产品的销售者追偿。"

由此可见,因产品缺陷造成人身伤害的,受害者既可以向生产者要求赔偿,也可以向销售者要求赔偿。例如,王某从某手机专卖店购买了一台手机,用了不到两个星期,一天王某在给手机充电时,手机突然爆炸,将王某的右脸炸伤。于是,王某要求该专卖店赔偿其损失,但该专卖店称手机本身有缺陷,应当由生产厂家负责。那么，对于该损失，法律规定王某既可以要求该专卖店赔偿，也可以要求生产厂家赔偿，该专卖店无权拒绝。

已出售的不合格食品，可以"召回"吗？

中秋节前市场监督管理部门对市场上销售的各类月饼进行抽查，经抽查发现，许多厂家生产的月饼质量不达标。那么，对于已售出的不合格月饼可以召回吗？

我国《食品安全法》第六十三条规定："国家建立食品召回制度。食品生产者发现其生产的食品不符合食品安全标准或者有证据证明可能危害人体健康的，应当立即停止生产，召回已经上市销售的食品，通知相关生产经营者和消费者，并记录召回和通知情况。食品经营者发现其经营的食品有前款规定情形的，应当立即停止经营，通知相关生产经营者和消费者，并记录停止经营和通知情况。食品生产者认为应当召回的，应当立即召回。由于食品经营者的原因造成其经营的食品有前款规定情形的，食品经营者应当召回。……"

由此可见，根据我国《食品安全法》的规定，不合格的食品也可以召回，以及时消除或减少因不合格食品造成的危害。上面案例中，对已售出的不合格月饼可以召回。

进口产品的包装能否只标注外文说明？

李某在某店欲购买一瓶香水，但李某发现该店的进口香水只有英文说明没有中文说明。该店的销售人员解释说，这些英文标志和说明，相关消费者一般能看懂，不用进行中文说明。那么，进口的商品包装上没有中文说明，合法吗？

我国《产品质量法》第二十七条规定："产品或者其包装上的

标识必须真实,并符合下列要求:(一)有产品质量检验合格证明;(二)有中文标明的产品名称、生产厂厂名和厂址……"

由此可见,进口产品的包装上不能仅有外文说明,还必须有中文标明的产品名称等信息。上面案例中,进口的香水应当有中文标识,只有英文说明是不符合法律规定的,该店销售人员的说辞是没有法律依据的。

促销商品和正价商品的质量保证责任有区别吗?

我国《零售商促销行为管理办法》第十二条规定:"零售商开展促销活动,不得降低促销商品(包括有奖销售的奖品、赠品)的质量和售后服务水平,不得将质量不合格的物品作为奖品、赠品。"同时该法第十八条规定:"零售商不得以促销为由拒绝退换货或者为消费者退换货设置障碍。"

可见,我国法律规定了促销商品和正价商品的质量保证责任,即使为促销商品(包括有奖销售的奖品、赠品),其质量和售后服务水平也都应当有保障,不得降低。例如,在"双十一"来临之际,某超市为吸引顾客,通过线上和线下大量宣传促销活动,对部分酸奶、牛奶、奶粉及蛋糕等低价销售,吸引了大批顾客,但在顾客结算的账单中该超市说明促销商品不予退换。该超市的做法是不合法的,虽是促销商品,但根据相关法律的规定,该超市也应当保障其质量和售后服务水平。

顾客在商场中被人打伤,商场是否承担赔偿责任?

顾客张某在某商场购物时和王某发生口角,商场保安因私事当时不在岗,十几分钟争论后张某因情绪激动,出手打伤王某。王某立即被其他消费者送到医院,王某出院后要求商场承担一定的赔偿责任。那么,该商场是否有义务对王某进行赔偿?

我国《消费者权益保护法》第七条规定:"消费者在购买、使用商品和接受服务时享有人身、财产安全不受损害的权利。消费者有权要求经营者提供的商品和服务,符合保障人身、财产安全的要求。"同时该法第十八条第二款规定:"宾馆、商场、餐馆、银行、机场、车站、港口、影剧院等经营场所的经营者,应当对消费者尽到安全保障义务。"

《民法典》第一千一百九十八条规定:"宾馆、商场、银行、车站、机场、体育场馆、娱乐场所等经营场所、公共场所的经营者、管理者或者群众性活动的组织者,未尽到安全保障义务,造成他人损害的,应当承担侵权责任。因第三人的行为造成他人损害的,由第三人承担侵权责任;经营者、管理者或者组织者未尽到安全保障义务的,承担相应的补充责任。经营者、管理者或者组织者承担补充责任后,可以向第三人追偿。"

由此可见,商场作为经营者,对消费者应尽到安全保障义务,未在合理限度内尽到安全保障义务致使他人遭受人身损害,应承担一定的赔偿责任。上面的案例中,当顾客发生争执时,保安没有到位,商场存在过失,未尽到合理的安全保障义务,应该在合理限度内承担赔偿责任,当然,主要的赔偿责任应由打人者承担。

因为商品打折就不给开发票,合法吗?

我国《消费者权益保护法》第二十二条规定:"经营者提供商品或者服务,应当按照国家有关规定或者商业惯例向消费者出具发票等购货凭证或者服务单据;消费者索要发票等购货凭证或者服单据的，经营者必须出具。"

我国《发票管理办法》第十九条规定："销售商品、提供服务以及从事其他经营活动的单位和个人，对外发生经营业务收取款项，收款方应当向付款方开具发票；特殊情况下，由付款方向收款方开具发票。"

由此可见，为消费者出具发票是经营者的法定义务，无论经营者是以正常价格出售货物还是通过打折低价出售商品，只要有消费行为发生，经营者就应当依法开具发票，消费者也有权索要发票。例如，陈某在经过一家服装店时，看到该服装店的服装享受6折优惠，于是陈某经过挑选，决定购买该店的3件衣服，结算完成后，陈某要求开具发票，但该店销售人员却称因服装享受打折优惠，不予开具发票。上面的案例中，该服装店的行为违反了我国相关法律的规定，是不合法的。

"买一赠一"活动，赠品的质量问题应当如何保证？

某电商在春节促销活动中，打着买一赠一的活动吸引了大量顾客，顾客刘某看到促销活动，购买了一台电饭煲，该商家赠送了一台保温壶。但刘某收到货物后，发现保温壶并不保温，于是要求该电商进行更换或赔偿，但该电商称保温壶是赠品，其不承担更换、退货及赔偿责任。那么，该电商的行为是合法的吗？

我国《消费者权益保护法》第二十三条第一款规定："经营者应当保证在正常使用商品或者接受服务的情况下其提供的商品或者服务应当具有的质量、性能、用途和有效期限；但消费者在购买该商品或者接受该服务前已经知道其存在瑕疵，且存在该瑕疵不违反法律强制性规定的除外。"

《零售商促销行为管理办法》第十二条规定:"零售商开展促销活动,不得降低促销商品(包括有奖销售的奖品、赠品)的质量和售后服务水平,不得将质量不合格的物品作为奖品、赠品。"同时,《消费者权益保护法》第二十四条规定:"经营者提供的商品或者服务不符合质量要求的,消费者可以依照国家规定、当事人约定退货,或者要求经营者履行更换、修理等义务。没有国家规定和当事人约定的,消费者可以自收到商品之日起七日内退货;七日后符合法定解除合同条件的,消费者可以及时退货,不符合法定解除合同条件的,可以要求经营者履行更换、修理等义务。依照前款规定进行退货、更换、修理的,经营者应当承担运输等必要费用。"

由此可见,买一赠一模式中都不得降低赠品的质量和售后服务水平,虽然商家对赠品未单独收费,但仍需保证赠品为质量合格的物品,否则,消费者有权依据法律维护自己的合法权益。本案中,该电商赠送刘某的保温壶存在质量问题,应当对保温壶进行退换或赔偿。

店员失误将顾客烫伤,谁来承担责任?

我国《消费者权益保护法》第十八条规定:"经营者应当保证其提供的商品或者服务符合保障人身、财产安全的要求。对可能危及人身、财产安全的商品和服务,应当向消费者作出真实的说明和明确的警示,并说明和标明正确使用商品或者接受服务的方法以及防止危害发生的方法。宾馆、商场、餐馆、银行、机场、车站、港口、影剧院等经营场所的经营者,应当对消费者尽到安全保障义务。"同时该法第四十八条第二款规定:"经营者对消费者未尽到安全保障义务,造成消费者损害的,应当承担侵权责任。"

《民法典》第一千一百九十一条第一款、第二款规定："用人单位的工作人员因执行工作任务造成他人损害的，由用人单位承担侵权责任。用人单位承担侵权责任后，可以向有故意或者重大过失的工作人员追偿。劳务派遣期间，被派遣的工作人员因执行工作任务造成他人损害的，由接受劳务派遣的用工单位承担侵权责任；劳务派遣单位有过错的，承担相应的责任。"

由此可见，商场、餐馆等经营场所的经营者，应当对消费者尽到安全保障义务；其劳动者在工作中致人损害的，用人单位应当承担赔偿责任。例如，李某在某餐馆就餐过程中，该餐馆的店员因重大过失，将一壶热茶撒到李某的胳膊上，致其被烫伤，作为用人单位和安全保障义务的责任人，该餐馆应当对李某进行赔偿。

顾客在喝咖啡时丢失物品，责任谁来承担？

一天中午，小王在某咖啡店和朋友一起喝咖啡，咖啡店墙壁贴有"随身物品请自行保管好"几个大字。因好久不见，聊得甚是开心，2个小时后，小王在结账时，发现包里的手机和钱包都不见了。于是，小王要求该店店主负责找回并进行赔偿。那么，该店店主对此事有责任吗？

我国《消费者权益保护法》第七条第一款、第二款规定："消费者在购买、使用商品和接受服务时享有人身、财产安全不受损害的权利。消费者有权要求经营者提供的商品和服务，符合保障人身、财产安全的要求。"

同时该法第十八条第一款、第二款规定："经营者应当保证其提供的商品或者服务符合保障人身、财产安全的要求。对可能危及人身、财产安全的商品和服务，应当向消费者作出真实的说明和明确的警示，并说明和标明正确使用商品或者接受服务的方法以及防止危害发生的方法。宾馆、商场、餐馆、银行、机场、车站、港口、影剧院等经营场所的经营者，应当对消费者尽到安全保障义务。"

由此可见，消费者在购买、使用商品或接受服务时享有人身、财产安全不受损害的权利，经营者有保障消费者人身、财产安全的义务，但并不意味着经营者都要无条件地为消费者随身携带的物品负有保管义务，若经营者已经采取措施尽了安全保障义务，如提出警示等，那么是可以免责的。上面案例中，小王在使用商品或接受服务的过程中，手机、钱包丢失，遭受财产损失，该手机、钱包是小王随身携带的物品，该店店主不具有对其随身携带的物品进行保管的义务，且已明确提醒消费者要自行保管好随身携带的物品，因此该店店主不承担责任。

对违反店堂告示的顾客，商家是否有权对其进行惩罚？

我国《消费者权益保护法》第二十六条第一款、第二款、第三款规定："经营者在经营活动中使用格式条款的，应当以显著方式提请消费者注意商品或者服务的数量和质量、价款或者费用、履行期限和方式、安全注意事项和风险警示、售后服务、民事责任等与消费者有重大利害关系的内容，并按照消费者的要求予以说明。经营者不得以格式条款、通知、声明、店堂告示等方式，作出排除或者限制消费者权利、减轻或者免除经营者责任、加重消费者责任等对消费者不公平、不合理的规定，不得利用格式条款并借助技术手段强制交易。格式条款、通知、声明、店堂告示等含有前款所列内容的，其内容无效。"

由此可见，经营者以格式条款、店堂告示等方式，作出排除或者限制消费者权利、减轻或者免除经营者责任、加重消费者责任等对消费者不公平、不合理的规定，其规定内容无效。例如，某婚纱店内，有一件婚纱旁边贴着"禁止触摸，禁止拍照，违反者罚款400元"的标识，顾客胡女士对这件婚纱十分喜爱，不自觉地就拿出手机拍了照片。该店店员看到后，要求其将照片删除，并缴纳400元罚款。胡女士称自己愿意买下此婚纱，但该店仍对其进行罚款。该婚纱店的行为属于加重胡女士责任的行为，依法应认定无效，其无权对胡女士进行罚款。

商家为打开市场，可以以低于成本价格销售产品吗？

陈某一手创办了某空调品牌。为提升该品牌的影响力，该品牌空调决定前期以低于市场价的价格进行销售，通过消费者的亲身体验，达到使消费者主动为品牌做宣传，进而提升品牌影响力的效果。但空调刚开始销售，就被相关部门制止。那么，为什么空调低于市场价销售会被相关部门制止呢？

我国《价格法》第十四条规定："经营者不得有下列不正当价格行为：……（二）在依法降价处理鲜活商品、季节性商品、积压商品等商品外，为了排挤竞争对手或者独占市场，以低于成本的价格倾销，扰乱正常的生产经营秩序，损害国家利益或者其他经营者的合法权益……"

由此可见，经营者低价出售商品也是受到限制的，即经营者不得为了排挤竞争对手或独占市场，以低于成本的价格销售商品，扰乱正常的生产经营秩序。在上面的案例中，为吸引消费者，该品牌空调出售的价格已低于其成本价格，其行为是违法行为，侵犯了同类商品经营者的合法利益，应当立即停止。

对产品进行广告宣传时用"最高级"词语，合法吗？

我国《广告法》第九条规定："广告不得有下列情形：……（三）使用"国家级"、"最高级"、"最佳"等用语……"由此可见，经营者在为自己的产品做广告宣传时，不得使用"最高级""最佳"等用语，产品的好坏、优劣应当由市场来检验，而非企业自行评定。例如，某甜品店为提升销量，通过广告进行宣传，其广告内容突出显示自己的产品"口味最佳""食材最好"等词语，该甜品店的广告就违反了我国《广告法》的相关规定，不合法。

酒类广告涉及治疗功能合法吗？

某红酒厂经过改良、研究，推出一款新品红酒，此红酒的成分中增加了一些药材，既能充分发挥药材的功效，同时也使得红酒的口感更好。为提升该款红酒的销量，该厂在广告宣传内容中写到本厂红酒实质为特效药，能够有效治疗糖尿病，但其广告内容未通过某电视台的审查，被拒绝播放。那么，酒类广告可以涉及治疗内容吗？

我国《广告法》第十七条规定："除医疗、药品、医疗器械广告外，禁止其他任何广告涉及疾病治疗功能，并不得使用医疗用语或者易使推销的商品与药品、医疗器械相混淆的用语。"

由此可见，酒类广告应当与医疗、药品、医疗器械广告严格区分，不得混淆。上面案例中，该红酒厂的红酒广告涉及一些疾病治疗功能，是违反法律规定的。

医疗器械广告中保证"安全性、有效性"的宣传语是否合法？

我国《广告法》第十六条第一款规定："医疗、药品、医疗器械广告不得含有下列内容：（一）表示功效、安全性的断言或者保证；（二）说明治愈率或者有效率；（三）与其他药品、医疗器械的功效和安全性或者其他医疗机构比较；（四）利用广告代言人作推荐、证明；（五）法律、行政法规规定禁止的其他内容。"

由此可见，医疗、药品、医疗器械广告不同于一般的产品广告，其广告宣传应当严格遵守法律规定，不能对产品的功效、安全性进行断言或者保证。例如，某医疗器械公司投入大量的人力、物力等研发出一款新产品，此款新产品比同类产品具有更多的功能，于是，为打开此款产品的销量，该公司推出一则"安全性100%，有效性100%"的广告，该广告内容就不符合《广告法》的相关规定，应当立即停止违法行为。

招标单位向几家公司发出投标邀请才有效？

某公司有一建筑工程招标，公司领导层经讨论决定向两家公司发出投标邀请书。那么，该公司的行为合法吗？

我国《招标投标法》第十六条第二款规定："招标公告应当载明招标人的名称和地址、招标项目的性质、数量、实施地点和时间以及获取招标文件的办法等事项。"

同时该法第十七条第一款、第二款规定："招标人采用邀请招标方式的，应当向三个以上具备承担招标项目的能力、资信良好的特定的法人或者其他组织发出投标邀请书。投标邀请书应当载明本法第十六条第二款规定的事项。"

由此可见，招标人采用邀请招标方式进行招标的，应当至少向三个有能力、信用良好的法人或者其他组织发出投标邀请书。上面的案例中，该公司仅向两家公司发出投标邀请书，是不符合法律规定的。

噪声污染影响居民生活，该如何维权？

我国《环境噪声污染防治法》第六十一条规定："受到环境噪声污染危害的单位和个人，有权要求加害人排除危害；造成损失的，依法赔偿损失。赔偿责任和赔偿金额的纠纷，可以根据当事人的请求，由生态环境主管部门或者其他环境噪声污染防治工作的监督管理部门、机构调解处理；调解不成的，当事人可以向人民法院起诉。当事人也可以直接向人民法院起诉。"

我国法律规定了噪声排放的标准，超过标准排放噪声，会影响他人的正常生活。对此，受害人有权通过寻求相关行政部门或法院的帮助来要求加害人排除危害或赔偿损失。例如，某小区居民楼旁边新开一家娱乐场所，该场所从晚上8∶00营业至凌晨3∶00，噪声已远远超过了国家规定的排放标准，严重影响了居民的正常休息，有些老人因受到噪声污染已在医院进行治疗，此种情况下，相关居民可以要求该娱乐场所采取措施排除危害，赔偿损失。

环境污染纠纷案件，举证责任谁来承担？

某乡村旁边3年前建立了一家造纸厂，因排放污水设施不健全，大量污水渗透至该村地表以下及相邻的大片庄稼地，污水处理不达标，该村很多人因此得病。某环保公益组织将该造纸厂起诉至法院，但该造纸厂不承认自己存在环境污染行为，那么，谁负有举证责任呢？

我国《民法典》第一千二百二十九条规定："因污染环境、破坏生态造成他人损害的，侵权人应当承担侵权责任。"

同时该法第一千二百三十条规定："因污染环境、破坏生态发生纠纷，行为人应当就法律规定的不承担责任或者减轻责任的情形及其行为与损害之间不存在因果关系承担举证责任。"

由此可见，我国相关法律法规明确规定环境污染纠纷的举证责任由污染者承担。上面的案例中，该造纸厂不承认其存在污染环境的行为，其应当就该村里人得病与其排放污水之间没有因果关系承担举证责任，若举证不能，该造纸厂应当承担败诉等不利的后果。

四、企业财税管理

💡 会计从业资格证是从事会计工作的必备条件吗？

孙某从事财务工作多年业务非常熟练，但一直没有取得会计从业资格证书。现在，他打算从事公司会计工作。请问，没有会计从业资格，孙某能否从事会计工作？

我国《会计法》第三十八条规定："会计人员应具备从事会计工作所需要的专业能力。担任单位会计机构负责人（会计主管人员）的，应当具备会计师以上专业技术职务资格或者从事会计工作三年以上经历。本法所称会计人员的范围由国务院财政部门规定。"

由此可知，从事会计专业，不一定必须取得会计从业资格证书，只要具备从事会计工作所需要的专业能力即可。但是，作为单位会计机构的负责人，则必须具备会计师以上专业技术职务资格或从事会计工作三年以上经历。所以，上面列举的案例中，只要孙某具备从事会计工作所需要的专业能力，就可以从事公司会计工作。

💡 公司会计伪造、变造会计账簿，公司是否也应受罚？

老王是某公司的会计，为了应付市场监管、税务等部门的检查，老王经常伪造公司会计账簿。后东窗事发，虽不构成犯罪，但老王还是被限制五年内不允许从事会计工作。请问，该公司是否也应受罚？

我国《会计法》第四十三条第一款、第二款规定："伪造、变造会计凭证、会计账簿，编制虚假财务会计报告，构成犯罪的，依法追究刑事责任。有前款行为，尚不构成犯罪的，由县级以上人民政府财政部门予以通报，可以对单位并处五千元以上十万元以下的罚款；对其直接负责的主管人员和其他直接责任人员，可以处三千元以上五万元以下的罚款；属于国家工作人员的，还应当由其所在单位或者有关单位依法给予撤职直至开除的行政处分；其中的会计人员，五年内不得从事会计工作。"

由此可知，伪造、变造会计凭证、会计账簿的违法行为，并不只是个人行为，所在单位也应受罚。根据上述规定，构成犯罪的，要依法被追究刑事责任；不构成犯罪的，由县级以上人民政府予以通报，会计人员五年内不得从事会计工作，而公司也将面临五千元以上十万元以下的罚款。所以，上面列举的案例中，公司将面临五千元以上十万元以下的罚款处罚。

若缴纳税款的最晚期限为休息日，那么最晚缴税时间如何确定？

我国《税收征收管理法实施细则》第一百零九条规定："税收征管法[①]及本细则所规定期限的最后一日是法定休假日的，以休假日期满的次日为期限的最后一日；在期限内有连续3日以上法定休假日的，按休假日天数顺延。"

[①] 对应《中华人民共和国税收征收管理法》。

由此可知，如果缴纳税款的最晚期限为法定节假日，那么缴纳税款的最后一天为法定节假日期满的次日；倘若在缴税期限内有三天以上法定休假日，那么休假日天数顺延。例如，徐某是一名个体工商户，接到当地市场监督管理部门下发的缴税通知后，徐某发现通知上规定的缴税最晚期限为这周六，那么，徐某最晚缴税时间为下周一，倘若该缴税期限内有三天以上法定休假日，按休假日天数顺延。

追缴纳税人未缴税款，是否有时间限制？

因当地税务机关的原因，赵某2019年上半年的个人所得税一直没有缴纳。2020年11月，税务机关突然要求赵某补缴2019年上半年的个人所得税。请问税务机关向赵某追征有时间限制吗？

我国《税收征收管理法》第五十二条第一款、第二款规定："因税务机关的责任，致使纳税人、扣缴义务人未缴或者少缴税款的，税务机关在三年内可以要求纳税人、扣缴义务人补缴税款，但是不得加收滞纳金。因纳税人、扣缴义务人计算错误等失误，未缴或者少缴税款的，税务机关在三年内可以追征税款、滞纳金；有特殊情况的，追征期可以延长到五年。对偷税、抗税、骗税的，税务机关追征其未缴或者少缴的税款、滞纳金或者所骗取的税款，不受前款规定期限的限制。"

由此可知，税务机关在追征纳税人未缴的税款时是否有时间限制，应当分情况而论，若因税务机关的责任导致纳税人未缴税款的，税务机关可以在三年内向其追征；若因纳税人计算错误等失误，税务机关同样是可在三年内追征，特殊情形下可延长到五年；若因纳税人偷税、抗税、骗税导致少缴税款的，税务机关向其追征没有期限限制。所以，上面列举的案例中，税务机关可以在三年内向赵某追征 2019 年上半年个人所得税。

什么情况下，税务机关可以责令纳税人提供纳税担保？

我国《税收征收管理法》第三十八条第一款规定："税务机关有根据认为从事生产、经营的纳税人有逃避纳税义务行为的，可以在规定的纳税期之前，责令限期缴纳应纳税款；在期限内发现纳税人有明显的转移、隐匿其应纳税的商品、货物以及其他财产或者应纳税的收入的迹象的，税务机关可以责成纳税人提供纳税担保。如果纳税人不能提供纳税担保，经县以上税务局（分局）局长批准，税务机关可以采取下列税收保全措施：

（一）书面通知纳税人开户银行或者其他金融机构冻结纳税人的金额相当于应纳税款的存款；

（二）扣押、查封纳税人的价值相当于应纳税款的商品、货物或者其他财产。"

由此可知，在缴税期限内，纳税人有明显转移、隐匿其应纳税的商品、货物以及其他财产或应纳税的收入的迹象，税务机关就可以责成纳税人提供纳税担保，以保证其能按时缴纳税款。例如，杜某经营着一家进口商品超市，近期又有一批货物到店，当地税务机关在纳税期限内发现杜某有明显转移该货物的迹象，那么在这种情况下，当地的税务机关可以责成杜某提供纳税担保。

纳税担保里面包括滞纳金吗？

我国《纳税担保试行办法》第五条第一款、第二款规定："纳税担保范围包括税款、滞纳金和实现税款、滞纳金的费用。费用包括抵押、质押登记费用,质押保管费用,以及保管、拍卖、变卖担保财产等相关费用支出。用于纳税担保的财产、权利的价值不得低于应当缴纳的税款、滞纳金,并考虑相关的费用。纳税担保的财产价值不足以抵缴税款、滞纳金的,税务机关应当向提供担保的纳税人或纳税担保人继续追缴。"

由此可知,纳税担保不仅包括税款、滞纳金,还包括抵押、质押登记等为实现税款、滞纳金而所需要支出的费用。并且,用来担保的财产、权利的价值不能低于应缴纳的税款、滞纳金及相关费用;若低于,税务机关有权向纳税人或纳税担保人追缴。例如,小赵经营着一家棉纺织厂,按照规定应在本月 21 日前缴纳税款;但小赵最近转移了一大笔钱,去向不明。当地税务机关认为小赵有明显转移财产的行为,因此要求其提供纳税担保。那么,小赵提供的纳税担保里应不仅有税款,还有滞纳金及相关费用。

还能将已被纳税抵押的财产转让给他人吗?

武某是一家餐馆老板。最近,当地税务机关发现武某有明显转移餐馆收入的迹象,要求其提供纳税担保。于是,武某将自己名下的一套房产作为纳税抵押。一周后,武某打算将作为纳税抵押的房产转让给自己的一个朋友。请问,武某可以将该房产转让给他人吗?

我国《纳税担保试行办法》第二十一条第一款、第二款规定:"抵押期间,经税务机关同意,纳税人可以转让已办理登记的抵押物,并告知受让人转让物已经抵押的情况。纳税人转让抵押物所得的价款,应当向税务机关提前缴纳所担保的税款、滞纳金。超过部分，归纳税人所有，不足部分由纳税人缴纳或提供相应的担保。"

由此可知，在经税务机关同意的情况下，纳税人可以将已作为纳税抵押的财产转让给他人，同时，还应在转让的时候，告知该财产存在纳税抵押的事实。在转让后，所得价款应用于缴纳所担保的税款、滞纳金及相关费用。所以，上面列举的案例中，在经过当地税务机关同意，且将进行纳税抵押的情况告知买受人后，武某可以将上述房屋转让给他人。

对采取欺骗手段提供担保的纳税人，应如何处罚？

齐某是一家外企的高管，税务机关发现齐某有明显转移自己收入的迹象，便要求其提供纳税担保。于是，齐某用欺骗的手段将他人名下的一辆车作为抵押物提供了担保。请问，齐某将面临怎样的处罚？

我国《纳税担保试行办法》第三十一条第一款、第二款规定："纳税人、纳税担保人采取欺骗、隐瞒等手段提供担保的，由税务机关处以1000元以下的罚款；属于经营行为的，处以10000元以下的罚款。非法为纳税人、纳税担保人实施虚假纳税担保提供方便的，由税务机关处以1000元以下的罚款。"同时，本法第三十二条规定："纳税人采取欺骗、隐瞒等手段提供担保，造成应缴税款损失的，由税务机关按照《税收征管法》①第六十八条规定处以未缴、少缴税款50%以上5倍以下的罚款。"

由此可知，采用欺骗、隐瞒等手段提供担保的纳税人、税务担

---

① 对应《中华人民共和国税收征收管理法》。

保人，将面临 1000 元以下的罚款；属于经营行为的，处 10000 元以下罚款。若造成应缴税款损失的，则会由税务机关按照《税收征收管理法》的规定处以未缴、少缴税款百分之五十以上五倍以下的罚款。所以，上面列举的案例中，齐某将面临 1000 元以下的罚款；若造成应缴税款损失的，还要面临未缴、少缴税款百分之五十以上五倍以下的罚款。

对于因税务机关怠于行使权利致抵押物超过保质期的，谁应承担责任？

我国《纳税担保试行办法》第三十三条规定："税务机关负有妥善保管质物的义务。因保管不善致使质物灭失或者毁损，或未经纳税人同意擅自使用、出租、处分质物而给纳税人造成损失的，税务机关应对直接损失承担赔偿责任。纳税义务期限届满或担保期间，纳税人或者纳税担保人请求税务机关及时行使权利，而税务机关怠于行使权利致使质物价格下跌造成损失的，税务机关应当对直接损失承担赔偿责任。"

由此可知，因税务机关未及时行使权利，导致抵押物价格下降或变质毁损的，直接损失的赔偿责任应由税务机关承担。例如，税务机关要求邱某提供纳税担保，于是，邱某将一批奶制品作为纳税抵押物。后来，邱某因经济周转不开，要求税务机关处理抵押物，以缴纳税款及滞纳金等。结果税务机关迟迟不行使权利，导致奶制品全部超过保质期。那么，奶制品过期的直接损失应由税务机关负责赔偿。

公司尚未缴清税款，公司法定代表人还能否出国？

金某是某公司的法定代表人。该公司 2020 年 11 月的税款一直没有缴纳，且没有提供担保。现在，金某因有一个重要项目需要前往美国进行谈判。请问，金某能出国吗？

我国《税收征收管理法》第四十四条规定："欠缴税款的纳税人或者他的法定代表人需要出境的，应当在出境前向税务机关结清应纳税款、滞纳金或者提供担保。未结清税款、滞纳金，又不提供担保的，税务机关可以通知出境管理机关阻止其出境。"同时《税收征收管理法实施细则》第七十四条规定："欠缴税款的纳税人或者其法定代表人在出境前未按照规定结清应纳税款、滞纳金或者提供纳税担保的，税务机关可以通知出入境管理机关阻止其出境。阻止出境的具体办法，由国家税务总局会同公安部制定。"

由此可知，在纳税人没有缴清税款、滞纳金，也没有提供纳税担保的情况下，税务机关有权阻止纳税人或其法定代表人出境。所以，上面列举的案例中，税务机关可以阻止金某前往美国。

在处理不动产时，欠缴大额税款的纳税人要向税务机关报告吗？

方某累计欠税款十万元，税务机关多次催缴无果。现方某打算将自己名下的一处房产卖掉，用来支付未缴税款和其他欠款。请问，方某在处理该处房产时需要向税务机关报告吗？

我国《税收征收管理法》第四十九条规定："欠缴税款数额较大的纳税人在处分其不动产或者大额资产之前，应当向税务机关报告。"

同时,《税收征收管理法实施细则》第七十七条规定:"税收征管法①第四十九条所称欠缴税款数额较大,是指欠缴税款 5 万元以上。"

由此可知,纳税人欠缴税款在五万元以上的,就属于欠款税款数额较大的情形;那么根据上述法律规定,纳税人在处理其不动产或大额资产前,需要向税务机关报告。所以,上面列举的案例中,方某在处理自己房产之前,应向税务机关报告。

应如何处罚骗取国家出口退税款的纳税人?

我国《税收征收管理法》第六十六条第一款、第二款规定:"以假报出口或者其他欺骗手段,骗取国家出口退税款的,由税务机关追缴其骗取的退税款,并处骗取税款一倍以上五倍以下的罚款;构成犯罪的,依法追究刑事责任。对骗取国家出口退税款的,税务机关可以在规定期间内停止为其办理出口退税。"

由此可知,根据上述法律规定,税务机关有权向其追缴骗取的退税款,并处骗税款一倍以上五倍以下的罚款,同时,可以在规定期间内停止为其办理出口退税;若构成犯罪的,还要依法追究刑事责任。例如,刘某从事纺织品出口贸易生意,为了获得更高的利润,刘某以谎报出口货品数额的方式,骗取了五万元的出口退税款。那么,税务机关有权追缴其骗取的五万元退税款,并对其处五万元的一倍以上五倍以下的罚款,还可在规定期间内停止为其办理出口退税;若其行为构成犯罪的,还要依法承担刑事责任。

---

① 对应《中华人民共和国税收征收管理法》。

如何处罚拒绝税务机关检查的纳税人？

某地税务机关按照相关规定，要对当地公司企业账目情况进行检查。当要对甲公司账目进行检查时，却遭到了甲公司负责人的拒绝，事后，税务机关多次要求检查均被无理由拒绝。请问，甲公司应承担怎样的法律后果？

我国《税收征收管理法》第七十条规定："纳税人、扣缴义务人逃避、拒绝或者以其他方式阻挠税务机关检查的，由税务机关责令改正，可以处一万元以下的罚款；情节严重的，处一万元以上五万元以下的罚款。"

由此可知，若纳税人逃避、拒绝或以其他方式阻挠税务机关检查，税务机关有权责令其改正，并可处一万元以下的罚款；如果情节严重，可处一万元以上五万元以下罚款。所以，在上面列举的案例中，税务机关可以责令甲公司改正，并可处一万元以下的罚款；如果情节严重，还可处一万元以上五万元以下的罚款。

拒绝提供有关材料的纳税人将面临怎样的法律后果？

我国《税收征收管理法实施细则》第九十六条规定："纳税人、扣缴义务人有下列情形之一的，依照税收征管法[①]第七十条的规定处罚：（一）提供虚假资料，不如实反映情况，或者拒绝提供有关资料的；（二）拒绝或者阻止税务机关记录、录音、录像、照相和复制与案件有关的情况和资料的；（三）在检查期间，纳税人、扣缴义务人转移、隐匿、销毁有关资料的；（四）有不依法接受税

---

① 对应《中华人民共和国税收征收管理法》。

务检查的其他情形的。"《税收征收管理法》第七十条规定："纳税人、扣缴义务人逃避、拒绝或者以其他方式阻挠税务机关检查的，由税务机关责令改正，可以处一万元以下的罚款；情节严重的，处一万元以上五万元以下的罚款。"

由此可知，纳税人、扣缴义务人若有拒绝或阻止税务机关记录、录音、录像、照相和复制与案件有关的情况和资料上述四种情形之一，那么，税务机关就有权责令其改正，并处一万元以下的罚款；情节严重的，则可处一万元以上五万元以下的罚款。例如，某地税务机关在对个体工商户高某的账目进行检查时，发现高某的几笔账目存在问题，便要求其提供相关资料。但高某却拒绝提供。那么，税务机关可以责令高某交出相关资料，并可处其一万元以下的罚款；若情节严重，则可处一万元以上五万元以下的罚款。

💡 不服税务机关处罚决定的，可以直接向法院起诉吗？

税务机关以楚某阻碍税务检查为由，对楚某处以五千元的罚款处罚。个体工商户楚某不服，便打算向法院起诉税务机关。请问，楚某可以直接向法院起诉吗？

我国《税收征收管理法》第八十八条第一款、第二款、第三款规定："纳税人、扣缴义务人、纳税担保人同税务机关在纳税上发生争议时，必须先依照税务机关的纳税决定缴纳或者解缴税款及滞纳金或者提供相应的担保，然后可以依法申请行政复议；对行政复议决定不服的，可以依法向人民法院起诉。当事人对税务机关的处罚决定、强制执行措施或者税收保全措施不服的，可以依法申请行政复议，也可以依法向人民法院起诉。当事人对税务机关的处罚决定逾期不申请行政复议也不向人民法院起诉、又不履行的，作出处罚决定的税务机关可以采取本法第四十条规定的强制执行措施，或者申请人民法院强制执行。"

由此可知，若不服税务机关处罚决定、强制执行措施或税收保全措施，纳税人可依法申请行政复议，也可直接依法向法院起诉。所以，在上面列举的案例中，楚某可以直接向法院起诉。

五、企业合并、分立、解散与清算

💡 能否不通知债权人直接完成公司合并？

甲公司为了发展需要，想要同乙公司合并，以扩大生产规模和影响力。甲公司资金雄厚，具备偿债能力，能否不通知债权人直接进行合并程序？

我国《公司法》第一百七十三条规定："公司合并，应当由合并各方签订合并协议，并编制资产负债表及财产清单。公司应当自作出合并决议之日起十日内通知债权人，并于三十日内在报纸上公告。债权人自接到通知书之日起三十日内，未接到通知书的自公告之日起四十五日内，可以要求公司清偿债务或者提供相应的担保。"

由此可知，公司合并可能会实际损害债权人的利益，所以必须履行通知程序。在收到债务人想要合并的通知后，债权人可以要求其提前清偿债务或者提供担保。在上面的例子中，占据主导地位的是债权人，因为债权人享有法定的接收债务人通知的权利，并且接到该项通知后，享有选择权，可以选择提前清偿或提供担保维护自身利益。此外，履行通知程序是法定程序，与甲公司的偿债能力等并没有任何联系，因此甲公司不能以资金雄厚，具有偿债能力而不履行通知程序。

公司想要分立的，需要履行哪些程序？

随着公司规模的扩大，为顺应市场发展，甲公司想要通过公司分立的方式整合业务，实现精细化发展，提升整体业绩。试问，甲公司分立需要履行哪些程序？

我国《公司法》第四十三条规定："股东会的议事方式和表决程序，除本法有规定的外，由公司章程规定。股东会会议作出修改公司章程、增加或者减少注册资本的决议，以及公司合并、分立、解散或者变更公司形式的决议，必须经代表三分之二以上表决权的股东通过。"

同时该法第一百七十五条规定："公司分立，其财产作相应的分割。公司分立，应当编制资产负债表及财产清单。公司应当自作出分立决议之日起十日内通知债权人，并于三十日内在报纸上公告。"

由此可知，公司分立，需要履行下列程序：（1）股东会或股东大会作出决议；（2）签订公司分立协议；（3）编制资产负债表和财产清单；（4）自决议作出之日起，10日内通知债权人，30日内报纸公告。在上面的例子中，甲公司想要进行分立，按照以上公司分立需要履行的程序进行即可。

分立后的公司对于原公司的债务是否需要清偿？

A公司分立为B公司和C公司，试问，B、C两个公司是否需要承担原来A公司的债务？

我国《公司法》第一百七十六条规定："公司分立前的债务由分立后的公司承担连带责任。但是，公司在分立前与债权人就债务清偿达成的书面协议另有约定的除外。"

我国《民法典》第六十七条第二款规定:"法人分立的,其权利和义务由分立后的法人享有连带债权,承担连带债务,但是债权人和债务人另有约定的除外。"

由此可见,对于公司分立前的债务,原则上由分立后的公司承担连带责任,但是分立前,已经和债权人就债务问题达成一致意见的除外。也就是说,对于分立前公司的债务,要么在其分立前以协议形式约定由谁承担,要么由分立后的公司承担连带责任。在上面的例子中,A公司分立为B、C两个公司,对于A公司的债务,因没有在分立前约定由谁承担,所以B、C两个公司需要承担责任,而且是承担连带责任。

股东能否因为公司处于亏损状态,请求解散公司?

我国《公司法》第一百八十二条规定:"公司经营管理发生严重困难,继续存续会使股东利益受到重大损失,通过其他途径不能解决的,持有公司全部股东表决权百分之十以上的股东,可以请求人民法院解散公司。"

《最高人民法院关于适用〈中华人民共和国公司法〉若干问题的规定(二)》第一条规定:"单独或者合计持有公司全部股东表决权百分之十以上的股东,以下列事由之一提起解散公司诉讼,并符合公司法第一百八十二条规定的,人民法院应予受理:(一)公司持续两年以上无法召开股东会或者股东大会,公司经营管理发生严重困难的;(二)股东表决时无法达到法定或者公司章程规定的比例,持续两年以上不能做出有效的股东会或者股东大会决议,公司经营管理发生严重困难的;(三)公司董事长期冲突,且无法通过股东会或者股东大会解决,公司经营管理发生严重困难的;(四)经营管理发生其他严重困难，公司继续存续会使股东利益受到重大损失的情形。股东以知情权、利润分配请求权等权益受到损害，或者公司亏损、财产不足以偿还全部债务，以及公司被吊销企业法人营业执照未进行清算等为由，提起解散公司诉讼的，人民法院不予受理。"

由此可知，公司解散的条件包括：（1）客观条件：公司经营管理发生严重困难，包括：连续两年不开股东会；连续两年无股东会决议；董事长期冲突，无人执行。（2）实质条件：该种状态的持续会严重损害股东的利益。（3）必要条件：其他途径无法解决。（4）主体条件：持有公司全部股东表决权百分之十以上的股东，可以请求人民法院解散公司。此外，是否陷入经营管理的严重困难，与公司是否处于盈利或亏损状态无关，即使一直处于盈利状态，但是公司陷入僵局状态，仍然可以提起解散公司之诉。所以，股东不能仅以公司处于亏损状态就请求解散公司。

股东申请解散公司时能否同时申请对公司进行清算？

甲公司由于内部董事之间矛盾不断，无法得到解决，使得公司经营严重困难，股东刘某能否向法院同时申请解散公司和对公司进行清算？

《最高人民法院关于适用〈中华人民共和国公司法〉若干问题的规定（二）》第二条规定："股东提起解散公司诉讼，同时又申请人民法院对公司进行清算的，人民法院对其提出的清算申请不予受理。人民法院可以告知原告，在人民法院判决解散公司后，依据民法典第七十条、公司法第一百八十三条和本规定第七条的规定，自行组织清算或者另行申请人民法院对公司进行清算"

由此可知，强制解散程序和清算程序是前后承继的关系，是截然不同的两个程序，不能同时适用，但是，可以在解散之后自行组织或者另行申请法院对公司进行清算。在上面的例子中，甲公司经营管理发生严重困难，即出现了公司僵局，作为股东的刘某有权申请解散公司。但是，其不能同时申请清算，只能在法院判处解散公司之后，再行申请清算或者自行清算。

在解散公司之诉中，股东能否申请财产保全？

甲公司在发展过程中，由于决策失误，导致资金链出现问题，加上经营不善，公司出现严重困难。为维护自己的利益，股东张某能否在申请解散公司之诉中，申请财产保全措施？

《最高人民法院关于适用〈中华人民共和国公司法〉若干问题的规定（二）》第三条规定："股东提起解散公司诉讼时，向人民法院申请财产保全或者证据保全的，在股东提供担保且不影响公司正常经营的情形下，人民法院可予以保全。"

由此可见，股东在提起解散公司之诉中，可以申请财产保全，但是有如下限制：（1）申请的主体是原告股东；（2）需向人民法院申请；（3）需要提供相应的担保；（4）该项申请不能影响公司的正常经营。在上面的例子中，张某在不影响公司正常的经营，且能够提供相应的担保的情况下，可以向人民法院申请财产保全，否则不能申请。

在解散公司之诉中，能否将其他股东列为共同被告？

甲公司股东之间产生矛盾，无法调和，从2019年1月召开过最后一次股东会后，再未召开过股东会，股东钱某向法院申请解散公司，试问能否将公司和其他股东列为共同被告？

《最高人民法院关于适用〈中华人民共和国公司法〉若干问题的规定（二）》第四条第一款、第二款规定："股东提起解散公司诉讼应当以公司为被告。原告以其他股东为被告一并提起诉讼的，人民法院应当告知原告将其他股东变更为第三人；原告坚持不予变更的，人民法院应当驳回原告对其他股东的起诉。原告提起解散公司诉讼应当告知其他股东，或者由人民法院通知其参加诉讼。其他股东或者有关利害关系人申请以共同原告或者第三人身份参加诉讼的，人民法院应予准许。"

由此可见，在申请解散公司的诉讼中，原告为股东，被告为公司，其他股东可以作为第三人参与诉讼，但是不能列为共同被告。股东将其他股东一并起诉的，法院应当释明将其他股东列为第三人，原告股东坚持不变更的，驳回对其他股东的起诉。在上面的例子中，股东钱某向法院申请解散公司，其应当以公司为被告，而不能以其他股东为共同被告。但是，钱某可以申请或由法院通知其他股东作为第三人参与本案的诉讼。

在公司解散诉讼中，有无措施可以避免公司解散？

甲公司经营出现严重困难，股东之间矛盾不断，陷入僵局状态，但是部分股东仍然想保留基业，勉强维持公司，等待机会重新使公司发展起来。试问，在僵局状态下，是否有举措可以避免公司解散？

我国《最高人民法院关于适用〈中华人民共和国公司法〉若干问题的规定（二）》第五条第一款规定："人民法院审理解散公司诉讼案件，应当注重调解。当事人协商同意由公司或者股东收购股份，或者以减资等方式使公司存续，且不违反法律、行政法规强制性规定的，人民法院应予支持。当事人不能协商一致使公司存续的，人民法院应当及时判决。"

由此可知，在公司经营陷入僵局时，本着维持公司运营的原则，法院首先会进行调解，如果解决争议，各个股东之间达成合意，即不会解散公司，根据规定可以采取的争议解决方式有：由部分股东受让其他股东的股份、公司减资、公司分立或其他可以解决争议的方式。在上面的例子中，尽管陷入僵局，但是如果该部分股东可以和其他股东协商一致，符合法定程序，那么通过受让其他股东的股份，使其退出公司，化解矛盾，也是为法律所允许的。

能否以公司无法偿还外债申请破产清算？

甲公司因近年来业绩不佳，为维持经营欠外债较多，公司内部股东商量想要以此来申请破产清算，试问能否得到支持？

我国《企业破产法》第二条第一款规定："企业法人不能清偿到期债务，并且资产不足以清偿全部债务或者明显缺乏清偿能力的，依照本法规定清理债务。"该法第七条第一款规定："债务人有本法第二条规定的情形，可以向人民法院提出重整、和解或者破产清算申请。"

由此可知，申请破产清算需要满足以下条件：（1）不能清偿到期债务。指合法的债权债务关系已届清偿期，但是还未完全清偿债务；（2）资不抵债或者清偿乏力。指债务人的资产负债表、审计报告等显示全部资产不足以清偿或者无能力还债。在上面的例子中，甲公司仅以公司欠外债较多，尚未提交本公司的审计报告、财产状况等文件，没有对公司所有的债权债务关系梳理清楚，并不能判断是否符合破产清算的条件，因此股东们的主张不能得到支持。

破产清算过程中，员工能否主张优先偿还工资？

A 公司因为出现重大事由，导致资金链断接，迫于压力申请破产。在破产清算过程中，A 公司的员工主张应当首先支付自己的工资，之后再进行偿债行为，该主张是否合理？

我国《企业破产法》第一百一十三条规定："破产财产在优先清偿破产费用和共益债务后，依照下列顺序清偿：（一）破产人所欠职工的工资和医疗、伤残补助、抚恤费用，所欠的应当划入职工个人账户的基本养老保险、基本医疗保险费用，以及法律、行政法规规定应当支付给职工的补偿金；（二）破产人欠缴的除前项规定以外的社会保险费用和破产人所欠税款；（三）普通破产债权。破产财产不足以清偿同一顺序的清偿要求的，按照比例分配。破产企业的董事、监事和高级管理人员的工资按照该企业职工的平均工资计算。"

由此可知，公司破产清算时有严格的清偿顺序，应当首先清偿破产费用和共益债务，其次清偿员工的工资、医疗等费用，再次是除前款外的社会保险费用及税款，最后是普通债权。在上面的例子中，员工主张最先清偿自己的工资没有法律依据，应当首先清偿破产费用和共益债务，之后，员工工资才可以先于其他普通债权等优先受偿。

公司清算是否有时间限制？

《最高人民法院关于适用〈中华人民共和国公司法〉若干问题的规定（二）》第十五条第一款规定："公司自行清算的，清算方案应当报股东会或者股东大会决议确认;人民法院组织清算的,清算方案应当报人民法院确认。未经确认的清算方案,清算组不得执行。"该法第十六条规定:"人民法院组织清算的,清算组应当自成立之日起六个月内清算完毕。因特殊情况无法在六个月内完成清算的,清算组应当向人民法院申请延长。"

由此可知,公司清算包括两种情形,一种是公司自行清算。此种清算法律并未规定清算期限,但是按照通常理解,应当在合理期限内完成清算;另一种是法院组织清算。此种清算有期限限制,为清算组成立之日起6个月内完成清算,特殊情况无法完成清算的,可以申请法院延长。例如,在某公司解散进入清算程序时,由法院组织进行清算,那么此时,自清算组成立之日起6个月内,应当完成清算,如果存在特殊情况,清算组可以向法院申请延长。

债权人能否以股东怠于履行义务损害自身利益为由请求其承担连带责任?

在甲公司清算期间,由于董事张某怠于组织清算,导致涉及公司部分重要流水信息的文件离奇失踪,给债权人杜某的合法权益造成了损失,杜某能否请求其承担连带责任?

《最高人民法院关于适用〈中华人民共和国公司法〉若干问题的规定(二)》第十八条第一款、第二款规定:"有限责任公司的股东、股份有限公司的董事和控股股东未在法定期限内成立清算组开始清算,导致公司财产贬值、流失、毁损或者灭失,债权人主张其在造成损失范围内对公司债务承担赔偿责任的,人民法院应依法予以支持。有限责任公司的股东、股份有限公司的董事和控股股东因怠于履行义务,导致公司主要财产、账册、重要文件等灭失,无法进行清算，债权人主张其对公司债务承担连带清偿责任的，人民法院应依法予以支持。"

由此可见，股东或者董事需要承担怎样的责任，需要分情况讨论：（1）未按时成立清算组，导致相关财产流失等问题出现的，在损失范围内承担相应的责任；（2）清算组已经成立，但是由于董事或股东自身的原因，未能尽职履行义务，导致涉及清算的重要数据灭失，无法清算的，对公司债务承担连带责任。在上面的例子中，由于董事张某，疏于管理，导致部分流水信息丢失，无法进行清算，杜某有权请求张某承担连带责任。

利用虚假清算报告使公司注销的，承担何种责任？

甲公司解散后，依法成立了清算组。但是董事白某为了让公司逃避责任，未经清算，即利用虚假的清算报告骗取办理了注销登记。试问，对于债权人的损失，白某应承担何种责任？

我国《最高人民法院关于适用〈中华人民共和国公司法〉若干问题的规定（二）》第十九条规定："有限责任公司的股东、股份有限公司的董事和控股股东，以及公司的实际控制人在公司解散后，恶意处置公司财产给债权人造成损失，或者未经依法清算，以虚假的清算报告骗取公司登记机关办理法人注销登记，债权人主张其对公司债务承担相应赔偿责任的，人民法院应依法予以支持。"

由此可见，公司解散后，股东、董事等恶意处置财产损害债权人利益；未经清算利用虚假清算报告注销登记的，该股东、董事需要承担相应的赔偿责任。而且，该责任的承担，需要债权人提起诉讼，以诉讼方式解决。在上面的例子中，白某为了使公司逃避责任，在没有清算的情况下，编造清算报告完成了注销登记，对于给公司债权人造成的损失，白某应当承担相应的损害赔偿责任。

💡 清算组成立后，原法定代表人能否继续代表公司参加诉讼？

甲公司经营出现严重困难，无法解决困境，最终选择了解散。在公司的清算过程中，依照规定成立了清算组。试问在之后的诉讼中，原法定代表人能否继续代表公司参加诉讼？

《最高人民法院关于适用〈中华人民共和国公司法〉若干问题的规定（二）》第十条第一款、第二款规定："公司依法清算结束并办理注销登记前，有关公司的民事诉讼，应当以公司的名义进行。公司成立清算组的，由清算组负责人代表公司参加诉讼；尚未成立清算组的，由原法定代表人代表公司参加诉讼。"

由此可见，对于代表公司参与诉讼的人选，以清算组是否成立为节点，清算组成立后，即由清算组负责人代表公司参与民事诉讼；清算组成立前，仍然由原法定代表人代表公司参加诉讼。在上面的例子中，甲公司此时已经成立了清算组，则直接由清算组负责人代表即可，原法定代表人不能继续代表公司参与诉讼。

图书在版编目（CIP）数据

法律问答十卷书. 商业经营卷 / 荣丽双编著. —北京：中国法制出版社，2023.3
ISBN 978-7-5216-2777-0

Ⅰ.①法… Ⅱ.①荣… Ⅲ.①商法-中国-问题解答 Ⅳ.①D920.5

中国版本图书馆 CIP 数据核字（2022）第 122885 号

| 策划编辑：李佳 | 责任编辑：刘冰清 | 封面设计：杨鑫宇 |

法律问答十卷书. 商业经营卷
FALÜ WENDA SHI JUAN SHU. SHANGYEJINGYINGJUAN

编著/荣丽双
经销/新华书店
印刷/三河市紫恒印装有限公司
开本/880 毫米×1230 毫米　32 开　　　　　　　　印张/ 2.5　字数/ 55 千
版次/2023 年 3 月第 1 版　　　　　　　　　　　　2023 年 3 月第 1 次印刷

中国法制出版社出版
书号 ISBN 978-7-5216-2777-0　　　　　　　　　（全十册）总定价：79.80 元

北京市西城区西便门西里甲 16 号西便门办公区
邮政编码：100053　　　　　　　　　　　　　　　传真：010-63141600
网址：http://www.zgfzs.com　　　　　　　　　　编辑部电话：010-63141837
市场营销部电话：010-63141612　　　　　　　　　印务部电话：010-63141606

（如有印装质量问题，请与本社印务部联系。）

法律问答十卷书

人身权益卷

中国法制出版社
CHINA LEGAL PUBLISHING HOUSE

前　言

　　我国法律规定，民事主体的人身权利、财产权利和其他合法权益受法律保护，任何组织或个人不得侵犯。公民的人身权利是人权的基本组成部分，当前，我国人权事业进入了一个新的发展阶段，人权保护得到了更多的重视和关注。大数据显示，近年来，人身损害赔偿案件数量增速较快。一方面，这离不开我国日益完善的法律制度；另一方面，也与我国公民法律素养的不断提高有关。以前，如果我们在公园、在商场、在饭店这些公共场所滑倒摔跤受伤，可能会自认倒霉。现在，越来越多的人学法、懂法，知道公共场所的经营者、管理者有一种"安全保障义务"，保障顾客在他们经营管理的场所内不受伤害，是他们应尽的义务。可以说，越来越多的人正在学会用法律来维护自己的合法权益……

　　上面这个例子，只是人身损害赔偿案件中较为常见的一种，除此之外，我们在职场、在学校、在家庭、在社会生活中，都可能见过或亲历过人身权益受到损害的案例。尽管越来越多的人知道利用法律的武器来保护自己，但是，由于一些纠纷类型多样、案件事实复杂，被侵权人在维护自己的权益时，往往会遭遇困惑：哪些情况属于侵害人身权益？我只是受了一点小伤可不可以起诉？有多个侵权人时我应该找谁承担责任？受伤害后应当如何保存证据？举证责任在我还是在侵权人？

　　法律具有专业性，在许多非专业人士面前，寥寥几十字的法律条文可能和天书一般。但这并不意味着我们可以借此放弃了解相关的专业知识，让专业的人去做专业的事。对我们而言，学习法律，不仅可以学会如何保障自己的人身权益不受损害，还能约束自己，不侵害他人人身权益，成为一个更好的人。

在此，为了帮助大家学习一些保护人身权益方面的法律知识，我们精心编写了《法律问答十卷书．人身权益卷》，希望能给大家带来启迪和帮助。下面，我们一起来了解一下本书。

本书的内容以"提出问题—解决问题"的方式呈现，主要特色可归纳为以下四点：

第一，全面性。虽然本书的总字数不多，但是问题量大，知识点丰富，很多重要的法律知识都囊括其中，具有相当的全面性。

第二，专业性。本书的编写者为专业的法律人士，他们都具有扎实、深厚的法律功底以及法律实践经验，能最大限度地保证本书的严谨性与专业性。

第三，实用性。本书的选题宗旨之一即为"实用"。能给读者带来实惠、帮助读者解答和解决问题，是我们写书的职责所在。

第四，通俗性。法律专业语言晦涩难懂，法律条文内容也大多不易理解。我们在书中注重用通俗易懂的语言解答各种法律问题，有些还辅以例证来解读，以期能够把问题讲清楚、讲透彻、讲明白。

最后，希望本书能给您带来启迪与帮助！书中存在的不足之处，敬请批评指正！

本书编委会
2022 年 8 月

目 录

一、在职场

1	因执行公务给他人造成伤害的，单位是否应承担赔偿责任？
1	劳务派遣期间，被派遣人员给他人造成损害的，谁应承担赔偿责任？
2	免费帮工致人伤害的，赔偿责任应由谁承担？
3	因第三人侵权给帮工人造成损害的，赔偿责任应由谁承担？
3	是否只有企业为员工参保工伤险后才可认定工伤？
4	工作期间，因私事与其他员工发生肢体冲突，是否可以认定为工伤？
5	工人在中午休息时受伤，可以认定为工伤吗？
6	员工加班后回家路上发生交通事故的，能否认定为工伤？
7	擅自离岗到其他岗位工作受伤的，可以认定为工伤吗？
7	上班途中绕道发生交通事故的，能够认定为工伤吗？
8	单位包住但员工执意在外面居住的，上班途中发生车祸，能否认定为工伤？
9	"串岗"受伤的，可以认定为工伤吗？
9	工作期间，员工受到他人故意侵害的，可以认定为工伤吗？
10	试用期内因工受伤的，能否认定为工伤？
11	因工伤致残的，可以要求精神损失费吗？
12	员工在工作时死亡的，员工家属可以要求哪些赔偿？

13	高原病是否可以被认定为工伤?
13	离职后发现患有职业病的,还能否认定为工伤并要求赔偿?
14	企业以体重作为入职的条件之一,是否侵犯应聘者的平等权?

二、在学校

16	学生在课间因发生口角而受伤的,学校要承担责任吗?
17	学生在校期间被校外人员打伤,学校是否需要承担责任?
17	学生在校期间因发生踩踏事件而受伤,学校是否需要承担责任?
18	学生在学校组织的公益活动中受伤的,学校是否需要承担责任?
19	学生擅自离开学校后受到伤害的,学校是否需要承担责任?
20	学生在食堂吃饭时被食堂工作人员烫伤,学校是否需要承担责任?
21	学生乘坐非学校安排的校车发生交通事故的,学校需要承担责任吗?
22	学生因老师的批评而自杀,学校是否需要承担责任?
22	学校老师可以使用"冷暴力"惩罚学生吗?
23	学校公开播放学生谈恋爱的视频是否合法?
24	学校应当如何预防和处理学生间的欺凌行为?
25	当未成年人遭受性侵时,学校应当怎么做?

三、在家庭

27	因车祸死亡,家属能否要求精神损害赔偿?
28	父母能否不经未成年子女的同意查看其聊天记录?
29	初中生打架斗殴,造成伤害的,父母是否需要承担责任?

29	未成年人有财产的，其行为造成损害时，父母是否还用承担责任？
30	为避免女儿嫁到远处，父亲将其锁在家中不让双方见面，合法吗？
31	偷拍对方出轨的照片，是否侵犯对方的隐私权？
32	偶然的一次殴打对方就属于家庭暴力了吗？
33	经常性殴打妻子，但是都没有造成严重后果，妻子应该如何保护自己？
34	人身安全保护令能让别人代替申请吗？
34	申请人身安全保护令有什么条件限制吗？
35	人身安全保护令有时限吗？会不会失效？
36	虐待植物人配偶的，受害人亲属能否提起离婚诉讼？
37	谁可以决定是否捐献器官？自然人死后，其亲属有权捐献其器官吗？

四、在社会

39	在超市买菜时滑倒受伤，可以请求超市承担责任吗？
40	怀疑顾客偷东西，超市有搜身的权利吗？
40	在 KTV 聚会时被人打伤，责任由谁承担？
41	借用别人的汽车撞了人，责任由谁承担？
42	买卖二手车之后还没办理登记便发生了交通事故，责任由谁承担？
43	未经许可进入高度危险区域发生伤亡，区域管理人是否需要承担责任？
44	免费帮人安装空调外机时坠楼摔伤，可以找谁赔偿？
45	民用核设施发生核事故导致他人受伤，受害人应当找谁赔偿？

46	被路边果树上掉落的果实砸伤,可以向谁主张责任?
46	烟花厂爆炸致过路人受伤,受害人找谁赔偿?
47	受害人欲跳入地铁轨道自杀,自杀未果但受重伤,可以要求地铁运营部门赔偿吗?
48	自家狗乱跑咬伤了人,狗主人要赔偿吗?
49	托管的烈性犬咬伤了人,应当由饲养人还是管理人承担责任?
50	桥梁倒塌,由谁承担赔偿责任?
50	被从天而降的衣架砸伤,找不到具体的责任人,怎么办?
51	工地内堆放的砖瓦倒塌伤人,谁承担责任?
52	在路上挖沟渠没采取有效的安全措施,有人因此受伤的,施工人要担责吗?
53	因电器城原因致商品有残缺并造成客户人身伤害的,谁应承担赔偿责任?
54	因医生泄露传染病人的个人信息,致使病人生活受到严重影响的,可以要求医院承担侵权责任吗?
54	正当防卫行为造成的损害超出必要限度的,是否需要承担责任?
55	为使他人的财产免受侵害,而给第三人造成损害的,谁应承担责任?
56	多人施暴致人重伤但无法认定具体侵权人的,谁应承担侵权责任?
57	为防止他人被砸伤而致使自己受伤的,受益人是否应给予一定的补偿?
57	冒用他人的姓名,是否侵犯了其姓名权?
58	当遭遇职场性骚扰时,可以如何维护自己的权利?

59	当人格权因违约行为受到侵害时,可以要求精神损害赔偿吗?

五、在网络

61	在网上"人肉搜索"某人,是否构成侵权?
62	目睹不道德行为,可以拍照并随意上传网站吗?
63	在微博上诋毁他人会触犯法律吗?
63	将他人的不雅照片上传到自己的微博违法吗?
64	是否可以将他人的试装照片用作广告宣传图片?
65	遭遇网络暴力的受害者应当如何维护自己的权益?
66	捏造虚假事实在朋友圈发布并被大量转发,是否构成犯罪?
67	在网络小说中写入改编自他人经历的真实事件,是否侵犯他人名誉权?
68	发现他人在网上诋毁死者人格,死者家人有权进行维权吗?

一、在职场

💡 因执行公务给他人造成伤害的，单位是否应承担赔偿责任？

钱某是某公司的一名业务员，其骑电动车去和客户签约的路上，不慎将一名路人撞伤。请问，某公司对此是否应承担赔偿责任？

我国《民法典》第一千一百九十一条第一款规定："用人单位的工作人员因执行工作任务造成他人损害的，由用人单位承担侵权责任。用人单位承担侵权责任后，可以向有故意或者重大过失的工作人员追偿。"

由此可知，工作人员因执行工作任务而给他人造成损害的，应由用人单位承担侵权责任。所以，上面列举的案例，公司应承担民事赔偿责任。当然，如果钱某在事故中存在故意或者重大过失的话，公司有权对其进行追偿。

💡 劳务派遣期间，被派遣人员给他人造成损害的，谁应承担赔偿责任？

欧某是一名保洁人员，后被派遣到一家酒店从事保洁工作。一日，欧某在进行日常客房打扫时，不慎将顾客臧某的照相机摔坏。请问，谁应承担赔偿责任？

我国《民法典》第一千一百九十一条第二款规定："劳务派遣期间，被派遣的工作人员因执行工作任务造成他人损害的，由接受劳务派遣的用工单位承担侵权责任；劳务派遣单位有过错的，承担相应的责任。"

由此可知，在劳务派遣期间，被派遣人员在履行工作职务时造成他人损害的，应由接受劳务派遣的用工单位承担赔偿责任。如果劳务派遣单位存在过错的，也应承担相应的责任。所以，上面列举的案例，顾客臧某的损失，应由酒店承担赔偿责任；若派遣单位有过错，也应承担相应责任。当然，如果欧某存在故意或者重大过失的话，事后，已经进行赔偿的单位可以向其进行追偿。

免费帮工致人伤害的，赔偿责任应由谁承担？

《最高人民法院关于审理人身损害赔偿案件适用法律若干问题的解释》第四条规定："无偿提供劳务的帮工人，在从事帮工活动中致人损害的，被帮工人应当承担赔偿责任。被帮工人承担赔偿责任后向有故意或者重大过失的帮工人追偿的，人民法院应予支持。被帮工人明确拒绝帮工的，不承担赔偿责任。"

由此可知，帮工人在帮工过程中造成他人损害的，由被帮工人承担赔偿责任；如果损害是帮工人故意或重大过失造成的，被帮工人在承担责任之后，可以进行追偿。但如果被帮工人曾明确拒绝帮工的，则不承担赔偿责任。例如，韩某承包了一大片地，打算种植果树。在栽果树时，好友严某前来帮忙。严某在搬运树苗时，因一时疏忽将同样帮忙的夏某砸伤。那么，对于夏某的损害，应由被帮工人韩某承担赔偿责任，因为韩某并没有明确拒绝严某的帮工行为，同时，损害也不是严某故意或重大过失造成。

因第三人侵权给帮工人造成损害的，赔偿责任应由谁承担？

任某的邻居张某翻盖房屋，请任某帮忙。一日，任某跟随张某去邻村购买沙土时，被方某驾驶的三轮车撞伤。请问，对于任某的损伤，谁应承担赔偿责任？

我国《民法典》第一千一百七十五条规定："损害是因第三人造成的，第三人应当承担侵权责任。"同时，《最高人民法院关于审理人身损害赔偿案件适用法律若干问题的解释》第五条第二款规定："帮工人在帮工活动中因第三人的行为遭受人身损害的，有权请求第三人承担赔偿责任，也有权请求被帮工人予以适当补偿。被帮工人补偿后，可以向第三人追偿。"

由此可知，帮工人受到第三人侵害造成损害的，应由第三人承担赔偿责任。但若第三人无法确定或没有赔偿能力，那么可由被帮工人予以适当补偿。所以，上面列举的案例，对于任某的损伤，应由方某承担赔偿责任；若方某无力赔偿，那么可由张某给予适当补偿。

是否只有企业为员工参保工伤险后才可认定工伤？

我国《工伤保险条例》第二条规定："中华人民共和国境内的企业、事业单位、社会团体、民办非企业单位、基金会、律师事务所、会计师事务所等组织和有雇工的个体工商户（以下称用人单位）应当依照本条例规定参加工伤保险，为本单位全部职工或者雇工（以下称职工）缴纳工伤保险费。中华人民共和国境内的企业、事业单位、社会团体、民办非企业单位、基金会、律师事务所、会计师事务所等组织的职工和个体工商户的雇工，均有依照本条例的规定享受工伤保险待遇的权利。"

由此可知，为职工缴纳工伤保险费，是用人单位应尽的法定义务；同时，用人单位的职工有权享受工伤保险待遇。也就是说，职工是否能享受工伤保险待遇，与用人单位是否为其缴纳工伤保险无关。只是，若用人单位不为员工缴纳工伤保险，那么员工所享受的工伤保险待遇由用人单位承担。例如，某化纤厂未按规定给职工缴纳工伤保险。一日，职工小宋在送货途中被一辆卡车撞成重伤，经认定卡车全责。那么，仍可认定小宋为工伤，享受工伤保险待遇，只是因化纤厂未给其缴纳工伤保险，所以一切费用均由化纤厂自行承担。

工作期间，因私事与其他员工发生肢体冲突，是否可以认定为工伤？

李某与胡某平日里关系就很差，李某总是在工作中难为胡某。一日，在车间工作时，李某又故意找茬难为胡某，并恶语相向。胡某一气之下，与李某撕打了起来，李某被打成重伤。请问，可以认定李某的伤为工伤吗？

我国《工伤保险条例》第十四条规定："职工有下列情形之一的，应当认定为工伤：（一）在工作时间和工作场所内，因工作原因受到事故伤害的；（二）工作时间前后在工作场所内，从事与工作有关的预备性或者收尾性工作受到事故伤害的；（三）在工作时间和工作场所内，因履行工作职责受到暴力等意外伤害的；（四）患职业病的；（五）因工外出期间，由于工作原因受到伤害或者发生事故下落不明的；（六）在上下班途中，受到非本人主要责任的交通事故或者城市轨道交通、客运轮渡、火车事故伤害的；（七）法律、行政法规规定应当认定为工伤的其他情形。"同时，本法第十六条规定:"职工符合本条例第十四条、第十五条的规定,但是有下列情形之一的,不得认定为工伤或者视同工伤:(一)故意犯罪的;(二)醉酒或者吸毒的;(三)自残或者自杀的。"

由此可知,如果存在上述七种情形之一,就可以认定为工伤;但若存在故意犯罪、醉酒或吸毒、自残或自杀三种情形之一的,则不能认定为工伤或视同工伤。也就是说,在工作时间和工作场所内,只有因履行职责或因工作原因受到伤害,才能认定为工伤,否则不能认定为工伤或视同工伤。所以,上面列举的案例,李某的伤不能被认定为工伤。

工人在中午休息时受伤,可以认定为工伤吗?

我国《工伤保险条例》第十四条规定:"职工有下列情形之一的,应当认定为工伤:(一)在工作时间和工作场所内,因工作原因受到事故伤害的;(二)工作时间前后在工作场所内,从事与工作有关的预备性或者收尾性工作受到事故伤害的;(三)在工作时间和工作场所内,因履行工作职责受到暴力等意外伤害的;(四)患职业病的;(五)因工外出期间,由于工作原因受到伤害或者发生事故下落不明的;(六)在上下班途中,受到非本人主要责任的交通事故或者城市轨道交通、客运轮渡、火车事故伤害的;(七)法律、行政法规规定应当认定为工伤的其他情形。"同时,本法第十六条规定:"职工符合本条例第十四条、第十五条的规定,但是有下列情形之一的,不得认定为工伤或者视同工伤:(一)故意犯罪的;(二)醉酒或者吸毒的;(三)自残或者自杀的。"

由此可知,只要存在上述七种情形之一的,就可被认定为工伤;并且,如果员工存在故意犯罪、醉酒或吸毒、自残或自伤情形的，则不能认定为工伤或视同工伤。若员工在中午休息时间内受到伤害，虽说没有在工作，但也是为了下午能够更好地工作而做准备，按照上述第二种情形，理应计算在"工作时间"内，只要其不具有不能认定为工伤的情形，就应认定为工伤。例如，商场销售员齐某上午上完班后，在休息间午休时，不慎被仓库里的货物砸伤，那么，齐某受到的伤害应认定为工伤。

💡 员工加班后回家路上发生交通事故的，能否认定为工伤？

小杨是某网络科技公司的员工。一天，小杨加完班后回家，路上被一辆汽车撞成重伤，经鉴定，汽车司机负全责。请问，小杨被车撞成重伤，能被认定为工伤吗？

我国《工伤保险条例》第十四条规定："职工有下列情形之一的，应当认定为工伤：……（六）在上下班途中，受到非本人主要责任的交通事故或者城市轨道交通、客运轮渡、火车事故伤害的；……"同时，劳动[①]和社会保障部《关于实施〈工伤保险条例〉若干问题的意见》第二条规定："条例第十四条规定'上下班途中，受到机动车事故伤害的，应当认定为工伤'。这里'上下班途中'既包括职工正常工作的上下班途中，也包括职工加班加点的上下班途中。'受到机动车事故伤害的'既可以是职工驾驶或乘坐的机动车发生事故造成的，也可以是职工因其他机动车事故造成的。"

由此可知，在上下班途中，受到非本人主要责任的交通事故，可以认定为工伤。而所谓的"上下班途中"，不仅包括员工正常工作的上下班途中，也包括员工加班加点的上下班途中。所以，上面

---

① 劳动部已经撤销，但此法律条文现在仍然有效。

列举的案例，小杨被车撞成重伤，能够被认定为工伤。

擅自离岗到其他岗位工作受伤的，可以认定为工伤吗？

一日，小宋遇到了一个棘手的问题，车间里谁也不能解决。于是，小宋请在另一车间工作的师傅老方帮助，老方在未经领导批准的情况下，擅自离岗帮小宋解决问题。在解决问题过程中，不慎被机器夹住手臂而受伤。请问，老方可以申请工伤认定吗？

我国《工伤保险条例》第一条规定："为了保障因工作遭受事故伤害或者患职业病的职工获得医疗救治和经济补偿，促进工伤预防和职业康复，分散用人单位的工伤风险，制定本条例。"

由此可知，我们在认定是否构成工伤时应有一个倾向性，即在不违背法律的强制性规定的情况下，对有关问题作出法律上的解释时，应当以保障劳动者的合法权益为前提。虽然员工擅自离岗到其他岗位工作，不符合企业制度规定，但其行为也是在为企业牟利，因此，员工在此情形下受伤，应认定为工伤。所以，上面列举的案例，老方可以申请工伤认定。

上班途中绕道发生交通事故的，能够认定为工伤吗？

我国《工伤保险条例》第十四条规定："职工有下列情形之一的，应当认定为工伤：……（六）在上下班途中，受到非本人主要责任的交通事故或者城市轨道交通、客运轮渡、火车事故伤害的；……"同时，《人力资源社会保障部关于执行〈工伤保险条例〉若干问题的意见（二）》第六条规定："职工以上下班为目的、在合理时间内往返于工作单位和居住地之间的合理路线，视为上下班途中。"

由此可知，员工在上下班途中，受到非本人主要责任的交通事故，应认定为工伤。而所谓的"上下班途中"，并非只有必经路线，只要是以上下班为目的、在合理时间内往返于单位和居住地之间的合理路线，均可视为"上下班途中"。例如，因上下班必经路线施工，吴某只能绕道而行。一日，吴某在绕道上班途中，与一辆卡车相撞，腿部受伤严重，经鉴定，卡车负主要责任。那么，根据法律规定，吴某可以申请认定工伤。

单位包住但员工执意在外面居住的，上班途中发生车祸，能否认定为工伤？

小赵所在公司明确要求单身员工在公司宿舍居住。但小赵因宿舍太乱坚持在外居住。一日，小赵在下班途中被一辆逆行的电动三轮车撞成重伤。请问，小赵能申请认定工伤吗？

我国《工伤保险条例》第十四条规定："职工有下列情形之一的，应当认定为工伤：（一）在工作时间和工作场所内，因工作原因受到事故伤害的；（二）工作时间前后在工作场所内，从事与工作有关的预备性或者收尾性工作受到事故伤害的；（三）在工作时间和工作场所内，因履行工作职责受到暴力等意外伤害的；（四）患职业病的；（五）因工外出期间，由于工作原因受到伤害或者发生事故下落不明的；（六）在上下班途中，受到非本人主要责任的交通事故或者城市轨道交通、客运轮渡、火车事故伤害的；（七）法律、行政法规规定应当认定为工伤的其他情形。"

由此可知，员工有上述七种情形之一的，均可被认定为工伤。并且，员工有权选择自己的居住场所，公司不能以方便管理等为由，干涉员工选择居住地。所以，上面列举的案例，小赵有权申请工伤认定。

💡 "串岗"受伤的，可以认定为工伤吗？

韩某和洪某一起进入公司，关系十分好。一日，韩某本应去车间维修机器，但因临时有事，便让洪某帮自己去修一下。于是，洪某擅自离岗前往车间修理机器，结果在修理过程中不慎被机器切掉右手两个手指。请问，洪某能否申请工伤？

我国《工伤保险条例》第十六条规定："职工符合本条例第十四条、第十五条的规定，但是有下列情形之一的，不得认定为工伤或者视同工伤：（一）故意犯罪的；（二）醉酒或者吸毒的；（三）自残或者自杀的。"

由此可知，根据法律规定，只要员工不存在故意犯罪、醉酒或吸毒、自残或自杀的情形。那么，当员工在工作时间和工作场所内，因从事与工作有关的事务而受伤的，应当被认定为工伤。即使公司制度明确规定员工不得从事非本职工作，但实际上员工从事非本职工作也是在为公司增加经济效益，符合公司的根本利益。所以，上面列举的案例，洪某有权申请工伤认定。

💡 工作期间，员工受到他人故意侵害的，可以认定为工伤吗？

我国《工伤保险条例》第十四条规定："职工有下列情形之一的，应当认定为工伤：

（一）在工作时间和工作场所内，因工作原因受到事故伤害的；

（二）工作时间前后在工作场所内，从事与工作有关的预备性或者收尾性工作受到事故伤害的；

（三）在工作时间和工作场所内，因履行工作职责受到暴力等意外伤害的；

（四）患职业病的；

（五）因工外出期间，由于工作原因受到伤害或者发生事故下落不明的；

（六）在上下班途中，受到非本人主要责任的交通事故或者城市轨道交通、客运轮渡、火车事故伤害的；

（七）法律、行政法规规定应当认定为工伤的其他情形。"

由此可知，在工作期间，员工在工作场所内因履行工作职责而受到侵害的，应被认定为工伤。这里所说的"侵害"，必须是因从事工作而引发的，即使是来自他人的伤害，但因履行工作职责，也应是这里所说的侵害。但如果是因私人原因而导致的，即使是在工作期间和工作场所内，也不能被认定为工伤。例如，餐馆服务员小周，在为客人提供服务时，因客人不满意其服务，对其大打出手，导致小周受伤严重。那么，根据法律规定，小周应被认定为工伤。

试用期内因工受伤的，能否认定为工伤？

试用期最后一个月，广告设计公司的小黄在给客户送广告设计的途中被货车撞伤。请问，小黄可以申请工伤认定吗？

我国《劳动合同法》第十九条第四款规定："试用期包含在劳动合同期限内。劳动合同仅约定试用期的，试用期不成立，该期限为劳动合同期限。"同时，《工伤保险条例》第二条规定："中华人民共和国境内的企业、事业单位、社会团体、民办非企业单位、基金会、律师事务所、会计师事务所等组织和有雇工的个体工商户（以下称用人单位）应当依照本条例规定参加工伤保险，为本单位全部职工或者雇工（以下称职工）缴纳工伤保险费。中华人民共和国境内的企业、事业单位、社会团体、民办非企业单位、基金会、律师事务所、会计师事务所等组织的职工和个体工商户的雇工，均有依照本条例的规定享受工伤保险待遇的权利。"

由此可知，试用期包含在劳动合同期限内。同时法律明确规定，用人单位有义务为所有职工缴纳工伤保险。换言之，不管是正式职工还是试用期的职工，用人单位均应为其缴纳工伤保险，所有职工均应享受相同的工伤待遇。所以，上面列举的案例，小黄可以申请工伤认定。

因工伤致残的，可以要求精神损失费吗？

我国《民法典》第一千一百八十三条规定："侵害自然人人身权益造成严重精神损害的，被侵权人有权请求精神损害赔偿。因故意或者重大过失侵害自然人具有人身意义的特定物造成严重精神损害的，被侵权人有权请求精神损害赔偿。"

同时，《最高人民法院关于确定民事侵权精神损害赔偿责任若干问题的解释》第一条规定："因人身权益或者具有人身意义的特定物受到侵害，自然人或者其近亲属向人民法院提起诉讼请求精神损害赔偿的，人民法院应当依法予以受理。"

由此可知，公民的生命权、健康权、人身权受到非法侵害后，可向法院起诉请求赔偿精神损害。但员工因工致残的，不能在工伤保险范畴内要求精神损害赔偿，因为精神损害赔偿属于民事侵权范畴内的赔偿内容。工伤保险制度本身属于一种最基本的灾害救济制度，其只能保障员工及其家属最基本的生存权，其赔偿数额往往不足以弥补受伤员工的财产损失。所以，员工因工致残，不能在工伤保险范畴内要求精神损害赔偿，但可依据自身健康权、身体权受到非法侵害，向法院起诉请求精神损害赔偿。例如，在工作期间，马某的手臂和腿部不慎被铁水烫伤，经鉴定已经构成八级伤残。那么，马某可享受工伤保险待遇，但不能在工伤保险范畴内要求精神损害赔偿。

💡 员工在工作时死亡的，员工家属可以要求哪些赔偿？

郝某是一家搬运公司的搬运工员。一日，郝某在为客户搬运家具的路上，不慎被一辆急速逆行的轿车撞死。请问，郝某家属可获得哪些赔偿？

我国《工伤保险条例》第三十九条规定："职工因工死亡，其近亲属按照下列规定从工伤保险基金领取丧葬补助金、供养亲属抚恤金和一次性工亡补助金：（一）丧葬补助金为6个月的统筹地区上年度职工月平均工资；（二）供养亲属抚恤金按照职工本人工资的一定比例发给由因工死亡职工生前提供主要生活来源、无劳动能力的亲属。标准为：配偶每月40%，其他亲属每人每月30%，孤寡老人或者孤儿每人每月在上述标准的基础上增加10%。核定的各供养亲属的抚恤金之和不应高于因工死亡职工生前的工资。供养亲属的具体范围由国务院社会保险行政部门规定；（三）一次性工亡补助金标准为上一年度全国城镇居民人均可支配收入的20倍。伤残职工在停工留薪期内因工伤导致死亡的，其近亲属享受本条第一款规定的待遇。一级至四级伤残职工在停工留薪期满后死亡的，其近亲属可以享受本条第一款第（一）项、第（二）项规定的待遇。"

由此可知，员工因工死亡的，其家属可从工伤保险基金中领取丧葬补助金、供养亲属抚恤金和一次性工亡补助金。若伤残职工在停工留薪期内因工伤死亡的，其家属也可享受上述待遇；若一级至四级伤残员工在停工留薪期满后死亡的,其家属仅可领取丧葬补助金和供养亲属抚恤金。所以,上面列举的案例,郝某家属可从工伤保险基金中获得上述三项赔偿。

高原病是否可以被认定为工伤?

久居平原的蒋某因工作需要,被派往西藏的分公司工作三个月。结果,蒋某刚入藏就出现了高原反应,后被确诊为高原病。请问,蒋某可以被认定为工伤吗?

我国《工伤保险条例》第十四条规定:"职工有下列情形之一的,应当认定为工伤:……(四)患职业病的;……"同时,《职业病防治法》第二条第二款规定:"本法所称职业病,是指企业、事业单位和个体经济组织等用人单位的劳动者在职业活动中,因接触粉尘、放射性物质和其他有毒、有害因素而引起的疾病。"此外,《职业病分类和目录》第(六)项规定:"物理因素所致职业病:……3.高原病;……"

由此可知,员工患有职业病的,应认定为工伤。而所谓的职业病,是员工在参加职业活动时,因接触粉尘、放射性物质等有毒有害物质而引起的疾病。其中,因物理因素所致职业病中就包括高原病。当然,是否符合职业病条件,还需要经过有关部门的诊断。所以,上面列举的案例,若蒋某的高原病达到职业病要求,则可认定为工伤。

离职后发现患有职业病的,还能否认定为工伤并要求赔偿?

《人力资源和社会保障部关于执行〈工伤保险条例〉若干问题的意见》第八条第一款规定:"曾经从事接触职业病危害作业、当时没有发现罹患职业病、离开工作岗位后被诊断或鉴定为职业病的符合下列条件的人员,可以自诊断、鉴定为职业病之日起一年内申请工伤认定,社会保险行政部门应当受理:(一)办理退休手续后,未再从事接触职业病危害作业的退休人员;(二)劳动或聘用合同期满后或者本人提出而解除劳动或聘用合同后,未再从事接触职业病危害作业的人员。"

由此可知,具有上述两种情形的,职工即使发现患职业病是在离开原用人单位后被诊断或被鉴定,那么同样可以自诊断、鉴定为职业病之日起一年内申请公示认定。也就是说,虽然离职,但具有上述情形的,同样可认定为工伤。例如,老田在当地玻璃丝厂工作了二十五年,离职半年后,老田因呼吸不畅去医院检查,被诊断为职业病——矽肺。那么,老田在被诊断为职业病之日起一年内,可申请工伤认定。

企业以体重作为入职的条件之一,是否侵犯应聘者的平等权?

160斤的女孩小武大学毕业后,向自己心仪的公司投送了一份简历,很快便收到了面试邀请。但在面试时,公司却以女生体重不超过120斤作为入职的条件之一,小武因体重超标被直接淘汰。请问,该公司是否侵犯了小武的平等权?

我国《宪法》第三十三条规定:"凡具有中华人民共和国国籍的人都是中华人民共和国公民。中华人民共和国公民在法律面前一律平等。国家尊重和保障人权。任何公民享有宪法和法律规定的权利,同时必须履行宪法和法律规定的义务。"

由此可知,法律面前人人平等。在进行招聘时,当招聘岗位并没有对应聘者的体重有所要求时,企业不能将体重作为聘用的条件之一,否则就构成了对肥胖应聘者的歧视和不公平,从而侵犯了他们的平等权。所以,上面列举的案例,公司明显侵犯了小武的平等权。

二、在学校

💡 学生在课间因发生口角而受伤的，学校要承担责任吗？

小亮与小米是某校初中生，两人在课间开玩笑，无意间小米恼羞成怒，将小亮推倒在地，导致小亮的头部受伤。学校发现后，马上进行制止。经过诊断，小亮有轻微脑震荡，并为此花费了近3000元的医药费。在小亮痊愈后，小亮的父母要求学校承担损害赔偿责任。请问，学校是否需要承担责任？

我国《民法典》第一千二百条规定："限制民事行为能力人在学校或者其他教育机构学习、生活期间受到人身损害，学校或者其他教育机构未尽到教育、管理职责的，应当承担侵权责任。"

由此可见，限制民事行为能力人在学校受到人身损害的，学校承担责任的前提条件是没有尽到应尽的教育、管理职责。如果学校对学生尽到了应有的教育、管理职责，则无须承担责任。法律之所以规定学校有条件地承担责任，是因为限制民事行为能力人无法全面认知一些事情，在某种情况下可能会比较冲动，对此，就需要学校尽到自己的义务。而如果学校对学生尽到了应尽的教育管理义务，再要求学校承担责任，对学校而言，则是不公平的。在上面的案例中，小亮与小米因口角发生争吵，小米将小亮推倒，学校在发现后，马上对二人的行为进行了制止，因此，学校尽到了教育、管理的义务，在此种情况下，学校无须承担责任。

💡 学生在校期间被校外人员打伤，学校是否需要承担责任？

小强和小中是中学生，两人是同桌，在一次数学小测验时，小中要求抄小强的答案，小强予以拒绝。对此，小中怀恨在心。一天，小强在中午下课后准备到宿舍（位于校内）休息时，小中带着几个社会上的人员将小强打伤。请问，小强在校期间被校外人员打伤，学校是否需要承担责任？

我国《民法典》第一千二百零一条规定："无民事行为能力人或者限制民事行为能力人在幼儿园、学校或者其他教育机构学习、生活期间，受到幼儿园、学校或者其他教育机构以外的第三人人身损害的，由第三人承担侵权责任；幼儿园、学校或者其他教育机构未尽到管理职责的，承担相应的补充责任。幼儿园、学校或者其他教育机构承担补充责任后，可以向第三人追偿。"

由此可知，学生在校学习期间被校外人员打伤的，由侵权人承担侵权责任。但是，如果学校没有尽到管理职责，导致校外人员进入的，则学校需要承担补充责任。在上面的案例中，小强在中午放学期间被校外人员打伤，这是学校管理不严所导致的，因此，对于小强被校外人员打伤，学校是存在一定的管理过失的。所以，在此种情况下，小强所受到的人身损害，原则上应由打伤小强的校外人员承担，但是，学校也要承担一定的补充责任。

💡 学生在校期间因发生踩踏事件而受伤，学校是否需要承担责任？

小韩是某小学三年级学生，在学校组织的元旦联欢会散场时，由于学校未组织学生按照秩序离场，导致发生踩踏事故。小韩等几名学生在此次踩踏事件中受伤。之后，小韩的家长找到学校，要求学校承担责任。请问，学校是否需要为此承担责任？

学生在校期间因发生踩踏事件而受伤的，学校应当承担责任。对此，我国《义务教育法》第二十四条第一款明确规定："学校应当建立、健全安全制度和应急机制，对学生进行安全教育，加强管理，及时消除隐患，预防发生事故。"《未成年人保护法》第三十五条第三款也规定："学校、幼儿园安排未成年人参加文化娱乐、社会实践等集体活动，应当保护未成年人的身心健康，防止发生人身伤害事故。"同时，《民法典》第一千二百条规定："限制民事行为能力人在学校或者其他教育机构学习、生活期间受到人身损害，学校或者其他教育机构未尽到教育、管理职责的，应当承担侵权责任。"

据此可知，学校在安排未成年人参加集体活动时，有义务做好相应的安全措施，保障学生的人身安全，以防止人身安全事故发生。否则，需要承担相应的责任。在上面的案例中，小韩在学校组织的元旦联欢会中，由于学校未指挥学生有序离场，导致发生踩踏事故，对此，学校应承担责任。

学生在学校组织的公益活动中受伤的，学校是否需要承担责任？

小于是某校一名中学生，在"五一"劳动节期间，学校组织学生到某社区帮助孤寡老人打扫卫生。不料，小于在帮助老人擦家具时，不慎从梯子上摔了下来，导致其左腿骨折。为此，小于住院一个月，花了近1万元医疗费。小于的父母要求学校承担责任，请问学校是否需要承担责任？

我国《未成年人保护法》第三十五条第三款规定："学校、幼儿园安排未成年人参加文化娱乐、社会实践等集体活动，应当保护未成年人的身心健康，防止发生人身伤害事故。"《学生伤害事故处理办法》第九条也规定："因下列情形之一造成的学生伤害事故，学校应当依法承担相应的责任：……（四）学校组织学生参加教育教学活动或者校外活动，未对学生进行相应的安全教育，并未在可预见的范围内采取必要的安全措施的；……"

据此可知，学生因在学校组织的集体活动中受伤的，学校需要承担责任。学校在组织学生参加集体活动时，需要保障学生的人身安全，采取相应的安全措施，避免危害学生人身安全的事故发生。在上面的案例中，小于在学校组织的集体活动中受伤，学校应当承担责任。

💡 学生擅自离开学校后受到伤害的，学校是否需要承担责任？

小冯是某寄宿制学校初中三年级的学生，在一次月考之后，由于考试成绩非常不理想，小冯便在晚上翻墙离开了学校。学校发现小冯擅自离开后，马上通知了他的父母。小冯在离开学校后，自己因在买东西时与他人发生口角，被别人打伤。请问，学校是否需要承担责任？

《学生伤害事故处理办法》第九条规定："因下列情形之一造成的学生伤害事故，学校应当依法承担相应的责任：……（十一）对未成年学生擅自离校等与学生人身安全直接相关的信息，学校发现或者知道，但未及时告知未成年学生的监护人，导致未成年学生因脱离监护人的保护而发生伤害的；……"第十三条规定："下列情形下发生的造成学生人身损害后果的事故,学校行为并无不当的,不承担事故责任;事故责任应当按有关法律法规或者其他有关规定认定:……(二)在学生自行外出或者擅自离校期间发生的;……"

据此可知,学生在校学习期间因擅自离校而受伤的,学校是否需要承担责任,要看学校是否履行了教育管理义务。如果学校履行了教育管理义务,那么学校不需要承担责任。在上面的案例中,小冯擅自离开学校,学校在发现后,及时通知了他的家长,尽到了应尽的义务。因此,小冯在离开学校后因与他人发生口角而受伤的,学校无须再为此承担责任。

学生在食堂吃饭时被食堂工作人员烫伤,学校是否要承担责任?

小纯是某小学一年级的学生,一天,小纯在学校食堂吃饭时,因其与其他同学打闹,导致他碰到了端着热水走来的食堂工作人员而被烫伤。小纯的父母要求学校承担损害赔偿责任。学校认为这是小纯自己导致的,拒绝承担责任。请问,学校是否需要承担责任?

我国《民法典》第一千二百零一条规定:"无民事行为能力人或者限制民事行为能力人在幼儿园、学校或者其他教育机构学习、生活期间,受到幼儿园、学校或者其他教育机构以外的第三人人身损害的,由第三人承担侵权责任;幼儿园、学校或者其他教育机构未尽到管理职责的,承担相应的补充责任。幼儿园、学校或者其他教育机构承担补充责任后,可以向第三人追偿。"

由此可知,无民事行为能力的学生在学校食堂吃饭被烫伤时,如果学校没有尽到教育、管理职责,就需要承担责任。在上面的案例中,虽然是因小纯与同学打闹,没有注意而撞到食堂工作人员,才导致其被烫伤的。但是，食堂工作人员明知在学生下课期间孩子比较多，仍然端着热水在人群中穿行，未尽到应有的注意义务。因此，学校存在着一定的过错，并未完全尽到应尽的管理职责。所以，小纯的父母可以要求学校承担一定的赔偿责任，学校不能拒绝。

学生乘坐非学校安排的校车发生交通事故的，学校需要承担责任吗？

小旺是某小学的学生，因其离学校比较远，父母也没有时间接送，他便经常乘坐由某客运公司开通的一条专门接送学生的专线上学。一次，由于司机超速行驶，导致发生交通事故。小旺在此次事故中受伤。请问，对此，学校是否需要承担责任？

《校车安全管理条例》第九条规定："学校可以配备校车。依法设立的道路旅客运输经营企业、城市公共交通企业，以及根据县级以上地方人民政府规定设立的校车运营单位，可以提供校车服务。……"同时，第五十九条："发生校车安全事故，造成人身伤亡或者财产损失的，依法承担赔偿责任。"可见，只有在学校安排的校车发生交通事故时，学校才需要承担赔偿责任。上面的案例中，小旺所乘坐的校车并不是学校配备的，而是由某客运公司开通的，因此，学校便无须承担责任。根据我国《民法典》第一千二百零八条的规定："机动车发生交通事故造成损害的，依照道路交通安全法律和本法的有关规定承担赔偿责任。"在本案中，由于司机违规行驶发生交通事故，因此，小旺的父母可以找开通此条专线的客运公司承担损害赔偿责任。

学生因老师的批评而自杀，学校是否需要承担责任？

小红是某初中二年级的学生，原来小红的学习成绩一直非常好。后来，由于早恋，成绩一落千丈。在一次考试结束后，因为小红的成绩又下降了，老师当着全班同学批评了小红，称小红不懂得自重。小红因无法忍受而跳楼自杀。请问，学校是否需要承担责任？

我国《未成年人保护法》第二十七条规定："学校、幼儿园的教职员工应当尊重未成年人人格尊严，不得对未成年人实施体罚、变相体罚或者其他侮辱人格尊严的行为。"由此可知，老师不能对未成年人实施侮辱人格尊严的行为。在上面的案例中，小红的老师在全班同学面前批评小红，这种行为是错误的。

对于小红的自杀，我国《民法典》第一千二百条规定："限制民事行为能力人在学校或者其他教育机构学习、生活期间受到人身损害，学校或者其他教育机构未尽到教育、管理职责的，应当承担侵权责任。"据此可知，由于老师的批评导致小红自杀，学校是需要承担相应的赔偿责任的。同时，《教师资格条例》第十九条第一款第（二）项中也规定了，教师品行不良、侮辱学生，影响恶劣的，由县级以上人民政府教育行政部门撤销其教师资格。教师如果因为侮辱或者惩罚学生不当，也会受到相应的处罚。

学校老师可以使用"冷暴力"惩罚学生吗？

小弗是某小学三年级的学生，其平时学习非常差。为此，小弗的老师不是很喜欢他，经常在同学们面前对小弗冷嘲热讽。一次，小弗的数学测验只得了20分，老师便在全班同学面前展示小弗的卷子，并嘲讽他的脑子里只有水。请问，学校老师的这种做法是否合法？

所谓的校园"冷暴力"，是指老师通过对学生采用语言上的嘲讽、忽视、冷漠等行为，导致学生的心理和精神上受到伤害的行为。我国《未成年人保护法》第二十九条规定："学校应当关心、爱护未成年学生，不得因家庭、身体、心理、学习能力等情况歧视学生。对家庭困难、身心有障碍的学生，应当提供关爱；对行为异常、学习有困难的学生，应当耐心帮助。学校应当配合政府有关部门建立留守未成年学生、困境未成年学生的信息档案，开展关爱帮扶工作。"第三十九条第一款规定："学校应当建立学生欺凌防控工作制度，对教职员工、学生等开展防治学生欺凌的教育和培训。"

据此可知，学校老师不能对学生实施"冷暴力"，不得歧视学习差的学生。在上面的案例中，老师因小弗的成绩差，平时对小弗进行语言上的嘲讽，这是实施"冷暴力"的表现，这种行为是违法的。其应当对小弗耐心教育、帮助，而不是对其进行冷嘲热讽，更不能把小弗的卷子在同学们面前展示，这对小弗的心理造成了伤害。

学校公开播放学生谈恋爱的视频是否合法？

小云是某初中三年级的学生，其与班上的一个同学谈恋爱。两人在被学校发现后，该学校将两人谈恋爱的视频在学校的大会上公开播放，以示惩戒。对此，小云觉得自己受到了羞辱。请问，学校是否可以公开播放学生谈恋爱的视频？

学校将学生谈恋爱的视频公开播放的行为是不合法的。我国

《未成年人保护法》第四条规定:"保护未成年人,应当坚持最有利于未成年人的原则。处理涉及未成年人事项,应当符合下列要求:(一)给予未成年人特殊、优先保护;(二)尊重未成年人人格尊严;(三)保护未成年人隐私权和个人信息;(四)适应未成年人身心健康发展的规律和特点;(五)听取未成年人的意见;(六)保护与教育相结合。"

据此可知,未成年人的隐私权受到法律保护,任何人不能随意非法干涉未成年人的隐私,学校更不能将未成年人的隐私公之于众。在上面的案例中,学校将小云与同学谈恋爱的视频公开播放的行为侵犯了他们的隐私权,这种行为是不合法的。在未成人有早恋行为时,学校应当采取适当的方法对他们进行教育。而不是采用公开视频的方法,这会给未成年人的心理造成严重影响。

学校应当如何预防和处理学生间的欺凌行为?

我国《未成年人保护法》第三十九条规定:"学校应当建立学生欺凌防控工作制度,对教职员工、学生等开展防治学生欺凌的教育和培训。学校对学生欺凌行为应当立即制止,通知实施欺凌和被欺凌未成年学生的父母或者其他监护人参与欺凌行为的认定和处理;对相关未成年学生及时给予心理辅导、教育和引导;对相关未成年学生的父母或者其他监护人给予必要的家庭教育指导。对实施欺凌的未成年学生,学校应当根据欺凌行为的性质和程度,依法加强管教。对严重的欺凌行为,学校不得隐瞒,应当及时向公安机关、教育行政部门报告,并配合相关部门依法处理。"

从这条规定中可以看出,在面对欺凌现象时,学校可以从三个阶段对欺凌行为进行干预:首先,在欺凌行为发生前,学校应当积极展开教育活动，避免欺凌行为的发生；其次，在欺凌行为发生时，学校必须及时制止，并对实施欺凌行为的学生以及被欺凌的学生进行心理方面的辅导，要求学生的家庭与学校相配合，对欺凌行为进行教育；最后，在欺凌行为发生后，学校应当加强对实施欺凌学生的管教，配合有关部门的处理，避免欺凌行为再次发生。

当未成年人遭受性侵时，学校应当怎么做？

小雨是一名13岁的初中生，某天的上学路上，小雨遭到了陌生男性的猥亵。事情发生后，小雨的心灵受到很大创伤。老师发现小雨的异常，经过询问后，得知了小雨被猥亵的事实。那么，此时的老师和学校应当怎么做呢？

未成年人是祖国的花朵，是祖国未来的希望。由于未成年人还不具备完善的自我保护能力，更需要法律对未成年人作出全面而特殊的保护。我国《未成年人保护法》第四十条规定："学校、幼儿园应当建立预防性侵害、性骚扰未成年人工作制度。对性侵害、性骚扰未成年人等违法犯罪行为，学校、幼儿园不得隐瞒，应当及时向公安机关、教育行政部门报告，并配合相关部门依法处理。学校、幼儿园应当对未成年人开展适合其年龄的性教育，提高未成年人防范性侵害、性骚扰的自我保护意识和能力。对遭受性侵害、性骚扰的未成年人，学校、幼儿园应当及时采取相关的保护措施。"

根据这条规定可以看出，对于未成年人遭受性侵的现象，学校主要有事前预防和事后保护两个方面的义务。在学生未遭受性侵时，学校和教师应当加强对学生的性教育，使学生提高自我保护意识。性侵发生后，学校应当从最大程度保护未成年学生、避免对学生造成二次伤害的角度出发，安抚学生的情绪，并配合公安机关将性侵未成年人的不法分子绳之以法。

三、在家庭

因车祸死亡，家属能否要求精神损害赔偿？

张某在下班途中，被逆行的李某驾车撞伤，由于伤情比较严重，经抢救无效死亡。试问，张某的家属能否向李某要求精神损害赔偿？

我国《民法典》第一千一百八十三条规定："侵害自然人人身权益造成严重精神损害的，被侵权人有权请求精神损害赔偿。因故意或者重大过失侵害自然人具有人身意义的特定物造成严重精神损害的，被侵权人有权请求精神损害赔偿。"《最高人民法院关于确定民事侵权精神损害赔偿责任若干问题的解释》第一条规定："因人身权益或者具有人身意义的特定物受到侵害，自然人或者其近亲属向人民法院提起诉讼请求精神损害赔偿的，人民法院应当依法予以受理。"由此可见，请求精神损害赔偿应当具备以下条件：（1）人身权益或具有人身意义的特定物遭受损害，其中人身权益包括生命权、健康权和身体权等；（2）需要造成严重的精神损害；（3）请求的主体既可以是被侵权人自己，也可以是其父母子女等近亲属。在上面的例子中，李某驾车将张某撞伤，后张某经抢救无效死亡，李某的行为侵害了张某的生命权，给张某及其家人造成了严重的精神损害，由于张某已经死亡，所以其家属可以向法院申请精神损害赔偿。

父母能否不经未成年子女的同意查看其聊天记录？

王妈妈发现正在读初三的儿子小明，最近总是精心打扮和摆弄发型，担心儿子早恋。某天儿子上学后，王妈妈进入小明的房间，查看了儿子手机里最近的聊天记录。小明知道后，认为妈妈未经他同意就查看自己的聊天记录，是不对的。试问，父母能否不经未成年子女同意查看其聊天记录？

我国《未成年人保护法》第六十三条规定："任何组织或者个人不得隐匿、毁弃、非法删除未成年人的信件、日记、电子邮件或者其他网络通讯内容。除下列情形外，任何组织或者个人不得开拆、查阅未成年人的信件、日记、电子邮件或者其他网络通讯内容：（一）无民事行为能力未成年人的父母或者其他监护人代未成年人开拆、查阅；（二）因国家安全或者追查刑事犯罪依法进行检查；（三）紧急情况下为了保护未成年人本人的人身安全。"

由此可见，可以查看未成年人的信件、日记、聊天记录等的情形，主要包括三种：（1）出于追查犯罪的需要，公安、检察院、法院等机构可以查看；（2）无行为能力（指8周岁以下）的未成年，父母或者其他监护人可以代为查看；（3）情况紧急时，为了保护未成年人本人的人身安全可以查看。除上述情形外，无论出于什么目的，查看有关未成年人隐私的事务，都应当征得其同意，否则不能查看。在上面的例子中，王妈妈的用意是保护儿子，防止其有早恋倾向，但是其行为仍然不妥，应该事先和儿子进行必要的沟通。面对该类情形，父母应当正确处理，与子女多沟通、多了解，妥善解决。必须查看的，也应当先和子女商量后再进行。

初中生打架斗殴，造成伤害的，父母是否需要承担责任？

小明与小夏是某中学的同班同学，但是，在一次值日时，小明不小心撞到桌子，导致正站在桌子上擦玻璃的小夏从上面摔了下来，于是二人发生争执，争执中，小明用椅子将小夏的头打破，小夏随后被送到医院。试问，小明的父母是否需要承担医药费等相关费用？

我国《民法典》第一千一百八十八条第一款规定："无民事行为能力人、限制民事行为能力人造成他人损害的，由监护人承担侵权责任。监护人尽到监护职责的，可以减轻其侵权责任。"

我国《民法典》第二十七条规定："父母是未成年子女的监护人。未成年人的父母已经死亡或者没有监护能力的，由下列有监护能力的人按顺序担任监护人：（一）祖父母、外祖父母；（二）兄、姐；（三）其他愿意担任监护人的个人或者组织，但是须经未成年人住所地的居民委员会、村民委员会或者民政部门同意。"

由此可见，涉及未成年人保护时，无民事行为能力人（指年龄在八周岁以下）、限制民事行为能力人（指年龄在8周岁以上不满18周岁）造成他人损害的，由其监护人承担民事责任。而对于监护人，首先是父母，父母是未成年人的法定监护人，若父母已死亡或者没有监护能力的，其次才由祖父母、外祖父母、兄姐等人按顺序担任监护人。上面的例子中，小明将小夏打伤，医药费等相关费用应当由监护人，即小明的父母承担。

未成年人有财产的，其行为造成损害时，父母是否还用承担责任？

正在上初中的小张，因为和同桌发生争执，将同学打伤，花费医药费4000元。经查，小张的爷爷之前给过小张1万元，用于奖励小张在期末考试中取得的优秀成绩，试问，能否直接用小张的这部分财产，清偿医药费，免除其父母的赔偿责任？

我国《民法典》第一千一百八十八条第二款规定："有财产的无民事行为能力人、限制民事行为能力人造成他人损害的，从本人财产中支付赔偿费用；不足部分，由监护人赔偿。"

由此可见，有财产的未成年人，其行为造成他人损害的，应当从自己财产中支付赔偿费用，不足部分才由父母承担。在上面的例子中，小张打伤同学，造成了对方损害的后果，而其自身又有财产，且该财产足够清偿，应当由自己承担赔偿责任。

为避免女儿嫁到远处，父亲将其锁在家中不让双方见面，合法吗？

张某老来得女，很是爱护。但是，女儿丽丽在外打工期间，认识了家在海南的明明，两个人相处起来很融洽，于是决定见家长。张某知道后，认为男方家太远，舍不得女儿远嫁，于是将女儿锁在家中，不让二人见面并拒绝了两个人的婚事，这样合法吗？

我国《宪法》第三十七条第一款、第三款规定："中华人民共和国公民的人身自由不受侵犯。禁止非法拘禁和以其他方法非法剥夺或者限制公民的人身自由，禁止非法搜查公民的身体。"

我国《民法典》第一千零四十二条规定："禁止包办、买卖婚姻和其他干涉婚姻自由的行为。禁止借婚姻索取财物。禁止重婚。禁止有配偶者与他人同居。禁止家庭暴力。禁止家庭成员间的虐待和遗弃。"

由此可见，我国倡导婚姻自由原则，禁止一切直接或者间接干涉婚姻自由的行为，包办婚姻、买卖婚姻、干涉自由相亲等都是法律所禁止的。此外，更不得以任何形式暴力干涉婚姻，限制人身自由，除非经过法定程序，否则任何人不得随意限制他人人身，严重的可能触犯刑法，构成非法拘禁罪、暴力干涉婚姻自由罪等。在上面的例子中，张某为了避免丽丽远嫁，将丽丽锁在家中，拒绝其与明明的婚事，属于干涉丽丽的婚姻自由，是违法行为。

偷拍对方出轨的照片，是否侵犯对方的隐私权？

张某怀疑自己的丈夫刘某有外遇，于是便密切关注刘某的日常，发现刘某近些日子经常去某个度假酒店。某天，刘某再进入酒店时，张某跟随进去，之后在房间内发现刘某和另一名女子行为暧昧，便用手机拍下看到的情况。但是，刘某却以照片侵犯自己隐私权，不承认照片的有效性，并要求张某赔偿自己的精神损失。试问，张某该如何维护自己？

我国《民法典》第一百一十条第一款规定："自然人享有生命权、身体权、健康权、姓名权、肖像权、名誉权、荣誉权、隐私权、婚姻自主权等权利。"第一千零三十三条规定："除法律另有规定或者权利人明确同意外，任何组织或者个人不得实施下列行为：（一）以电话、短信、即时通讯工具、电子邮件、传单等方式侵扰他人的私人生活安宁；（二）进入、拍摄、窥视他人的住宅、宾馆房间等私密空间；（三）拍摄、窥视、窃听、公开他人的私密活动；（四）拍摄、窥视他人身体的私密部位；（五）处理他人的私密信息；（六）以其他方式侵害他人的隐私权。"

此外，我国《民法典》第一千零七十九条第三款还规定："有下列情形之一，调解无效的，应当准予离婚：（一）重婚或者与他人同居；……"

由此可见，隐私权是法律赋予公民的一项权利，任何人不得侵犯他人的隐私权。但需要注意的是，该"隐私权"指的是合法的隐私权，也就是法律只保护合法权益，对于非法权益则排除在保护范围外。在上面的例子中，张某拍摄的是丈夫刘某出轨的照片，根据《民法典》的规定，夫妻间有忠实义务，应当忠于对方，而出轨的照片则是违背忠实义务的，属于不合法的权利，刘某以此为隐私权对抗张某的婚姻权必然是不被认可的。此外，有配偶者与他人同居的属于法定离婚事由之一，张某可以将该照片作为证据，向法院起诉离婚。

偶然的一次殴打对方就属于家庭暴力了吗？

某天，白某因为工作上不顺利，心情比较烦躁。回家后，发现妻子赵某只顾着看电视，没有做好晚饭，便十分生气，用拖把殴打了赵某，造成赵某眼部受伤，身上多处被打痕迹。试问，白某这种偶然的一次殴打妻子的行为属于家庭暴力吗？

我国《反家庭暴力法》第二条规定："本法所称家庭暴力，是指家庭成员之间以殴打、捆绑、残害、限制人身自由以及经常性谩骂、恐吓等方式实施的身体、精神等侵害行为。"

由此可见，"家庭暴力"的构成要件主要有：（1）行为的实施主体是家庭内部成员，既可以是男性，也可以是女性；（2）方式主要是殴打、捆绑等身体的侵害行为和持续性的谩骂等精神损害行为。家庭暴力没有数量上的限制，只要是给家庭成员造成了身体上的侵害或者精神上的侵害的，都属于家庭暴力，严重的家庭暴力行为可能会构成刑法中的虐待罪或是故意伤害罪等罪名。在上面的例子中，白某无故殴打妻子，造成妻子身体多处伤害的，已经属于家庭暴力，构成家庭暴力与是否是偶然性暴力行为并没有必然联系。

💡 经常性殴打妻子，但是都没有造成严重后果，妻子应该如何保护自己？

张某和李某结婚多年，但是最近几年，由于李某失业只能待在家中，二人之间慢慢出现矛盾，而且张某经常酒后殴打李某。尽管没有给李某的身体造成严重的侵害后果，但是李某经常提心吊胆，试问李某该如何保护自己？

我国《反家庭暴力法》第十六条第一款规定："家庭暴力情节较轻，依法不给予治安管理处罚的，由公安机关对加害人给予批评教育或者出具告诫书。"

我国《民法典》第一千零七十九条第三款规定："有下列情形之一，调解无效的，应当准予离婚：……（二）实施家庭暴力或者虐待、遗弃家庭成员；……"

由此可见，对于家庭暴力情节轻微的，可以由公安机关批评教育或出具告诫书，禁止再实施家暴行为。此外，实施家庭暴力是法定离婚事由之一，对于家庭暴力的实施者，屡教不改的，受害者可以向法院诉请离婚。在上面的例子中，尽管张某经常性的殴打行为，没有给妻子李某造成身体上的严重侵害，但是让李某精神受到了摧残，这时，李某可以选择报警，如果情节较轻给与不了张某处罚的，可以请求出具告诫书，禁止张某再实施家暴行为；也可以直接因为家庭暴力的存在向法院起诉请求离婚。

人身安全保护令能让别人代替申请吗？

钱某婚后经常遭到丈夫周某殴打，钱某的弟弟知道后，为避免姐姐再受欺负，想要替姐姐向法院申请人身保护令，试问，能否得到支持？

我国《反家庭暴力法》第二十三条规定："当事人因遭受家庭暴力或者面临家庭暴力的现实危险，向人民法院申请人身安全保护令的，人民法院应当受理。当事人是无民事行为能力人、限制民事行为能力人，或者因受到强制、威吓等原因无法申请人身安全保护令的，其近亲属、公安机关、妇女联合会、居民委员会、村民委员会、救助管理机构可以代为申请。"

我国《民法典》第十九条、第二十条、第二十一条中规定："八周岁以上的未成年人为限制民事行为能力人……""不满八周岁的未成年人为无民事行为能力人，由其法定代理人代理实施民事法律行为。""不能辨认自己行为的成年人为无民事行为能力人，由其法定代理人代理实施民事法律行为。"

由此可见，申请人身安全保护令的，应当由当事人本人向法院申请，但是，如果当事人是未成年人或不能辨别自己行为能力的成年人，以及存在强制、恐吓等事由而导致无法申请的，可以由近亲属、公安机关、村委会等根据法律规定代为申请。在上面的例子中，钱某遭受家庭暴力，而自己并未受到强制、威胁等，所以应当由钱某自己去向法院申请人身安全保护令。

申请人身安全保护令有什么条件限制吗？

我国《反家庭暴力法》第二十三条第一款规定："当事人因遭受家庭暴力或者面临家庭暴力的现实危险，向人民法院申请人身安全保护令的,人民法院应当受理。"

第二十四条规定:"申请人身安全保护令应当以书面方式提出;书面申请确有困难的,可以口头申请,由人民法院记入笔录。"

第二十五条规定:"人身安全保护令案件由申请人或者被申请人居住地、家庭暴力发生地的基层人民法院管辖。"

第二十七条规定:"作出人身安全保护令,应当具备下列条件:(一)有明确的被申请人;(二)有具体的请求;(三)有遭受家庭暴力或者面临家庭暴力现实危险的情形。"

第二十九条规定:"人身安全保护令可以包括下列措施:(一)禁止被申请人实施家庭暴力;(二)禁止被申请人骚扰、跟踪、接触申请人及其相关近亲属;(三)责令被申请人迁出申请人住所;(四)保护申请人人身安全的其他措施。"

由此可见,申请人身安全保护令,需要具备以下条件:(1)有明确的被申请人,即对方具体身份要明确;(2)有明确的请求,主要是上述条文中第二十九条规定的事项;(3)正在遭受家庭暴力或者面临家庭暴力的危险;(4)需要以书面形式提出,确有困难无法书面提交的,可以口头申请;(5)向申请人本人或者被申请人居住地、家庭暴力发生地的基层人民法院管辖。

💡 人身安全保护令有时限吗?会不会失效?

小李和小张结婚两年多,但是,由于小张平时工作应酬比较多,回家晚,再加上经常出差,导致二人关系紧张,小张经常打骂小李。小李向法院申请了人身安全保护令,但是不知道该保护令有没有时间限制,担心到期后再次受到小张的暴力行为。

我国《反家庭暴力法》第三十条规定:"人身安全保护令的有

效期不超过六个月，自作出之日起生效。人身安全保护令失效前，人民法院可以根据申请人的申请撤销、变更或者延长。"

我国《民法典》第一千零七十九条第三款规定："有下列情形之一，调解无效的，应当准予离婚：……（二）实施家庭暴力或者虐待、遗弃家庭成员；……"

由此可见，人身安全保护令有时间限制，自法院作出之日起六个月内有效。但是，在到期前，申请人可以向法院申请撤销、变更或者延长。人身安全保护令的目的是威慑施暴者，以解决婚姻关系中存在的障碍，但是，如果申请保护令后，仍然存在家暴行为的，当事人一方可以向法院提起诉讼，请求离婚。在上面的例子中，保护令到期前，小李可以向法院申请延长期限，如果小张的暴力行为仍不改正，小李可以直接向法院诉请离婚。

💡 虐待植物人配偶的，受害人亲属能否提起离婚诉讼？

张某在一次车祸中被撞伤，成为植物人。妻子杜某在照顾时经常对其殴打和谩骂，张某的弟弟知道后，能不能直接向法院提起离婚诉讼？

《最高人民法院关于适用〈中华人民共和国民法典〉婚姻家庭编的解释（一）》第六十二条规定："无民事行为能力人的配偶有民法典第三十六条第一款规定行为，其他有监护资格的人可以要求撤销其监护资格，并依法指定新的监护人；变更后的监护人代理无民事行为能力一方提起离婚诉讼的，人民法院应予受理。"《民法典》第三十六条第一款规定："监护人有下列情形之一的，人民法院根据有关个人或者组织的申请，撤销其监护人资格，安排必要的临时监护措施，并按照最有利于被监护人的原则依法指定监护人：

（一）实施严重损害被监护人身心健康的行为；（二）怠于履行监护职责，或者无法履行监护职责且拒绝将监护职责部分或者全部委托给他人，导致被监护人处于危困状态；（三）实施严重侵害被监护人合法权益的其他行为。"

我国《民法典》第二十一条第一款规定："不能辨认自己行为的成年人为无民事行为能力人，由其法定代理人代理实施民事法律行为。"

由此可知，不能辨别自己行为的人，如植物人、医学认定的精神病人等，其配偶在日常的照顾中，出现虐待等严重侵害其权益的行为时，其他有护资格的人，在申请变更监护人后，可以代为向法院提起离婚诉讼。在上面的例子中，妻子杜某经常殴打张某，给张某的健康造成了极大问题，张某的弟弟可以先向法院申请变更自己为监护人，然后再代张某提起离婚诉讼，而不能直接提起诉讼。

💡 谁可以决定是否捐献器官？自然人死后，其亲属有权捐献其器官吗？

我国《民法典》第一千零六条规定："完全民事行为能力人有权依法自主决定无偿捐献其人体细胞、人体组织、人体器官、遗体。任何组织或者个人不得强迫、欺骗、利诱其捐献。完全民事行为能力人依据前款规定同意捐献的，应当采用书面形式，也可以订立遗嘱。自然人生前未表示不同意捐献的，该自然人死亡后，其配偶、成年子女、父母可以共同决定捐献，决定捐献应当采用书面形式。"

从这条规定可以看出，器官捐献分为自然人生前捐献和死后捐献，而这两种情况的决定主体是不同的。在自然人生前，只有自然人本人能够决定是否要在死后捐献器官,并且应当采用书面形式或遗嘱的方式。在此种情况下,该自然人应当具有完全民事行为能力。例如,白血病儿童楠楠决定在死后捐献自己的眼角膜,由于楠楠还未成年,不具有完全民事行为能力,其捐献决定是无效的。

当自然人死后,就应当由其配偶、成年子女、父母共同决定捐献,如果其中任何一方不同意捐献,都不应当捐献死者的器官。同时,如果自然人在生前明确表示过不愿捐献器官的,在其去世后,亲属也不应捐献其器官。例如,张大爷生前从未表示过自己死后是否要捐献器官,那么在张大爷去世后,他的家人就可以自行决定是否捐献张大爷的器官。

四、在社会

在超市买菜时滑倒受伤，可以请求超市承担责任吗？

星星超市为庆祝重装开业，以超大折扣吸引顾客。开业第一天，星星超市人流量爆棚。顾客张大爷不慎踩到地上的菜叶滑倒，导致股骨骨折。请问，张大爷可以要求超市承担责任吗？

可以。我国《民法典》第一千一百九十八条第一款规定："宾馆、商场、银行、车站、机场、体育场馆、娱乐场所等经营场所、公共场所的经营者、管理者或者群众性活动的组织者，未尽到安全保障义务，造成他人损害的，应当承担侵权责任。"

根据该规定可知，公共场所的管理人或群众性活动的组织者对进入该场所的顾客或活动参与者负有安全保障义务，其必须采取一定的措施来保护他们的人身和财产安全，若因其不作为造成他人损害的，就应当承担侵权责任。例如，公共场所的地板、电梯等环境设施应当安全，活动现场的桁架、设备应当稳固，以免侵害到他人的人身或财产权益。前面的案例中，星星超市作为超市卖场的管理人，应当及时清理地上的垃圾，畅通通道，防止顾客因此而遭受损害。但超市并没有这样做，因此导致张大爷踩到菜叶摔伤，所以超市违反了安全保障义务，应当依法承担侵权责任，张大爷可以要求超市赔偿。

怀疑顾客偷东西，超市有搜身的权利吗？

妈妈让小方去超市买一瓶调料回家，但小方在超市找很久也没找到指定的调料。超市的保安觉得小方在货架前鬼鬼祟祟转了很久，最后又没买东西，便怀疑小方偷了东西，遂将小方拉去值班室搜身。请问，超市的做法对吗？怀疑顾客偷东西，超市是否有搜身的权利？

超市的做法违反了我国《消费者权益保护法》的规定，侵害了小方的人格尊严和人身自由权。我国《民法典》第一百零九条规定："自然人的人身自由、人格尊严受法律保护。"同时，《消费者权益保护法》第二十七条也明确规定："经营者不得对消费者进行侮辱、诽谤，不得搜查消费者的身体及其携带的物品，不得侵犯消费者的人身自由。"

由此可见，在我国，自然人的人格尊严和人身自由受法律保护，任何人不得随意侵犯。作为经营者，更不能搜查消费者的身体及其携带的物品。因此，前面的案例中，超市的做法错误。如果其怀疑顾客盗取超市财物，正确的处理方式是报警，而非自行搜查顾客的身体。故对于小方而言，其可以依法要求超市承担侵权责任。

在 KTV 聚会时被人打伤，责任由谁承担？

我国《民法典》规定了宾馆、商场、银行、车站、机场、体育场馆、娱乐场所等公共场所的管理人的安全保障义务，但是，如果被侵权人在前述场所内因为第三人的行为而受到损害的，又应当如何维护自己的权益呢？例如，小樱和朋友在 KTV 聚会，结束时在收银台被一醉酒女误打,虽然 KTV 的保安在发现事故后及时拉开了伤人者,但小樱身上仍然出现多处软组织挫伤。这时,小樱应当找谁承担赔偿责任呢?

我国《民法典》第一千一百九十八条第二款规定:"因第三人的行为造成他人损害的,由第三人承担侵权责任;经营者、管理者或者组织者未尽到安全保障义务的,承担相应的补充责任。经营者、管理者或者组织者承担补充责任后,可以向第三人追偿。"

由此可见,因第三人原因造成损害的,公共场所管理人是否承担责任,取决于其是否尽到安全保障义务。如果公共场所管理人尽到安全保障义务的,则由实施侵权行为的第三人承担责任;如果公共场所管理人未尽到安全保障义务的,除实施侵权行为的第三人要承担责任外,公共场所管理人也要承担相应的补充责任。上面的案例中,具体实施侵权损害行为的是醉酒女,KTV 配备了保安并且在事故发生时及时处理,拉开了醉酒女,防止小樱受到进一步的损害,可以说其已经尽到了安全保障义务。因此,小樱应当找醉酒女承担赔偿责任。

💡 借用别人的汽车撞了人,责任由谁承担?

小霍自己的车送去保养了,便借朋友刚维护好的车开几天。一日,小霍开着朋友的车外出时发生交通事故,根据事故认定书,应由小霍承担主要责任。由于赔款数额较大,小霍可以要求朋友(车主)与自己共同承担赔偿责任吗?

我国《民法典》第一千二百零九条规定:"因租赁、借用等情形机动车所有人、管理人与使用人不是同一人时,发生交通事故造成损害,属于该机动车一方责任的,由机动车使用人承担赔偿责任；机动车所有人、管理人对损害的发生有过错的，承担相应的赔偿责任。"第一千二百一十三条规定："机动车发生交通事故造成损害，属于该机动车一方责任的，先由承保机动车强制保险的保险人在强制保险责任限额范围内予以赔偿；不足部分，由承保机动车商业保险的保险人按照保险合同的约定予以赔偿；仍然不足或者没有投保机动车商业保险的，由侵权人赔偿。"

也就是说，发生交通事故时，应付责任一方的机动车因借用、租赁等原因而使所有权人与使用权人相分离的，当事人应按以下方式承担责任：第一，由保险公司赔偿；第二，保险金不足以赔偿的，由发生交通事故时车辆的使用人赔偿；第三，机动车的所有人对损害的发生有过错的，也应当承担相应的赔偿责任。法律如此规定，是因为车辆出租出借后，机动车脱离了所有权人的控制，所有权人不再享有运营支配力，仍然要求其承担赔偿责任是不公平的。因此，法律仅要求所有权人在有过错时承担责任，例如，所有权人未对承租人、借用人的资质进行审查等。上面的案例中，小霍有驾驶执照和驾驶经验，朋友借给她的车也是安全的，因此，小霍的朋友对事故发生并无过错，不需要承担赔偿责任。

买卖二手车之后还没办理登记便发生了交通事故，责任由谁承担？

我国《民法典》第一千二百一十条规定："当事人之间已经以买卖或者其他方式转让并交付机动车但是未办理登记，发生交通事故造成损害，属于该机动车一方责任的，由受让人承担赔偿责任。"第一千二百一十三条规定："机动车发生交通事故造成损害，属于该机动车一方责任的，先由承保机动车强制保险的保险人在强制保险责任限额范围内予以赔偿；不足部分，由承保机动车商业保险的保险人按照保险合同的约定予以赔偿；仍然不足或者没有投保机动车商业保险的，由侵权人赔偿。"

可见，对于通过买卖方式取得的车辆，还未办理所有权移转登记就发生交通事故的，相关的赔偿责任应当先由保险公司在保险责任范围内承担，如果没有购买保险（含交强险）或保险金不足以赔偿的，则由机动车的受让人承担。例如，高某自二手车市场买了一辆二手汽车。高某付款当日便提车了，双方约定好办理所有权移转登记的时间后，高某便驾驶该车回家。在路上，因路况不好，高某驾驶的车与邢某的车发生了刮蹭，高某应付全部责任。由于高某的车刚到手还没来得及购买交强险，又因该车已经完成了交付，高某已成为实际的所有权人和使用人。因此，高某应当自行承担全部责任，包括对对方的赔偿责任。

未经许可进入高度危险区域发生伤亡，区域管理人是否需要承担责任？

小吴（19岁）家住在某野生动物园附近，自小在周边长大的他自诩熟悉该区域内的地理环境，便自行带大学同学林某（18岁）逃票、翻过高高的围墙、越过层层防护栏进入野生动物园区，并无视园区内外各种警示（如"未经许可，不得擅自入内""本区域有野兽出没，属于高度危险区域，请游客在园区工作人员陪伴下游览！"等），未加任何防护就在园区内晃荡。不久后，小吴二人以身涉险进入高度危险的野兽自由出入区域，被蛰伏在丛林中的老虎攻击。尽管园区管理人在监控中发现这一情况便即刻赶往现场解救，但仍然发生一伤一亡的惨剧。请问，这种情况下，园区管理人是否需要承担赔偿责任?

我国《民法典》第一千二百四十三条规定:"未经许可进入高度危险活动区域或者高度危险物存放区域受到损害,管理人能够证明已经采取足够安全措施并尽到充分警示义务的,可以减轻或者不承担责任。"

由此可见,未经许可进入高度危险活动区域或者高度危险物存放区域本就表明被侵权人对损害的发生存在一定过错,所以在这种情况下,如果区域管理人能够证明自己已经采取了足够安全措施、履行了充分警示义务的,就可以减轻或者不承担责任。上面的案例中,园区已经通过设置围墙、防护栏等隔离设施,并设立警示牌,履行了自己作为园区管理人的义务。小吴二人作为完全民事行为能力人,在未经许可的情况下无视园区规则和警示牌,擅自闯入高度危险活动区域,对损害的发生有过错,园区管理人可以减轻或不承担责任。

免费帮人安装空调外机时坠楼摔伤,可以找谁赔偿?

赵某是某电器公司负责安装空调的员工。赵某的邻居杜某前几日在网上买了一台空调,因为天气太热,等不及安装公司安排工作人员上门安装,遂找赵某帮忙。邻居一场,赵某也没收钱。但是,由于杜某家阳台防护不到位,赵某在安装空调外机的时候不慎从二楼坠下受伤。请问,赵某可以找杜某赔偿吗?

可以。赵某和杜某构成帮工与被帮工的法律关系。《最高人民法院关于审理人身损害赔偿案件适用法律若干问题的解释》第五条第一款规定:"无偿提供劳务的帮工人因帮工活动遭受人身损害的,根据帮工人和被帮工人各自的过错承担相应的责任;被帮工人明确拒绝帮工的，被帮工人不承担赔偿责任，但可以在受益范围内予以适当补偿。"

由此可见，帮工人在从事帮工活动中遭受损害的，被帮工人需要承担赔偿责任，除非被帮工人明确拒绝过帮工。上面的案例中，赵某是帮工人，杜某是被帮工人，且系杜某主动找到赵某要求帮助其安装空调，赵某是在安装空调的过程中因防护设施不到位而坠楼摔伤，因此，被帮工人杜某不存在免责情形，赵某可以找杜某赔偿。

💡 民用核设施发生核事故导致他人受伤，受害人应当找谁赔偿？

我国《民法典》第一千二百三十七条明确规定："民用核设施或者运入运出核设施的核材料发生核事故造成他人损害的，民用核设施的营运单位应当承担侵权责任；但是，能够证明损害是因战争、武装冲突、暴乱等情形或者受害人故意造成的，不承担责任。"该条文中的"民用核设施"，是指陆基民用核动力厂（包括核电厂、核热电厂、核供汽供热厂）以及其他反应堆（如研究堆、实验堆、临界装置）；核燃料生产、加工、贮存及后处理设施；放射性废物的处理和处置设施等。"核事故"，是指核设施内发生意外导致放射性物质外泄，继而使得工作人员和社会公众受到超过或相当于规定限值的照射，如切尔诺贝利核泄漏事故、日本福岛核泄漏事故。

根据上面的法律规定可知，民用核设施发生核事故造成他人人身或财产损害的，如果不是因战争、武装冲突、暴乱等或受害人故意等情形导致，应当由民用核设施的经营者承担责任，也就是运营核电站、民用研究堆、民用工程实验反应堆的单位或者从事民用核燃料生产、运输和燃料贮存、运输、后处理且拥有核设施的单位。例如，A公司系专门从事核燃料运输的公司。该公司在执行一次运输任务时出了意外，导致核泄漏，运输工具经过的村庄深受其害，不少村民因此受伤。对此，受伤害的村民就可以要求A公司承担责任。

被路边果树上掉落的果实砸伤，可以向谁主张责任？

H省位于热带季风气候区，非常适合种植椰树。该省的加加市为了打响本省椰树之乡的称号，大力推行椰树种植。公路旁边的行道树、公园里的景观都少不了椰树。一日，游客张某在路上闲逛时被路边椰树上掉落下来的成熟椰子砸伤肩膀。张某了解到这是当地政府部门种植、管理的树木。请问，张某可以要求当地政府部门赔偿吗？

张某可以要求椰树的所有人或管理人赔偿。《民法典》第一千二百五十七条规定："因林木折断、倾倒或者果实坠落等造成他人损害，林木的所有人或者管理人不能证明自己没有过错的，应当承担侵权责任。"

换言之，果实坠落致人损害的，应当由果树、果实的所有人或管理人承担赔偿责任，除非其能证明自己没有过错。上面的案例中，砸伤张某的椰子属于加加市政府，故张某可以到相关的政府主管部门主张赔偿。

烟花厂爆炸致过路人受伤，受害人找谁赔偿？

孙某为了抄近路回家，无视烟花厂的警示，擅自翻越围栏闯入烟花厂的广场。走到一半时，烟花厂内突然发生爆炸，孙某被飞溅的火星烧伤。孙某可以要求烟花厂承担全部责任吗？

我国《民法典》第一千二百三十九条规定："占有或者使用易燃、易爆、剧毒、高放射性、强腐蚀性、高致病性等高度危险物造成他人损害的，占有人或者使用人应当承担侵权责任；但是，能够证明损害是因受害人故意或者不可抗力造成的，不承担责任。被侵权人对损害的发生有重大过失的，可以减轻占有人或者使用人的责任。"

也就是说，易燃、易爆等高度危险物致人损害的，如果占有人或使用人能够证明损害的发生是因为受害人的故意或不可抗力造成的，占有人或者使用人不必担责；若损害的发生与受害人重大过失有关，占有人或者使用人可以主张减轻责任，否则占有人或者使用人应当承担全部侵权责任。上述案例中，孙某无视围墙等防护设施和警示牌，擅自进入危险厂区，遇烟花厂爆炸，继而被火星烧伤，说明孙某对损害的发生存在重大过失，且该过失与损害结果的发生有直接因果关系，故孙某不能要求烟花厂承担全部责任，其自己也应当承担一部分责任。

受害人欲跳入地铁轨道自杀，自杀未果但受重伤，可以要求地铁运营部门赔偿吗？

旦旦因受情伤郁郁寡欢，不想继续活在这个世界上。一日，他趁人少跳下了地铁轨道，好在工作人员及时施救和协调，救回旦旦一命。但旦旦也因此身受重伤，全身多处骨折。旦旦清醒后，心有悔意，但同时又想找地铁运营部门赔偿，这可以吗？

爱情诚可贵，生命价更高。旦旦能想清楚自然是好的，但其不能因此要求地铁运营部门承担赔偿责任。我国《民法典》第一千二百四十条规定:"从事高空、高压、地下挖掘活动或者使用高速轨道运输工具造成他人损害的,经营者应当承担侵权责任;但是,能够证明损害是因受害人故意或者不可抗力造成的,不承担责任。被侵权人对损害的发生有重大过失的,可以减轻经营者的责任。"

由此可知,在受害人对损害的发生具有故意心理的情形下,还要求经营者对此承担赔偿责任,势必给其带来极大负担,甚至可能造成不好的社会风气。因此,在这种情形下,高空、高压、地下挖掘活动或使用高速轨道运输工具的经营者不必承担责任。上面的案例中,旦旦受伤是其故意(自杀)造成的,不能要求地铁运营部门赔偿。

自家狗乱跑咬伤了人,狗主人要赔偿吗?

端端家养了只小狗,特别爱咬人。一日,端端的外婆外出遛狗时没带牵引绳也没有给狗戴嘴套,随它在小区花园乱跑。后该小狗咬伤了同小区路过花园的小朋友。小朋友家长找上门要求端端支付打狂犬疫苗的费用并赔偿。端端的外婆却说伤得不重,不用打疫苗,让端端不要赔钱。请问,自家小狗乱跑咬伤了人,狗主人要赔偿吗?

端端作为养小狗的人,应当承担赔偿责任。我国《民法典》第一千二百四十五条规定:"饲养的动物造成他人损害的,动物饲养人或者管理人应当承担侵权责任;但是,能够证明损害是因被侵权人故意或者重大过失造成的,可以不承担或者减轻责任。"第一千二百四十六条规定:"违反管理规定,未对动物采取安全措施造成他人损害的,动物饲养人或者管理人应当承担侵权责任;但是,能够证明损害是因被侵权人故意造成的,可以减轻责任。"

养狗、遛狗要合规有序,应当采取适当的安全措施防止伤害到他人,其中最基本的做法就是遛狗时应当配置牵引绳。如果因管理不当,导致狗咬伤他人,饲养人就应该承担侵权责任。上面的案例中,端端和家人明知自己家小狗爱咬人,在遛狗时还没有给狗戴嘴套,也不配置牵引绳,从而增大了小狗伤人的风险,作为饲养人,端端应当对被小狗咬伤的无辜受害人承担全部赔偿责任,如医疗费、营养费等。

💡 托管的烈性犬咬伤了人,应当由饲养人还是管理人承担责任?

邵某养了一只一米多长的藏獒,名叫小宝。因为要外出学习一个月,邵某将小宝托管到专门的烈性犬托管机构,委托该机构对小宝进行全权托管。托管期内,机构需要变更经营场所,遂带着机构内的动物们搬家。在安置小宝时,小宝从未关闭的铁笼跑出来冲上街头连咬六人。请问,受害人应当找谁赔偿?

藏獒属于禁止饲养的烈性犬,我国《民法典》第一千二百四十七条规定:"禁止饲养的烈性犬等危险动物造成他人损害的,动物饲养人或者管理人应当承担侵权责任。"

据此可知,禁止饲养的烈性犬导致他人受伤的,动物饲养人或管理人应当承担赔偿责任。上面的案例中,邵某是藏獒小宝的饲养人,托管机构是小宝的临时管理人。全权托管期间,托管机构应当对小宝尽到妥善的管理义务,也就是说,托管机构也具有防止藏獒伤人的义务。然而,装载小宝的铁笼处于打开状态,这说明托管机构并未采取有效措施防止小宝与外界接触,对损害的发生有过错。因此,托管机构应当承担侵权责任。由于损害发生时,藏獒小宝并不在邵某控制范围内,但邵某作为动物饲养人,也应当与托管机构承担连带责任,在其承担责任之后,可以找托管机构追偿。

桥梁倒塌,由谁承担赔偿责任?

我国《民法典》第一千二百五十二条规定:"建筑物、构筑物或者其他设施倒塌、塌陷造成他人损害的,由建设单位与施工单位承担连带责任,但是建设单位与施工单位能够证明不存在质量缺陷的除外。建设单位、施工单位赔偿后,有其他责任人的,有权向其他责任人追偿。因所有人、管理人、使用人或者第三人的原因,建筑物、构筑物或者其他设施倒塌、塌陷造成他人损害的,由所有人、管理人、使用人或者第三人承担侵权责任。"

由此可见,房屋、桥梁等建筑物倒塌导致他人受伤的,建设单位和施工单位应当承担赔偿责任。此处的"倒塌",是指房屋等建筑物或构筑物发生坍塌、倾覆。以桥梁倒塌为例,如果桥梁是因为设计、施工缺陷等原因坍塌的,责任应当由建设单位与施工单位承担;如果桥梁本身并无问题,而是因为大货车超重等原因导致坍塌的,货车方作为责任人,应当承担赔偿责任;如果是因为桥梁质量和大货车超重叠加的原因导致桥梁坍塌,那么建设单位与施工单位以及大货车方都要承担侵权责任。

被从天而降的衣架砸伤,找不到具体的责任人,怎么办?

苏某在小区遛弯儿时被小区从天而降的晾衣架砸伤,经过多方努力,也没有找到责任人。苏某应该怎么办?

我国《民法典》第一千二百五十四条规定:"禁止从建筑物中

抛掷物品。从建筑物中抛掷物品或者从建筑物上坠落的物品造成他人损害的,由侵权人依法承担侵权责任;经调查难以确定具体侵权人的,除能够证明自己不是侵权人的外,由可能加害的建筑物使用人给予补偿。可能加害的建筑物使用人补偿后,有权向侵权人追偿。物业服务企业等建筑物管理人应当采取必要的安全保障措施防止前款规定情形的发生;未采取必要的安全保障措施的,应当依法承担未履行安全保障义务的侵权责任。发生本条第一款规定的情形的,公安等机关应当依法及时调查,查清责任人。"

根据该规定,高空坠物(特指从建筑物中抛掷或坠落的物品)致人损害且无法确定物品具体从何处抛掷、坠落的,该建筑物内存在加害可能的建筑物使用人(能够证明自己不是侵权人的除外)都要给予赔偿。这既符合社会生活实践经验,也有利于保障受害人的合法权益,符合公平责任原则。上面的案例中,苏某被"从天而降"的衣架砸伤,应该及时报警。在无法确定具体的责任人时,可以通过鉴定和计算确定可能加害的建筑物使用人,苏某可以要求这些人赔偿。此外,如果物业也有责任的,也可以要求物业一并赔偿。

工地内堆放的砖瓦倒塌伤人,谁承担责任?

我国《民法典》第一千二百五十五条规定:"堆放物倒塌、滚落或者滑落造成他人损害,堆放人不能证明自己没有过错的,应当承担侵权责任。"

该规定所指的"堆放物",是指堆放而非固定在土地等场所的物品,如建筑工地上堆放的砖瓦,加工厂堆放的材料箱等。"堆放人",是指堆放物品的人。一般情况下,堆放人应当妥善堆放物品,选择合适的堆放地点、堆放高度、堆放方法，并采取有效的安全措施（如专人看管、隔离栏等）防止堆放物被他人任意挪动、攀爬，否则，因堆放物倒塌、滚落或者滑落致人损害的，堆放人需要承担赔偿责任。例如，某建筑工地内的工地上，堆放了许多杂物，其中有一堆是3米高的砖瓦，而且砖瓦下方还散乱堆放着碎砖碎瓦，未设置隔离带，也无专人看管。这种情况下，如果有人挪动或攀爬砖瓦引起砖瓦堆倒塌并因此受伤的话，堆放人就必须承担赔偿责任，因为堆放人未妥善堆放，存在过错。

在路上挖沟渠没采取有效的安全措施，有人因此受伤的，施工人要担责吗？

唐某家住在公路边，为了用水便利，唐某想安装一条管道连通公路另一边的水井。经过村委会批准后，唐某和家人自行凿开公路（20厘米左右），铺设管道。因人手不够，唐某家未能在一日内完工并将公路恢复原状，便在路口加了个围栏。谁知当晚月色不好，能见度极低。同村的蔡某骑单车经过该路段时撞到围栏摔伤。请问，蔡某可以要求唐某赔偿吗？

可以。我国《民法典》第一千二百五十八条第一款规定："在公共场所或者道路上挖掘、修缮安装地下设施等造成他人损害，施工人不能证明已经设置明显标志和采取安全措施的，应当承担侵权责任。"

据此可知，在公路上施工时应当设置明显标志并采取安全措施，否则因此造成他人受伤的，施工人需要承担赔偿责任。上面的案例中，虽然唐某和家人在未完成施工的公路上设立了围栏，但没考虑到该围栏在夜晚是看不见的，反而引发了更大的风险。所以唐某和家人作为施工人,违反了警示和安全防护义务,应当对因此受伤的蔡某承担赔偿责任。

💡 因电器城原因致商品有残缺并造成客户人身伤害的,谁应承担赔偿责任?

赵某在某电器城购买了一台微波炉,第一次使用时就突然爆炸,将赵某炸伤,房屋也受到一定损害。后经检测,因微波炉长期存放于潮湿处,内部线路受损。原来是因为电器城一直将微波炉存放在潮湿的仓库内。请问,谁应承担赵某的损失?

我国《民法典》第一千二百零三条规定:"因产品存在缺陷造成他人损害的,被侵权人可以向产品的生产者请求赔偿,也可以向产品的销售者请求赔偿。产品缺陷由生产者造成的,销售者赔偿后,有权向生产者追偿。因销售者的过错使产品存在缺陷的,生产者赔偿后,有权向销售者追偿。"同时,《产品质量法》第四十二条规定:"由于销售者的过错使产品存在缺陷,造成人身、他人财产损害的,销售者应当承担赔偿责任。销售者不能指明缺陷产品的生产者也不能指明缺陷产品的供货者的,销售者应承担赔偿责任。"

由此可知,如果因产品存在缺陷而造成消费者人身、财产损害,而该产品存在缺陷是因销售者的过错而引起的,那么,销售者应当对此承担赔偿责任。所以,上面列举的案例,电器城应承担赵某的损失。当然,对于赵某来说,其既可以要求厂家赔偿,也可以要求电器城赔偿。如果厂家赔偿了赵某,那么厂家事后可以向电器城进行追偿。

因医生泄露传染病人的个人信息，致使病人生活受到严重影响的，可以要求医院承担侵权责任吗？

《民法典》第一百一十条第一款规定："自然人享有生命权、身体权、健康权、姓名权、肖像权、名誉权、荣誉权、隐私权、婚姻自主权等权利。"同时，该法第一千二百二十六条进一步规定："医疗机构及其医务人员应当对患者的隐私和个人信息保密。泄露患者的隐私和个人信息，或者未经患者同意公开其病历资料的，应当承担侵权责任。"

此外，《传染病防治法》第五十二条第一款规定："医疗机构应当对传染病病人或者疑似传染病病人提供医疗救护、现场救援和接诊治疗，书写病历记录以及其他有关资料，并妥善保管。"

由此可知，医疗机构及其医务人员应对传染病病人或疑似传染病病人的病历等相关资料妥善保管，不得透露给他人，否则会侵犯病人的权利，医疗机构需要承担赔偿责任。例如，邢某被医院诊断为肺结核后不久，其所在公司就作出了辞退他的决定，且身边的人都对其避而远之，他的生活受到了严重影响。后经调查，原来是医院的一个护士将其得肺结核的消息传播了出去。那么，由于医务人员私自泄露邢某的病例隐私，给其生活造成严重影响，存在过错，因此，医院应承担侵权责任。

正当防卫行为造成的损害超出必要限度的，是否需要承担责任？

我国《民法典》第一百八十一条规定："因正当防卫造成损害的，不承担民事责任。正当防卫超过必要的限度，造成不应有的损害的，正当防卫人应当承担适当的民事责任。"同时，《刑法》第二十条规定:"为了使国家、公共利益、本人或者他人的人身、财产和其他权利免受正在进行的不法侵害,而采取的制止不法侵害的行为,对不法侵害人造成损害的,属于正当防卫,不负刑事责任。正当防卫明显超过必要限度造成重大损害的,应当负刑事责任,但是应当减轻或者免除处罚。对正在进行行凶、杀人、抢劫、强奸、绑架以及其他严重危及人身安全的暴力犯罪,采取防卫行为,造成不法侵害人伤亡的,不属于防卫过当,不负刑事责任。"

由此可知,正当防卫行为未超过必要限度,防卫人不需承担责任。倘若正当防卫行为明显超过必要限度,则防卫人应承担刑事责任和适当的民事责任,但刑事责任应减轻或免除。例如,周某发现一个小偷正在撬邻居家的窗户,于是随手举起一块大石头猛击小偷头部,在小偷害怕准备逃跑时,周某又接着砸了一下,结果小偷当场倒地,致重伤。显然,周某的防卫行为明显超过必要的限度,属于防卫过当,应当承担相应的责任。

💡 为使他人的财产免受侵害,而给第三人造成损害的,谁应承担责任?

丁某的邻居郝某一家进城探亲,房屋无人看管。不久当地连降暴雨,房屋被雨水严重浸泡,若不及时处理将会倒塌。而唯一的办法是将雨水引到韩某田里,无奈之下,丁某只能将雨水引入韩某田里。郝某的房屋损失不大,但韩某的庄稼却因雨水浸泡大部分被毁。请问,谁应赔偿韩某的损失?

我国《民法典》第一百八十二条规定:"因紧急避险造成损害的,由引起险情发生的人承担民事责任。危险由自然原因引起的,紧急避险人不承担民事责任,可以给予适当补偿。紧急避险采取措施不当或者超过必要的限度，造成不应有的损害的，紧急避险人应当承担适当的民事责任。"

由此可知，一般情况下，紧急避险人对损失不承担责任；若避险措施不当或超过必要限度的，应承担适当责任。但若危险由自然原因引起，那么紧急避险人不承担责任，可给予对方适当补偿。所以，上面列举的案例，对于韩某的损失，丁某不承担责任，但可给予适当补偿。同时，因郝某是受益人，依据公平原则，因此该补偿应由郝某承担。当然，从无因管理①的角度来讲，郝某也应当承担相应的补偿。

💡 多人施暴致人重伤但无法认定具体侵权人的，谁应承担侵权责任？

我国《民法典》第一千一百七十条规定："二人以上实施危及他人人身、财产安全的行为，其中一人或者数人的行为造成他人损害，能够确定具体侵权人的，由侵权人承担责任；不能确定具体侵权人的，行为人承担连带责任。"

由此可知，当多人共同施暴造成被害人损害的，若能够确定具体加害人，则由其承担责任；若不能确定具体加害人的，则由所有侵权人共同承担责任，每一个侵权人之间是连带责任关系。例如，因邻里纠纷，孙某、赵某等五人冲入杨某家，将杨某打成重伤。那么，若能够确定将杨某打成重伤的人，则由该人承担责任；若不能确定具体侵权人，那么孙某、赵某等五人对杨某的损

---

① 《民法典》第九百七十九条第一款规定：管理人没有法定的或者约定的义务，为避免他人利益受损失而管理他人事务的，可以请求受益人偿还因管理事务而支出的必要费用；管理人因管理事务受到损失的，可以请求受益人给予适当补偿。

害承担连带责任。

💡 为防止他人被砸伤而致使自己受伤的，受益人是否应给予一定的补偿？

我国《民法典》第一百八十三条规定："因保护他人民事权益使自己受到损害的，由侵权人承担民事责任，受益人可以给予适当补偿。没有侵权人、侵权人逃逸或者无力承担民事责任，受害人请求补偿的，受益人应当给予适当补偿。"

由此可知，因防止他人民事权益被侵害而使自己受到损害的，应由侵权人承担责任，受益人可适当补偿。若找不到侵权人或侵权人无力赔偿的，受害人请求补偿的，受益人应当给予适当补偿。例如，柯某为防止楼上掉落的花盆砸伤徐某，将其推到一旁，但自己却被花盆砸伤。那么，若找不到侵权人或侵权人无力赔偿，徐某应当给予柯某一定补偿；若侵权人承担责任，则徐某可以自愿选择是否给予一定补偿。

💡 冒用他人的姓名，是否侵犯了其姓名权？

甄某是一名网络小说作家，其作品深受网友的喜爱。贾某是甄某的同事，一直嫉妒甄某的才华。后来，贾某私自冒用甄某的姓名，发行了一部自己写的小说。请问，贾某是否侵犯了甄某的姓名权？

我国《民法典》第一千零一十四条规定："任何组织或者个人不得以干涉、盗用、假冒等方式侵害他人的姓名权或者名称权。"在日常生活中，冒用他人姓名，常常表现为偷偷用他人的名义或擅自顶替他人干一些事情，如冒用他人姓名获得利益、荣誉、工作、考学等。每一位公民都平等地享有姓名权、荣誉权等权利，任何人和组织都不得侵犯，否则必须承担相应的责任。

《民法典》第一百七十九条规定："承担民事责任的方式主要有：（一）停止侵害；（二）排除妨碍；（三）消除危险；（四）返还财产；（五）恢复原状；（六）修理、重作、更换；（七）继续履行；（八）赔偿损失；（九）支付违约金；（十）消除影响、恢复名誉；（十一）赔礼道歉。法律规定惩罚性赔偿的，依照其规定。本条规定的承担民事责任的方式，可以单独适用，也可以合并适用。"那么，对于侵犯姓名权的，承担民事责任的方式通常为：停止侵害、消除影响、恢复名誉、赔礼道歉，如果有损失，还可以要求赔偿损失。上面列举的案例中，贾某私自冒用甄某的姓名发行自己的小说，侵犯了甄某的姓名权，应承担相应的责任。

当遭遇职场性骚扰时，可以如何维护自己的权利？

小张大学毕业后初入职场，她的领导经常找各种借口和她单独共处一室，对她进行语言和肢体上的骚扰行为。节假日时，领导还会给小张发送一些露骨的消息，让小张不堪其扰，生活及工作都受到了很大的影响。那么，小张如何维护自己的权利呢？

我国《民法典》第一千零一十条规定："违背他人意愿，以言语、文字、图像、肢体行为等方式对他人实施性骚扰的，受害人有权依法请求行为人承担民事责任。机关、企业、学校等单位应当采取合理的预防、受理投诉、调查处置等措施，防止和制止利用职权、从属关系等实施性骚扰。"《妇女权益保障法》第四十条规定："禁止对妇女实施性骚扰。受害妇女有权向单位和有关机关投诉。"

《女职工劳动保护特别规定》第十一条规定:"在劳动场所,用人单位应当预防和制止对女职工的性骚扰。"

根据这几条规定可以看出,对于职场性骚扰行为,单位同样负有预防和处置义务,性骚扰的受害人不仅可以通过诉讼等方式直接向加害人要求赔偿,也可以向单位进行投诉举报,由单位对加害人进行相应的处罚。本案中的小张遭受了来自领导的性骚扰,她可以直接向法院提起诉讼,也可以向单位对领导的行为进行举报,以维护自己的正当权利。

💡 当人格权因违约行为受到侵害时,可以要求精神损害赔偿吗?

我国《民法典》第九百九十六条规定:"因当事人一方的违约行为,损害对方人格权并造成严重精神损害,受损害方选择请求其承担违约责任的,不影响受损害方请求精神损害赔偿。"从这条规定可以看出,受损害方请求违约方支付精神损害赔偿主要有两个条件:第一,违约行为侵害到了受损害方的人格权;第二,侵害人格权的同时,对受损害方造成了严重的精神损害。精神损害是否严重,可以从受损害方精神上的痛苦性、损害后果的严重性,以及损害的持续性等多方面进行考量。

《民法典》第九百九十条第一款规定:"人格权是民事主体享有的生命权、身体权、健康权、姓名权、名称权、肖像权、名誉权、荣誉权、隐私权等权利。"也就是说,只有当受损害方因另一方的违约行为导致本条规定中的权利受到损害,并遭受严重精神痛苦时,才可以要求精神损害赔偿。例如,小徐与某医疗美容机构签订了医疗美容合同,约定由该机构为小徐提供美容服务。但是由于该机构的美容设施未达标准,不仅美容没有成功,还导致小徐面部受损，难以修复。小徐从此每天以泪洗面，并患上了抑郁症。在这种情况下，该机构侵害了小徐的身体权，并且给小徐造成了严重的精神痛苦，小徐在要求该机构承担违约责任的同时，还可以要求该机构进行精神损害赔偿。

五、在网络

在网上"人肉搜索"某人,是否构成侵权?

2021年4月18日,王某的妻子高某从19层的家中跳楼自杀。随后,高某生前的微博被人发现,上面记载了高某因为丈夫王某出轨后自己备受煎熬的心路历程,自此针对王某的人肉搜索一发不可收拾。某娱乐网站根据该事件刊载了一篇文章,上面披露了王某的照片和个人信息,网友又纷纷转发至各大论坛,并发布具有攻击性和煽动性的失实言论,王某被网友骚扰、谩骂,也被迫从单位辞职。请问,这种"人肉搜索"是否构成侵权?

我国《民法典》第一百一十一条明确规定:"自然人的个人信息受法律保护。任何组织或者个人需要获取他人个人信息的,应当依法取得并确保信息安全,不得非法收集、使用、加工、传输他人个人信息,不得非法买卖、提供或者公开他人个人信息。"由此可见,公民的个人信息依法受法律保护,随意披露他人个人信息的行为是违法的,人肉搜索的方式会侵犯他人的民事权益,构成侵权。

此外,某娱乐网站未经本人允许将王某的肖像和个人信息公布在网络上,其行为已经侵犯王某的肖像权、隐私权。网友未经本人允许将王某的姓名、住址等个人信息披露在网上,侵犯了王某的合法权益。网友发布、转发攻击性、煽动性的失实言论,其行为已经侵犯了王某的名誉权。

目睹不道德行为，可以拍照并随意上传网站吗？

小刘是个爱猫人士，经常对需要协助小动物施以援手。某天，在上班途中，他看到马路上的一位女士正在用高跟鞋踩一只流浪猫，小刘上前劝阻，没想到对方态度十分恶劣，于是小刘拍下了照片，上传到了网上并发布了一篇声讨帖子，措辞激烈且带有侮辱性语言。虐猫照片一经上传，引起了爱猫人士的极大关注，网民们纷纷谴责虐猫的女士的行为，在小刘发布的帖子下方声讨虐猫的女士。一个月后，小刘突然收到了法院的传票，原来那位虐猫女士无意间看到了小刘发布的帖子，认为自己名誉受损，所以起诉了小刘。那么，小刘的这种行为是侵权行为吗？

我国《民法典》第一千零二十四条规定："民事主体享有名誉权。任何组织或者个人不得以侮辱、诽谤等方式侵害他人的名誉权。名誉是对民事主体的品德、声望、才能、信用等的社会评价。"第一千零二十五条又规定："行为人为公共利益实施新闻报道、舆论监督等行为，影响他人名誉的，不承担民事责任，但是有下列情形之一的除外：（一）捏造、歪曲事实；（二）对他人提供的严重失实内容未尽到合理核实义务；（三）使用侮辱性言辞等贬损他人名誉。"

由此可见，公民的名誉权等民事权益神圣不可侵犯。就上面的案例来说，小刘以为自己是在惩罚不道德行为，但是他将带有他人样貌的虐猫照片发布到网络上，并配以相关侮辱性的声讨文字的行为，已经构成了对该虐猫女士名誉权的侵害，是侵权行为。社会中的不正之气需要纠正，但在谴责这种不正之气的过程中，我们一定要注意对当事人容貌特征的保护，以免引起不必要的侵权纠纷，我们要做到对事不对人。

在微博上诋毁他人会触犯法律吗？

小芳和舍友萍萍平时关系一直不好。最近，小芳和萍萍因为宿舍卫生问题产生矛盾，小芳气急之下在微博上发文，杜撰萍萍是个彻头彻尾的小偷，经常偷拿舍友的东西。很多同班同学都看到了小芳发的这篇微博，一时间大家对萍萍的行径议论纷纷。萍萍知道事情以后扬言要去起诉小芳，小芳认为自己只是发了一篇微博，不可能触犯法律。那么，小芳的看法是正确的吗？

我国《民法典》第一千零二十四条规定："民事主体享有名誉权。任何组织或者个人不得以侮辱、诽谤等方式侵害他人的名誉权。名誉是对民事主体的品德、声望、才能、信用等的社会评价。"此外，我国《刑法》第二百四十六条第一款规定："以暴力或者其他方法公然侮辱他人或者捏造事实诽谤他人，情节严重的，处三年以下有期徒刑、拘役、管制或者剥夺政治权利。"

由此可见，法律保护公民的名誉，对于捏造事实诽谤他人破坏他人名誉的，轻则侵犯他人的名誉权，承担民事责任，重则还可能触犯刑法，承担形势责任。在前文案例中，小芳随意杜撰不存在的事实，并在微博上发布公之于众，对萍萍的名誉造成了负面的影响，这侵犯了萍萍的名誉权，应承担相应的法律责任。

将他人的不雅照片上传到自己的微博违法吗？

小高与男友罗某分手，罗某怀疑小高是因为移情别恋才会与自己分手，所以对小高怀恨在心。为了泄愤，罗某将二人在一起时偷拍的小高的不雅照片发布到自己的微博上。两人的很多共同好友都看到了这些照片，一时间对小高议论纷纷。得知此事后，小高要求罗某立即删除这些照片，否则就去起诉他。罗某称，发微博是自己的权利，法律不可能管那么宽。那么，罗某的认知是正确的吗？

我国《民法典》第一千零三十二条规定："自然人享有隐私权。任何组织或者个人不得以刺探、侵扰、泄露、公开等方式侵害他人的隐私权。隐私是自然人的私人生活安宁和不愿为他人知晓的私密空间、私密活动、私密信息。"第一千零三十三条规定："除法律另有规定或者权利人明确同意外，任何组织或者个人不得实施下列行为：（一）以电话、短信、即时通讯工具、电子邮件、传单等方式侵扰他人的私人生活安宁；（二）进入、拍摄、窥视他人的住宅、宾馆房间等私密空间；（三）拍摄、窥视、窃听、公开他人的私密活动；（四）拍摄、窥视他人身体的私密部位；（五）处理他人的私密信息；（六）以其他方式侵害他人的隐私权。"

由此可见，公民的隐私权等民事权益受到法律明确保护，一旦侵犯就要受到法律的制裁。在前面的案例中，罗某未经同意将小高的隐私照片发布到网上，属于"处理他人的私密信息"，已经构成对小高隐私权的侵犯，需要承担相应的侵权责任，所以罗某的认知是错误的。

是否可以将他人的试装照片用作广告宣传图片？

林某在市区开了一家女性服装店。每个去店里光顾的客人，林某都用相机为她们拍摄试装照片。同时，林某还有一家线上店铺，为了装修网店，林某将这些照片上传到网店里。这些照片并没有经过马赛克等处理，能够清晰辨认试装者的面部。那么，林某的这一行为是否有不妥之处呢？

我国《民法典》第一千零一十九条规定："任何组织或者个人不得以丑化、污损，或者利用信息技术手段伪造等方式侵害他人的肖像权。未经肖像权人同意，不得制作、使用、公开肖像权人的肖像，但是法律另有规定的除外。未经肖像权人同意，肖像作品权利人不得以发表、复制、发行、出租、展览等方式使用或者公开肖像权人的肖像。"

由此可知，公民依法享有肖像权。林某擅自给顾客拍照并上传到自己网店的页面上，侵犯了顾客的肖像权，应予以改正并向顾客赔礼道歉，必要时还要给予一定的赔偿。

遭遇网络暴力的受害者应当如何维护自己的权益？

某日，一篇名为"知名影星胡某是家暴男"的微博爆料迅速在网络上引爆热潮，而该案件的当事人胡某因此陷入网络暴力的深渊。胡某极力辩驳并提出相关的证据并要求微博后台管理人员删除这篇微博，但还是遭到拒绝。忍无可忍，胡某打算运用法律武器制裁违法造谣的人们，但是胡某很疑惑，自己应该去起诉谁呢？

我国《民法典》第一千零二十四条明确规定："民事主体享有名誉权。任何组织或者个人不得以侮辱、诽谤等方式侵害他人的名誉权。名誉是对民事主体的品德、声望、才能、信用等的社会评价。"遭遇网络暴力的当事人，往往受害的是其"名誉权"，最终受到"社会死"的效果。那么，面对网络暴力时，当事人该如何维权呢？

《民法典》第一千一百九十四条还规定："网络用户、网络服务提供者利用网络侵害他人民事权益的,应当承担侵权责任。法律另有规定的,依照其规定。"第一千一百九十五条规定:"网络用户利用网络服务实施侵权行为的,权利人有权通知网络服务提供者采取删除、屏蔽、断开链接等必要措施。通知应当包括构成侵权的初步证据及权利人的真实身份信息。网络服务提供者接到通知后,应当及时将该通知转送相关网络用户,并根据构成侵权的初步证据和服务类型采取必要措施;未及时采取必要措施的,对损害的扩大部分与该网络用户承担连带责任。权利人因错误通知造成网络用户或者网络服务提供者损害的,应当承担侵权责任。法律另有规定的,依照其规定。"

由此可见,网络用户、网络服务提供者在从事民事活动时都不能超越法律界限,否则就会侵犯他人的权利,承担相应的法律责任。在前面的案例中,微博上的用户发布或者转载不实言论,侵犯了胡某的名誉权。而网站作为网络服务提供者,在被通知后仍然没有采取删除、屏蔽、断开链接等必要措施,应当与网络用户一同承担侵权责任。所以,胡某可以去起诉发布、转载不实言论的网民和微博网站平台。

捏造虚假事实在朋友圈发布并被大量转发,是否构成犯罪?

李某是一名资深网民,平时喜欢在各大社交平台发布言论。最近,李某发布了一篇名为"法官滥用权力草菅人命"的文章,杜撰本市某法院的一名刘姓法官枉法裁判,该话题引发了极大的关注度,许多网民纷纷转发评论,转发扩散600余次,对该法官的生活造成了极大负面影响。那么,刘某捏造虚假事实并在网络上发布的行为,是否构成犯罪呢?

根据我国《最高人民法院、最高人民检察院关于办理利用信息网络实施诽谤等刑事案件适用法律若干问题的解释》第二条的规定:"利用信息网络诽谤他人,具有下列情形之一的,应当认定为刑法第二百四十六条[①]第一款规定的'情节严重':(一)同一诽谤信息实际被点击、浏览次数达到五千次以上,或者被转发次数达到五百次以上的……"

由此可知,利用信息网络散布谣言、诽谤他人的,将会构成刑事犯罪。在前面的案例中,李某杜撰不实言论,无端捏造有损他人名誉的事实,使得该法官的名誉受损,所发布的微博被转发次数达到五百次以上,符合诽谤罪的构成要件。因此,李某的行为触犯了刑法。

在网络小说中写入改编自他人经历的真实事件,是否侵犯他人名誉权?

小刘是一名网络作家,具有一定的影响力。一次,在缺乏灵感时,小刘将他人出轨离婚的真实事件改编后写入小说中,其行为是否侵犯了他人的名誉权?

我国《民法典》第一千零二十七条规定:"行为人发表的文学、艺术作品以真人真事或者特定人为描述对象,含有侮辱、诽谤内容,侵害他人名誉权的,受害人有权依法请求该行为人承担民事责任。行为人发表的文学、艺术作品不以特定人为描述对象,仅其

[①] 《刑法》第二百四十六条规定:以暴力或者其他方法公然侮辱他人或者捏造事实诽谤他人,情节严重的,处三年以下有期徒刑、拘役、管制或者剥夺政治权利。前款罪,告诉的才处理,但是严重危害社会秩序和国家利益的除外。通过信息网络实施第一款规定的行为,被害人向人民法院告诉,但提供证据确有困难的,人民法院可以要求公安机关提供协助。

中的情节与该特定人的情况相似的，不承担民事责任。"

由此可见，如果行为人在改编他人真实事件时，对该事件进行了歪曲丑化，或者在描写时融入了过强的个人感情色彩，对他人有侮辱行为的，最终导致他人的社会评价下降，就很可能侵犯他人的名誉权，需要承担停止侵害、排除妨碍、消除危险、消除影响、恢复名誉、赔礼道歉等责任。如果给他人造成了损失，还需要进行赔偿。本案中，如果小刘只是在文章的某个情节中对他人经历进行了改编，没有指明是该人，且没有侮辱、诽谤等行为的，就不侵犯他人的名誉权。

发现他人在网上诋毁死者人格，死者家人有权进行维权吗？

我国《民法典》第九百九十四条规定："死者的姓名、肖像、名誉、荣誉、隐私、遗体等受到侵害的，其配偶、子女、父母有权依法请求行为人承担民事责任；死者没有配偶、子女且父母已经死亡的，其他近亲属有权依法请求行为人承担民事责任。"由此可见，在我国的法律规定中，即使自然人已经死亡，其人格权依然受到保护。当死者的人格权受到侵害时，其配偶、子女、父母或其他近亲属均有权维护死者的权利。

同时，《民法典》第一千一百九十五条第一款规定："网络用户利用网络服务实施侵权行为的，权利人有权通知网络服务提供者采取删除、屏蔽、断开链接等必要措施。通知应当包括构成侵权的初步证据及权利人的真实身份信息。"从这条规定可以看出，当侵权人是通过网络实施侵权行为时，网络服务提供者也负有一定的义务。被侵权人有权要求网络服务提供者采取必要措施，来避免自己的权利受到进一步损害。举例来讲，某天小李发现有人在网上发帖诋毁自己逝去的父亲，此时小李可以先保存证据，并联系该网站的负责人，提供自己的真实身份信息后，要求网站先行删除该帖子。随后，小李可以对侵权人提起诉讼，要求其承担相应的责任。

图书在版编目（CIP）数据

法律问答十卷书．人身权益卷／荣丽双编著．—北京：中国法制出版社，2023.3
ISBN 978-7-5216-2777-0

Ⅰ．①法… Ⅱ．①荣… Ⅲ．①人身权-法律保护-中国-问题解答 Ⅳ．①D920.5

中国版本图书馆 CIP 数据核字（2022）第 122893 号

策划编辑：李佳　　　　责任编辑：刘冰清　　　　封面设计：杨鑫宇

法律问答十卷书．人身权益卷
FALÜ WENDA SHI JUAN SHU. RENSHENQUANYIJUAN

编著／荣丽双
经销／新华书店
印刷／三河市紫恒印装有限公司

开本/880 毫米×1230 毫米　32 开	印张/ 2.5　字数/ 55 千
版次/2023 年 3 月第 1 版	2023 年 3 月第 1 次印刷

中国法制出版社出版
书号 ISBN 978-7-5216-2777-0　　　　　　　（全十册）总定价：79.80 元

北京市西城区西便门西里甲 16 号西便门办公区
邮政编码：100053　　　　　　　　　　传真：010-63141600
网址：http://www.zgfzs.com　　　　　　编辑部电话：010-63141837
市场营销部电话：010-63141612　　　　　印务部电话：010-63141606

（如有印装质量问题，请与本社印务部联系。）

法律问答十卷书

合同往来卷

中国法制出版社
CHINA LEGAL PUBLISHING HOUSE

前　言

　　合同在我们的生活中并不鲜见。合同又称契约、协议，是当事人之间设立、变更、终止民事权利义务关系的一种民事法律行为。在很多时候，很多场合，大家为了促成交易或合作、规范双方的行为、保证正当的秩序等，都会签订合同。合同是签约双方的合意，是双方经协商后达成一致的各种条件。合同签订后，双方须按照合同条款履行各自的义务，以顺利实现合同的目的，如果一方未能完全履行合同，或者未履行合同，另一方可基于合同追究对方的违约责任，以实现对自身合法权益的保护。

　　可以说，合同对于规范经济秩序、保证交易顺利进行、保障各方当事人合法权益等方面起着至关重要的作用。那么，如何签订一份合法有效的合同？合同签订后又应当如何有效履行？合同能否变更？当事人不想履行合同继续下去了，能否解除？一方当事人违约了，没有违约的一方该怎么办？这一系列关于合同的现实问题，在我们的经济生活中相当常见。掌握一些关于合同的法律知识，对于我们解答和解决经济生活中遇到的一些合同问题，是非常有效和必要的。在此，我们精心编写了《法律问答十卷书·合同往来卷》，提炼了大量与我们的经济生活有关的合同法律知识。下面，我们一起来了解一下本书。

　　本书的内容以"提出问题—解决问题"的方式呈现，主要特色可归纳为以下四点：

第一，全面性。虽然本书的总字数不多，但是问题量大，知识点丰富，很多生活中常见的合同法律知识点都被囊括其中，具有相当的全面性。

第二，专业性。本书的编写者为专业的法律人士，他们都具有扎实、深厚的法律功底以及法律实践经验，能最大限度地保证本书的严谨性与专业性。

第三，实用性。本书的选题宗旨之一即为"实用"。能给读者带来实惠、帮助读者解答和解决问题，是我们写书的职责所在。

第四，通俗性。法律专业语言晦涩难懂，法律条文内容也大多不易理解。我们在书中注重用通俗易懂的语言解答各种法律问题，有些还辅以例证来解读，以期能够把问题讲清楚、讲透彻、讲明白。

最后，希望本书能给您的人生带来启迪与帮助！书中存在的不足之处，敬请批评指正！

本书编委会

2022 年 8 月

目　录

一、合同的签订

1	自动贩卖机上的自助选购模式是要约吗？构成要约的条件有哪些？
2	要约与要约邀请是一回事吗？
2	在规定的期限内作出了承诺，但由于其他原因导致没有及时到达对方，这样的承诺效力如何？
3	完整的合同需要具备哪些条款？
4	书面合同是否仅指纸质合同？
4	买卖双方能否以口头形式订立合同？
5	在网上购物时，买卖合同于何时成立？
5	个人之间的借款需要签合同吗？如果没有合同，如何证明借款事实的存在？
6	如何确定合同的成立地点？
7	双方约定符合一定条件时才签订赠与合同，该约定是否有效？
7	买卖双方能否在合同中约定自某日起生效？
8	买卖双方签订预约合同后一方不履行的，需不需要承担责任？
8	没有签合同的意思，但是仍然与对方洽谈工作，对方为此丧失其他签约机会的，能否追究其违约责任？

9	将洽谈过程中知道的对方的商业秘密泄露的，是否需要赔偿？
10	物业公司公开对业主所作出的承诺，属于物业服务合同的范畴吗？
11	订立合同时，中介公司故意隐瞒车辆重大问题，给买车人造成损失的，需要承担责任吗？
11	买卖合同生效后，双方还能签订补充协议来约定交货地点吗？

二、合同的效力

13	13岁小孩买手机的行为有效吗？
14	代理人签订的合同是否有效？
14	原董事长以公司名义对外签订的合同，其效力如何？
15	卖方声称"货物一经售出概不退换"是否有效？买方能否要求赔偿损失？
16	一方故意促使合同达成约定条件，合同能否成立？
16	二人串通签订合同，导致第三人合同目的不能实现，如何解决？
17	被告知未来小区建有游泳池等大型活动场所，但是实际购买后却没有，买方能否要求撤销购房合同？
17	误把有偿买卖当作无偿赠与，当事人能否撤销？
18	约定由接受赠与的一方完成指定任务，对方未完成的，能否撤销赠与？
19	当事人能在任意时间行使撤销权吗？
19	为避免财产被执行，与好友约定将财产无偿赠与的，效力如何？后果如何？
20	签订了借款合同，但是未收到钱，能否主张合同未生效？

21	个人之间的借款约定高额利息的是否有效？
21	借款合同能否提前扣除利息？
22	明知他人将借款用作赌资仍然出借的，借款合同效力如何？
23	第三人能否基于与受托人签订的合同，要求委托人承担民事责任？
23	房东和租户约定租住房屋30年，该约定是否有效？
24	承租人在租期届满后仍然继续居住，出租人未作表示的，之后出租人能否要求承租人立即搬离？

三、合同的履行

25	双方当事人对格式条款的理解不一致，应当以谁的解释为准？
25	合同约定的履行期限不明确，权利人可以要求对方立即履行吗？
26	执行国家定价的合同，卖方逾期交货期间遭遇货物调价，应该按照什么价格执行？
27	在中国交易时是否可以拒收他国货币？
28	卖方交付的数物中有一物不符合约定，买方可以由此解除合同吗？
28	货物在交付给买方之前意外损坏，应当由谁承担责任？
29	山羊在交付给买方之前产仔，羊羔应归谁所有？
29	买方违反了"一手交钱，一手交货"的约定，卖方应该如何维护自己的利益？
30	约定先履行一方不适当履行义务，后履行一方该如何维护自己的权益？
31	后履行合同一方经营状况严重恶化导致可能无法履行合同，先履行合同方应怎样维护自己权益？

32	债务人迟迟不支付合同价款并低价转让自己的财产，债权人就没有办法要到欠款了吗？
32	借款人可以不按照约定的借款用途使用借款吗？
33	个人之间借款却没有约定还款时间，该如何要求对方偿还借款？
34	借条中没有约定利息，还款时需要支付利息吗？
34	当事人没有约定保证方式的，保证责任应当如何承担？
35	存货人提前取出存储物，可以请求仓库经营人减少价款吗？
36	债务人不积极追讨自己的欠款，致使欠债权人的钱还不上，该债权人可以帮他追讨吗？
37	货物在运输途中因不可抗力导致毁损，货运公司是否承担赔偿责任？
37	商家在试用买卖中并未事先说明使用费，事后却要求买方支付使用费的行为是否合法？
38	试用期过后，试用人未对是否购买该产品作出表示，应当视为购买吗？
39	接受了中介提供的房源，就一定要支付中介费吗？
39	债务人与债权人在保理合同生效后私下的清偿行为是否有效？

四、合同的变更与解除

（一）合同的变更

41	一方当事人可以擅自变更已成立的合同吗？
41	对合同变更的内容约定不明确，该变更约定是否有效？
42	债权人转让债权是否必须经过债务人同意？
42	债权转让后，债务人对债权人的抗辩能否向受让人主张？
43	债务人未经债权人同意转移债务，效力如何？

44	在什么情形下，合同权利义务可以一并转让给第三人？
44	什么情况下，受托人可以将委托事项转托他人？
45	合同订立后一方当事人被合并，是否影响合同的履行？
45	融资租赁关系中，出租人变更买卖合同是否需要承租人同意？
46	房屋租赁期间承租人死亡，与其共同居住的人可以继续租住该房屋吗？
46	承揽合同中，承揽人因定作人变更工作要求而遭受损失，定作人应否赔偿？

（二）合同的解除

47	约定解除合同与协商解除合同的区别有哪些？
48	合同的法定解除情形有哪些？
48	当事人一方迟延履行债务是否必然导致合同解除？
49	合同成立后客观情况发生了重大变化，是否会导致合同解除？
50	合同解除是否影响损害赔偿责任的承担？
51	什么情形下，债务人可以提存货物？
51	提存期间，货物毁损灭失的风险由谁承担？
52	货物被提存后的收益归谁所有？领取提存物的时间有限制吗？
53	对于符合法定抵销要件的债权，当事人是否可以约定不得抵销？
53	标的物种类、品质不相同的互负债务能否抵销？
54	承租人订立合同时明知租赁物质量不合格，是否可以解除租赁合同？
54	定作人是否应当赔偿其解除合同给承揽人造成的损失？

55	委托合同可以随时解除吗？

五、违约责任

56	违约责任是否一定要在合同中列明？
56	一方不履行合同时，另一方应如何维护自己的权益？
57	合同违约方在哪些情况下可以不承担继续履行的责任？
58	守约方是否可以要求对方赔偿一切损失？
58	违约金低于造成的损失时，守约方是否可以请求法院予以增加？
59	"定金"与"订金"有何不同？
60	合同中同时出现定金和违约金的，能否同时适用？
60	若合同双方均存在违约行为，违约责任如何确定？
61	不能履约方在不可抗力发生后，是否需要通知对方并予以证明？
62	一方违约后，另一方因保管不当致使货物损失扩大的，扩大的损失能否要求违约方一并赔偿？
62	一方迟迟不购买制作货物的特殊原料，另一方可以在交货期满前要求其承担违约责任吗？
63	一方因第三人原因造成违约的，违约责任应由谁承担？
63	保管人私自将货物转交他人保管造成货物毁损的，赔偿责任应由谁承担？
64	约定第三人支付货款的，若第三人无力支付，违约责任应由谁承担？
64	承揽人私自将定作工作转托给第三人的，定作人应如何维权？
65	承揽人未按约定制作零件的，定作人可以要求减少报酬吗？
65	因逾期提货致货物受损的，应由谁承担损失责任？

66	未经出租人同意，承租人可以将货车租转给他人吗？
66	寄存人未按约定支付保管费的，保管人可以留置保管物吗？
67	承包人能否将建设工程分包给第三人？
68	火车晚点，乘客能否要求退票？

一、合同的签订

自动贩卖机上的自助选购模式是要约吗？构成要约的条件有哪些？

为了提高饮料的销量，美玲超市在周边公交车站等人流密集的地方投放了自动贩卖机，而且上面清晰地标注了各个饮品的价格，消费者可以自由投币取货，那么，自动贩卖机的这种模式是要约吗？构成要约的条件有哪些？

我国《民法典》第四百七十二条规定："要约是希望与他人订立合同的意思表示，该意思表示应当符合下列条件：（一）内容具体确定；（二）表明经受要约人承诺，要约人即受该意思表示约束。"

由此可见，要约应具备的条件包括：（1）内容具体确定，主要是指具备明确的价格、质量、数量等，不能含混不清；（2）经对方承诺，要约发出者即受到约束，也就是对方一旦承诺，二者间的合同就成立了。在上面的例子中，美玲超市投放的自动贩卖机明确标明了单品饮料的价格，该项内容是具体明确的，一旦消费者作出了投币选购的承诺，买卖合同就成立并生效，因此自动贩卖机的这种模式属于商家向消费者发出的要约。

要约与要约邀请是一回事吗？

我国《民法典》第四百七十二条规定："要约是希望与他人订立合同的意思表示，该意思表示应当符合下列条件：（一）内容具体确定；（二）表明经受要约人承诺，要约人即受该意思表示约束。"第四百七十三条第一款规定："要约邀请是希望他人向自己发出要约的表示。拍卖公告、招标公告、招股说明书、债券募集办法、基金招募说明书、商业广告和宣传、寄送的价目表等为要约邀请。"

可见，要约是向对方发出一个具体明确的请求，想要得到对方承诺，一旦对方作出了承诺，在双方之间即达成合同；而要约邀请是向对方发出一个邀请，实际上是希望对方向自己发出要约，然后自己作出承诺，在双方之间达成共识，建立合同。所以，两者不是一回事。

例如，老李给好友们群发短信说，本人欲出售小音箱一个，质量好，价格便宜，欲购从速。老王看到后给老李发短信，说音响他出100元买了。老李回复好的。在这个案例中，老李给好友群发的短信是希望某一个好友可以向自己发出购买的要约，属于要约邀请，之后老王给出价格的短信，内容具体明确，属于要约，老李回复好的属于对该项要约作出的承诺。

在规定的期限内作出了承诺，但由于其他原因导致没有及时到达对方，这样的承诺效力如何？

我国《民法典》第四百八十七条规定："受要约人在承诺期限内发出承诺，按照通常情形能够及时到达要约人，但是因其他原因致使承诺到达要约人时超过承诺期限的，除要约人及时通知受要约人因承诺超过期限不接受该承诺外，该承诺有效。"

在规定期限以外作出的承诺，在学理上是指迟到的承诺，主要是指承诺已经在指定的期限内作出，而且通常情况可以到达，但是由于其他原因导致到达要约发出者时超过了时间限制。通常情况下，该承诺有效，但是，要约人拒绝的除外。例如，杜某向李某致函：我想以10万元购买你的大众汽车，请在三天内回复。李某马上回信说可以。但是由于快递爆仓，导致实际送达时间晚了五天。杜某收到后开车前往李某处，商谈过户事宜。在这个案例中，李某在规定时间内作出答复，但是由于快递原因造成了送达的推迟，而杜某并未反对，仍然驱车准备商议过户事宜，表明其认可李某的承诺，因此该承诺有效。

完整的合同需要具备哪些条款？

我国《民法典》第四百七十条规定："合同的内容由当事人约定，一般包括下列条款：（一）当事人的姓名或者名称和住所；（二）标的；（三）数量；（四）质量；（五）价款或者报酬；（六）履行期限、地点和方式；（七）违约责任；（八）解决争议的方法。当事人可以参照各类合同的示范文本订立合同。"第五百九十六条规定："买卖合同的内容一般包括标的物的名称、数量、质量、价款、履行期限、履行地点和方式、包装方式、检验标准和方法、结算方式、合同使用的文字及其效力等条款。"

因此，对于合同中应当包括的条款，主要可以分为三类：一是根据法律明确规定，成立合同必须具备的条款，如《民法典》第四百七十条中的规定；二是合同性质必须具备的条款，如买卖合同通常具备哪些条款，如《民法典》第五百九十六条的规定；三是当事人约定的其他条款。可见，在订立合同时，要注意列明相关条款，避免出现纠纷时对自己的权利造成影响。

书面合同是否仅指纸质合同？

我国《民法典》第四百六十九条规定："当事人订立合同，可以采用书面形式、口头形式或者其他形式。书面形式是合同书、信件、电报、电传、传真等可以有形地表现所载内容的形式。以电子数据交换、电子邮件等方式能够有形地表现所载内容，并可以随时调取查用的数据电文，视为书面形式。"

从这条规定可以看出，当事人在订立合同时有着很高的自由度，可以采取多种形式订立合同。其中，书面合同也并不只限于纸质载体上的合同，只要是能够有形地表现所载内容并能够随时调取的合同，都属于书面合同的范围。例如，某甲计划向某乙购买一批货物，两人在商量好相关事宜后，通过电子邮件的方式签订了一份电子合同。在这种情况下，虽然某甲和某乙签订的合同并未通过纸质合同的形式表现出来，但该合同能够有形地表现所载内容，可存档并随时取用，就是符合法律规定的书面合同。

买卖双方能否以口头形式订立合同？

在一次旅行中，丽丽看中了同行伙伴芳芳携带的卡通钢笔，于是问芳芳能否卖给自己，得到芳芳的同意后，二人商定以20元价格交易。那么，二人之间的买卖合同成立了吗？

我国《民法典》第一百三十五条规定："民事法律行为可以采用书面形式、口头形式或者其他形式；法律、行政法规规定或者当事人约定采用特定形式的，应当采用特定形式。"

由此可见，买卖双方订立合同的形式是多样的，可以采用口头形式、书面形式和其他形式，但是如果双方约定或者法律规定采用特定形式的，必须采用特定形式。在上面的例子中，丽丽和芳芳对于钢笔的出售口头达成了共识，因此在她们之间的合同成立。

💡 在网上购物时，买卖合同于何时成立？

小孙在公司担任内勤人员，负责为公司采买办公用品。小孙在某购物平台上找到一家店铺，在该店铺中订购了大量办公用品。在店家发布的商品页面中，店家表示货物将在付款后两天内发出。两天后，店家并未按时发货。小孙找店家要说法，店家却表示只要货物未发出，买卖合同就没有成立，店家的行为并不算违约。那么，该买卖合同究竟应当在何时成立？

我国《民法典》第四百九十一条第二款规定："当事人一方通过互联网等信息网络发布的商品或者服务信息符合要约条件的，对方选择该商品或者服务并提交订单成功时合同成立，但是当事人另有约定的除外。"也就是说，当买家通过网络平台进行网络购物时，商家发布的商品信息及服务信息视为对买家的要约，买家提交订单时视为对该要约的承诺，双方之间的买卖合同也就依法成立。本案中的小孙在网络平台购物，已经提交订单并付款，小孙与店家之间就已经成立了合法有效的买卖合同，店家应当在其承诺的发货时间内发货。如果因店家延迟发货给小孙造成了损失，店家应当承担相应的违约责任或赔偿。

💡 个人之间的借款需要签合同吗？如果没有合同，如何证明借款事实的存在？

白某借给好友蔡某 10 万元，当时碍于情面，双方没有签订借款合同。还款期到来后，蔡某不仅没有还款，还否认借款事实的存在。白某如何保障自己的权利？

我国《民法典》第六百六十八条第一款规定："借款合同应当采用书面形式，但是自然人之间借款另有约定的除外。"

由此可见，法律对于自然人之间借款合同的形式，规定得比较灵活，并没有强制要求使用书面形式。然而在实践中，自然人之间的借款大多发生在熟人之间，碍于情面双方一般不会签订书面借款合同，这就导致解决纠纷时往往证据不足，造成不必要的麻烦。因此，要注意自然人之间的大额借款一定要签订借款合同或者采用打借条的形式，必须形成纸质的凭证，此外，微信聊天截屏、电话录音、保存转账记录、银行交易流水等，都是保护自己权利的基本措施，发生纠纷后可以作为证据使用。在上面的例子中，白某可以凭借银行流水、转账记录等证明二人之间确实存在借款事实。

如何确定合同的成立地点？

我国《民法典》第四百九十二条规定："承诺生效的地点为合同成立的地点。采用数据电文形式订立合同的，收件人的主营业地为合同成立的地点；没有主营业地的，其住所地为合同成立的地点。当事人另有约定的，按照其约定。"

我国《民法典》第四百九十三条规定："当事人采用合同书形式订立合同的，最后签名、盖章或者按指印的地点为合同成立的地点，但是当事人另有约定的除外。"

由此可见，合同的成立地点通常是指承诺的地点。采用数据电文形式订立的合同，如电子邮件等，合同成立地点为收件人主营业地或住所地；采用合同书形式订立的合同，合同成立地点为最后签字、捺印或盖章的地点，有多个地点的，除非当事人之间另有约定。

双方约定符合一定条件时才签订赠与合同，该约定是否有效？

李某和赵某约定，如果赵某明年的机动车驾驶证考试顺利通过，李某就送一台平板电脑给他。那么，这样约定是否有效？

我国《民法典》第一百五十八条规定："民事法律行为可以附条件，但是根据其性质不得附条件的除外。附生效条件的民事法律行为，自条件成就时生效。附解除条件的民事法律行为，自条件成就时失效。"

上面的条文规定的是附条件合同，即只有满足一定条件时，合同才能成立。这里的"条件"不是随便约定的，需要满足：（1）该条件必须是将来发生的事实；（2）该条件是不确定的但又是可能发生的事实；（3）该条件是双方约定的合法的事实。在上面的例子中，李某和赵某将驾照的取得作为赠与合同成立的条件，其内容并未违反附条件合同的构成条件，因此是有效的。

买卖双方能否在合同中约定自某日起生效？

2021年3月，某超市与海鲜加工厂约定，由海鲜厂为超市提供一批海鲜，货到付款。该合同在2021年5月10日生效，生效之日起立即履行合同义务。那么，双方对生效日期的约定是否有效？

我国《民法典》第一百六十条规定："民事法律行为可以附期限，但是根据其性质不得附期限的除外。附生效期限的民事法律行为，自期限届至时生效。附终止期限的民事法律行为，自期限届满时失效。"

上面的法律条文规定的是附期限的法律行为，是指双方把未来确定发生的事情作为合同的一部分，当时间到来时合同生效或者失效，这属于双方当事人可以约定和更改的事项，符合双方的真实意思。在上面的例子中，双方约定 2021 年 5 月 10 日合同生效，是双方洽谈之后的结果，符合法律规定，因此是有效的。

买卖双方签订预约合同后一方不履行的，需不需要承担责任？

张某与赵某签订预采购合同，由赵某收购张某 1000 斤核桃，双方约定两个月后签订正式合同。之后，张某积极进行了准备工作，但是赵某在规定时间并未与张某签约，并且核桃市场波动，导致张某亏损。那么，能否要求赵某承担赔偿责任？

《民法典》第四百九十五条规定："当事人约定在将来一定期限内订立合同的认购书、订购书、预订书等，构成预约合同。当事人一方不履行预约合同约定的订立合同义务的，对方可以请求其承担预约合同的违约责任。"

可见，根据上面法律条文的规定，即签订了认购书、意向书等预约合同，就受到该预约合同的约束，应当积极地遵守规定。双方在签订预约合同之后，一方不积极履行的，可能将承担违约责任。在上面的例子中，双方签订预约合同后，赵某不积极履行，给张某造成了损失，张某可以要求赵某承担预采购合同的违约任务。

没有签合同的意思，但是仍然与对方洽谈工作，对方为此丧失其他签约机会的，能否追究其违约责任？

甲公司得知乙公司要与丙公司签订一笔大额交易，为了阻止乙、丙之间的交易，抢先和乙公司的经理进行洽谈，并实地考察，乙公司经过考虑，放弃了与丙公司的签约。但是，每次乙公司主张签订合同时，甲公司即以各种理由搪塞，最后甲公司以乙公司不符合要求为由拒绝签约。那么，乙能否要求甲公司承担违约责任？

我国《民法典》第五百条规定："当事人在订立合同过程中有下列情形之一，造成对方损失的，应当承担赔偿责任：（一）假借订立合同，恶意进行磋商；（二）故意隐瞒与订立合同有关的重要事实或者提供虚假情况；（三）有其他违背诚信原则的行为。"

上面的条款规定的是缔约过失责任，是指双方为了订立合同而进行协商、洽谈时，在两者之间已经形成了一种紧密的联系，一方不当的行为会对对方产生诸多影响，遭受损害的一方可以要求对方承担缔约过失责任。上面的例子中，甲公司假借订立合同，恶意磋商，给乙公司造成了损失，但是，此时两个公司尚未签订合同，所以，乙公司不能请求其承担违约责任，但是由于甲公司违反了诚实信用原则，甲的恶意行为给乙公司造成了损失，乙公司可以请求其承担缔约过失责任。

将洽谈过程中知道的对方的商业秘密泄露的，是否需要赔偿？

甲公司和乙公司欲达成软件交易，为了增加签约的可能性，乙公司向甲公司讲述了该软件的性能及设计原理，但是双方仍然未能达成合同。之后，甲公司向另一家软件公司提供了该软件的设计原理，最终生产了类似功能的软件，那么，甲公司是否需要赔偿乙公司？

我国《民法典》第五百零一条规定："当事人在订立合同过程中知悉的商业秘密或者其他应当保密的信息，无论合同是否成立，不得泄露或者不正当地使用；泄露、不正当地使用该商业秘密或者信息，造成对方损失的，应当承担赔偿责任。"

由此可知，根据诚实信用原则，无论合同是否成立，对于知晓的行业秘密都不得泄露或不当使用，否则应当承担缔约过失责任。在上面的例子中，甲公司将知晓的乙公司的商业秘密提供给了其他公司，造成了乙公司的损失，尽管合同没有成立，但是因为违反了诚实信用原则，所以应该向乙公司承担缔约过失责任。

💡 物业公司公开对业主所作出的承诺，属于物业服务合同的范畴吗？

我国《民法典》第九百三十七条规定："物业服务合同是物业服务人在物业服务区域内，为业主提供建筑物及其附属设施的维修养护、环境卫生和相关秩序的管理维护等物业服务，业主支付物业费的合同。物业服务人包括物业服务企业和其他管理人。"同时，第九百三十八条第二款规定："物业服务人公开作出的有利于业主的服务承诺，为物业服务合同的组成部分。"从这两条规定中可以看出，一旦物业服务人与业主之间签订了物业服务合同，物业服务人就应当对业主承担提供物业服务的义务。物业服务人公开作出的有利于业主的服务承诺，也应当视为其义务的延伸，成为物业服务合同的一部分。

例如，甲物业公司与A小区的物业服务合同中并未约定为业主限时上门提供维修服务的具体事项。但是，甲公司在A小区的公告栏内张贴了一纸公告，承诺业主报修后物业将在24小时内提供上门维修服务。该承诺虽然并未约定在物业服务合同中，但甲公司应当将其作为物业服务合同的一部分，严格按照24小时的时间限制为业主提供维修服务。如果甲公司因未及时维修给业主造成损失的，也应当承担赔偿责任。

💡 订立合同时，中介公司故意隐瞒车辆重大问题，给买车人造成损失的，需要承担责任吗？

王某经中介公司介绍购买了一辆二手大众汽车，中介公司承诺该车为原厂原车，性能很好。但是王某在一次保养时发现，该车发动机并非来自原厂，实际是一辆组装车，这时他能否要求中介公司赔偿损失？

我国《民法典》第九百六十二条明确规定："中介人应当就有关订立合同的事项向委托人如实报告。中介人故意隐瞒与订立合同有关的重要事实或者提供虚假情况，损害委托人利益的，不得请求支付报酬并应当承担赔偿责任。"

由此可见，中介人应当如实报告合同事项，为委托人创造机会和条件，不能为了合同的成立故意隐瞒与合同相关的重要事项，否则，给委托人造成损害的应当承担赔偿责任。在上面的例子中，中介公司隐瞒车辆是组装车的事实，使得王某相信车辆性能良好而购买，中介公司没有履行如实告知义务，对于王某的损失应当承担赔偿责任。

💡 买卖合同生效后，双方还能签订补充协议来约定交货地点吗？

甲公司和乙公司签订了大豆买卖合同，同时约定凌志公司负责运输，但是未约定交付地点，在实际履行前，乙公司与甲公司达成协议，约定送货至乙公司1号仓库。那么，该协议有效吗？

我国《民法典》第五百一十条规定："合同生效后，当事人就质量、价款或者报酬、履行地点等内容没有约定或者约定不明确的，可以协议补充；不能达成补充协议的，按照合同相关条款或者交易习惯确定。"

由此可见，合同生效后，是可以通过再签订补充协议来明确合同中没有约定或约定不明确的内容的。补充协议实际上是对主合同的补充和对细节的规定，法律允许在合同生效后签订补充协议，目的是促成交易的完成。在上面的例子中，买卖双方在合同中只是约定由甲公司负责运输，但是未注明交货地点，因此双方可以协商对地点作出具体规定，本质上该协议属于大豆买卖合同的补充约定。

二、合同的效力

13 岁小孩买手机的行为有效吗？

13 岁的小张用自己的压岁钱在天某手机专卖店购买了一部手机，父亲老张知道后认为小张属于未经大人同意擅自购买，要求手机店返还购机款，老张的主张能否得到支持？

我国《民法典》第十九条规定："八周岁以上的未成年人为限制民事行为能力人，实施民事法律行为由其法定代理人代理或者经其法定代理人同意、追认；但是，可以独立实施纯获利益的民事法律行为或者与其年龄、智力相适应的民事法律行为。"

未成年人因为年龄较小，心智不成熟，不能准确认识法律行为的意义，因此，法律对于未成年人给予较多的保护，在民法上，八周以上的未成年人只能实施纯获利的行为以及和自己年龄、智力等相适应的行为，如接受赠与、乘公交车、购买文具等，对于超出自己认知的行为，应当由父母代为实施或者经父母同意后实施。上面的例子中，13 岁的小张购买手机的行为超出了其行为范围，应当得到父母的同意才有效，而老张是明确拒绝的，因此，小张的购买行为因老张拒绝而被撤销，老张可以要求手机店返还购机款。

代理人签订的合同是否有效?

我国《民法典》第一百六十一条规定:"民事主体可以通过代理人实施民事法律行为。依照法律规定、当事人约定或者民事法律行为的性质,应当由本人亲自实施的民事法律行为,不得代理。"

我国《民法典》第一百六十二条规定:"代理人在代理权限内,以被代理人名义实施的民事法律行为,对被代理人发生效力。"

由此可见,自然人可以委托代理人代为订立合同,关键在于委托代理权限,即代理人必须在代理权范围内实施行为,且该行为最终对被代理人发生效力。例如,张三委托助理李四以自己的名义到宝马厂购买一辆 X 系汽车,第二天,李四以张三的名义与宝马厂签订了购买宝马 X1 的合同。在这个例子里,李四接受张三的委托,是张三的代理人,其在委托权范围内购买宝马车的行为是有效的。

原董事长以公司名义对外签订的合同,其效力如何?

甲公司因内部人员调整,将董事长由赵某变更为李某,但一直未前往有关部门办理相关变更登记手续。后赵某以甲公司的名义与乙公司签订了一份买卖合同,现乙公司要求甲公司履行合同,甲公司能否以赵某已经不是公司董事长为由拒绝?

我国《民法典》第五百零四条规定:"法人的法定代表人或者非法人组织的负责人超越权限订立的合同,除相对人知道或者应当知道其超越权限外,该代表行为有效,订立的合同对法人或者非法人组织发生效力。"

根据条文可知,一般情况下,法定代表人或者负责人超越权限订立的合同是有效的,但对方知情时除外。简单来说,即一方认为另一方是负责人,但实际上该方并不是负责人的情形。例外情况是指：明知负责人超越代理范围，仍然与之订立合同，属于知情，法律不予保护，这种情况下订立的合同无效。上面例子里，在有关部门的登记中，赵某仍是董事长，而且乙公司不可能知道甲公司的内部人员调整情况，属于不知情，所以乙公司与赵某签订的合同有效，对公司具有约束力，公司不能拒绝。

卖方声称"货物一经售出概不退换"是否有效？买方能否要求赔偿损失？

阳阳在商场购买了一部新手机，回家后发现手机是故障机，无法使用。在与商家沟通赔偿的过程中，商家表示：在购买手机时已经明确告知手机一经售出，概不退换。因此，拒绝了阳阳的赔偿请求。那么，商家的说法是否正确？阳阳是否有权请求商家赔偿损失？

我国《民法典》第四百九十七条规定："有下列情形之一的，该格式条款无效：（一）具有本法第一编第六章第三节和本法第五百零六条规定的无效情形；（二）提供格式条款一方不合理地免除或者减轻其责任、加重对方责任、限制对方主要权利；（三）提供格式条款一方排除对方主要权利。"该法第五百零六条规定："合同中的下列免责条款无效：（一）造成对方人身损害的；（二）因故意或者重大过失造成对方财产损失的。"

由此可见，在日常生活中，如遇有卖方单方提供的格式条款或者格式合同，不符合《民法典》关于民事法律行为效力之规定或免除、减轻卖方自身责任、加重买方责任、限制买方主要权利的条款无效。同时，造成买方人身损害或因故意、重大过失造成对方财产损失的免责条款亦无效。在上述案例中，卖方所说"一经售出概不退换"实质上为格式条款,其免除了商家自身的瑕疵担保责任,排除了消费者阳阳的合法损失赔偿请求权(退货、更换等权利),应当为无效。因此商家的辩驳无依据,阳阳有权要求商家赔偿损失。

一方故意促使合同达成约定条件,合同能否成立?

我国《民法典》第一百五十八条规定:"民事法律行为可以附条件,但是根据其性质不得附条件的除外。附生效条件的民事法律行为,自条件成就时生效。附解除条件的民事法律行为,自条件成就时失效。"第一百五十九条规定:"附条件的民事法律行为,当事人为自己的利益不正当地阻止条件成就的,视为条件已成就;不正当地促成条件成就的,视为条件不成就。"

因此,交易双方可以约定合同生效条件或解除条件,但是,假如双方作出了相应约定,一旦满足条件,即自行生效或者解除。如果一方故意阻止或促进条件成就或不成就的,作相反推定。例如,甲和乙约定:如果明天早上甲门前有黑狗出现,就与乙签订房屋买卖合同。第二天早上,乙将事先准备好的黑狗放到甲门前,从而要求甲必须与自己签订合同。在这个案例中,二人签订合同是由于乙故意促成条件生效的,根据法律规定应当推定为条件不成就,所以合同不能成立。

二人串通签订合同,导致第三人合同目的不能实现,如何解决?

我国《民法典》第一百五十四条规定,行为人与相对人恶意串通,损害他人合法权益的民事法律行为无效。

可见,在交易活动中,每个市场主体都应积极促进交易的实现,对于故意使用某种手段,损害他人合法权益的行为应当认定为无效。例如，因房价大涨，甲想提高与乙之前约定的价格，乙没有同意，于是甲将情况告诉好友丙，并与丙联合，由丙购买该房屋并过户，但是不支付钱款，以此方法不将房屋出售给乙。在本案中，甲与丙故意签订假合同，串通损害了乙的合法权益，导致甲乙的合同落空，致使乙未能取得房屋，甲、丙之间的合同应被认定无效，甲应该积极履行与乙的约定。

被告知未来小区建有游泳池等大型活动场所，但是实际购买后却没有，买方能否要求撤销购房合同？

我国《民法典》第一百四十八条规定："一方以欺诈手段，使对方在违背真实意思的情况下实施的民事法律行为，受欺诈方有权请求人民法院或者仲裁机构予以撤销。"

从民法理论角度来说，民事法律行为应是双方真实意思一致达成的目标行为。如果一方使用欺诈手段欺骗另一方，而使得双方的意思达成一致，那么，这种行为违背了双方的意思一致，属于可撤销行为。被欺骗一方享有撤销权，可以向法院、仲裁机构要求撤销之前的行为。例如，某售楼处工作人员告诉甲，未来小区建成后有游泳池、室内篮球场等设施，甲因此心动与其签订了购房合同。但是实际入住后，甲发现原来承诺的设施都没有落实，此时，售楼处的行为就是属于上面所说的，是利用欺骗行为才使合同得以签订，其行为属于可撤销行为，甲作为被欺骗一方可以向法院起诉要求撤销合同。

误把有偿买卖当作无偿赠与，当事人能否撤销？

甲收到乙的邮件，内容为：乙手头有一个瑕疵不明显的水晶杯，问甲要不要。甲以为乙是要送给自己，于是回复：好的，其要了。实际上乙是想以 3000 元价格卖给甲，如果这时乙向甲索要 3000 元，甲能否以重大误解为由请求撤销？

我国《民法典》第一百四十七条规定："基于重大误解实施的民事法律行为，行为人有权请求人民法院或者仲裁机构予以撤销。"

重大误解主要包括对行为性质的认识错误、对当事人的认识错误等情形，属于行为的后果与自己设想的意思不相符合。按照法律的规定，实际上仍然是侧重保护当事人的真实意思，给予错误意思一方纠错的机会。在上面的例子中，当乙向甲请求支付 3000 元价款时，甲此时才明白，是自己错把有偿的买卖行为当作无偿的赠与行为，甲对合同的性质出现了错误认识，属于重大误解，符合法律条文的规定，有权请求法院或者仲裁机构予以撤销。

约定由接受赠与的一方完成指定任务，对方未完成的，能否撤销赠与？

张老汉膝下无子，于是和邻居赵某约定：张老汉将自己名下的一套房屋赠与赵某，赵某负责张老汉未来十年的基本生活。但是，协议达成后，赵某仅仅照顾了张老汉半年左右，便拒绝继续照顾并拒绝将房屋返还。那么，张老汉是否有权撤销之前的协议？

我国《民法典》第六百六十三条第一款规定："受赠人有下列情形之一的，赠与人可以撤销赠与：（一）严重侵害赠与人或者赠与人近亲属的合法权益；（二）对赠与人有扶养义务而不履行；（三）不履行赠与合同约定的义务。"显然，在符合上述法律规定的三种情况下，赠与人可以行使撤销权，撤销赠与行为，要回先前赠与他人的财物。

在上面的例子中，张老汉与赵某达成了赠与协议，但是附有条件，即赵某需要完成相应的合同义务，但是赵某在照顾了张老汉半年后拒绝继续履行合同义务，违反了二人之间的协议约定，张老汉作为赠与人当然有权利撤销赠与，请求赵某返还赠与的房屋。

💡 当事人能在任意时间行使撤销权？

我国《民法典》第一百五十二条规定："有下列情形之一的，撤销权消灭：（一）当事人自知道或者应当知道撤销事由之日起一年内、重大误解的当事人自知道或者应当知道撤销事由之日起九十日内没有行使撤销权；（二）当事人受胁迫，自胁迫行为终止之日起一年内没有行使撤销权；（三）当事人知道撤销事由后明确表示或者以自己的行为表明放弃撤销权。当事人自民事法律行为发生之日起五年内没有行使撤销权的，撤销权消灭。"

由此可见，对于撤销权的行使，法律赋予了当事人行使权利的时间，当事人应当在规定的时间内积极行使自己的权利。例如，甲利用暴力威胁乙，乙才同意将手机赠与甲。事发两年后，乙主张撤销自己和甲之间的赠与合同，要求甲归还手机，能否得到支持？答案是不能，甲的行为的确属于胁迫行为，符合撤销权的前提条件，但是，时间条件上，乙应当在胁迫行为终止之后一年内行使撤销权，本案中，乙在行为终止后两年内才行使，不符合时间条件，撤销权消灭，请求不能得到支持。

💡 为避免财产被执行，与好友约定将财产无偿赠与的，效力如何？后果如何？

我国《民法典》第一百五十七条规定："民事法律行为无效、被撤销或者确定不发生效力后，行为人因该行为取得的财产，应当予以返还；不能返还或者没有必要返还的，应当折价补偿。有过错的一方应当赔偿对方由此所受到的损失；各方都有过错的，应当各自承担相应的责任。法律另有规定的，依照其规定。"

《民法典》第一百五十四条规定："行为人与相对人恶意串通，损害他人合法权益的民事法律行为无效。"

民事法律行为有效的，双方应当积极履行义务，促成交易。无效、被撤销或者确定不发生效力的，应当使双方回到未交易时原来的状态。所以涉及财产的应当积极返还，不能返还或没有必要的，应当折价补偿。例如，甲的债权人丙申请法院强制执行甲的财产偿还债务，为躲避法院的执行，甲和好友乙商量，甲表面上将财产无偿赠与乙，但是乙实际上并不控制这些财产。此时，由于甲、乙之间的赠与合同属于双方恶意串通，损害了甲的债权人丙的利益，因此赠与行为无效，根据上面的规定，应当由该好友返还财产，不能返还的，应当折价补偿，以此保护债权人的合法权益。

签订了借款合同，但是未收到钱，能否主张合同未生效？

《最高人民法院关于审理民间借贷案件适用法律若干问题的规定》第九条规定："自然人之间的借款合同具有下列情形之一的，可以视为合同成立：（一）以现金支付的，自借款人收到借款时；（二）以银行转账、网上电子汇款等形式支付的，自资金到达借款人账户时；（三）以票据交付的，自借款人依法取得票据权利时；（四）出借人将特定资金账户支配权授权给借款人的，自借款人取得对该账户实际支配权时；（五）出借人以与借款人约定的其他方式提供借款并实际履行完成时。"

自然人借款的核心在于钱款的支付，结合上面司法解释的规定，自然人之间的借款合同，在合同性质上属于实践合同，即自贷款人提供借款时合同生效。例如，公民甲与乙书面约定，甲向乙借款2万元，但是乙一直没有向甲提供这笔钱。如果乙拿着俩人所签的合同要求甲还钱时，甲可以主张二人之间的合同未生效，拒绝还钱，并可以要求乙承担缔约过失责任。

个人之间的借款约定高额利息的是否有效？

赵某与李某约定，赵某借给李某10万元，年利率为40%，借款一年。那么，双方关于利息的约定是否合法？

《最高人民法院关于审理民间借贷案件适用法律若干问题的规定》第二十五条规定："出借人请求借款人按照合同约定利率支付利息的，人民法院应予支持，但是双方约定的利率超过合同成立时一年期贷款市场报价利率四倍的除外。前款所称'一年期贷款市场报价利率'，是指中国人民银行授权全国银行间同业拆借中心自2019年8月20日起每月发布的一年期贷款市场报价利率。"

由此可见，借款利息的约定不得超过合同成立时一年期贷款市场报价利率的四倍。在上面的例子中，赵某与李某约定的年利率为40%，显著高于一年期贷款市场报价利率四倍，其中低于合同成立时一年期贷款市场报价利率四倍的部分合法有效，该部分利息应当返还；对于超出的部分，因其违反法律规定无效，不受保护。

借款合同能否提前扣除利息？

老李与老张约定：老李向老张借款1万元，利息为1000元。合同签订后，老张在支付钱款前，将1000元利息扣除，实际支付老李9000元。在还款日到来时，老张主张归还1万元，能否得到支持？

我国《民法典》第六百七十条规定："借款的利息不得预先在本金中扣除。利息预先在本金中扣除的，应当按照实际借款数额返还借款并计算利息。"

因此，在借款合同中，借款的数额及利息，应当以实际到手的数额进行计算，预先扣除利息的，扣除的利息并不被计算在内。就合同性质而言，借款合同作为实践合同，以交付给借款人的数额为准，而约定的数额并不是借款合同实际的数额。因此，自然不能预先扣除。在上面的例子中，约定借款金额为 1 万元，但是，老张实际交付给老李的只有 9000 元，结合前面的分析，9000 元为实际到手的数额，最终即应当以此计算，预先扣除的数额不计算在内。

明知他人将借款用作赌资仍然出借的，借款合同效力如何？

《最高人民法院关于审理民间借贷案件适用法律若干问题的规定》第十三条规定："具有下列情形之一的，人民法院应当认定民间借贷合同无效：（一）套取金融机构贷款转贷的；（二）以向其他营利法人借贷、向本单位职工集资，或者以向公众非法吸收存款等方式取得的资金转贷的；（三）未依法取得放贷资格的出借人，以营利为目的向社会不特定对象提供借款的；（四）出借人事先知道或者应当知道借款人借款用于违法犯罪活动仍然提供借款的；（五）违反法律、行政法规强制性规定的；（六）违背公序良俗的。"

上述司法解释对民间借贷合同的无效事由作了具体规定，在实践中出现符合上述条款规定的情形时，应当认定为合同无效。法律之所以这样规定，其主要目的在于规范资金出借人的出借行为，维护合同效力及市场经营秩序，规范民间借贷合同的认定。例如，孙某明知李某是将款项用于赌博活动，仍然出借，此时，根据条文第

（四）项，孙某明知李某将钱用于赌博这种非法活动，仍然出借资金，则该借贷合同无效。

💡 第三人能否基于与受托人签订的合同，要求委托人承担民事责任？

甲公司委托乙公司代为销售房屋，乙公司在销售期间，在大厅展示了与甲公司的委托代售协议，明示房屋实际为甲公司所有。丙在看房时付款购买了其中一套房屋，但是在实际入住后，发现房屋主体结构和当初所看到的不一致，此时，丙直接请求甲公司退还购房款，赔偿自己的损失，能否得到支持？

我国《民法典》第九百二十五条规定："受托人以自己的名义，在委托人的授权范围内与第三人订立的合同，第三人在订立合同时知道受托人与委托人之间的代理关系的，该合同直接约束委托人和第三人；但是，有确切证据证明该合同只约束受托人和第三人的除外。"

可见，委托人是否需要承担相应的民事责任，关键在于：第三人是否知晓受托人、委托人的代理关系。如果确实知道，那么合同直接约束委托人和第三人，第三人可以直接请求委托人承担责任。但是，如果确有证据证明合同只约束受托人和第三人的除外，即第三人信任受托人，只愿意和受托人签订合同的情形。在上面的例子中，乙在售楼期间明示了自己与甲公司存在委托关系，因此，丙签订合同时是知道甲、乙之间的代理关系的，所以，实际的合同直接约束甲和丙，丙可以请求甲公司承担民事责任。

💡 房东和租户约定租住房屋 30 年，该约定是否有效？

我国《民法典》第七百零五条规定："租赁期限不得超过二十

年。超过二十年的，超过部分无效。租赁期限届满，当事人可以续订租赁合同；但是，约定的租赁期限自续订之日起不得超过二十年。"

由此可见，租赁合同的期限最长为 20 年，但是到期后可以续订，续订时期限最长也是 20 年。例如，小美与房东约定租住一套房屋，年租金 1 万元，租期为 30 年。该约定中，房屋租赁时间超过 20 年，因此超过的部分无效，小美与房东的租赁合同为 20 年。

💡 承租人在租期届满后仍然继续居住，出租人未作表示的，之后出租人能否要求承租人立即搬离？

我国《民法典》第七百三十四条规定："租赁期限届满，承租人继续使用租赁物，出租人没有提出异议的，原租赁合同继续有效，但是租赁期限为不定期。租赁期限届满，房屋承租人享有以同等条件优先承租的权利。"第七百三十条规定："当事人对租赁期限没有约定或者约定不明确，依据本法第五百一十条的规定仍不能确定的，视为不定期租赁；当事人可以随时解除合同，但是应当在合理期限之前通知对方。"

因此，租赁期间届满，承租人继续使用租赁物的，视为出租人默认双方之间的原合同继续有效，但是租赁期限变为不定期租赁，出租人在合理期间内通知承租人后，可以随时解除合同。例如，甲租借乙的房屋居住，在租期届满后仍然居住，乙未作任何表示。一个月后，乙提出解除合同，要求甲立即搬离。此时，由于租期届满，二人之间的租赁合同变为不定期租赁，乙有权随时解除合同，但是应当提前通知，且应给予甲合理的准备时间，不能直接要求甲立即搬离。

三、合同的履行

💡 **双方当事人对格式条款的理解不一致,应当以谁的解释为准?**

甲在某饭店用餐,吃饭时发现饭店没有其需要的酒水,于是从外面的超市购买了酒水饮用。但用餐完毕结账时,饭店却告知甲,他们饭店规定消费者不能自带酒水,如果自带酒水则要收取开瓶费。甲很不解,拒绝支付开瓶费,但饭店服务员指着墙上的"谢绝自带酒水"的告示要求收取甲的"开瓶费"。那么对该格式条款的理解应当以谁的解释为准?

根据我国《民法典》第四百九十八条的规定:"对格式条款的理解发生争议的,应当按照通常理解予以解释。对格式条款有两种以上解释的,应当作出不利于提供格式条款一方的解释。格式条款和非格式条款不一致的,应当采用非格式条款。"由此可见,当甲和某饭店对格式条款的解释不一致时,应当首先按照通常情形下一般大众的理解来解释,而不能一味依照饭店提供的格式条款解释,并且在甲拒绝支付开瓶费而饭店坚持收取开瓶费的情况下,应当作出对该饭店不利的解释,即该饭店不应收取开瓶费。

💡 **合同约定的履行期限不明确,权利人可以要求对方立即履行吗?**

钱某与何某签订了《房屋买卖合同》,该合同约定:"何某于签订合同后五日内支付房款 15 万元，进驻房屋后支付 15 万元，钱某协助何某办理房屋过户手续后支付尾款 20000 元。"合同签订后，何某按约定支付了房款 30 万元，钱某也将房屋办理过户并交付给了何某。但何某迟迟不支付尾款。钱某可以要求何某立即支付余款吗？

我国《民法典》第五百一十一条规定："当事人就有关合同内容约定不明确，依据前条规定仍不能确定的，适用下列规定：……（四）履行期限不明确的，债务人可以随时履行，债权人也可以随时请求履行，但是应当给对方必要的准备时间……"由此可见，当事人之间对履行期限约定不明确的，可以协商解决，协商不成的，债务人可以随时履行，债权人也可以要求债务人随时履行。当然债权人要求债务人履行的，应当给予债务人必要的准备时间。

本案中，该房屋买卖合同在双方达成协议时就已成立并生效，所以，何某支付合同的价款是其法定的义务。由此可见，《房屋买卖合同》中约定的支付尾款的时间是履行期限约定不明。按照上述法律规定何某应依法在原告催要后的合理期限内支付剩余房款 20000 元。

执行国家定价的合同，卖方逾期交货期间遭遇货物调价，应该按照什么价格执行？

我国《民法典》第五百一十三条规定："执行政府定价或者政府指导价的，在合同约定的交付期限内政府价格调整时，按照交付时的价格计价。逾期交付标的物的，遇价格上涨时，按照原价格执行；价格下降时，按照新价格执行。逾期提取标的物或者逾期付款的，遇价格上涨时，按照新价格执行；价格下降时，按照原价格执行。"由此可见，在执行政府指导价或者政府定价的情况下，如果是由于一方违约，延期交付货物的，遇到价格上涨，按照以前的价格执行；遇到价格下降，按照下降的价格执行。例如，甲棉纺厂与乙贸易公司依法签订一份棉花买卖合同，约定乙贸易公司需要在约定的交付时间，向甲棉纺厂交付未经精加工的去籽棉花100吨，并执行国家定价。乙贸易公司因为自身原因逾期10日交货，在此期间正好赶上棉花调价，调整后的棉花收购价比以往有所提高。由于乙贸易公司属于逾期交付标的物，所以应当按照原价格执行。

在中国交易时是否可以拒收他国货币？

小彭是一名大一的学生，利用暑假时间到超市做暑期工，来挣些零花钱。小彭平时主要负责收银的工作。一天，小彭值班时，一名来旅游的外国友人在超市购买了一些食物，并拿出了他本国的货币用来付款。小彭并不认识这些货币，便表示拒绝接收，并要求该名外国人去兑换人民币后再来结账。请问，小彭的做法是否符合法律的规定？

我国《民法典》第五百一十四条规定："以支付金钱为内容的债，除法律另有规定或者当事人另有约定外，债权人可以请求债务人以实际履行地的法定货币履行。"本案中的外国人在超市购买食物，应当向超市支付价款，这就是一种以支付金钱为内容的债。该超市在中国境内，债的实际履行地也就是中国。由于其他国家的货币在我国流通时有诸多不便，超市有权请求该名外国人使用我国货币，也就是人民币进行支付。小彭的做法符合法律的规定。

卖方交付的数物中有一物不符合约定，买方可以由此解除合同吗？

何某与 A 小铺签订了一份陶瓷买卖合同，合同约定：A 小铺于 2021 年 5 月 17 日向何某交付陶瓷花瓶五十件，何某支付价款共计五千元。花瓶图案为何某事先亲自指定的，具有特殊意义。交货日期到了，已经支付货款的何某拿到花瓶以后，发现有一件花瓶的印花不符合事先约定的图案，何某可以要求解除合同吗？

我国《民法典》第六百三十二条规定："标的物为数物，其中一物不符合约定的，买受人可以就该物解除。但是，该物与他物分离使标的物的价值显受损害的，买受人可以就数物解除合同。"由此可见，当标的物的数量较多时，这件商品与其他的商品作为一个整体，如果将该件商品分离将严重影响其他商品性能的时候，买方可以就该批货物解除合同。

本案例中，何某购买的这批花瓶，其中有一件不符合约定图案，何某有权拒绝接收这一件花瓶；由于该花瓶与其他花瓶并不是一个整体，不会影响其他花瓶的使用效能，所以何某无权解除该合同。

货物在交付给买方之前意外损坏，应当由谁承担责任？

我国《民法典》第六百零四条规定："标的物毁损、灭失的风险，在标的物交付之前由出卖人承担，交付之后由买受人承担，但是法律另有规定或者当事人另有约定的除外。"

由此可见，货物在交付给买方之前，货物损坏应当由卖方承担责任，货物交付给买方之后，货物损坏应当由买方承担责任。当然标的物意外毁损如果是由于卖方或者买方自己原因造成的，由卖方自己或者买方自己承担。例如，小思从小李的水果店订购了五箱苹果。二人约定：由小李包装好寄给位于青岛的小思。谁知寄送苹果的汽车在路上发生事故，苹果几乎都摔烂了。由于苹果的毁损发生在交付给小思之前，因此应当由卖方小李承担此次苹果的毁坏责任。

💡 山羊在交付给买方之前产仔，羊羔应归谁所有？

2021年4月28日，老钟和老金签订一份山羊买卖合同，双方约定：2021年5月15日，老钟付款，老金交羊。但在5月13日，该山羊产下一小羊，二人对于小羊的归属争执不休。小羊应该归谁所有呢？

我国《民法典》第六百三十条规定："标的物在交付之前产生的孳息，归出卖人所有；交付之后产生的孳息，归买受人所有。但是，当事人另有约定的除外。"所谓孳息，是指由原物所产生的收益。天然孳息是因物的自然属性而获得的收益，如果树结的果实、母畜生的幼畜。

标的物在交付给当事人之前产生的收益，应该归属于出卖人，在交付给当事人之后，产生的收益归属于当事人即买受人。因此，山羊在交给买方之前产下小羊，该小羊属于孳息，其所有权应当归卖方老金所有。

💡 买方违反了"一手交钱，一手交货"的约定，卖方应该如何维护自己的利益？

我国《民法典》第五百二十五条规定："当事人互负债务，没有先后履行顺序的，应当同时履行。一方在对方履行之前有权拒绝其履行请求。一方在对方履行债务不符合约定时,有权拒绝其相应的履行请求。"

由此可见,双方在互负义务且没有先后履行顺序的情况下,应当同时履行义务。当一方不履行义务或者履行义务不符合约定时,另一方为了避免自己受损,可以拒绝履行自己的义务。例如,琳琳和健健签订了一份买卖合同,合同约定:琳琳以30万元向健健购买一辆汽车,2021年3月1日一手交钱一手交货。但是一直到了2021年3月15日,琳琳都没有支付价款。健健可以在琳琳未支付价款的情况下拒绝履行自己的义务,以防止对方在自己履行后,推脱或者迟延履行义务,而损害自己的利益。

约定先履行一方不适当履行义务,后履行一方该如何维护自己的权益?

A公司与B公司签订了一份木材买卖合同,合同约定:买方A公司应在合同生效后5日内向卖方B公司支付40%的预付款,B公司收到预付款后3日内发货至A公司,A公司收到货物验收后即结清余款。然而,A公司收到货物后验收发现木材质量不符合合同约定,其可以拒绝支付余款吗?

此问题涉及先履行抗辩权。对此,《民法典》第五百二十六条有明确的规定:"当事人互负债务,有先后履行顺序,应当先履行债务一方未履行的,后履行一方有权拒绝其履行请求。先履行一方履行债务不符合约定的,后履行一方有权拒绝其相应的履行请求。"

值得注意的是,先履行抗辩权成立的条件有三个:(1)须双方当事人互负债务;(2)两个债务须有先后履行顺序;(3)先履行的一方不履行或不按约定履行合同债务。只要具备这三个条件，就可以行使先履行抗辩权来保护自己的权益。因此，在上面的案例中，A 公司拒绝支付余款是合法的，因为其结清余款的前提是 B 公司所交付的木材通过验收。

后履行合同一方经营状况严重恶化导致可能无法履行合同，先履行合同方应怎样维护自己权益？

甲工厂与乙公司签订一份购销合同，合同约定：在合同生效后一个月内，甲工厂向乙公司交付三吨乙醇，乙公司收到货后五天之内付清全部货款。合同订立后不久，甲工厂发现乙公司的经营状况严重恶化，因为欠债未还，已经被法院冻结账户、查封了财产。甲工厂可以单方面终止履行合同或者解除合同吗？

我国《民法典》第五百二十七条规定："应当先履行债务的当事人，有确切证据证明对方有下列情形之一的，可以中止履行：（一）经营状况严重恶化；（二）转移财产、抽逃资金，以逃避债务；（三）丧失商业信誉；（四）有丧失或者可能丧失履行债务能力的其他情形。当事人没有确切证据中止履行的，应当承担违约责任。"

由此可见，当后履行义务的一方出现上面几种情形时，先履行义务的一方为了维护自己的利益，可以中止履行义务。但是中止履行时，需要注意必须掌握确切的证据证明对方有以上几种情形，否则毫无根据地中止，会让自己承担违约责任。回到上面的案例中，甲工厂得知乙公司存在可能危及合同履行的情况时，可以要求对方同时履行合同或者提供担保，否则自己可以暂不履行义务。

💡 债务人迟迟不支付合同价款并低价转让自己的财产，债权人就没有办法要到欠款了吗？

此问题涉及债权人的撤销权。我国《民法典》第五百三十九条规定："债务人以明显不合理的低价转让财产、以明显不合理的高价受让他人财产或者为他人的债务提供担保，影响债权人的债权实现，债务人的相对人知道或者应当知道该情形的，债权人可以请求人民法院撤销债务人的行为。"

由此可见，债务人欠钱不还，并以不合理的低价转让财产，企图逃避债务的，如果接受转让的人知道或应当知道其中情形的，债权人可以请求法院撤销债务人的转让行为。例如，江某是A家具制造公司的股东，其与严某签订了转让自己全部股权的转让协议，价格为230万元。双方随后在管理部门办理了股东变更登记，但严某却迟迟没有向江某支付转让款230万元。之后严某与其弟弟签订了房屋买卖合同，以50万元的价格将100平方米（市价约150万元）的房屋低价转让给其胞弟，其弟深知内情。协议约定的期限届满，严某以没钱还款为由拒绝支付，江某可以向法院请求撤销严某的转让行为。

💡 借款人可以不按照约定的借款用途使用借款吗？

大强以结婚买房为由向小云借款8万元，并写下借条写明借款理由与还款期限。谁知大强拿到钱后与女友一起到香港旅游，并购买了钻戒金饰等物品。小云知道后非常气愤，觉得大强欺骗了自己。于是要求大强还款，但大强表示，还不到还款日期，拒绝还钱。那么，大强的说法是否符合法律的规定呢？

我国《民法典》第六百七十三条明确规定："借款人未按照约

定的借款用途使用借款的，贷款人可以停止发放借款、提前收回借款或者解除合同。"

由此可见，借款人在借到款后，要按照借款合同中的约定使用借款，否则贷款人有权停止发放借款、提前收回借款或者解除合同，以维护自己的权利。在上面的案例中，借款人大强没有按照借款时的约定用途把借款用于结婚买房，而是去旅游、购物，对此，贷款人小云有权提前收回借款，也就是说即使还不到还款日期，小云也可以要求大强还钱，大强想以此为由拒绝还款，理由是不成立的。

个人之间借款却没有约定还款时间，该如何要求对方偿还借款？

我国《民法典》第六百七十五条规定："借款人应当按照约定的期限返还借款。对借款期限没有约定或者约定不明确，依据本法第五百一十条的规定仍不能确定的，借款人可以随时返还；贷款人可以催告借款人在合理期限内返还。"第五百一十条规定："合同生效后，当事人就质量、价款或者报酬、履行地点等内容没有约定或者约定不明确的，可以协议补充；不能达成补充协议的，按照合同相关条款或者交易习惯确定。"

由此可见，当借贷双方没有约定还款时间或者约定的还款时间不明确时，双方可以协商重新确定还款期限，协商不成时，对借款人而言，其可以随时归还借款；对贷款人而言，其可以随时要求借款人归还借款，但是应当给予借款人必要的筹备资金时间。例如，五年前，林先生因为饭店经营不善向徐先生借款10万元。二人因为朋友关系没有约定还款时间。五年过去了，林先生依然没有还钱的意思，对此，徐先生可以随时要求林先生还款，但应当给予林先生一定的准备时间。

借条中没有约定利息，还款时需要支付利息吗？

小丽因资金紧张向好友小红借了两千块钱，当时仅仅写了欠条，没有约定还款时间，也没有约定利息。之后，小丽竟然长时间忘记还款，现在经朋友提醒，准备去还钱。请问这种情况下，小红可以要求小丽支付利息吗？

我国《民法典》第六百八十条明确规定："禁止高利放贷，借款的利率不得违反国家有关规定。借款合同对支付利息没有约定的，视为没有利息。借款合同对支付利息约定不明确，当事人不能达成补充协议的，按照当地或者当事人的交易方式、交易习惯、市场利率等因素确定利息；自然人之间借款的，视为没有利息。"

也就是说，如果是在没有约定利息的情况下，借款是不需要支付利息的。在上面的案例中，小红、小丽二人在写欠条时没有约定利息，小丽就不必支付利息，如果小红想让小丽支付利息，二人之间一定要有关于利息的约定，否则小红是要求小丽支付利息的。

当事人没有约定保证方式的，保证责任应当如何承担？

我国《民法典》第六百八十六条规定："保证的方式包括一般保证和连带责任保证。当事人在保证合同中对保证方式没有约定或者约定不明确的，按照一般保证承担保证责任。"也就是说，如果当事人约定了保证的方式，从其约定；未约定或约定不明时，按照一般保证进行处理。

那么，一般保证和连带保证的区别在哪里呢？《民法典》第六百八十七条规定："当事人在保证合同中约定，债务人不能履行债务时，由保证人承担保证责任的，为一般保证。一般保证的保证人在主合同纠纷未经审判或者仲裁，并就债务人财产依法强制执行仍不能履行债务前，有权拒绝向债权人承担保证责任，但是有下列情形之一的除外：（一）债务人下落不明，且无财产可供执行；（二）人民法院已经受理债务人破产案件；（三）债权人有证据证明债务人的财产不足以履行全部债务或者丧失履行债务能力；（四）保证人书面表示放弃本款规定的权利。"

本法第六百八十八条规定："当事人在保证合同中约定保证人和债务人对债务承担连带责任的，为连带责任保证。连带责任保证的债务人不履行到期债务或者发生当事人约定的情形时，债权人可以请求债务人履行债务，也可以请求保证人在其保证范围内承担保证责任。"

从这两条规定可以看出，一般保证责任与连带保证责任在保证人的诉讼地位、是否具有先诉抗辩权、诉讼时效期间的起算等方面都有着明显的差别，在签订保证合同时确定具体的保证方式是非常有必要的。例如，小周因买房向岳某借钱，并由小周的朋友小钟来担任保证人。在签订借款合同时，并未对小钟应当承担何种保证责任作出约定。在这种情况下，小钟只承担一般保证责任，无须对小周的债务承担连带责任。

💡 存货人提前取出存储物，可以请求仓库经营人减少价款吗？

我国《民法典》第九百一十五条规定："储存期限届满，存货人或者仓单持有人应当凭仓单、入库单等提取仓储物。存货人或者仓单持有人逾期提取的，应当加收仓储费；提前提取的，不减收仓储费。"

由此可见，在仓储合同中，储存期间届满，存货人或者仓单持有人应当及时凭仓单或入库单等凭据提取货物。如果不及时提取，要支付超期的仓储费用；但是如果提前提取，不减收仓储费。例如，甲公司将一批布匹储存在乙公司的仓库，期限是1年，双方签订了仓储合同。8个月后甲公司因业务变动，需要提前把储存的布匹提取出来，此时，甲公司可以提前取货，但是无权要求乙公司减收仓储费。即使甲公司执意要求，乙公司也可以依法予以拒绝。

债务人不积极追讨自己的欠款，致使欠债权人的钱还不上，该债权人可以帮他追讨吗？

我国《民法典》第五百三十五条规定："因债务人怠于行使其债权或者与该债权有关的从权利，影响债权人的到期债权实现的，债权人可以向人民法院请求以自己的名义代位行使债务人对相对人的权利，但是该权利专属于债务人自身的除外。代位权的行使范围以债权人的到期债权为限。债权人行使代位权的必要费用，由债务人负担。相对人对债务人的抗辩，可以向债权人主张。"

由此可知，在满足以下条件时，债权人可以代替债务人行使权利：（1）债权人对债务人的债权合法、确定，且必须已届清偿期；（2）债务人怠于行使其到期债权；（3）债务人怠于行使权利的行为已经对债权人造成损害；（4）债务人的债权不是专属于债务人自身的债权。例如，甲向乙借1000元，约定当年12月20日之前归还，丙向甲借2000元，约定当年10月20日之前归还，此时丙的债务已经到期，而甲一直不向丙追要或者拒不主张自己的2000元债权，却又没有其他的财产来清偿乙的1000元。甲不积极追讨丙的债款，致使欠乙的钱还不上，则乙可以向法院起诉，请求法院判决丙直接向自己偿还欠款。

💡 货物在运输途中因不可抗力导致毁损，货运公司是否承担赔偿责任？

我国《民法典》第八百三十二条规定："承运人对运输过程中货物的毁损、灭失承担赔偿责任。但是，承运人证明货物的毁损、灭失是因不可抗力、货物本身的自然性质或者合理损耗以及托运人、收货人的过错造成的，不承担赔偿责任。"

由此可见，承运人在正常运输过程中，对因不可抗力造成货物毁损灭失的损失，不承担损害赔偿责任。例如，小良将一批水果委托给A货运公司运送，并且支付了运输费。然而在运输途中发生地震，致使该批货物全部毁损。小良找到A货运公司，要求赔偿该批水果的所有费用，遭到该公司的拒绝。因为该批货物的毁损是由地震导致的，属于不可抗力，所以A货运公司不承担赔偿责任。

💡 商家在试用买卖中并未事先说明使用费，事后却要求买方支付使用费的行为是否合法？

Q商场开业大酬宾，卷发棒一律可以先试用一周再购买。小兰参与了该活动，然而在第二天试用时，她发现卷发棒一点也不好用，还差点把头发烫糊，于是小兰决定结束试用，不买该商品。但商场得知后，要求小兰支付试用期的使用费。小兰很困惑，试用之前商场并没有说明需要支付使用费，那是否应支付使用费？

《民法典》第六百三十九条规定："试用买卖的当事人对标的物使用费没有约定或者约定不明确的，出卖人无权请求买受人支付。"

根据法律规定，商家并没有说明在试用期间存在任何相关的费用，而当小兰退货时他们才说有使用费，显然不符合法律的要求。因此，商家没有权利向小兰索要使用费。

💡 试用期过后，试用人未对是否购买该产品作出表示，应当视为购买吗？

某商场做活动，商品一律先试用一周，若无质量问题再付款。蒋阿姨在该商场买了一台挂烫机，使用过程中发现按钮时常出现问题，所以她打算退货。恰巧试用期届满时，蒋阿姨和老伴在外地旅游。旅游回来后，蒋阿姨跟商家说明商品存在问题，拒绝支付价款。

我国《民法典》第六百三十八条规定："试用买卖的买受人在试用期内可以购买标的物，也可以拒绝购买。试用期限届满，买受人对是否购买标的物未作表示的，视为购买。试用买卖的买受人在试用期内已经支付部分价款或者对标的物实施出卖、出租、设立担保物权等行为的，视为同意购买。"

由此可知道，在试用期内，买受人既可以购买标的物，也可以拒绝购买。但是试用期届满后，买受人必须对是否购买作出明确表示，如果不作表示，就推定为其同意购买。具体到案例的情况，蒋阿姨与商场达成了试用买卖，约定试用期为一周，一周后其可以根据自己试用的情况决定是否购买。但是蒋阿姨在一周试用期过后，未对是否购买该产品作出表示，从法律上讲，就推定为其同意购买。因此，商场视为蒋阿姨已购买的做法没有问题，符合法律规定，蒋阿姨应当按照商场的要求支付价款。

接受了中介提供的房源，就一定要支付中介费吗？

小刘是一名刚毕业不久的大学生，离开家乡前往大城市工作。经过某中介介绍，小刘拿到了某小区的房源信息，并认识了房东杨某。小刘对杨某的房屋很满意，便想要签订房屋租赁合同。但是，当听说要向中介支付一个月房租作为中介费时，小刘决定绕过中介私自和杨某签约。那么，小刘是否能因此不支付中介费呢？

我国《民法典》第九百六十四条规定："中介人未促成合同成立的，不得请求支付报酬；但是，可以按照约定请求委托人支付从事中介活动支出的必要费用。"第九百六十五条规定："委托人在接受中介人的服务后，利用中介人提供的交易机会或者媒介服务，绕开中介人直接订立合同的，应当向中介人支付报酬。"也就是说，只有在委托人并未通过中介介绍的交易机会签订任何合同的，才不需要支付中介费。除此之外，无论在签订合同时是否经过中介，都应当向中介支付中介费用。本案中的小刘虽然直接和房东杨某签订了合同，但是小刘签订合同的机会是中介提供的，因此小刘必须支付中介费。

债务人与债权人在保理合同生效后私下的清偿行为是否有效？

保理合同是应收账款债权人将现有的或者将有的应收账款转让给保理人，保理人提供资金融通、应收账款管理或者催收、应收账款债务人付款担保等服务的合同。保理合同生效后，债权人的债权就正式转让给保理人，债务人应当将债务偿还给保理人，而非偿还给原债务人。并且，保理人往往需要承担较大的风险：一方面需要向原债权人提供一定数额的融资资金；另一方面需要面临债务人无法清偿的可能。为此，我国《民法典》第七百六十五条规定："应收账款债务人接到应收账款转让通知后,应收账款债权人与债务人无正当理由协商变更或者终止基础交易合同,对保理人产生不利影响的,对保理人不发生效力。"这条规定表明,债务人在收到应收账款转让的通知后,与债权人变更原合同或者设立新合同存在损害保理人权益的,该合同对保理人无效。

例如,甲公司向乙公司借款一百万元,利息为同期银行贷款利率,约定三年内分期还清。两年后,乙公司因经营压力过大,与某银行签订了保理合同,将该债权转让给银行,并通知甲公司债务已经转让给银行,要求甲公司将欠款还给银行。后来,甲乙公司商定免除利息,只还本金即可。那么,该约定对保理人是没有效力的。甲公司应当向银行连本带息偿还借款。

四、合同的变更与解除

(一) 合同的变更

一方当事人可以擅自变更已成立的合同吗?

我国《民法典》第五百四十三条规定:"当事人协商一致,可以变更合同。"

由此可见,只有在双方当事人协商一致后,才可以变更合同。因此,一方当事人不可以擅自变更已成立的合同。例如,小明与老王签订了一份批发苹果的合同,约定由老王将苹果运送至小明指定的地点交货,后因运输成本过高,老王擅自变更交货地点,通知小明上门取货。根据上面的规定,由于交货地点的变更不是小明和老王协商一致变更的结果,而是老王擅自变更合同内容的行为,因此,该行为无效,小明仍然可以要求老王将苹果运送到其指定的地点交货。

对合同变更的内容约定不明确,该变更约定是否有效?

小华和小丽约定要变更此前签订的租房合同,但是没有约定具体变更的内容,那么,该变更租房合同的约定是否有效?

我国《民法典》第五百四十三条规定:"当事人协商一致,可以变更合同。"第五百四十四条规定:"当事人对合同变更的内容约定不明确的,推定为未变更。"

由此可见,当事人对变更合同内容约定不明确的,推定为未变更,该变更约定无效,只有在当事人协商一致并且对变更内容约定明确具体的情形下,才发生合同变更的效力。因此,在上面的案例中,小华和小丽仅约定要变更合同,但对变更哪些内容约定不明确,依法推定为未变更,该变更租房合同的约定不发生效力。

债权人转让债权是否必须经过债务人同意?

小赵和小王是借款合同的当事人,小赵为借款人,小王为出借人,后债权人小王在还款期限到来之前,将该债权转让给了小丽,但仅通知了小赵,并未征得其同意,小王转让债权的行为是否有效?

我国《民法典》第五百四十六条规定:"债权人转让债权,未通知债务人的,该转让对债务人不发生效力。债权转让的通知不得撤销,但是经受让人同意的除外。"

由此可见,债权人转让债权不需要经过债务人同意,但是应当通知债务人,如果不通知,该转让对债务人不发生效力,债务人仍然可以向债权人履行债务。因此,在上面的案例中,小王转让债权的行为有效。但如果小王在将债权转让给小丽时没有通知小赵,则转让行为对小赵不发生效力,小赵依然可以向小王归还借款。

债权转让后,债务人对债权人的抗辩能否向受让人主张?

我国《民法典》第五百四十八条规定:"债务人接到债权转让通知后,债务人对让与人的抗辩,可以向受让人主张。"

由此可见，债权转让后，债务人可以向受让人主张对债权人的抗辩。例如，老王与小赵达成买卖协议，双方约定老王以100万元的价格将自己名下的一套房屋出卖给小赵，小赵应当于房屋办理过户登记时支付100万元购房款，买卖合同签订后老王便将房屋交付小赵使用，但一直未办理过户登记。后因老王欠小白100万元借款无力偿还，便将其对小赵的100万元的购房款债权转让给小白。根据以上规定，因为老王未办理过户登记，小赵可以拒绝向老王支付购房款，而债务人小赵对债权人老王的抗辩，可以对受让人小白主张，因此小赵可以拒绝向小白支付100万元的购房款。

💡 债务人未经债权人同意转移债务，效力如何？

甲与乙签订合同，由甲向乙提供钢材2000吨，价格为每吨3500元。后由于建筑行业紧缩，导致大批钢材积压且价格下降，甲在未经乙的同意之下，与丙约定由丙承担甲的供货义务，则甲丙之间转移供货义务的约定效力如何？

我国《民法典》第五百五十一条规定："债务人将债务的全部或者部分转移给第三人的，应当经债权人同意。债务人或者第三人可以催告债权人在合理期限内予以同意，债权人未作表示的，视为不同意。"

由此可见，债务人向第三人转移债务，必须经过债权人同意，没有取得债权人同意的，债务人转移债务的行为无效，债权人仍然可以要求债务人向其履行债务。因此，在上面的案例中，债务人甲转移债务未经债权人乙的同意，甲丙之间转移供货义务的约定无效，甲仍然应当向乙提供2000吨钢材。

在什么情形下，合同权利义务可以一并转让给第三人？

我国《民法典》第五百五十五条规定："当事人一方经对方同意，可以将自己在合同中的权利和义务一并转让给第三人。"

由此可见，将合同权利义务一并转让给第三人必须要经对方当事人同意，这是因为合同具有相对性，正常情形下，只能由合同当事人履行合同义务、享受合同权利，如果将合同权利义务一并转让给第三人，则必须经过对方同意。例如，老牛和小李在签订的租赁合同中约定，老牛将一间门面房出租给小李开水果店用，租期为3年。小李经营1年后，打算将该店转给朋友小王经营，则小李在征得老牛的同意下，可以将店转给小王，小王一并受让了小李支付租金的义务和使用水果店的权利。

什么情况下，受托人可以将委托事项转托他人？

甲公司与老何签订了委托合同，委托老何将一批海鲜运送至乙公司，运输过程中，老何突发严重疾病，为了保证将鲜活的海鲜按时运送至乙公司，老何能否将该批海鲜转交同一运输公司的小李运输？

我国《民法典》第九百二十二条规定："受托人应当按照委托人的指示处理委托事务。需要变更委托人指示的，应当经委托人同意；因情况紧急，难以和委托人取得联系的，受托人应当妥善处理委托事务，但是事后应当将该情况及时报告委托人。"

由此可见，受托人可以将委托事项转托他人的情形有两种：一是经过委托人同意；二是情况紧急，难以和委托人取得联系，并且事后应当将转托事项及时告知委托人。因此，在上面案例中，老何可以将该批海鲜转交同一运输公司的小李运输，但是应当取得甲公司同意，如不能及时取得甲公司同意的，应当在事后及时告知。

💡 合同订立后一方当事人被合并，是否影响合同的履行？

我国《民法典》第六十七条规定："法人合并的，其权利和义务由合并后的法人享有和承担。法人分立的，其权利和义务由分立后的法人享有连带债权，承担连带债务，但是债权人和债务人另有约定的除外。"

由此可见，合同订立后一方当事人被合并，并不影响合同的履行，合同应由合并后的企业继续履行，由合并后的企业行使合同权利，承担合同义务。例如，A 钢材厂与 B 建筑公司签订了一份买卖合同，由 A 钢材厂向 B 建筑公司提供钢材 20 吨，总价款为 150 万元，交货时付款。后来由于行业不景气，为了生存，A 钢材厂与 C 钢材厂合并为 D 钢材厂，则 D 钢材厂应当履行 A 钢材厂与 B 建筑公司的买卖合同，按时向 B 建筑公司提供 20 吨钢材。

💡 融资租赁关系中，出租人变更买卖合同是否需要承租人同意？

老孙想开一家食品加工厂，但资金不足以购买全套食品加工设备，便与老钱签订了融资租赁合同，约定由老钱购买老孙指定的加工设备，然后租赁给老孙使用。但后来老钱未经老孙同意，购买了一套价格更便宜的其他类型的加工设备，老钱变更买卖合同行为是否有效？

我国《民法典》第七百四十四条规定："出租人根据承租人对出卖人、租赁物的选择订立的买卖合同，未经承租人同意，出租人不得变更与承租人有关的合同内容。"

由此可见，在融资租赁关系中，出租人签订买卖合同需要受到两个方面的限制：一是要根据承租人对出卖人、租赁物的选择签订买卖合同；二是变更与承租人有关合同内容时，要经过承租人同意。因此，在上面的案例中，老钱为了更便宜的价格改变了购买设备的类型，变更的合同内容与承租人有关，应当经过承租人老孙的同意，因此其未经过老孙同意变更买卖合同的行为无效。

💡 房屋租赁期间承租人死亡，与其共同居住的人可以继续租住该房屋吗？

我国《民法典》第七百三十二条规定："承租人在房屋租赁期限内死亡的，与其生前共同居住的人或者共同经营人可以按照原租赁合同租赁该房屋。"

由此可见，房屋租赁期间承租人死亡，不影响生前与其共同居住的人继续租住该房屋。例如，小王与小丽系夫妻关系，两人外出务工期间，以小王的名义与老李签订了房屋租赁合同，租期为3年，但二人刚居住了1年，小王因为突患重病去世，则小丽作为小王生前共同居住人，可以按照租赁合同继续租赁该房屋。

💡 承揽合同中，承揽人因定作人变更工作要求而遭受损失，定作人应否赔偿？

某学校与甲服装加工厂签订了校服定作承揽合同，约定甲厂在3个月内为该学校制作2万件蓝色的校服，甲厂按照该学校提供的设计样品购买了布料并开始制作，1个月后，为迎接该校30周年校庆，该学校要求甲厂将所有校服换成红色，甲厂只得重新购买红色布料进行制作，对于该学校变更定作要求导致甲厂购买蓝色布料和已经制作好的蓝色校服滞销的损失，该学校是否应当进行赔偿？

我国《民法典》第七百七十七条规定："定作人中途变更承揽工作的要求，造成承揽人损失的，应当赔偿损失。"

由此可见，承揽合同中，承揽人因定作人变更工作要求而遭受损失的，定作人应当进行赔偿。承揽合同在生活中最常见的例子是定作合同，在定作合同中，虽然定作人的要求很重要，是承揽人履行合同的重要标准，但是为了保护承揽人的利益，定作人随意变更工作要求给承揽人造成损失的，定作人应当赔偿。因此，在上面的案例中，对于该学校变更定作要求给甲厂带来的损失，该学校应当进行赔偿。

（二）合同的解除

💡 约定解除合同与协商解除合同的区别有哪些？

我国《民法典》第五百六十二条规定："当事人协商一致，可以解除合同。当事人可以约定一方解除合同的事由。解除合同的事由发生时，解除权人可以解除合同。"

协商解除合同和约定解除合同都是当事人协商一致的意思表示，使有效存在的合同关系归于消灭的制度。但二者又有明显区别：一是发生的时间不同，协商解除可以发生在任何时候，约定解除只能发生在约定解除条件成立时；二是适用的情形不同，协商解除适用的情形取决于当事人的协商一致，即使不违约也可以解除，而约定解除只能适用于合同中约定的解除情形。例如，小丽与老王签订了房屋租赁合同，合同约定老王将房屋出租给小丽，租期2年，月租金为1000元，同时约定当小丽拖欠租金2个月以上合同解除，则此种情形下合同的解除属于约定解除。如果小丽在租住该房屋1年后决定搬走，而老王也找到了出价更高的承租人，二者协商一致解除了合同，则这种情形属于协商解除。

合同的法定解除情形有哪些？

甲建筑公司与乙水泥厂签订了购买水泥的合同，合同约定从2021年1月1日到2021年6月1日，乙水泥厂每月向甲建筑公司交付水泥1000吨。合同生效的前3个月内，双方都履行了各自义务，但后来当地发生了特大洪水，按照当地政府的要求，乙水泥厂生产的水泥全部用于防洪，导致乙水泥厂无法按时向甲建筑公司提供水泥，则甲建筑公司可否解除与乙水泥厂之间的合同？

我国《民法典》第五百六十三条规定："有下列情形之一的，当事人可以解除合同：（一）因不可抗力致使不能实现合同目的；（二）在履行期限届满前，当事人一方明确表示或者以自己的行为表明不履行主要债务；（三）当事人一方迟延履行主要债务，经催告后在合理期限内仍未履行；（四）当事人一方迟延履行债务或者有其他违约行为致使不能实现合同目的；（五）法律规定的其他情形。以持续履行的债务为内容的不定期合同，当事人可以随时解除合同，但是应当在合理期限之前通知对方。"

由此可见，合同的法定解除情形包括以上五种。法定解除，是指即便合同当事人未提前在合同中约定解除情形，也没有在合同成立后协商解除，但只要出现了以上五种情形，当事人便可以根据法律规定解除合同。因此，在上面的案例中，乙水泥厂由于不可抗力不能履行合同，甲建筑公司可以解除与乙水泥厂之间的合同。

当事人一方迟延履行债务是否必然导致合同解除？

我国《民法典》第五百六十三条规定："有下列情形之一的，当事人可以解除合同：……（三）当事人一方迟延履行主要债务，经催告后在合理期限内仍未履行；（四）当事人一方迟延履行债务或者有其他违约行为致使不能实现合同目的……"

由此可见，当事人一方迟延履行债务并不必然导致合同解除，只有在当事人迟延履行并经催告后在合理期限内仍不履行，或者迟延履行导致不能实现合同目的时，才会导致合同的解除。比如像春联、月饼、粽子、生日蛋糕、圣诞礼物等季节性非常强或者用于特定场合的物品，合同的履行期限对当事人来说就非常重要，此类合同中，债务人迟延履行可能会导致合同目的无法实现，构成根本违约，债权人可以解除合同。例如，小王为了给小美过生日，在蛋糕店定做了一个蛋糕，并约定由店家在生日当天将蛋糕送到小美家，但由于店家生意繁忙，在小美生日过后的第二天才将蛋糕送到小美家。在该合同中，由于定做的是蛋糕，属于用于特定场合的物品，履行期限对当事人来说具有非常重要的意义，因此，对于蛋糕店的迟延履行债务行为，小王可以解除合同。

合同成立后客观情况发生了重大变化，是否会导致合同解除？

《民法典》第五百三十三条规定："合同成立后，合同的基础条件发生了当事人在订立合同时无法预见的、不属于商业风险的重大变化，继续履行合同对于当事人一方明显不公平的，受不利影响的当事人可以与对方重新协商；在合理期限内协商不成的，当事人可以请求人民法院或者仲裁机构变更或者解除合同。人民法院或者仲裁机构应当结合案件的实际情况，根据公平原则变更或者解除合同。"

上面的法律规定即为对情势变更的规定，所谓情势变更，是指合同成立以后客观情况发生了重大变化，该变化在当事人在订立合同时没有办法预见，也不是由于自然灾害、政府征收、征用或者罢工、骚乱等不可抗力造成的，更不属于商业风险，继续履行合同会造成明显不公平的结果，或者不能实现合同目的，因此允许变更合同内容或解除合同的情况。例如，杨总与甲汽车公司签订买卖合同，约定购买100台A型小汽车，用于在北京市经营出租。合同订立后，汽车交付前，北京市政府公布新增汽车排放标准，A型小汽车按照新的规定不能上路运营。此种情形属于政府的政策调整导致杨总订立合同的目的不能实现，构成情势变更，杨总有权请求法院解除合同。

合同解除是否影响损害赔偿责任的承担？

王先生与某汽车销售店签订了买卖合同，约定以60万元的价格从汽车销售店购买一辆A型汽车，2021年5月10日提货，但在王先生要去提货的前一个星期，该汽车销售店明确表示其店内的A型汽车已经售罄，建议王先生选购B型汽车，王先生可否解除与该汽车销售店的买卖合同？解除合同是否影响王先生请求其赔偿损失？

我国《民法典》第五百六十六条规定："合同解除后，尚未履行的，终止履行；已经履行的，根据履行情况和合同性质，当事人可以请求恢复原状或者采取其他补救措施，并有权请求赔偿损失。合同因违约解除的，解除权人可以请求违约方承担违约责任，但是当事人另有约定的除外。主合同解除后，担保人对债务人应当承担的民事责任仍应当承担担保责任，但是担保合同另有约定的除外。"

由此可见，合同解除并不会影响违约方损害赔偿责任的承担。因此，在上面的案例中，王先生可以解除该买卖合同，并且要求对方赔偿自己的损失。

什么情形下，债务人可以提存货物？

甲蔬菜公司与菜农老贾签订了一批购买西红柿的合同，合同约定老贾在2021年4月10日向甲公司供应1000公斤西红柿，每公斤1.5元，货到付款。然而，当老贾于2021年4月10日将1000公斤西红柿运送到甲蔬菜公司时，甲蔬菜公司大门紧闭，空无一人，此时老贾能否将1000公斤西红柿提存？

我国《民法典》第五百七十条规定："有下列情形之一，难以履行债务的，债务人可以将标的物提存：（一）债权人无正当理由拒绝受领；（二）债权人下落不明；（三）债权人死亡未确定继承人、遗产管理人，或者丧失民事行为能力未确定监护人；（四）法律规定的其他情形。标的物不适于提存或者提存费用过高的，债务人依法可以拍卖或者变卖标的物，提存所得的价款。"

由此可见，当出现了以上几种情形时，债务人可以提存货物。提存是债务人履行合同义务的一种方式，当由于债权人的原因致使债务人难以履行义务时，可以选择提存的方式来履行合同义务，消灭债权债务关系。在上面的案例中，由于债权人甲蔬菜公司下落不明，老贾难以履行债务，可以选择提存，又因为西红柿属于不适宜提存之物，因此老贾可以将西红柿变卖所得价款进行提存。

提存期间，货物毁损灭失的风险由谁承担？

我国《民法典》第五百七十三条规定："标的物提存后，毁损、灭失的风险由债权人承担。提存期间，标的物的孳息归债权人所有。提存费用由债权人负担。"

由此可见，提存期间，货物毁损灭失的风险由债权人承担，这是因为当货物被提存后，货物的所有权就归债权人所有，风险也一并转移由债权人承担。例如，何先生与某画家签订合同，委托该画家为其作一幅贺寿图，并约定 2021 年 4 月 1 日交画时支付报酬，该画家按时完成画作，但在 2021 年 4 月 1 日上门交画时被告知何先生在一次出行中出了意外，至今下落不明，于是该画家便于当日将贺寿图进行提存，则从提存之日起，该幅画作毁损灭失的风险便由何先生承担。

💡 货物被提存后的收益归谁所有？领取提存物的时间有限制吗？

小华和小明签订了一份借款合同，合同约定小华借给小明 10 万元，年利息为 10%，借款期限为 2 年。借款期限届至后，小明向小华归还借款本息时发现小华下落不明，便将借款本息提存，则该笔款项被提存后增长的收益归谁所有？小华领取该笔款项有时间限制吗？

我国《民法典》第五百七十三条规定："标的物提存后，毁损、灭失的风险由债权人承担。提存期间，标的物的孳息归债权人所有。提存费用由债权人负担。"第五百七十四条规定："债权人可以随时领取提存物。但是，债权人对债务人负有到期债务的，在债权人未履行债务或者提供担保之前，提存部门根据债务人的要求应当拒绝其领取提存物。债权人领取提存物的权利，自提存之日起五年内不行使而消灭，提存物扣除提存费用后归国家所有。但是，债权人未履行对债务人的到期债务，或者债权人向提存部门书面表示放弃领取提存物权利的，债务人负担提存费用后有权取回提存物。"

由此可见，货物被提存后，收益归债权人所有，债权人可以随时领取提存物，但是领取提存物有最长时间限制，债权人应当在提存之日起五年内领取提存物，五年内不领取的，提存物在扣除提存费用后归国家所有。但是，在债权人在自身也应履行义务的前提下没有履行相应的义务，或者债权人向提存部门明确地作出书面表示放弃领取提存物权利的，债务人则在负担提存费用后有权取回提存物。

因此，在上面的案例中，该笔款项被提存后增长的收益归小华所有，小华应当在五年内领取该笔款项，否则该笔款项在扣除提存费用后将归国家所有。

对于符合法定抵销要件的债权，当事人是否可以约定不得抵销？

我国《民法典》第五百六十八条规定："当事人互负债务，该债务的标的物种类、品质相同的，任何一方可以将自己的债务与对方的到期债务抵销；但是，根据债务性质、按照当事人约定或者依照法律规定不得抵销的除外。当事人主张抵销的，应当通知对方。通知自到达对方时生效。抵销不得附条件或者附期限。"

由此可见，对于符合法定抵销要件的债权，一般来说可以主张抵销，但是法律也允许当事人约定不得抵销。例如，A家具厂与B木材厂签订了一份买卖合同，合同约定A家具厂从B木材厂购买2万元的木材，交货后付款；后来B木材厂因为扩建装修需要购买家具，又与A家具厂签订了购买2万元家具的买卖合同，并且在合同中约定二者互负的2万元债务不得抵销。根据以上规定，该约定是有效的。

标的物种类、品质不相同的互负债务能否抵销？

华某在钱某开设某电脑专卖店时曾出借过10万元给钱某，电脑专卖店开业后，华某又与钱某签订了从专卖店购买5台电脑的买卖合同，每台价格为1万元，总价为5万元，后华某与钱某达成抵销约定，决定将华某购买笔记本的5万元债务与钱某的借款债务抵销5万元，钱某只需归还华某剩下的5万元借款，该抵销约定是否有效？

我国《民法典》第五百六十九条规定："当事人互负债务，标的物种类、品质不相同的，经协商一致，也可以抵销。"

由此可见，当事人之间只要协商一致，就算互负债务的标的物的种类、性质不相同，也可以相互抵销。因此，在上面的案例中，虽然华某和钱某互负债务的种类不同，一个是借款合同债务，另一个是买卖合同债务，但是华某和钱某协商一致抵销的，该约定有效。

💡 承租人订立合同时明知租赁物质量不合格，是否可以解除租赁合同？

我国《民法典》第七百三十一条规定："租赁物危及承租人的安全或者健康的，即使承租人订立合同时明知该租赁物质量不合格，承租人仍然可以随时解除合同。"

由此可见，即便承租人在订立合同时明知租赁物质量不合格，只要租赁物危及承租人的安全或健康的，承租人仍然可以随时解除合同。例如，小山是一名刚毕业的大学生，为了继续留在学校复习考试，在附近租了一间价格低廉的刚装修好的房子，租期为1年，但居住2个月后，小山就感觉身体不适，去医院检查后发现是该房子装修残留的甲醛所致，此时小山可以解除租赁合同。

💡 定作人是否应当赔偿其解除合同给承揽人造成的损失？

小强和小芳系情侣关系，小强为了在小芳生日时给她惊喜，在某蛋糕店定做了一个蛋糕，上面写满了对小芳的生日祝福，蛋糕店在小芳生日前一天便将蛋糕做好，但生日当天小强和小芳闹分手，于是小强打电话给蛋糕店取消了订单，蛋糕店可否请求小强给予赔偿？

我国《民法典》第七百八十七条规定："定作人在承揽人完成工作前可以随时解除合同，造成承揽人损失的，应当赔偿损失。"

由此可见，在加工承揽合同中，因为定作人解除承揽合同给承揽人造成损失的，定作人应当进行赔偿，这是在尊重定作人意思表示的同时也保护了承揽人的利益。因此，在上面的案例中，蛋糕店可以请求小强赔偿其蛋糕材料的损失和加工制作的劳务损失。

委托合同可以随时解除吗？

我国《民法典》第九百三十三条规定："委托人或者受托人可以随时解除委托合同。因解除合同造成对方损失的，除不可归责于该当事人的事由外，无偿委托合同的解除方应当赔偿因解除时间不当造成的直接损失，有偿委托合同的解除方应当赔偿对方的直接损失和合同履行后可以获得的利益。"

由此可见，委托合同可以随时解除，并且委托人或受托人都可以解除，但是如果因为解除合同给对方造成了损失，除了不能归于当事人的理由，应当赔偿对方相应的损失。例如，老高与小钱签订了一份委托合同，老高委托小钱从古玩市场上帮其购买三只古董花瓶。后来，有人说小钱以前买到过赝品，并不是很懂古董这一行。出于对小钱鉴赏能力的不信任，老高可以解除与小钱的委托合同。但是，如果小钱已经为此做了准备，解除合同后会对其造成损失，那么该损失应该由老高来赔偿。此外，如果他们之间为有偿委托合同，老高还要赔偿小钱履行合同后可以得到的利益。

五、违约责任

违约责任是否一定要在合同中列明？

甲就购买乙 5 吨钢材而与乙签订了钢材买卖合同，并预付 5 万元。不久后，钢材市场价格骤增。乙以合同中缺少违约责任条款为由，主张与甲之前签订的钢材买卖合同不成立。请问，缺少违约责任的合同能否成立？

我国《民法典》第四百七十条第一款规定："合同的内容由当事人约定，一般包括下列条款：（一）当事人的姓名或者名称和住所；（二）标的；（三）数量；（四）质量；（五）价款或者报酬；（六）履行期限、地点和方式；（七）违约责任；（八）解决争议的方法。"

由此可见，合同必备条款，是指合同中必须具备的条款，当缺少必备条款时，合同将不能成立。违约责任属于合同的一般条款，缺少违约责任的合同仍成立。只要人民法院可以根据双方订立的合同确定当事人的姓名或者名称、合同的标的和数量，此合同就是成立的。上面案例中，乙不能以缺少违约责任为由主张合同不成立。

一方不履行合同时，另一方应如何维护自己的权益？

孙某将自家车库租给了张某，双方约定了租金，并签订了书面的租赁合同。张某按照合同约定,交付了押金和三个月的租金,但孙某却迟迟不交付车库,不履行合同。那么,张某应如何维护自己的权益?

我国《民法典》第五百七十七条规定:"当事人一方不履行合同义务或者履行合同义务不符合约定的,应当承担继续履行、采取补救措施或者赔偿损失等违约责任。"

由此可见,当一方不履行合同义务或履行合同义务不符合约定时,另一方可以请求法院判令对方承担继续履行、采取补救措施或赔偿损失等违约责任。也就是说,遵守约定的一方可以根据合同能否继续履行以及自己的需求,要求对方承担相应的违约责任。在上面案例中,张某可以要求孙某继续履约,交付车库;也可以要求孙某赔偿损失。

合同违约方在哪些情况下可以不承担继续履行的责任?

《民法典》第五百八十条规定:"当事人一方不履行非金钱债务或者履行非金钱债务不符合约定的,对方可以请求履行,但是有下列情形之一的除外:(一)法律上或者事实上不能履行;(二)债务的标的不适于强制履行或者履行费用过高;(三)债权人在合理期限内未请求履行。有前款规定的除外情形之一,致使不能实现合同目的的,人民法院或者仲裁机构可以根据当事人的请求终止合同权利义务关系,但是不影响违约责任的承担。"

由此可见,通常情况下违约内容涉及非金钱债务或劳务的,当事人可以要求对方继续履行合同约定,但出现上面三种情况的,实际继续履行已不可能,故只能要求对方承担其他的违约责任。例如,小张就购买老王房屋与老王签订了房屋买卖合同。后来,老王又将该房屋卖给了小李,并完成了交付和房屋过户登记。在这种情况下，小张要求老王继续履行合同已经不可能，因此，只能要求老王承担其他违约责任。

守约方是否可以要求对方赔偿一切损失？

甲从乙处购买了九百斤苹果，并签订了书面合同。乙按照约定将苹果运输至甲的库房，但甲无理由拒收。因当晚突然大幅度降温，部分苹果被冻坏，随后，苹果单价骤增。那么，乙能否要求甲赔偿包括运输费、苹果差价等在内的一切损失？

我国《民法典》第五百八十四条规定："当事人一方不履行合同义务或者履行合同义务不符合约定，造成对方损失的，损失赔偿额应当相当于因违约所造成的损失，包括合同履行后可以获得的利益；但是，不得超过违约一方订立合同时预见到或者应当预见到的因违约可能造成的损失。"

由此可见，因违约方的违约行为给守约方造成损失的，守约方可以要求对方支付的损失赔偿数额，应当与因违约所造成的损失相当，但不可超过违反合同一方订立合同时预见或应当预见到的可能造成的损失，即预期利益。所以，在上面的案例中，乙可以要求甲赔偿运输费、被冻坏苹果的损失等可预期的利益；但对于苹果价格大涨而产生的价格差，乙无权要求甲赔偿。

违约金低于造成的损失时，守约方是否可以请求法院予以增加？

小胡与小周签订了一份购买水泥的合同，约定违约金为5万元。后来，小周迟迟不交付水泥，导致小胡工期延误，实际损失高达20万元。那么，小胡是否可以请求法院予以增加违约金？

我国《民法典》第五百八十五条第二款规定："约定的违约金

低于造成的损失的，人民法院或者仲裁机构可以根据当事人的请求予以增加；约定的违约金过分高于造成的损失的，人民法院或者仲裁机构可以根据当事人的请求予以适当减少。"

由此可见，当事人在合同中约定违约金的，当一方不履行时，另一方可以据此要求对方支付违约金。但若违约金过分高于实际损失时，违约方可以请求法院或仲裁机构予以适当减少；若违约金低于造成的实际损失时，守约方可以请求法院或仲裁机构予以增加。人民法院应依法予以适当调整。在上面案件中，因小周的违约导致小胡的损失高达20万元，明显高于合同中约定的5万元违约金，故小胡可以请求法院增加违约金数额。

💡 "定金"与"订金"有何不同？

牛某向谢某购买一批木头，交付了5万元定金。后牛某又联系了杨某，觉得杨某提出的价格更便宜，于是牛某通知谢某取消订单，并要求谢某退还5万元定金，但谢某称这5万元为"定金"而非"订金"，故不能退还。请问："定金"与"订金"有何不同？

我国《民法典》第五百八十六条规定："当事人可以约定一方向对方给付定金作为债权的担保。定金合同自实际交付定金时成立。定金的数额由当事人约定；但是，不得超过主合同标的额的百分之二十，超过部分不产生定金的效力。实际交付的定金数额多于或者少于约定数额的，视为变更约定的定金数额。"第五百八十七条规定："债务人履行债务的，定金应当抵作价款或者收回。给付定金的一方不履行债务或者履行债务不符合约定，致使不能实现合同目的的，无权请求返还定金；收受定金的一方不履行债务或者履行债务不符合约定，致使不能实现合同目的的，应当双倍返还定金。"

由此可见，"定金"具有担保合同实现的作用。如果给付定金的一方不履行合同的，无权要求返还定金；收受定金的一方不履行合同的，应当双倍返还定金。而"订金"则不具有担保合同实现的作用，如果当事人不履行合同，不发生丧失或返还双倍预付款的后果，仅作为损害赔偿金而存在。在上面案例中，牛某与谢某约定的定金是具有担保作用的，所以作为支付定金的牛某在不履行合同后，是无权要求谢某退还5万元定金的。

💡 合同中同时出现定金和违约金的，能否同时适用？

我国《民法典》第五百八十八条规定："当事人既约定违约金，又约定定金的，一方违约时，对方可以选择适用违约金或者定金条款。定金不足以弥补一方违约造成的损失的，对方可以请求赔偿超过定金数额的损失。"

由此可见，合同当事人可以在合同中同时约定定金和违约金，但当合同一方违约时，定金条款和违约金条款却不能同时适用，当事人可以根据对自己有利的原则选择适用定金条款或者违约金条款。例如，甲乙就租赁乙的仓库一事达成书面协议，并同时约定了定金和违约金。若甲逾期不支付租金，那么乙只能根据实际情况选择对自己有利的定金条款或者违约金条款，而不能同时适用。

💡 若合同双方均存在违约行为，违约责任如何确定？

张三就购买李四五台大型纺织机与李四签订买卖合同，双方约定：张三在合同生效后五日内支付10万元，待李四交付机器后再支付剩余部分。李四按时交付机器，但张三却迟迟不支付尾款，张三后发现李四交付的机器根本不符合张三的要求。请问，双方的违约责任应如何确定？

我国《民法典》第五百九十二条第一款规定："当事人都违反合同的，应当各自承担相应的责任。"合同是在双方当事人协商一致的情况下订立的，双方应按照合同约定履行各自的义务。当一方出现违约时，应按照约定向对方承担违约责任。若双方均存在违约行为时，那么，根据法律的规定，则需要按照各自的过错承担相应的违约责任。在上面案例中，张三存在迟迟不支付尾款的违约行为，李四存在交付机器不符合要求的违约行为，所以，双方根据合同约定各自承担相应的违约责任。

💡 不能履约方在不可抗力发生后，是否需要通知对方并予以证明？

钱某购买了赵某的一批中草药，并签订合同。由于中草药大多生长在深山当中，所以需要从深山中运输出来。但在交货前半个月，当地突发山体滑坡，道路被中断，以致无法如约交货。那么，赵某需要将上面情况通知钱某并予以证明吗？

我国《民法典》第五百九十条第一款规定："当事人一方因不可抗力不能履行合同的，根据不可抗力的影响，部分或者全部免除责任，但是法律另有规定的除外。因不可抗力不能履行合同的，应当及时通知对方，以减轻可能给对方造成的损失，并应当在合理期限内提供证明。"由此可知，虽然不可抗力可能会成为一方无法履行合同的免责事由，但是，不能履行合同的一方应及时通知对方，以减少对方的损失，并在合理期限内提供证明。所以，前面所列举的例子，在山体滑坡阻碍交通事件发生后，赵某需要将情况通知钱某并予以证明。

一方违约后，另一方因保管不当致使货物损失扩大的，扩大的损失能否要求违约方一并赔偿？

田某购买宋某的一台二手机器，约定合同生效后3日内，田某支付50%价款，待交付机器后支付尾款。但田某未按约定付足全款的50%，于是宋某便将该机器丢掷在了一旁，恰巧当时数日连降暴雨，机器因受雨水浸泡完全报废。请问，宋某能否要求田某全款赔偿损失？

我国《民法典》第五百九十一条规定："当事人一方违约后，对方应当采取适当措施防止损失的扩大；没有采取适当措施致使损失扩大的，不得就扩大的损失请求赔偿。当事人因防止损失扩大而支出的合理费用，由违约方负担。"

由此可见，即使合同一方违约，非违约方的权益遭到了侵犯，可如果损失可能继续扩大的，那么非违约方仍然需要采取必要的措施以防止损失扩大，否则无权要求对方赔偿扩大的损失。所以，上面所列举的例子，宋某不可以要求田某赔偿机器因其保管不当而被雨水浸泡报废的损失。

一方迟迟不购买制作货物的特殊原料，另一方可以在交货期满前要求其承担违约责任吗？

我国《民法典》第五百七十八条规定："当事人一方明确表示或者以自己的行为表明不履行合同义务的，对方可以在履行期限届满前请求其承担违约责任。"

由此可见，只要当事人一方以积极的作为方式或消极的不作为方式表明自己将不再履行合同义务，那么，对方在履行期到来前就可以请求其承担违约责任。例如，小周需要小杨赶制一批演出服，约定15日内交货。但小杨在合同生效后，却迟迟不购买制作演出服的特殊布料，小周多次催促无果。那么，即使还未到交货期，但由于没有布料小杨根本就不可能按时交货，此时，小周仍可以要求小杨承担违约责任。

一方因第三人原因造成违约的，违约责任应由谁承担？

甲继承了父亲的一套房子，后就该房屋与乙签订了买卖合同。但在过户前，甲的哥哥丙突然出现，声称房子有一半是他的，以致甲乙无法按照约定办理过户手续。请问，违约责任应由谁承担？

我国《民法典》第五百九十三条规定："当事人一方因第三人的原因造成违约的，应当依法向对方承担违约责任。当事人一方和第三人之间的纠纷，依照法律规定或者按照约定处理。"

由此可见，基于合同的相对性，合同一方当事人只能向对方当事人主张违约责任，故因为第三方造成合同不能履行的或者履行不符合约定的，应由违约方向守约的一方承担违约责任，而违约方和第三人的纠纷，应当另行解决。所以，在上面列举的例子中，乙应当要求甲承担违约责任。

保管人私自将货物转交他人保管造成货物毁损的，赔偿责任应由谁承担？

我国《民法典》第八百九十四条规定："保管人不得将保管物转交第三人保管，但是当事人另有约定的除外。保管人违反前款规定，将保管物转交第三人保管，造成保管物损失的，应当承担赔偿责任。"

由此可见，作为保管人应当严格按照约定保管他人的财物，并应亲自保管，不得交给第三方保管，除非曾经约定可以交给别人代管。如果双方没有约定，那么保管人委托别人代为保管，对保管物造成损害的，保管人应当承担赔偿责任。例如，甲乙约定，甲替乙保管一个明朝的青花瓷瓶，乙支付五千元保管费。后来，在未经乙同意的情况下，甲擅自将该青花瓷瓶交由丙保管，结果丙不慎将其打碎。那么，甲应当对青花瓷瓶的毁坏承担赔偿责任。

约定第三人支付货款的，若第三人无力支付，违约责任应由谁承担？

甲就购买乙的厂房与乙签订了房屋买卖合同，由于丙还欠甲一笔钱，于是三方约定由丙直接向乙支付房款，以偿还甲的欠款。但在合同履行中，丙由于资金链断裂，无力支付房款。请问，乙应要求谁承担违约责任？

我国《民法典》第五百二十三条规定："当事人约定由第三人向债权人履行债务，第三人不履行债务或者履行债务不符合约定的，债务人应当向债权人承担违约责任。"

由此可见，即使当事人双方约定由第三人向债权人履行债务，第三人对此也表示同意，但若第三人不能履行债务或者履行债务不符合合同约定的，合同的违约责任仍应由真正的债务人来承担。上面列举的例子中，乙应要求真正的债务人甲承担违约责任。

承揽人私自将定作工作转托给第三人的，定作人应如何维权？

我国《民法典》第七百七十二条规定："承揽人应当以自己的设备、技术和劳力，完成主要工作，但是当事人另有约定的除外。承揽人将其承揽的主要工作交由第三人完成的，应当就该第三人完成的工作成果向定作人负责；未经定作人同意的，定作人也可以解除合同。"

由此可见，承揽人接受了定作人的委托，那么，就应当亲自完成主要工作，除非另有约定，否则需要就第三人完成的工作成果向定作人负责，甚至需要承担定作人解除合同的后果。例如，高某向于某定做了一批床上用品，由于于某订单太多，故在未经高某同意的情况下，私自将高某的订单交由吴某制作。那么，高某可以解除合同，也可以默认吴某的制作，但若吴某交付的床上用品存在质量、数量等问题，高某可以直接要求于某承担违约责任。

💡 承揽人未按约定制作零件的，定作人可以要求减少报酬吗？

小韩向小陈定做了一批机器零部件，并签订了书面合同。但小韩在接到小陈交付的零部件后，发现质量根本达不到约定的要求。请问，小韩可以要求减少货款吗？

我国《民法典》第七百八十一条规定："承揽人交付的工作成果不符合质量要求的，定作人可以合理选择请求承揽人承担修理、重作、减少报酬、赔偿损失等违约责任。"

由此可见，双方签订合同后，作为承揽人应按照合同约定按时、保质、保量完成工作。若质量不符合约定的要求，那么承揽人就需要承担修理、减少报酬、赔偿损失等违约责任。所以，上面列举的例子，小韩可以要求减少需要支付的报酬。

💡 因逾期提货致货物受损的，应由谁承担损失责任？

甲购买了乙一批调料，约定 6 月 1 日，乙将调料运至 A 港口。乙如约将调料运到，但甲却未前来取货。无奈之下，乙只好将调料暂存于港口附近的仓库内。当晚突发台风，仓库门被吹开，大部分调料被雨水浸泡毁损。请问，该损失应由谁承担？

我国《民法典》第六百零八条规定："出卖人按照约定或者依据本法第六百零三条第二款第二项的规定将标的物置于交付地点，买受人违约定没有收取的，标的物毁损、灭失的风险自违反约定时起由买受人承担。"

由此可见，出卖人按照约定将货物送至约定或法定地点，就已履行完自己约定的义务；因买受人自己的原因且事先未告知出卖人，未按照约定按时取货，致使货物毁损、灭失的，风险自买受人违反约定之日起由买受人承担。所以，上面列举的案例，调料的损失应由甲承担。

未经出租人同意，承租人可以将货车租转给他人吗？

我国《民法典》第七百一十六规定："承租人经出租人同意，可以将租赁物转租给第三人。承租人转租的，承租人与出租人之间的租赁合同继续有效；第三人造成租赁物损失的，承租人应当赔偿损失。承租人未经出租人同意转租的，出租人可以解除合同。"

由此可见，承租人将租赁物进行转租，必须要经过出租人的同意。如果承租人没有经过出租人同意就擅自转租，那么出租人有权解除租赁合同。例如，甲租赁乙的货车，租期为一年。半年后，甲不想再继续租用，而丙此时打算租一辆货车。那么，甲可以在征得乙同意后，将货车租给丙，否则，乙有权解除合同。

寄存人未按约定支付保管费的，保管人可以留置保管物吗？

甲因事需要出国，便将自己祖传的一幅字画交给乙保管，并约定保管费为五万元，保管期为一年。但事后，甲却迟迟不支付保管费。请问，乙可以将该字画留置吗？

我国《民法典》第九百零三条规定："寄存人未按照约定支付保管费或者其他费用的，保管人对保管物享有留置权，但是当事人另有约定的除外。"

由此可见，一般情况下，在寄存人没有按照约定支付给保管人相关费用时，保管人是可以享有留置权的；但是，如果双方约定了不能留置保管物的情况除外。所以，上面列举的例子，乙可以将甲的字画留置。

承包人能否将建设工程分包给第三人？

我国《民法典》第七百九十一条规定："发包人可以与总承包人订立建设工程合同，也可以分别与勘察人、设计人、施工人订立勘察、设计、施工承包合同。发包人不得将应当由一个承包人完成的建设工程支解成若干部分发包给数个承包人。总承包人或者勘察、设计、施工承包人经发包人同意，可以将自己承包的部分工作交由第三人完成。第三人就其完成的工作成果与总承包人或者勘察、设计、施工承包人向发包人承担连带责任。承包人不得将其承包的全部建设工程转包给第三人或者将其承包的全部建设工程支解以后以分包的名义分别转包给第三人。禁止承包人将工程分包给不具备相应资质条件的单位。禁止分包单位将其承包的工程再分包。建设工程主体结构的施工必须由承包人自行完成。"

由此可见，承包人在与发包人签订建设工程合同后，经发包人同意，可以将自己承包的部分工作交由第三人完成。但是，承包人不得将其承包的全部建设工程肢解以后以分包的名义分别转包给第三人。同时，法律禁止承包人将工程分包给不具有相应资质条件的单位,也禁止分包单位二次分包。例如,楚某承包了姜某的某商场工程,但楚某一人建设有些困难,打算将上述商场工程分包给乔某。对此,在经过姜某同意后,楚某可以将部分工程交由乔某。

火车晚点,乘客能否要求退票?

甲被公司派往深圳签署一份重要的合同,由于时间紧迫,甲当即预订了最早一班开往深圳的火车;结果当晚的火车无故严重晚点。请问,甲可以要求退票吗?

我国《民法典》第八百二十条规定:"承运人应当按照有效客票记载的时间、班次和座位号运输旅客。承运人迟延运输或者有其他不能正常运输情形的,应当及时告知和提醒旅客,采取必要的安置措施,并根据旅客的要求安排改乘其他班次或者退票;由此造成旅客损失的,承运人应当承担赔偿责任,但是不可归责于承运人的除外。"

由此可见,承运人应当根据客票上所载明的时间和班次,如约运输旅客。如果承运人迟延运输,那么就应当根据旅客的要求安排其乘坐其他班次或者退票。所以,上面列举的案例,甲可以要求铁路部门退票。

图书在版编目（CIP）数据

法律问答十卷书. 合同往来卷 / 荣丽双编著. —北京：中国法制出版社，2023.3
ISBN 978-7-5216-2777-0

Ⅰ. ①法… Ⅱ. ①荣… Ⅲ. ①合同法-中国-问题解答 Ⅳ. ①D920.5

中国版本图书馆 CIP 数据核字（2022）第 122894 号

| 策划编辑：李佳 | 责任编辑：刘冰清 | 封面设计：杨鑫宇 |

法律问答十卷书. 合同往来卷
FALÜ WENDA SHI JUAN SHU. HETONGWANGLAIJUAN

编著/荣丽双
经销/新华书店
印刷/三河市紫恒印装有限公司
开本/880 毫米×1230 毫米　32 开　　　　印张/2.5　字数/55 千
版次/2023 年 3 月第 1 版　　　　　　　　2023 年 3 月第 1 次印刷

中国法制出版社出版
书号 ISBN 978-7-5216-2777-0　　　　　（全十册）总定价：79.80 元

北京市西城区西便门西里甲 16 号西便门办公区
邮政编码：100053　　　　　　　　　　传真：010-63141600
网址：http：//www.zgfzs.com　　　　编辑部电话：010-63141837
市场营销部电话：010-63141612　　　印务部电话：010-63141606

（如有印装质量问题，请与本社印务部联系。）

法律问答十卷书

衣食住行卷

中国法制出版社
CHINA LEGAL PUBLISHING HOUSE

前　言

衣、食、住、行，在我们的生活中每天都在上演。可是，你可曾想过，衣食住行都与法律相关？在很多时候，法律都像影子一样，默默地跟随着我们，但是，当我们遇到麻烦、纠纷时，法律又像一名忠诚的卫士，跳出来保护我们。法律同时也是我们维护自身合法权益最有力的武器。例如，《消费者权益保护法》保障我们购物消费的各种权益、《食品安全法》保障我们的食品安全权益、《物业管理条例》等保障我们买房与住房的各种权益、《道路交通安全法》保障我们出行的权益、《旅游法》保障我们出游的权益……

学习和了解各种与衣食住行相关的法律知识，对我们每个人来说都会终身受益。但是，涉及这些领域的法律知识较为琐碎，学习起来并不是一件容易的事。为了帮助大家更加系统有效地学习相关法律知识，我们经过总结，精心编写了《法律问答十卷书·衣食住行卷》，提炼了大量与我们的衣食住行有关的法律知识，希望能对大家有所帮助。下面，我们一起来了解一下本书。

本书的内容以"提出问题—解决问题"的方式呈现，主要特色可归纳为以下四点：

第一，全面性。虽然本书的总字数不多，但是问题量大，知识点丰富，很多生活中常见的法律知识点都被囊括其中，具有相当的全面性。

第二，专业性。本书的编写者为专业的法律人士，他们都具有扎实、深厚的法律功底以及法律实践经验，能最大限度地保证本书的严谨性与专业性。

第三，实用性。本书的选题宗旨之一即为"实用"。能给读者带来启迪、帮助读者解答和解决问题，是我们写书的职责所在。

第四，通俗性。法律专业语言晦涩难懂，法律条文内容也大多不易理解。我们在书中注重用通俗易懂的语言解答各种法律问题，有些还辅以例证来解读，以期能够把问题讲清楚、讲透彻、讲明白。

最后，希望本书能给您的人生带来启迪与帮助！书中存在的不足之处，敬请批评指正！

本书编委会

2022 年 8 月

目 录

一、购物纠纷

1	消费者网上购物之后，一直未收到货物的，应该怎么办？
1	顾客在网络购物时物品被他人代收而未收到货的，应当由谁承担责任？
2	对于网上购买的货到付款的货物，买家可以拒收吗？
3	消费者在网上购物时选择刷卡支付，收到货物时可以因不能刷卡而拒收吗？
4	因商家未按照指定时间送货导致消费者权益受损的，应当由谁承担责任？
4	消费者因给商家差评而受到侮辱诽谤，其应向哪个法院提起诉讼？
5	超市能否将促销商品的保质期用胶带遮住？
6	商场需要为出售的特价商品承担质量保障责任吗？
6	经营者需要对赠品的质量负责吗？
7	商家出售的家电样品需要承担"三包"责任吗？
8	经营者将翻新商品作为新品出售，需要承担什么责任？
8	打折的商品，商场可以拒绝开发票吗？
9	商场可以以自己享有宣传单的最终解释权为由拒绝优惠吗？

10	商场销售的商品实际功能与宣传不符的,是否需要承担责任?
10	消费者购买的没有取得购物凭证的商品出现质量问题,可以要求商家退换吗?
11	消费者因产品质量受到人身损害的,应当由谁承担责任?
12	消费者在展销会上购买的商品出现质量问题,应当由谁承担责任?
12	消费者未检验货物,在商品出现质量问题时,商家是否需要承担责任?
13	消费者试过的鞋子就必须购买吗?
14	消费者通过电视购买的商品存在质量问题,应该由谁承担责任?
15	商场贴出的"偷一罚十"告示合法吗?

二、餐饮纠纷

16	餐厅可以对自带酒水的消费者收取开瓶费吗?
17	饭菜里吃出苍蝇,应该怎么办?
17	顾客被服务员烫伤的,应该由谁承担责任?
18	在商场购物时,对于顾客车内丢失的财物,商场是否需要承担责任?
19	酒店取消顾客预定的酒席,是否需要双倍返还定金?
19	顾客就餐后可以向餐厅索要发票吗?
20	消费者因吃了从商场购买的香肠变质而生病,可以要求哪些赔偿?
21	超市是否可以拒绝兑换瓜子中"再来一袋"的奖项?
22	食品安全的标准包括哪些内容?
22	超市的水果可以混搭销售吗?

23	食品摊贩需要受食品安全法约束吗?
23	餐厅可以使用没有消毒的餐具吗?
24	消费者因食品虚假广告而受到人身损害的,应当由谁承担责任?
25	顾客发现食品过期的,可以要求超市退货吗?
25	任何个人或单位都有权举报违反食品安全的行为吗?
26	消费者的权益受到损害时,应如何维护自己的权利?

三、住房与住宿纠纷

27	房屋已交付使用,但开发商逾期办理房产证,其是否应承担违约责任?
28	装修房屋造成邻居住房损害的,由谁承担赔偿责任?
28	出卖共有房屋是否必须经全体共有人同意?
29	如何确定小区车位的归属?
30	业主"住改商"会受到哪些限制?
31	业主家中被盗,能否要求物业公司进行赔偿?
31	对于业主实施的损害他人合法权益的行为,其他业主可以采取哪些措施?
32	租赁期间租赁房屋被卖,是否影响租房人的权利?
33	承租人的优先购买权是指什么?
34	当事人是否能以口头形式订立租赁合同?
34	承租人擅自装修房屋,所产生的装修费用由谁负担?
35	房屋被转租后,转租期限应当如何约定?
36	接受中介服务后,绕开中介而直接与房主签订房屋买卖合同后,还需要支付中介费吗?
36	居住权合同成立后是否代表居住权已设立?除合同外,设立居住权还有哪些方式?

37	房屋设立居住权后，房屋所有人能否将该房屋进行出租？
38	在哪些情况下，居住权会消灭？
38	法律允许村民将农村宅基地出卖给城镇居民吗？
39	村民把住宅赠与他人后，是否有权再申请宅基地？
40	房屋所有权人能否擅自堵住相邻通道？
40	新建房屋较高而妨碍邻居房屋通风、采光的，应承担怎样的法律后果？
41	因房屋排水给邻居房屋造成损害的，应当赔偿吗？
41	因建造房屋必须从邻居家门前经过，邻居家可以禁止通过吗？
42	宾馆未尽到安全保障义务导致旅客受伤的，宾馆管理人是否应承担赔偿责任？
43	旅客被宾馆保安殴打受伤，宾馆管理人是否应承担责任？
43	因旅客未付房款，宾馆是否有权扣留其行李阻止其离开？

四、出行纠纷

45	客运合同中承运人迟延运输的，旅客可以采取哪些措施？
46	客车行驶中发生交通事故，对免票、无票等旅客的伤亡是否需要赔偿？
46	客车运输过程中旅客行李丢失，承运人应否赔偿？
47	承运人在运输中降低服务标准的，乘客可以退票吗？
48	客运站售票时搭售保险的做法是否恰当？
48	未检票的乘客在车站内受伤，车站是否应承担赔偿责任？
49	运输中乘客因自身原因伤亡，承运人是否应承担赔偿责任？
50	承运人未尽救助义务导致患病的乘客死亡的，是否应承担赔偿责任？
50	因交通事故造成乘客伤亡的，承运人是否应承担赔偿责任？

51	运输中乘客因第三人原因受伤,承运人是否应承担赔偿责任?
52	在公共交通工具上霸占他人座位,是否违反了法律的规定?
53	旅游合同中,旅游者享有哪些权利?
54	旅行社在旅游中擅自安排购物的,游客应如何维权?
54	旅行社的广告存在虚假宣传,游客应当怎么办?
55	旅行社因第三人原因违约的,应否承担赔偿责任?
56	旅行社对旅游地的民俗禁忌等有告知义务吗?
56	团购游后发现旅行社不具备相应资质,旅游者应如何维权?
57	因旅行社的原因导致游客在旅途中死亡,旅行社是否应承担赔偿责任?
57	游客由于自身原因在景区内受伤,旅行社、景区管理者应否赔偿?
58	旅行社在接待游客时进行传销,应当如何处理?
59	游客在导游指定购物点买到假货,应当如何维权?
59	游客出国旅游,可以将杧果等水果带回国吗?

五、交通事故

61	如何判断一个事件是不是属于道路交通事故?
62	发生交通事故,当事人应该做什么?
62	骑行过程中将他人撞伤,该情况是否属于交通事故?
63	开车追尾别人,能否和对方私了?
64	行人故意碰撞正常行驶的车辆,车辆一方是否需要承担相应的责任?
64	骑自行车在机动车道与禁止掉头路段的掉头车辆发生碰撞,机动车一方能否因主张自行车一方违反交规而减轻责任?
65	行人全责的事故中,机动车一方是否完全不承担赔偿责任?

66	为躲避逆行的车辆,不慎与旁边车道车辆发生剐蹭,该责任应当由谁承担?
67	行人擅自进入高速公路内,被过往车辆撞死,机动车是否应当承担责任?
67	将自家货物堆放在道路上,造成交通事故的,应承担责任吗?
68	酒后驾驶机动车,与他人发生碰撞后,弃车离开的,是否属于交通肇事逃逸?
69	故障车辆停在路边,被后方来车追尾,责任应当如何认定?
69	从他人手里购买的报废汽车发生交通事故的,卖方是否需要承担责任?
70	明知对方无机动车驾驶证,仍然将自己的汽车出借,其后发生交通事故的,出借人是否需要承担责任?
71	将自己的汽车出卖给他人,尚未过户,发生交通事故的,自己是否需要承担部分责任?

一、购物纠纷

💡 **消费者网上购物之后,一直未收到货物的,应该怎么办?**

张某"双十一"期间,在某网站购买了一件价值500元的大衣,但是,商家一直没有发货。张某多次催促,商家都以"双十一"期间发货量大为由推脱。此时,张某应该怎么办?

我国《消费者权益保护法》第四十四条第一款规定:"消费者通过网络交易平台购买商品或者接受服务,其合法权益受到损害的,可以向销售者或者服务者要求赔偿。网络交易平台提供者不能提供销售者或者服务者的真实名称、地址和有效联系方式的,消费者也可以向网络交易平台提供者要求赔偿;网络交易平台提供者作出更有利于消费者的承诺的,应当履行承诺。网络交易平台提供者赔偿后,有权向销售者或者服务者追偿。"

由此可知,消费者在网上购物后,商家有义务提供商品或服务的相关有效信息。在商家没有发货的情况下,消费者可以向网络平台请求赔偿。在上面的案例中,张某可以请求某购物网站予以赔偿。

💡 **顾客在网络购物时物品被他人代收而未收到货的,应当由谁承担责任?**

吴某在某网站上购买了一部手机,但是,吴某下单付款后一直没有收到货物。等到他在网站上查询时，发现手机已经被他人代收。请问，此种情况下应当由谁承担责任？

我国《电子商务法》第五十二条第一款、第二款规定："电子商务当事人可以约定采用快递物流方式交付商品。快递物流服务提供者为电子商务提供快递物流服务，应当遵守法律、行政法规，并应当符合承诺的服务规范和时限。快递物流服务提供者在交付商品时，应当提示收货人当面查验；交由他人代收的，应当经收货人同意。"

由此可知，快递物流服务者在交付货物时，必须由收货人当面验收，由他人代收时，必须要经过本人的同意。在上面的案例中，吴某的手机被他人代收，而他人代收快递时，快递服务者未征求吴某的同意，进而导致吴某没有收到手机。因此，吴某的损失应当由快递服务者承担。

对于网上购买的货到付款的货物，买家可以拒收吗？

何女士在网上购买了一件结婚礼服，当时选择的是货到付款。但是，在礼服送到之时，何女士觉得自己不太喜欢这个款式，想到实体店购买。因此，她便选择拒收货物。可是，却遭到商家的拒绝。请问，货到付款的货物，买家可以拒收吗？

我国《消费者权益保护法》第二十五条规定："经营者采用网络、电视、电话、邮购等方式销售商品，消费者有权自收到商品之日起七日内退货，且无需说明理由，但下列商品除外：（一）消费者定作的；（二）鲜活易腐的；（三）在线下载或者消费者拆封的音像制品、计算机软件等数字化商品；（四）交付的报纸、期刊。除前款所列商品外，其他根据商品性质并经消费者在购买时确认不宜退货的商品，不适用无理由退货。消费者退货的商品应当完好。经营者应当自收到退回商品之日起七日内返还消费者支付的商品价款。退回商品的运费由消费者承担；经营者和消费者另有约定的，按照约定。"

由此可见，消费者在网上购物时，享有七日内无理由退货的权利，但特殊商品除外。在上面的案例中，何女士所购买的结婚礼服并不属于不能退货的商品。所以，在货物到达后，无论选择的是何种支付方式，她都享有退货的权利。需要注意的是，退回商品的运费应当由何女士自己承担。

💡 消费者在网上购物时选择刷卡支付，收到货物时可以因不能刷卡而拒收吗？

小高在某网站上购买了价值500元的图书，当时下订单时，他选择的是货到付款，刷卡支付。可是，在快递员配送货物要求小高支付货款时，却称只能收取现金，商家不支持刷卡支付。对此，小高因手头没有现金，所以准备拒收货物。请问，小高可以因无法刷卡支付而拒收货物吗？

我国《民法典》第一百一十九条规定："依法成立的合同，对当事人具有法律约束力。"同时，该法第五百六十三条第一款也规定："有下列情形之一的，当事人可以解除合同：……（四）当事人一方迟延履行债务或者有其他违约行为致使不能实现合同目的；……"

据此可知，合同双方当事人应当按照合同约定全面履行合同，不得随意变更合同。如果一方因违约行为导致合同无法履行，则另一方可以解除合同。在前面的案例中，小高在下订单时，与商家订立了合同，合同内容之一就是刷卡支付。货物送达后，商家应当按照合同约定的方式请小高支付货款。因此，在无法刷卡支付时，小高可以解除合同，拒收货物。

💡 因商家未按照指定时间送货导致消费者权益受损的，应当由谁承担责任？

张某开了一家水果店，一天某顾客在该店订购了 5 箱水果。张某按照顾客的要求在某网店购买了 10 个水果箱。但是，商家未按照约定时间送货，导致张某未按时向顾客交付水果，该顾客支付了 200 元定金，故张某双倍返还了该顾客 400 元定金。那么，请问张某的损失应当由谁承担？

我国《民法典》第五百零九条规定："当事人应当按照约定全面履行自己的义务。当事人应当遵循诚信原则，根据合同的性质、目的和交易习惯履行通知、协助、保密等义务。当事人在履行合同过程中，应当避免浪费资源、污染环境和破坏生态。"第五百七十七条规定："当事人一方不履行合同义务或者履行合同义务不符合约定的，应当承担继续履行、采取补救措施或者赔偿损失等违约责任。"

由此可见，合同当事人应当根据合同的规定履行自己的义务。在上面的案例中，张某与某网店订立了买卖合同，网店应当按照约定时间履行合同，按时将水果箱送达。由于网店未按照指定时间送货上门，所以给张某所造成的损失，应当由该网店承担。因此，张某承担的 400 元定金应当由网店给予赔偿。

💡 消费者因给商家差评而受到侮辱诽谤，其应向哪个法院提起诉讼？

杨某在某网店给儿子买了一双运动鞋，但是，鞋子穿了一个星期后就出现了质量问题，杨某与店家沟通时，店家态度非常差。于是，杨某便给了该网店差评。后来，杨某发现该店家在微博上发布了很多侮辱诽谤她的消息。请问，杨某应当向哪里的法院起诉？

我国现行《民事诉讼法》第二十九条规定："因侵权行为提起的诉讼，由侵权行为地或者被告住所地人民法院管辖。"此外，《最高人民法院关于适用〈中华人民共和国民事诉讼法〉的解释》第二十四条同时规定："民事诉讼法第二十九条规定的侵权行为地，包括侵权行为实施地、侵权结果发生地。"第二十五条规定："信息网络侵权行为实施地包括实施被诉侵权行为的计算机等信息设备所在地，侵权结果发生地包括被侵权人住所地。"

据此可知，在上面的案例中，杨某可以向侵权行为实施地、侵权结果发生地以及被侵权人住所地的基层法院提起诉讼。

超市能否将促销商品的保质期用胶带遮住？

李太太在逛超市时，发现女儿非常喜欢喝的一款酸奶在做买一送一的活动，但是，当其准备查看酸奶的保质期时却发现其被胶带遮住了。对此，李太太向超市提出建议，超市却称他们这是在做促销活动。请问，超市的做法是否合法？

我国《消费者权益保护法》第八条规定："消费者享有知悉其购买、使用的商品或者接受的服务的真实情况的权利。消费者有权根据商品或者服务的不同情况，要求经营者提供商品的价格、产地、生产者、用途、性能、规格、等级、主要成份、生产日期、有效期限、检验合格证明、使用方法说明书、售后服务，或者服务的内容、规格、费用等有关情况。"同时，该法第二十条第一款也规定："经营者向消费者提供有关商品或者服务的质量、性能、用途、有效期限等信息,应当真实、全面,不得作虚假或者引人误解的宣传。"

据此可知,消费者对其所购买的商品享有知悉权,经营者应当向消费者提供商品或服务的相关信息。在上面的案例中,超市将促销商品的保质期用胶带遮住的行为是违法的,其侵害了消费者对商品详细信息的知情权。

商场需要为出售的特价商品承担质量保障责任吗?

元旦期间,赵某在商场购物时,看到儿子非常喜欢吃的一款薯片在做特价,于是,赵某便为儿子买了10包。回到家后,赵某发现,她所购买的10包薯片都已经超过保质期。请问,商场是否需要为特价商品承担质量保障责任?

我国《食品安全法》第三十四条规定:"禁止生产经营下列食品、食品添加剂、食品相关产品:……(三)用超过保质期的食品原料、食品添加剂生产的食品、食品添加剂;……"同时,《零售商促销行为管理办法》第十二条规定:"零售商开展促销活动,不得降低促销商品(包括有奖销售的奖品、赠品)的质量和售后服务水平,不得将质量不合格的物品作为奖品、赠品。"

据此可知,商场不能销售过期食品,即使是赠品,也必须保证质量。在上面的案例中,商场销售过期的特价食品的行为是违法的,赵某可以到商场要求退货。

经营者需要对赠品的质量负责吗?

我国《消费者权益保护法》第二十三条第一款规定:"经营者应当保证在正常使用商品或者接受服务的情况下其提供的商品或者服务应当具有的质量、性能、用途和有效期限;但消费者在购买该商品或者接受该服务前已经知道其存在瑕疵,且存在该瑕疵不违反法律强制性规定的除外。"同时,《零售商促销行为管理办法》第十二条规定:"零售商开展促销活动,不得降低促销商品(包括有奖销售的奖品、赠品)的质量和售后服务水平,不得将质量不合格的物品作为奖品、赠品。"

据此可知,商家必须要保障其所出售的商品质量,即便是赠品也要保障商品的质量符合要求。例如,某商场在元旦期间开展促销活动,某种果汁"买一送一",然而,季某在将该种果汁买回家之后,发现赠送的那瓶果汁已经超过保质期。此时,该商场的做法就是错误的,季某有权找到商场要求退货。

商家出售的家电样品需要承担"三包"责任吗?

黎某和妻子在商场选购了某品牌的一台样品洗衣机。之后,洗衣机出现质量问题,商场却称因黎某购买的是样品,所以不实行"三包"政策。请问,商家出售的家电样品是否需要承担"三包"责任?

我国《消费者权益保护法》第十六条规定:"经营者向消费者提供商品或者服务,应当依照本法和其他有关法律、法规的规定履行义务。经营者和消费者有约定的,应当按照约定履行义务,但双方的约定不得违背法律、法规的规定……"此外,《部分商品修理更换退货责任规定》第八条也规定:"三包有效期自开具发票之日起计算,扣除因修理占用和无零配件待修的时间。三包有效期内消费者凭发票及三包凭证办理修理、换货、退货。"

据此可知,承担"三包"责任是经营者的法定义务,经营者不能随意对三包责任的内容加以变更,三包有效期内必须依法承担修理、换货、退货的责任。在上面的案例中,虽然黎某购买的是样品,但是，只要在三包有效期内，商家同样需要为此承担三包责任。

经营者将翻新商品作为新品出售，需要承担什么责任？

武某在某网店购买了一部手机。使用了一个月后，手机出现质量问题，武某拿去维修时，维修人员告诉武某他的手机是翻新的。对此，商家需要承担何种责任？

《消费者权益保护法》第八条第一款规定："消费者享有知悉其购买、使用的商品或者接受的服务的真实情况的权利。"第五十五条第一款规定："经营者提供商品或者服务有欺诈行为的，应当按照消费者的要求增加赔偿其受到的损失，增加赔偿的金额为消费者购买商品的价款或者接受服务的费用的三倍；增加赔偿的金额不足五百元的，为五百元。法律另有规定的，依照其规定。"

据此可知，消费者对所购买的商品相关信息享有知情权。经营者将翻新商品作为新品出售的行为侵害了消费者的这一权利。在上面的案例中，根据法律规定，某网店将翻新的手机作为新品出售的行为属于欺诈，消费者可以要求其按所购买手机价格的三倍给予赔偿。

打折的商品，商场可以拒绝开发票吗？

我国《消费者权益保护法》第二十二条规定："经营者提供商品或者服务，应当按照国家有关规定或者商业惯例向消费者出具发票等购货凭证或者服务单据；消费者索要发票等购货凭证或者服务单据的，经营者必须出具。"同时，《发票管理办法》第十九条也规定："销售商品、提供服务以及从事其他经营活动的单位和个人，对外发生经营业务收取款项，收款方应当向付款方开具发票；特殊情况下，由付款方向收款方开具发票。"

由此可见，为消费者开具发票，提供相关的消费凭证，是商家的法定义务。对于商家来说，无论是正价商品，还是打折处理的商品，商家都必须提供发票，不得以任何理由拒绝。例如，丽丽在某商场周年庆期间购买了一件价值1000元的大衣，结账时，其要求商场开具发票。但是，商场称打折商品不提供发票。该商场的做法就是违反法律规定的，其应当为丽丽出具发票。

商场可以以自己享有宣传单的最终解释权为由拒绝优惠吗？

我国《消费者权益保护法》第二十条第一款规定："经营者向消费者提供有关商品或者服务的质量、性能、用途、有效期限等信息，应当真实、全面，不得作虚假或者引人误解的宣传。"同时，《零售商促销行为管理办法》第六条明确规定："零售商促销活动的广告和其他宣传，其内容应当真实、合法、清晰、易懂，不得使用含糊、易引起误解的语言、文字、图片或影像。不得以保留最终解释权为由，损害消费者的合法权益。"第七条第二款规定："对不参加促销活动的柜台或商品，应当明示，并不得宣称全场促销；明示例外商品、含有限制性条件、附加条件的促销规则时，其文字、图片应当醒目明确。"

由此可知，商场在做促销活动时，应当明确其参加促销活动的柜台或商品，不得以保留最终解释权为由拒绝让消费者享受优惠。例如，五一劳动节时，小赵看到某商场的宣传单上写着凭此宣传单消费1000元可以领取一张100元的购物券。小赵便到此商场买了将近2000元的商品，向商场要求领取购物券时，商场称只有部分商品参加这个活动，解释权归商场所有。商场的做法是错误的，侵害了消费者的合法权益。

商场销售的商品实际功能与宣传不符的，是否需要承担责任？

一天，朱某在逛商场时，看到某商场在推销一款按摩椅，售货员称该按摩椅具有很多功能，朱某便购买了一台。但是，在回到家使用时，朱某发现该按摩椅的实际功能与商场宣传的不相符。请问，朱某应该怎么办？

我国《消费者权益保护法》第八条规定："消费者享有知悉其购买、使用的商品或者接受的服务的真实情况的权利。消费者有权根据商品或者服务的不同情况，要求经营者提供商品的价格、产地、生产者、用途、性能、规格、等级、主要成份、生产日期、有效期限、检验合格证明、使用方法说明书、售后服务，或者服务的内容、规格、费用等有关情况。"第二十条还规定："经营者向消费者提供有关商品或者服务的质量、性能、用途、有效期限等信息，应当真实、全面，不得作虚假或者引人误解的宣传。经营者对消费者就其提供的商品或者服务的质量和使用方法等问题提出的询问，应当作出真实、明确的答复……"

由此可见，消费者享有商品的知情权，商场所销售的商品实际功能与宣传不相符的行为，属于虚假宣传。在上面的案例中，商场的做法侵害了朱某的知情权，朱某可以要求商场承担损害赔偿责任。

消费者购买的没有取得购物凭证的商品出现质量问题，可以要求商家退换吗？

小冯在某电子商城购买了一台照相机，当时因售货员称如果不要发票，可以便宜300元。于是，小冯就没有要发票。但是，相机在使用过程中出现了质量问题。请问，小冯没有发票，可以要求商家退换吗？

我国《消费者权益保护法》第二十二条规定："经营者提供商品或者服务，应当按照国家有关规定或者商业惯例向消费者出具发票等购货凭证或者服务单据；消费者索要发票等购货凭证或者服务单据的，经营者必须出具。"第二十四条规定："经营者提供的商品或者服务不符合质量要求的，消费者可以依照国家规定、当事人约定退货，或者要求经营者履行更换、修理等义务。没有国家规定和当事人约定的，消费者可以自收到商品之日起七日内退货；七日后符合法定解除合同条件的，消费者可以及时退货，不符合法定解除合同条件的，可以要求经营者履行更换、修理等义务。依照前款规定进行退货、更换、修理的，经营者应当承担运输等必要费用。"

据此可知，开具发票是商家的法定义务，退换货也是商家的法定义务，但这两者之间没有必然联系。在上面的案例中，虽然小冯没有购物发票，但相机出现质量问题时，如果在法定三包期限内，小冯也可以要求商场予以退换相机。

消费者因产品质量受到人身损害的，应当由谁承担责任？

我国《消费者权益保护法》第四十条第二款、第三款规定："消费者或者其他受害人因商品缺陷造成人身、财产损害的，可以向销售者要求赔偿，也可以向生产者要求赔偿。属于生产者责任的，销售者赔偿后，有权向生产者追偿。属于销售者责任的，生产者赔偿后，有权向销售者追偿。消费者在接受服务时，其合法权益受到损害的，可以向服务者要求赔偿。"此外，《产品质量法》第四十三条对此也作出了同样的规定。

据此可知，消费者因产品质量受到人身、财产损害时，可以要求生产者或者销售者承担损害赔偿责任。例如，王太太在某商场购买了一个高压锅。在使用过程中，高压锅发生爆炸，导致王太太被烫伤，花费了巨额医疗费。在此种情况下，王太太既可以要求商场承担责任，也可以要求生产高压锅的厂家承担责任。

消费者在展销会上购买的商品出现质量问题，应当由谁承担责任？

王某在某市的展销会上为妻子购买了一个价值1万元的名牌手提包。但是，妻子使用了一个月后，手提包开始出现掉色现象。此时，展销会已经结束。请问，王某应该找谁承担责任？

我国《消费者权益保护法》第四十三条规定："消费者在展销会、租赁柜台购买商品或者接受服务，其合法权益受到损害的，可以向销售者或者服务者要求赔偿。展销会结束或者柜台租赁期满后，也可以向展销会的举办者、柜台的出租者要求赔偿。展销会的举办者、柜台的出租者赔偿后，有权向销售者或者服务者追偿。"

由此可知，消费者在展销会购买的商品，其可以要求销售者承担责任，如果展销会结束，可以要求举办者、柜台出租者承担责任。在上面的案例中，王某在展销会上购买的商品出现了质量问题，而此时展销会已经结束，他可以要求展销会的举办者或柜台的出租者承担损害赔偿责任。

消费者未检验货物，在商品出现质量问题时，商家是否需要承担责任？

肖某在某商场购买了一台电动车，当时没有认真检查质量问题。在将电动车运回家之后，才发现电动车的喇叭是坏的。对此，商家是否需要承担责任？

我国《部分商品修理更换退货责任规定》第五条规定："销售者应当履行下列义务：……（四）产品出售时，应当开箱检验，正确调试，介绍使用维护事项、三包方式及修理单位，提供有效发票和三包凭证……"同时，《消费者权益保护法》第二十三条规定："经营者应当保证在正常使用商品或者接受服务的情况下其提供的商品或者服务应当具有的质量、性能、用途和有效期限；但消费者在购买该商品或者接受该服务前已经知道其存在瑕疵，且存在该瑕疵不违反法律强制性规定的除外。经营者以广告、产品说明、实物样品或者其他方式表明商品或者服务的质量状况的，应当保证其提供的商品或者服务的实际质量与表明的质量状况相符……"

据此可知，在销售商品时，销售者负有开箱验货的义务。上面的案例中，无论肖某是否进行验货，电动车存在质量问题时，都可以找到商家予以退换。

消费者试过的鞋子就必须购买吗？

小沈和同学去逛街，两人同时看上一款某品牌的限量版运动鞋，两人便都试了一下。试穿之后，因为觉得价格昂贵，两人都没有购买。但是，商场的服务员称，此款鞋子一旦试穿就必须购买。请问，试过的鞋子就必须要买吗？

我国《消费者权益保护法》第十条规定："消费者享有公平交易的权利。消费者在购买商品或者接受服务时，有权获得质量保障、价格合理、计量正确等公平交易条件，有权拒绝经营者的强制交易行为。"

据此可知，消费者在购买商品时，享有公平交易权。经营者不能利用自己的优势地位进行强买强卖。在上面的案例中，小沈和同学享有对商品的自由选择权，试穿后也可以自主决定是否购买。商场要求他们购买的行为属于强制交易，是违法的，他们有权拒绝。对于商场的此种行为，小沈等人可以向消费者协会投诉。

消费者通过电视购买的商品存在质量问题，应该由谁承担责任？

陈某在电视购物频道买了一块手表，收到货物后，陈某发现该手表质量非常差，准备申请退货，却发现经销商是借用他人的营业执照，已经无法取得联系。请问，此种情况下，应当由谁承担责任？

我国《消费者权益保护法》第二十三条第二款规定："经营者以广告、产品说明、实物样品或者其他方式表明商品或者服务的质量状况的，应当保证其提供的商品或者服务的实际质量与表明的质量状况相符。"第四十二条规定："使用他人营业执照的违法经营者提供商品或者服务，损害消费者合法权益的，消费者可以向其要求赔偿，也可以向营业执照的持有人要求赔偿。"同时，该法第四十五条第一款的规定："消费者因经营者利用虚假广告或者其他虚假宣传方式提供商品或者服务，其合法权益受到损害的，可以向经营者要求赔偿。广告经营者、发布者发布虚假广告的，消费者可以请求行政主管部门予以惩处。广告经营者、发布者不能提供经营者的真实名称、地址和有效联系方式的，应当承担赔偿责任。"

据此可知，经营者应当保证其提供的商品或服务的质量，因此损害消费者合法权益的，必须承担赔偿责任。在上面的案例中，陈某所购买的商品与宣传的质量不符，而又无法联系到经销商，他可以向营业执照的持有人请求损害赔偿。

商场贴出的"偷一罚十"告示合法吗？

小萍逛街时，在某品牌专柜看上一支口红。但是，由于价格昂贵，小萍没钱买，便偷偷地将口红装到了自己包里。事后，小萍的行为被售货员发现，要求她按照专柜张贴的"偷一罚十"的告示进行赔偿。请问，商场贴出的"偷一罚十"告示合法吗？

我国《消费者权益保护法》第二十六条第二款、第三款规定："经营者不得以格式条款、通知、声明、店堂告示等方式，作出排除或者限制消费者权利、减轻或者免除经营者责任、加重消费者责任等对消费者不公平、不合理的规定，不得利用格式条款并借助技术手段强制交易。格式条款、通知、声明、店堂告示等含有前款所列内容的，其内容无效。"

据此可知，商场"偷一罚十"的告示属于加重消费者责任的格式条款，是无效的内容。在上面的案例中，小萍偷口红的行为是违法的，商场可以对小红进行批评教育，也可以报警。但是，不能以"偷一罚十"的告示要求其进行赔偿。

二、餐饮纠纷

餐厅可以对自带酒水的消费者收取开瓶费吗？

春节期间，郑某和家人到某饭店吃饭，由于郑某等人从家里带来了饮料和红酒，就没有在饭店购买酒水。然而，在结账时，郑某发现账单上居然多了 100 元的服务费，询问之后才得知是餐厅收取的开瓶费。请问，餐厅是否可以对消费者收取开瓶费？

我国《消费者权益保护法》第九条第一款和第二款规定："消费者享有自主选择商品或者服务的权利。消费者有权自主选择提供商品或者服务的经营者，自主选择商品品种或者服务方式，自主决定购买或者不购买任何一种商品、接受或者不接受任何一项服务。"同时，该法第二十六条第二款和第三款规定："经营者不得以格式条款、通知、声明、店堂告示等方式，作出排除或者限制消费者权利、减轻或者免除经营者责任、加重消费者责任等对消费者不公平、不合理的规定，不得利用格式条款并借助技术手段强制交易。格式条款、通知、声明、店堂告示等含有前款所列内容的，其内容无效。"

由此可知，消费者享有自由选择商品和服务的权利。在前面的案例中，餐厅对郑某等人收取开瓶费的行为是违法的。商家张贴"禁止自带酒水"的告示以及"收取开瓶费"的做法，属于"霸王条款",不但侵犯了消费者的自主选择权和公平交易权,而且也是强迫消费者接受商品或服务。

💡 饭菜里吃出苍蝇,应该怎么办?

王某与同事到某地出差。下飞机之后,两人便到该地的一家饭店吃饭。在吃饭的过程中,王某居然在菜里发现了一只苍蝇。请问,饭菜里吃出苍蝇,消费者应该怎么办?

我国《消费者权益保护法》第二十四条第一款规定:"经营者提供的商品或者服务不符合质量要求的,消费者可以依照国家规定、当事人约定退货,或者要求经营者履行更换、修理等义务。没有国家规定和当事人约定的,消费者可以自收到商品之日起七日内退货;七日后符合法定解除合同条件的,消费者可以及时退货,不符合法定解除合同条件的,可以要求经营者履行更换、修理等义务。"

由此可见,在商家提供的商品或服务不符合质量要求时,消费者可以选择退货或者要求进行更换。在上面的案例中,王某与同事在外就餐时吃出苍蝇,这说明饭店提供的饭菜不符合卫生要求,王某与同事可以要求饭店更换饭菜,也可以要求饭店退款。

💡 顾客被服务员烫伤的,应该由谁承担责任?

高某与朋友们一起到火锅店吃火锅。服务员在为火锅加汤时,不小心将汤洒到了高某身上。之后,高某被送往医院治疗,经过诊断,高某已经构成二级烫伤,并且后续还需要很大一笔医疗费。那么,请问顾客被服务员烫伤的,应该由谁承担责任?

我国《消费者权益保护法》第十八条规定:"经营者应当保证

其提供的商品或者服务符合保障人身、财产安全的要求……"第四十八条第二款规定："经营者对消费者未尽到安全保障义务，造成消费者损害的，应当承担侵权责任。"同时，《民法典》第一千一百九十一条规定："用人单位的工作人员因执行工作任务造成他人损害的，由用人单位承担侵权责任。用人单位承担侵权责任后，可以向有故意或者重大过失的工作人员追偿。劳务派遣期间，被派遣的工作人员因执行工作任务造成他人损害的，由接受劳务派遣的用工单位承担侵权责任；劳务派遣单位有过错的，承担相应的责任。"

据此可知，经营者应当对消费者尽到安全保障义务。因未尽到安全保障义务给消费者造成损害的，经营者应承担侵权责任。在上面的案例中，火锅店的服务员将高某烫伤，而服务员又是在工作时造成高某伤害的。因此，根据前面的法律规定，应当由火锅店承担侵权责任，高某可以向火锅店主张损害赔偿。

在商场购物时，对于顾客车内丢失的财物，商场是否需要承担责任？

周末，张小姐开车到某商场购物。到达商场后，她将车停到了该商场的专用停车场。但是，张小姐从商场出来，准备开车回家时，发现自己的车玻璃被砸，放在车里的一部价值1万元的笔记本电脑不见了。请问，商场是否需要承担责任？

我国《消费者权益保护法》第七条规定："消费者在购买、使用商品和接受服务时享有人身、财产安全不受损害的权利。消费者有权要求经营者提供的商品和服务，符合保障人身、财产安全的要求。"第四十八条第二款规定："经营者对消费者未尽到安全保障义务，造成消费者损害的，应当承担侵权责任。"由此可见，消费者在购买商品时，经营者有义务保障消费者的人身、财产安全。在前面的案例中，张小姐开车到商场购物，并将车停在了商场的专用停车场，在此种情况下，商场就有保障张小姐的车辆安全的义务。但是，商场却未尽到安全保障义务。因此，对于张小姐的车辆损害及车内丢失的财物，商场应当承担侵权责任。

酒店取消顾客预定的酒席，是否需要双倍返还定金？

魏某夫妇准备为出生不久的女儿举办一场满月宴，在某市一家酒店预定了酒席，并支付了 1000 元定金。后来，酒店却打电话通知魏某称因场地比较紧张，他们预定的宴会厅在此之前已经被预定，故需要取消魏某预定的酒席。请问，酒店是否需要双倍返还定金？

我国《消费者权益保护法》第四条规定："经营者与消费者进行交易，应当遵循自愿、平等、公平、诚实信用的原则。"同时，《民法典》第五百八十七条规定："债务人履行债务的，定金应当抵作价款或者收回。给付定金的一方不履行债务或者履行债务不符合约定，致使不能实现合同目的的，无权请求返还定金；收受定金的一方不履行债务或者履行债务不符合约定，致使不能实现合同目的的，应当双倍返还定金。"

由此可知，经营者在交易中应遵守诚信原则，并接受合同关系的约束。在前面的案例中，魏某已经向酒店支付了定金，如果酒店违反合同，取消魏某预定的酒席，则需要双倍返还定金。

顾客就餐后可以向餐厅索要发票吗？

张某因公到某地出差。到达当地后，张某到某小吃店吃饭。由于回到公司报销需要发票,故张某请小吃店开具发票。但是,小吃店称他们店小利薄,不提供发票。请问,顾客有权要求餐厅出具发票吗?

我国《消费者权益保护法》第二十二条规定:"经营者提供商品或者服务,应当按照国家有关规定或者商业惯例向消费者出具发票等购货凭证或者服务单据;消费者索要发票等购货凭证或者服务单据的,经营者必须出具。"同时,《发票管理办法》第十九条规定:"销售商品、提供服务以及从事其他经营活动的单位和个人,对外发生经营业务收取款项,收款方应当向付款方开具发票;特殊情况下,由付款方向收款方开具发票。"第二十条规定:"所有单位和从事生产、经营活动的个人在购买商品、接受服务以及从事其他经营活动支付款项,应当向收款方取得发票。取得发票时,不得要求变更品名和金额。"

据此可知,消费者有权要求经营者开具发票,并且开具发票也是经营者的义务。在上面的案例中,张某到某小吃店吃饭后,该小吃店应该为张某开具发票,其拒绝提供发票的行为是违法的。

消费者因吃了从商场购买的香肠变质而生病,可以要求哪些赔偿?

朱某从商场购买了两斤香肠,但是,吃了之后,朱某一家人都上吐下泻,被送到医院,经诊断是因为吃了变质食物引起中毒。那么,请问,朱某及家人可以向商场要求哪些赔偿?

我国《消费者权益保护法》第四十九条规定:"经营者提供商品或者服务,造成消费者或者其他受害人人身伤害的,应当赔偿医疗费、护理费、交通费等为治疗和康复支出的合理费用,以及因误工减少的收入。造成残疾的，还应当赔偿残疾生活辅助具费和残疾赔偿金。造成死亡的，还应当赔偿丧葬费和死亡赔偿金。"

由此可知，经营者有义务保证商品的质量，如果其提供的商品给消费者造成人身损害，则经营者应当赔偿消费者医疗费等相关费用。在前面的案例中，朱某及家人因食用了从商场购买的香肠而生病，商场应当支付他们所需的医疗费、护理费、交通费、误工费等。

超市是否可以拒绝兑换瓜子中"再来一袋"的奖项？

小高在学校附近的某超市买了一袋瓜子，打开之后，小高发现瓜子里面有一张卡片，刮开之后，上面写着"再来一袋"。于是，小高便马上回到超市兑换，但是，超市却称他们不负责兑换。请问，此种情况下消费者应该怎么办？

我国《消费者权益保护法》第十六条第一款和第二款规定："经营者向消费者提供商品或者服务，应当依照本法和其他有关法律、法规的规定履行义务。经营者和消费者有约定的，应当按照约定履行义务，但双方的约定不得违背法律、法规的规定。"此外，我国现行《广告法》第四条规定："广告不得含有虚假或者引人误解的内容，不得欺骗、误导消费者。广告主应当对广告内容的真实性负责。"

据此可知，经营者进行的广告宣传必须是真实的，不能误导消费者，以保障消费者的合法权益。在前面的案例中，经营者既然做了广告，就应当按照所设置奖项的规定，给小高兑换一袋瓜子，超市予以拒绝的做法是违法的。

食品安全的标准包括哪些内容？

我国《食品安全法》第二十六条规定："食品安全标准应当包括下列内容：（一）食品、食品添加剂、食品相关产品中的致病性微生物，农药残留、兽药残留、生物毒素、重金属等污染物质以及其他危害人体健康物质的限量规定；（二）食品添加剂的品种、使用范围、用量；（三）专供婴幼儿和其他特定人群的主辅食品的营养成分要求；（四）对与卫生、营养等食品安全要求有关的标签、标志、说明书的要求；（五）食品生产经营过程的卫生要求；（六）与食品安全有关的质量要求；（七）与食品安全有关的食品检验方法与规程；（八）其他需要制定为食品安全标准的内容。"

据此可知，不同的食品安全标准是不同的，食品安全必须要符合上述标准。例如，吴某准备开一家超市，其准备进购一批婴儿奶粉，但是，吴某并不知道婴儿奶粉的安全标准。在此种情况下，吴某应注意奶粉的营养成分，以确认奶粉是否符合食品安全标准。

超市的水果可以混搭销售吗？

圣诞节期间，何某到某超市购买苹果，结果看到超市的一块牌子上写着"购买两斤苹果必须搭配一斤香蕉"。何某一看，香蕉都已经变成黑色了。对此，何某向超市提出异议，认为他们不能混搭销售水果。请问，超市是否可以混搭销售水果？

我国《消费者权益保护法》第九条规定："消费者享有自主选择商品或者服务的权利。消费者有权自主选择提供商品或者服务的经营者，自主选择商品品种或者服务方式，自主决定购买或者不购买任何一种商品、接受或者不接受任何一项服务。消费者在自主选择商品或者服务时，有权进行比较、鉴别和挑选。"同时，该法第十条也规定:"消费者享有公平交易的权利。消费者在购买商品或者接受服务时,有权获得质量保障、价格合理、计量正确等公平交易条件,有权拒绝经营者的强制交易行为。"

由此可知,消费者享有对商品的自由选择权与公平交易权,商家不能强制销售商品。在前面的案例中,超市将苹果与香蕉进行混搭销售的行为是违法的,何某的做法是正确的。

食品摊贩需要受食品安全法约束吗?

我国现行《食品安全法》第三十六条规定:"食品生产加工小作坊和食品摊贩等从事食品生产经营活动,应当符合本法规定的与其生产经营规模、条件相适应的食品安全要求,保证所生产经营的食品卫生、无毒、无害,食品安全监督管理部门应当对其加强监督管理。县级以上地方人民政府应当对食品生产加工小作坊、食品摊贩等进行综合治理,加强服务和统一规划,改善其生产经营环境,鼓励和支持其改进生产经营条件,进入集中交易市场、店铺等固定场所经营,或者在指定的临时经营区域、时段经营。食品生产加工小作坊和食品摊贩等的具体管理办法由省、自治区、直辖市制定。"

据此可知,食品摊贩也要遵守《食品安全法》的规定,保障其所生产、销售的食品符合相应的食品安全要求。例如,王某下岗后,在某市场的路边摆摊卖小吃。王某认为,自己是路边摆摊卖小吃的,无须什么食品安全标准。根据上面法律的规定,王某的想法是错误的,即使其在路边摆摊卖小吃,其所生产的食品也必须要符合相应的食品安全标准。

餐厅可以使用没有消毒的餐具吗?

杜某和妻子到一家餐厅宴请朋友。准备吃饭时,杜某发现餐厅的餐具并没有进行消毒处理，而是直接拿到厨房清洗一下。对此，杜某向饭店提出建议，认为饭店的这种做法是错误的。那么请问，餐厅是否可以使用没有消毒的餐具？

我国《食品安全法》第五十六条规定："餐饮服务提供者应当定期维护食品加工、贮存、陈列等设施、设备；定期清洗、校验保温设施及冷藏、冷冻设施。餐饮服务提供者应当按照要求对餐具、饮具进行清洗消毒，不得使用未经清洗消毒的餐具、饮具；餐饮服务提供者委托清洗消毒餐具、饮具的，应当委托符合本法规定条件的餐具、饮具集中消毒服务单位。"

由此可知，作为餐饮服务者，对餐具、饮具进行消毒是其法定义务，未进行消毒，则不符合食品安全标准。在前面的案例中，杜某的说法是正确的，为了保障消费者的食品安全，餐饮服务者应当对餐具进行消毒处理。

消费者因食品虚假广告而受到人身损害的，应当由谁承担责任？

我国《消费者权益保护法》第四十五条第一款及第二款规定："消费者因经营者利用虚假广告或者其他虚假宣传方式提供商品或者服务，其合法权益受到损害的，可以向经营者要求赔偿。广告经营者、发布者发布虚假广告的，消费者可以请求行政主管部门予以惩处。广告经营者、发布者不能提供经营者的真实名称、地址和有效联系方式的，应当承担赔偿责任。广告经营者、发布者设计、制作、发布关系消费者生命健康商品或者服务的虚假广告，造成消费者损害的，应当与提供该商品或者服务的经营者承担连带责任。"

据此可知，消费者因经营者发布虚假广告而受到人身损害的，广告经营者、发布者需要承担连带责任，即消费者既可以要求食品经营者承担损害赔偿责任,也可以向广告发布者、经营者要求赔偿。例如,钱某在大街上看到一则广告,称某种食品吃了之后可以减肥。但是,钱某吃了之后,出现上吐下泻的症状,在医院住了一周。此种情况下,钱某既可以要求此种食品的经营者承担责任,也可以要求广告经营者、发布者承担损害赔偿责任。

顾客发现食品过期的,可以要求超市退货吗?

我国《消费者权益保护法》第二十四条规定:"经营者提供的商品或者服务不符合质量要求的,消费者可以依照国家规定、当事人约定退货,或者要求经营者履行更换、修理等义务。没有国家规定和当事人约定的,消费者可以自收到商品之日起七日内退货;七日后符合法定解除合同条件的,消费者可以及时退货,不符合法定解除合同条件的,可以要求经营者履行更换、修理等义务。依照前款规定进行退货、更换、修理的,经营者应当承担运输等必要费用。"

由此可见,经营者所提供的食品必须要符合质量要求,否则,消费者享有退货、更换、修理的权利。例如,张太太在某超市购买了一箱牛奶,回家之后,她发现牛奶已经过期了,于是,便找到超市,要求退货。超市却称商品一旦售出,概不退换。此种情况下,超市的做法就是错误的,张太太可以向消费者权益保护协会投诉。

任何个人或单位都有权举报违反食品安全的行为吗?

李某是某乳业有限公司的员工,在生产牛奶的过程中,李某发现公司生产的牛奶缺少一项流程,不符合食品安全标准,准备举报该单位。但是,他又不清楚自己是否享有此种权利。那么,请问李某是否有权举报此种行为？

我国《食品安全法》第十二条规定："任何组织或者个人有权举报食品安全违法行为，依法向有关部门了解食品安全信息，对食品安全监督管理工作提出意见和建议。"

由此可见，我们每个人在发现有违反食品安全的行为时，都有权向相关部门进行举报，并可以向有关部门了解食品安全信息，对相关的食品安全工作提出建议。换言之，食品安全关系到每一个人的人身安全，维护食品安全是我们每个人的责任与义务。在前面的案例中，李某作为某乳业公司的员工，其在发现公司生产的牛奶不符合食品安全标准时，可以向有关部门进行举报。

消费者的权益受到损害时，应如何维护自己的权利？

徐某在某商场购买了一台价值5000元的空调。空调安装好之后，使用了不到3天就出现问题。徐某要求更换，商场却以各种理由拒绝。此种情况下，徐某应如何维护自己的权利？

根据我国《消费者权益保护法》第三十九条的规定："消费者和经营者发生消费者权益争议的，可以通过下列途径解决：（一）与经营者协商和解；（二）请求消费者协会或者依法成立的其他调解组织调解；（三）向有关行政部门投诉；（四）根据与经营者达成的仲裁协议提请仲裁机构仲裁；（五）向人民法院提起诉讼。"

因此，消费者的合法权益受到侵害时，其可以选择前面法律规定的五种方式进行解决。在上面的案例中，徐某的合法权益受到侵害后，其可以与商场进行协商，如果协商不成，徐某可以请求消费者协会进行调解，向有关部门进行投诉，或者向仲裁机构申请仲裁，或向法院起诉。

三、住房与住宿纠纷

💡 **房屋已交付使用，但开发商逾期办理房产证，其是否应承担违约责任？**

2021年3月，冯某在某小区购买了一套已经竣工的商品房，并签订了购房合同，交付了购房款。但是直到9月开发商仍然未交付房产证，冯某多次询问，开发商均以各种理由推脱，冯某可以要求开发商承担违约责任吗？

《最高人民法院关于审理商品房买卖合同纠纷案件适用法律若干问题的解释》第十四条规定："由于出卖人的原因，买受人在下列期限届满未能取得不动产权属证书的，除当事人有特殊约定外，出卖人应当承担违约责任：（一）商品房买卖合同约定的办理不动产登记的期限；（二）商品房买卖合同的标的物为尚未建成房屋的，自房屋交付使用之日起90日；（三）商品房买卖合同的标的物为已竣工房屋的，自合同订立之日起90日。合同没有约定违约金或者损失数额难以确定的，可以按照已付购房款总额，参照中国人民银行规定的金融机构计收逾期贷款利息的标准计算。"

由此可见，对于已交付使用的房屋，在以下三种情形下，开发商逾期办理房产证的，应承担违约责任：一是买卖合同约定的办理房屋所有权登记期限届满未办理的情形；二是签订买卖合同时房屋尚在建设中，在房屋建成并交付使用后超过 90 日未办理的情形；三是签订买卖合同时房屋已经竣工，自合同订立之日起超过 90 日未办理的情形。因此，在上面的案例中，冯某购买的是已经竣工的商品房，从 3 月签订购房合同到 9 月还未办理房产证，已经超过 90 日，开发商应当承担违约责任。

💡 装修房屋造成邻居住房损害的，由谁承担赔偿责任？

《家庭居室装饰装修管理试行办法》第十九条规定："因进行家庭居室装饰装修而造成相邻居民住房的管道堵塞、渗漏水、停电、物品毁坏等，应由家庭居室装饰装修的委托人负责修复和赔偿；如属被委托人的责任，由委托人找被委托人负责修复和赔偿。"

在房屋装修中，房屋所有权人和装修公司之间一般是委托关系，房屋所有权人通常是委托人，装修公司是被委托人，因此，由于房屋装修给邻居住房造成损害的，应当由委托人承担责任，如果是由于装修公司的过错导致损害的，应当由委托人和装修公司一起负责维修和赔偿，委托人承担责任后有权向装修公司追偿。例如，杨女士购买了某小区的一套住房，并委托装修公司进行装修，装修完毕后杨女士进行了验收。1 个月后，楼下住户范先生找到杨女士反映楼上房屋漏水，导致其房屋内的墙壁、红木家具严重损坏，经检查，杨女士发现是装修公司安装的壁挂炉漏水导致的，此时，杨女士应当先赔偿范先生遭受的损失，之后再向装修公司追偿。

💡 出卖共有房屋是否必须经全体共有人同意？

陈某和李某系夫妻关系，二者于 2021 年共同出资购买了一套住房，登记在丈夫陈某名下。后来陈某因做生意失败，无力偿还借款，在未经妻子李某同意的情况下就将二者共有的房屋出卖给第三人罗某，该出卖行为是否有效？

我国《民法典》第三百零一条规定："处分共有的不动产或者动产以及对共有的不动产或者动产作重大修缮、变更性质或者用途的，应当经占份额三分之二以上的按份共有人或者全体共同共有人同意，但是共有人之间另有约定的除外。"

由此可见，出卖共有房屋是否必须经全体共有人的同意要分情形处理：对于按份共有的，当共有人所占的份额等于或超过三分之二时，无须征得其他共有人的同意便可出卖房屋；对于共同共有的，出卖共有房屋则需要经过全体共有人的同意。在上面的案例中，陈某和李某是夫妻关系，二者对房屋属于共同共有，陈某出卖房屋应当经过李某的同意，没有经过李某同意的，属于无权处分行为，无法办理房屋的变更登记，该出卖行为无效。

💡 如何确定小区车位的归属？

我国《民法典》第二百七十六条规定："建筑区划内，规划用于停放汽车的车位、车库应当首先满足业主的需要。"第二百七十五条规定："建筑区划内，规划用于停放汽车的车位、车库的归属，由当事人通过出售、附赠或者出租等方式约定。占用业主共有的道路或者其他场地用于停放汽车的车位，属于业主共有。"

由此可见，小区内车位的归属主要有两种确定方式：一是业主与开发商之间通过出售、附赠或者出租的方式来约定；二是开发商占用业主共有的道路等场地划出的车位，归业主共有。而且，小区内的车位应当首先满足业主的需要，多余的车位才可以对外出租、出售等。例如，孙先生是北京某小区的业主，在孙先生购买该小区住房时，对于开发商规划用于停放汽车的车位，开发商可以采取与孙先生签订出售或出租协议的方式，或者赠与的方式约定车位的归属。

业主"住改商"会受到哪些限制？

曹女士是上海市某小区的住户，从朋友那里打听到开美容院非常赚钱，自己也想开一家美容店，但因为上海店铺的租金太高，于是就想把自己的住宅改造成美容店营业，曹女士的这种做法会受到哪些限制？

我国《民法典》第二百七十九条规定："业主不得违反法律、法规以及管理规约，将住宅改变为经营性用房。业主将住宅改变为经营性用房的，除遵守法律、法规以及管理规约外，应当经有利害关系的业主一致同意。"《最高人民法院关于审理建筑物区分所有权纠纷案件适用法律若干问题的解释》第十一条规定："业主将住宅改变为经营性用房，本栋建筑物内的其他业主，应当认定为民法典第二百七十九条所称'有利害关系的业主'。建筑区划内，本栋建筑物之外的业主，主张与自己有利害关系的，应证明其房屋价值、生活质量受到或者可能受到不利影响。"

由此可见，业主要将住宅改变为经营性用房会受到两个方面的限制：一是要遵守法律、法规以及管理规约；二是要征得有利害关系的业主一致同意。法律之所以限制业主"住改商"原因是，避免因为"住改商"导致居住环境变差，影响居民的正常生活。因此，在上面的案例中，曹女士想把自己的住宅改造成美容院，一是要遵守市场监督管理法规以及小区内的管理规约；二是要经过该栋住户或其他认为与自己有利害关系的业主的一致同意。

业主家中被盗，能否要求物业公司进行赔偿？

我国《物业管理条例》第三十五条规定："物业服务企业应当按照物业服务合同的约定，提供相应的服务。物业服务企业未能履行物业服务合同的约定，导致业主人身、财产安全受到损害的，应当依法承担相应的法律责任。"第四十六条第一款规定："物业服务企业应当协助做好物业管理区域内的安全防范工作。发生安全事故时，物业服务企业在采取应急措施的同时，应当及时向有关行政管理部门报告，协助做好救助工作。"

由此可见，业主家中被盗，物业公司是否进行赔偿，取决于物业服务合同中是否约定了对业主财产的安全保障义务，如果约定了该项义务，物业公司应当进行赔偿，否则，物业公司只负有协助做好安全防范工作的义务，不应对此承担赔偿责任。例如，韩先生是某小区的住户，每年都按时缴纳物业管理费，但是在其与物业公司签订的物业服务合同中，未特别约定物业公司对业主家中财产的安全保障义务。因此，当韩先生家中被盗窃时，无权要求物业公司进行赔偿。

对于业主实施的损害他人合法权益的行为，其他业主可以采取哪些措施？

郑女士是某小区 6 楼的住户，因为家中杂物过多没有空间存放，于是将杂物全部堆放在 6 层楼和 5 层楼之间的楼道里，导致 6 层楼以上的居民无法使用小区楼道，对于郑女士的这种行为，其他业主可以采取哪些措施？

我国《民法典》第二百八十六条规定："业主应当遵守法律、法规以及管理规约，相关行为应当符合节约资源、保护生态环境的要求。对于物业服务企业或者其他管理人执行政府依法实施的应急处置措施和其他管理措施,业主应当依法予以配合。业主大会或者业主委员会,对任意弃置垃圾、排放污染物或者噪声、违反规定饲养动物、违章搭建、侵占通道、拒付物业费等损害他人合法权益的行为,有权依照法律、法规以及管理规约,请求行为人停止侵害、排除妨碍、消除危险、恢复原状、赔偿损失。业主或者其他行为人拒不履行相关义务的,有关当事人可以向有关行政主管部门报告或者投诉,有关行政主管部门应当依法处理。"

由此可见,对于业主实施的损害他人合法权益的行为,包括随意丢弃垃圾、制造噪声、违规饲养动物、违章搭建、占用通道等行为,业主大会或者业主委员会有权要求该业主停止侵害行为、排除妨害,恢复原状、消除该行为带来的危险,以及赔偿由此造成的损失,业主实施的行为侵害了其他业主合法权益拒不改正的,其他业主可以向有关行政单位报告或投诉,也可以向法院起诉维权。因此,在上面的案例中,对于郑女士随意堆放杂物侵占楼道的行为,业主大会或者业主委员会可以要求郑女士清理杂物,禁止侵占楼道,因为侵占楼道给其他业主造成损失的,其他业主也可以通过提起投诉或诉讼的方式维权。

💡 租赁期间租赁房屋被卖,是否影响租房人的权利?

我国《民法典》第七百二十五条规定:"租赁物在承租人按照租赁合同占有期限内发生所有权变动的,不影响租赁合同的效力。"

由此可见,租赁期间租赁房屋被卖,不影响租房人的权利,这就是所谓的"买卖不破租赁",即在租赁关系存续期间,即使所有权人将租赁物出卖给他人,对租赁关系也不产生任何影响,买受人不能因此而要求承租人返还租赁物。这不仅保护了承租人的合法权益，也体现了民法上的诚实信用原则。例如，小丽以每月1000元的价格在其工作单位附近租了一间房，租期为2年。居住1年后，房东就将该房转让给了王先生，则房东与王先生之间转让房子的行为不影响小丽的租赁关系，小丽有权继续在该房子中居住。

承租人的优先购买权是指什么？

吴先生将自己名下一套房屋出租给张女士，双方签订了房屋租赁合同，约定租期为2年。1年后，吴先生因生意失败，急需资金周转，在未通知张女士的情形下，就将房屋出卖给了蒋先生，该行为是否侵犯了张女士的优先购买权？

我国《民法典》第七百二十六条第一款规定："出租人出卖租赁房屋的，应当在出卖之前的合理期限内通知承租人，承租人享有以同等条件优先购买的权利；但是，房屋按份共有人行使优先购买权或者出租人将房屋出卖给近亲属的除外。"第七百二十八条规定："出租人未通知承租人或者有其他妨害承租人行使优先购买权情形的，承租人可以请求出租人承担赔偿责任。但是，出租人与第三人订立的房屋买卖合同的效力不受影响。"

由此可见，承租人的优先购买权是指出租人在出卖租赁房屋时，应当在合理期限内通知承租人，承租人享有在同等条件下优先购买租赁房屋的权利，同等条件包括价款金额相同、支付期限、支付方式等条件相同。因此，在上面的案例中，吴先生出卖房屋的行为侵犯了张女士的优先购买权，张女士可以要求吴先生承担赔偿责任，但无权请求确认吴先生与蒋先生之间的买卖合同无效。

当事人是否能以口头形式订立租赁合同？

根据我国法律的规定，当事人在订立租赁合同时，既可以采取口头形式，也可以采取书面形式。但是，当采取口头形式订立租赁合同时，法律对此进行了一定的限制。我国《民法典》第七百零七条规定："租赁期限六个月以上的，应当采用书面形式。当事人未采用书面形式，无法确定租赁期限的，视为不定期租赁。"

由此可见，一旦租赁期限超过 6 个月，当事人之间就应当采用书面形式来订立租赁合同。如果当事人之间采用口头形式，订立了为期 6 个月以上的租赁合同，此时的租赁合同依然发生效力，但当事人对租赁期限的约定无效，该租赁合同被视为不定期租赁合同，当事人任何一方在任何时间均有权解除。

举例来讲，小崔租住朋友小赵的房屋，两人未签订书面合同，仅口头约定小崔的租赁期限为 2 年。1 年后，小赵想将小崔租住的房屋作为婚房，便提出解除房屋租赁合同，要求小崔寻找新的住处。此时小赵的行为并不属于违约行为，两人口头订立的租赁合同期限超过了 6 个月，其对租赁期限的约定不发生效力，该租赁合同是不定期租赁合同，小赵有权在任意时间进行解除，当然，应该给对方一个找房子的宽限期。

承租人擅自装修房屋，所产生的装修费用由谁负担？

我国《民法典》第七百一十五条规定："承租人经出租人同意，可以对租赁物进行改善或者增设他物。承租人未经出租人同意，对租赁物进行改善或者增设他物的，出租人可以请求承租人恢复原状或者赔偿损失。"《最高人民法院关于审理城镇房屋租赁合同纠纷案件具体应用法律若干问题的解释》第十一条规定："承租人未经出租人同意装饰装修或者扩建发生的费用,由承租人负担。出租人请求承租人恢复原状或者赔偿损失的,人民法院应予支持。"

由此可见,承租人未经出租人同意擅自装修房屋的,所产生的装修费用应当由承租人负担,而且出租人有权要求承租人将房屋恢复原来的形状或者赔偿损失。例如,陈某将自己名下一套住房出租给沈某夫妇作婚房之用。租赁期间,沈某夫妇未经陈某同意便自行对房屋进行了装修。根据以上规定,装修费用应由沈某夫妇负担,并且陈某还有权要求他们将房屋恢复到原来的形状或者赔偿损失。

房屋被转租后,转租期限应当如何约定?

曹某将一套位于重庆市渝北区的房屋出租给郭某居住,二者签订了《房屋租赁合同》,租期为 2 年,租金 1500 元/月,双方未对转租进行约定。次年,郭某打算转租该房屋,房东曹某同意其在剩余 1 年的租期内将房屋转租,但后来郭某签订的转租合同中约定了 2 年的转租期限,该转租期限约定是否合适?

《民法典》第七百一十七条规定:"承租人经出租人同意将租赁物转租给第三人,转租期限超过承租人剩余租赁期限的,超过部分的约定对出租人不具有法律约束力,但是出租人与承租人另有约定的除外。"

转租是承租人在征得出租人同意后,将房屋又租给第三人的行为,根据以上规定可知,房屋被转租后,转租期限一般不能超过承租人剩余的租赁期限。除非出租人与承租人另外有约定,承租人与第三人约定期限超过剩余租赁期限的,超过部分的约定无效。因此,在上面的案例中,该转租期限的约定不合适,二者约定的超过郭某剩余 1 年租赁期限的部分无效,转租期限仅为 1 年。

接受中介服务后，绕开中介而直接与房主签订房屋买卖合同后，还需要支付中介费吗？

小肖与相恋多年的女友将要步入婚姻的殿堂，预计购买一处房屋作为两人的婚房。经过中介介绍，小肖与女友相中了一套二手房。为了节省中介费，小肖在未通知中介的情况下，直接与房主签订了房屋买卖合同。请问，小肖还需要支付中介费吗？

我国《民法典》第九百六十五条规定："委托人在接受中介人的服务后，利用中介人提供的交易机会或者媒介服务，绕开中介人直接订立合同的，应当向中介人支付报酬。"根据这条规定可以看出，当委托人订立的合同是建立在中介人提供的交易机会之上的，委托人一般应当通过中介与另一方签订合同。如果委托人在签订合同时绕过了中介，也应当按照约定向中介人支付中介费。委托人通过这种方式逃避中介费的行为是不可取的。

由此可见，在上面提到的案例中，小肖与女友为了节省中介费，绕过中介直接与房主签订了房屋买卖合同。但实际上，小肖与房主之间的交易是通过中介牵线搭桥才能达成的，小肖应当向中介支付中介费用。

居住权合同成立后是否代表居住权已设立？除合同外，设立居住权还有哪些方式？

我国《民法典》第三百六十六条规定："居住权人有权按照合同约定，对他人的住宅享有占有、使用的用益物权，以满足生活居住的需要。"居住权是一种用益物权，可以由当事人在不违反法律的前提下自由设立。但是，居住权合同成立并不代表居住权在法律上开始发生效力。《民法典》第三百六十八条规定："居住权无偿设立,但是当事人另有约定的除外。设立居住权的,应当向登记机构申请居住权登记。居住权自登记时设立。"也就是说,当事人之间约定居住权后,必须到登记机构进行居住权登记,居住权才能得到法律的承认。

《民法典》第三百七十一条规定:"以遗嘱方式设立居住权的,参照适用本章的有关规定。"从这条规定可以看出,除了订立合同以外,当事人也能采取遗嘱的方式设立居住权。与合同设立的居住权一样,通过遗嘱设立的居住权也需要经过登记以后才发生法律效力。

举例来讲,老王与保姆小郭产生了感情,通过居住权合同为小郭在他的房屋上设立了居住权,但并未进行登记。后来,老王将房屋转卖。由于居住权并未登记,未发生法律效力,此时的小郭无法主张对转卖后的房屋行使居住权。

房屋设立居住权后,房屋所有人能否将该房屋进行出租?

田某与前妻许某离婚后,约定房屋所有权归许某,但给田某设立了十年的居住权。2年后,许某未经田某同意,将该房屋出租给他人,并要求田某搬走。那么,许某的行为是否合法?

我国《民法典》第三百六十九条规定:"居住权不得转让、继承。设立居住权的住宅不得出租,但是当事人另有约定的除外。"根据这条规定可以看出,居住权是一种具有专有性的用益物权,只能由居住权本人享有,无法进行转让,或通过继承、遗赠等方式转为他人享有。同时,已经设立了居住权的房屋,也应当由居住权人居住,除非经所有权人与居住权人共同协商后,才能将房屋出租给他人。本案中的许某在居住权期限尚未届满的情况下,未经居住权人田某同意，便将房屋出租给他人，这是不符合法律规定的，该租赁行为无效。

在哪些情况下，居住权会消灭？

周大爷四十岁时，妻子因病去世。二十年后，周大爷认识了孙大妈，两人结为夫妻。结婚后，孙大妈对周大爷的房屋不享有所有权，周大爷怕其百年之后，孙大妈没有地方住，便为其设立了居住权。周大爷去世后，孙大妈担心住不了几年就可能会被周大爷的不孝子赶走。那么，孙大妈的居住权在什么时候会消灭呢？

我国《民法典》第三百七十条规定："居住权期限届满或者居住权人死亡的，居住权消灭。居住权消灭的，应当及时办理注销登记。"从这条规定可以看出，居住权的消灭事由主要有两个：第一，如果当事人约定了明确的居住权期限，那么当居住权期限届满时，居住权即归于消灭。例如，甲与为乙设立了5年的居住权，5年过后，乙不再享有居住权。第二，如果当事人未明确约定居住权期限，或居住权尚未到期，但居住权人已经死亡时，那么居住权人死亡后，居住权即告消灭。例如，甲为乙设立了20年的居住权，10年过后，乙死亡，居住权不会继续由乙的继承人享有，而是直接消灭。

由此可见，本案中周大爷为孙大妈设立的居住权未明确约定期限，孙大妈可以在该房屋居住到她去世，如果周大爷的儿子赶她走，她也可以依据居住权来主张继续住在该房屋内。

法律允许村民将农村宅基地出卖给城镇居民吗？

刘某是城镇居民，因为城镇空气状况较差，于是打算在乡下买块地建个小别墅居住，通过朋友介绍，刘某与村民程某达成了买卖协议，程某愿意将自家的宅基地卖给刘某，对于该出卖行为，法律是否允许？

我国《民法典》第三百六十三条规定："宅基地使用权的取得、行使和转让，适用土地管理的法律和国家有关规定。"《国务院关于深化改革严格土地管理的决定》（国发〔2004〕28号）第十条规定："……改革和完善宅基地审批制度，加强农村宅基地管理，禁止城镇居民在农村购买宅基地……"

由此可见，法律禁止村民将农村宅基地出卖给城镇居民。这是因为农村宅基地是农民赖以生存、安身立命的最后保障，是国家为了保护农民的切身利益、维护农村的稳定而给予农民的一项福利，不允许随意转让。因此，在上面的案例中，对于该出卖行为法律是禁止的。

村民把住宅赠与他人后，是否有权再申请宅基地？

我国《土地管理法》第六十二条第五款规定："农村村民出卖、出租、赠与住宅后，再申请宅基地的，不予批准。"

由此可见，村民把住宅赠与他人后，无权再申请宅基地。宅基地是村民基于其身份而无偿取得的，具有社会福利和社会保障的功能，村民在将其住宅出卖、出租、赠与他人之后，不得再申请新的宅基地。例如，村民老杜因为自己的儿子在城里给自己买了一套房子，常年在城里居住，村里的住宅闲置已久，后因老杜的兄长家里孩子较多导致其无房居住，老杜便将自己乡下的住宅赠与兄长。赠与住宅后，老杜再次申请宅基地的，不予批准。

房屋所有权人能否擅自堵住相邻通道?

丁女士一家住在上海市某区的旧式弄堂里，常年来一直从邻居冯某家的侧门出入。某天，邻居冯某说要改造院墙，于是就运来大量的沙子、石料等材料堆在其侧门前，将该侧门完全堵住，导致丁女士一家无法通行。冯某是否有权利擅自堵住相邻通道?

我国《民法典》第二百八十八条规定："不动产的相邻权利人应当按照有利生产、方便生活、团结互助、公平合理的原则，正确处理相邻关系。"第二百九十一条规定："不动产权利人对相邻权利人因通行等必须利用其土地的，应当提供必要的便利。"

由此可见，房屋所有权人不能擅自堵住相邻通道。这主要是因为房屋所有人之间存在一项法律规定的权利，即房屋相邻权，房屋相邻权是对房屋相邻各方行使房屋所有权的合理延伸或必要限制，是为了方便相邻各方生产、生活，发展相邻各方团结互助、公平合理的友好关系。因此，在上面的案例中，冯某无权擅自堵住该侧门。

新建房屋较高而妨碍邻居房屋通风、采光的，应承担怎样的法律后果?

我国《民法典》第二百九十三条规定："建造建筑物，不得违反国家有关工程建设标准，不得妨碍相邻建筑物的通风、采光和日照。"

由此可见，新建的房屋不得违反国家有关工程建设标准，妨碍邻居房屋的通风、采光和日照，因为新建房屋较高而妨碍房屋通风、采光的，应当赔偿因此给邻居造成的损失。例如，老李头和老孙头同为某村村民，前不久，老李头刚给儿子盖了一栋两层小别墅的婚房，但婚房建成后，严重影响了邻居老孙头家里的采光和日照，则老孙头有权请求老李头赔偿其因此造成的损失。

因房屋排水给邻居房屋造成损害的，应当赔偿吗？

唐某和宋某同为某村村民，并且是左右邻居关系，唐某的住宅为两层楼房，宋某的住宅为三层楼房，但由于宋某家房屋楼顶没有建造护水坡，每逢下雨天，宋某房顶的雨水就会流向唐某房屋的墙体，导致唐某房屋墙体粉化、墙面开裂、发霉等，对于唐某遭受的损失，宋某是否应当赔偿？

我国《民法典》第二百八十八条规定："不动产的相邻权利人应当按照有利生产、方便生活、团结互助、公平合理的原则，正确处理相邻关系。"第二百九十六条规定："不动产权利人因用水、排水、通行、铺设管线等利用相邻不动产的，应当尽量避免对相邻的不动产权利人造成损害。"

由此可见，房屋的相邻各方之间行使权利应当遵循团结互助、公平合理的原则，任何一方行使权利都应当避免给另一方造成损害，如造成损害就应当进行赔偿。因此，在上面的案例中，宋某应当赔偿唐某遭受的损失。

因建造房屋必须从邻居家门前经过，邻居家可以禁止通过吗？

我国《民法典》第二百九十一条规定："不动产权利人对相邻权利人因通行等必须利用其土地的，应当提供必要的便利。"第二百九十二条规定："不动产权利人因建造、修缮建筑物以及铺设电线、电缆、水管、暖气和燃气管线等必须利用相邻土地、建筑物的，该土地、建筑物的权利人应当提供必要的便利。"

由此可见，因建造房屋必须从邻居家门前经过的，属于不动产权利人因建造建筑物必须利用相邻土地的，邻居应当提供必要的便利，不能禁止通过。例如，某村村民林某因为家中房子年久失修无法住人，于是决定重新建造房屋，在建房过程中，搬运建筑材料等都需要从邻居徐某家门前经过。因为这属于不动产权利人因建造建筑物必须利用相邻土地的情况，邻居徐某应当为此提供必要的便利，允许通行。

宾馆未尽到安全保障义务导致旅客受伤的，宾馆管理人是否应承担赔偿责任？

《民法典》第一千一百九十八条规定："宾馆、商场、银行、车站、机场、体育场馆、娱乐场所等经营场所、公共场所的经营者、管理者或者群众性活动的组织者，未尽到安全保障义务，造成他人损害的，应当承担侵权责任。因第三人的行为造成他人损害的，由第三人承担侵权责任；经营者、管理者或者组织者未尽到安全保障义务的，承担相应的补充责任。经营者、管理者或者组织者承担补充责任后，可以向第三人追偿。"

由此可见，宾馆等公共场所的管理人负有安全保障的义务，因未尽到安全保障义务导致旅客受伤的，应当承担赔偿责任。例如，谢女士在某宾馆办理完入住手续后，拉着行李上楼时，走在保洁人员刚拖过的地板上摔倒受伤，并且该湿滑的地板旁没有任何警示标志，则谢女士可以要求宾馆对其承担赔偿责任。此外，如果旅客受伤是由于第三人侵权导致的，宾馆在承担责任后可以向实施侵害行为的第三人追偿。

💡 旅客被宾馆保安殴打受伤，宾馆管理人是否应承担责任？

孟先生在酒店住宿时，因为对酒店服务员调试麻将机等诸多服务内容不满，与服务员发生争执，后该服务员带领保安冲入孟先生的房间，对其进行殴打，造成孟先生全身多处骨折，对此，酒店是否应当承担责任？

我国《消费者权益保护法》第七条第一款规定："消费者在购买、使用商品和接受服务时享有人身、财产安全不受损害的权利。"《民法典》第一千一百九十一条规定："用人单位的工作人员因执行工作任务造成他人损害的，由用人单位承担侵权责任。用人单位承担侵权责任后，可以向有故意或者重大过失的工作人员追偿。劳务派遣期间，被派遣的工作人员因执行工作任务造成他人损害的，由接受劳务派遣的用工单位承担侵权责任；劳务派遣单位有过错的，承担相应的责任。"

由此可见，旅客被宾馆保安殴打受伤的，宾馆应当承担责任，因为旅客作为消费者，与宾馆经营者之间订立的是消费服务合同，旅客在接受服务时依法享有人身安全不受损害的权利，而保安在进行安保过程中将旅客打伤，属于劳动者在从事雇佣活动中致人损害，用人单位应当承担赔偿责任，即此宾馆应当承担赔偿责任。因此，在上面的案例中，对于孟先生的损失，酒店应当承担责任。

💡 因旅客未付房款，宾馆是否有权扣留其行李阻止其离开？

我国《民法典》第一千一百七十七条规定："合法权益受到侵害，情况紧迫且不能及时获得国家机关保护，不立即采取措施将使其合法权益受到难以弥补的损害的，受害人可以在保护自己合法权益的必要范围内采取扣留侵权人的财物等合理措施；但是，应当立即请求有关国家机关处理。受害人采取的措施不当造成他人损害的，应当承担侵权责任。"

一般来说，民事主体都无权限制其他民事主体的人身自由，否则就是侵犯他人权利的行为，但是在情况紧急又不能及时请求国家机关救助的条件下，如果权利人不及时实行自救，就有可能错失良机，使权利恢复发生明显困难，此时法律允许权利人采取自助行为。因此，对于旅客住宿未付房款的行为，宾馆有权扣留其行李阻止其离开，并应当同时拨打报警电话，及时寻求国家机关的救助。

四、出行纠纷

💡 客运合同中承运人迟延运输的,旅客可以采取哪些措施?

我国《民法典》第八百二十条规定:"承运人应当按照有效客票记载的时间、班次和座位号运输旅客。承运人迟延运输或者有其他不能正常运输情形的,应当及时告知和提醒旅客,采取必要的安置措施,并根据旅客的要求安排改乘其他班次或者退票;由此造成旅客损失的,承运人应当承担赔偿责任,但是不可归责于承运人的除外。"

由此可见,在客运合同中,承运人迟延运输的,旅客可以要求改乘其他班次或者退票。因为当旅客买票后,旅客与承运人之间的客运合同便成立并生效,承运人应当按照客票上载明的时间和班次运输旅客,承运人迟延运输将构成违约,因此承运人应当采取补救措施,对乘客进行安置,并根据旅客的要求安排改乘其他班次或者退票。此外,如果因为承运人责任导致延误造成乘客损失的,应该承担赔偿责任。例如,王先生要从北京到深圳出差,提前订了某航空公司的机票,并且在机票上载明的登机时间之前就到达机场办理了登机手续,但是被机场工作人员告知该航班因天气原因延迟,要比预定的起飞时间晚2个小时,则王先生可以要求该航空公司为其更换其他班次的航班或者退票。

💡 客车行驶中发生交通事故，对免票、无票等旅客的伤亡是否需要赔偿？

老钱是某客运公司的司机，某日在高速公路上行驶时，因雨天路滑与一辆大货车相撞，造成车上旅客都有不同程度的受伤，该客车上的旅客既有普通旅客，也有被免票的2岁孩子、享受半价票的军人和没有买票乘车的老钱的朋友何某，他们能否要求赔偿？

我国《民法典》第八百二十三条规定："承运人应当对运输过程中旅客的伤亡承担赔偿责任；但是，伤亡是旅客自身健康原因造成的或者承运人证明伤亡是旅客故意、重大过失造成的除外。前款规定适用于按照规定免票、持优待票或者经承运人许可搭乘的无票旅客。"

由此可见，客车在运输过程中发生交通事故，对免票、无票等旅客的伤亡需要赔偿，因为旅客在乘车之时便与承运人订立了旅客运输合同，此处的"旅客"既包括购买正常价位客票的旅客，也包括按照规定免票、持优待票或者经承运人许可搭乘的无票旅客，承运人都负有保证旅客人身安全的义务，应当对在运输过程中旅客的伤亡承担损害赔偿责任，除非该伤亡是由于旅客自身健康原因导致，或者是由于旅客故意、重大过失导致。因此，在上面的案例中，所有受伤的旅客都可以要求客运公司进行赔偿。

💡 客车运输过程中旅客行李丢失，承运人应否赔偿？

我国《民法典》第八百一十四条规定："客运合同自承运人向旅客出具客票时成立，但是当事人另有约定或者另有交易习惯的除外。"第八百二十四条规定："在运输过程中旅客随身携带物品毁损、灭失，承运人有过错的，应当承担赔偿责任。旅客托运的行李毁损、灭失的,适用货物运输的有关规定。"以及第八百三十二条规定:"承运人对运输过程中货物的毁损、灭失承担赔偿责任。但是,承运人证明货物的毁损、灭失是因不可抗力、货物本身的自然性质或者合理损耗以及托运人、收货人的过错造成的,不承担赔偿责任。"

由此可见,运输过程中旅客行李丢失,承运人是否应承担赔偿责任分为两种情形:一是客运合同中旅客自带物品丢失,该物品不是以托运的方式运输,在承运人存在过错的情形下承担赔偿责任;二是旅客的行李是以托运的方式运输,则适用货物运输的规定,即便承运人不存在过错也要承担赔偿责任,只有当货物的毁损、灭失是因不可抗力、货物本身的自然性质或者合理损耗以及托运人、收货人的过错造成时,承运人才不承担损害赔偿责任。例如,刘先生在某次外出时,乘坐了某航空公司的航班飞往海南,并托运了行李,但到达海南机场后,被告知自己托运的行李丢失,则刘先生可以要求该航空公司承担损害赔偿责任。

承运人在运输中降低服务标准的,乘客可以退票吗?

我国《民法典》第八百一十四条规定:"客运合同自承运人向旅客出具客票时成立,但是当事人另有约定或者另有交易习惯的除外。"第八百二十一条规定:"承运人擅自降低服务标准的,应当根据旅客的请求退票或者减收票款;提高服务标准的,不得加收票款。"

由此可见,承运人在运输中擅自降低服务标准的,旅客可以要求退票或者减收票款。这主要是因为,旅客购买车票乘车时便与承运人订立了客运合同,旅客与承运人都应当按照客运合同的约定履行各自的义务，承运人擅自降低服务标准是违反合同义务的行为，旅客要求退票或者减收票款是为了维护自己的利益。例如，在某次出差时李先生选择了乘坐长途大巴车，因行程较远旅途枯燥，便要求司机将车载电视打开播放节目，但司机以该电视有故障为由拒绝播放，李先生可以请求承运人减收票款或者退票。

客运站售票时搭售保险的做法是否恰当？

小周和小吴在某次旅行时选择坐长途客车出行，但他们在某汽车客运站购买车票时，售票人员在没有询问他们的情形下就将2元的保险搭着车票一并出售给他们，该汽车客运站的做法是否恰当？

我国《消费者权益保护法》第四条规定："经营者与消费者进行交易，应当遵循自愿、平等、公平、诚实信用的原则。"第九条第一款规定："消费者享有自主选择商品或者服务的权利。"

由此可见，乘客在购买车票时的身份是消费者，客运站是经营者，客运站在向乘客出售车票时应当遵循自愿、平等、公平、诚实信用的原则，不得违背乘客的意愿向其出售保险。另外，消费者享有自主选择商品或者服务的权利，客运站在没有询问乘客意愿的情形下就将保险连同车票一起出售给乘客，也侵犯了消费者的选择权。因此，客运站售票时搭售保险的做法是不恰当的，小周和小吴可以要求客运站返还购买保险的费用，并可以向市场监督管理部门举报。

未检票的乘客在车站内受伤，车站是否应承担赔偿责任？

我国《民法典》第八百一十四条规定："客运合同自承运人向旅客出具客票时成立，但是当事人另有约定或者另有交易习惯的除外。"第八百二十三条规定:"承运人应当对运输过程中旅客的伤亡承担赔偿责任;但是,伤亡是旅客自身健康原因造成的或者承运人证明伤亡是旅客故意、重大过失造成的除外。前款规定适用于按照规定免票、持优待票或者经承运人许可搭乘的无票旅客。"

由此可见,即使是未检票的乘客在车站内受伤,车站也应当承担赔偿责任,因为客运合同的成立与否与是否检票无关,在乘客从车站取出车票时客运合同便已经成立了,车站便应当按照客运合同的约定履行自己的义务,在合理的限度内保证乘客的人身、财产安全。例如,老李虽然购买了车票,但是火车站检票员忘记检票就让其进入了站内,老李在站内乘坐扶梯下行时,电梯出故障导致老李腿部受伤,根据以上规定,老李可以请求火车站进行赔偿。

运输中乘客因自身原因伤亡,承运人是否应承担赔偿责任?

赵先生在某次出行时选择乘坐长途客车,在行车途中突发心脏病,该长途客车司机立即停车对其进行了必要的救助并拨打了120,但赵先生依然因为抢救无效而死亡,那么,承运人是否承担赔偿责任?

我国《民法典》第八百二十三条规定:"承运人应当对运输过程中旅客的伤亡承担赔偿责任;但是,伤亡是旅客自身健康原因造成的或者承运人证明伤亡是旅客故意、重大过失造成的除外。前款规定适用于按照规定免票、持优待票或者经承运人许可搭乘的无票旅客。"

由此可见,在运输过程中,乘客因为自身的原因造成伤亡,包括因为乘客自身健康原因或者故意、重大过失造成的伤亡,承运人对该伤亡不承担赔偿责任。因此,在上面的案例中,赵先生在客车运输过程中的死亡是由于自身心脏病导致,司机在当时的条件下已经尽了最大的努力进行救助,因此承运人不需要对赵先生的死亡承担赔偿责任。

承运人未尽救助义务导致患病的乘客死亡的,是否应承担赔偿责任?

张先生在某次出差时选择乘坐长途客车,在行车途中突发疾病,该客车司机既未停车采取紧急救助措施,也未将其送往就近的医院救治,而是继续向前行驶,直到目的地才将张先生送往医院救治,此时张先生已经因延误最佳治疗时机而死亡,那么,客运公司是否应当承担赔偿责任?

我国《民法典》第八百二十二条规定:"承运人在运输过程中,应当尽力救助患有急病、分娩、遇险的旅客。"

由此可见,承运人对于在运输过程中患病的乘客是有救助义务的,因此,因承运人未尽救助义务而导致患病的乘客死亡的,承运人应当承担赔偿责任。所以,在上面的案例中,客运公司应当对张先生的死亡承担赔偿责任。

因交通事故造成乘客伤亡的,承运人是否应承担赔偿责任?

我国《民法典》第八百二十三条第一款规定:"承运人应当对运输过程中旅客的伤亡承担赔偿责任;但是,伤亡是旅客自身健康原因造成的或者承运人证明伤亡是旅客故意、重大过失造成的除外。"我国《道路交通安全法》第七十六条规定:"机动车发生交通事故造成人身伤亡、财产损失的,由保险公司在机动车第三者责任强制保险责任限额范围内予以赔偿;不足的部分,按照下列规定承担赔偿责任：(一)机动车之间发生交通事故的，由有过错的一方承担赔偿责任；双方都有过错的，按照各自过错的比例分担责任……"

由此可见，因交通事故造成乘客伤亡的，承运人应当对乘客承担赔偿责任，因为承运人和乘客之间存在客运合同，承运人负有保障乘客人身安全的义务，由于交通事故造成乘客伤亡，承运人未能尽到合同义务，应当承担违约责任，对乘客进行赔偿。例如，孙某乘坐的长途客车在行驶过程中与某大货车相撞，导致孙某头部受伤，交警现场勘验后出具的交通事故认定书认定该大货车负交通事故主要责任，客车负次要责任，孙某无责任。对于交通事故给孙某造成的损害，客运公司应当赔偿。当客运公司赔偿后，可以根据《道路交通安全法》的规定向货车车主追偿。

💡 运输中乘客因第三人原因受伤，承运人是否应承担赔偿责任？

徐某和任某同为某路公交车上的乘客，徐某因为沉迷玩手机坐过了站，便强行要求公交车司机停车，司机表示只能到站后再停车，徐某开始辱骂司机并抢夺方向盘，为了车上乘客的安全，任某挺身而出制止了徐某的行为，但在制止过程中，任某被徐某打伤了脸部，对于任某受到的伤害，公交公司是否应承担赔偿责任？

我国《民法典》第八百二十三条第一款规定："承运人应当对运输过程中旅客的伤亡承担赔偿责任；但是，伤亡是旅客自身健康原因造成的或者承运人证明伤亡是旅客故意、重大过失造成的除外。"第五百九十三条规定："当事人一方因第三人的原因造成违约的，应当依法向对方承担违约责任。当事人一方和第三人之间的纠纷，依照法律规定或者按照约定处理。"

由此可见，在运输过程中，乘客因第三人的原因受伤，承运人应当承担赔偿责任，但因为承运人违约是由于第三人的原因造成的，因此承运人承担赔偿责任后可以向第三人追偿。因此，在上面的案例中，任某可以要求公交公司承担赔偿责任，公交公司在承担赔偿责任后可以向徐某追偿。

在公共交通工具上霸占他人座位，是否违反了法律的规定？

多年来，发生在火车、高铁等公共交通工具上的"霸座"行为屡见不鲜。为了限制霸座行为，维护公共交通的正常运输秩序，我国《民法典》第八百一十五条第一款规定："旅客应当按照有效客票记载的时间、班次和座位号乘坐。旅客无票乘坐、超程乘坐、越级乘坐或者持不符合减价条件的优惠客票乘坐的，应当补交票款，承运人可以按照规定加收票款；旅客不支付票款的，承运人可以拒绝运输。"

根据这条规定可以看出，霸座行为不仅不符合道德规范的要求，而且也违反了法律的相关规定。车站向乘客提供车票，乘客成功购买车票，这代表乘客与客运公司之间已经成立了合法有效的客运合同关系，乘客有义务按照票面上规定的座位号乘车。我国《治安管理处罚法》第二十三条第一款规定："有下列行为之一的，处警告或者二百元以下罚款；情节较重的，处五日以上十日以下拘留，可以并处五百元以下罚款：……（三）扰乱公共汽车、电车、火车、船舶、航空器或者其他公共交通工具上的秩序的……"这条规定表示，如果乘客坚持霸占他人座位，扰乱了车厢内秩序的，还可能受到治安管理处罚。

例如，小王在乘坐高铁时，并未按照自己购买的二等座乘车，而是擅自霸占了一等座车厢的座位。此时的小王首先应当回到自己的座位，如果一等座有空缺，小王则应当补交二等座与一等座之间的差价。如果小王既不回座位，也不补交差价，并扰乱了高铁内的秩序，高铁乘务员有权拒绝小王的搭乘，并将小王的行为报告给公安机关。

旅游合同中，旅游者享有哪些权利？

我国《旅游法》第九条规定："旅游者有权自主选择旅游产品和服务，有权拒绝旅游经营者的强制交易行为。旅游者有权知悉其购买的旅游产品和服务的真实情况。旅游者有权要求旅游经营者按照约定提供产品和服务。"第五十八条规定："包价旅游合同应当采用书面形式，包括下列内容：（一）旅行社、旅游者的基本信息；（二）旅游行程安排；（三）旅游团成团的最低人数；（四）交通、住宿、餐饮等旅游服务安排和标准；（五）游览、娱乐等项目的具体内容和时间；（六）自由活动时间安排；（七）旅游费用及其交纳的期限和方式；（八）违约责任和解决纠纷的方式；（九）法律、法规规定和双方约定的其他事项。订立包价旅游合同时，旅行社应当向旅游者详细说明前款第二项至第八项所载内容。"

由此可见，旅游者在与旅行社订立旅游合同时，有自由选择旅游产品和服务的选择权、知悉购买的旅游产品和服务真实情况的知情权、要求旅行社对交通、住宿、餐饮等旅游服务安排和标准等详细说明的权利以及要求旅行社按照合同履行义务的权利，旅行社如果不履行相应的义务，旅游者可以请求旅行社采取补救措施或者承担赔偿责任。例如，2021年的元旦假期，周先生参加了某旅行社组织的"北京三日游"，二者签订旅游服务合同时，周先生有权要求该旅行社对此次旅游行程安排，交通、住宿、餐饮等安排和标准，自由活动时间等事项进行详细说明,并且旅行社要按照合同约定履行义务。

旅行社在旅游中擅自安排购物的,游客应如何维权?

小丽跟随某旅行社去香港旅游,导游一直强调香港是购物的天堂,便擅自安排游客购物,小丽应如何维权?

我国《旅游法》第三十五条规定:"旅行社不得以不合理的低价组织旅游活动,诱骗旅游者,并通过安排购物或者另行付费旅游项目获取回扣等不正当利益……发生违反前两款规定情形的,旅游者有权在旅游行程结束后三十日内,要求旅行社为其办理退货并先行垫付退货货款,……"第九十八条规定:"旅行社违反本法第三十五条规定的,由旅游主管部门责令改正,没收违法所得,责令停业整顿,并处三万元以上三十万元以下罚款;……"

由此可见,旅行社在旅游中擅自安排购物,旅游者在非自愿的情形下购买商品的,可以在旅游行程结束后的30日内,要求旅行社办理退货并且垫付退货货款。此外,对于旅行社的这种做法,旅游主管部门应当进行相应处罚,包括责令改正、没收违法所得、责令停业整顿并处以罚款等。因此,在上面的案例中,小丽可以采取以上方式进行维权。

旅行社的广告存在虚假宣传,游客应当怎么办?

我国《旅游法》第三十二条规定:"旅行社为招徕、组织旅游者发布信息,必须真实、准确,不得进行虚假宣传,误导旅游者。"第七十条规定:"旅行社不履行包价旅游合同义务或者履行合同义务不符合约定的,应当依法承担继续履行、采取补救措施或者赔偿损失等违约责任；……"

由此可见，旅行社的广告存在虚假宣传时，即旅行社履行合同义务不符合约定时，旅游者可以要求旅行社承担按照广告宣传的内容继续履行合同义务、采取补救措施或者赔偿损失等违约责任。例如，郑某参加了某旅行社组织的"西安三日游"活动，该旅行社宣传的旅游路线包括华清池、古城墙等景点，交通工具为飞机和空调大巴车。但是出游时郑某发现自己乘坐的是火车而不是飞机，旅游大巴上根本没有空调，导游甚至还以时间不够为由取消了华清池、古城墙景点的参观，据此，郑某可以解除合同并要求某旅行社赔偿损失。

旅行社因第三人原因违约的，应否承担赔偿责任？

A国际旅行社组织张某等30名游客到海南省旅游，约定由海南省的B旅行社负责接待游客。后因A国际旅行社拖欠B旅行社5万元旅游费未能偿还，B旅行社拒绝接待游客，于是活动被迫取消，那么，张某能否要求A国际旅行社承担赔偿责任？

我国《旅游法》第七十一条第一款规定："由于地接社、履行辅助人的原因导致违约的，由组团社承担责任；组团社承担责任后可以向地接社、履行辅助人追偿。"

由此可见，旅行社因为地接社等第三人原因违约的，应当承担赔偿责任，这是由合同的相对性决定的，旅游合同的当事人是旅行社和旅游者，旅行社未按照合同履行义务即构成违约，需要对旅游者承担违约责任，旅行社在承担责任后可以向地接社等第三人追偿。因此，在上面的案例中，张某可以要求A国际旅行社承担赔偿责任。

旅行社对旅游地的民俗禁忌等有告知义务吗？

我国《旅游法》第六十二条规定："订立包价旅游合同时，旅行社应当向旅游者告知下列事项：……（四）旅游者应当注意的旅游目的地相关法律、法规和风俗习惯、宗教禁忌，依照中国法律不宜参加的活动等；……"

由此可见，对于旅游地的民俗禁忌等事项，旅行社具有告知义务，旅行社违反告知义务导致旅游者遭受损失的，应当承担违约责任。例如，王先生跟随某旅行社到云南屏边苗族自治县旅游时，旅行社应当向王先生告知苗族的风俗习惯、传统节日以及禁忌事项等，如果因为旅行社未能及时告知导致王先生遭受损失，旅行社应当进行赔偿。

团购游后发现旅行社不具备相应资质，旅游者应如何维权？

李女士在某网站团购了"豪华三亚五日游"的旅游套餐，但是出游时发现该旅行社并未按照网站上宣传的内容安排旅游，并且经调查后发现，该旅行社根本不具备经营旅游业务的资质，李女士应如何维权？

我国《旅游法》第四十八条规定："通过网络经营旅行社业务的，应当依法取得旅行社业务经营许可，并在其网站主页的显著位置标明其业务经营许可证信息。发布旅游经营信息的网站，应当保证其信息真实、准确。"

由此可见，设立旅行社需要具备一定的资质、取得许可并办理登记才可以，在网络上经营旅行社业务的，还需要在网站主页的显著位置标明其业务经营许可证信息，如果旅行社未取得相应资质就经营旅行社业务的，旅游主管部门可以责令改正、没收违法所得并处以罚款。因此,在上面的案例中,李女士可以解除与旅行社的合同并要求其赔偿损失,并且可以向旅游主管部门举报,由旅游主管部门对其进行处罚。

因旅行社的原因导致游客在旅途中死亡,旅行社是否应承担赔偿责任?

我国《旅游法》第七十条第一款规定:"旅行社不履行包价旅游合同义务或者履行合同义务不符合约定的,应当依法承担继续履行、采取补救措施或者赔偿损失等违约责任;造成旅游者人身损害、财产损失的,应当依法承担赔偿责任……"

由此可见,当旅行社没有履行合同义务或者履行义务与双方的约定不符,导致旅游者在旅途中死亡的,旅行社应当承担赔偿责任。例如,齐先生参加了某旅行社组织的旅游活动,在旅途中因乘坐的旅游大巴车发生剧烈颠簸,导致坐在后排的齐先生被甩出座位与车身发生碰撞死亡,则旅行社对齐先生的死亡应当承担赔偿责任。

游客由于自身原因在景区内受伤,旅行社、景区管理者应否赔偿?

胡先生参加某旅行社组织的爬山活动时,未按照景区标识和导游带领的正常路线爬山,而是选择了一条地势陡峭的小径,小径旁有景区设置的禁止通行警示标志,胡先生无视警示标志执意从小径上山,后不慎跌落受伤,旅行社、景区管理者应否进行赔偿?

我国《旅游法》第八十条规定:"旅游经营者应当就旅游活动中的下列事项,以明示的方式事先向旅游者作出说明或者警示:

(一)正确使用相关设施、设备的方法;(二)必要的安全防范和应急措施;(三)未向旅游者开放的经营、服务场所和设施、设备;(四)不适宜参加相关活动的群体;(五)可能危及旅游者人身、财产安全的其他情形。"第七十条第二款规定:"由于旅游者自身原因导致包价旅游合同不能履行或者不能按照约定履行,或者造成旅游者人身损害、财产损失的,旅行社不承担责任。"

由此可见,包括旅行社和景区在内的旅游经营者对游客都负有安全保障的义务,对可能危及游客人身、财产安全的情形具有告知义务,如果在旅游经营者已经履行安全保障义务和告知义务的情形下,游客因为自身原因受伤,则旅行社和景区管理者都不需要进行赔偿。因此,在上面的案例中,旅行社和景区管理者不需要对胡先生进行赔偿。

旅行社在接待游客时进行传销,应当如何处理?

甲国际旅行社在组织"欧洲十日行"的旅游活动中,对游客进行传销,告知游客只要缴纳2000元的旅游费加入会员,就能获得"欧洲十日行"的机会,行程结束后还能获得高额回报,对于旅行社的此种行为应当如何处理?

我国《旅游法》第三十三条规定:"旅行社及其从业人员组织、接待旅游者,不得安排参观或者参与违反我国法律、法规和社会公德的项目或者活动。"

由此可见,旅行社在接待游客时,不得安排游客参与违法或者违背社会公德的项目或活动,旅行社在接待游客时进行传销,已经构成刑事上的组织、领导传销活动罪,应当对旅行社以及相关负责人员进行刑事处罚。因此,甲国际旅行社的行为已经构成刑事犯罪，应当对其进行刑事处罚。

💡 游客在导游指定购物点买到假货，应当如何维权？

我国《旅游法》第四十一条第二款规定："导游和领队应当严格执行旅游行程安排，不得擅自变更旅游行程或者中止服务活动，不得向旅游者索取小费，不得诱导、欺骗、强迫或者变相强迫旅游者购物或者参加另行付费旅游项目。"《消费者权益保护法》第五十五条第一款规定："经营者提供商品或者服务有欺诈行为的，应当按照消费者的要求增加赔偿其受到的损失，增加赔偿的金额为消费者购买商品的价款或者接受服务的费用的三倍；增加赔偿的金额不足五百元的，为五百元。法律另有规定的，依照其规定。"

首先，游客作为消费者，在购物时受到经营者欺诈买到假货的，可以按照《消费者权益保护法》的规定要求经营者三倍赔偿其损失；其次，游客是在导游指定的购物点买到假货，如果能证明是导游诱导游客购物遭受损失的，旅行社也应当承担赔偿责任。例如，潘女士在参加A旅行社组织的"上海三日游"的活动时，被导游带到指定的门店购买护肤品，后来经检测发现该护肤品为假货，则潘女士既可以要求该门店三倍赔偿其损失，也有权要求该旅行社承担赔偿责任。

💡 游客出国旅游，可以将杧果等水果带回国吗？

在某次"泰国游"中，黄女士发现泰国的水果非常新鲜而且价格便宜，所以想在旅游结束时带一些杧果、榴梿等水果回国，黄女士能否将这些水果带回国呢？

我国《进出境动植物检疫法》第二十九条规定："禁止携带、

邮寄进境的动植物、动植物产品和其他检疫物的名录，由国务院农业行政主管部门制定并公布。携带、邮寄前款规定的名录所列的动植物、动植物产品和其他检疫物进境的，作退回或者销毁处理。"

由此可见，游客出国旅游，不可以将杧果等新鲜水果带回国内。这主要是为了防止植物危险性病、虫、杂草以及其他有害生物传入国境，保护农、林、牧、渔业生产和人体健康。因此，在上面的案例中，黄女士不能将杧果、榴梿等水果带回国。

五、交通事故

如何判断一个事件是不是属于道路交通事故？

根据我国《道路交通安全法》第一百一十九条的规定，下列用语的含义为：(1)"道路"，是指公路、城市道路和虽在单位管辖范围但允许社会机动车通行的地方，包括广场、公共停车场等用于公众通行的场所。(2)"车辆"，是指机动车和非机动车。(3)"机动车"，是指以动力装置驱动或者牵引，上道路行驶的供人员乘用或者用于运送物品以及进行工程专项作业的轮式车辆。(4)"非机动车"，是指以人力或者畜力驱动，上道路行驶的交通工具，以及虽有动力装置驱动但设计最高时速、空车质量、外形尺寸符合有关国家标准的残疾人机动轮椅车、电动自行车等交通工具。(5)"交通事故"，是指车辆在道路上因过错或者意外造成的人身伤亡或者财产损失的事件。

因此，认定是否属于道路交通事故，主要应从以下几个方面判断：(1)事故是否是车辆引起，其中车辆包括机动车和非机动车；(2)事故是否发生在道路上，主要判断道路是否允许社会车辆通行，也就排除了如工厂厂房和学校等内部道路；(3)是否因过错或意外造成了损害结果的发生，即最后的结果是不是由当事人的行为造成的。

发生交通事故，当事人应该做什么？

我国《道路交通事故处理程序规定》第十三条规定："发生死亡事故、伤人事故的，或者发生财产损失事故且有下列情形之一的，当事人应当保护现场并立即报警：（一）驾驶人无有效机动车驾驶证或者驾驶的机动车与驾驶证载明的准驾车型不符的；（二）驾驶人有饮酒、服用国家管制的精神药品或者麻醉药品嫌疑的；（三）驾驶人有从事校车业务或者旅客运输，严重超过额定乘员载客，或者严重超过规定时速行驶嫌疑的；（四）机动车无号牌或者使用伪造、变造的号牌的；（五）当事人不能自行移动车辆的；（六）一方当事人离开现场的；（七）有证据证明事故是由一方故意造成的。驾驶人必须在确保安全的原则下，立即组织车上人员疏散到路外安全地点，避免发生次生事故。驾驶人已因道路交通事故死亡或者受伤无法行动的，车上其他人员应当自行组织疏散。"

此外，《道路交通事故处理程序规定》第十四条规定："发生财产损失事故且有下列情形之一，车辆可以移动的，当事人应当组织车上人员疏散到路外安全地点，在确保安全的原则下，采取现场拍照或者标划事故车辆现场位置等方式固定证据，将车辆移至不妨碍交通的地点后报警：（一）机动车无检验合格标志或者无保险标志的；（二）碰撞建筑物、公共设施或者其他设施的。"

因此，发生交通事故后，要注意区分是财产损害还是人身伤亡，前者可以自由协商解决，也可以报警，等待交警认定事故责任和处理；后者则应当保护现场并立即报警。

骑行过程中将他人撞伤，该情况是否属于交通事故？

吴某在好友组织的骑行活动中，因山地车车速较快，避让不及，将行人甲撞伤。试问，该情况是否属于交通事故？

我国《道路交通安全法》第一百一十九条规定："……（二）'车辆'，是指机动车和非机动车……（四）'非机动车'是指以人力或者畜力驱动，上道路行驶的交通工具，以及虽有动力装置驱动但设计最高时速、空车质量、外形尺寸符合有关国家标准的残疾人机动轮椅车、电动自行车等交通工具。（五）'交通事故'，是指车辆在道路上因过错或者意外造成的人身伤亡或者财产损失的事件。"

由此可见，交通事故是由车辆引起的人身或财产损失的事件，其中车辆包括机动车和非机动车。在上面的例子中，吴某骑行中车速较快，将行人撞伤，造成他人出现了人身伤害的后果，而山地车为非机动车，也属于道路交通事故中所规定的"车辆"。所以，该情况符合交通事故的构成。

开车追尾别人，能否和对方私了？

张三在下班途中，因未与前方车辆保持安全距离，撞到前方正常行驶的李四的汽车，造成李四车尾灯处明显擦伤。请问，张三能否直接和李四"私了"解决争议纠纷？

我国《道路交通安全法》第七十条第二款规定："在道路上发生交通事故，未造成人身伤亡，当事人对事实及成因无争议的，可以即行撤离现场，恢复交通，自行协商处理损害赔偿事宜；不即行撤离现场的，应当迅速报告执勤的交通警察或者公安机关交通管理部门。"

由此可见，发生道路交通事故能否自行协商解决，即能否私了，主要取决于以下两点：（1）该事故没有出现人身伤亡；（2）双方对于事故的发生及成因没有争议。第一点是前提条件，一旦出现人员伤亡，则不能再自行解决。第二点是核心，必须是双方对事故的发生等没有争议，达成一致意见。在上面的例子中，张三因行车不规范造成追尾李四车的事故发生，但是，事故只是造成车辆的损坏，没有人身伤亡，经过二人协商一致时，即可私了解决。

行人故意碰撞正常行驶的车辆，车辆一方是否需要承担相应的责任？

李某在回家途中看到远处有行人横穿马路，即减速、准备停车让行，这时王某从行人中窜出，径直朝李某的车跑来，并撞在车辆引擎盖上，随后要求李某赔偿医药费等。试问，王某的主张能否得到支持？

我国《道路交通安全法》第七十六条第二款规定："交通事故的损失是由非机动车驾驶人、行人故意碰撞机动车造成的，机动车一方不承担赔偿责任。"

因此，对于行人或者非机动车一方故意与机动车碰撞而发生的事故，该行人或者非机动车一方请求对方承担损害赔偿责任的，不予认可。这也与生活中遇到的"碰瓷"现象有关联，碰瓷者自己承担责任，被碰瓷者不承担责任。在上面的例子中，李某正常行驶，已经尽到了足够的注意义务，由于王某自身故意撞向汽车，因而造成的损害，应当由王某自己承担，李某无须承担责任。

骑自行车在机动车道与禁止掉头路段的掉头车辆发生碰撞，机动车一方能否因主张自行车一方违反交规而减轻责任？

因下午路上车辆较少，骑行爱好者刘某便骑车在机动车道前行，由于刹车不及时与刚刚完成掉头的杜某的车相撞。经查，该路段为禁止掉头路段。试问,杜某能否主张刘某违反交规在先,减轻自己的责任?

我国《道路交通安全法》第七十六条第一款规定:"……(二)机动车与非机动车驾驶人、行人之间发生交通事故,非机动车驾驶人、行人没有过错的,由机动车一方承担赔偿责任;有证据证明非机动车驾驶人、行人有过错的,根据过错程度适当减轻机动车一方的赔偿责任;机动车一方没有过错的,承担不超过百分之十的赔偿责任。"

由此可见,机动车与非机动车、行人之间的交通事故的责任划分问题,主要取决于非机动车、行人一方是否有过错,其没有过错的,由机动车一方承担责任;有过错的,适当减轻机动车一方的责任;机动车一方完全没有过错的,承担不超过百分之十的责任。在上面的例子中,杜某在禁止掉头路段掉头,违反规定造成事故的发生,需要承担责任。而刘某未遵守交规在机动车道骑行,对于事故的发生也存在过错,因此可以适当减轻杜某的责任。

行人全责的事故中,机动车一方是否完全不承担赔偿责任?

我国《道路交通安全法》第七十六条第一款规定:"机动车发生交通事故造成人身伤亡、财产损失的,由保险公司在机动车第三者责任强制保险责任限额范围内予以赔偿;不足的部分,按照下列规定承担赔偿责任:……(二)机动车与非机动车驾驶人、行人之间发生交通事故,非机动车驾驶人、行人没有过错的,由机动车一方承担赔偿责任;有证据证明非机动车驾驶人、行人有过错的,根据过错程度适当减轻机动车一方的赔偿责任;机动车一方没有过错的,承担不超过百分之十的赔偿责任。"

由此可见，发生道路交通事故，首先由保险公司在交强险范围内承担赔偿责任，不足部分按照各自的过错程度进行相应的赔偿。行人全责的事故，也就是机动车一方没有过错的情况，机动车一方承担不超过百分之十的赔偿责任。例如，张某闯红灯经过路口，撞到正常行驶的李某的车，在此次事故中张某应当负全责，作为机动车一方的李某不承担责任，但是仍应当承担不超过百分之十的赔偿责任。

为躲避逆行的车辆，不慎与旁边车道车辆发生剐蹭，该责任应当由谁承担？

周某驾车行驶途中，遇到前方有车辆加速逆行而来，躲闪不及，往旁边车道转向时与赵某的车发生剐蹭。试问，该事故责任应当由谁承担？

我国《民法典》第一百八十二条规定："因紧急避险造成损害的，由引起险情发生的人承担民事责任。危险由自然原因引起的，紧急避险人不承担民事责任，可以给予适当补偿。紧急避险采取措施不当或者超过必要的限度，造成不应有的损害的，紧急避险人应当承担适当的民事责任。"

紧急避险，又称"紧急避难"，是指本人或者他人的生命、财产等正在面临危险，不得已而采取的适当损害他人合法权益的行为。对于紧急避险造成的损失，应该根据法律规定承担相应的民事责任。在上面的例子中，周某为了躲避逆行而来的车辆，与赵某的汽车发生剐蹭，属于紧急避险，周某不承担责任，最终的责任应当由逆行的车辆承担。

行人擅自进入高速公路内，被过往车辆撞死，机动车是否应当承担责任？

邹某为寻求刺激，偷偷进入高速公路内跑步和自拍，后方车辆躲避不及直接将邹某撞倒在地，导致邹某当场死亡。试问，机动车是否需要承担责任？

我国《道路交通安全法》第六十七条规定："行人、非机动车、拖拉机、轮式专用机械车、铰接式客车、全挂拖斗车以及其他设计最高时速低于七十公里的机动车，不得进入高速公路……"同时，该法第七十六条第一款规定，机动车与非机动车驾驶人、行人之间发生交通事故，机动车一方没有过错的，承担不超过百分之十的赔偿责任。

可见，行人、非机动车等禁止进入高速公路内，擅自违反规定进入高速公路内，发生道路交通事故的，机动车一方不承担事故责任。但是，在赔偿责任方面，即使没有过错，机动车也需承担不超过百分之十的责任，这是对事故责任和赔偿责任作出的区分规定。在上面的例子中，邹某擅自进入高速公路内，属于自陷风险，最终事故责任应当由邹某承担。但是，在赔偿责任上，机动车一方需要承担不超过百分之十的赔偿责任。

将自家货物堆放在道路上，造成交通事故的，应承担责任吗？

刘老汉家门口有一条宽阔的马路。某日，刘老汉将修围墙的沙子堆放门前，其中部分沙子占据了道路。李某驾车经过刘老汉门前时，为避让路人刹车减速，但是由于车轮下有沙子，车辆减速中出现打滑，未能停下，将路人撞倒。试问，刘老汉有无责任？

我国《道路交通安全法》第三十一条规定："未经许可，任何单位和个人不得占用道路从事非交通活动。"同时，我国《民法典》第一千二百五十六条规定："在公共道路上堆放、倾倒、遗撒妨碍通行的物品造成他人损害的，由行为人承担侵权责任。公共道路管理人不能证明已经尽到清理、防护、警示等义务的，应当承担相应的责任。"

由此可见，道路主要用于交通活动，未经批准许可，占用道路是违法的，造成他人损害的还需要承担民事责任。在上面的例子中，刘老汉未经批准，擅自占用道路堆放沙子，违反了法律的规定。李某行车避让路人时，由于沙子造成减速不及并带来了损害结果，刘老汉作为沙子的堆放者应当承担责任。

酒后驾驶机动车，与他人发生碰撞后，弃车离开的，是否属于交通肇事逃逸？

周某与朋友聚会后，酒后驾驶汽车返回家中，在路口转弯时与一辆直行车辆发生碰撞，因担心自己酒驾的事实被发现，周某弃车逃离现场。试问，该行为是否属于交通肇事逃逸？

我国《道路交通事故处理程序规定》第一百一十二条第（一）项规定："'交通肇事逃逸'，是指发生道路交通事故后，当事人为逃避法律责任，驾驶或者遗弃车辆逃离道路交通事故现场以及潜逃藏匿的行为。"

由此可见，构成交通肇事逃逸的条件包括：第一，发生了道路交通事故；第二，当事人逃离现场或者藏匿；第三，主观目的是逃避法律的追究。判断是否构成逃逸时，就要严格遵守上述条件。在上面的例子中，周某酒后驾车与他人车辆发生碰撞，已造成交通事故，事发后弃车逃跑，企图逃避法律追究，该行为属于交通肇事逃逸。

💡 故障车辆停在路边,被后方来车追尾,责任应当如何认定?

张某夜间驾车途中突然爆胎,无奈停车下来等待救援。吴某驾车经过时,由于夜色较暗,而且张某未设置警告标志,也未开启危险警示灯,导致最终两车直接相撞。试问,责任应当如何认定?

我国《道路交通安全法》第五十二条规定:"机动车在道路上发生故障,需要停车排除故障时,驾驶人应当立即开启危险报警闪光灯,将机动车移至不妨碍交通的地方停放;难以移动的,应当持续开启危险报警闪光灯,并在来车方向设置警告标志等措施扩大示警距离,必要时迅速报警。"

由此可见,行车中要遵守交规,谨慎开车,文明驾驶。车辆发生故障时应当及时采取必要措施,提醒过往车辆。在上面的例子中,因为爆胎导致张某临时停车,其没有及时放置警示标志或开启警示灯,具有过错,需要承担责任;夜间行车,吴某应当谨慎慢行,如果吴某尽到合理的注意义务,则不承担责任,如果没有,则需要承担与其行为相一致的责任。

💡 从他人手里购买的报废汽车发生交通事故的,卖方是否需要承担责任?

白某经人介绍从钱某处购买了一辆报废汽车,在一次行车过程中,由于刹车片年久失修,导致刹车失灵撞倒陆某。试问,钱某作为车辆的出卖人,是否需要承担责任?

我国《民法典》第一千二百一十四条规定:"以买卖或者其他方式转让拼装或者已经达到报废标准的机动车,发生交通事故造成损害的,由转让人和受让人承担连带责任。"同时,《道路交通安全法》第一百条规定:"驾驶拼装的机动车或者已达到报废标准的机动车上道路行驶的,公安机关交通管理部门应当予以收缴,强制报废。对驾驶前款所列机动车上道路行驶的驾驶人,处二百元以上二千元以下罚款,并吊销机动车驾驶证。出售已达到报废标准的机动车的,没收违法所得,处销售金额等额的罚款,对该机动车依照本条第一款的规定处理。"

由此可见,车辆达到报废标准的应当及时办理报废手续,擅自进行买卖等活动的,一旦发生交通事故,买卖的双方要承担连带赔偿责任,同时,还会受到行政处罚。在上面的例子中,钱某作为车辆的所有人,将达到报废标准的汽车擅自进行出卖,主观上存在过错,对于事故责任应当与白某承担连带责任。

明知对方无机动车驾驶证,仍然将自己的汽车出借,其后发生交通事故的,出借人是否需要承担责任?

赵某为了回老家时显得有面子,向朋友杜某借其越野车开几天。杜某知道赵某还未取得驾驶证,但是碍于朋友情面还是将汽车借给了赵某。在回家的路上,赵某由于驾车不规范,将路人撞伤。试问,路人能否请求杜某承担赔偿责任?

我国《道路交通安全法》第十九条第一款规定:"驾驶机动车,应当依法取得机动车驾驶证。"此外,我国《民法典》第一千二百零九条规定:"因租赁、借用等情形机动车所有人、管理人与使用人不是同一人时,发生交通事故造成损害,属于该机动车一方责任的,由机动车使用人承担赔偿责任;机动车所有人、管理人对损害的发生有过错的,承担相应的赔偿责任。"

由此可见,因借用车辆发生道路交通事故的,出借人需要承担责任的前提是具有过错,明知他人没有驾驶证而出借车辆的,即属于有过错。在上面的例子中，杜某主观上存在过错，因此需要承担责任。

💡 将自己的汽车出卖给他人，尚未过户，发生交通事故的，自己是否需要承担部分责任？

孙某通过二手车交易 APP，将自己闲置的一辆汽车卖给了刘某，约定十天后办理所有权变更登记，但是在这期间，刘某驾车发生了交通事故。试问，孙某是否需要承担责任？

我国《民法典》第一千二百一十条规定："当事人之间已经以买卖或者其他方式转让并交付机动车但是未办理登记，发生交通事故造成损害，属于该机动车一方责任的，由受让人承担赔偿责任。"

由此可见，当事人之间的车辆交易，核心在于交付，买卖双方已经移交使用的，即使尚未过户，发生了交通事故，责任属于受让方的，出卖方也不承担责任，由受让方自己承担。在上面的例子中，孙某将车卖给刘某，车辆已经实际由刘某使用，尽管还未办理过户登记手续，该责任也是由刘某承担，孙某不需要承担责任。

图书在版编目（CIP）数据

法律问答十卷书.衣食住行卷/荣丽双编著.—北京：中国法制出版社，2023.3
ISBN 978-7-5216-2777-0

Ⅰ.①法… Ⅱ.①荣… Ⅲ.①法律-中国-问题解答 Ⅳ.①D920.5

中国版本图书馆 CIP 数据核字（2022）第 122877 号

策划编辑：李佳　　　责任编辑：刘冰清　　　封面设计：杨鑫宇

法律问答十卷书.衣食住行卷
FALÜ WENDA SHI JUAN SHU.YISHIZHUXINGJUAN

编著/荣丽双
经销/新华书店
印刷/三河市紫恒印装有限公司
开本/880 毫米×1230 毫米　32 开　　　　　印张/2.5　字数/55 千
版次/2023 年 3 月第 1 版　　　　　　　　　2023 年 3 月第 1 次印刷

中国法制出版社出版
书号 ISBN 978-7-5216-2777-0　　　　　　（全十册）总定价：79.80 元

北京市西城区西便门西里甲 16 号西便门办公区
邮政编码：100053　　　　　　　　　　　　传真：010-63141600
网址：http://www.zgfzs.com　　　　　　　编辑部电话：010-63141837
市场营销部电话：010-63141612　　　　　　印务部电话：010-63141606

（如有印装质量问题，请与本社印务部联系。）

法律问答十卷书

财产保护卷

中国法制出版社
CHINA LEGAL PUBLISHING HOUSE

前　言

　　随着我国社会经济的不断发展，人民的生活水平日益提高，手中拥有的私有财产的数量和种类也在不断增加，公民的财产保护意识逐渐增强。为顺应这一社会趋势，2004 年，我国的《宪法修正案》正式明确将"国家保护公民的合法的私有财产不受侵犯"写入宪法，以国家根本法的形式确认了对公民私有财产的保护。至此，财产权作为公民重要权利之一，不仅在民事等法律中有相关内容，在宪法中也有了明文规定。可见，财产保护对于我们的重要性。

　　诚然，在社会生活中，侵犯财产权的事件时有发生，财产纠纷、财产矛盾层出不穷，再加上各种经济往来和交易复杂多样，信息不对称，行业中存在一定的专业性以及个别人诚信意识的缺乏，使得很多人在无形中遭受损失与伤害。

　　很多人在遭受损失后，才想起维权。"亡羊补牢"不如"未雨绸缪"。保护自己的财产不受侵犯、保障自己尽量不陷入财产纠纷中，才是最高的境界。若想达到此种境界，不仅要从道德上严格要求自己，做一个诚信之人，还要用一定的法律知识来武装自己，做到知法、守法、用法，将自己懂得的相关财产保护的法律知识应用于实际，解决问题。并且，一旦自身合法的财产权益受到侵犯，我们也会懂得如何去维权和更有效地挽回损失。

　　在此，为了帮助大家学习一些财产保护方面的法律知识，我们精心编写了《法律问答十卷书．财产保护卷》。下面，我们一起来了解一下本书。

本书的内容以"提出问题—解决问题"的方式呈现，主要特色可归纳为以下四点：

第一，全面性。虽然本书的总字数不多，但是问题量大，知识点丰富，很多重要的财产保护方面的法律知识都囊括其中，具有相当的全面性。

第二，专业性。本书的编写者为专业的法律人士，他们都具有扎实、深厚的法律功底以及法律实践经验，能最大限度地保证本书的严谨性与专业性。

第三，实用性。本书的选题宗旨之一即为"实用"。能给读者带来实惠、帮助读者解答和解决问题，是我们写书的职责所在。

第四，通俗性。法律专业语言晦涩难懂，法律条文内容也大多不易理解。我们在书中注重用通俗易懂的语言解答各种法律问题，有些还辅以例证来解读，以期能够把问题讲清楚、讲透彻、讲明白。

最后，希望本书能给您带来启迪与帮助！书中存在的不足之处，敬请批评指正！

本书编委会
2022 年 8 月

目 录

一、物权与所有权

1	如何理解民法上的善意取得制度？
2	请求占有人返还占有物后，是否需要支付相关费用？
2	拾得他人物品后，要求给予报酬才归还，是否合法？
3	误以为欠钱而归还，实际并未欠钱的，如何解决？
4	请求返还被他人占有的东西是否有时间上的限制？
4	如何理解相邻关系？
5	为取水方便，能否在邻地铺设管道？
6	不动产权属证书记载的内容与登记机构登记的事项不一致的如何处理？
6	买卖二手汽车，未办理过户，是否取得该车所有权？
7	能否以合伙购车为由，拒绝承担全部付款责任？
8	合法征用的财产损坏的，是否承担赔偿责任？
9	遗失物公告之后无人认领的，如何处理？
9	应当如何确定添附物的归属？

二、房　产

11	对房屋进行预告登记的，开发商能否再次将房屋出卖？
12	商品房销售广告中的宣传说明是否具有法律约束力？

12	《商品房买卖认购书》与《商品房买卖合同》，哪个效力更高？
13	不能办理房产登记的事项有哪些？
13	交房以后，房屋损毁、灭失的风险应由谁来承担？
14	开发商"内部认购"的行为违法吗？
15	开发商在"证件不齐"的情况下，与购房者签订购房合同是否合法有效？
16	土地使用权期限届满，购房者应如何维护自己的合法权益？
16	商品房有保修期吗？该保修期从何时起算？
17	购买别墅后，发现房屋存在严重的质量问题，购房者并因此遭受损失，应当如何维权？
17	在二手房买卖中，房屋内财产归属未约定，应如何解决？
18	房屋买卖中，尚未办理过户登记的，买卖合同效力如何？
19	因商品房买卖产生的纠纷，应当在多长时间内起诉？
20	房屋因公共利益被征收，政府相关部门有哪些补偿方式？
20	房屋征收时补偿方式有哪几种？
21	未约定居住权期限时，居住权是否有时间限制？

三、借贷担保

(一) 民间借贷

23	借款合同应当包括哪些内容？
24	自然人之间的借款合同，什么时候生效？
24	明知是转贷的资金还高利借贷，合同有效吗？
25	出借人明知借款人借钱是为了犯罪，借款合同有效吗？
25	自然人之间借款时没有约定利息，借款到期后，出借人可以主张利息吗？
26	自然人之间借贷合同的利息可以由当事人自由约定吗？

27	"砍头息"有效吗？
28	欠款人没有如约偿还借款，有什么风险？
28	一个人最多可以在一家网上借贷平台贷到多少钱？
29	微信或 QQ 聊天记录可以作为证明借款事实的证据吗？
30	借条上没有写明债权人，债权人还可以起诉吗？

（二）担　保

31	设立抵押权需要签抵押合同吗？抵押合同一般包括哪些内容？
31	流押契约有效吗？
32	宅基地使用权可以抵押吗？
33	当事人对所有权存在权属争议，还可以抵押该财产吗？
33	抵押物价值减少，抵押权人可以要求抵押人提供担保吗？
34	租赁关系是否会因抵押而被解除？
34	质押合同怎么定？质权什么时候成立？
35	存款单可以出质吗？
35	质押期间，质物产生的孳息归谁所有？
36	在借款合同上签字的"见证人"，需要承担保证责任吗？
37	通过某借贷平台借款给他人，债权未追回，可以要求平台清偿吗？

四、土地权益

（一）土地管理

38	建设用地使用权必须要以出让等有偿的方式取得吗？
39	变更土地用途需要哪些手续？
39	报批临时用地需要哪些程序？
40	取得临时用地使用权后，应履行哪些责任义务？

41	可以收回国有土地使用权的情形有哪些？
41	哪些情形属于非法转让土地使用权？
42	应如何处罚非法转让土地的当事人？
43	应如何处罚拒不交出土地的当事人？
44	应如何保证违法者"限期拆除"？

（二）农村土地承包

44	非本村村民能否承包本村土地？
45	在农村不同用途的土地，其承包期各为多长？
45	哪些内容是农村土地承包合同中必备的？
46	承包方有哪些权利？何为"农村土地经营权的流转"？
47	流转土地经营权后，原承包关系发生改变吗？
47	承包方将土地流转给受让人后，受让人还能否将土地流转给他人？
48	土地流转后，受让方连续两年以上放弃耕种任其荒废的，承包方能否单方解除流转合同？
48	能否在自家耕地上建养猪场？
49	承包方进城落户，是否就意味着必须要先放弃土地承包经营权？
50	对于进城落户的村民，应如何处理其承包的土地？
50	承包期内依法收回承包地的，是否应就承包方对土地的投入给予相应补偿？
51	妇女结婚离开村子后，其承包地是否应被收回？
52	以非家庭承包的方式承包土地，土地的承包费如何确定？
52	承包人的土地承包经营权能进行抵押贷款吗？

五、知识产权

(一) 专利权

54 | 什么是专利权?
55 | 何种情况下,行为人的行为不被视为侵害他人的专利权?
56 | 专利权的法律保护期限是多久?
56 | 委托发明创造的专利权属于谁?
57 | 职务发明创造人享有哪些权利?
58 | 专利实施许可合同可以采用哪些形式?
59 | 专利权人如何制止正在实施或者即将实施的专利侵权行为?
60 | 专利权人可否在诉前向人民法院申请证据保全?

(二) 著作权

60 | 著作权的内容有哪些?
62 | 著作权可以受到永久保护吗?
62 | 作品没有发表就不能受到法律保护吗?
63 | 委托作品的著作权归谁?
64 | 如何认定职务作品的著作权归属?

(三) 商标权

65 | 两个以上的申请人在同一商品上申请相同或近似的商标,谁会获得商标注册权?
66 | 可否抢先注册他人已使用但未注册的商标?
66 | 违法使用注册商标的情形和后果是什么?
67 | 未经备案的商标使用许可合同是否生效?
68 | 注册商标专用权是否可以用来质押?
68 | 侵犯商标专用权的赔偿数额如何确定?

一、物权与所有权

如何理解民法上的善意取得制度？

我国《民法典》第三百一十一条规定："无处分权人将不动产或者动产转让给受让人的，所有权人有权追回；除法律另有规定外，符合下列情形的，受让人取得该不动产或者动产的所有权：（一）受让人受让该不动产或者动产时是善意；（二）以合理的价格转让；（三）转让的不动产或者动产依照法律规定应当登记的已经登记，不需要登记的已经交付给受让人。受让人依据前款规定取得不动产或者动产的所有权的，原所有权人有权向无处分权人请求损害赔偿。当事人善意取得其他物权的，参照适用前两款规定。"

由此可见，善意取得需要满足以下条件：（1）属于动产、不动产或者其他物权；（2）出让人对该物没有处分的权限；（3）受让人受让时必须是善意不知情；（4）须支付合理的价格；（5）转让的物权已经完成交付或者登记。受让人已经善意取得的，原所有权人只能向无处分权人请求损害赔偿。例如，白某向好友李某借了一台相机。在拍摄过程中，和白某同行的张某看中了该相机，经过协商，白某以略高于市场价格将相机卖出。在这个例子中，白某和李某之间是借用合同，该相机属于李某所有，白某私自出售李某的相机属于无权处分，但张某并不知情。最终，白某以高于市价将相机出售，张某依据善意取得，成为相机的所有者，而李某只能找白某索要损失。

请求占有人返还占有物后，是否需要支付相关费用？

小张不知小李家的羊进入了自家羊群，一直好生照顾。后来，小李路过小张家时，发现自己前段时间走丢的一只羊恰恰在小张的羊圈里。经过协商，小张向小李返还了该只小羊。试问，小张能否要求小李支付饲养该羊支出的费用？

我国《民法典》第四百六十条规定："不动产或者动产被占有人占有的，权利人可以请求返还原物及其孳息；但是，应当支付善意占有人因维护该不动产或者动产支出的必要费用。"

由此可见，财物被占有，权利人请求返还原物的，之后是否支付相关费用需要分情况讨论：如果占有人为善意占有，即占有人不知道自己的行为侵夺了他人的合法占有。此时，返还原物后，占有人可以请求对方支付维护、保管等必要费用；如果占有人为恶意占有，即占有人明知自己的行为是侵害他人合法占有的行为。此时，权利人请求返还占有的，占有人不能向权利人主张任何费用。在上面的例子中，小张不知道该羊是小李家的而进行了饲养，属于善意占有人，其向小李返还该羊后，可以要求小李支付饲养和照顾该羊支出的必要费用。

拾得他人物品后，要求给予报酬才归还，是否合法？

赵某有一次逛公园时，捡到一个钱包，里面有大量现金和几张银行卡。失主周某前来要回时，赵某要求其给予200元的好处费，否则不归还。试问，赵某的主张是否符合规定？

我国《民法典》第三百一十七条规定："权利人领取遗失物时，应当向拾得人或者有关部门支付保管遗失物等支出的必要费用。权利人悬赏寻找遗失物的，领取遗失物时应当按照承诺履行义务。拾得人侵占遗失物的，无权请求保管遗失物等支出的费用，也无权请求权利人按照承诺履行义务。"

由此可见，拾得他人财物的，应当及时返还失主，若产生保管等必要费用的，可以向权利人请求支付。如果权利人是通过悬赏广告寻找遗失物的，领取时应当按照承诺向对方兑现。但是，如果侵占遗失物，拒绝返还的，无权请求任何费用。在上面的例子中，赵某捡到了周某的钱包，应当及时返还，其声称不给好处费就不归还，实际上是侵夺占有的行为，不合法。根据法律规定，赵某无权向周某主张任何费用。

误以为欠钱而归还，实际并未欠钱的，如何解决？

张三以为自己欠李四5000元，于是，通过手机给李四转账5000元，并留言钱已还。之后，张三在查看自己账单时，发现自己实际上并不欠李四钱。那么，张三能否要回转账款，依据是什么？

我国《民法典》第一百二十二条规定："因他人没有法律根据，取得不当利益，受损失的人有权请求其返还不当利益。"

可见，不当得利是指没有合法根据，使他人受到损失而自己获得利益的事实。在构成要件上包括：（1）其中一方获得利益；（2）另一方遭受损失；（3）获得利益和遭受损失之间具有因果关系；（4）获得利益没有法律上的原因。在上面的例子中，张三和李四之间并无债务关系，但是，张三仍向李四还款，李四获得该项利益，李四属于不当得利，张三可以依据上述法律规定，请求李四返还。

请求返还被他人占有的东西是否有时间上的限制？

李某和张某是邻居，李某出国后，张某将李某的车位占为己有，并出租给杜某。但是，租赁期满后，杜某仍然占有使用。出国一年后，李某返回国内，请求杜某返还占有。试问，该请求有无时间限制？

我国《民法典》第四百六十二条规定："占有的不动产或者动产被侵占的，占有人有权请求返还原物；对妨害占有的行为，占有人有权请求排除妨害或者消除危险；因侵占或者妨害造成损害的，占有人有权依法请求损害赔偿。占有人返还原物的请求权，自侵占发生之日起一年内未行使的，该请求权消灭。"

占有物被侵占的，权利人可以请求侵夺人返还占有，对于妨害行为可以请求排除妨碍、消除危险。占有返还请求权的构成要件包括：（1）占有被侵夺；（2）请求人为占有人，包括直接占有或者间接占有；（3）需要自侵夺之日起一年内行使；（4）被请求人为侵夺人或者是侵夺人的继受人。可见，返还原物请求权具有时间限制，超过一年未行使的，权利消灭。在上面的例子中，李某出国之后，张某将其车位出租给杜某，租赁期间届满后，杜某仍然占有使用，侵夺了李某的占有，李某回国后，该项占有仍然处于被侵夺的状态，李某可以在一年内行使占有返还请求权。

如何理解相邻关系？

我国《民法典》第二百八十八条规定："不动产的相邻权利人应当按照有利生产、方便生活、团结互助、公平合理的原则，正确处理相邻关系。"第二百八十九条规定："法律、法规对处理相邻关系有规定的，依照其规定；法律、法规没有规定的，可以按照当地习惯。"

相邻关系是相互毗邻的不动产的权利人，在利用不动产过程中产生的权利义务关系，实质是所有权的延伸。处理时需要依照有利生产、方便生活、团结互助等原则处理，法律有明确规定的，依照规定处理；没有规定的，可以依照习惯处理。例如，张三和李四是前后院邻居，张三盖房较晚，在盖房时未留出足够空间，房檐距离李四家很近，每逢下雨李四家门前泥泞，而且围墙墙体经常被淋雨，导致脱落明显。在这个例子中，张三、李四房屋的关系即属于不动产相邻关系，由于张三盖房较晚，其房檐设置不合理导致李四家墙体脱离，门口泥泞，为妥善处理相邻关系，张三应当修整自家房檐，对于墙体的脱落应当帮助李四共同粉刷，应当保持团结和睦的态度，促进邻里关系友善发展。

为取水方便，能否在邻地铺设管道？

赵某的土地距离水井较远，且三面都是山，绕行铺设管道根本行不通，但是如果直接从旁边孙某的土地铺设，不权能节省费用，而且用水更便捷。试问，能否在邻地铺设管道，需要注意哪些事项？

我国《民法典》第二百九十六条规定："不动产权利人因用水、排水、通行、铺设管线等利用相邻不动产的，应当尽量避免对相邻的不动产权利人造成损害。"

因生产生活需要利用相邻不动产的，需要注意以下几点：（1）属于迫不得已；（2）相邻权的内容是请求对方提供最低限度的便利，如采光、取水、通行等；（3）应尽量避免造成对方损害，要选择损害最小的方案；（4）有损害的需赔偿。在上面的例子中，赵某的土地三面环山，唯一的通道就是借助孙某的土地，而其利用的目的是取水,属于相邻权的范围,可以铺设管道。但是要尽量避免损害孙某的土地,铺设时可以选择地边,若造成损害要及时赔偿。

💡 不动产权属证书记载的内容与登记机构登记的事项不一致的如何处理?

小李准备定居某城市,但是由于资金有限,打算先购买一套二手房。小李在二手房买卖软件上看中了一套房子,并与卖方进行了沟通。查看不动产权属证书时,小李却发现与不动产登记簿记载的诸多事项不同。试问,小李应当认可哪个?

我国《民法典》第二百一十七条规定:"不动产权属证书是权利人享有该不动产物权的证明。不动产权属证书记载的事项,应当与不动产登记簿一致;记载不一致的,除有证据证明不动产登记簿确有错误外,以不动产登记簿为准。"

可见,通常情况下,不动产权属证书与登记机构的不动产登记簿是一致的。当二者记载的内容不一致时,以不动产登记簿为准,但是,有证据证明不动产登记簿确有错误的除外。在上面的例子中,涉及二手房买卖的问题,小李发现不动产权属证书与登记机构的不动产登记簿存在不一致后,可以及时向对方询问真实情况,除有证据证明不动产登记簿确有错误外,小李应当以不动产登记簿为准,以保护自己的权益,谨防上当受骗。

💡 买卖二手汽车,未办理过户,是否取得该车所有权?

赵某经好友介绍购买了杜某的二手汽车,之后杜某将汽车交给赵某使用,并约定半个月后办理过户手续。后来,赵某觉得杜某是好友介绍的,信得过,另外担心办理过户费用较高,于是和杜某商量不过户。此时，赵某是否已经取得了该车的所有权？

我国《民法典》第二百零八条规定："不动产物权的设立、变更、转让和消灭，应当依照法律规定登记。动产物权的设立和转让，应当依照法律规定交付。"本法第二百二十五条规定："船舶、航空器和机动车等的物权的设立、变更、转让和消灭，未经登记，不得对抗善意第三人。"

船舶、航空器和机动车在"物"的分类上为动产，是特殊动产，所以物权对外公示的方法依照动产规定处理，即交付，也就是直接转移占有即可。但是，为便于管理，这些特殊动产需要完成登记程序，如果未经登记，虽然能够发生所有权的转移，但并不能对抗善意第三人的善意取得。在上面的例子中，尽管赵某和杜某买卖的汽车尚未过户，但是杜某已经将车辆转移给赵某占有和使用，赵某已经取得了车辆的所有权，但并不能防止杜某"一物二卖"，因此，赵某最好办理过户登记，以保障自己的合法权益。

能否以合伙购车为由，拒绝承担全部付款责任？

赵某从甲公司购买了一辆车从事运输业务，在约定的付款期限届满后，赵某仍未付清钱款，于是甲公司诉至法院，要求赵某付款。但是，赵某主张该车实际为其与周某共同购买，只是为了方便才以自己名义购车，自己应当只付部分钱款，而拒绝付全款。试问，赵某的主张能否得到支持？

我国《民法典》第三百零七条规定："因共有的不动产或者动产产生的债权债务，在对外关系上，共有人享有连带债权、承担连带债务，但是法律另有规定或者第三人知道共有人不具有连带债权债务关系的除外；在共有人内部关系上，除共有人另有约定外，按份共有人按照份额享有债权、承担债务，共同共有人共同享有债权、承担债务。偿还债务超过自己应当承担份额的按份共有人，有权向其他共有人追偿。"

可见，因共有关系产生的债权债务关系，要区分内外部关系。对外方面，除法律明确规定或者对方明知不存在共有关系外，共有人承担连带责任；内部方面，共有人之间可以约定比例，也可平均承担责任或者享有权利。偿还债务超过自己的份额的，可以向其他共有人追偿。在上面的例子中，对于赵某来说，甲公司的付款请求属于共有关系中的外部关系范畴，其应当与周某承担连带责任，共同承担车款。赵某主张只付自己份额的钱，属于内部层面主张，不能对抗甲公司。所以赵某的主张不能得到支持。

合法征用的财产损坏的，是否承担赔偿责任？

为了及时将救灾物资送到灾区，政府决定临时征用甲运输公司的大卡车十辆。但是，由于灾区的道路险情不断，在返回途中，其中一辆大卡车发生交通事故，造成车辆损坏。试问，政府是否需要对此损害承担赔偿责任？

我国《民法典》第二百四十五条规定："因抢险救灾、疫情防控等紧急需要，依照法律规定的权限和程序可以征用组织、个人的不动产或者动产。被征用的不动产或者动产使用后，应当返还被征用人。组织、个人的不动产或者动产被征用或者征用后毁损、灭失的，应当给予补偿。"

由此可见，征用必须基于抢险救灾、疫情防控等紧急需要，其他目的禁止征用。被征用的财物使用后应当及时归还，造成损毁的，应当予以补偿。但是，需要注意的是，这是给予补偿而非赔偿，因为赔偿是违法或者违约行为给行为人造成的损失，而征用是抢险救灾等公益行为，且是合法行为，所以为补偿。在上面的例子中，政府出于救灾的目的征用甲公司的汽车，返程中其中一辆车遭到了损失，此时，政府应当承担责任，对于甲公司的损失给予补偿。

遗失物公告之后无人认领的，如何处理？

李某某天早上起来跑步时，在通往附近公园的小路上发现了一部数码相机，在原地等了很久仍不见有人来找，于是将该相机交给了附近的派出所。派出所进行了法定的公告，公告期满后，仍无人认领。试问，李某能否因自己最先捡到，请求取得相机？

我国《民法典》第三百一十八条规定："遗失物自发布招领公告之日起一年内无人认领的，归国家所有。"

由此可见，对于遗失物应按照以下程序处理：（1）发布招领公告，由失主自行认领；（2）该公告期的法定期限为一年；（3）公告期内，失主可以认领。公告期满，无人认领的，归国家所有。在上面的例子中，李某将捡到的相机上交，而派出所履行了相应的公告程序，在期满后无人认领的，该相机属于国家所有，李某不能因为自己最先发现而主张相机归自己所有。

应当如何确定添附物的归属？

添附是指所有权不同的财产相结合且不能分离的法律事实，主要包括附合、混合和加工三种情形。我国《民法典》第三百二十二条规定："因加工、附合、混合而产生的物的归属，有约定的，按照约定；没有约定或者约定不明确的，依照法律规定；法律没有规定的,按照充分发挥物的效用以及保护无过错当事人的原则确定。因一方当事人的过错或者确定物的归属造成另一方当事人损害的,应当给予赔偿或者补偿。"

从这条规定中可以看出,要确定添附物的归属,主要有三种方式:首先,如果当事人之间对添附物归属有约定的,按照当事人的约定处理;其次,当事人之间没有约定,或约定不明确的,按照法律规定处理;最后,如果法律并未对添附物的归属问题作出规定的,就应当在充分发挥物的效用以及保护无过错当事人的基础上,确定添附物的归属。

二、房　产

💡 对房屋进行预告登记的，开发商能否再次将房屋出卖？

小张与甲房地产开发商签订了房屋预售合同，并按照约定办理了预告登记。房屋建成后，开发商却将该房屋卖给了其他人，试问，已经办理预告登记的，能否再次出卖？

我国《民法典》第二百二十一条规定："当事人签订买卖房屋的协议或者签订其他不动产物权的协议，为保障将来实现物权，按照约定可以向登记机构申请预告登记。预告登记后，未经预告登记的权利人同意，处分该不动产的，不发生物权效力。预告登记后，债权消灭或者自能够进行不动产登记之日起九十日内未申请登记的，预告登记失效。"

可见，预告登记后，未经登记权利人同意，处分该不动产的，不发生物权效力。而预告登记有期限限制，自能够办理或者债权消灭之日起九十日未办理的，预告登记失效。在上面的例子中，该房屋已经办理了预告登记，原则上未经小张的同意，甲房地产开发商不能再次办理过户登记。但是，需要注意，房屋建成后，即具备办理过户登记的条件，至甲房地产开发商另行售出房屋时，如果已经经过了九十日，此时预告登记失效，若小张还没有办理过户登记，那么，另行售出就是有效的。

商品房销售广告中的宣传说明是否具有法律约束力?

《最高人民法院关于审理商品房买卖合同纠纷案件适用法律若干问题的解释》第三条规定:"商品房的销售广告和宣传资料为要约邀请,但是出卖人就商品房开发规划范围内的房屋及相关设施所作的说明和允诺具体确定,并对商品房买卖合同的订立以及房屋价格的确定有重大影响的,构成要约。该说明和允诺即使未载入商品房买卖合同,亦应当为合同内容,当事人违反的,应当承担违约责任。"据此可知,开发商在商品房销售广告中的承诺是否具有法律效力,还要根据该承诺的性质确定。如果该承诺视为要约,则具有法律约束力。当事人违反的,应当承担违约责任。反之,如果该承诺是要约邀请,根据《民法典》第四百七十二条、第四百七十三条的规定,要约邀请对发出人没有任何法律约束力,要约对发出人有法律约束力。可见,购房者判断开发商在商品房销售广告中作出的承诺有无法律约束力时,要根据售楼广告的内容是否是"就商品房开发规划范围内的房屋及相关设施所作的说明和允诺具体确定,并对商品房买卖合同的订立以及房屋价格的确定有重大影响"。

《商品房买卖认购书》与《商品房买卖合同》,哪个效力更高?

小王最近购买一套二居室房屋。他先后与开发商签订了《商品房买卖认购书》与《商品房买卖合同》。可是,当其查看《商品房买卖合同》内容时,发现与之前签订的《商品房买卖认购书》有很多不同之处,小王有点蒙了,不知道这两份文件,应该以哪份为准。

商品房买卖认购书与商品房买卖合同均属于合同，但是，商品房买卖认购书是为了签订商品房买卖合同而签订的预约合同，商品房买卖合同的内容是基于商品房买卖认购书的主要内容而确定的。因此，当商品房买卖合同与商品房买卖认购书中所约定的内容不一致时，可以视为正式的合同对认购书所作的修改，属于当事人重新达成的意思表示，应该以商品房买卖合同中的内容为准。小王应该以后来签订的《商品房买卖合同》为准。

不能办理房产登记的事项有哪些？

房屋登记作为不动产登记事项之一，是一项极其严肃的事情。我们在准备对某房屋进行登记时，一定要事先知道该房屋是否能够办理登记事项，以免产生不必要的麻烦。

我国《不动产登记暂行条例》第二十二条规定："登记申请有下列情形之一的，不动产登记机构应当不予登记，并书面告知申请人：（一）违反法律、行政法规规定的；（二）存在尚未解决的权属争议的；（三）申请登记的不动产权利超过规定期限的；（四）法律、行政法规规定不予登记的其他情形。"

由此可知，在上述情况下，房屋登记机构不予登记，商品房不能办理房地产权属证书。

交房以后，房屋损毁、灭失的风险应由谁来承担？

《最高人民法院关于审理商品房买卖合同纠纷案件适用法律若干问题的解释》第八条规定："对房屋的转移占有，视为房屋的交付使用，但当事人另有约定的除外。房屋毁损、灭失的风险，在交付使用前由出卖人承担，交付使用后由买受人承担；买受人接到出卖人的书面交房通知，无正当理由拒绝接收的，房屋毁损、灭失的风险自书面交房通知确定的交付使用之日起由买受人承担，但法律另有规定或者当事人另有约定的除外。"据此可知，商品房买卖的风险转移的标准是是否"交付使用"。如果开发商把房子交付给购房者，诸如已经交钥匙，或者购房者已经在交房通知上签字等，此时房子毁损的风险就由购房者承担；反之，如果开发商尚未实际交付房屋，那么房屋损毁的风险就由开发商承担。值得注意的是，在现实生活中，有些买房人在购买了房屋后，因一些事项与开发商产生矛盾，在交房时拒不收房，此时，如果买房人没有证据表明自己有正当理由不收房，那么，即使其没有实际接收房屋，也要承担相应的房屋毁损、灭失风险。

开发商"内部认购"的行为违法吗？

某房地产开发商因筹集资金需要，在其尚未取得《商品房预售证明》的情况下，以一定幅度的价格优惠进行"内部认购"，和部分购房者签订了《房屋买卖合同》。那么，该开发商的上述行为是否违反相关法律规定？

我国《城市房地产管理法》第四十五条第一款规定："商品房预售，应当符合下列条件：……（四）向县级以上人民政府房产管理部门办理预售登记，取得商品房预售许可证明。"《最高人民法院关于审理商品房买卖合同纠纷案件适用法律若干问题的解释》第二条规定："出卖人未取得商品房预售许可证明，与买受人订立的商品房预售合同，应当认定无效，但是在起诉前取得商品房预售许可证明的，可以认定有效。"

由此可见，该房地产开发商出售房屋之前应当取得商品房预售许可证明，否则，其与买受人订立的房屋预售合同无效。本案中，内部认购的行为虽以价格优势吸引了大量购房者，但因开发商未取得商品房预售许可证明就出售房屋，违反了法律规定，是违法行为。

💡 开发商在"证件不齐"的情况下，与购房者签订购房合同是否合法有效？

我国《城市房地产管理法》第四十五条第一款规定："商品房预售，应当符合下列条件：（一）已交付全部土地使用权出让金，取得土地使用权证书；（二）持有建设工程规划许可证；……（四）向县级以上人民政府房产管理部门办理预售登记，取得商品房预售许可证明。"《城市房地产开发经营管理条例》中也作出了类似规定。而《最高人民法院关于审理商品房买卖合同纠纷案件适用法律若干问题的解释》第二条规定："出卖人未取得商品房预售许可证明，与买受人订立的商品房预售合同，应当认定无效，但是在起诉前取得商品房预售许可证明的，可以认定有效。"

由此可见，开发商出售其商品房之前应取得相应的证件，缺一不可。例如，刘某在某开发商处购买一套房屋，双方签订《房屋买卖合同》，刘某支付了全部房款。由于缺乏购房经验，在催促开发商办理过户登记过程中，刘某才发现开发商在出售该房屋之前，并未取得《商品房预售许可证》。在这种情况下，由于开发商"五证不齐"，其与买受人签订的《房屋买卖合同》应认定为无效，除非该开发商在买受人起诉前取得商品房预售许可证明。

💡 土地使用权期限届满,购房者应如何维护自己的合法权益?

杜某是某市某小区的居民,其购买的商品房 70 年的土地使用权期限将于 2021 年 12 月 31 日到期,杜某担心土地使用权期限到期后国家会直接收回。那么,土地使用权期限届满,杜某该如何维护自己的合法权益呢?

我国《城市房地产管理法》第二十二条第一款规定:"土地使用权出让合同约定的使用年限届满,土地使用者需要继续使用土地的,应当至迟于届满前一年申请续期,除根据社会公共利益需要收回该幅土地的,应当予以批准。经批准准予续期的,应当重新签订土地使用权出让合同,依照规定支付土地使用权出让金。"

由此可见,土地使用权期限届满,国家并非无条件直接无偿收回该幅土地,土地使用者需继续使用该土地的,可以续签合同。本案中,杜某可以申请续期,重新签订土地使用权出让合同,以此来维护自己的合法权益。

💡 商品房有保修期吗?该保修期从何时起算?

陈某于 2018 年 6 月从某开发商处购买了一套面积为 156 平方米的商品房,双方签订《房屋买卖合同》,2019 年 5 月 15 日开发商交付房屋。2021 年 6 月,陈某发现该房屋存在严重的质量问题,但合同约定保修期为 5 年,未约定从何时计算保修期。那么,陈某有权向开发商主张权利吗?

我国《商品房销售管理办法》第三十三条第一款规定:"房地产开发企业应当对所售商品房承担质量保修责任。当事人应当在合同中就保修范围、保修期限、保修责任等内容做出约定。保修期从

二、房 产　17

交付之日起计算。"

由此可见,商品房买卖过程中,商品房也是有保修期的,法律规定保修期从交付之日起计算。本案中,陈某购买的商品房的保修期约定为5年,从2019年5月15日交付房屋之日起计算,现在保修期限内,陈某发现该房屋存有严重质量问题后,其有权请求开发商承担相关责任。

购买别墅后,发现房屋存在严重的质量问题,购房者并因此遭受损失,应当如何维权?

《最高人民法院关于审理商品房买卖合同纠纷案件适用法律若干问题的解释》第十条规定:"因房屋质量问题严重影响正常居住使用,买受人请求解除合同和赔偿损失的,应予支持。交付使用的房屋存在质量问题,在保修期内,出卖人应当承担修复责任;出卖人拒绝修复或者在合理期限内拖延修复的,买受人可以自行或者委托他人修复。修复费用及修复期间造成的其他损失由出卖人承担。"

由此可见,购房者购得房屋后,若房屋存在质量问题严重影响正常居住使用,购房者可以请求解除合同和赔偿损失。例如,洪某通过房地产公司购买了一套2层的别墅,搬进去生活两年后,洪某发现别墅2层的房顶只要一下雨就漏水,且越来越严重,致使2层的木地板和书柜都遭受损坏。对此,洪某可以要求房地产公司承担修复责任,并赔偿因此造成的木地板等损坏的损失。

在二手房买卖中,房屋内财产归属未约定,应如何解决?

王某于2021年3月购买李某的一套二手房屋,双方签订了

《房屋买卖合同》，王某向李某支付了全部购房款，并办理了房屋过户登记手续。4月，李某搬家收拾东西时，王某提出房屋内的沙发、床、冰箱不能搬走，李某不同意。那么，房屋内的财产究竟归谁呢？

我国《民法典》第六百二十六条规定："买受人应当按照约定的数额和支付方式支付价款。对价款的数额和支付方式没有约定或者约定不明确的，适用本法第五百一十条、第五百一十一条第二项和第五项的规定。"该法第五百一十条规定："合同生效后，当事人就质量、价款或者报酬、履行地点等内容没有约定或者约定不明确的，可以协议补充；不能达成补充协议的，按照合同相关条款或者交易习惯确定。"

由此可见，在合同对标的物的质量等内容约定不明的情况下，可以协议补充，不能达成补充协议的，按照有关条款或者交易习惯确定。本案中，王某与李某并未在合同中明确约定房屋内的冰箱等财产的归属，也未达成补充协议，因此，可按交易习惯来确定。从房屋买卖的交易习惯看，房屋内物品并非买受人决定是否购买房屋的必要条件，因此，出卖人李某对房屋内的冰箱等财产拥有所有权。

房屋买卖中，尚未办理过户登记的，买卖合同效力如何？

刘某与张某经过多次洽谈，决定由张某出资100万元购买刘某所有的一套房屋。过户前，该房子所在地段房价上涨，刘某要求张某补足差价，否则拒绝过户。试问，二人之前的房屋买卖合同效力如何？

我国《民法典》第二百零九条规定："不动产物权的设立、变更、转让和消灭，经依法登记，发生效力；未经登记，不发生效力，但是法律另有规定的除外。依法属于国家所有的自然资源，所有权可以不登记。"第二百一十五条规定："当事人之间订立有关设立、变更、转让和消灭不动产物权的合同，除法律另有规定或者当事人另有约定外，自合同成立时生效；未办理物权登记的，不影响合同效力。"

可见，不动产物权的变动需要履行登记程序才能发生物权的效力，即原则上，登记之后的人才为真正的权利人。但是，物权登记影响的是当事人对不动产的所有权，并不影响双方之间签订合同的效力。在上面的例子中，刘某和张某尚未办理不动产变更登记，其影响的只是房屋所有权的归属，对于二人之间的房屋买卖合同，只要符合法律规定，仍是有效的。

因商品房买卖产生的纠纷，应当在多长时间内起诉？

我国《民法典》第一百八十八条规定："向人民法院请求保护民事权利的诉讼时效期间为三年。法律另有规定的，依照其规定。诉讼时效期间自权利人知道或者应当知道权利受到损害以及义务人之日起计算。法律另有规定的，依照其规定。但是，自权利受到损害之日起超过二十年的，人民法院不予保护，有特殊情况的，人民法院可以根据权利人的申请决定延长。"

由此可见，一般情况下商品房买卖纠纷的诉讼时效为3年，从权利人知道或者应当知道自己的权利受到损害之日起开始计算。例如，2021年3月12日，李某购买吴某一套商品房，当日双方签订《商品房买卖合同》，约定自合同签订之日起六个月内办理房屋登记手续。但经李某多次催促，至今都没办理过户，李某若起诉吴某应当于2024年9月11日前行使权利。

房屋因公共利益被征收，政府相关部门有哪些补偿方式？

董某是某村村民，因该地修建高铁站，董某的住宅要被政府征收。关于补偿事宜，政府表示会重新给予董某一处房屋作为补偿，但董某不想要房屋。那么，他可以选择其他补偿方式吗？

我国《国有土地上房屋征收与补偿条例》第二十一条第一款、第二款规定："被征收人可以选择货币补偿，也可以选择房屋产权调换。被征收人选择房屋产权调换的，市、县级人民政府应当提供用于产权调换的房屋，并与被征收人计算、结清被征收房屋价值与用于产权调换房屋价值的差价。"

由此可见，政府征收房屋时，被征收人可以选择货币补偿，也可以选择房屋产权调换。本案中，董某不想要房屋，其可以选择货币补偿，即可以请求政府向其支付相当于被征收房屋价值的货币。

房屋征收时补偿方式有哪几种？

我国《国有土地上房屋征收与补偿条例》第二十一条第一款、第二款规定："被征收人可以选择货币补偿，也可以选择房屋产权调换。被征收人选择房屋产权调换的，市、县级人民政府应当提供用于产权调换的房屋，并与被征收人计算、结清被征收房屋价值与用于产权调换房屋价值的差价。"

同时，该法第二十五条第一款规定："房屋征收部门与被征收人依照本条例的规定，就补偿方式、补偿金额和支付期限、用于产权调换房屋的地点和面积、搬迁费、临时安置费或者周转用房、停产停业损失、搬迁期限、过渡方式和过渡期限等事项，订立补偿协议。"

由此可见,房屋征收补偿方式有货币补偿和房屋产权调换两种。在签订补偿协议时,针对不同的补偿方式应当注意的问题和侧重点也不同。例如,某市居民李某,因小区附近修建街心花园,其房屋要被征收,李某欲选择房屋产权调换的补偿方式,那么,在签订补偿协议时,李某应当注意调换房屋的地点、面积、交房时间、过渡期限内的临时安置补助、搬迁期限、过渡方式和过渡期限等条款。如果其选择货币补偿,则要重点注意补偿金额、支付期限、支付责任方等关于拆迁补偿款确保落实到位的重点条款。

未约定居住权期限时,居住权是否有时间限制?

居住权是《民法典》所规定的一种新的用益物权,根据我国《民法典》第三百六十六条的规定:"居住权人有权按照合同约定,对他人的住宅享有占有、使用的用益物权,以满足生活居住的需要。"居住权可以通过合同和继承两种方式设立。一般来说,当事人在约定居住权时,应当约定居住权期限。但是,在设立居住权时,难免会发生未约定期限或约定期限不明确的情形。我国《民法典》第三百七十条规定:"居住权期限届满或者居住权人死亡的,居住权消灭。居住权消灭的,应当及时办理注销登记。"如果当事人之间设立的居住权期限难以确定时,在司法实践中,可以依据本条规定进行处理。

我们可以通过举例来进一步理解本条法律规定。张大爷妻子早亡,当他步入晚年后,由于儿女工作都比较忙,其主要由保姆石某照顾。石某细心勤快,对待张大爷就像自己的亲生父亲一样。张大爷感激石某的照顾，临终之际，他在遗嘱中在自己的房屋上为石某设立了居住权，但并未设立具体期限。本案中张大爷通过遗嘱设立居住权是合法的，只要经过登记后，该居住权就会具有法律上的效力。由于张大爷在设立居住权时并未设定具体期限，根据法律的规定，石某有权在该房屋中居住到去世。

三、借贷担保

（一）民间借贷

借款合同应当包括哪些内容？

张某想投资做生意，打算向朋友何某借一笔钱。何某让他先拟个借款合同，如果没问题就借给他。张某对此一无所知，不知道合同里面要写什么。那么，借款合同应当包括哪些内容呢？

自然人之间的借款合同可以采用口头形式，也可以采用书面形式。相较而言，书面形式更加稳妥，而内容准确翔实的书面合同更能有效地防范风险。我国《民法典》第六百六十八条第二款明确规定："借款合同的内容一般包括借款种类、币种、用途、数额、利率、期限和还款方式等条款。"其中，借款合同的种类主要是指金融机构作为出借人时根据不同的贷款政策拟定的合同，如长期借款、短期借款等。币种是指人民币和外币，在我国，借款币种以人民币为主。用途就是指借款的目的，如投资、购房等。期限是指在合同中约定借款人能使用借款的时间，也就是借款人的还款时间。在上面的案例中，张某应当根据何某的要求拟定借款合同，至少应包括的内容有：借款的数额、用途、利率、期限和还款方式等。

自然人之间的借款合同，什么时候生效？

自然人之间的借款合同是实践合同，《民法典》第六百七十九条规定："自然人之间的借款合同，自贷款人提供借款时成立。"据此可知，自然人之间的借款合同不同于以金融机构为主体签订的借款合同：后者在借贷双方达成书面合同时即可生效，前者则需要有实际的交付行为，也就是出借人向借款人提供借款的行为。《最高人民法院关于审理民间借贷案件适用法律若干问题的规定》第九条对此作了进一步明确，根据该司法解释的规定，具有以下情形的，可以视为自然人之间的借款合同成立：第一，以现金支付的，自借款人收到借款时；第二，以银行转账、网上电子汇款等形式支付的，自资金到达借款人账户时；第三，以票据交付的，自借款人依法取得票据权利时；第四，出借人将特定资金账户支配权授权给借款人的，自借款人取得对该账户实际支配权时；第五，出借人以与借款人约定的其他方式提供借款并实际履行完成时。因此，自然人之间的借款合同，要在出借人实际履行了借款义务之后生效。例如，小王和小方签了一份借款合同，约定由小王向小方出借5万元，但该合同并不在签字的时候生效，而要等小王将5万元借款支付给小方后才生效。

明知是转贷的资金还高利借贷，合同有效吗？

A公司资金链紧张，遂请求B公司向银行贷款后将贷款资金转贷给A公司，并允诺高额利息。后B公司向银行贷款388万元并以年利率25%的标准转贷给A公司，双方还签订了书面合同。请问A公司和B公司的借款合同有效吗？

《最高人民法院关于审理民间借贷案件适用法律若干问题的规

定》第十三条明确规定："具有下列情形之一的，人民法院应当认定民间借贷合同无效：（一）套取金融机构贷款转贷的……"

由此可见，套取银行贷款之后转贷给第三人的，借款人与出借人之间的合同无效。上面的案例中，B公司套取银行信贷资金后又高利转贷给A公司，且A公司对此事知情，属于借款合同无效的情形，故A公司和B公司的借款合同无效。

出借人明知借款人借钱是为了犯罪，借款合同有效吗？

黄某明知秦某借款是为了经营地下赌场，但禁不住高额利息的诱惑，仍然借给秦某100万元。请问，黄某和秦某之间的借款合同有效吗？

《最高人民法院关于审理民间借贷案件适用法律若干问题的规定》第十三条规定："具有下列情形之一的，人民法院应当认定民间借贷合同无效：……（四）出借人事先知道或者应当知道借款人借款用于违法犯罪活动仍然提供借款的……"

根据该规定可知，出借人在明知借款人借钱是用于违法犯罪活动的情况下仍然借款的，双方的借款合同无效。在我国，开设地下赌场是违法的，上面的案例中，黄某明知秦某借钱是为了经营地下赌场仍然借款给他，符合司法解释所规定的民间借贷合同无效的情形，所以二人之间的借款合同无效。

自然人之间借款时没有约定利息，借款到期后，出借人可以主张利息吗？

我国《民法典》第六百八十条规定："禁止高利放贷，借款的利率不得违反国家有关规定。借款合同对支付利息没有约定的，视为没有利息。借款合同对支付利息约定不明确,当事人不能达成补充协议的,按照当地或者当事人的交易方式、交易习惯、市场利率等因素确定利息;自然人之间借款的,视为没有利息。"

据此可知,自然人之间的借款合同并不一定都需要支付利息,这需要根据当事人的约定确定,如果当事人没有约定利息或约定不明确的,就不需要支付利息。例如,何某自陈某处借款,二人口头约定,借款数额为10万元,借期为两个月。后陈某通过微信转账的方式将10万元借款付给了何某。借款到期后,何某就只需要偿还10万元借款本金,而不需要支付任何利息。由于未对利息作出约定,陈某即使起诉到法院要求对方支付利息,也得不到法院支持。

自然人之间借贷合同的利息可以由当事人自由约定吗?

周某因投资失败急需一笔钱,遂找到况某借款。况某要求周某按年利率40%支付利息,周某有所顾虑,觉得利息约定得太高,况某却称这个可以自由约定,只要双方达成合意即可。那么,况某的说法对吗?

《民法典》第六百八十条规定:"禁止高利放贷,借款的利率不得违反国家有关规定。借款合同对支付利息没有约定的,视为没有利息。借款合同对支付利息约定不明确,当事人不能达成补充协议的,按照当地或者当事人的交易方式、交易习惯、市场利率等因素确定利息;自然人之间借款的,视为没有利息。"此外,《最高人民法院关于审理民间借贷案件适用法律若干问题的规定》第二十五条又规定:"出借人请求借款人按照合同约定利率支付利息的,人民法院应予支持,但是双方约定的利率超过合同成立时一年期贷款市场报价利率四倍的除外。前款所称'一年期贷款市场报价利率',是指中国人民银行授权全国银行间同业拆借中心自2019年8月20日起每月发布的一年期贷款市场报价利率。"

可见,自然人之间借款的利率应当根据国家确定的利率限制确定,当事人只能在该限额内自由约定。自然人之间的借贷利率应低于合同成立时一年期贷款市场报价利率的四倍,否则可能无法得到法院支持。因此,况某的说法不对,自然人之间借贷合同的利息约定应当符合法律规定,不能由当事人任意而为。

"砍头息"有效吗?

所谓"砍头息",是指出借人在给借款人提供借款时,先从本金里扣除一部分钱作为利息。例如,邹某借给徐某50万元,但双方约定,在邹某提供借款时先扣除5万元利息,而借款合同中明确的借款数额仍为50万元。那么,邹某扣除的5万元就是"砍头息"。"砍头息"虽然降低了出借人收不到利息的风险,但使约定的借款数额大于实际的借款数额,对借款人非常不利。因此,《民法典》第六百七十条明确规定:"借款的利息不得预先在本金中扣除。利息预先在本金中扣除的,应当按照实际借款数额返还借款并计算利息。"

由此可见,在订立借款合同时,当事人不能事先将利息从本金中扣除,否则将按借款人实际获得的借款计算本金和利息。就前述案例而言,邹某在50万元借款中预先扣除了5万元利息(收取"砍头息")的行为不符合法律规定,徐某只需要按照其实际收到的借款数额向邹某返还本金,即45万元,并以此为基础支付利息。

💡 欠款人没有如约偿还借款,有什么风险?

我国《民法典》第六百七十六条规定:"借款人未按照约定的期限返还借款的,应当按照约定或者国家有关规定支付逾期利息。"根据《最高人民法院关于审理民间借贷案件适用法律若干问题的规定》第二十八条的规定,如果借贷双方未对逾期利率作出约定或约定不明,应当按以下方式处理:第一,既未约定借期内的利率,也未约定逾期利率,出借人可以要求借款人自逾期还款之日起参照当时一年期贷款市场报价利率标准计算的利息承担逾期还款违约责任;第二,约定了借期内的利率但未约定逾期利率,出借人可以要求借款人自逾期还款之日起按照借期内的利率支付资金占用期间利息。

据此可知,按期还款付息是借款人的基本义务,违反该义务,借款人不仅会给出借人的权益造成严重损害,还会导致自己承担额外的经济风险。出借人没有如约返还借款的,需要按照约定或法律规定支付逾期利息。例如,黄某向许某借款10万元,借期1年,年利率8%。后黄某未按期还款,许某不仅可以要求黄某偿还本金并支付12000元的利息,还可以要求其支付逾期利息,自逾期还款(应当还款而未还款)之日起按年利率8%计算。

💡 一个人最多可以在一家网上借贷平台贷到多少钱?

小胡今年刚大学毕业,想创业但缺乏资金。同学说有一网贷平台信誉好、额度大,小胡便想去该平台贷款。他本想贷30万,但该平台说小胡最多只能贷20万。小胡觉得是平台不想贷给自己。那么,一个人到底最多可以在一家网络借贷平台上贷多少钱呢?

《网络借贷信息中介机构业务活动管理暂行办法》第十七条第

二款规定:"同一自然人在同一网络借贷信息中介机构平台的借款余额上限不超过人民币20万元;同一法人或其他组织在同一网络借贷信息中介机构平台的借款余额上限不超过人民币100万元;同一自然人在不同网络借贷信息中介机构平台借款总余额不超过人民币100万元;同一法人或其他组织在不同网络借贷信息中介机构平台借款总余额不超过人民币500万元。"

据此可知,网络借贷金额以小额为主,一个自然人在同一家网贷机构可以获得的贷款数额最多为20万元。因此,上面案例中的小胡作为一个自然人,其在一家借贷平台最多只能获得20万元的贷款,该平台的做法是正确的。

微信或QQ聊天记录可以作为证明借款事实的证据吗?

2020年7月,姚某在微信和QQ里向郑某提出借款一事。后郑某通过支付宝转账给姚某5万元,转款成功后,郑某通过微信发信息给姚某:"转款成功,年底一定要还给我哦。"姚某回复一个"感谢"的表情。后姚某拒绝还款,并说郑某转给自己的是偿还之前的借款。郑某无奈,想起诉但苦于没有书面证据。请问,他和姚某之间的聊天记录可以作为证据使用吗?

《民事诉讼法》(2017年修正)第六十三条规定:"证据包括:……(五)电子数据……"此处的电子数据就是指与案件事实有关的电子邮件、网上聊天记录、电子签名、网络访问记录等电子形式的证据。微信和QQ聊天记录就属于其中的网上聊天记录。此外,最新修订的《最高人民法院关于民事诉讼证据的若干规定》第十四条更是明确规定了手机短信、电子邮件、即时通信、通讯群组等网络应用服务的通信信息属于电子数据。

因此，聊天记录可以作为证据使用。前面的案例中，哪怕郑某和姚某之间没有签订书面的借款合同，郑某也可以凭借微信和QQ中的聊天记录及转账凭证证明借款事实的存在。

借条上没有写明债权人，债权人还可以起诉吗？

一般情况下，借条或借据上应当载明出借人、借款人、借款数额和还款日期等事项，但在现实生活中，许多当事人因为经验不足，借条往往会遗漏重要信息，如未写明出借人（债权人）、借款人等。为了切实保障债权人的合法权益，《最高人民法院关于审理民间借贷案件适用法律若干问题的规定》第二条第二款明确规定："当事人持有的借据、收据、欠条等债权凭证没有载明债权人，持有债权凭证的当事人提起民间借贷诉讼的，人民法院应予受理。被告对原告的债权人资格提出有事实依据的抗辩，人民法院经审查认为原告不具有债权人资格的，裁定驳回起诉。"

可见，即使债权凭证上没有载明债权人信息，持证人也可以据此起诉债务人。但这并不意味着债权人一定能胜诉，人民法院审查之后发现持证人不具有债权人资格（非为债权人或相关权利人）的，法院将依法驳回起诉。例如，左某死亡后，其妻子李某（唯一继承人）收拾左某遗物时发现一张借款数额为33万元的借条，借款人为范某，但没有载明左某是出借人。李某想起左某确实曾给范某转账30多万元，遂找范某还款，但范某否认。这时，李某作为左某的遗产继承人，可以凭借条向人民法院起诉要求范某还款，人民法院将依据查明的事实作出裁判。

（二）担　保

💡 设立抵押权需要签抵押合同吗？抵押合同一般包括哪些内容？

王某欲将房产抵押给荀某借款，双方已经就此事达成口头协议。荀某要求王某拟一个抵押合同，但王某却认为多此一举，而且关键是他不知道如何拟抵押合同，也不知道其包括的内容。请问，设立抵押权需要签抵押合同吗？抵押合同一般包括哪些内容？

我国《民法典》明确要求当事人通过抵押合同的方式设立抵押权。该法第四百条规定："设立抵押权，当事人应当采用书面形式订立抵押合同。抵押合同一般包括下列条款：（一）被担保债权的种类和数额；（二）债务人履行债务的期限；（三）抵押财产的名称、数量等情况；（四）担保的范围。"

可见，法律不仅要求当事人就抵押事宜达成一致意思表示，还要求其通过书面形式表示出来。因此，设立抵押权一定要签书面的抵押合同。前述案例中，荀某的要求并非多此一举。王某应当依法拟定抵押合同，该合同中应包括以下内容：当事人信息、被担保债权的种类和数额、债务人履行债务的期限、抵押财产的详细信息和担保范围等。

💡 流押契约有效吗？

所谓流押契约，是指债权人在订立抵押合同时和抵押人约定，当债务人到期不履行债务时，抵押财产的所有权直接归债权人所有，该约定也被称为流押条款。流押不利于保护抵押人的合法权益，也有违法律公平原则。因此，我国《民法典》明文禁止流押合同。该法第四百零一条规定："抵押权人在债务履行期限届满前，与抵押人约定债务人不履行到期债务时抵押财产归债权人所有的，只能依法就抵押财产优先受偿。"也就是说，在我国，流押合同或流押条款是无效的。例如，宋某（抵押权人）和秦某（债务人、抵押人）在抵押合同中约定："若秦某未在 2021 年 5 月 1 日清偿债务，抵押合同项下的小汽车直接归宋某所有。"根据现行的规定，二人的约定无效，即便是秦某到期未偿还债务，抵押的小汽车也不能直接归宋某所有，宋某仍然需要通过变卖、拍卖的方式实现抵押权。

宅基地使用权可以抵押吗？

胡某想做生意但缺乏资金。他了解可以用自家财产抵押贷款，便想将自家的宅基地使用权抵押给银行贷款。请问，农村的宅基地使用权可以抵押吗？

根据我国《民法典》第三百九十九条的规定，除非法律另有规定，宅基地使用权是不能抵押的。因为农户对宅基地只享有使用权，并不享有所有权。但随着我国政策开放，当前多省市都在进行农民住房财产权抵押贷款试点。六部委印发的《农民住房财产权抵押贷款试点暂行办法》第二条明确规定："本办法所称农民住房财产权抵押贷款，是指在不改变宅基地所有权性质的前提下，以农民住房所有权及所占宅基地使用权作为抵押、由银行业金融机构（以下称贷款人）向符合条件的农民住房所有人（以下称借款人）发放的、在约定期限内还本付息的贷款。"

可见，当前已经逐渐放开了对宅基地使用权的抵押限制，农户可以将农民住房所有权及所占宅基地使用权用作抵押贷款，但前提是借款人符合该办法所列之条件。上面的案例中，胡某可以依法利用宅基地使用权及农户住房所有权向银行申请贷款。

💡 当事人对所有权存在权属争议，还可以抵押该财产吗？

我国《民法典》第三百九十九条规定："下列财产不得抵押：……（四）所有权、使用权不明或者有争议的财产……"可见，所有权存在权属争议的财产是不能用于抵押的。因为此类财产尚未明确权利人，若将其抵押，可能导致所有权人或使用权人的合法权益受损，容易引起争议。

例如，宋某从朋友处购得一辆二手车，欲将该车用来抵押贷款。后发现该车在登记簿上的所有权人是第三人余某，宋某和余某对该车的所有权归属产生了争议。这时，宋某就不能继续用该二手车进行抵押，只能在明确车辆的所有权人之后再做打算。

💡 抵押物价值减少，抵押权人可以要求抵押人提供担保吗？

A公司将一批货抵押给了B公司，不料遇到台风天气，加之A公司未对抵押物进行妥善保管，导致抵押物价值减少。请问，B公司可以要求A公司提供担保吗？

我国《民法典》第四百零八条明确规定："抵押人的行为足以使抵押财产价值减少的，抵押权人有权请求抵押人停止其行为；抵押财产价值减少的，抵押权人有权请求恢复抵押财产的价值，或者提供与减少的价值相应的担保。抵押人不恢复抵押财产的价值，也不提供担保的，抵押权人有权请求债务人提前清偿债务。"

可见，在抵押物价值减少时，抵押权人是可以要求抵押人提供担保的。前述案例中，A公司对抵押物价值的减少存在保管不当的过错，B 公司可以要求其提供与减少的价值相当的担保。

💡 租赁关系是否会因抵押而被解除？

小王刚签下租约不久，便被房东通知说因为租住的房屋抵押出去了，要解除租赁合同，同时要求小王搬出去。请问，小王需要搬出去吗？租赁关系是否会因为抵押而被解除呢？

我国《民法典》第四百零五条规定："抵押权设立前，抵押财产已经出租并转移占有的，原租赁关系不受该抵押权的影响。"

可见，抵押权的设立并不一定会影响租赁关系：在订立合同之前抵押财产就已经出租的，原租赁关系不受抵押权的影响。需要注意的是，在抵押权设立之后才成立租赁关系的，租赁关系可能会受抵押权的影响，因为抵押权设立在前，抵押人有权对抵押物进行占有、使用、收益等，但是，抵押权人在行使权利实现债权时，承租人不能以其享有租赁权为由抗辩。前面的案例中，小王与房东的租赁关系成立在前，抵押权设立在后，租赁关系不受抵押权影响，也不会因此被解除，小王不必提前搬出承租房屋。

💡 质押合同怎么定？质权什么时候成立？

我国《民法典》第四百二十七条第一款明确规定："设立质权，当事人应当采用书面形式订立质押合同。"第四百二十九条规定："质权自出质人交付质押财产时设立。"据此可知，质押合同应当采用书面形式订立，质押合同自成立时生效，但质权待出质人交付质押财产之后才设立。也就是说，在移转质押物的所有权之前，并不会发生担保物权的效力。

例如，小丽欲将自己某奢侈品牌的包包（价值 5 万元）出质给圆圆，以便向其借款。在双方签订质押合同时，若无其他无效情形，质押合同生效，小丽负有将包包移转给圆圆的义务，在移转之前，质权不成立。待小丽将包包交付给圆圆之后，质权才顺利设立，可以起到担保物权的作用。这就提醒我们，在利用质押担保债权实现时，债权人（质押权人）一定要要求质押人及时交付质物，设立质权。

存款单可以出质吗？

钟某想向黄某借钱，但黄某要求钟某提供抵押或质押。钟某无财产可抵押，只有一张快到期的存款单。请问，钟某可以将存款单出质给黄某吗？

我国《民法典》第四百四十条明确规定："债务人或者第三人有权处分的下列权利可以出质：（一）汇票、支票、本票；（二）债券、存款单；（三）仓单、提单；（四）可以转让的基金份额、股权；（五）可以转让的注册商标专用权、专利权、著作权等知识产权中的财产权；（六）现有的以及将有的应收账款；（七）法律、行政法规规定可以出质的其他财产权利。"

可见，除动产质权外，我国还规定了权利质权。存款单作为存款人在银行等储蓄机构存款之后获得的债权凭证，属于可以出质的权利范围。因此，钟某可以将存款单出质给黄某。

质押期间，质物产生的孳息归谁所有？

孳息包括自然孳息和法定孳息，前者是指质物因自然原因从自身分离出来的利益，如苹果树上的苹果、猪、羊生的小猪、小羊等；后者是指法律明确规定的质物产生的利益，如租金、利息等。

我国《民法典》第四百三十条规定："质权人有权收取质押财产的孳息，但是合同另有约定的除外。前款规定的孳息应当先充抵收取孳息的费用。"

也就是说，对于质押期间质物产生的孳息的归属，如果当事人在合同中有约定则从约定，没有约定的，该部分孳息归质权人所有，即质权的效力及于孳息。例如，廖某将自家养猪场的猪全部出质给了韩某，质押期限为1年。后廖某按约将猪送到韩某的养猪场，质权设立。那么，这一年内廖某家母猪生产的小猪归谁所有呢？如果二人明确约定小猪归廖某所有，则按约定处理；如果二人未对此作出约定，小猪就归韩某所有。

在借款合同上签字的"见证人"，需要承担保证责任吗？

艾某的女儿艾小某跟人借钱，艾某也在借款合同上签了字，并写明："见证人：艾某。"后艾小某到期未履行完毕全部清偿责任，债权人找到艾某要求其承担保证责任。请问，艾某需要承担保证责任吗？

《民法典》第六百八十一条规定："保证合同是为保障债权的实现，保证人和债权人约定，当债务人不履行到期债务或者发生当事人约定的情形时，保证人履行债务或者承担责任的合同。"第六百八十五条规定："保证合同可以是单独订立的书面合同，也可以是主债权债务合同中的保证条款。第三人单方以书面形式向债权人作出保证，债权人接收且未提出异议的，保证合同成立。"

可见，成立保证合同，必须要求保证人有明确的意思表示，即对债务人履行债务进行担保的约定，如保证合同、保证条款或担保书等。上面的案例中，艾某在借款合同中仅是"见证人"，而非

"保证人"。基于此可知，艾某并无承担保证责任的意思，或者说担保的意思并不明确，依法不需要承担保证责任。

通过某借贷平台借款给他人，债权未追回，可以要求平台清偿吗？

《最高人民法院关于审理民间借贷案件适用法律若干问题的规定》第二十一条规定："借贷双方通过网络贷款平台形成借贷关系，网络贷款平台的提供者仅提供媒介服务，当事人请求其承担担保责任的，人民法院不予支持。网络贷款平台的提供者通过网页、广告或者其他媒介明示或者有其他证据证明其为借贷提供担保，出借人请求网络贷款平台的提供者承担担保责任的，人民法院应予支持。"

由此可见，除非网络借贷平台通过明确的方式表明自己愿意为发生在平台内的借贷提供担保，否则，出借人就不能要求网络借贷平台承担保证责任。例如，A平台为了稳固平台投资者和吸引出借人，便在平台宣传上特别强调"平台担保，保您无忧"这一理念。戴某看见这一广告后，便向平台投了2万元，成了出借人。若之后戴某的债权未能按期实现，戴某就可以要求平台承担保证责任。

四、土地权益

(一) 土地管理

建设用地使用权必须要以出让等有偿的方式取得吗？

甲公司打算开发一处房地产，建设一个高端小区。经过咨询和了解，首先需要取得一块国有土地的使用权，而建设用地使用权需要以有偿出让的方式取得。请问，取得建设用地使用权必须要以出让等有偿的方式吗？

我国《土地管理法》第五十四条规定："建设单位使用国有土地，应当以出让等有偿使用方式取得；但是，下列建设用地，经县级以上人民政府依法批准，可以以划拨方式取得：（一）国家机关用地和军事用地；（二）城市基础设施用地和公益事业用地；（三）国家重点扶持的能源、交通、水利等基础设施用地；（四）法律、行政法规规定的其他用地。"

由此可知，建设用地使用权的取得，一般是通过出让等有偿的方式，但也可以经县级以上人民政府依法批准，以划拨的方式取得。以划拨方式取得建设用地使用权的，只能限于上述四种情形。所以，取得建设用地使用权不一定要以出让等有偿的方式取得，但因甲公司是建设高档小区，只能通过有偿出让方式取得。

四、土地权益　39

变更土地用途需要哪些手续？

我国《土地管理法》第五十六条规定："建设单位使用国有土地的，应当按照土地使用权出让等有偿使用合同的约定或者土地使用权划拨批准文件的规定使用土地；确需改变该幅土地建设用途的，应当经有关人民政府自然资源主管部门同意，报原批准用地的人民政府批准。其中，在城市规划区内改变土地用途的，在报批前，应当先经有关城市规划行政主管部门同意。"

由此可知，确实需要对土地用途进行变更的，首先，要经有关人民政府自然资源主管部门同意；其次，要报原批准用地的人民政府批准。如果该土地位于城市规划区内，在报批前，还应先经有关城市规划行政主管部门同意。例如，宏某房地产公司去年取得了一块在城市规划区外的国有土地的使用权，用途为居民用地。但因公司整体发展方向的调整，需要将上述用地用途变更为娱乐用地。那么，宏某房地产公司首先要经有关人民政府自然资源主管部门同意，然后报原批准用地的人民政府批准。

报批临时用地需要哪些程序？

某石油勘探队计划在甲村周边进行临时的石油勘探工作，需要临时占用甲村部分集体土地。请问，报批临时用地需要哪些程序？

我国《土地管理法》第五十七条第一款规定："建设项目施工和地质勘查需要临时使用国有土地或者农民集体所有的土地的，由县级以上人民政府自然资源主管部门批准。其中，在城市规划区内的临时用地，在报批前，应当先经有关城市规划行政主管部门同意。土地使用者应当根据土地权属，与有关自然资源主管部门或者农村集体经济组织、村民委员会签订临时使用土地合同，并按照合同的约定支付临时使用土地补偿费。"

由此可知，报批临时用地，首先由县级以上人民政府自然资源主管部门批准，若土地位于城市规划区内，在报批前，应先经有关城市规划行政主管部门同意；其次根据土地权属，与有关自然资源主管部门或农村集体经济组织、村民委员会签订临时使用土地合同，并按照合同约定支付临时使用土地补偿费。所以，上面列举的案例，石油勘探队应按上述程序报批临时用地。

取得临时用地使用权后，应履行哪些责任义务？

我国《土地管理法》第五十七条规定："建设项目施工和地质勘查需要临时使用国有土地或者农民集体所有的土地的，由县级以上人民政府自然资源主管部门批准。其中，在城市规划区内的临时用地，在报批前，应当先经有关城市规划行政主管部门同意。土地使用者应当根据土地权属，与有关自然资源主管部门或者农村集体经济组织、村民委员会签订临时使用土地合同，并按照合同的约定支付临时使用土地补偿费。临时使用土地的使用者应当按照临时使用土地合同约定的用途使用土地，并不得修建永久性建筑物。临时使用土地期限一般不超过二年。"

由此可知，自取得临时用地使用权后，使用者应当按照临时使用土地合同的约定履行支付临时使用补偿费的义务；同时，应按合同约定的用途使用土地，不能修建永久性建筑物。且用地期限一般不超过二年。例如，蓝某公司计划在A城城郊建一个商业圈。但因施工需求，又向政府申请了一块临时用地。那么，蓝某公司在取得临时用地使用权后，应按照合同约定支付临时使用补偿费，且不得改变约定的土地用途,不得修建永久性建筑物。此外,使用期限不得超过二年。

可以收回国有土地使用权的情形有哪些?

我国《土地管理法》第五十八条规定:"有下列情形之一的,由有关人民政府自然资源主管部门报经原批准用地的人民政府或者有批准权的人民政府批准,可以收回国有土地使用权:(一)为实施城市规划进行旧城区改建以及其他公共利益需要,确需使用土地的;(二)土地出让等有偿使用合同约定的使用期限届满,土地使用者未申请续期或者申请续期未获批准的;(三)因单位撤销、迁移等原因,停止使用原划拨的国有土地的;(四)公路、铁路、机场、矿场等经核准报废的。依照前款第(一)项的规定收回国有土地使用权的,对土地使用权人应当给予适当补偿。"

由此可知,具有上面四种情形之一的,有关人民政府自然资源主管部门报经原批准用地的人民政府或有批准权的人民政府批准,可以收回国有土地使用权。例如,某县医院根据城市规划,需要搬迁至县城东郊,那么,根据上述规定,该县人民政府自然资源主管部门可以将县医院原所在地的国有土地使用权收回。

哪些情形属于非法转让土地使用权?

我国《土地管理法》第五十九条规定:"乡镇企业、乡(镇)村公共设施、公益事业、农村村民住宅等乡(镇)村建设,应当按照村庄和集镇规划,合理布局,综合开发,配套建设;建设用地,应当符合乡(镇)土地利用总体规划和土地利用年度计划,并依照本法第四十四条、第六十条、第六十一条、第六十二条的规定办理审批手续。"第六十条第一款规定:"农村集体经济组织使用乡(镇)土地利用总体规划确定的建设用地兴办企业或者与其他单位、个人以土地使用权入股、联营等形式共同举办企业的,应当持有关批准文件,向县级以上地方人民政府自然资源主管部门提出申请,按照省、自治区、直辖市规定的批准权限,由县级以上地方人民政府批准;其中,涉及占用农用地的,依照本法第四十四条的规定办理审批手续。"第六十一条规定:"乡(镇)村公共设施、公益事业建设,需要使用土地的,经乡(镇)人民政府审核,向县级以上地方人民政府自然资源主管部门提出申请,按照省、自治区、直辖市规定的审批权限,由县级以上地方人民政府批准;其中,涉及占用农用地的,依照本法第四十四条的规定办理审批手续。"此外,第六十二条规定:"……农村村民住宅用地,由乡(镇)人民政府审核批准;其中,涉及占用农用地的,依照本法第四十四条的规定办理审批手续。农村村民出卖、出租、赠与住宅后,再申请宅基地的,不予批准……"

由此可知,非法转让土地使用权的表现形式有:(1)借开办乡镇企业名义,未经审批,无偿占用农用地;(2)以与乡村开办联营企业为名,不经审批,非法占用农用地;(3)公开非法买卖土地;(4)村民住宅用地,未办理审批手续等。例如,乙企业以创办乡镇企业为由,未经审批,就私自占用某村的农用地。那么,乙企业的行为就属于非法转让土地使用权。

应如何处罚非法转让土地的当事人?

胡某与小王村村委会打着合作办企业的名义,私自占用小王村农用地,且没有办理任何手续。不久,胡某与小王村村委会非法转让土地的事情暴露。请问，胡某与小王村村委会将面临怎样的处罚？

我国《土地管理法》第七十四条规定："买卖或者以其他形式非法转让土地的，由县级以上人民政府自然资源主管部门没收违法所得；对违反土地利用总体规划擅自将农用地改为建设用地的，限期拆除在非法转让的土地上新建的建筑物和其他设施，恢复土地原状，对符合土地利用总体规划的，没收在非法转让的土地上新建的建筑物和其他设施；可以并处罚款；对直接负责的主管人员和其他直接责任人员，依法给予处分；构成犯罪的，依法追究刑事责任。"

对于擅自将农用地改为建设用地的，不仅县级以上人民政府自然资源主管部门有权没收其违法收入，而且还可以要求其限期拆除，恢复土地原状。所以，胡某与小王村村委会的行为属于非法转让土地，将面临上述处罚。

应如何处罚拒不交出土地的当事人？

孙某拥有一块位于 A 市西郊、面积为 1000 平方米的国有土地的使用权。由于 A 市对西郊进行旧城改造，需要收回孙某该国有土地的使用权，但孙某坚决不交出土地。请问，孙某将受到怎样的处罚？

我国《土地管理法》第八十一条规定："依法收回国有土地使用权当事人拒不交出土地的，临时使用土地期满拒不归还的，或者不按照批准的用途使用国有土地的，由县级以上人民政府自然资源主管部门责令交还土地，处以罚款。"

由此可知，当事人拒不交出依法应当收回的土地的，县级以上人民政府自然资源主管部门有权责令其交还土地，并给予相应的罚款。所以，上面列举的案例，自然资源主管部门有权责令孙某交还土地，并对其进行罚款。

💡 应如何保证违法者"限期拆除"？

我国《土地管理法》第八十三条规定："依照本法规定，责令限期拆除在非法占用的土地上新建的建筑物和其他设施的，建设单位或者个人必须立即停止施工，自行拆除；对继续施工的，作出处罚决定的机关有权制止。建设单位或者个人对责令限期拆除的行政处罚决定不服的，可以在接到责令限期拆除决定之日起十五日内，向人民法院起诉；期满不起诉又不自行拆除的，由作出处罚决定的机关依法申请人民法院强制执行，费用由违法者承担。"

由此可知，责令限期拆除后，违法者继续施工，则相关单位有权制止。若违法者不服责令其限期拆除的处分决定的，可以内向法院起诉，如果期满后既不起诉也不自行拆除，那么法院将会强制拆除。例如，陈某私自改变土地用途，将农村用地用作建设用地，被责令限期拆除后，但其接到处罚决定后仍继续施工。那么，作出决定的机关有权制止。如果陈某既不起诉又不拆除，则会被法院强制拆除违建。

（二）农村土地承包

💡 非本村村民能否承包本村土地？

杨某是甲村的村民，想扩大自己的麻山药种植规模，而邻村的土质非常适合种植麻山药，他便打算承包邻村的一些耕地。请问，杨某可以承包邻村的土地吗？

我国《农村土地承包法》第十六条规定:"家庭承包的承包方是本集体经济组织的农户。农户内家庭成员依法平等享有承包土地的各项权益。"同时,《民法典》第五十五条规定:"农村集体经济组织的成员,依法取得农村土地承包经营权,从事家庭承包经营的,为农村承包经营户。"

由此可知,只有农村集体经济组织的成员,也就是本村村民,才能依法取得本村土地承包经营权,成为农村承包经营户。而家庭承包的承包方应是本集体经济组织的农户,农户内家庭成员依法平等享有承包土地的各项权益。所以,上面列举的案例,杨某不能承包邻村的土地。

在农村不同用途的土地,其承包期各为多长?

我国《农村土地承包法》第二十一条规定:"耕地的承包期为三十年。草地的承包期为三十年至五十年。林地的承包期为三十年至七十年。前款规定的耕地承包期届满后再延长三十年,草地、林地承包期届满后依照前款规定相应延长。"

由此可知,在农村,不同用途的土地,其承包期限也是不同的。耕地承包期为三十年,承包期届满后可再延长三十年;草地的承包期为三十年至五十年;林地的承包期为三十年至七十年。草地、林地承包期届满后,也可以依法再延长。例如,李某承包其所在村集体的林地时,其承包合同上的承包期应为三十年至七十年,双方可以根据实际情况进行约定。

哪些内容是农村土地承包合同中必备的?

小贾村村民谢某打算承包村里的五亩林地,用于种植果树。经打听得知，承包土地需要签订承包合同，但他不知道合同中应包括哪些内容。请问，哪些内容是农村土地承包合同中必备的？

我国《农村土地承包法》第二十二条规定："发包方应当与承包方签订书面承包合同。承包合同一般包括以下条款：（一）发包方、承包方的名称，发包方负责人和承包方代表的姓名、住所；（二）承包土地的名称、坐落、面积、质量等级；（三）承包期限和起止日期；（四）承包土地的用途；（五）发包方和承包方的权利和义务；（六）违约责任。"

由此可知，承包农村土地，发包方要与承包方签订书面的承包合同。而该合同中一般包括上述六项内容。除此之外，发包方与承包方还可以在法律规定的范围内，协商约定其他内容。所以，上面列举的案例，谢某签订的承包合同中一定要包括上述六项内容，除此之外，还可约定符合法律规定的其他内容。

承包方有哪些权利？何为"农村土地经营权的流转"？

我国《农村土地承包法》第十七条规定："承包方享有下列权利：（一）依法享有承包地使用、收益的权利，有权自主组织生产经营和处置产品；（二）依法互换、转让土地承包经营权；（三）依法流转土地经营权；（四）承包地被依法征收、征用、占用的，有权依法获得相应的补偿；（五）法律、行政法规规定的其他权利。"

由此可知，承包方在承包期内享有上述五种权利，任何组织和个人不得干涉。而所谓的农村土地经营权的流转，是指依法取得土地承包权后，在承包期内，承包人在不改变土地所有权性质、主体种类、农业用途的前提下，将土地承包经营权或从该土地承包经营权中分离出来的土地使用、收益的权利转移给他人的行为。例如，小陈在取得承包地后,因要进城打工,便打算将承包地转让给同村马某耕种。那么,小陈在不改变土地农用用途、主体种类、所有权性质的情况下,可以将承包地流转给同村马某耕种。

流转土地经营权后,原承包关系发生改变吗?

2021年10月,西王庄村的小方一家搬到县城居住,于是将之前承包的村里十亩耕地经营权流转给了同村的老王。请问,小方与村集体的承包关系是否因此消灭?

我国《农村土地承包法》第四十四条规定:"承包方流转土地经营权的,其与发包方的承包关系不变。"由此可知,承包方流转土地经营权的,其与受让方之间会建立一种新的土地流转合同关系;但这是土地流转合同关系,与承包方与发包方之前的土地承包合同关系并不冲突。在土地流转关系中,承包方仅是将土地的使用权转让给了受让方,而承包经营权仍属于自己,其与发包方之间的承包关系不变。所以,上面列举的案例,小方与村集体之间的承包关系不会因小方的土地流转行为而发生改变。

承包方将土地流转给受让人后,受让人还能否将土地流转给他人?

小丰村的赵某承包了村里五亩林地,后因随儿子进城居住,便将五亩林地流转给了同村的冯某耕种。前不久,冯某因突发疾病导致半身残疾,于是打算将这五亩林地流转给同村的邱某。请问,冯某可以将林地流转给邱某吗?

我国《农村土地承包法》第四十六条规定:"经承包方书面同意,并向本集体经济组织备案,受让方可以再流转土地经营权。"

由此可知，土地发生过一次流转后，还可以再次流转。但是，再次进行土地流转需要满足两个条件：第一，必须要经过承包方的同意；第二，必须要向本集体经济组织备案。也就是说，受让方无权擅自决定土地的第二次流转。所以，上面列举的案例，冯某可以将林地流转给邱某，但要经过赵某的书面同意，并向该村集体组织备案。

土地流转后，受让方连续两年以上放弃耕种任其荒废的，承包方能否单方解除流转合同？

我国《农村土地承包法》第四十二条规定："承包方不得单方解除土地经营权流转合同，但受让方有下列情形之一的除外：（一）擅自改变土地的农业用途；（二）弃耕抛荒连续两年以上；（三）给土地造成严重损害或者严重破坏土地生态环境；（四）其他严重违约行为。"

由此可知，一般情况下，承包方不得擅自单方解除土地经营权流转合同。但是，受让方有上述四种行为之一的，承包方可以单方解除合同。例如，周某将土地流转给同村的王某，王某耕种一年之后就不再耕种了，一直任由土地荒废，长达三年之久。那么，在这种情况下，周某就可以单方解除与王某的土地经营权流转合同。

能否在自家耕地上建养猪场？

某年，猪肉价格一直居高不下，于是老张也打算开个养猪场，选了好几个地方都不合适，后来有人建议他在自家耕地上建养猪场。请问，老张能否在自家耕地上建养猪场？

我国《农村土地承包法》第十八条规定："承包方承担下列义务：（一）维护土地的农业用途，未经依法批准不得用于非农建设；

（二）依法保护和合理利用土地，不得给土地造成永久性损害；

（三）法律、行政法规规定的其他义务。"同时，本法第六十三条第一款规定："承包方、土地经营权人违法将承包地用于非农建设的，由县级以上地方人民政府有关主管部门依法予以处罚。"此外，《土地管理法》第三十七条规定："非农业建设必须节约使用土地，可以利用荒地的，不得占用耕地；可以利用劣地的，不得占用好地。禁止占用耕地建窑、建坟或者擅自在耕地上建房、挖砂、采石、采矿、取土等。禁止占用永久基本农田发展林果业和挖塘养鱼。"

由此可知，法律明确规定，禁止占用耕地建窑、建坟或擅自在耕地上建房、挖砂、采石、采矿、取土等。承包方应维护土地的农业用途，不得在未经依法批准的情况下用于非农建设，否则，县级以上地方人民政府有关主管部门依法予以处罚。所以，上面列举的案例，老张不能擅自在自家耕地上建养猪场。

承包方进城落户，是否就意味着必须要先放弃土地承包经营权？

小吴因工作原因，需要将户口迁至县城。小吴在要求村委会开迁户资料时，却被告知若想迁出户口，需要先放弃其土地承包经营权。请问，进城落户，就必须要先放弃土地承包经营权吗？

我国《农村土地承包法》第二十七条规定："承包期内，发包方不得收回承包地。国家保护进城农户的土地承包经营权。不得以退出土地承包经营权作为农户进城落户的条件……"同时，本法第五十七条规定："发包方有下列行为之一的，应当承担停止侵害、排除妨碍、消除危险、返还财产、恢复原状、赔偿损失等民事责任：……（二）违反本法规定收回、调整承包地……"

由此可知，在承包期内，发包方不得随意收回承包地；不得以退出土地承包经营权作为农户进城落户的条件。发包方若违反上述规定，应承担相应的民事责任。所以，上面列举的案例，小吴所在的村集体不能以放弃土地经营承包权作为批准其进城落户的条件。

对于进城落户的村民，应如何处理其承包的土地？

我国《农村土地承包法》第二十七条第三款规定："承包期内，承包农户进城落户的，引导支持其按照自愿有偿原则依法在本集体经济组织内转让土地承包经营权或者将承包地交回发包方，也可以鼓励其流转土地经营权。"同时，本法第六十五条规定："国家机关及其工作人员有利用职权干涉农村土地承包经营，变更、解除承包经营合同，干涉承包经营当事人依法享有的生产经营自主权，强迫、阻碍承包经营当事人进行土地承包经营权互换、转让或者土地经营权流转等侵害土地承包经营权、土地经营权的行为，给承包经营当事人造成损失的，应当承担损害赔偿等责任；情节严重的，由上级机关或者所在单位给予直接责任人员处分；构成犯罪的，依法追究刑事责任。"

由此可知，村民进城落户后，可以根据自己的意愿决定如何处置土地承包经营权，任何组织和个人不得干涉。例如，姜某一家进城落户，那么姜某对于自己家的承包地，可以仍由自己按时打理承包地，也可以将承包地流转给他人，还可将承包地交回发包方。对此，任何个人和组织不得干涉。

承包期内依法收回承包地的，是否应就承包方对土地的投入给予相应补偿？

我国《农村土地承包法》第二十七条第四款规定："承包期

内，承包方交回承包地或者发包方依法收回承包地时，承包方对其在承包地上投入而提高土地生产能力的，有权获得相应的补偿。"

由此可知，在承包期内，村民自愿交回承包地或其承包地被依法收回时，若村民为提高土地的生产能力而投入了资金或采取了相应措施，那么，发包方应对承包方的投入给予相应的经济补偿。例如，因修建高速，钱某的四亩承包地被依法收回，但为了提高这四亩土地的耕种能力，钱某不仅施了许多肥料，而且还专门花钱修建了水井。那么，村委会在收回钱某承包地时，应给予相应的经济补偿。

妇女结婚离开村子后，其承包地是否应被收回？

小芳结婚之后，便搬到邻村的夫家居住。一个月后，小芳在新居住地还未取得承包地，但其父母告诉她，村委会称其已结婚离开村子，要把她的承包地收回。请问，小芳原居住地的村委会能收回小芳的承包地吗？

我国《农村土地承包法》第三十一条规定："承包期内，妇女结婚，在新居住地未取得承包地的，发包方不得收回其原承包地；妇女离婚或者丧偶，仍在原居住地生活或者不在原居住地生活但在新居住地未取得承包地的，发包方不得收回其原承包地。"本法第五十七条规定："发包方有下列行为之一的，应当承担停止侵害、排除妨碍、消除危险、返还财产、恢复原状、赔偿损失等民事责任：……（七）剥夺、侵害妇女依法享有的土地承包经营权……"

由此可知，在承包期内，妇女嫁到其他村，只要其在新居住地尚未取得承包地的，妇女原居住地的发包方就不得收回其在本村的承包地。所以，上面列举的案例，小芳原所在村的村委会无权收回小芳的承包地。

以非家庭承包的方式承包土地，土地的承包费如何确定？

我国《农村土地承包法》第四十八条规定，不宜采取家庭承包方式的荒山、荒沟、荒丘、荒滩等农村土地，通过招标、拍卖、公开协商等方式承包。农村土地采取以家庭承包经营为基础、统分结合的双层经营体制，一般情况下，耕地采取家庭承包的方式向村集体的成员发包，而荒山、荒沟、荒丘、荒滩等农村土地，则通过招标、拍卖、公开协商等方式承包。关于耕地之外的其他土地的承包费用的确定方式，我国《农村土地承包法》第四十九条规定："以其他方式承包农村土地的，应当签订承包合同，承包方取得土地经营权。当事人的权利和义务、承包期限等，由双方协商确定。以招标、拍卖方式承包的，承包费通过公开竞标、竞价确定；以公开协商等方式承包的，承包费由双方议定。"可见，采用其他方式承包农村土地的，土地承包费用的确定方式分为两种：（1）采用公开竞标、竞价的方式确定，此种方式适用于以招标拍卖方式承包的土地；（2）当事人协商确定，此种方式适用以公开协商方式承包的土地。

承包人的土地承包经营权能进行抵押贷款吗？

村民小李承包了村里的土地后想盖几个大棚用于种植蔬菜，但是启动资金不足。有人建议他将承包土地的经营权向信用社进行抵押贷款。小李觉得这个主意甚好，于是准备前往信用社咨询贷款的具体事项。那么，小王真的可以使用土地承包经营权进行抵押贷款吗？

小王可以将其土地承包经营权进行抵押贷款。对此，我国《农村土地承包法》第四十七条第一款规定："承包方可以用承包地的土地经营权向金融机构融资担保,并向发包方备案……"由此可知,土地承担经营权在向发包方备案之后,可以向金融机构进行融资担保。而作为抵押标的的是土地经营权,而非土地本身,所以,并不需要土地承包方对土地享有所有权。具体地可以理解为:农户、企业法人及其他经济组织以其依法取得且经县农村综合产权交易管理服务中心登记确认的已流转的土地承包经营权,可作为债权担保。

五、知识产权

(一) 专利权

什么是专利权？

专利权指发明创造人或其权利受让人对特定的发明创造在一定期限内依法享有的独占实施权，是知识产权的一种。专利权的内容包括：

(1) 独占实施权。被授予发明和实用新型专利权后，除专利法另有规定的外，任何单位或者个人未经专利权人许可，都不得实施其专利，即不得为生产经营目的制造、使用、许诺销售、销售、进口其专利产品，或者使用其专利方法以及使用、许诺销售、销售、进口依照该专利方法直接获得的产品。授予后外观设计专利权被，任何单位或者个人未经专利权人许可，都不得实施其专利，即不得为生产经营目的制造、销售、进口其外观设计专利产品。可见，外观设计专利独占实施权的内容包括对外观设计专利产品的制造权、销售权和进口权。

(2) 专利权人可以许可他人实施其专利技术并收取专利使用费。许可他人实施专利的，当事人应当订立书面合同。

(3) 专利权可以转让。转让专利权的，当事人应当订立书面合同，并向国务院专利行政部门登记，由国务院专利行政部门予以公告，专利权的转让自登记之日起生效。中国单位或者个人向外国人转让专利权的，必须经国务院有关主管部门批准。

（4）专利权人享有在其专利产品或者该产品的包装上标明专利标记和专利号的权利。

何种情况下，行为人的行为不被视为侵害他人的专利权？

《专利法》第七十五条规定，有下列情形之一的，不视为侵犯专利权：

（1）专利产品或者依照专利方法直接获得的产品，由专利权人或者经其许可的单位、个人售出后，使用、许诺销售、销售、进口该产品的；

（2）在专利申请日前已经制造相同产品、使用相同方法或者已经作好制造、使用的必要准备，并且仅在原有范围内继续制造、使用的；

（3）临时通过中国领陆、领水、领空的外国运输工具，依照其所属国同中国签订的协议或者共同参加的国际条约，或者依照互惠原则，为运输工具自身需要而在其装置和设备中使用有关专利的；

（4）专为科学研究和实验而使用有关专利的；

（5）为提供行政审批所需要的信息，制造、使用、进口专利药品或者专利医疗器械的，以及专门为其制造、进口专利药品或者专利医疗器械的。

根据《最高人民法院关于审理侵犯专利权纠纷案件应用法律若干问题的解释》第十五条的规定，已经完成实施发明创造所必需的主要技术图纸或者工艺文件，或已经制造或者购买实施发明创造所必需的主要设备或者原材料。属于前述第七十五条第（二）项所指的"必要准备"。该项的"原有范围",包括专利申请之日前行为人已具有的生产规模以及利用其已有的生产设备或根据已有的生产准备可以达到的生产规模。

专利权的法律保护期限是多久?

锦某公司于2003年10月10日就公司的一项产品外包装申请了一项外观设计专利,并成功获得了授权。2021年3月1日,锦某公司发现邻市的浩源公司在同类产品上使用了同样的外观设计,于是起诉浩源公司侵犯其专利权。而浩源公司称锦某公司的专利权已经过期,自己没有侵权。

根据我国《专利法》第四十二条第一款的规定:"发明专利权的期限为二十年,实用新型专利权的期限为十年,外观设计专利权的期限为十五年,均自申请日起计算。"

由此可见,对于专利权的法律保护期限,法律有着明确规定,而且,不同类型的专利,法律保护期限也有所不同,发明专利权、实用新型专利权和外观设计专利权的法律保护期分别是二十年、十年和十五年。专利权并不是永久受保护的,所以应当在专利保护期内积极行使专利权。

在前文的案例中,锦某公司申请的外观设计专利的保护期为十五年,所以截至2021年3月1日,其外观设计专利权已经过期,浩源公司不构成侵权。

委托发明创造的专利权属于谁?

豪某公司与业余发明人陆某签订了一份技术开发协议,约定由豪某公司为陆某提供资金、资料、设备等,并向陆某支付报酬,由陆某负责为豪某公司开发一项温控技术。技术开发成功后,豪某公司就该项发明创造的专利申请权与陆某发生争议。那么,专利申请权应当由谁来行使呢?

根据我国《专利法》第八条的规定:"两个以上单位或者个人合作完成的发明创造、一个单位或者个人接受其他单位或者个人委托所完成的发明创造,除另有协议的以外,申请专利的权利属于完成或者共同完成的单位或者个人;申请被批准后,申请的单位或者个人为专利权人。"

由此可见,受委托完成的发明创造,如果在委托协议中存在明确的约定,申请专利的权利优先按照委托协议处理,这极大地尊重了当事人之间的意思自治;如果没有委托协议或者协议约定不明确,申请专利的权利属于完成专利的单位或者个人,这有效地维护了发明创造完成者的劳动和贡献。在前面的例子中,豪某公司虽然与陆某签订了委托协议,但是并未明确约定专利申请权的归属问题,因此这项发明创造的专利申请权应当由陆某行使。

职务发明创造人享有哪些权利?

王某在某市金元投资公司工作期间,有两项职务发明被授予专利权,这两项发明的专利权人都是金元公司。王某要求金元公司支付自己职务发明专利的奖金和报酬,但是遭到对方拒绝,王某于是提起了诉讼。那么,王某的诉求能够得到支持吗?

根据我国《专利法》第十五条第一款的规定:"被授予专利权的单位应当对职务发明创造的发明人或者设计人给予奖励;发明创造专利实施后,根据其推广应用的范围和取得的经济效益,对发明人或者设计人给予合理的报酬。"同时,该法第十六条第一款规定:

"发明人或者设计人有权在专利文件中写明自己是发明人或者设计人。"

由此可见,对于职务发明创造,专利权属于单位,但职务发明创造人享有下列权利:(1)在专利文件中写明自己是发明人或者设计人;(2)获得单位给予的奖励;(3)发明或者设计专利实施后,获取合理的报酬。在前面的案例中,虽然专利权归金元公司,但是王某作为发明人享有获得单位给予奖励和报酬的权利,所以王某的诉求应当得到支持。

专利实施许可合同可以采用哪些形式?

我国《专利法》第十二条的规定:"任何单位或者个人实施他人专利的,应当与专利权人订立实施许可合同,向专利权人支付专利使用费。被许可人无权允许合同规定以外的任何单位或者个人实施该专利。"同时,该法第十四条规定:"专利申请权或者专利权的共有人对权利的行使有约定的,从其约定。没有约定的,共有人可以单独实施或者以普通许可方式许可他人实施该专利;许可他人实施该专利的,收取的使用费应当在共有人之间分配。除前款规定的情形外,行使共有的专利申请权或者专利权应当取得全体共有人的同意。"

专利实施许可合同是一种专利转让协议,指的是许可一方按照合同规定的方式实施自己的专利技术。按照许可范围来划分,专利实施许可合同可以采用普通实施许可合同、独占实施许可合同和排他实施许可合同的形式。不同类型的专利实施许可合同中,受让人的权利有很大不同。

具体而言,普通实施许可合同是最为常见的专利实施许可方式，让与人如果与受让人签订了专利实施许可合同，那么就应当允许受让人实施自己的专利技术，同时也不妨碍自己和任何第三人实施该专利技术。独占实施许可合同正好相反，如果让与人允许受让人在合同约定的范围内实施其专利技术，那么就不能再允许自己或者任何第三人在合同许可的时间和范围内实施其专利技术，受让人拥有了独占适用权。对于排他实施许可合同，排除让与人与任何第三人在已经许可受让人实施专利的范围内订立专利实施许可合同，即专利实施权由让与人和受让人分享。

专利权人如何制止正在实施或者即将实施的专利侵权行为？

某市锦某安装公司以自行研制的灯泡申请了外观设计专利，后来成功获得授权。2021年5月12日，锦某安装公司发现金某公司正使用该专利产品进行自己中标项目的安装，在锦某安装公司预备向法院起诉的过程中，金某公司仍然不停止安装工作，那么在这种情况下，锦某安装公司如何制止侵权行为呢？

根据我国《专利法》第七十二条的规定："专利权人或者利害关系人有证据证明他人正在实施或者即将实施侵犯专利权、妨碍其实现权利的行为，如不及时制止将会使其合法权益受到难以弥补的损害的，可以在起诉前依法向人民法院申请采取财产保全、责令作出一定行为或者禁止作出一定行为的措施。"

由此可见，对于正在实施或者即将实施的专利侵权行为，出于及时保护专利权的需要，法律赋予了权利人申请诉前停止侵权行为的权利。在前面的案例中，锦某安装公司可以依据法律规定向人民法院申请采取责令金某公司停止侵权行为。

专利权人可否在诉前向人民法院申请证据保全？

2021年9月2日，阳某公司就一项外观设计申请了专利并成功获得了授权。后来，阳某公司偶然在天某公司发现了大量生产该专利产品的专用模具，就想以侵权为由将天某公司诉至法庭，但是阳某公司担心这些模具很快就会被天某公司销毁。那么，阳某公司有没有办法保全这些证据呢？

根据我国《专利法》第七十三条的规定："为了制止专利侵权行为，在证据可能灭失或者以后难以取得的情况下，专利权人或者利害关系人可以在起诉前依法向人民法院申请保全证据。"

专利侵权行为有其特殊性，一旦有风吹草动，侵权人往往就会快速转移或者销毁证据，专利权人举证存在一定能难度。而根据我国《专利法》的规定，专利权人或者利害关系人可以在起诉前向人民法院申请保全证据。在前面的案例中，阳某公司可以在起诉前向人民法院申请保全证据。

（二）著作权

著作权的内容有哪些？

依据我国《著作权法》第十条的规定，著作权包括以下人身权和财产权：

（1）发表权，即决定作品是否公之于众的权利；
（2）署名权，即表明作者身份，在作品上署名的权利；
（3）修改权，即修改或者授权他人修改作品的权利；
（4）保护作品完整权，即保护作品不受歪曲、篡改的权利；
（5）复制权，即以印刷、复印、拓印、录音、录像、翻录、翻拍、数字化等方式将作品制作一份或者多份的权利；

（6）发行权，即以出售或者赠与方式向公众提供作品的原件或者复制件的权利；

（7）出租权，即有偿许可他人临时使用视听作品、计算机软件的原件或者复制件的权利，计算机软件不是出租的主要标的的除外；

（8）展览权，即公开陈列美术作品、摄影作品的原件或者复制件的权利；

（9）表演权，即公开表演作品，以及用各种手段公开播送作品的表演的权利；

（10）放映权，即通过放映机、幻灯机等技术设备公开再现美术、摄影、视听作品等的权利；

（11）广播权，即以有线或者无线方式公开传播或者转播作品，以及通过扩音器或者其他传送符号、声音、图像的类似工具向公众传播广播的作品的权利，但不包括本款第十二项规定的权利；

（12）信息网络传播权，即以有线或者无线方式向公众提供，使公众可以在其选定的时间和地点获得作品的权利；

（13）摄制权，即以摄制视听作品的方法将作品固定在载体上的权利；

（14）改编权，即改变作品，创作出具有独创性的新作品的权利；

（15）翻译权，即将作品从一种语言文字转换成另一种语言文字的权利；

（16）汇编权，即将作品或者作品的片段通过选择或者编排，汇集成新作品的权利；

（17）应当由著作权人享有的其他权利。

著作权可以受到永久保护吗？

我国《著作权法》第二十二条规定："作者的署名权、修改权、保护作品完整权的保护期不受限制。"同时，该法第二十三条规定："自然人的作品，其发表权、本法第十条第一款第五项至第十七项规定的权利的保护期为作者终生及其死亡后五十年，截止于作者死亡后第五十年的 12 月 31 日；如果是合作作品，截止于最后死亡的作者死亡后第五十年的 12 月 31 日。法人或者非法人组织的作品、著作权（署名权除外）由法人或者非法人组织享有的职务作品，其发表权的保护期为五十年，截止于作品创作完成后第五十年的 12 月 31 日；本法第十条第一款第五项至第十七项规定的权利的保护期为五十年，截止于作品首次发表后第五十年的 12 月 31 日，但作品自创作完成后五十年内未发表的，本法不再保护。视听作品，其发表权的保护期为五十年，截止于作品创作完成后第五十年的 12 月 31 日；本法第十条第一款第五项至第十七项规定的权利的保护期为五十年，截止于作品首次发表后第五十年的 12 月 31 日，但作品自创作完成后五十年内未发表的，本法不再保护。"

由此可见，著作权分为著作人身权和著作财产权，其中著作人身权是与人身相联系的权利，不随着作者的死亡而消灭，因此人身权中的署名权、修改权、保护作品完整权可以受到法律的永久保护，没有时间限制。而著作人身权中的发表权较为特殊，它与著作财产权一样都有保护期限制。

作品没有发表就不能受到法律保护吗？

郑女士是某网站的知名小说作家。某天，郑女士在网上浏览时，无意间发现自己未发表的作品被上传到网站上。郑女士很生气,决定起诉该网站侵权。那么,该网站是否构成侵权呢?

我国《著作权法》第二条规定:"中国公民、法人或者非法人组织的作品,不论是否发表,依照本法享有著作权。外国人、无国籍人的作品根据其作者所属国或者经常居住地国同中国签订的协议或者共同参加的国际条约享有的著作权,受本法保护。外国人、无国籍人的作品首先在中国境内出版的,依照本法享有著作权。未与中国签订协议或者共同参加国际条约的国家的作者以及无国籍人的作品首次在中国参加的国际条约的成员国出版的,或者在成员国和非成员国同时出版的,受本法保护。"

由此可知,著作权的享有并不是以是否发表来确定的。在前面的案例中,郑女士对自己的作品享有著作权,无论是否发表,网站未经授权将郑女士的作品上传,侵犯了郑女士的著作权。

委托作品的著作权归谁?

某市长城纪念馆委托秦某创作一幅壁画。秦某接受委托后,按照纪念馆的要求创作了一幅壁画。后来,秦某发现,纪念馆擅自更改了壁画的背景图片和作者署名,于是秦某以纪念馆未经其同意擅自将其作品进行修改为由向当地人民法院起诉。那么,秦某的诉求能得到法律支持吗?

我国《著作权法》第十九条明确规定:"受委托创作的作品,著作权的归属由委托人和受托人通过合同约定。合同未作明确约定或者没有订立合同的,著作权属于受托人。"

由此可见,对于委托创作的作品,在当事人之间有约定的情况下优先适用约定,这体现了对当事人意思自治的尊重;在没有约定或者约定不明的情况下,著作权归受托人,这主要是对于受托人也就是作品创作者所作贡献的肯定。在前面的例子中，秦某与纪念馆没有事先约定著作权归属，作品的著作权应当属于受托人秦某，纪念馆的行为属于未经著作权人同意擅自修改部分作品，侵犯了秦某的著作权，因此秦某的诉求能够得到法律支持。

如何认定职务作品的著作权归属？

2021年9月，袁某调入某小学任教。根据学校的要求，袁某每月编写和上交一批教案。后来，袁某打算离职，要求学校返还这批教案。校方回应这批教案的著作权应当归学校，拒绝返还。那么，学校的主张是否正确呢？

我国《著作权法》第十八条明确规定："自然人为完成法人或者非法人组织工作任务所创作的作品是职务作品，除本条第二款的规定以外，著作权由作者享有，但法人或者非法人组织有权在其业务范围内优先使用。作品完成两年内，未经单位同意，作者不得许可第三人以与单位使用的相同方式使用该作品。有下列情形之一的职务作品，作者享有署名权，著作权的其他权利由法人或者非法人组织享有，法人或者非法人组织可以给予作者奖励：（一）主要是利用法人或者非法人组织的物质技术条件创作，并由法人或者非法人组织承担责任的工程设计图、产品设计图、地图、示意图、计算机软件等职务作品；（二）报社、期刊社、通讯社、广播电台、电视台的工作人员创作的职务作品；（三）法律、行政法规规定或者合同约定著作权由法人或者非法人组织享有的职务作品。"

在前面的案例中，袁某的教案是为了完成教学任务而编写的，属于职务作品。但是教案并不属于主要利用学校的物质技术条件创造的，也不用学校承担责任，并且当事人之间也没有约定著作权的归属，所以，这批教案的著作权应当属于袁某，学校只享有优先使用的权利，因此学校的主张是错误的。

（三）商标权

两个以上的申请人在同一商品上申请相同或近似的商标，谁会获得商标注册权？

洁某公司和玉某公司均是生产化妆品的公司。2020年9月，洁某公司生产了一种祛斑产品并投放市场。2021年1月，洁某公司向商标局申请注册"亮颜"商标，被告知玉某公司早在2020年12月就已经在一款美白润肤产品上注册了"亮颜"商标。洁某公司称玉某公司是2020年10月才开始生产该项产品的，认为商标应该授予洁某公司。那么，洁某公司的主张有道理吗？

我国《商标法》第三十一条明确规定："两个或者两个以上的商标注册申请人，在同一种商品或者类似商品上，以相同或者近似的商标申请注册的，初步审定并公告申请在先的商标；同一天申请的，初步审定并公告使用在先的商标，驳回其他人的申请，不予公告。"

由此可见，对于两个或者两个以上的商标注册申请人，在同一种商品或者类似商品上，以相同或者近似的商标申请注册的，采用的是申请在先原则；如果是同一天申请的，则采用使用在先原则。上面的例子中，洁某公司和玉某公司在类似产品上以相同的商标申请注册，应当采用申请在先原则，由于玉某公司申请在先，该商标应当授予玉某公司，因此洁某公司的主张没有道理。

可否抢先注册他人已使用但未注册的商标？

2020年4月，高某向商标局提出了"缘来是你"的商标注册申请，后获得核准注册。2021年1月，缘来是你婚庆公司向商标评审委员会提出了撤销"缘来是你"商标的申请，称"缘来是你"是其在中国的驰名商标。那么，高某还可拥有该商标吗？

我国《商标法》第三十二条明确规定："申请商标注册不得损害他人现有的在先权利，也不得以不正当手段抢先注册他人已经使用并有一定影响的商标。"

由此可见，申请商标注册不能侵犯他人的在先权利，也不能以不正当手段抢先注册他人已经使用并有一定影响的商标。虽然商标注册采用申请在先原则，但是法律禁止恶意抢注的行为。在前面的例子中，"缘来是你"商标是缘来是你婚庆公司在中国的驰名商标，属于他人已经使用并有一定影响力的商标，因此高某抢先注册的行为是不当的，商标局不应予以注册，因此商标评审委员会应当撤销该项商标。

违法使用注册商标的情形和后果是什么？

我国《商标法》第四十九条规定："商标注册人在使用注册商标的过程中，自行改变注册商标、注册人名义、地址或者其他注册事项的，由地方工商行政管理部门[①]责令限期改正；期满不改正的，由商标局撤销其注册商标。注册商标成为其核定使用的商品的通用名称或者没有正当理由连续三年不使用的，任何单位或者个人可以向商标局申请撤销该注册商标。商标局应当自收到申请之日起九个

---

① 现为市场监督管理部门。

月内做出决定。有特殊情况需要延长的,经国务院工商行政管理部门①批准,可以延长三个月。"

该条明确规定了违法使用注册商标的行为及后果。举例来说,如果甲公司作为注册人成功注册了一项名为"巴颜克拉"的商标,那么甲公司不能私自改变该注册商标,也不能私自更换注册人、地址或者其他事项,因为这些都属于违法使用注册商标的行为。另外,注册商标后无正当理由连续三年不适用的,该注册商标就会面临被撤销的风险。

未经备案的商标使用许可合同是否生效?

甲乙签订了一份商标使用许可合同,甲为注册商标的使用许可人,乙为被许可人,双方签署合同后未经备案。现甲反悔,起诉要求法院确认二者的商标使用许可合同无效,称合同未经备案应当是无效的。那么,这份合同是否有效呢?

根据《最高人民法院关于审理商标民事纠纷案件适用法律若干问题的解释》第十九条第一款的规定:"商标使用许可合同未经备案的,不影响该许可合同的效力,但当事人另有约定的除外。"

由此可见,备案不是影响商标使用许可合同生效的要素,除非当事人事先约定了必须备案才生效。将许可使用合同报送备案的目的是起到公示作用,告知第三人权利的现存状态,以防第三人的合法权益遭受损害。在前面的案例中,未经备案不影响甲乙签订的商标使用许可合同的效力,这份合同是否有效还要考察合同生效的其他条件,如果没有其他无效或者可撤销要件,那么二者的合同是有

---

① 现为国务院市场监督管理部门(国家市场监督管理总局)。

效的。

注册商标专用权是否可以用来质押？

2021年4月，某市辅导班教育文化有限公司获得银行一笔500万元的贷款，作为贷款质押物的不是厂房设备，而是该公司拥有的注册商标专用权。那么，是否所有的注册商标专业权都能用来质押呢？

根据我国《民法典》第四百四十条规定："债务人或者第三人有权处分的下列权利可以出质：……（五）可以转让的注册商标专用权、专利权、著作权等知识产权中的财产权……"同时，该法第四百四十四条还规定："以注册商标专用权、专利权、著作权等知识产权中的财产权出质的，质权自办理出质登记时设立。知识产权中的财产权出质后，出质人不得转让或者许可他人使用，但是出质人与质权人协商同意的除外。出质人转让或者许可他人使用出质的知识产权中的财产权所得的价款，应当向质权人提前清偿债务或者提存。"

由此可见，商标专用权是可以作为质押标的物的，其属于权利质押的一种。需要注意的是，并不是所有的注册商标专用权都可以用来质押，只有依法可以转让的商标专用权才能进行质押。当然，以注册商标专用权质押有较为严格的法定程序，当事人应该签订质押合同，并向管理机关办理出质登记。

侵犯商标专用权的赔偿数额如何确定？

根据《商标法》第六十三条的相关规定，侵犯商标专用权的赔偿数额，按照权利人因被侵权所受到的实际损失确定；实际损失难以确定的,可以按照侵权人因侵权所获得的利益确定;权利人的损失或者侵权人获得的利益难以确定的,参照该商标许可使用费的倍数合理确定。对恶意侵犯商标专用权,情节严重的,可以在按照上述方法确定数额的一倍以上五倍以下确定赔偿数额。赔偿数额应当包括权利人为制止侵权行为所支付的合理开支。人民法院为确定赔偿数额,在权利人已经尽力举证,而与侵权行为相关的账簿、资料主要由侵权人掌握的情况下,可以责令侵权人提供与侵权行为相关的账簿、资料;侵权人不提供或者提供虚假的账簿、资料的,人民法院可以参考权利人的主张和提供的证据判定赔偿数额。权利人因被侵权所受到的实际损失、侵权人因侵权所获得的利益、注册商标许可使用费难以确定的,由人民法院根据侵权行为的情节判决给予五百万元以下的赔偿。

此外需要注意的是,人民法院审理商标纠纷案件时,应权利人请求,对属于假冒注册商标的商品,除特殊情况外,责令销毁;对主要用于制造假冒注册商标的商品的材料、工具,责令销毁,且不予补偿;或者在特殊情况下,责令禁止前述材料、工具进入商业渠道,且不予补偿。并且,假冒注册商标的商品不得仅在去除假冒注册商标后进入商业渠道。

图书在版编目（CIP）数据

法律问答十卷书.财产保护卷／荣丽双编著.—北京：中国法制出版社，2023.3
ISBN 978-7-5216-2777-0

Ⅰ.①法… Ⅱ.①荣… Ⅲ.①财产权-法律保护-中国-问题解答 Ⅳ.①D920.5

中国版本图书馆 CIP 数据核字（2022）第 122890 号

策划编辑：李佳	责任编辑：刘冰清	封面设计：杨鑫宇

法律问答十卷书.财产保护卷
FALÜ WENDA SHI JUAN SHU. CAICHANBAOHUJUAN

编著／荣丽双
经销／新华书店
印刷／三河市紫恒印装有限公司
开本／880 毫米×1230 毫米 32 开　　　　　　　印张／2.5 字数／55 千
版次／2023 年 3 月第 1 版　　　　　　　　　　2023 年 3 月第 1 次印刷

中国法制出版社出版
书号 ISBN 978-7-5216-2777-0　　　　　　（全十册）总定价：79.80 元

北京市西城区西便门西里甲 16 号西便门办公区
邮政编码：100053　　　　　　　　　　　　传真：010-63141600
网址：http：//www.zgfzs.com　　　　　　编辑部电话：010-63141837
市场营销部电话：010-63141612　　　　　印务部电话：010-63141606

（如有印装质量问题，请与本社印务部联系。）

法律问答十卷书

婚姻家庭卷

中国法制出版社

CHINA LEGAL PUBLISHING HOUSE

前 言

婚姻是我们大多数人的生命中都要经历的事；家庭，是我们每个人在出生后所拥有的栖息之地。婚姻与家庭，对于每个人都无比重要。在婚姻和家庭中，爱情、亲情、血缘关系、道德观念、伦理等是联系和规范各种关系和秩序的纽带，但是，很多时候，面对一些棘手的问题时，这些又显得苍白无力，于是，需要法律登场。

法律在婚姻家庭中有着不可或缺的地位。对于婚姻效力的界定、夫妻财产的确认、孩子抚养义务的归属、老人赡养义务的确定等，都由法律来明断。并且，有时候，法律不仅是确认和解决婚姻家庭中各种问题的良方，更是保护婚姻家庭成员合法权益的有力武器。比如，有人被骗婚、有人遭遇家庭暴力、有人因遭遇配偶出轨而离婚、有人被遗弃、有人被剥夺遗产……这一件件痛苦的遭遇，让我们意识到唯有"法律"才是我们坚强的后盾。了解和掌握一些婚姻家庭方面的法律知识，对于每个人来说，都是必要的。

在此，我们精心编写了《法律问答十卷书.婚姻家庭卷》，提炼了大量与我们的婚姻家庭生活有关的法律知识，希望能对大家有所帮助。下面，我们一起来了解一下本书。

本书的内容以"提出问题—解决问题"的方式呈现，主要特色可归纳为以下四点：

第一，全面性。虽然本书的总字数不多，但是问题量大，知识点丰富，很多生活中常见的法律知识点都被囊括其中，具有相当的全面性。

第二，专业性。本书的编写者为专业的法律人士，他们都具有扎实、深厚的法律功底以及法律实践经验，能最大限度地保障本书的严谨性与专业性。

第三，实用性。本书的选题宗旨之一即为"实用"。能给读者带来启迪、帮助读者解答和解决问题，是我们写书的职责所在。

第四，通俗性。法律专业语言晦涩难懂，法律条文内容也大多不易理解。我们在书中注重用通俗易懂的语言解答各种法律问题，有些还辅以例证来解读，以期能够把问题讲清楚、讲透彻、讲明白。

最后，希望本书能给您的人生带来启迪与帮助！书中存在的不足之处，敬请批评指正！

本书编委会

2022 年 8 月

目　录

一、结婚及婚姻效力

1　　表兄妹可以结婚吗？

1　　男女双方在年龄上满足什么条件才能结婚？

2　　没有经过登记就不是合法夫妻吗？

3　　结婚登记时谎报年龄取得了结婚证，若干年后还是无效婚姻吗？

4　　向人民法院申请宣告婚姻无效的，必须是当事人本人吗？

4　　男女双方对婚姻无效的判决不服，有权上诉吗？

5　　男方冒充富二代与女方结婚，女方能以受骗为由向法院申请撤销婚姻吗？

6　　受胁迫与他人结婚后，向法院请求撤销婚姻有时间限制吗？

6　　夫妻一方婚前未将自己的重大疾病告知对方，对方可以请求撤销婚姻吗？

7　　婚姻无效或被撤销的男女双方，在夫妻关系、财产及子女抚养方面会如何处理？

二、离　　婚

9　　要离婚的话，一定要经过离婚冷静期才能离吗？

10　　妻子下落不明，在不申请宣告失踪或死亡的前提下，丈夫能直接向法院提出离婚吗？

10	只要夫妻二人分居满两年,法院就会判决两人离婚吗?
11	没有征得现役军人同意的情况下,军人的配偶能向法院起诉离婚吗?
11	因丈夫犯了强奸罪被判刑,妻子提起离婚诉讼,会得到法院支持吗?
12	丈夫得知妻子怀了他人的孩子后,向法院提起离婚诉讼,法院会受理吗?
13	妻子可以以丈夫患有不能治愈的精神病为由向法院提起离婚诉讼吗?
14	丈夫因妻子吸毒向法院提起离婚诉讼,法院会判离婚吗?
14	离婚时,丈夫有义务对生活困难的妻子提供帮助吗?
15	对家庭付出较多的一方在离婚时可以要求对方给予补偿吗?
15	丈夫出轨,妻子不提出离婚,仅就精神损害赔偿提起诉讼,会得到法院支持吗?
16	遭受虐待的妻子,向法院提起离婚诉讼时有权要求对方给予赔偿吗?
17	男女双方协议离婚后,还可以要求损害赔偿吗?
17	协议离婚时,夫妻双方签订财产分割协议,离婚后一方反悔,可以起诉变更或者撤销吗?
18	男女双方离婚时,对一方婚前贷款购买、婚后夫妻共同还贷的房子该如何分割?
19	男女双方共同出资购买一方父母单位的公房改房,并将产权登记在该方父母名下,该房产在离婚时可以作为夫妻共同财产进行分割吗?
20	夫妻双方在离婚时,如何防止一方转移夫妻共同财产?
20	丈夫拥有某公司的股份,在离婚时应如何分割该股份呢?

21	离婚时，妻子有义务对丈夫创办的个人独资企业所欠的债务承担责任吗？
22	夫妻双方就财产分割达成协议，签订离婚协议后还能反悔吗？
23	男女双方在离婚时可以分割登记在子女名下的财产吗？
24	女方提起离婚诉讼后能向法院申请撤诉吗？
24	男方收到一审法院准予离婚的判决后，可以马上与别人结婚吗？
25	男女双方离婚后想要复婚，必须办理复婚登记才能恢复婚姻关系吗？
26	离婚后，女方发现男方隐藏了夫妻共同财产，如果请求再次分割夫妻共有财产，应在什么时间内提出？

三、家庭暴力

28	哪些行为构成家庭暴力？
29	实施家庭暴力的人会受到刑罚处罚吗？
29	遭受家庭暴力的人该怎样维护自身的合法权益呢？
30	什么是人身安全保护令？必须本人才能申请吗？
31	法院出具的人身安全保护令能够永远有效吗？
32	在满足哪些条件下，法院会作出人身安全保护令？人身安全保护令包含哪些措施呢？
33	家庭暴力情节轻微，施暴者会免予处罚吗？

四、夫妻财产

35	如何确定婚姻关系存续期间的财产为夫妻一方的个人财产？
35	女方可以在婚姻关系存续期间主张分割夫妻共同财产吗？

36	一方婚前的个人财产在婚后产生的收益，离婚时，另一方可以诉请将该收益作为夫妻共同财产进行分割吗？
37	男方婚前个人全款购买的房子，婚后会变成夫妻共同财产吗？
37	女方父母给女儿的陪嫁属于女方的个人财产吗？
38	男方因身体伤害得到的医疗赔偿属于夫妻共同财产吗？
38	夫妻一方在婚姻关系存续期间取得的住房公积金是夫妻共同财产吗？
39	对婚前一方父母出资购置的房屋，另一方可以主张是夫妻共同财产吗？
40	结婚后，男方父母出资购买并登记在男方名下的房产，属于夫妻共同财产吗？
41	婚前承诺赠与女方一处房产，但在婚后反悔，男方可以撤销该赠与吗？
42	丈夫擅自将婚后二人共同购买的房屋出售给他人，妻子可以向法院起诉确认房屋买卖合同无效吗？
43	妻子有义务偿还丈夫在婚前所欠的债务吗？
43	丈夫偷偷以个人名义对外举债，妻子有偿还的义务吗？
44	丈夫擅自赠与他人一大笔钱，妻子可以以不知情为由要回吗？
45	婚姻关系中，丈夫可以用收入来衡量与妻子之间的权利吗？

五、抚养、赡养、收养

（一）抚　养

46	对私生子女，生父母也必须尽到抚养义务吗？
47	未成年人的父母去世后，哪些亲属对未成年人负有抚养义务？

47	父母在没有离婚的情况下，子女可以要求父母支付抚养费吗？
48	若父母离婚，不抚养孩子的一方应按什么标准支付孩子的抚养费？
48	离婚后，男方可以以女方擅自改变子女姓氏为由，拒付抚育费吗？
49	离婚后，一岁多孩子的抚养权应归父母哪一方？
50	父母在离婚协议中约定轮流抚养孩子，符合法律规定吗？
51	离婚后，未取得抚养权的一方有权向法院起诉要求变更孩子的抚养权吗？
52	离婚后，前妻不让丈夫探望孩子，男方可就探望权向法院提起诉讼吗？
53	若孩子遭受父母的家庭暴力，奶奶有权申请撤销孩子父母的监护人资格吗？
53	父亲要求做亲子鉴定确认亲子关系，但母亲拒绝，法院可以对是否具有亲子关系进行推定吗？
54	男女双方未婚同居生下孩子，一方可以就该子女抚养问题向法院提起诉讼吗？
55	当怀疑孩子并非亲生时，可以怎么做？

（二）赡　养

56	老人可以未雨绸缪为自己确立监护人吗？
57	子女可以以放弃继承权作为不赡养老人的条件吗？
57	除子女外，还有其他人对老人负有赡养义务吗？
58	经常回家看望父母只是子女的道德义务吗？
59	子女因在外地工作就可以对卧病在床的母亲置之不理吗？
60	子女能以不赡养父母为由阻止其再婚吗？

60	儿子将老人的房子作为结婚新房并将老人赶走的行为违法吗？

（三）收　养

61	未成年人被收养，有年龄的要求吗？
62	收养人要收养子女需要满足哪些条件？
62	抚养亲友的子女也成立收养关系吗？
63	丈夫可以不经妻子同意将孩子送给他人收养吗？
63	夫妻已有一个孩子是否影响他们收养新的子女？
64	单身人士收养异性子女是否有年龄差距的限制？
65	养父母为保护被收养的子女而要求他人保守收养秘密的行为有法律依据吗？
65	被收养的孩子长大后对亲生父母还有赡养义务吗？
66	被抚养子女成年后与养父母解除收养关系的方式有哪些？
66	收养或解除收养时，是否需要征得被收养人的同意？
67	收养关系解除后，养子女与亲生父母的关系会自行恢复吗？
68	收养关系解除后，养父母有权要求养子女承担赡养义务吗？
68	解除收养关系的养子女对生父母的遗产有继承权吗？

一、结婚及婚姻效力

💡 表兄妹可以结婚吗？

我国《民法典》第一千零四十八条规定："直系血亲或者三代以内的旁系血亲禁止结婚。"直系血亲包括父母、祖父母、外祖父母以及更上的长辈和子女、孙子女、外孙子女以及更下的直接晚辈。三代以内旁系血亲，是在血缘上和自己同出于三代以内的亲属，主要包括以下三类：（1）同源于父母的兄弟姐妹（含同父异母、同母异父的兄弟姐妹），即同一父母的子女之间不能结婚；（2）同源于祖父母、外祖父母的表兄弟姐妹和堂兄弟姐妹，即自己和父母的姐妹的孩子不能结婚；（3）不同辈的叔、伯、姑、舅、姨与侄（女）、甥（女）。例如，陈某与表哥王某从小一起长大，长大后对彼此心生爱慕。陈某的姥姥也受传统思想影响，希望亲上加亲，所以也有意撮合两人结婚。但是，我国法律禁止三代以内的旁系血亲结婚，因此，陈某和王某作为表兄妹是不能结婚的。

💡 男女双方在年龄上满足什么条件才能结婚？

小韩和男朋友小李同龄，两人 19 岁时高中毕业并确定了恋爱关系。小韩高考成绩优异，考上了外地某所大学。但小李高考失利，只能在老家找份谋生的工作。担心小韩在大学期间找新的男朋友，小李便提出两人先结婚。那么，19 岁的小李和小韩可以结婚吗？

我国《民法典》第一千零四十七条规定："结婚年龄，男不得早于二十二周岁，女不得早于二十周岁。"由条文规定可知，男性法定结婚年龄是 22 周岁，女性法定结婚年龄是 20 周岁，男女双方任何一方没有达到法定结婚年龄，都是不能结婚的。案例中两人都没有达到法定结婚年龄，婚姻登记机关不会给予登记，如果谎报年龄骗领了结婚证，两人的婚姻也属于无效婚姻。

没有经过登记就不是合法夫妻吗？

我国《民法典》第一千零四十九条规定："要求结婚的男女双方应当亲自到婚姻登记机关申请结婚登记。符合本法规定的，予以登记，发给结婚证。完成结婚登记，即确立婚姻关系。未办理结婚登记的，应当补办登记。"同时，《最高人民法院关于适用〈中华人民共和国民法典〉婚姻家庭编的解释（一）》第七条规定："未依据民法典第一千零四十九条规定办理结婚登记而以夫妻名义共同生活的男女，提起诉讼要求离婚的，应当区别对待：（一）1994 年 2 月 1 日民政部《婚姻登记管理条例》① 公布实施以前，男女双方已经符合结婚实质要件的，按事实婚姻处理。（二）1994 年 2 月 1 日民政部《婚姻登记管理条例》② 公布实施以后，男女双方符合结婚实质要件的，人民法院应当告知其补办结婚登记。未补办结婚登记的，依据本解释第三条规定处理。"该司法解释第三条规定："当事人提起诉讼仅请求解除同居关系的，人民法院不予受理；已经受

---

① 现为《婚姻登记条例》。
② 同上注。

理的，裁定驳回起诉。当事人因同居期间财产分割或者子女抚养纠纷提起诉讼的，人民法院应当受理。"

由条文规定可知，男女双方确立合法有效的夫妻关系的方式，是到婚姻登记机关进行结婚登记，领取结婚证。或许，有一些人认为举办婚礼就是结婚了，但是，如果没有领取结婚证，男女双方在法律上仍然没有确立夫妻关系，也就不属于合法夫妻。

结婚登记时谎报年龄取得了结婚证，若干年后还是无效婚姻吗？

王某与女朋友高某谈了两年恋爱，在王某20岁的时候，女朋友高某怀孕。王某的父母主张两人赶紧结婚，但王某还没有达到法定结婚年龄。为了办理结婚登记，王某使用了假身份证谎报了年龄，与高某领取了结婚证。那么，王某与高某的婚姻一直无效吗？

我国《民法典》第一千零五十一条规定："有下列情形之一的，婚姻无效：（一）重婚；（二）有禁止结婚的亲属关系；（三）未到法定婚龄。"同时，《最高人民法院关于适用〈中华人民共和国民法典〉婚姻家庭编的解释（一）》第十条规定："当事人依据民法典第一千零五十一条规定向人民法院请求确认婚姻无效，法定的无效婚姻情形在提起诉讼时已经消失的，人民法院不予支持。"

据此可知，未达到法定婚龄是不能办理结婚登记的，即使谎报年龄骗领了结婚证，也属于无效婚姻。但是，为了维护婚姻及家庭的稳定，法律又规定当该情况随着时间消失时，法院予以认可婚姻有效。案例中，王某在20岁时谎报年龄领取了结婚证，此时他与高某的婚姻属于无效婚姻。但随着年龄的增长，王某已经达到了法定结婚年龄，无效婚姻的情形已经消失了，故王某与高某的婚姻由无效婚姻变为合法、有效的婚姻。

向人民法院申请宣告婚姻无效的，必须是当事人本人吗？

我国《民法典》第一千零五十一条规定："有下列情形之一的，婚姻无效：（一）重婚；（二）有禁止结婚的亲属关系；（三）未到法定婚龄。"对于无效婚姻，当事人有权向人民法院申请宣告婚姻无效。对此，《最高人民法院关于适用〈中华人民共和国民法典〉婚姻家庭编的解释（一）》第九条规定："有权依据民法典第一千零五十一条规定向人民法院就已办理结婚登记的婚姻请求确认婚姻无效的主体，包括婚姻当事人及利害关系人。其中，利害关系人包括：（一）以重婚为由的，为当事人的近亲属及基层组织；（二）以未到法定婚龄为由的，为未到法定婚龄者的近亲属；（三）以有禁止结婚的亲属关系为由的，为当事人的近亲属。"

由上述条文规定可知，除了婚姻当事人之外，有权申请婚姻无效的主体还包括与婚姻关系有关的利害关系人。例如，佳佳在8岁的时候，父亲因病去世，她的母亲一人把佳佳抚养长大。刚满19周岁的佳佳与30岁的刘某相识、相恋，在很大程度上是因为刘某能给予佳佳父亲般的照顾，佳佳托人改了自己身份证的年龄与刘某领取了结婚证。佳佳的母亲知道后，不同意佳佳嫁给和她年龄差距如此大的刘某，认为佳佳是被刘某欺骗才办理的结婚登记。在这种情况下，佳佳的母亲可以佳佳近亲属的身份，向法院申请宣告佳佳与刘某的婚姻无效。

男女双方对婚姻无效的判决不服，有权上诉吗？

小萱与何某经人介绍认识，不久后结婚生下一子。何某的母亲对小萱这个儿媳非常满意，小萱与婆婆相处得也非常不错。两年后，何某不知通过什么方式与夏女士登记结了婚。小萱得知后非常伤心，不愿理何某。何某的母亲为了维护家庭和谐，向法院申请何某与夏女士的婚姻无效，取得胜诉判决。那么，何某可以向法院提起上诉吗？

《最高人民法院关于适用〈中华人民共和国民法典〉婚姻家庭编的解释（一）》第十一条规定："人民法院受理请求确认婚姻无效案件后，原告申请撤诉的，不予准许。对婚姻效力的审理不适用调解，应当依法作出判决。涉及财产分割和子女抚养的，可以调解。调解达成协议的，另行制作调解书；未达成调解协议的，应当一并作出判决。"

《民法典》出台之前，有关婚姻效力的判决一经作出即发生法律效力，当事人不得上诉。《民法典》及相关司法解释编纂期间，立法者和最高人民法院结合我国司法实践中的实际情况，删除了此规定，从而允许当事人上诉。本案中，如果何某不服一审法院的判决，可以在上述期限内提出上诉。

💡 男方冒充富二代与女方结婚，女方能以受骗为由向法院申请撤销婚姻吗？

唐某经人介绍认识了女友萍萍，唐某知道萍萍爱慕虚荣，便谎称自己是某公司股东的儿子，家中非常有钱。萍萍相信了，便与唐某闪婚，领取了结婚证。后来，萍萍知道自己被骗，向法院提起申请撤销婚姻。那么，萍萍的请求会得到法院的支持吗？

我国《民法典》第一千零五十二条第一款规定："因胁迫结婚的，受胁迫的一方可以向人民法院请求撤销婚姻。"第一千零五十三条第一款规定："一方患有重大疾病的，应当在结婚登记前如实告知另一方；不如实告知的，另一方可以向人民法院请求撤销婚姻。"

由此可见，可撤销婚姻并不包括除隐瞒重大疾病外因受到欺骗而结婚的情形。在上面的案例中，如果萍萍是因唐某隐瞒家庭经济条件而申请撤销婚姻，那么其申请不会得到法院的支持。

受胁迫与他人结婚后，向法院请求撤销婚姻有时间限制吗？

我国《民法典》第一千零五十二条规定："因胁迫结婚的，受胁迫的一方可以向人民法院请求撤销婚姻。请求撤销婚姻的，应当自胁迫行为终止之日起一年内提出。被非法限制人身自由的当事人请求撤销婚姻的，应当自恢复人身自由之日起一年内提出。"此外，《最高人民法院关于适用〈中华人民共和国民法典〉婚姻家庭编的解释（一）》第十九条第一款规定："民法典第一千零五十二条规定的'一年'，不适用诉讼时效中止、中断或者延长的规定。"

由条文规定可知，因胁迫而结婚的一方当事人应当在办理胁迫行为终止之日起一年内向法院提起撤销婚姻的诉请，而且这一年不适用诉讼时效中止、中断或者延长的规定。但如果被非法限制人身自由的，应当在人身自由恢复后一年内向法院提起撤销申请。法律规定了一年时效主要是为了督促受胁迫的当事人及时行使权利，让当事人及早摆脱困扰。同时，也是为了提高司法效率，使司法资源得以充分利用。

夫妻一方婚前未将自己的重大疾病告知对方，对方可以请求撤销婚姻吗？

我国《民法典》第一千零五十三条规定："一方患有重大疾病的，应当在结婚登记前如实告知另一方；不如实告知的，另一方可以向人民法院请求撤销婚姻。请求撤销婚姻的，应当自知道或者应当知道撤销事由之日起一年内提出。"

从这条规定可以看出，一方患有重大疾病却并未在婚前如实告知，另一方虽然不能请求确认婚姻无效，但可以要求法院对两人的婚姻进行撤销。婚姻撤销后，两人之间的夫妻关系自始无效。

例如，小白和小曲是一对恋人，小白在明知小曲非常喜欢孩子的情况下，却并未将自己天生无法生育的情况告知小曲。婚后，小曲无意中发现小白无法生育，认为自己受到了欺骗，非常愤怒。那么，小曲可以向法院申请撤销与小白之间的婚姻关系，只不过，小曲应注意"一年"的有效期，即应当自知道或者应当知道撤销事由之日起一年内提出。

💡 婚姻无效或被撤销的男女双方，在夫妻关系、财产及子女抚养方面会如何处理？

白女士因被曹某胁迫并限制人身自由，与曹某结婚，结婚后白女士生下一个女儿。后来，白女士以被胁迫为由向法院申请撤销婚姻，获得法院支持。那么，婚姻被撤销后，白女士与曹某在夫妻关系、财产及子女抚养方面会如何处理呢？

我国《民法典》第一千零五十四条规定："无效的或者被撤销的婚姻自始没有法律约束力，当事人不具有夫妻的权利和义务。同居期间所得的财产，由当事人协议处理；协议不成的，由人民法院根据照顾无过错方的原则判决。对重婚导致的无效婚姻的财产处理，不得侵害合法婚姻当事人的财产权益。当事人所生的子女，适用本法关于父母子女的规定。婚姻无效或者被撤销的，无过错方有权请求损害赔偿。"

据此可知，案例中白女士与曹某的婚姻被撤销后自始无效，二人之间不具有夫妻的权利和义务。如果二人在同居期间存在共同财产，可由白女士与曹某共同协商，对该共同财产予以处理，若协商不成，由法院依据照顾无过错方即白女士的原则进行判决。对白女士所生的女儿，应适用《民法典》中相关子女抚养问题的规定作出处理，以维护未成年子女的合法权益。

二、离　　婚

要离婚的话，一定要经过离婚冷静期才能离吗？

近些年来，由于社会观念越来越开放，人们对婚姻的态度相对来说也变得逐渐随意起来。为了使婚姻关系相对稳定，减少"冲动离婚"现象的发生，在我国《民法典》中新增了"离婚冷静期"的相关规定。《民法典》第一千零七十七条规定："自婚姻登记机关收到离婚登记申请之日起三十日内，任何一方不愿意离婚的，可以向婚姻登记机关撤回离婚登记申请。前款规定期限届满后三十日内，双方应当亲自到婚姻登记机关申请发给离婚证；未申请的，视为撤回离婚登记申请。"

从这条规定可以看出，"离婚冷静期"主要适用于协议离婚的情形。如果夫妻双方决定离婚并向离婚登记机关申请离婚登记的，必须要经过30天的冷静期，后经申请才能发给离婚证。如果夫妻双方采取诉讼离婚的方式，则不存在"30天的婚姻冷静期"之说。但需要明确的是，诉讼离婚也需要经过一定的诉讼周期后，法院才会下达离婚判决。

妻子下落不明，在不申请宣告失踪或死亡的前提下，丈夫能直接向法院提出离婚吗？

《最高人民法院关于适用〈中华人民共和国民事诉讼法〉的解释》第二百一十七条规定："夫妻一方下落不明，另一方诉至人民法院，只要求离婚，不申请宣告下落不明人失踪或者死亡的案件，人民法院应当受理，对下落不明人公告送达诉讼文书。"

由条文规定可知，如果夫妻一方下落不明，在不向法院申请宣告失踪或死亡的情况下，另一方可直接向法院提起离婚诉讼。例如，宋某与丈夫庞某结婚后，发现丈夫在外赌博，屡次劝阻，庞某都不听。宋某决定与丈夫离婚，但庞某一直不同意。后庞某担心贷款公司来找麻烦，于是跑到了外地，两年多都没有消息。在这种情况下，宋某可以直接向法院提起离婚诉讼。

只要夫妻二人分居满两年，法院就会判决两人离婚吗？

小叶与丈夫赵某结婚一年后，就被公司派到外地分公司负责一个项目。小叶在外地工作期间，赵某与韩某相识、相爱。两年后，小叶回家探亲发现此事，赵某遂提出离婚，小叶不同意。赵某说那就提起离婚诉讼，反正二人已经分居满两年，法院一定会判离。那么，赵某的说法正确吗？

根据我国《民法典》第一千零七十九条的规定，夫妻因感情不和分居满两年提出离婚的，人民法院应当进行调解；如感情确已破裂，调解无效，应准予离婚。需要注意的是，法院判决准予二人离婚的前提是因感情不和而分居满两年，并非因工作、学习等其他原因分居。案例中，小叶是因工作关系，"被迫"与丈夫赵某分居。在这种情况下，赵某向法院提起离婚诉讼，虽然二人已经分居满两年，但并不是因感情不和而分居，法院会主持调解，在仍有和好可能的前提下，人民法院也可以不判决离婚。

💡 没有征得现役军人同意的情况下，军人的配偶能向法院起诉离婚吗？

我国《民法典》第一千零八十一条规定："现役军人的配偶要求离婚，应当征得军人同意，但是军人一方有重大过错的除外。"该条文规定的现役军人，是指具有军籍、正在人民解放军或者人民武装部队服役的军人。《民法典》作出这样的规定，是对军人的婚姻给予特殊保护，这是国防建设和稳定军队的需要，有利于解除战斗在国防前线的军人的后顾之忧。如果配偶为现役军人的一方提出离婚，必须征得军人同意，除非军人一方有重大过错。而重大过错，是指军人一方重婚或者与他人同居；军人一方实施家庭暴力或者虐待、遗弃家庭成员；军人一方有赌博、吸毒等恶习屡教不改等。例如，自小就立志嫁给军人的小蕊，长大后经人介绍，如愿以偿地嫁给某军区连长冯某。结婚后，因为冯某的特殊身份，不能经常在家与妻子小蕊团聚。两年后，因聚少离多，小蕊想与冯某离婚。

但依据上述条文的规定，因为冯某没有出现重大过错，在冯某没有同意的情况下，小蕊是不能与冯某离婚的。

💡 因丈夫犯了强奸罪被判刑，妻子提起离婚诉讼，会得到法院支持吗？

施某是个装修工人。某次，在于某家装修时，施某发现于某的女儿艳艳是个精神病人，意识不清，便强行与艳艳发生了性行为。施某的行为被发现，并因此被判处五年零六个月的有期徒刑。施某的妻子佟某面对亲友的议论和嘲笑，非常痛恨施某，遂向法院起诉离婚。那么，佟某的主张能得到法院的支持吗？

根据我国《民法典》第一千零七十九条的规定，夫妻二人出现感情破裂的情形，一方直接向人民法院提出离婚诉讼，人民法院审理时，应当进行调解，如感情确已破裂，调解无效，应准予离婚。根据该条规定，出现下列情形调解无效的，应当准予离婚：（1）重婚或者与他人同居；（2）实施家庭暴力或者虐待、遗弃家庭成员；（3）有赌博、吸毒等恶习屡教不改；（4）因感情不和分居满二年；（5）其他导致夫妻感情破裂的情形。具体到上面案例，施某因犯强奸罪被判处有期徒刑，不仅严重伤害了夫妻感情，也使妻子佟某遭受非议，有极大的可能性已导致感情破裂。因此佟某向法院提起诉讼离婚，一般会得到法院的支持。

丈夫得知妻子怀了他人的孩子后，向法院提起离婚诉讼，法院会受理吗？

我国《民法典》第一千零八十二条规定："女方在怀孕期间、分娩后一年内或者终止妊娠后六个月内，男方不得提出离婚；但是，女方提出离婚或者人民法院认为确有必要受理男方离婚请求的除外。"虽然我国法律、司法解释没有对"确有必要"的情形作出明确规定，但在司法实践中一般将以下情形认定为"确有必要"：（1）女方在婚后与他人发生性关系而导致怀孕，使女方丧失保护的必要；（2）女方在怀孕期间、分娩后一年内或中止妊娠后六个月内，男方的生命受到女方的威胁或者合法的权益遭到女方严重侵犯的；（3）女方对婴儿有虐待、遗弃行为的；（4）女方婚后与他人通奸、卖淫患有性病，不宜生育的；（5）女方在婚姻关系存续期间下落不明的。例如，江某与丈夫程某结婚后，某次程某到外地出差一个月，江某与她的追求者钟某喝醉后在钟某家过夜，结果江某怀孕了。江某不想欺骗丈夫，便告诉程某自己怀了别人的孩子。程某一气之下，向法院提起离婚诉讼。由于江某在婚内怀了别人的孩子，程某难以忍受也是人之常情，江某有错在先，且因自己的过错，失去了被保护的必要。此时，程某向法院提起离婚诉讼，法院一般会受理。

💡 妻子可以以丈夫患有不能治愈的精神病为由向法院提起离婚诉讼吗？

小勇通过相亲认识了媛媛，在交往两个月后，两人"闪婚"。在结婚后的第三天，小勇告知媛媛自己患有间歇性精神病，这个病治了好久都没好。媛媛听闻如五雷轰顶，一方面认为小勇欺骗了自己，另一方面觉得自己很难与精神病人相处，提出与小勇离婚，小勇不同意。此时，媛媛可以向法院提起离婚诉讼吗？

媛媛不必提起离婚诉讼，只需向法院提出撤销婚姻即可。《民法典》第一千零五十三条规定："一方患有重大疾病的，应当在结婚登记前如实告知另一方；不如实告知的，另一方可以向人民法院请求撤销婚姻。请求撤销婚姻的，应当自知道或者应当知道撤销事由之日起一年内提出。"由条文规定可知，如果确实存在小勇婚前隐瞒患有精神病的事实，媛媛可以以其婚前隐瞒重大疾病，未履行如实告知义务为由向人民法院申请撤销婚姻。需要注意的，媛媛需要在得知此事之日起一年内提出。如果经过此期限，只能通过离婚的方式解除与小勇的婚姻关系。

💡 丈夫因妻子吸毒向法院提起离婚诉讼，法院会判离婚吗？

我国《民法典》第一千零七十九条明确规定："夫妻一方要求离婚的，可以由有关组织进行调解或者直接向人民法院提起离婚诉讼。人民法院审理离婚案件，应当进行调解；如果感情确已破裂，调解无效的，应当准予离婚。有下列情形之一，调解无效的，应当准予离婚：（一）重婚或者与他人同居；（二）实施家庭暴力或者虐待、遗弃家庭成员；（三）有赌博、吸毒等恶习屡教不改；（四）因感情不和分居满二年；（五）其他导致夫妻感情破裂的情形。一方被宣告失踪，另一方提起离婚诉讼的，应当准予离婚。经人民法院判决不准离婚后，双方又分居满一年，一方再次提起离婚诉讼的，应当准予离婚。"

据此可知，夫妻一方如果有赌博、吸毒等恶习屡教不改，导致夫妻难以共同生活的，另一方向法院提起离婚诉讼，法院会先行调解，如果调解不成，法院应依法判决准予离婚。例如，郁某是某酒吧的驻唱，认识了来酒吧喝酒的孙某，两人交往三个月后领证结婚。婚后郁某经常不回家，孙某觉得奇怪，偷偷跟踪郁某才发现郁某吸毒。孙某多次劝妻子戒毒，但都没能成功。无奈之下，孙某向法院起诉离婚。依据上面法律条文的规定，法院在审理本案时一般会先调解，调解无效后应当判决两人离婚。

💡 离婚时，丈夫有义务对生活困难的妻子提供帮助吗？

芳芳因丈夫朱某出轨，向法院提起离婚诉讼。因房子是朱某的婚前财产，离婚后的芳芳就没有了住处，但是，芳芳又要照顾孩子。那么，为解决生活困难，芳芳可以要求朱某提供帮助吗？

我国《民法典》第一千零九十条规定："离婚时，如果一方生活困难，有负担能力的另一方应当给予适当帮助。具体办法由双方协议；协议不成的，由人民法院判决。"此处的"生活困难"，一般是指依靠个人财产和离婚时分得的财产无法维持当地基本生活水平。一方离婚后没有住处的，应属于生活困难。

据此可知，离婚后的芳芳面临"无家可归"的困境，作为曾经的丈夫、孩子的父亲，朱某理应出于情感的角度对芳芳提供帮助，这也是法律赋予他的义务。

对家庭付出较多的一方在离婚时可以要求对方给予补偿吗？

我国《民法典》第一千零八十八条规定："夫妻一方因抚育子女、照料老年人、协助另一方工作等负担较多义务的，离婚时有权向另一方请求补偿，另一方应当给予补偿。具体办法由双方协议；协议不成的，由人民法院判决。"

由条文规定可知，只要一方在家庭方面付出较多，在离婚时就可以要求另一方给予补偿。例如，璐璐与小旭结婚后，慢慢把重心放到了家庭上，丈夫小旭则忙于事业，很少回家。因两人聚少离多，后小璐提出离婚。小璐作为对家庭付出较多的一方，是可以要求小旭提供相应补偿的。

丈夫出轨，妻子不提出离婚，仅就精神损害赔偿提起诉讼，会得到法院支持吗？

某天，婷婷翻看丈夫葛某的手机时，发现丈夫出轨。婷婷对丈夫的背叛非常伤心，但为了家庭又不想与丈夫离婚。为惩罚丈夫，婷婷向法院提起诉讼，要求葛某支付精神损害赔偿，那么，婷婷的请求会得到法院支持吗？

我国《民法典》第一千零九十一条规定："有下列情形之一，导致离婚的，无过错方有权请求损害赔偿：（一）重婚；（二）与他人同居；（三）实施家庭暴力；（四）虐待、遗弃家庭成员；（五）有其他重大过错。"同时，《最高人民法院关于适用〈中华人民共和国民法典〉婚姻家庭编的解释（一）》第八十七条明确规定："承担民法典第一千零九十一条规定的损害赔偿责任的主体，为离婚诉讼当事人中无过错方的配偶。人民法院判决不准离婚的案件，对于当事人基于民法典第一千零九十一条提出的损害赔偿请求，不予支持。在婚姻关系存续期间，当事人不起诉离婚而单独依据民法典第一千零九十一条提起损害赔偿请求的，人民法院不予受理。"

据此可知，只有在离婚诉讼中，夫妻一方才可以要求另一方进行损害赔偿，而且承担赔偿责任的一方要具有《民法典》第一千零九十一条中规定的情形。案例中，婷婷没有与丈夫离婚，其主张不会得到法院支持。

💡 遭受虐待的妻子，向法院提起离婚诉讼时有权要求对方给予赔偿吗？

我国《民法典》第一千零九十一条规定："有下列情形之一，导致离婚的，无过错方有权请求损害赔偿：（一）重婚；（二）与他人同居；（三）实施家庭暴力；（四）虐待、遗弃家庭成员；（五）有其他重大过错。"从条文规定可知，离婚诉讼中无过错方只有在对方具有重婚，与他人同居，实施家庭暴力，虐待、遗弃家庭成员或有其他重大过错的情况下，才可以主张离婚损害赔偿。例如，瑶瑶经朋友介绍认识了男友陈某。结婚后，瑶瑶才发现丈夫脾气暴躁，经常因为一些小事就会大发雷霆，对瑶瑶拳打脚踢。瑶瑶无法忍受陈某的虐待，向法院提起了离婚诉讼。因遭受虐待，瑶瑶在起诉离婚的同时可以要求陈某给付损害赔偿。

男女双方协议离婚后，还可以要求损害赔偿吗？

《最高人民法院关于适用〈中华人民共和国民法典〉婚姻家庭编的解释（一）》第八十九条规定："当事人在婚姻登记机关办理离婚登记手续后，以民法典第一千零九十一条规定为由向人民法院提出损害赔偿请求的，人民法院应当受理。但当事人在协议离婚时已经明确表示放弃该项请求的，人民法院不予支持。"

据此可知，如果男女双方已经通过协议离婚的方式办理离婚手续，并且其中一方在协议离婚时明确放弃要求损害赔偿，后该方又主张此项权利的，法院一般不会支持。但是只要没有明确放弃损害赔偿，协议离婚后还可以提出来。例如，小施因丈夫在婚内与他人同居，提出与丈夫离婚。在离婚协议中，双方约定两人离婚，孩子归小施抚养，夫妻共同财产一人一半。办理离婚手续后，小施依然觉得气愤，又向法院提起损害赔偿诉讼。依据上述条文的规定，小施是有权向法院起诉要求丈夫给付损害赔偿的，法院也会支持小施的主张。

协议离婚时，夫妻双方签订财产分割协议，离婚后一方反悔，可以起诉变更或者撤销吗？

沈某与丈夫楚某因感情问题协议离婚，在离婚时双方签订了财产分割协议。但离婚后不久，沈某与一位朋友聊天后，越想越觉得财产分割协议对自己不公平。那么，沈某可以就变更或者撤销财产分割协议提起诉讼吗？

《最高人民法院关于适用〈中华人民共和国民法典〉婚姻家庭编的解释（一）》第七十条明确规定："夫妻双方协议离婚后就财产分割问题反悔，请求撤销财产分割协议的，人民法院应当受理。人民法院审理后，未发现订立财产分割协议时存在欺诈、胁迫等情形的，应当依法驳回当事人的诉讼请求。"

由条文规定可知，案例中的沈某是可以以财产分割问题向法院提起诉讼的。需注意的是，法院受理后，在对本案进行审理时，如果查明不存在楚某以欺诈、胁迫等手段使沈某签订该财产分割协议的，法院一般会驳回沈某的诉讼请求。法律作出这样的规定，是因为签订财产分割协议是双方自愿作出的选择，如果法院随意变更或者撤销，会损害另一方当事人的合法权益。

男女双方离婚时，对一方婚前贷款购买、婚后夫妻共同还贷的房子该如何分割？

刘某用自己的积蓄贷款购买了某处房屋。交付了首付款后没多久，刘某与女友赵某结婚，婚后两人共同还贷。由于赵某婚后经常与婆婆争吵，而刘某非常孝顺，为维护母亲，刘某决定与赵某离婚。那么，在离婚时房子该如何分割呢？

《最高人民法院关于适用〈中华人民共和国民法典〉婚姻家庭编的解释（一）》第七十八条规定："夫妻一方婚前签订不动产买卖合同，以个人财产支付首付款并在银行贷款，婚后用夫妻共同财产还贷，不动产登记于首付款支付方名下的，离婚时该不动产由双方协议处理。依前款规定不能达成协议的，人民法院可以判决该不动产归登记一方，尚未归还的贷款为不动产登记一方的个人债务。

双方婚后共同还贷支付的款项及其相对应财产增值部分，离婚时应根据民法典第一千零八十七条第一款规定的原则，由不动产登记一方对另一方进行补偿。"

也就是说，案例中的刘某在与赵某离婚时，可以对房子的分割方式进行协商，若协商不成可提起诉讼。因为房子是刘某在婚前购买，法院一般会把房子判给刘某，并由刘某承担剩余房贷的偿还义务。由于赵某在婚后也偿还了房子的部分贷款，依据法条的规定，刘某需要给付赵某共同还贷部分的款项及房子相应增值部分的补偿。

男女双方共同出资购买一方父母单位的公房改房，并将产权登记在该方父母名下，该房产在离婚时可以作为夫妻共同财产进行分割吗？

《最高人民法院关于适用〈中华人民共和国民法典〉婚姻家庭编的解释（一）》第七十九条规定："婚姻关系存续期间，双方用夫妻共同财产出资购买以一方父母名义参加房改的房屋，登记在一方父母名下，离婚时另一方主张按照夫妻共同财产对该房屋进行分割的，人民法院不予支持。购买该房屋时的出资，可以作为债权处理。"

由条文规定可知，房改房以一方父母名义参加，产权登记在一方父母名下，即使由男女双方共同出资，也不能将该房产作为夫妻共同财产进行分割，但男女双方的出资款可以作为债权处理。

例如，房某与妻子刘某结婚后居住在房某母亲宋某单位分配的公房，多年后，公房改房，房某与妻子共同出资，以母亲宋某的名义买下了该处公房，并登记在宋某名下。后来，房某与刘某因感情不和提起了离婚诉讼。依据条文规定，在离婚诉讼中，登记在宋某名下的公房改房是不能作为房某与刘某的夫妻共同财产进行分割的，刘某只能以债权的名义，要求房某返还相应的出资款。

💡 夫妻双方在离婚时，如何防止一方转移夫妻共同财产？

《最高人民法院关于适用〈中华人民共和国民法典〉婚姻家庭编的解释（一）》第八十五条规定："夫妻一方申请对配偶的个人财产或者夫妻共同财产采取保全措施的，人民法院可以在采取保全措施可能造成损失的范围内，根据实际情况，确定合理的财产担保数额。"

据此可知，男女双方在提起离婚诉讼时，为防止一方转移夫妻共同财产，另一方可以向法院提出财产保全申请。法院受理后会对该部分财产采取查封、冻结等措施，避免一方当事人提前转移，以保障将来的生效判决能够得到执行或者避免另一方遭受财产损失。

💡 丈夫拥有某公司的股份，在离婚时应如何分割该股份呢？

张某是某有限公司的股东，持有该公司15%的股份。张某的妻子顾某是个全职太太，结婚后一直在家里照顾老人和孩子。后来，张某与公司员工孙某发生不正当关系，顾某提出离婚。在分割夫妻共同财产时，应如何对张某在公司的股份进行分割呢？

对此，《最高人民法院关于适用〈中华人民共和国民法典〉婚姻家庭编的解释（一）》第七十三条规定："人民法院审理离婚案件，涉及分割夫妻共同财产中以一方名义在有限责任公司的出资额，另一方不是该公司股东的，按以下情形分别处理：（一）夫妻双方协商一致将出资额部分或者全部转让给该股东的配偶，其他股东过半数同意，并且其他股东均明确表示放弃优先购买权的，该股东的配偶可以成为该公司股东；（二）夫妻双方就出资额转让份额和转让价格等事项协商一致后，其他股东半数以上不同意转让，但愿意以同等条件购买该出资额的，人民法院可以对转让出资所得财产进行分割。其他股东半数以上不同意转让，也不愿意以同等条件购买该出资额的，视为其同意转让，该股东的配偶可以成为该公司股东。用于证明前款规定的股东同意的证据，可以是股东会议材料，也可以是当事人通过其他合法途径取得的股东的书面声明材料。"

也就是说，案例中张某与顾某可以协商，将该公司15%的股份部分或者全部转让给顾某，但只有在过半数股东同意并且其他股东明确表示放弃优先购买权的情况下，顾某才可以成为该有限公司股东。如果过半数股东不同意张某转让股份，但同意以同等价格购买的，张某与顾某可以分割转让股份得到的收益。若过半数股东既不同意转让，也不购买的，则视为同意张某的转让行为，顾某可以成为该公司股东。

💡 离婚时，妻子有义务对丈夫创办的个人独资企业所欠的债务承担责任吗？

我国《民法典》第一千零八十九条规定："离婚时，夫妻共同债务应当共同偿还。共同财产不足清偿或者财产归各自所有的，由双方协议清偿；协议不成的，由人民法院判决。"此外，我国《个人独资企业法》第十八条规定："个人独资企业投资人在申请企业设立登记时明确以其家庭共有财产作为个人出资的，应当依法以家庭共有财产对企业债务承担无限责任。"

由条文规定可知，男女双方在离婚时需要共同偿还夫妻共同债务。当共同财产不足清偿的，或男女双方约定财产归各自所有的，对共同生活所负债务，可由双方协议清偿，协议不成，由人民法院进行判决。对于一方是某个人独资企业的投资人，该独资企业连续亏损欠债，另一方是否会成为债务人的问题，需要依据《个人独资企业法》的规定，视企业设立登记时出资的具体情况而定。例如，吴某在结婚后成立某个人独资企业，主要经营化妆品的销售。在成立该企业时，吴某与妻子胡某约定以夫妻共同财产出资。但企业成立后一直处于亏损状态，胡某见丈夫很难偿还企业所欠的债务，遂与丈夫离婚。在这种情况下，胡某在离婚时就需要对该独资公司的债务承担共同偿还的义务。因为吴某成立独资企业时是以家庭共同财产作为出资的，因此应当以家庭共同财产对企业的债务承担无限责任。

夫妻双方就财产分割达成协议，签订离婚协议后还能反悔吗？

《最高人民法院关于适用〈中华人民共和国民法典〉婚姻家庭编的解释（一）》第七十条规定："夫妻双方协议离婚后就财产分割问题反悔，请求撤销财产分割协议的，人民法院应当受理。人民法院审理后，未发现订立财产分割协议时存在欺诈、胁迫等情形的，应当依法驳回当事人的诉讼请求。"

据此可知，男女双方协议离婚，如果离婚后，一方发现在财产分割问题上存在被欺诈或胁迫的情形，可就财产分割问题向法院提起诉讼，要求变更或者撤销财产分割协议。若不存在被欺诈或者被胁迫的情形，那么法院一般会驳回当事人的申请。例如，金某是某公司的程序员，对公司的客服部职工李女士心生爱慕，后背着妻子高某与李女士出轨。被妻子高某发现后，金某直接提出离婚。在离婚协议中，金某写到婚后共同出资、全款购买的房子由金某个人所有，如果高某不签字，就永远不让高某见到孩子。高某无奈之下，只好签字。在这种情况下，高某离婚后就可以向法院提起诉讼，以被胁迫为由主张变更或者撤销该财产分割协议。

男女双方在离婚时可以分割登记在子女名下的财产吗？

诸某只有欣欣一个女儿，欣欣结婚后生下一子，名叫磊磊。诸某非常疼爱磊磊，在去世前将自己名下的房子过户给了外孙磊磊。磊磊15岁的时候，父母因感情问题提出离婚。那么，磊磊的父母在离婚时可以分割登记在磊磊名下的房产吗？

我国《民法典》第一千零八十七条规定："离婚时，夫妻的共同财产由双方协议处理；协议不成的，由人民法院根据财产的具体情况，按照照顾子女、女方和无过错方权益的原则判决。对夫或者妻在家庭土地承包经营中享有的权益等，应当依法予以保护。"由条文规定可知，夫妻双方在离婚时可以对夫妻共同财产做出处理，但不能分割其他人的财产。案例中磊磊对房产拥有所有权，因此他的父母在离婚时，不能对该房产进行分割。同时，我国《民法典》第三十五条第一款、第二款规定："监护人应当按照最有利于被监护人的原则履行监护职责。监护人除为维护被监护人利益外，不得处分被监护人的财产。未成年人的监护人履行监护职责，在作出与被监护人利益有关的决定时，应当根据被监护人的年龄和智力状况，尊重被监护人的真实意愿。"由条文规定可知，登记在磊磊名下的房屋属于磊磊的个人财产，他的父母应充分为磊磊的合法权益考虑，履行监护人的法定义务，维护磊磊的利益，不得在离婚时，对磊磊名下的房产进行分割。

女方提起离婚诉讼后能向法院申请撤诉吗？

我国《民事诉讼法》第一百四十八条规定："宣判前，原告申请撤诉的，是否准许，由人民法院裁定。人民法院裁定不准许撤诉的，原告经传票传唤，无正当理由拒不到庭的，可以缺席判决。"

由条文规定可知，提起离婚诉讼后，原告方可以向法院申请撤诉，但是否准许撤诉，应当由法院根据实际情况作出裁定。在司法实践中，离婚诉讼可以准予当事人撤诉的条件有以下几个方面：（1）申请撤诉的人是提起诉讼当事人本人或者其法定代理人或者经过特别授权的委托代理人；（2）申请撤诉是出于自愿而非受人强迫；（3）申请撤诉必须符合法律规定，即撤诉不得侵犯国家、集体或者他人的合法权益，不得规避法律；（4）申请撤诉必须在宣判以前提出。

例如，刘某通过招聘被某外企录用，但需要到国外培训两年。妻子马某不同意，不想过两地分居的生活，但刘某坚持要去，于是马某向法院提起离婚诉讼。后刘某经过慎重考虑觉得婚姻比工作重要，便向妻子道歉，决定不去那家外企公司工作了。马某见刘某回心转意，便不想与刘某离婚了。此时，法院尚未作出判决，马某可以向法院提出撤诉申请。因马某提出撤诉的请求满足上述条件，法院一般会准予撤诉。

男方收到一审法院准予离婚的判决后，可以马上与别人结婚吗？

韦某与妻子孔某结婚两年，因妻子太过强势，经常对韦某发脾气，韦某感受不到夫唱妇随的和睦生活，坚持要离婚。因孔某不同意，韦某便与孔某分居，两年后提起了离婚诉讼。一审法院判决准予离婚。此时，韦某可以马上与别人登记结婚吗？

我国《民事诉讼法》第一百七十一条规定："当事人不服地方人民法院第一审判决的，有权在判决书送达之日起十五日内向上一级人民法院提起上诉。当事人不服地方人民法院第一审裁定的，有权在裁定书送达之日起十日内向上一级人民法院提起上诉。"

由此可知，我国实行两审终审制，在一审判决送达后，如果当事人对判决不服，可以在十五天内提起上诉，若不提出上诉，则一审判决生效并发生法定效力。在上面的案例中，作为离婚诉讼的原告，韦某收到准予离婚的判决后，不确定孔某是否会提起上诉，一审判决尚未发生法定效力，因此二人的婚姻关系尚未解除，此时韦某是不能立即与他人结婚的。

💡 男女双方离婚后想要复婚，必须办理复婚登记才能恢复婚姻关系吗？

我国《民法典》第一千零八十三条规定："离婚后，男女双方自愿恢复婚姻关系的，应当到婚姻登记机关重新进行结婚登记。"由条文规定可知，男女双方在离婚后，如果想要复婚，必须到婚姻登记机关进行复婚登记。复婚就相当于重新登记结婚，需按照我国《民法典》第一千零四十九条的规定办理相关手续，即："要求结婚的男女双方应当亲自到婚姻登记机关申请结婚登记。符合本法规定的，予以登记，发给结婚证。完成结婚登记，即确立婚姻关系。未办理结婚登记的，应当补办登记。"

也就是说，只有进行登记，才能发生婚姻关系恢复的法律效力。例如，康某是某火车站的乘务员，通过相亲认识了男友姚某，交往一年后，两人登记结婚并举行了婚礼。婚后不久，康某发现与姚某在很多方面都不能达成共识，便与姚某协议离婚。离婚后两个月，康某发现自己怀孕，康某非常喜欢孩子，想把孩子生下来，也想给孩子一个完整的家庭，于是决定与姚某复婚。依据上述条文的规定，康某如果与姚某复婚，必须到婚姻登记机关进行登记，否则，婚姻关系不能自行恢复。

💡 离婚后，女方发现男方隐藏了夫妻共同财产，如果请求再次分割夫妻共有财产，应在什么时间内提出？

严某是某酒吧的负责人，与妻子柳某结婚七年。现因感情问题，严某决定与柳某离婚，双方在离婚协议中对夫妻共同财产进行了分割。离婚后不久，柳某经调查发现严某瞒着自己存了150万元的存款，这笔存款都是酒吧这些年的经营收入。请问，柳某可以提起再次分割夫妻共同财产的诉请吗？应在什么时间内提出？

我国《民法典》第一千零九十二条规定："夫妻一方隐藏、转移、变卖、毁损、挥霍夫妻共同财产，或者伪造夫妻共同债务企图侵占另一方财产的，在离婚分割夫妻共同财产时，对该方可以少分或者不分。离婚后，另一方发现有上述行为的，可以向人民法院提起诉讼，请求再次分割夫妻共同财产。"同时，《最高人民法院关于适用〈中华人民共和国民法典〉婚姻家庭编的解释（一）》第八十四条规定："当事人依据民法典第一千零九十二条的规定向人民法院提起诉讼，请求再次分割夫妻共同财产的诉讼时效期间为三年，从当事人发现之日起计算。"

据此可知，上面的案例中，柳某离婚后发现严某在离婚的时候隐藏了夫妻共同财产,也就是在双方婚姻关系存续期间严某经营酒吧的收入。柳某可以依据《民法典》第一千零九十二条的规定,向法院提起再次分割夫妻共同财产的诉讼。需要注意的是,柳某应当在发现严某隐藏夫妻共同财产之日后的三年内提起诉讼,否则过了诉讼时效,就会承担丧失胜诉权的不利后果。

三、家庭暴力

哪些行为构成家庭暴力？

我国《反家庭暴力法》第二条规定："本法所称家庭暴力，是指家庭成员之间以殴打、捆绑、残害、限制人身自由以及经常性谩骂、恐吓等方式实施的身体、精神等侵害行为。"据此可知，所谓家庭暴力，是指在家庭成员中，施暴者以殴打、捆绑、残害等手段对其他家庭成员进行身体、心理上的伤害和摧残的行为，使家庭成员遭受身体上或心理上的痛苦。

在现实生活中，实施家庭暴力的多为男方，妇女和儿童则为家庭暴力的主要受害者。我们经常能见到家庭暴力的行为，如史某是某娱乐公司的签约艺人，是众所周知的"流量小花旦"，在演艺事业高峰期嫁给某富豪庞某。婚后不久，史某就在微博上发布被家暴的照片，十几分钟内登上了微博热搜。从史某发布的照片，可以清晰地看出史某因被殴打，导致身体上多处出现瘀青。事后，庞某发布新闻记者会，承认了家暴的事实，并通过媒体向史某及公众道歉。案例中庞某的行为就属于家庭暴力，其是以殴打的方式伤害史某，如果庞某持续、经常性地实施家庭暴力，可能会构成虐待，情节严重的，很可能会构成犯罪。

实施家庭暴力的人会受到刑罚处罚吗？

詹某与妻子许某生了一个女儿文文，在文文5岁的时候，许某因车祸去世。后来，詹某与蔡女士结婚。蔡女士脾气比较暴躁，每次与詹某吵完架后，就对文文拳打脚踢，文文的身上经常带着伤痕。有一次，蔡女士再次动手打文文，打得过重，导致文文受伤住进了医院，文文的爷爷奶奶才知道文文经常受蔡女士的虐待。那么，蔡女士会受到刑事处罚吗？

我国《刑法》第二百六十条规定："虐待家庭成员，情节恶劣的，处二年以下有期徒刑、拘役或者管制。犯前款罪，致使被害人重伤、死亡的，处二年以上七年以下有期徒刑。第一款罪，告诉的才处理，但被害人没有能力告诉，或者因受到强制、威吓无法告诉的除外。"根据上述条文的规定，虐待家庭成员情节恶劣的，构成虐待罪，依法应处以二年以下有期徒刑、拘役或者管制。如果致被害人重伤、死亡的，则被判处二年以上七年以下有期徒刑。

案例中，蔡女士一旦与詹某发生争吵，就将怒火发泄到文文身上，对文文的殴打已经是经常性的行为。蔡女士殴打文文已经构成了虐待，依法应对蔡女士判处二年以下有期徒刑、拘役或者管制。需要注意的是，虐待他人但尚未造成重伤、死亡的，对实施虐待的行为人，法院实行"不告不理"，即被虐待的人不向法院起诉，则法院不会主动追究罪责。

遭受家庭暴力的人该怎样维护自身的合法权益呢？

我国《反家庭暴力法》第十三条规定："家庭暴力受害人及其法定代理人、近亲属可以向加害人或者受害人所在单位、居民委员会、村民委员会、妇女联合会等单位投诉、反映或者求助。有关单位接到家庭暴力投诉、反映或者求助后，应当给予帮助、处理。家庭暴力受害人及其法定代理人、近亲属也可以向公安机关报案或者依法向人民法院起诉。单位、个人发现正在发生的家庭暴力行为，有权及时劝阻。"同时，本法第二十三条还规定："当事人因遭受家庭暴力或者面临家庭暴力的现实危险，向人民法院申请人身安全保护令的，人民法院应当受理。当事人是无民事行为能力人、限制民事行为能力人，或者因受到强制、威吓等原因无法申请人身安全保护令的，其近亲属、公安机关、妇女联合会、居民委员会、村民委员会、救助管理机构可以代为申请。"

据此可知，遭受家庭暴力的当事人可向其所在的居民委员会、村民委员会等机构寻求帮助，其本人或者其法定代理人、近亲属还可以向公安机关报案或者依法向人民法院提起诉讼。另外一个途径是，当事人可以向法院申请人身安全保护令，如果当事人本人因法定原因无法申请的，可以由其近亲属、公安机关等代为申请。例如，贺某与丈夫朱某生育一子大伟，自大伟上学后，贺某与朱某就对大伟疏于管教，以致大伟经常跟一些社会"小混混"玩在一起。大伟40岁的时候，父亲朱某因病去世，大伟不仅对母亲不管不顾，还经常向母亲贺某要钱，如果母亲不给他，就对母亲拳脚相加。在这种情况下，贺某就可以通过上述途径寻求帮助，避免被家暴。

什么是人身安全保护令？必须本人才能申请吗？

邵某是一位单亲父亲，在外卖平台负责送货，每天工作非常辛苦，送货超时还会被顾客责怪，被点差评。邵某每天下班后心情都很差，回家后就经常将心中的怨气发泄到儿子北北身上，对儿子实施家庭暴力。北北只有 7 岁，如果申请人身安全保护令，必须北北本人申请吗？

人身安全保护令是人民法院的一种民事强制措施，目的是保护遭受家庭暴力的人员的人身安全。我国《反家庭暴力法》第二十三条规定："当事人因遭受家庭暴力或者面临家庭暴力的现实危险，向人民法院申请人身安全保护令的，人民法院应当受理。当事人是无民事行为能力人、限制民事行为能力人，或者因受到强制、威吓等原因无法申请人身安全保护令的，其近亲属、公安机关、妇女联合会、居民委员会、村民委员会、救助管理机构可以代为申请。"

依据上述条文的规定，以下三种情况可以由他人代为申请人身安全保护令：（1）当事人是无民事行为能力人；（2）当事人是限制民事行为能力人；（3）当事人因受到强制、恐吓等原因而无法申请。在上面的案例中，北北只有 7 岁，属于无民事行为能力人，因此，在北北不能自己申请人身安全保护令的情况下，可以由北北的近亲属、公安机关、妇女联合会、居民委员会、村民委员会、救助管理机构代为申请。

法院出具的人身安全保护令能够永远有效吗？

我国《反家庭暴力法》第三十条规定："人身安全保护令的有效期不超过六个月，自作出之日起生效。人身安全保护令失效前，人民法院可以根据申请人的申请撤销、变更或者延长。"也就是说，申请人向法院申请的人身安全保护令有效期为六个月，如果申请人认为六个月过后还存在被家庭暴力的危险，可以在人身安全保护令失效前，向法院申请延长。例如，田某从某小城镇来到大都市 A 市打拼，后与 A 市的周某结婚，并定居在 A 市。周某出生于 A 市，在田某面前自带一种优越感，稍有不顺心的地方就殴打田某。田某向朋友倾诉，朋友得知田某的情况后，告知田某可以向法院申请人身安全保护令。于是，田某向法院申请了人身安全保护令。依据上述条文的规定，田某申请的人身安全保护令只有六个月的有效期，过了六个月后就失效了。如果田某认为还有被保护的必要，可以向法院申请延长人身安全保护令的有效期。

在满足哪些条件下，法院会作出人身安全保护令？人身安全保护令包含哪些措施呢？

在日常生活中，实施家庭暴力的案例屡见不鲜，如小侯与小蒋经人介绍认识，谈了两三个月的恋爱后，两人就领证结婚了。由于交往时间不长，小侯并没有完全了解小蒋，婚后才慢慢发现，小蒋脾气非常暴躁，经常对自己实施家庭暴力，小侯无法忍受，想要向法院申请人身安全保护令。那么，申请人身安全保护令需要满足哪些条件呢？

我国《反家庭暴力法》第二十七条规定："作出人身安全保护令，应当具备下列条件：（一）有明确的被申请人；（二）有具体的请求；（三）有遭受家庭暴力或者面临家庭暴力现实危险的情形。"依据条文的规定可知，小侯在申请人身安全保护令时，需要提供小蒋详细的身份信息，提出明确的申请人身安全保护令的请求，还有一点就是小侯有遭受家庭暴力或者面临家庭暴力的现实危险。上述三个条件必须全部具备，缺一不可。

另外，根据我国《反家庭暴力法》第二十九条的规定，人身安全保护令可以包括下列措施：（1）禁止被申请人实施家庭暴力；（2）禁止被申请人骚扰、跟踪、接触申请人及其相关近亲属；（3）责令被申请人迁出申请人住所；（4）保护申请人人身安全的其他措施。案例中的小侯申请人身安全保护令后，法院会依据小侯的具体情况，禁止小蒋对小侯实施家庭暴力。

家庭暴力情节轻微，施暴者会免予处罚吗？

我国《反家庭暴力法》第十六条规定："家庭暴力情节较轻，依法不给予治安管理处罚的，由公安机关对加害人给予批评教育或者出具告诫书。告诫书应当包括加害人的身份信息、家庭暴力的事实陈述、禁止加害人实施家庭暴力等内容。"同时，本法第十七条规定："公安机关应当将告诫书送交加害人、受害人，并通知居民委员会、村民委员会。居民委员会、村民委员会、公安派出所应当对收到告诫书的加害人、受害人进行查访，监督加害人不再实施家庭暴力。"

据此可知，在施暴者实施的家庭暴力情节较轻的情况下，可以依法不对施暴者进行治安管理处罚，但公安机关应当对施暴者给予批评教育或者出具告诫书，并通知居民委员会、村民委员会。居民委员会、村民委员会、公安派出所等机构应对家庭暴力的当事人进行查访，确保施暴者不再实施家庭暴力。如果实施家庭暴力的情节严重，施暴者将面临治安管理处罚，若构成犯罪的，还会被追究刑事责任。

例如，奚某在"双十一"购物节当天，趁丈夫任某睡着以后，用丈夫的银行卡花了五万元购买了化妆品、手提包等物品，但这五万元正好是任某替公司置办货物的钱。因卡里的钱被妻子奚某花掉，任某没有按时为公司置办货物，导致任某被领导骂了一通。任某回家后动手打了妻子，奚某向公安机关报警。公安机关接警后，了解了案件详情，认为家庭暴力情节较轻，任某也当场向妻子认错，保证以后再也不动手，便没有对任某进行治安管理处罚，只是口头批评教育了一番。

四、夫妻财产

如何确定婚姻关系存续期间的财产为夫妻一方的个人财产?

我国《民法典》第一千零六十三条明确规定:"下列财产为夫妻一方的个人财产:(一)一方的婚前财产;(二)一方因受到人身损害获得的赔偿或者补偿;(三)遗嘱或者赠与合同中确定只归一方的财产;(四)一方专用的生活用品;(五)其他应当归一方的财产。"

由条文规定可知,并非所有在婚后取得的财产都为夫妻共同财产,上述条文列明的财产应认定为夫或妻一方的个人财产。有这样一个例子,陶某喜欢收藏,在他收藏的物品中比较珍贵的就是几枚勋章。陶某去世的时候,立下遗嘱,将他收藏的勋章交由儿子陶甲个人继承。依据上述条文的规定可知,陶某在遗嘱中明确由儿子陶甲个人继承这几枚勋章,那么这些勋章就属于陶甲的个人财产,即使是在婚后取得,也不能认定为夫妻共同财产。

女方可以在婚姻关系存续期间主张分割夫妻共同财产吗?

范某与丈夫谢某结婚后买了三套房子,每人名下都登记一套,另外一套登记了两人的名字。某次,范某怀疑丈夫出轨,经丈夫解释后才知道是误会。但范某依然担心,为以防万一,范某向法院申请分割夫妻共同财产，要求各自名下的房子归各自所有，另外一套变更到自己名下，自己给付丈夫一定的补偿金。那么，范某的主张会得到法院支持吗？

对此，《民法典》第一千零六十六条规定："婚姻关系存续期间，有下列情形之一的，夫妻一方可以向人民法院请求分割共同财产：（一）一方有隐藏、转移、变卖、毁损、挥霍夫妻共同财产或者伪造夫妻共同债务等严重损害夫妻共同财产利益的行为；（二）一方负有法定扶养义务的人患重大疾病需要医治，另一方不同意支付相关医疗费用。"

也就是说，除非有法定的情形，否则在婚姻关系存续期间内，夫妻一方要求分割共同财产的，人民法院不会支持。案例中范某与谢某没有出现上述两种情形，因此范某的分割夫妻共同财产的请求不会得到法院支持。

一方婚前的个人财产在婚后产生的收益，离婚时，另一方可以诉请将该收益作为夫妻共同财产进行分割吗？

《最高人民法院关于适用〈中华人民共和国民法典〉婚姻家庭编的解释（一）》第二十六条规定："夫妻一方个人财产在婚后产生的收益，除孳息和自然增值外，应认定为夫妻共同财产。"

条文规定的孳息，主要是指存款利息、有价证券收益、股权分红等，自然增值如房屋市场价值的上涨等，这些婚后取得的财产收益依法应为夫妻一方的个人财产所产生的附加价值，其不能作为夫妻共同财产进行分割。但对婚后其他部分的收益，则可以认定为夫妻共同财产进行分割。例如，莫某在婚前就经营了一家奶牛场，与妻子丁某结婚后，丁某在工作之余也帮助莫某处理一些奶牛场的事务。后来，因感情问题，丁某提出与莫某离婚。此时，丁某就可以主张将奶牛场的收益作为夫妻共同财产予以分割。

男方婚前个人全款购买的房子，婚后会变成夫妻共同财产吗？

《最高人民法院关于适用〈中华人民共和国民法典〉婚姻家庭编的解释（一）》第三十一条规定："民法典第一千零六十三条规定为夫妻一方的个人财产，不因婚姻关系的延续而转化为夫妻共同财产。但当事人另有约定的除外。"

由条文规定可知，夫妻一方的婚前个人财产，不会因婚姻关系的延续而变成夫妻共同财产，除非夫妻双方另有约定。但是，对于夫或妻一方的个人财产在婚后所产生的收益，孳息和自然增值部分归个人所有，其他收益则属于夫妻共同财产。

有这样一个例子：鲍某在婚前购买了某市河东区的房子。结婚后，因妻子马某工作地点的原因，两人又购买了河西区的一处房子。鲍某就将河东区的房子租了出去，夫妻二人共同居住在河西区。依据条文的规定可知，鲍某在河东区的房子属于鲍某婚前个人财产，除非鲍某与妻子有约定，否则这处房产不会变为夫妻共同财产。收取的租金属于婚前个人财产产生的孳息，依法也属于鲍某的个人财产。

女方父母给女儿的陪嫁属于女方的个人财产吗？

毛某与妻子胡某只生了小桐一个女儿。在小桐出嫁的时候，毛某夫妻非常舍不得。为了让女儿嫁得风光，毛某为女儿购买了一套房子登记在女儿名下，并置办了一些金银首饰，作为女儿的陪嫁。那么，小桐的这些陪嫁属于她的个人财产吗？

我国《民法典》第一千零六十三条规定:"下列财产为夫妻一方的个人财产:(一)一方的婚前财产;(二)一方因受到人身损害获得的赔偿或者补偿;(三)遗嘱或者赠与合同中确定只归一方的财产;(四)一方专用的生活用品;(五)其他应当归一方的财产。"

由条文规定可知,毛某夫妻给予女儿小桐的陪嫁,属于毛某夫妻在女儿婚前对女儿个人的赠与,小桐接受这些财产后,即取得了财产所有权,因此这些财产依法应认定为小桐的婚前个人财产。

男方因身体伤害得到的医疗赔偿属于夫妻共同财产吗?

我国《民法典》第一千零六十三条规定:"下列财产为夫妻一方的个人财产:(一)一方的婚前财产;(二)一方因受到人身损害获得的赔偿或者补偿;(三)遗嘱或者赠与合同中确定只归一方的财产;(四)一方专用的生活用品;(五)其他应当归一方的财产。"

根据条文的规定可知,一方受到身体伤害获得的赔偿或补偿等费用应用于该方身体的治疗、生活的补助,依法属于夫或妻一方的个人财产,而不能认定为夫妻共同财产。例如,罗某因发生交通事故导致左腿残疾,提起诉讼后得到赔偿,其中有一笔20万元的残疾人生活补助费。罗某的妻子纪某嫌弃丈夫变成残疾人,便要求与罗某离婚。在离婚分割夫妻共同财产时,该20万元残疾人生活补助费属于罗某的个人财产,纪某就不可以要求分割。

夫妻一方在婚姻关系存续期间取得的住房公积金是夫妻共同财产吗?

汪某大学毕业后考入某事业单位,虽然工资不高,但待遇非常不错，尤其是住房公积金的数额比较高。到单位工作后不久，汪某便与女友祝某结婚，祝某是某商场的销售人员，单位没有给缴纳公积金。那么，汪某在婚姻关系存续期间取得的住房公积金属于夫妻共同财产吗？

《最高人民法院关于适用〈中华人民共和国民法典〉婚姻家庭编的解释（一）》第二十五条规定："婚姻关系存续期间，下列财产属于民法典第一千零六十二条①规定的'其他应当归共同所有的财产'：（一）一方以个人财产投资取得的收益；（二）男女双方实际取得或者应当取得的住房补贴、住房公积金；（三）男女双方实际取得或者应当取得的基本养老金、破产安置补偿费。"

住房公积金制度实际上是一种住房保障制度，是住房分配货币化的一种形式，也属于个人所取得的财产收益。由条文规定可知，案例中汪某在婚后取得的住房公积金应属于夫妻共同财产。

对婚前一方父母出资购置的房屋，另一方可以主张是夫妻共同财产吗？

骆某因为长相问题一直没有找到女朋友。骆某的父母出资为骆某购买了某处房屋，二老认为有了房子，能帮助骆某早点找到合适的对象。后来，骆某经人介绍认识了赵某，半年后两人领证结婚。那么，对于这套婚前由父母购买的房子，赵某能主张是夫妻共同财产吗？

---

① 《民法典》第一千零六十二条　夫妻在婚姻关系存续期间所得的下列财产，为夫妻的共同财产，归夫妻共同所有：（一）工资、奖金、劳务报酬；（二）生产、经营、投资的收益；（三）知识产权的收益；（四）继承或者受赠的财产，但是本法第一千零六十三条第三项规定的除外；（五）其他应当归共同所有的财产。夫妻对共同财产，有平等的处理权。

我国《民法典》第一千零六十三条规定："下列财产为夫妻一方的个人财产：（一）一方的婚前财产；（二）一方因受到人身损害获得的赔偿或者补偿；（三）遗嘱或者赠与合同中确定只归一方的财产；（四）一方专用的生活用品；（五）其他应当归一方的财产。"同时，《最高人民法院关于适用〈中华人民共和国民法典〉婚姻家庭编的解释（一）》第二十九条第一款规定："当事人结婚前，父母为双方购置房屋出资的，该出资应当认定为对自己子女个人的赠与，但父母明确表示赠与双方的除外。"

据此可知，父母出资为子女在婚前购置的房屋应认定为对子女个人的赠与，除非父母明确表示将房屋赠与给男女双方，否则该房屋就属于男方或女方的个人财产。案例中，骆某父母在骆某婚前为其购买的房屋，依法应认定为骆某在婚前的个人财产。

💡 结婚后，男方父母出资购买并登记在男方名下的房产，属于夫妻共同财产吗？

《最高人民法院关于适用〈中华人民共和国民法典〉婚姻家庭编的解释（一）》第二十九条第二款规定："当事人结婚后，父母为双方购置房屋出资的，依照约定处理；没有约定或者约定不明确的，按照民法典第一千零六十二条第一款第四项规定的原则处理。"《民法典》第一千零六十二条第一款又规定："夫妻在婚姻关系存续期间所得的下列财产，为夫妻的共同财产，归夫妻共同所有：……（四）继承或者受赠的财产，但是本法第一千零六十三条第三项[①]规定的除外；……"

---

① 《民法典》第一千零六十三条：下列财产为夫妻一方的个人财产：……（三）遗嘱或赠与合同中确定只归一方的财产；……

据此可知，婚后父母为子女出资购买房屋并登记在子女个人名下，有约定的，按照约定认定房屋的所有权归属，没有约定或约定不明确的，按照受赠与的房产对待。如果父母明确只赠与其子女的，那么该房产属于子女的个人财产，否则，为夫妻共同财产。例如，吕某是个爱攀比的人，婚后见到闺密都住进了新房，便对丈夫心生不满，整日数落丈夫曹某。曹某的父母心疼儿子，老两口拿出自己的积蓄，为儿子买了一套新房，并在房本上写上曹某的名字，但没有就房屋的具体归属进行约定，也没有明确该房屋是对儿子的个人赠与。那么，曹某父母为儿子购买的新房就属于曹某夫妻的共同财产。

婚前承诺赠与女方一处房产，但在婚后反悔，男方可以撤销该赠与吗？

林某是某大学法学系的"系花"，方某一直苦苦追求林某，才得到林某的同意。毕业后，方某许诺会购买一套房子送给林某，并写上林某的名字，林某这才答应与方某结婚。但在结婚后，方某反悔了。那么，方某能撤销赠与吗？

《最高人民法院关于适用〈中华人民共和国民法典〉婚姻家庭编的解释（一）》第三十二条规定："婚前或者婚姻关系存续期间，当事人约定将一方所有的房产赠与另一方或者共有，赠与方在赠与房产变更登记之前撤销赠与，另一方请求判令继续履行的，人民法院可以按照民法典第六百五十八条的规定处理。"而《民法典》第六百五十八条规定："赠与人在赠与财产的权利转移之前可以撤销赠与。经过公证的赠与合同或者依法不得撤销的具有救灾、扶贫、助残等公益、道德义务性质的赠与合同，不适用前款规定。"

依据条文规定可知,男女双方无论在婚前或婚后,承诺将房产赠与给另一方的,如果在没有变更房产登记之前想要撤销赠与,是可以的。具体到上面的案例,方某婚后反悔,想要撤销对林某的赠与,因此时房产尚未办理变更登记,方某是可以撤销的,该赠与行为不发生相应的法律效力。

💡 丈夫擅自将婚后二人共同购买的房屋出售给他人,妻子可以向法院起诉确认房屋买卖合同无效吗?

刘女士名下有一套房子,因限购政策,只能将二人新购买的房子登记在丈夫薛某名下。后来刘女士与薛某感情出现问题,一直在闹离婚。薛某为争夺财产,偷偷将登记在自己名下的房子卖给了不知情的郑某。那么,刘女士知道后可以提起诉讼确认房屋买卖合同无效吗?

《最高人民法院关于适用〈中华人民共和国民法典〉婚姻家庭编的解释(一)》第二十八条规定:"一方未经另一方同意出售夫妻共同所有的房屋,第三人善意购买、支付合理对价并已办理不动产登记,另一方主张追回该房屋的,人民法院不予支持。夫妻一方擅自处分共同所有的房屋造成另一方损失,离婚时另一方请求赔偿损失的,人民法院应予支持。"据此可知,在处分买卖夫妻共同所有的房屋时,夫妻应该商量行事,任何一方不应擅自买卖。那如果一方擅自买卖房屋,另一方是否可以主张该行为无效呢?答案不能一概而论。如果受让房屋的人不知情,是善意的,并且按照市场价完成了付款并办理了房屋过户手续,那么,夫妻另一方就不能主张该买卖房屋的行为无效了,只能在离婚时提出损失赔偿。

在上面的案例中,刘女士可以提起诉讼,但是因郑某善意购买,且已经支付合理价钱、完成产权登记手续,刘女士败诉的概率很大。虽然刘女士无法追回房产,但如果他们离婚的话,可以要求薛某对此承担损失赔偿责任。当然,如果没有离婚,就不存在赔偿损失之说了。

妻子有义务偿还丈夫在婚前所欠的债务吗?

《最高人民法院关于适用〈中华人民共和国民法典〉婚姻家庭编的解释(一)》第三十三条规定:"债权人就一方婚前所负个人债务向债务人的配偶主张权利的,人民法院不予支持。但债权人能够证明所负债务用于婚后家庭共同生活的除外。"

也就是说,对个人婚前所负债务是否会转化为夫妻共同债务,以该债务是否用于夫妻共同生活来区别看待,如果用于夫妻婚后共同生活,则会变为夫妻共同债务,反之则不能。例如,雷某花掉了多年的积蓄购买新房,准备与女友孙某结婚。孙某说必须有房有车才能结婚。于是雷某便向伯父借款10万元,买了一辆轿车。买车3个月后,雷某与孙某结婚,因孙某不会开车,雷某便每天开车接送妻子上下班。后伯父因急需用钱,要求雷某返还10万元的借款。虽然该笔借款是雷某在婚前以个人名义所借,但购买的车辆是用于他们夫妻二人的日常生活,因此孙某也应对这笔借款承担偿还义务。

丈夫偷偷以个人名义对外举债,妻子有偿还的义务吗?

我国《民法典》第一千零六十四条规定:"夫妻双方共同签名或者夫妻一方事后追认等共同意思表示所负的债务,以及夫妻一方在婚姻关系存续期间以个人名义为家庭日常生活需要所负的债务,属于夫妻共同债务。夫妻一方在婚姻关系存续期间以个人名义超出家庭日常生活需要所负的债务，不属于夫妻共同债务；但是，债权人能够证明该债务用于夫妻共同生活、共同生产经营或者基于夫妻双方共同意思表示的除外。"同时，《民法典》第一千零六十五条第三款规定："夫妻对婚姻关系存续期间所得的财产约定归各自所有，夫或者妻一方对外所负的债务，相对人知道该约定的，以夫或者妻一方的个人财产清偿。"

据此可知，在婚姻关系存续期间，如果丈夫私自以个人名义向其他人借款，其妻子是否应当对该笔借款承担共同偿还义务，要视情况而定。如果妻子事后对借款事实进行追认，或者丈夫借款是为了家庭日常生活需要，或者债权人能够证明债务是丈夫用于家庭共同生活、共同生产经营的，那么妻子则有共同偿还义务。如果排除了上面所说的这些情况，或者夫妻财产为 AA 制，债权人也知道的，则妻子没有共同偿还义务。

丈夫擅自赠与他人一大笔钱，妻子可以以不知情为由要回吗？

我国《民法典》第一千零六十二条第二款规定，夫妻对共同财产，有平等的处理权。第一千零六十条规定："夫妻一方因家庭日常生活需要而实施的民事法律行为，对夫妻双方发生效力，但是夫妻一方与相对人另有约定的除外。夫妻之间对一方可以实施的民事法律行为范围的限制，不得对抗善意相对人。"

由条文规定可知，夫妻二人对共同财产享有平等的处理权，除非另有约定，夫妻因日常生活所需而要处理夫妻共同财产，对夫妻双方有效。而夫妻一方擅自将夫妻共同财产赠与他人的，侵犯了配偶的权益，其配偶可以主张追回，但是如果受赠人是善意第三人，即不知情的，则无法追回。例如，小鹏婚后出轨同单位的小倩，不仅用夫妻共同财产给小倩购买奢侈包，还购买了名牌车。小鹏的妻子小林发现之后，是可以起诉要求小倩返还相应钱款、汽车的，因为小倩作为第三者，不是善意第三人。

婚姻关系中，丈夫可以用收入来衡量与妻子之间的权利吗？

在传统观念中，人们认为男方在外打拼事业，赚钱养家，在家里就有更多的话语权。女方则应当在家相夫教子，对丈夫言听计从。现实生活中也不乏这样的例子：宋某是某公司的销售总监，年薪60万元。因收入高于妻子庄某，宋某就觉得在妻子面前很有"优势"。宋某为在妻子和他人面前显示身份，购买了一辆宝马车，方便上下班出行。但他却不允许妻子使用这辆车，即使是接送孩子上学也只让妻子开之前的旧车。

案例中宋某认为自己有较高的收入，购买了一辆宝马车供自己使用，以彰显身份。但宋某不允许妻子使用，只让妻子开之前的旧车，他的做法已经违反了我国《妇女权益保障法》第四十七条第一款规定，即："妇女对依照法律规定的夫妻共同财产享有与其配偶平等的占有、使用、收益和处分的权利，不受双方收入状况的影响。"宋某的行为也违反了我国《民法典》第一千零六十二条第二款规定："夫妻对共同财产，有平等的处理权。"在婚姻关系中，夫妻二人是平等的，享有平等的权利，对家庭承担同等的义务，不能依据收入的多少来对夫妻双方的权利和义务进行划分。

五、抚养、赡养、收养

（一）抚 养

对私生子女，生父母也必须尽到抚养义务吗？

我国《民法典》第一千零七十一条规定："非婚生子女享有与婚生子女同等的权利，任何组织或者个人不得加以危害和歧视。不直接抚养非婚生子女的生父或者生母，应当负担未成年子女或者不能独立生活的成年子女的抚养费。"

私生子女也就是我们所说的非婚生子女，由条文规定可知，他们与婚生子女享有同样的权利，父母对非婚生子女当然负有抚养义务，即使不能直接抚养非婚生子女，其生父母也得负担子女的生活费和教育费。例如，某餐饮企业的总经理顾某，在某次应酬上结识了刚刚毕业的女大学生小董。顾某瞒着妻子与小董相爱，一年后小董生下一子。顾某担心被家人发现，将小董母子安置到了外地。随着孩子开销的增加，顾某慢慢就对小董母子不管不问了。顾某不抚养照顾小董所生的儿子就违反了上述条文的规定，小董可以向法院提起诉讼，要求顾某支付儿子的抚养费直至其能够独立生活为止。

未成年人的父母去世后,哪些亲属对未成年人负有抚养义务?

夏某今年刚满7岁,他的父母在十一放假期间带着他乘汽车到外地探望亲戚。不幸的是,汽车发生事故,夏某的父母均丧生,只有夏某生还。夏某还有一位已经15岁的姐姐和退休的爷爷,但姐姐自小被舅舅收养。那么,哪些人对夏某有抚养义务呢?

我国《民法典》第一千零七十四条第一款规定:"有负担能力的祖父母、外祖父母,对于父母已经死亡或者父母无力抚养的未成年孙子女、外孙子女,有抚养的义务。"该法第一千零七十五条第一款规定:"有负担能力的兄、姐,对于父母已经死亡或者父母无力抚养的未成年弟、妹,有扶养的义务。"由条文规定可知,对父母死亡的未成年人,有负担能力的祖父母、外祖父母及兄姐有抚养义务。案例中夏某的姐姐只有15岁且被舅舅收养,尚没有抚养能力,所以夏某的爷爷如果有负担能力的话应承担对夏某的抚养义务。

父母在没有离婚的情况下,子女可以要求父母支付抚养费吗?

我国《民法典》第一千零六十七条第一款规定:"父母不履行抚养义务的,未成年子女或者不能独立生活的成年子女,有要求父母给付抚养费的权利。"《最高人民法院关于适用〈中华人民共和国民法典〉婚姻家庭编的解释(一)》第四十三条也规定:"婚姻关系存续期间,父母双方或者一方拒不履行抚养子女义务,未成年子女或者不能独立生活的成年子女请求支付抚养费的,人民法院应予支持。"

根据上面的规定,无论父母之间的婚姻关系是否存续,都不影响其对子女的抚养义务。当父母不履行抚养义务时,需要被抚养的子女有权向法院主张支付抚养费。例如,芳芳今年读初中三年级,是家里的独生女。她的父亲张某想再要一个儿子,但是妻子赵某却不想再生,一心只想培养女儿芳芳成才。张某多次与赵某商量,都没有成功。张某非常生气,声称不再支付女儿的学费、生活费等一切费用。在这种情况下,虽然芳芳的父母没有离婚,芳芳依然可以向法院提起诉讼,要求父亲支付抚养费。

若父母离婚,不抚养孩子的一方应按什么标准支付孩子的抚养费?

《最高人民法院关于适用〈中华人民共和国民法典〉婚姻家庭编的解释(一)》第四十九条规定:"抚养费的数额,可以根据子女的实际需要、父母双方的负担能力和当地的实际生活水平确定。有固定收入的,抚养费一般可以按其月总收入的百分之二十至三十的比例给付。负担两个以上子女抚养费的,比例可以适当提高,但一般不得超过月总收入的百分之五十。无固定收入的,抚养费的数额可以依据当年总收入或者同行业平均收入,参照上述比例确定。有特殊情况的,可以适当提高或者降低上述比例。"

由条文规定可知,离婚后,不直接抚养子女的一方,应当依法支付抚养费。针对不同情况,法律详细规定了子女抚养费数额的支付标准。如果有固定收入,一般按月总收入的20%至30%给付,如果没有固定收入,可以依据年收入或者同行业平均收入的20%至30%给付。当然,这个比例也不是一成不变的,当事人可以根据实际情况适当提高或者降低。

离婚后,男方可以以女方擅自改变子女姓氏为由,拒付抚育费吗?

《最高人民法院关于适用〈中华人民共和国民法典〉婚姻家庭

编的解释（一）》第五十九条明确规定："父母不得因子女变更姓氏而拒付子女抚养费。父或者母擅自将子女姓氏改为继母或继父姓氏而引起纠纷的，应当责令恢复原姓氏。"

据此可知，男方是不能因女方擅自改变孩子的姓氏而拒绝支付抚养费的，二者之间没有必然联系。当然，离婚后，一方不得擅自变更子女姓氏，否则，另一方有权向法院提起诉讼，责令对方恢复孩子的姓氏。例如，苏某因丈夫肖某出轨，坚持与肖某离婚，并起诉至法院，最终，法院判决离婚，苏某争取到了两岁儿子的抚养权。离婚后一年，苏某再婚。苏某因怨恨肖某，擅自将儿子的姓氏改为现任丈夫朱某的姓氏。依据上述条文的规定，即使出现这种情况，肖某也是不能拒绝支付孩子的抚养费的，只能向法院提起诉讼，请求法院责令苏某恢复孩子的姓氏。

离婚后，一岁多孩子的抚养权应归父母哪一方？

孙某与宋某结婚后生下儿子果果，因日常生活琐事，孙某与婆婆刘某经常发生矛盾，但每次宋某都不问青红皂白，直接帮着母亲指责孙某。孙某无奈之下提出离婚，但孙某与宋某都想要孩子的抚养权。那么，年仅一岁多的孩子的抚养权该归哪一方呢？

我国《民法典》第一千零八十四条第三款规定："离婚后，不满两周岁的子女，以由母亲直接抚养为原则。已满两周岁的子女，父母双方对抚养问题协议不成的，由人民法院根据双方的具体情况，按照最有利于未成年子女的原则判决。子女已满八周岁的，应当尊重其真实意愿。"此外，《最高人民法院关于适用〈中华人民共和国民法典〉婚姻家庭编的解释（一）》第四十四条规定："离婚案件涉及未成年子女抚养的，对不满两周岁的子女，按照民法典第一千零八十四条第三款规定的原则处理。母亲有下列情形之一，父亲请求直接抚养的，人民法院应予支持：（一）患有久治不愈的传染性疾病或者其他严重疾病，子女不宜与其共同生活；（二）有抚养条件不尽抚养义务，而父亲要求子女随其生活；（三）因其他原因，子女确不宜随母亲生活。"

据此可知，当夫妻双方协商不一致时，两周岁以下的子女一般由女方抚养，只有在法定的特殊情况下，才由男方抚养。本案例中果果刚刚一岁多，依条文规定应当由孙某抚养果果。

父母在离婚协议中约定轮流抚养孩子，符合法律规定吗？

我国《民法典》第一千零七十六条规定："夫妻双方自愿离婚的，应当签订书面离婚协议，并亲自到婚姻登记机关申请离婚登记。离婚协议应当载明双方自愿离婚的意思表示和对子女抚养、财产以及债务处理等事项协商一致的意见。"依法条规定可知，夫妻双方只要适当安排了子女的抚养问题和财产问题，就应准予协议离婚。同时，《最高人民法院关于适用〈中华人民共和国民法典〉婚姻家庭编的解释（一）》第四十八条又明确规定："在有利于保护子女利益的前提下，父母双方协议轮流直接抚养子女的，人民法院应予支持。"

据此可知，父母在离婚时协商轮流抚养子女，如果轮流抚养子女可以保护子女利益，使子女能够健康成长，法律是允许的。例如，陈某与马某结婚后一直实行 AA 制，各自负担各自的生活费。结婚后一年，陈某生育一女。后来双方因感情淡漠，由陈某提出协议离婚。马某说自己在经济上有优势，想要抚养女儿，但陈某说由母亲照顾女儿更方便。最后，两人达成一致，轮流抚养女儿。这一协议完全符合法律规定，是可以协议离婚的。

💡 离婚后，未取得抚养权的一方有权向法院起诉要求变更孩子的抚养权吗？

张某与丈夫郑某因感情不和协议离婚。二人在离婚协议中约定由张某抚养女儿婷婷，但因张某是外地人，在某市没有住房，只能暂时将婷婷交给郑某抚养。后来，张某决定带着婷婷回老家，但郑某及其父母想要继续抚养婷婷，让婷婷在市里生活。那么，郑某可以向法院提起变更抚养权的诉讼吗？

《最高人民法院关于适用〈中华人民共和国民法典〉婚姻家庭编的解释（一）》第五十六条规定："具有下列情形之一，父母一方要求变更子女抚养关系的，人民法院应予支持：（一）与子女共同生活的一方因患严重疾病或者因伤残无力继续抚养子女；（二）与子女共同生活的一方不尽抚养义务或有虐待子女行为，或者其与子女共同生活对子女身心健康确有不利影响；（三）已满八周岁的子女，愿随另一方生活，该方又有抚养能力；（四）有其他正当理由需要变更。"同时，该法第五十七条还规定："父母双方协议变更子女抚养关系的，人民法院应予支持。"

据此可知，离婚时，双方虽然就抚养权问题达成一致意见，但是如果离婚后出现法定的变更抚养权的情形，没有取得抚养权的一方可以向法院提起变更抚养权的诉讼。此外，如果双方在离婚后又对子女抚养权问题达成新的协议，法院也应予以准许变更。案例中，郑某可以向法院提起变更抚养权之诉，但是法院会根据双方的具体情况，予以判决。

离婚后,前妻不让丈夫探望孩子,男方可就探望权向法院提起诉讼吗?

我国《民法典》第一千零八十六条规定:"离婚后,不直接抚养子女的父或者母,有探望子女的权利,另一方有协助的义务。行使探望权利的方式、时间由当事人协议;协议不成的,由人民法院判决。父或者母探望子女,不利于子女身心健康的,由人民法院依法中止探望;中止的事由消失后,应当恢复探望。"同时,《最高人民法院关于适用〈中华人民共和国民法典〉婚姻家庭编的解释(一)》第六十五条规定:"人民法院作出的生效的离婚判决中未涉及探望权,当事人就探望权问题单独提起诉讼的,人民法院应予受理。"

据此可知,探望权属于法定权利,在离婚时男女双方一般会在离婚协议中或法院庭审中对孩子的探望方式、时间作出约定,抚养孩子的一方无权剥夺不直接抚养孩子一方探望孩子的权利,并且直接抚养孩子的一方应当履行协助义务。若双方在离婚时没有对子女探望权进行约定,不直接抚养孩子的一方当事人可以就探望权向法院提起诉讼。例如,李女士是某电力公司的职工,在同事的撮合下与该公司职工任某结婚。后来因家庭琐事李女士提出离婚,在离婚时,没有对儿子的探望权作出约定。离婚后,任某想念儿子,想看看儿子,但是遭到了李女士的拒绝。在这种情况下,任某可以就探望权单独向法院提起诉讼,若任某胜诉,李女士必须予以配合,协助任某实现对儿子的探望权,如果其不执行有关探望子女的判决或者裁定的,情节严重时,人民法院可采取拘留、罚款等强制措施,以促进任某探望权的实现。

若孩子遭受父母的家庭暴力，奶奶有权申请撤销孩子父母的监护人资格吗？

我国《反家庭暴力法》第十二条规定："未成年人的监护人应当以文明的方式进行家庭教育，依法履行监护和教育职责，不得实施家庭暴力。"该法第二十一条规定："监护人实施家庭暴力严重侵害被监护人合法权益的，人民法院可以根据被监护人的近亲属、居民委员会、村民委员会、县级人民政府民政部门等有关人员或者单位的申请，依法撤销其监护人资格，另行指定监护人。被撤销监护人资格的加害人，应当继续负担相应的赡养、扶养、抚养费用。"

据此可知，因未成年人年龄较小，遭受监护人的家庭暴力时不能运用法律手段维护自己的权利，此时未成年人的近亲属、村民委员会、县级人民政府民政部门等有关人员或单位都可以向人民法院申请撤销该监护人的监护资格，另行指定监护人。例如，徐某与妻子吴某在结婚两年后生育一女甜甜。甜甜5岁时，吴某与同事高某恋爱，后因高某身患绝症，吴某与高某一起殉情。徐某为此记恨妻子，把对妻子的怨恨发泄到甜甜身上，经常对甜甜拳打脚踢，导致甜甜身上多处受伤。在这种情况下，甜甜的奶奶就可以向法院提出申请，撤销徐某监护人的资格。

父亲要求做亲子鉴定确认亲子关系，但母亲拒绝，法院可以对是否具有亲子关系进行推定吗？

《最高人民法院关于适用〈中华人民共和国民法典〉婚姻家庭编的解释（一）》第三十九条规定："父或者母向人民法院起诉请求否认亲子关系，并已提供必要证据予以证明，另一方没有相反证据又拒绝做亲子鉴定的，人民法院可以认定否认亲子关系一方的主张成立。父或者母以及成年子女起诉请求确认亲子关系，并提供必要证据予以证明，另一方没有相反证据又拒绝做亲子鉴定的，人民法院可以认定确认亲子关系一方的主张成立。"

由条文规定可知，若夫妻一方向法院提起诉讼，要求确认亲子关系存在并提供相应证据的，另一方不能提供证据证明亲子关系不存在又拒绝做亲子鉴定的，法院可以推定亲子关系存在。反之则亲子关系不存在。现实生活中也确实有这样的案例。例如，齐某与妻子白某在结婚前约定不生孩子，做"丁克夫妻"。但是，婚后第三年，白某生下了一子，齐某非常意外。后白某提出离婚，并要求齐某支付孩子抚养费。齐某此时才告知白某，自己因病没有生育能力，孩子肯定不是自己的，自己也不同意支付抚养费。在这种情况下，齐某可以向法院提起诉讼，要求确认不存在亲子关系，如果白某没有证据证明存在亲子关系，又拒绝做亲子鉴定的，法院可以推定齐某与孩子之间不存在亲子关系。

男女双方未婚同居生下孩子，一方可以就该子女抚养问题向法院提起诉讼吗？

罗某与陈某在大学期间恋爱，毕业后，罗某跟随陈某到某市生活，两人未婚同居并生下一女。陈某的母亲不喜欢这个儿媳，又因罗某生了个女儿更加厌弃她。罗某无奈与陈某分手，并想带着女儿回老家，但陈某坚持要留下女儿。此时，罗某可起诉争夺女儿的抚养权吗？

对此，《最高人民法院关于适用〈中华人民共和国民法典〉婚姻家庭编的解释（一）》第三条第二款规定："当事人因同居期间财产分割或者子女抚养纠纷提起诉讼的，人民法院应当受理。"依据上述条文的规定，男女双方未婚同居生下子女，若双方因产生矛盾而分手，就孩子抚养权问题产生争议而向法院提起诉讼的，法院应依法受理。

男女双方未婚同居生下子女，该子女享有的权利义务实际上与婚生子女一样。若男女双方在抚养权、抚养费等问题上产生纠纷，一方向法院提起诉讼，法院在审理时应按处理婚生子女相关问题的原则进行审理。需要说明的是，法律并非肯定非婚同居的正当性，而是为了维护当事人的人身及财产权益。

当怀疑孩子并非亲生时，可以怎么做？

费某与妻子华某认识没多久就结了婚，婚后不久，华某发现自己怀孕，并在八个月后早产生下了儿子小奇。随着小奇一天天长大，费某越来越觉得小奇长得和自己不像，联想到当初小奇的早产，费某怀疑小奇并不是自己的亲生儿子。在这种情况下，费某可以怎样做呢？

我国《民法典》第一千零七十三条规定："对亲子关系有异议且有正当理由的，父或者母可以向人民法院提起诉讼，请求确认或者否认亲子关系。对亲子关系有异议且有正当理由的，成年子女可以向人民法院提起诉讼，请求确认亲子关系。"从这条规定可以看出，当对亲子关系存在异议时，是可以向法院请求确认或否认亲子关系的。提起诉讼的主体主要有两个，一个是存在异议的父或母，另一个是存在异议的成年子女。

同时，《最高人民法院关于适用〈中华人民共和国民法典〉婚姻家庭编的解释（一）》第三十九条作出了进一步解释："父或者母向人民法院起诉请求否认亲子关系，并已提供必要证据予以证明,另一方没有相反证据又拒绝做亲子鉴定的,人民法院可以认定否认亲子关系一方的主张成立。父或者母以及成年子女起诉请求确认亲子关系,并提供必要证据予以证明,另一方没有相反证据又拒绝做亲子鉴定的,人民法院可以认定确认亲子关系一方的主张成立。"本条规定是对《民法典》第一千零七十三条在司法实践中如何具体适用所作出的进一步说明。

在上面的案例中,费某怀疑儿子小奇与自己并无血缘关系,他可以向法院提起诉讼,要求法院进行鉴定来确认小奇是否是他的亲生儿子。

(二) 赡 养

老人可以未雨绸缪为自己确立监护人吗?

我国《民法典》第三十三条规定:"具有完全民事行为能力的成年人,可以与其近亲属、其他愿意担任监护人的个人或者组织事先协商,以书面形式确定自己的监护人,在自己丧失或者部分丧失民事行为能力时,由该监护人履行监护职责。"

也就是说,具有完全民事行为能力的成年人对监护人的人选及监护事项有决定权,我们称之为"意定监护"。"意定监护"主要是为了保护被监护人的权益,在其有自主意思表示能力的时候,让其自主选任一个监护人,将自己的人身照顾和财产管理等事宜委托给监护人。例如,唐老先生与老伴魏某只生育一女盼盼,在女儿5岁时,唐老先生夫妇又收养了一个儿子取名唐某力。盼盼长大后到香港发展,一年回家一次,唐某力就留在了唐老先生夫妇身边。后来魏某去世,唐老先生自觉年老体迈,想要确定一个监护人,盼盼想将父亲接到香港生活，但唐老先生并不想去。依据意定监护的要求，唐老先生完全可以依据自己的意愿，选择唐某力作为自己的监护人，其女儿盼盼无权干涉自己的决定。

💡 子女可以以放弃继承权作为不赡养老人的条件吗？

崔某与妻子祝某生育一儿一女，女儿名叫小玉，儿子名叫小柱。祝某重男轻女，对女儿很冷漠，而对儿子很热情，崔某也默认了妻子的做法。小玉长大后，离开家去了某大城市，并写信告知家里，自己不想再跟家人有任何关系，以后不会赡养父母，并以自愿放弃继承权作为条件。请问，小玉的做法合法吗？

我国《老年人权益保障法》第十九条规定："赡养人不得以放弃继承权或者其他理由，拒绝履行赡养义务。赡养人不履行赡养义务，老年人有要求赡养人付给赡养费等权利。赡养人不得要求老年人承担力不能及的劳动。"

由条文规定可知，子女赡养父母属于法定义务，这种义务不仅体现在物质和经济上为父母提供必要的生活条件，也要求子女在精神和生活上对父母进行关心、帮助和照料。同时，这种赡养义务与子女的继承权之间没有任何联系，无论子女是否享有继承权，都不能免除其赡养父母的法定义务。案例中的小玉，必须承担赡养父母的义务，不能以放弃继承权为由拒绝。

💡 除子女外，还有其他人对老人负有赡养义务吗？

我国《民法典》第一千零六十七条第二款规定："成年子女不履行赡养义务的，缺乏劳动能力或者生活困难的父母，有要求成年子女给付赡养费的权利。"同时，该法第一千零七十四条第二款规定：**"有负担能力的孙子女、外孙子女，对于子女已经死亡或者子女无力赡养的祖父母、外祖父母，有赡养的义务。"** 第一千零七十五条第二款规定：**"由兄、姐扶养长大的有负担能力的弟、妹，对于缺乏劳动能力又缺乏生活来源的兄、姐，有扶养的义务。"**

由上述条文规定可知，除子女外，有负担能力的孙子女、外孙子女对老人也有赡养义务，只不过孙子女、外孙子女赡养老人的前提是老人子女已经死亡或子女无力赡养。另外，老人的弟弟或妹妹如是由老人扶养长大，也应对老人承担相应的扶养义务。

经常回家看望父母只是子女的道德义务吗？

我国《老年人权益保障法》第十八条明确规定：**"家庭成员应当关心老年人的精神需求，不得忽视、冷落老年人。与老年人分开居住的家庭成员，应当经常看望或者问候老年人。用人单位应当按照国家有关规定保障赡养人探亲休假的权利。"**

通过条文规定可知，经常回家探望父母已经不仅仅是子女道德上的义务，更成为法律上的硬性要求，是子女必须履行的一项法定义务。当今社会，很多年轻人为了成就一番事业，去到北京、上海、广州等大都市打拼，一年到头也不能回家看望父母几次。年迈的父母在老家只能给儿女打个电话，通过微信视频与子女见上一面。虽然子女会固定给父母支付生活费，父母不愁吃穿，但这也比不上陪伴在父母身边给父母带来的安慰。

例如，某公司高管吕某，在大城市工作已经有五个年头，五年里吕某仅在过年的时候回过家一次。吕某的母亲去世，父亲一个人在老家生活。因为太孤单，吕某的父亲经常给儿子打电话，想让儿子能回家住一段时间陪陪自己，但吕某说工作太忙，没有时间回去，还说给父亲打一笔钱，让父亲自己买点吃的、用的。但父亲只是将钱存起来，然后看着儿子的照片发呆。从案例中可以看出，父母想要的并不是衣食无忧的生活，而是子女的陪伴，作为子女无论工作多忙，都应该时常回家看望老人，因为这不仅是道德上的义务，更是法律上的责任。

子女因在外地工作就可以对卧病在床的母亲置之不理吗？

许某与赵某共生育一儿一女，因家庭条件较差，二老只能负担儿子上学的费用。儿子许某辉大学毕业后到外地某外企担任高管，而姐姐早早就嫁人了。某天，患有阿尔茨海默病的赵某病情恶化，许某给儿子许某辉打电话，让他回来照顾母亲。但许某辉一直说工作忙，让父亲给姐姐打电话，让姐姐照顾。案例中，许某辉可以以工作忙为由不照顾卧病在床的母亲吗？

对此，我国《老年人权益保障法》第十五条规定："赡养人应当使患病的老年人及时得到治疗和护理；对经济困难的老年人，应当提供医疗费用。对生活不能自理的老年人，赡养人应当承担照料责任；不能亲自照料的，可以按照老年人的意愿委托他人或者养老机构等照料。"

由条文规定可知，子女应当承担赡养老人的义务，尤其是在父母生病时，子女应当及时让父母得到治疗和护理，若父母生活不能自理，子女更应当亲自照料，在不能亲自照料时，应询问父母的意愿委托他人或者养老机构照料父母，而不能对父母不闻不问。赡养老人是中华民族的传统美德，更是我国法律规定的子女的一项义务，每一位子女都应承担起照顾父母的责任，否则就要受到道德的谴责和法律的惩治。

子女能以不赡养父母为由阻止其再婚吗？

明明考上大学后，父母才告诉明明他们二人准备离婚的消息。明明震惊之余，选择跟随父亲共同生活。明明一直希望父母能复婚，但某天，父亲突然说要和王阿姨结婚。明明反对父亲再婚，并说如果父亲再婚，以后就不承担赡养父亲的义务。那么，明明的说法对吗？

我国《民法典》第一千零六十九条规定："子女应当尊重父母的婚姻权利，不得干涉父母离婚、再婚以及婚后的生活。子女对父母的赡养义务，不因父母的婚姻关系变化而终止。"同时，我国《老年人权益保障法》第七十六条明确规定："干涉老年人婚姻自由，对老年人负有赡养义务、扶养义务而拒绝赡养、扶养，虐待老年人或者对老年人实施家庭暴力的，由有关单位给予批评教育；构成违反治安管理行为的，依法给予治安管理处罚；构成犯罪的，依法追究刑事责任。"

据此可知，子女应当尊重父母的婚姻自由权利，无论父母是否再婚，都要对父母承担赡养义务，否则就要受到相应的法律制裁。

儿子将老人的房子作为结婚新房并将老人赶走的行为违法吗？

我国《老年人权益保障法》第十六条规定："赡养人应当妥善安排老年人的住房，不得强迫老年人居住或者迁居条件低劣的房屋。老年人自有的或者承租的住房，子女或者其他亲属不得侵占，不得擅自改变产权关系或者租赁关系。老年人自有的住房，赡养人有维修的义务。"同时，该法第七十七条规定："家庭成员盗窃、诈骗、抢夺、侵占、勒索、故意损毁老年人财物，构成违反治安管理行为的，依法给予治安管理处罚；构成犯罪的，依法追究刑事责任。"

据此可知，子女对父母负有赡养义务，这种赡养义务包括为父母提供必要的物质生活条件和精神生活条件，尤其应妥善安排老年人的住房，不得趁机抢夺、侵占、毁损老年人的财物。

例如，韩某父母只有韩小某这一个孩子，从小对他很是溺爱。韩小某长大后到某出租车公司从事出租车司机的工作。后韩小某经人介绍认识了女友孙某，二人决定结婚时，孙某得知韩小某一直与父母共同居住在回迁房里，便一直教唆韩小某让他的父母搬出去住，否则就不结婚。最终，韩小某居然真的让父母搬出去了，韩某的父母只能租住在一间老房子里。韩某的行为不仅违背了道德，也触犯了法律，如果情节轻微，会受到治安管理处罚，如果情节严重构成虐待、遗弃罪的，还要接受刑罚处罚。

（三）收　养

未成年人被收养，有年龄的要求吗？

洋洋15岁时，父母在泥石流中丧生，家里没有别的亲人了。考虑到洋洋无依无靠，邻居陶某与丈夫张某商议收养洋洋。但他们听说只能收养14周岁以下的孩子。那么，陶某夫妻可以收养洋洋吗？

我国《民法典》第一千零九十三条明确规定："下列未成年人，可以被收养：（一）丧失父母的孤儿；（二）查找不到生父母的未成年人；（三）生父母有特殊困难无力抚养的子女。"《民法典》出台之前，被收养人具有不满14周岁的年龄限制。为了保障未成年人的健康成长，《民法典》放宽了收养的年龄限制，因此，一般而言，满足法定收养条件的未成年人都可以被收养。在上面的案例中，洋洋仅 15 岁，尚未成年，可以被陶某夫妻收养。

收养人要收养子女需要满足哪些条件？

我国《民法典》第一千零九十八条规定："收养人应当同时具备下列条件：（一）无子女或者只有一名子女；（二）有抚养、教育和保护被收养人的能力；（三）未患有在医学上认为不应当收养子女的疾病；（四）无不利于被收养人健康成长的违法犯罪记录；（五）年满三十周岁。"第一千一百条还规定："无子女的收养人可以收养两名子女；有子女的收养人只能收养一名子女。收养孤儿、残疾未成年人或者儿童福利机构抚养的查找不到生父母的未成年人，可以不受前款和本法第一千零九十八条第一项规定的限制。"此外，该法第一千一百零二条规定："无配偶者收养异性子女的，收养人与被收养人的年龄应当相差四十周岁以上。"

据此可知，我国《民法典》对收养人作了详细的条件限制，只有在满足法律规定的前提下收养人才可以收养子女，并不是任何人都可以做收养人。例如，孟某是一位舞蹈家，为了不因生育影响体形，孟某与丈夫决定不生育子女，而是收养一个孩子。在这种情况下，孟某夫妻想要收养孩子必须满足《民法典》第一千零九十八条等规定的几个条件才可以。

抚养亲友的子女也成立收养关系吗？

在楠楠 8 岁时，她的父亲和母亲发生了一起交通事故。母亲在事故中死亡，父亲经过抢救后成了植物人。楠楠一直由大伯父一家抚养。那么，楠楠与大伯父之间成立收养关系吗？我国《民法典》

第一千一百零七条规定:"孤儿或者生父母无力抚养的子女,可以由生父母的亲属、朋友抚养;抚养人与被抚养人的关系不适用本章规定。"据此可知,因楠楠的母亲已经去世,父亲成为植物人,不能照顾楠楠,所以楠楠的大伯父才抚养楠楠,但楠楠与大伯父之间依法不适用收养关系。

丈夫可以不经妻子同意将孩子送给他人收养吗?

我国《民法典》第一千零九十七条规定:"生父母送养子女,应当双方共同送养。生父母一方不明或者查找不到的,可以单方送养。"

由条文规定可知,要将孩子送给他人收养,夫妻双方需要协商一致,共同送养,只有在父母一方不明或查找不到的情况下,另一方才可以单方送养。例如,岳某与丈夫顾某结婚后,先生下一个儿子康康,后生下女儿悦悦。顾某的妹妹小盈结婚后一直不能生育,多次与顾某商量想要收养悦悦。顾某向岳某说明情况后,妻子岳某坚决不同意。在这种情况下,顾某可以不经过妻子同意,将悦悦交给小盈收养吗?依据上述条文规定,顾某是不能单方将悦悦交给小盈抚养的。因为作为父母,双方对孩子都有抚养、照顾的责任与义务,在处理孩子的问题上,尤其是将孩子送养等重大问题上,夫妻双方必须达成一致意见,而不能由一方单独决定。

夫妻已有一个孩子是否影响他们收养新的子女?

我国《民法典》第一千零九十八条规定:"收养人应当同时具备下列条件:(一)无子女或者只有一名子女;(二)有抚养、教育和保护被收养人的能力;(三)未患有在医学上认为不应当收养子女的疾病；（四）无不利于被收养人健康成长的违法犯罪记录；（五）年满三十周岁。"也就是说，当收养人同时符合本条规定的所有条件时，就可以收养子女。可以看出，本条规定对收养人已有子女的数量限制为一个，当收养人只有一名子女时，并不影响其收养新的子女。

同时，《民法典》第一千一百条规定："无子女的收养人可以收养两名子女；有子女的收养人只能收养一名子女。收养孤儿、残疾未成年人或者儿童福利机构抚养的查找不到生父母的未成年人，可以不受前款和本法第一千零九十八条第一项规定的限制。"虽然收养人已有一名子女时可以收养其他子女，但是法律对收养子女的数量作出了规定。例如，平某与妻子马某育有一个女儿，生下女儿后马某丧失了生育能力。由于觉得女儿一个人有些孤单，两人便想收养一名子女陪伴女儿。在这种情况下，如果平某与马某所收养的并非孤儿、残疾未成年人或者儿童福利机构抚养的查找不到生父母的未成年人，他们就只能再收养一名未成年人作为子女。

单身人士收养异性子女是否有年龄差距的限制？

根据我国法律的规定，单身人士收养子女除了要受到一般收养条件的限制以外，在收养异性子女时还要受到年龄差距的限制。《民法典》第一千一百零二条规定："无配偶者收养异性子女的，收养人与被收养人的年龄应当相差四十周岁以上。"这里不仅包括单身男性，也包括单身女性。这样规定是为了防止收养人在收养未成年异性子女时图谋不轨，在最大程度上保障未成年人的健康成长。

举例来说，匡某是一名45周岁的单身女性，一直没有结婚，也没有属于自己的孩子。出于晚年养老问题的考虑，她决定收养一名子女。匡某想要收养子女，除了必须年满 30 周岁、未患有不应收养子女的重大疾病、具有抚养子女的能力、没有不利于未成年子女健康成长的犯罪记录以外，在考虑收养小男孩的情况下还要格外注意与被收养人年龄差距必须在 40 周岁以上。也就是说，匡某想要收养男孩时，男孩的年龄必须在 5 周岁以下，收养未成年女孩则并无此限制。

养父母为保护被收养的子女而要求他人保守收养秘密的行为有法律依据吗？

我国《民法典》第一千一百一十条规定："收养人、送养人要求保守收养秘密的，其他人应当尊重其意愿，不得泄露。"

在现实生活中，考虑到如果告知被收养子女被收养的事实，可能对被收养子女的心灵造成创伤，导致被收养子女因寻找亲生父母等原因脱离养父母的监护等不利情况，收养人在收养子女时会隐瞒收养的事实并要求他人保守收养秘密，对此，送养人、其他知道情况的人员都应当尊重收养人的意愿，为其保守秘密。这是有法律依据的。

被收养的孩子长大后对亲生父母还有赡养义务吗？

我国《民法典》第一千一百一十一条规定："自收养关系成立之日起，养父母与养子女间的权利义务关系，适用本法关于父母子女关系的规定；养子女与养父母的近亲属间的权利义务关系，适用本法关于子女与父母的近亲属关系的规定。养子女与生父母以及其他近亲属间的权利义务关系，因收养关系的成立而消除。"

由条文规定可知，被收养的孩子自收养关系成立之日起，与亲生父母之间的亲子关系就因收养关系的成立而消除，因此无须再承担对亲生父母的赡养义务。如果其自愿承担照顾生父母的责任，法律并不予以干涉。例如，任某与丈夫张某生下女儿萌萌、倩倩后，一直还想要一个儿子，但是任某怀孕后又生下一个女儿婷婷。因无力抚养三个孩子，倩倩便由任某的表姐高某收养。后来萌萌和婷婷都嫁到了外地，任某与丈夫张某年迈无人照拂，任某便想让倩倩承担赡养她与丈夫张某的义务。但是，由于倩倩已经被高某收养，与任某夫妇之间的父母子女关系已经因收养关系的成立而消除，所以任某及张某的主张并不会得到法律的支持，除非倩倩自愿，否则其无须承担对任某及张某的赡养义务。

被抚养子女成年后与养父母解除收养关系的方式有哪些？

我国《民法典》第一千一百一十五条明确规定："养父母与成年养子女关系恶化、无法共同生活的，可以协议解除收养关系。不能达成协议的，可以向人民法院提起诉讼。"第一千一百一十六条规定："当事人协议解除收养关系的，应当到民政部门办理解除收养关系登记。"

由条文规定可知，养子女成年后，在与养父母关系恶化不能共同生活的情况下，可以与养父母解除收养关系。解除收养关系可以通过两种方式，一种是协商解除，协商一致后到民政部门办理解除收养关系的登记即可；另一种是如果不能协商，可以向人民法院提起诉讼，由法院判决解除收养关系。

收养或解除收养时，是否需要征得被收养人的同意？

严某夫妇结婚十几年，一直没有孩子。于是，夫妻两人一同前往福利院，在福利院收养了 10 岁的佩佩作为女儿。收养佩佩后没多久，严某的妻子发现自己竟然怀孕了。有了自己的孩子，严某与妻子就产生了将佩佩送回福利院的念头。那么，严某与妻子能够解除与佩佩之间的收养关系吗？解除收养关系时是否需要征求佩佩的同意？

我国《民法典》第一千一百零四条规定："收养人收养与送养人送养，应当双方自愿。收养八周岁以上未成年人的，应当征得被收养人的同意。"第一千一百一十四条第一款规定："收养人在被收养人成年以前，不得解除收养关系，但是收养人、送养人双方协议解除的除外。养子女八周岁以上的，应当征得本人同意。"收养子女并不是儿戏，被收养的子女也具有独立的人格权。因此，只要被收养人年满 8 周岁，无论是收养还是解除收养关系，都应当征求被收养人的同意。

本案中严某与妻子收养了佩佩，但却在妻子怀孕后想要解除与佩佩之间的收养关系。从原则上讲，佩佩还未成年，收养关系不得解除。佩佩已经年满 10 周岁，具有一定的认识能力。如果严某夫妇与福利院达成一致，并且在征求了佩佩的同意后，也可以解除收养关系。如果佩佩坚持不解除收养关系的，严某与妻子也不得将佩佩送回福利院。

收养关系解除后，养子女与亲生父母的关系会自行恢复吗？

我国《民法典》第一千一百一十七条规定："收养关系解除后，养子女与养父母以及其他近亲属间的权利义务关系即行消除，与生父母以及其他近亲属间的权利义务关系自行恢复。但是，成年养子女与生父母以及其他近亲属间的权利义务关系是否恢复，可以协商确定。"

据此可知，收养关系解除后，被收养子女与亲生父母之间的权利义务关系是否恢复需要视情况而定。未成年养子女与养父母之间解除收养关系后，与生父母的亲子关系可自行恢复，但成年养子女与生父母之间的亲子关系是否恢复，可以由当事人协商确定。

收养关系解除后，养父母有权要求养子女承担赡养义务吗？

我国《民法典》第一千一百一十八条明确规定："收养关系解除后，经养父母抚养的成年养子女，对缺乏劳动能力又缺乏生活来源的养父母，应当给付生活费。因养子女成年后虐待、遗弃养父母而解除收养关系的，养父母可以要求养子女补偿收养期间支出的抚养费。生父母要求解除收养关系的，养父母可以要求生父母适当补偿收养期间支出的抚养费；但是，因养父母虐待、遗弃养子女而解除收养关系的除外。"

由条文规定可知，解除收养关系后，如果养父母缺乏劳动能力又丧失生活来源的，经其抚养成年的养子女应该给付生活费，对养父母承担赡养义务。此外，如果成年后的养子女虐待、遗弃养父母导致收养关系解除的，或者是养子女的生父母要求解除收养关系的（因养父母虐待、遗弃养子女而解除收养关系的除外），养父母还可以要求补偿其收养期间支付的生活费和教育费等抚养费。

解除收养关系的养子女对生父母的遗产有继承权吗？

我国《民法典》第一千一百一十七条规定："收养关系解除后，养子女与养父母以及其他近亲属间的权利义务关系即行消除，与生父母以及其他近亲属间的权利义务关系自行恢复。但是，成年养子女与生父母以及其他近亲属间的权利义务关系是否恢复,可以协商确定。"

  由条文规定可知,未成年子女在收养关系解除后可自行恢复与亲生父母之间的权利义务关系,但成年子女需要在与亲生父母协商后确定是否恢复父母子女关系。而只有与生父母恢复权利义务关系后,子女才能对父母的遗产享有继承权。例如,亮亮 8 岁时,被父亲毛某与母亲张某交给杨某夫妻收养。在亮亮 15 岁时,杨某夫妻因亮亮顽劣成性与亮亮解除了收养关系,亮亮暂时由奶奶抚养。后来亮亮的亲生父母因发生交通事故双双去世。此时亮亮刚 15 岁,还是未成年人,在收养关系解除后与其亲生父母之间的权利义务关系自行恢复,因此,亮亮对其亲生父母的遗产依法享有继承权。

图书在版编目（CIP）数据

法律问答十卷书．婚姻家庭卷／荣丽双编著．—北京：中国法制出版社，2023.3
ISBN 978-7-5216-2777-0

Ⅰ．①法… Ⅱ．①荣… Ⅲ．①婚姻法-中国-问题解答 Ⅳ．①D920.5

中国版本图书馆 CIP 数据核字（2022）第 122878 号

| 策划编辑：李佳 | 责任编辑：刘冰清 | 封面设计：杨鑫宇 |

法律问答十卷书．婚姻家庭卷
FALÜ WENDA SHI JUAN SHU．HUNYINJIATINGJUAN

编著／荣丽双
经销／新华书店
印刷／三河市紫恒印装有限公司
开本／880 毫米×1230 毫米　32 开　　　　印张／2.5　字数／55 千
版次／2023 年 3 月第 1 版　　　　　　　　2023 年 3 月第 1 次印刷

中国法制出版社出版
书号 ISBN 978-7-5216-2777-0　　　　　（全十册）总定价：79.80 元

北京市西城区西便门西里甲 16 号西便门办公区
邮政编码：100053　　　　　　　　　　　传真：010-63141600
网址：http：//www.zgfzs.com　　　　　编辑部电话：010-63141837
市场营销部电话：010-63141612　　　　　印务部电话：010-63141606

（如有印装质量问题，请与本社印务部联系。）

法律问答十卷书

违法犯罪卷

中国法制出版社
CHINA LEGAL PUBLISHING HOUSE

前　言

近年来，在全面依法治国大背景下，普法力度不断加大以及国民素质不断提高，犯罪率呈持续降低的态势，特别是严重暴力犯罪案件大幅减少，人民群众对社会治安满意度逐年上升。可以说，我们每个人对社会安全与秩序充满信心。但是，忧患意识不可丢，不得不承认，违法犯罪行为还不断地在我们的社会生活中上演：抢劫案、诈骗案、埋尸案、强奸案、拐卖案、贪污案……我们常常在新闻里看到这些。

诚然，我们大多数人都是守法的公民，我们不想去做违法的事情，犯罪确实离我们很遥远。但是，有些违法犯罪行为却是在我们不知不觉中发生的。比如，一位朋友是瘾君子，想在我家吸毒，我答应了，那么，我就构成了容留他人吸毒罪。还有一些行为，我们本觉得"这样做后果不严重"，实际上却是犯罪行为，如大量透支信用卡却不归还、作伪证、与幼女发生性关系等。

当然，违法犯罪行为多由犯罪人忽视法律、亵渎人性与良知、满足私欲导致。"一失足成千古恨"，远离犯罪是我们每个人都应该把握的重要命题。同时，严防被犯罪所侵害，保护好自己，也是我们每个人应该学习和懂得的关键知识。学习一些刑法法律知识，对我们至关重要。

在此，为了帮助大家学习一些刑法法律知识，我们精心编写了《法律问答十卷书．违法犯罪卷》，希望能给大家带来启迪和帮助。

下面，我们一起来了解一下本书。

本书的内容以"提出问题——解决问题"的方式呈现，主要特色可归纳为以下四点：

第一，全面性。虽然本书的总字数不多，但是问题量大，知识点丰富，很多重要的刑法法律知识都囊括其中，具有相当的全面性。

第二，专业性。本书的编写者为专业的法律人士，他们都具有扎实、深厚的法律功底以及法律实践经验，能最大限度地保证本书的严谨性与专业性。

第三，实用性。本书的选题宗旨之一即为"实用"。能给读者带来实惠、帮助读者解答和解决问题，是我们写书的职责所在。

第四，通俗性。法律专业语言晦涩难懂，法律条文内容也大多不易理解。我们在书中注重用通俗易懂的语言解答各种法律问题，有些还辅以例证来解读，以期能够把问题讲清楚、讲透彻、讲明白。

最后，希望本书能给您的人生带来启迪与帮助！书中存在的不足之处，敬请批评指正！

本书编委会
2022 年 8 月

目 录

一、犯罪与刑罚基本知识

1　一个人年满多少岁需要承担刑事责任？
2　精神病人犯罪就不需要承担刑事责任吗？
2　喝醉酒的人犯罪了，需要承担刑事责任吗？
3　正当防卫需要承担刑事责任吗？
3　什么是犯罪的预备、犯罪未遂和犯罪中止？
4　什么是共同犯罪？其中各种人员承担的刑事责任一样吗？
5　刑罚的种类有哪些？
5　管制和拘役是怎么回事？
6　什么是剥夺政治权利？
7　什么是累犯？
7　什么是自首和立功？
8　什么是数罪并罚？
9　缓刑的适用条件有哪些？
9　减刑的适用条件有哪些？
10　假释的适用条件是什么？
11　犯罪后逃过很多年后就会免于刑事追诉吗？

二、危害国家与公共安全的犯罪

12　向境外人员提供敏感军事图片材料，构成犯罪吗？

13	明知手机里的视频系暴恐音视频,仍然保存着并分享给朋友一起看的,是否构成犯罪?
14	发生安全事故后,谎报事故情况,转移伤员,是否构成犯罪?
14	放火烧自己家的房屋应被认定为放火罪吗?
15	偷窃刹车装置触犯了何种刑法罪名?
16	私藏枪支会受到什么刑罚处罚?
17	肇事司机在哪些情况下会构成交通肇事罪?
17	指使肇事司机逃逸会被认定为交通肇事罪的共犯吗?
18	疯狂飙车属于犯罪行为吗?
18	乘坐公交车时,抢夺司机方向盘,是犯罪行为吗?

三、破坏市场经济秩序的犯罪

20	向社会公众集资一定构成集资诈骗罪吗?
21	签订合同后携款潜逃的行为触犯了刑法何种罪名?
22	为他人虚开增值税专用发票,将构成何种犯罪?
23	什么是侵犯商业秘密罪?
23	恶意透支信用卡成立信用卡诈骗罪吗?
24	制造车祸骗取保险金成立保险诈骗罪吗?
25	提供虚假的财会报告属于犯罪行为吗?
26	烧毁会计账册的行为属于犯罪行为吗?如何处罚?
27	为黑社会组织的非法收益提供资金账户的行为成立洗钱罪吗?
28	什么是非法传销?非法传销的行为人会面临怎样的刑罚处罚?
29	明知是贴牌的商品还销售的,是不是会构成犯罪?

29	假冒专利罪包括行为人未经授权在产品上使用他人专利的行为吗？
30	侵犯他人著作权，会构成犯罪吗？
32	什么样的行为会构成逃避商检罪？实施逃避商检的行为人会受到什么刑罚处罚？
33	未经申报邮寄货物入境销售是否构成犯罪？
34	私企员工收受客户财物，为其牟利，属于受贿吗？
34	企业将从银行取得的信贷资金转贷给他人，构成犯罪吗？

四、妨碍社会管理秩序的犯罪

36	聚众"打砸抢"，造成他人伤残、死亡的，构成什么罪？
36	组织他人持器械聚众斗殴的，构成何种犯罪？
37	随意殴打他人的行为是否构成犯罪？
38	参加黑社会又故意杀人的行为是否需要数罪并罚？
39	故意篡改国歌歌词的行为是否构成犯罪？
39	开设赌场是否构成犯罪？
40	证人作伪证会构成犯罪吗？
40	帮助他人窝藏赃物构成犯罪吗？
41	为犯罪分子提供隐藏住所的行为是否构成犯罪？
42	为了牟取利润而出售淫秽书籍的行为是否构成犯罪？
42	非法出售考研试题的行为是否构成犯罪？
43	在微博上故意编造将要发生地震的虚假信息的行为构成何种犯罪？
43	未按照主管机关许可的路线进行游行的，是否构成犯罪？
44	有能力执行判决而拒不执行的，会构成什么犯罪？
45	故意毁坏历史博物馆文物的，是否构成犯罪？
46	非法猎捕国家重点保护的野生动物构成何种罪？

页码	问题
46	非法持有毒品是否构成犯罪?
47	为犯罪分子窝藏毒品的,构成何种犯罪?
48	容留他人在自己家里吸毒是否构成犯罪?
48	教唆未成年人贩卖毒品的,是否要从重处罚?
49	利用微信发布销售毒品信息的行为是否构成犯罪?
50	介绍卖淫的行为是否构成犯罪?
50	使用暴力阻碍国家工作人员执行职务的,会构成何种罪名?
51	冒充交警对过路车辆进行罚款的行为构成何罪?
52	违反防疫规定,是犯罪行为吗?
52	随意倾倒有害物质,要承担怎样的后果?

五、侵犯他人人身、财产的犯罪

(一) 侵犯他人人身的犯罪

页码	问题
54	诱骗、教唆他人自杀者构成故意杀人罪吗?
55	为了索要债务将他人关起来构成犯罪吗?
55	以索要财物为目的偷盗婴儿涉嫌构成何种犯罪?
56	拐卖途中强奸被拐卖的妇女的,构成何罪?
57	灌醉女性后实施猥亵是否构成犯罪?
58	幼女自愿与某成年人发生性行为,该成年人是否构成强奸罪?
59	与未成年的养女发生性行为,是犯罪吗?
60	猥亵女童构成犯罪,而猥亵男童就不构成犯罪吗?
60	在网上发布第三者隐私,导致第三者自杀的,是否构成犯罪?
61	警察在办案时刑讯逼供的,构成何罪?
62	组织、策划、指挥残疾人、儿童乞讨涉嫌构成何种犯罪?
62	放狗咬人会构成故意伤害罪吗?
63	检举失实,构成诬告陷害罪吗?

63	向辅导机构贩卖学生信息构成犯罪吗？	
64	保姆虐待看护的老年人，是犯罪吗？	
65	生了孩子不想要，将其留在医院，构成遗弃罪吗？	

（二）侵犯他人财产的犯罪

65	入户抢劫或在公共交通工具上抢劫的，会面临加重处罚吗？
66	使用盗接通信线路的行为也构成犯罪吗？
66	抢夺财物时怀里揣着凶器但是没有用，涉嫌构成什么罪？
67	捡到他人的遗失物拒不归还，是否涉嫌犯罪？
68	通过编造事实骗取钱财的，可能构成何种犯罪？
68	挪用公司资金做投资涉嫌构成什么罪？
69	复制他人电话号码牟利的行为构成何罪？
70	谎称自己被绑架敲诈父母，是否构成犯罪？
71	毁坏公私财物构成犯罪吗？

六、贪污贿赂、渎职犯罪

72	对侵吞国有财产的国有公司工作人员应以贪污罪论处吗？
73	利用丈夫的职务收受贿赂的行为是否构成犯罪？
74	私分国有财产的行为人会面临什么刑罚处罚？
74	不能如实交代巨额财产来源的国家工作人员会受到刑罚处罚吗？
75	国家工作人员在查禁犯罪活动中帮助犯罪分子逃避处罚的行为，触犯了刑法什么罪名？
76	国家公务人员在签订合同时因失职而被骗，会受到何种刑罚处罚？
77	国有企业经理滥用职权购买不合格设备，造成国家损失的，构成何种犯罪？

一、犯罪与刑罚基本知识

💡 一个人年满多少岁需要承担刑事责任?

我国《刑法》第十七条第一款至第三款规定:"已满十六周岁的人犯罪,应当负刑事责任。已满十四周岁不满十六周岁的人,犯故意杀人、故意伤害致人重伤或者死亡、强奸、抢劫、贩卖毒品、放火、爆炸、投放危险物质罪的,应当负刑事责任。已满十二周岁不满十四周岁的人,犯故意杀人、故意伤害罪,致人死亡或者以特别残忍手段致人重伤造成严重残疾,情节恶劣,经最高人民检察院核准追诉的,应当负刑事责任。"

由此可见,一个人年满十六周岁就要承担刑事责任。但是,如果所犯之罪为"故意杀人、故意伤害致人重伤或者死亡、强奸、抢劫、贩卖毒品、放火、爆炸、投放危险物质罪"的,那么,年满十四周岁就要承担刑事责任。此外,还需要注意的是,《刑法修正案(十一)》下调了刑事责任年龄,已满十二周岁不满十四周岁的人,犯故意杀人、故意伤害罪,致人死亡或者以特别残忍手段致人重伤造成严重残疾,情节恶劣,经最高人民检察院核准追诉的,同样应当负刑事责任。《刑法》第十七条还规定:"对依照前三款规定追究刑事责任的不满十八周岁的人,应当从轻或者减轻处罚。因不满十六周岁不予刑事处罚的,责令其父母或者其他监护人加以管教；在必要的时候，依法进行专门矫治教育。"

精神病人犯罪就不需要承担刑事责任吗？

我国《刑法》第十八条第一款至第三款规定："精神病人在不能辨认或者不能控制自己行为的时候造成危害结果，经法定程序鉴定确认的，不负刑事责任，但是应当责令他的家属或者监护人严加看管和医疗；在必要的时候，由政府强制医疗。间歇性的精神病人在精神正常的时候犯罪，应当负刑事责任。尚未完全丧失辨认或者控制自己行为能力的精神病人犯罪的，应当负刑事责任，但是可以从轻或者减轻处罚。"

由此可见，精神病人犯罪需不需要承担刑事责任，要具体情况具体分析。一是间歇性精神病人没有犯病时犯罪需要承担刑事责任；二是即便精神病人有些不正常，但是没有完全丧失辨认或控制自己行为能力的，一旦犯罪，也应承担刑事责任。

喝醉酒的人犯罪了，需要承担刑事责任吗？

谭某在一次朋友聚会中，觥筹交错间喝得酩酊大醉。酒席散后，朋友给其安排在饭店附近的酒店住宿。谁料，谭某入住某酒店后，在服务人员为其上门送洗漱用品之际，谭某见色起意，将该服务人员按到床上欲行强奸，后因有人听到呼救而及时赶到制止了悲剧的发生。事后，谭某懊悔不已，称自己喝多了，否则不会发生这样的事。那么，谭某构成强奸罪吗？

谭某构成强奸罪，但是因有人及时赶来阻止，构成强奸未遂。我国《刑法》第十八条第四款规定"醉酒的人犯罪，应当负刑事责任。"也就是说，一个人不能以"喝醉了"为借口而为自己的违法犯罪行为开脱。酒后犯罪照样应该承担刑事责任,并且不会因为醉酒而从轻或减轻处罚。

💡 正当防卫需要承担刑事责任吗?

我国《刑法》第二十条第一款规定:"为了使国家、公共利益、本人或者他人的人身、财产和其他权利免受正在进行的不法侵害,而采取的制止不法侵害的行为,对不法侵害人造成损害的,属于正当防卫,不负刑事责任。"由此可见,正当防卫不承担刑事责任。但是,对于正当防卫,存在一个防卫过当的问题,即《刑法》第二十条第二款规定:"正当防卫明显超过必要限度造成重大损害的,应当负刑事责任,但是应当减轻或者免除处罚。"可见,如果存在防卫过当情形的,需要承担刑事责任。此外,根据《刑法》第二十条第三款的规定:"对正在进行行凶、杀人、抢劫、强奸、绑架以及其他严重危及人身安全的暴力犯罪,采取防卫行为,造成不法侵害人伤亡的,不属于防卫过当,不负刑事责任。"也就是说,对于行凶、杀人、抢劫、强奸、绑架以及其他严重危及人身安全的暴力犯罪来说,受害人不存在防卫过当的问题。

💡 什么是犯罪的预备、犯罪未遂和犯罪中止?

犯罪预备是指为了犯罪,准备工具、制造条件的情形。例如,某人为了盗窃去踩点,为了杀人去买刀。对于预备犯,可以比照既遂犯从轻、减轻处罚或者免除处罚。

犯罪未遂是指已经着手实行犯罪,由于犯罪分子意志以外的原因而未得逞的情形。如某人对路人实施抢劫,但听到有人大喝一声并向自己跑过来,吓得放弃抢劫撒腿就跑。对于未遂犯,可以比照既遂犯从轻或者减轻处罚。

犯罪中止是指在犯罪过程中，自动放弃犯罪或者自动有效地防止犯罪结果发生的情形。如某人对路人抢劫时，发现被抢的人挺可怜的，遂主动放弃抢劫行为。对于中止犯，没有造成损害的，应当免除处罚；造成损害的，应当减轻处罚。

💡 什么是共同犯罪？其中各种人员承担的刑事责任一样吗？

共同犯罪是指二人以上共同故意犯罪。特别注意是二人以上在"故意犯罪"时才成立共同犯罪，如果是"过失犯罪"，则不以共同犯罪论处，应当负刑事责任的，按照他们所犯的罪分别处罚。

在共同犯罪中，有主犯、从犯、胁从犯，还可能有教唆犯，他们承担的刑事责任是不一样的。其中：

组织、领导犯罪集团进行犯罪活动的或者在共同犯罪中起主要作用的，是主犯。对于组织、领导犯罪集团进行犯罪活动的首要分子，按照集团所犯的全部罪行处罚；对于在共同犯罪中起主要作用的人，按照其所参与的或者组织、指挥的全部犯罪处罚。

在共同犯罪中起次要或者辅助作用的，是从犯。对于从犯，应当从轻、减轻处罚或者免除处罚。

对于被胁迫参加犯罪的，是胁从犯。对于胁从犯，应当按照他的犯罪情节减轻处罚或者免除处罚。

教唆犯是指教唆他人犯罪的人。对于教唆犯，应当按照他在共同犯罪中所起的作用处罚。教唆不满十八周岁的人犯罪的，应当从重处罚。如果被教唆的人没有犯被教唆的罪，对于教唆犯，可以从轻或者减轻处罚。

刑罚的种类有哪些?

刑罚分为主刑和附加刑。其中,主刑包含管制、拘役、有期徒刑、无期徒刑、死刑;附加刑包含罚金、剥夺政治权利、没收财产。

此外,除主刑和附加刑外,还有一些其他的惩戒措施:

(1) 驱逐出境。对于犯罪的外国人,可以独立适用或者附加适用驱逐出境。

(2) 赔偿经济损失。由于犯罪行为而使被害人遭受经济损失的,对犯罪分子除依法给予刑事处罚外,还应根据情况判处赔偿经济损失。承担民事赔偿责任的犯罪分子,同时被判处罚金,其财产不足以全部支付的,或者被判处没收财产的,应当先承担对被害人的民事赔偿责任。

(3) 非刑罚性处置措施。对于犯罪情节轻微不需要判处刑罚的,可以免予刑事处罚,但是可以根据案件的不同情况,予以训诫或者责令具结悔过、赔礼道歉、赔偿损失,或者由主管部门予以行政处罚或者行政处分。

(4) 禁业规定。因利用职业便利实施犯罪,或者实施违背职业要求的特定义务的犯罪被判处刑罚的,人民法院可以根据犯罪情况和预防再犯罪的需要,禁止其自刑罚执行完毕之日或者假释之日起从事相关职业,期限为三年至五年。

管制和拘役是怎么回事?

相对于有期徒刑、无期徒刑和死刑来讲,管制和拘役不是特别为大众所熟知。下面我们分别来看看管制和拘役是怎么回事。

管制是对罪犯不予关押,但可以根据犯罪情况,同时禁止犯罪分子在执行期间从事特定活动,进入特定区域、场所,接触特定的人，并依法对其实行社区矫正的一种刑罚。管制的期限，为三个月以上两年以下。被判处管制的犯罪分子，在执行期间，应当遵守以下规定：

（1）遵守法律、行政法规，服从监督；

（2）未经执行机关批准，不得行使言论、出版、集会、结社、游行、示威自由的权利；

（3）按照执行机关规定报告自己的活动情况；

（4）遵守执行机关关于会客的规定；

（5）离开所居住的市、县或者迁居，应当报经执行机关批准。

对于被判处管制的犯罪分子，在劳动中应当同工同酬。

相比管制来讲，拘役就要对罪犯予以关押了，但是刑期要比有期徒刑短。拘役的期限，为一个月以上六个月以下。被判处拘役的犯罪分子，由公安机关就近执行。在执行期间，被判处拘役的犯罪分子每月可以回家一天至两天；参加劳动的，可以酌量发给报酬。

💡 什么是剥夺政治权利？

剥夺政治权利是一种附加刑，可以附加适用，也可以单独适用。剥夺的政治权利包括：

（1）选举权和被选举权；

（2）言论、出版、集会、结社、游行、示威自由的权利；

（3）担任国家机关职务的权利；

（4）担任国有公司、企业、事业单位和人民团体领导职务的权利。

那么，对哪些罪犯适用剥夺政治权利呢？根据我国《刑法》第五十六条、第五十七条的有关规定，对于危害国家安全的犯罪分子应当附加剥夺政治权利；对于故意杀人、强奸、放火、爆炸、投毒、抢劫等严重破坏社会秩序的犯罪分子，可以附加剥夺政治权利。对于被判处死刑、无期徒刑的犯罪分子，应当剥夺政治权利终身。

一旦被剥夺政治权利，终身就没有政治权利了吗？答案是否定的。根据《刑法》第五十五条、第五十七条、第五十八条的规定，除了被判处死刑、无期徒刑的犯罪分子被剥夺政治权利终身以外，其余被剥夺政治权利的都具有一定的期限，为一年以上五年以下。并且对于被判处死刑缓期执行、无期徒刑的罪犯来讲，在死刑缓期执行减为有期徒刑或者无期徒刑减为有期徒刑的时候，应当把附加剥夺政治权利的期限改为三年以上十年以下。附加剥夺政治权利的刑期，从徒刑、拘役执行完毕之日或者从假释之日起计算；剥夺政治权利的效力当然施用于主刑执行期间。

什么是累犯？

累犯分为一般累犯和特殊累犯。其中，一般累犯是指被判处有期徒刑以上刑罚，刑罚执行完毕或者赦免以后，在五年以内再犯应当判处有期徒刑以上刑罚之罪的犯罪分子。对于累犯，应当从重处罚，但是过失犯罪和不满十八周岁的人犯罪的除外。

特别累犯是指，危害国家安全犯罪、恐怖活动犯罪、黑社会性质的组织犯罪的犯罪分子，在刑罚执行完毕或者赦免以后，在任何时候再犯上述任一类罪的，都以累犯论处。

什么是自首和立功？

犯罪以后自动投案，如实供述自己罪行的，是自首。对于自首的犯罪分子，可以从轻或者减轻处罚。其中，犯罪较轻的，可以免除处罚。被采取强制措施的犯罪嫌疑人、被告人和正在服刑的罪犯，如实供述司法机关还未掌握的本人其他罪行的，以自首论。犯罪嫌疑人虽不具有前两款规定的自首情节，但是如实供述自己罪行的，可以从轻处罚；因其如实供述自己罪行，避免特别严重后果发生的，可以减轻处罚。

立功是指，犯罪分子有揭发他人犯罪行为，查证属实的，或者有提供重要线索，从而得以侦破其他案件等立功表现的，可以从轻或者减轻处罚；有重大立功表现的，可以减轻或者免除处罚。

什么是数罪并罚？

数罪并罚，是指对于一人犯数罪如何处罚的情形。数罪并罚应遵循一定的原则。根据我国《刑法》第六十九条的规定：判决宣告以前一人犯数罪的，除判处死刑和无期徒刑的以外，应当在总和刑期以下、数刑中最高刑期以上，酌情决定执行的刑期，但是管制最高不能超过三年，拘役最高不能超过一年，有期徒刑总和刑期不满三十五年的，最高不能超过二十年，总和刑期在三十五年以上的，最高不能超过二十五年。数罪中有判处有期徒刑和拘役的，执行有期徒刑。数罪中有判处有期徒刑和管制，或者拘役和管制的，有期徒刑、拘役执行完毕后，管制仍须执行。数罪中有判处附加刑的，附加刑仍须执行，其中附加刑种类相同的，合并执行，种类不同的，分别执行。

此外，对于判决宣告后发现漏罪的，《刑法》第七十条规定：对于判决宣告以后，刑罚执行完毕以前，发现被判刑的犯罪分子在判决宣告以前还有其他罪没有判决的，应当对新发现的罪作出判决,把前后两个判决所判处的刑罚,依照刑法第六十九条的规定,决定执行的刑罚。已经执行的刑期,应当计算在新判决决定的刑期以内。

对于判决宣告后又犯新罪的,《刑法》第七十一条规定:判决宣告以后,刑罚执行完毕以前,被判刑的犯罪分子又犯罪的,应当对新犯的罪作出判决,把前罪没有执行的刑罚和后罪所判处的刑罚,依照刑法第六十九条的规定,决定执行的刑罚。

缓刑的适用条件有哪些?

缓刑,是指对于被判处拘役、三年以下有期徒刑的犯罪分子,符合法定条件的,依法不予关押,则根据犯罪情况,同时禁止其在缓刑考验期限内从事特定活动,进入特定区域、场所,接触特定的人。被宣告缓刑的犯罪分子,如果被判处附加刑,附加刑仍须执行。

根据《刑法》第七十二条的规定,同时符合下列条件的,可以宣告缓刑,对其中不满十八周岁的人、怀孕的妇女和已满七十五周岁的人,应当宣告缓刑:(1)犯罪情节较轻;(2)有悔罪表现;(3)没有再犯罪的危险;(4)宣告缓刑对所居住社区没有重大不良影响。

此外,对于累犯和犯罪集团的首要分子,不适用缓刑。

减刑的适用条件有哪些?

根据我国《刑法》第七十八条的规定,被判处管制、拘役、有期徒刑、无期徒刑的犯罪分子,在执行期间,如果认真遵守监规,接受教育改造,确有悔改表现的,或者有立功表现的,可以减刑;

有下列重大立功表现之一的，应当减刑：

（1）阻止他人重大犯罪活动的；

（2）检举监狱内外重大犯罪活动，经查证属实的；

（3）有发明创造或者重大技术革新的；

（4）在日常生产、生活中舍己救人的；

（5）在抗御自然灾害或者排除重大事故中，有突出表现的；

（6）对国家和社会有其他重大贡献的。

减刑政策有利于鼓励罪犯认真改造、悔过自新，有利于缓解监所的压力，但是减刑的期限也是受严格限制的。按照《刑法》规定，减刑以后实际执行的刑期不能少于下列期限：

（1）判处管制、拘役、有期徒刑的，不能少于原判刑期的二分之一；

（2）判处无期徒刑的，不能少于十三年；

（3）人民法院依照本法第五十条第二款规定限制减刑的死刑缓期执行的犯罪分子，缓期执行期满后依法减为无期徒刑的，不能少于二十五年，缓期执行期满后依法减为二十五年有期徒刑的，不能少于二十年。

💡 假释的适用条件是什么？

根据我国《刑法》第八十一条的规定，被判处有期徒刑的犯罪分子，执行原判刑期二分之一以上，被判处无期徒刑的犯罪分子，实际执行十三年以上，如果认真遵守监规，接受教育改造，确有悔改表现，没有再犯罪的危险的，可以假释。如果有特殊情况，经最高人民法院核准，可以不受上述执行刑期的限制。对累犯以及因故意杀人、强奸、抢劫、绑架、放火、爆炸、投放危险物质或者有组织的暴力性犯罪被判处十年以上有期徒刑、无期徒刑的犯罪分子，不得假释。

💡 犯罪后逃过很多年后就会免于刑事追诉吗？

很多人犯罪后因害怕被抓而选择逃跑。这些人往往存在侥幸心理，以为自己躲藏多年以后，就可以被免于刑事追诉，事实上，这些想法是十分可笑的，因为，虽然犯罪追诉存在一定的时效，但是也存在追诉期延长、不受限制以及中断的情形。下面我们一起来看看《刑法》的相关规定。

我国《刑法》第八十七条至第八十九条规定如下：

第八十七条规定，犯罪经过下列期限不再追诉：

（1）法定最高刑为不满五年有期徒刑的，经过五年；

（2）法定最高刑为五年以上不满十年有期徒刑的，经过十年；

（3）法定最高刑为十年以上有期徒刑的，经过十五年；

（4）法定最高刑为无期徒刑、死刑的，经过二十年。如果二十年以后认为必须追诉的，须报请最高人民检察院核准。

第八十八条关于追诉期限延长的规定：在人民检察院、公安机关、国家安全机关立案侦查或者在人民法院受理案件以后，逃避侦查或者审判的，不受追诉期限的限制。被害人在追诉期限内提出控告，人民法院、人民检察院、公安机关应当立案而不予立案的，不受追诉期限的限制。

第八十九条关于追诉期限计算与中断的规定：追诉期限从犯罪之日起计算；犯罪行为有连续或者继续状态的，从犯罪行为终了之日起计算。在追诉期限以内又犯罪的，前罪追诉的期限从犯后罪之日起计算。

二、危害国家与公共安全的犯罪

向境外人员提供敏感军事图片材料，构成犯罪吗？

某甲是一名航空航天专业的学生，其在网上认识一军事爱好者A某（外国人）。A某以高额报酬多次请求某甲为其搜集我国公开或半公开的军事资料，后双方展开了"合作"，某甲因此获利近百万元，甚至偷偷拍摄了多张敏感军事图片发给A某。请问，某甲的行为是否构成犯罪？

某甲的行为涉嫌构成为境外非法提供国家秘密、情报罪。保护国家秘密和情报资料是我国公民应当履行的基本权利义务之一。国家秘密是指关涉国家安全和利益，根据法定程序确定的在一定期限内仅一定范围内人员知悉的事项，如国防建设、武装力量行动、外交外事活动等多方面事项。情报资料是除国家秘密之外的涉及国家安全或利益的未公开或不宜公开的信息资料，包括国家政治、经济、军事等方面。案例中某甲所搜集、拍摄的敏感军事图片就属于军事方面的情报资料。

根据我国《刑法》第一百一十一条的规定："为境外的机构、组织、人员窃取、刺探、收买、非法提供国家秘密或者情报的，处五年以上十年以下有期徒刑；情节特别严重的，处十年以上有期徒刑或者无期徒刑；情节较轻的，处五年以下有期徒刑、拘役、管制或者剥夺政治权利。"案例中,某甲为外国人 A 某搜集、传送半公开军事资料、敏感军事图片的行为符合该罪的构成要件,已经涉嫌构成犯罪。

明知手机里的视频系暴恐音视频,仍然保存着并分享给朋友一起看的,是否构成犯罪?

当前,恐怖主义和极端主义对社会公共安全有着极大威胁,必须坚决予以打击。我国《刑法》第一百二十条之六规定:"明知是宣扬恐怖主义、极端主义的图书、音频视频资料或者其他物品而非法持有,情节严重的,处三年以下有期徒刑、拘役或者管制,并处或者单处罚金。"

据此可知,除实施恐怖活动外,在我国,非法持有和宣扬、散发恐怖主义、极端主义同样构成犯罪。如果行为人明知自己持有(如保存、收藏)的音视频、图书或者相关画册、工艺品系宣扬恐怖主义、极端主义的,情节严重的,将被定罪处罚。例如,小李在上网时发现一则内容血腥暴力的视频,觉得自己能看到这种视频不容易,就保存了下来,并且分享给了朋友看,小李的行为就可能涉嫌非法持有宣扬恐怖主义物品罪。不可否认的是,现代社会给我们的生活提供了许多便利,能够满足许多人的好奇心和猎奇心,但互联网并不是法外之地,在浏览网页的过程中,应注意甄别信息,及时举报违法信息,切勿因"好奇""猎奇"而陷入不法之境。

发生安全事故后，谎报事故情况，转移伤员，是否构成犯罪？

A 公司在甲省有一化工厂，一日，化工厂不知何故发生爆炸，造成多名工人死伤。工厂负责人王某请示主管安全的上级秦某后，隐瞒了小厂间有人员值守的情况，将该厂间的 5 名伤员转移至别处，导致消防和医疗未能及时救援，以致加重了其中 4 人的伤情，请问，王某和秦某涉嫌构成何罪？

不报、谎报安全事故情况导致严重后果，侵犯了我国安全事故监管制度，对此《刑法》第一百三十九条之一规定："在安全事故发生后，负有报告职责的人员不报或者谎报事故情况，贻误事故抢救，情节严重的，处三年以下有期徒刑或者拘役；情节特别严重的，处三年以上七年以下有期徒刑。"

由此可见，若负有报告职责的人，如生产经营单位的负责人、实际控制人、负责生产经营管理的投资人等，出于隐瞒、欺骗等心理故意不报或谎报事故情况，耽误事故抢救、导致事故后果扩大（如死伤人数增加、经济损失扩大等）或出现其他严重情形的，将被追究刑事责任。案例中，王某和秦某作为负有报告职责的人员，串通谎报事故情况，贻误救援，情节严重，涉嫌构成谎报安全事故罪。

放火烧自己家的房屋应被认定为放火罪吗？

杨某大学毕业后，他的父母因感情不和离婚。不久，杨某的父亲经人介绍与孙某认识，二人很快登记结婚。杨某得知后，因自己不喜欢孙某，要求父亲与孙某离婚，否则便放火烧房子。父亲对杨某的要求置之不理，结果杨某真的放火烧了自己家的房屋。那么，杨某的行为是否构成放火罪？

我国《刑法》第一百一十四条规定:"放火、决水、爆炸以及投放毒害性、放射性、传染病病原体等物质或者以其他危险方法危害公共安全,尚未造成严重后果的,处三年以上十年以下有期徒刑。"该法第一百一十五条第一款规定:"放火、决水、爆炸以及投放毒害性、放射性、传染病病原体等物质或者以其他危险方法致人重伤、死亡或者使公私财产遭受重大损失的,处十年以上有期徒刑、无期徒刑或者死刑。"

由条文规定可知,放火、决水、爆炸等行为具有很强的危险性,会对公共安全造成威胁,属于违法犯罪行为。按照法律的规定,只要行为具有危害公共安全的可能性,即使没有给他人或者社会财产权益的损失也构成犯罪。杨某放火烧毁自家房屋,已经危害到社会公共安全。因此,杨某放火烧毁自己家的房屋,也构成放火罪。

偷窃刹车装置触犯了何种刑法罪名?

我国《刑法》第一百一十六条规定:"破坏火车、汽车、电车、船只、航空器,足以使火车、汽车、电车、船只、航空器发生倾覆、毁坏危险,尚未造成严重后果的,处三年以上十年以下有期徒刑。"该法第一百一十九条还规定:"破坏交通工具、交通设施、电力设备、燃气设备、易燃易爆设备,造成严重后果的,处十年以上有期徒刑、无期徒刑或者死刑。过失犯前款罪的,处三年以上七年以下有期徒刑;情节较轻的,处三年以下有期徒刑或者拘役。"

由条文规定可知,偷窃刹车装置的行为触犯了破坏交通工具罪,其中"交通工具"包括火车、汽车、电车、船只、航空器等。构成此罪的交通工具必须是正在使用中的,包括正在运营中或者是停在停车场待用的。行为人破坏上述交通工具,致使该交通工具发生颠覆、毁坏的危险，危害了不特定多数人的生命财产安全，即使没有实际危害结果的出现，行为人也成立本罪。例如，长途客运站的清洁工刘某偷偷卸下某客运车的刹车装置并卖给他人，获取不正当利益。后来保安通过查看监控视频，发现刘某的这一行为，当即将刘某送到派出所。刘某偷窃刹车装置的行为虽然没有造成实际危害的结果，但不影响其破坏交通工具罪的成立。

私藏枪支会受到什么刑罚处罚？

小郑酷爱玩战争题材的手游，也喜欢收集战争游戏中的装备，尤其是枪支。某天，他的朋友董某给了小郑一把手枪，并告诉小郑说知道他喜欢枪支，就将这把手枪送给他。小郑收到手枪后，非常兴奋，并说自己一定会小心保管。请问，小郑私藏枪支的行为会受到刑罚处罚吗？

我国《刑法》第一百二十八条规定："违反枪支管理规定，非法持有、私藏枪支、弹药的，处三年以下有期徒刑、拘役或者管制；情节严重的，处三年以上七年以下有期徒刑。"我国《枪支管理法》第三条也规定："国家严格管制枪支。禁止任何单位或者个人违反法律规定持有、制造（包括变造、装配）、买卖、运输、出租、出借枪支。"

由条文规定可知，小郑持有枪支的行为违反了枪支管理规定，属于非法持有、私藏枪支的行为。依据上述刑法条文的规定，应对小郑处以三年以下有期徒刑、拘役或者管制的处罚。我国对枪械实行非常严格的管理制度，这既是国情所需，也是对绝大多数公民生命财产安全的保障，因此对非法持有、私藏枪支的行为人，我国刑法规定了上述刑罚处罚措施。

肇事司机在哪些情况下会构成交通肇事罪?

朱某驾车到某地签一单价值百万元的合同,因不熟悉线路,在高速公路上行驶时错过了出口。因为签约时间马上到了,走下一出口会耽误时间,为此朱某便直接将车掉头,在高速公路上逆行,结果与另一辆正常行使的私家车相撞,造成私家车驾驶员冯某死亡。请问这种情况下朱某成立交通肇事罪吗?

我国《刑法》第一百三十三条明确规定:"违反交通运输管理法规,因而发生重大事故,致人重伤、死亡或者使公私财产遭受重大损失的,处三年以下有期徒刑或者拘役;交通运输肇事后逃逸或者有其他特别恶劣情节的,处三年以上七年以下有期徒刑;因逃逸致人死亡的,处七年以上有期徒刑。"同时,根据我国《最高人民法院关于审理交通肇事刑事案件具体应用法律若干问题的解释》第二条的规定,交通肇事具有下列情形之一的,才达到量刑标准:(1)死亡一人或者重伤三人以上,负事故全部或主要责任的;(2)死亡三人以上,负事故同等责任的;(3)造成公共财产或他人财产直接损失,负事故全部或主要责任,无能力赔偿数额在三十万元以上的。只要具有上述情形之一,就是触犯刑法的行为,就构成了交通肇事罪。

据此可以得知,朱某违反了交通管理法规,在高速公路上逆行与私家车相撞,导致私家车驾驶员死亡。在事故中,朱某对该起事故负全部责任,因此,朱某的行为成立交通肇事罪。

指使肇事司机逃逸会被认定为交通肇事罪的共犯吗?

刘某经过驾校培训顺利通过考试,取得驾照。刘某的朋友侯某知道他取得驾照后,让刘某开车带着他去兜风。在刘某开车期间,侯某一直与刘某交谈，导致刘某分心，在路口拐弯时撞到了路人。侯某担心自己受到牵连，便让刘某赶紧逃跑。路人因司机逃逸而死亡。那么侯某是交通肇事罪共犯吗？

《最高人民法院关于审理交通肇事刑事案件具体应用法律若干问题的解释》中第五条明确规定："……交通肇事后，单位主管人员、机动车辆所有人、承包人或者乘车人指使肇事人逃逸，致使被害人因得不到救助而死亡的，以交通肇事罪的共犯论处。"

侯某作为乘车人，指使司机逃逸而导致路人得不到救助而死亡，依据上述条文的规定，侯某属于交通肇事罪共犯，应对其行为承担相应的刑事责任。

疯狂飙车属于犯罪行为吗？

《刑法》第一百三十三条之一规定："在道路上驾驶机动车，有下列情形之一的，处拘役，并处罚金：（一）追逐竞驶，情节恶劣的……"。由条文规定可知，像疯狂飙车这种在道路上追逐竞驶的行为，如果情节恶劣的，属于犯罪行为，行为人构成危险驾驶罪。如程某与范某原来都是职业赛车手，因违反比赛规则两人都被禁赛半年。但是两人对彼此都不服气，便相约进行一场比赛，一较高下。于是程某和范某为争第一，无所顾忌地驾驶车辆在道路上疯狂飙车，致使公交车因躲闪不及，撞到了路边的公示栏，车上五人重伤。程某和范某追逐竞驶的情节非常恶劣，依法构成危险驾驶罪，应被判处拘役并处以罚金处罚。

乘坐公交车时，抢夺司机方向盘，是犯罪行为吗？

张某在公交车行驶过程中，与司机争吵，继而暴力抢夺司机的方向盘,导致公交急停,被后车追尾,导致后车司机头部受伤,没有造成公交车内人员伤亡,那么,张某的行为构成犯罪吗?

我国《刑法》第一百三十三条之二规定:"对行驶中的公共交通工具的驾驶人员使用暴力或者抢控驾驶操纵装置,干扰公共交通工具正常行驶,危及公共安全的,处一年以下有期徒刑、拘役或者管制,并处或者单处罚金。前款规定的驾驶人员在行驶的公共交通工具上擅离职守,与他人互殴或者殴打他人,危及公共安全的,依照前款的规定处罚。有前两款行为,同时构成其他犯罪的,依照处罚较重的规定定罪处罚。"

由此可知,在公交车上暴力抢夺方向盘是有可能构成犯罪的,但不是任何情况都构成犯罪。进一步讲,构成犯罪需要该公交车正在行驶中,行为人通过暴力手段抢夺方向盘,干扰正常行驶,而且危及公共交通安全。在上面的案例中,张某乘坐正在行驶的公交车,通过暴力抢夺司机的方向盘,导致公交急停并造成交通事故,危及了公共安全,因此张某的行为构成危害公共安全罪。

三、破坏市场经济秩序的犯罪

向社会公众集资一定构成集资诈骗罪吗？

我国《刑法》第一百九十二条规定："以非法占有为目的，使用诈骗方法非法集资，数额较大的，处三年以上七年以下有期徒刑，并处罚金；数额巨大或者有其他严重情节的，处七年以上有期徒刑或者无期徒刑，并处罚金或者没收财产。单位犯前款罪的，对单位判处罚金，并对其直接负责的主管人员和其他直接责任人员，依照前款的规定处罚。"

集资诈骗罪是指行为人以非法占有他人的财产为目的，使用诈骗手段开展集资活动，数额较大的行为。集资诈骗罪强调以"非法占用"为目的，《最高人民法院关于审理非法集资刑事案件具体应用法律若干问题的解释》第七条第二款规定："使用诈骗方法非法集资，具有下列情形之一的，可以认定为'以非法占有为目的'：（一）集资后不用于生产经营活动或者用于生产经营活动与筹集资金规模明显不成比例，致使集资款不能返还的；（二）肆意挥霍集资款，致使集资款不能返还的；（三）携带集资款逃匿的；（四）将集资款用于违法犯罪活动的；（五）抽逃、转移资金、隐匿财产，逃避返还资金的；（六）隐匿、销毁账目，或者搞假破产、假倒闭，逃避返还资金的；（七）拒不交代资金去向，逃避返还资金的；（八）其他可以认定非法占有目的的情形。"此外,集资诈骗罪强调的是使用"诈骗"手段骗取他人资金,如通过虚设公司、虚构项目、伪造批文、传播虚假广告等手段。同时,构成犯罪还强调数额标准为10万元以上。所以,并不是所有的向社会公众集资的行为均构成集资诈骗罪,如果没有非法占用他人财产的目的、使用"诈骗"手段,抑或没有达到10万元的数额标准,都不构成本罪。

签订合同后携款潜逃的行为触犯了刑法何种罪名?

签订合同后携款潜逃的行为构成合同诈骗罪。对此,我国《刑法》第二百二十四条作出了明确规定:"有下列情形之一,以非法占有为目的,在签订、履行合同过程中,骗取对方当事人财物,数额较大的,处三年以下有期徒刑或者拘役,并处或者单处罚金;数额巨大或者有其他严重情节的,处三年以上十年以下有期徒刑,并处罚金;数额特别巨大或者有其他特别严重情节的,处十年以上有期徒刑或者无期徒刑,并处罚金或者没收财产:(一)以虚构的单位或者冒用他人名义签订合同的……(四)收受对方当事人给付的货物、货款、预付款或者担保财产后逃匿的;(五)以其他方法骗取对方当事人财物的。"

由条文规定可知,行为人以非法占有为目的,在签订、履行合同的过程中,收受对方当事人给付的货物、货款、预付款或者担保财产后逃匿的,属于骗取对方当事人财物的行为,数额较大的,成立合同诈骗罪。如赵某虚构自己为某公司总经理,与某酒店签订了餐具供货合同,由赵某所在公司向某酒店提供餐具等,某酒店支付相应货款。在某酒店将货款10万元打入赵某账户后,赵某就消失不见了,酒店无法联系到赵某。赵某的行为就属于上述条文规定的收受对方当事人给付的货物、货款、预付款或者担保财产后逃匿。赵某拿到货款后携款潜逃的行为触犯了刑法规定的合同诈骗罪，因数额尚未达到巨大的标准，依法应处以三年以下有期徒刑或者拘役，并处或单处罚金。

为他人虚开增值税专用发票，将构成何种犯罪？

某甲系A公司负责人，因经济不景气，经营几年后，A公司以对外虚开增值税专用发票作为公司的主要业务活动，近两年，某甲和A公司在没有任何货物交易的情况下，先后为20多家公司或个人开了1000多份增值税专用发票，税款金额达千万元。某甲和A公司的行为涉嫌构成何种犯罪？

某甲和A公司涉嫌构成虚开增值税专用发票罪。我国《刑法》第二百零五条规定："虚开增值税专用发票或者虚开用于骗取出口退税、抵扣税款的其他发票的，处三年以下有期徒刑或者拘役，并处二万元以上二十万元以下罚金……单位犯本条规定之罪的，对单位判处罚金，并对其直接负责的主管人员和其他直接责任人员，处三年以下有期徒刑或者拘役……虚开增值税专用发票或者虚开用于骗取出口退税、抵扣税款的其他发票，是指有为他人虚开、为自己虚开、让他人为自己虚开、介绍他人虚开行为之一的。"

"虚开"发票主要表现为两种：一是在没有发生任何货物或应税劳务交易的情况下开出发票，二是在有货物或应税劳务交易时，开具数量不实的发票。前面的案例即属于第一种情况，无论是哪一种，只要属于虚开增值税专用发票的，都将构成犯罪。

什么是侵犯商业秘密罪?

所谓侵犯商业秘密,是指行为人通过盗窃、利诱、胁迫等不正当手段获取他人的商业秘密或者非法披露、使用或者允许他人使用其掌握的商业秘密,给权利人造成重大损失的行为。此种行为既严重侵犯权利人的合法权利,也不利于国家对商业秘密的管理,对此,我国《刑法》第二百一十九条第一款、第二款设置了侵犯商业秘密罪,其第一款、第二款规定:"有下列侵犯商业秘密行为之一,情节严重的,处三年以下有期徒刑,并处或者单处罚金;情节特别严重的,处三年以上十年以下有期徒刑,并处罚金:(一)以盗窃、贿赂、欺诈、胁迫、电子侵入或者其他不正当手段获取权利人的商业秘密的;(二)披露、使用或者允许他人使用以前项手段获取的权利人的商业秘密的;(三)违反保密义务或者违反权利人有关保守商业秘密的要求,披露、使用或者允许他人使用其所掌握的商业秘密。明知前款所列行为,获取、披露、使用或者允许他人使用该商业秘密的,以侵犯商业秘密论。"

该条所指的商业秘密,是指不被公众知悉且可以为权利人带来经济利益的具有实用性并经权利人采取保密措施的技术信息和经营信息。权利人,是指商业秘密的所有人和经商业秘密所有人许可的商业秘密使用人。2009 年的力拓案便是典型的侵犯商业秘密案件,力拓公司的员工胡某等 4 人即因窃取合作公司的采购计划、原料库存、生产安排等秘密数据而被以侵犯商业秘密罪定罪处罚。

恶意透支信用卡成立信用卡诈骗罪吗?

高某(男)经人介绍认识了邵某(女)。为追到邵某,高某为邵某购买名牌包、名牌鞋等。高某花光了自己的积蓄后,到某银行办理了额度为 5 万元的信用卡。为给邵某买礼物,高某多次透支信用卡且不按日期归还,银行屡次打电话和上门催收,高某都拒不归还。那么高某恶意透支信用卡成立信用卡诈骗罪吗?

我国《刑法》第一百九十六条第一款、第二款规定:"有下列情形之一,进行信用卡诈骗活动,数额较大的,处五年以下有期徒刑或者拘役,并处二万元以上二十万元以下罚金;数额巨大或者有其他严重情节的,处五年以上十年以下有期徒刑,并处五万元以上五十万元以下罚金;数额特别巨大或者有其他特别严重情节的,处十年以上有期徒刑或者无期徒刑,并处五万元以上五十万元以下罚金或者没收财产:(一)使用伪造的信用卡,或者使用以虚假的身份证明骗领的信用卡的;(二)使用作废的信用卡的;(三)冒用他人信用卡的;(四)恶意透支的。前款所称恶意透支,是指持卡人以非法占有为目的,超过规定限额或者规定期限透支,并且经发卡银行催收后仍不归还的行为。"

据此可知,高某为给女友买礼物,多次透支信用卡且不按期归还,在银行催收后仍不归还,该行为属于刑法规定的恶意透支行为。高某恶意透支信用卡的行为已经构成信用卡诈骗罪,应依据高某透支数额的多少来确定对高某的刑罚处罚。

制造车祸骗取保险金成立保险诈骗罪吗?

四年前,宋某买了一辆私家车,每年都给车辆办理全险,不过因为宋某开车小心谨慎,从未出过事故。某天,宋某在看电视的时候,电视剧中的人物故意制造车祸骗取保险。宋某心想自己交了好几年保费,一次都没有让保险公司理赔过,太亏本了,于是,他居然学起电视剧中的情节,故意制造了一起车祸,并向保险公司理赔。请问，宋某的行为成立保险诈骗罪吗？

我国《刑法》第一百九十八条规定："有下列情形之一，进行保险诈骗活动，数额较大的，处五年以下有期徒刑或者拘役，并处一万元以上十万元以下罚金；数额巨大或者有其他严重情节的，处五年以上十年以下有期徒刑，并处二万元以上二十万元以下罚金；数额特别巨大或者有其他特别严重情节的，处十年以上有期徒刑，并处二万元以上二十万元以下罚金或者没收财产：……（四）投保人、被保险人故意造成财产损失的保险事故，骗取保险金的……"

由此可知，宋某故意制造车祸，要求保险公司理赔，骗取保险金，具有非法占有保险金的目的，其行为已构成保险诈骗罪。需要注意的是，保险诈骗罪还存在其他几种表现形式：（1）编造虚假保险标的去投保；（2）编造事故的虚假原因，夸大损失程度；（3）编造不存在的保险事故；（4）故意造成财产损失的保险事故；（5）故意造成被保险人伤亡的保险事故。

提供虚假的财会报告属于犯罪行为吗？

陈女士是某电子商品销售有限公司财务部的主管。按公司章程规定，公司财务部应在6月中旬将会计报告递交股东查阅。但陈女士听从了公司负责人的指示，向股东提供了虚假的财务会计报告，隐瞒了公司亏损的事实。那么，陈女士及该公司负责人的行为构成犯罪吗？

我国《刑法》第一百六十一条规定："依法负有信息披露义务的公司、企业向股东和社会公众提供虚假的或者隐瞒重要事实的财务会计报告，或者对依法应当披露的其他重要信息不按照规定披露，严重损害股东或者其他人利益，或者有其他严重情节的，对其直接负责的主管人员和其他直接责任人员,处五年以下有期徒刑或者拘役,并处或者单处罚金;情节特别严重的,处五年以上十年以下有期徒刑,并处罚金。前款规定的公司、企业的控股股东、实际控制人实施或者组织、指使实施前款行为的,或者隐瞒相关事项导致前款规定的情形发生的,依照前款的规定处罚。犯前款罪的控股股东、实际控制人是单位的,对单位判处罚金,并对其直接负责的主管人员和其他直接责任人员,依照第一款的规定处罚。"

陈女士在公司负责人的指示下,向股东提供了虚假的财务会计报告。所谓虚假的财务会计报告多以伪造、变造会计凭证、伪造会计账簿、变造会计账簿、编制虚假财务报告等方式制作。不按照国家统一会计制度规定,不以真实、合法的会计凭证、会计账簿为基础,擅自虚构有关数据、资料,编制财务会计报告的行为,会损害股东及社会其他的合法利益。依照我国刑法的规定,陈女士及该公司的负责人构成违规披露、不披露重要信息罪。

烧毁会计账册的行为属于犯罪行为吗?如何处罚?

故意销毁会计凭证罪,是指负有保存会计资料义务的人员,故意销毁依法应当保存的会计凭证、会计账簿、财务会计报告,情节严重的行为。对此,我国《刑法》第一百六十二条之一明确规定:"隐匿或者故意销毁依法应当保存的会计凭证、会计账簿、财务会计报告,情节严重的,处五年以下有期徒刑或者拘役,并处或者单处二万元以上二十万元以下罚金。单位犯前款罪的,对单位判处罚金,并对其直接负责的主管人员和其他直接责任人员,依照前款的规定处罚。"例如,某婚庆公司的财务部职员周某,在核对公司账目时因失职给公司造成了一大笔损失,被公司领导辞退。周某心生怨恨，在离职前将其手中掌握的会计账册烧毁，给公司造成了极为不利的影响。依据上述条文的规定，周某的行为属于隐匿、故意销毁会计凭证、会计账簿、财务会计报告罪，依法应被处以五年以下有期徒刑或者拘役，并处或单处二万元以上二十万元以下罚金。

为黑社会组织的非法收益提供资金账户的行为成立洗钱罪吗？

卢某在某财经大学读会计专业，大学毕业后受人蛊惑参加了某黑社会组织，主要负责为该组织管理账目。卢某找到他在某银行就职的同学王某，说明自己的情况后，让王某为他们组织提供资金账户，并答应给予王某一大笔费用。王某抵制不住金钱的诱惑，便同意了。那么，王某的行为构成洗钱罪吗？

《刑法》第一百九十一条明确规定："为掩饰、隐瞒毒品犯罪、黑社会性质的组织犯罪、恐怖活动犯罪、走私犯罪、贪污贿赂犯罪、破坏金融管理秩序犯罪、金融诈骗犯罪的所得及其产生的收益的来源和性质，有下列行为之一的，没收实施以上犯罪的所得及其产生的收益，处五年以下有期徒刑或者拘役，并处或者单处罚金；情节严重的，处五年以上十年以下有期徒刑，并处罚金：（一）提供资金帐户的；（二）将财产转换为现金、金融票据、有价证券的；（三）通过转帐或者其他支付结算方式转移资金的；（四）跨境转移资产的；（五）以其他方法掩饰、隐瞒犯罪所得及其收益的来源和性质。单位犯前款罪的，对单位判处罚金，并对其直接负责的主管人员和其他直接责任人员，依照前款的规定处罚。"

由此可知，王某明知卢某是某黑社会组织成员，在卢某许给他金钱利益的情况下，答应为卢某所在的黑社会组织提供账户。依据上述刑法条文的规定，王某的行为成立洗钱罪。除为黑社会组织提供资金账户外，洗钱罪还表现在行为人明知是毒品犯罪、恐怖活动犯罪、走私犯罪、贪污贿赂犯罪、破坏金融管理秩序犯罪、金融诈骗犯罪的违法所得及其产生收益，为掩饰、隐瞒其来源和性质，仍通过存入金融机构、投资或者上市流通等手段使非法所得收入合法化的行为。

什么是非法传销？非法传销的行为人会面临怎样的刑罚处罚？

我国《刑法》第二百二十四条之一规定："组织、领导以推销商品、提供服务等经营活动为名，要求参加者以缴纳费用或者购买商品、服务等方式获得加入资格，并按照一定顺序组成层级，直接或者间接以发展人员的数量作为计酬或者返利依据，引诱、胁迫参加者继续发展他人参加，骗取财物，扰乱经济社会秩序的传销活动的，处五年以下有期徒刑或者拘役，并处罚金；情节严重的，处五年以上有期徒刑，并处罚金。"据此可以得知，非法传销，是指行为人组织、领导以推销商品、提供服务等经营活动为名，要求参加者缴纳会费或者购买商品、服务等，并按照一定顺序组成层级，通常是金字塔结构的层级，直接或者间接以发展人员的数量作为计酬或者返利依据，引诱、胁迫参加者继续发展他人参加，骗取财物，扰乱经济社会秩序的行为。行为人如果涉嫌上述活动，就会触犯刑法的非法传销罪，应当按照上文规定承担有期徒刑或拘役，并处以罚金处罚。

例如，大学毕业生田某在找工作时被传销组织所骗，进入某传销组织后被洗脑，很快就成为该传销团伙的主要组织者，为传销组织内的成员做演讲，并骗取其他人加入该传销组织。由于田某加入传销组织后从普通的传销人员变成了组织领导传销的主要人员，依据我国刑法条文的规定，田某已经构成组织、领导传销活动罪，对田某应处以五年以下有期徒刑或者拘役，并处罚金。

明知是贴牌的商品还销售的，是不是会构成犯罪？

我国《刑罚》第二百一十四条规定："销售明知是假冒注册商标的商品，违法所得数额较大或者有其他严重情节的，处三年以下有期徒刑，并处或者单处罚金；违法所得数额巨大或者有其他特别严重情节的，处三年以上十年以下有期徒刑，并处罚金。"

《最高人民法院、最高人民检察院关于办理侵犯知识产权刑事案件具体应用法律若干问题的解释》第二条规定："销售明知是假冒注册商标的商品，销售金额在五万元以上的，属于刑法第二百一十四条规定的'数额较大'，应当以销售假冒注册商标的商品罪判处三年以下有期徒刑或者拘役，并处或者单处罚金。销售金额在二十五万元以上的，属于刑法第二百一十四条规定的'数额巨大'，应当以销售假冒注册商标的商品罪判处三年以上七年以下有期徒刑，并处罚金。"

因此，明知是贴牌的商品还销售的，是否构成犯罪还要看违法所得的数额或情节的严重程度。数额较大的或者有其他严重情节的，才构成犯罪，否则，则不构成犯罪。如果销售金额达到五万元，就属于"数额较大"的情形。

假冒专利罪包括行为人未经授权在产品上使用他人专利的行为吗？

我国《刑法》第二百一十六条规定，假冒他人专利，情节严重的，处三年以下有期徒刑或者拘役，并处或者单处罚金。刑法规定的假冒专利罪，是指违反国家专利法规，假冒他人专利，情节严重的行为，具体表现形式有：以欺骗手段进行专利登记、冒取他人专利；在非专利产品或者专利上标明他人的专利标记或者专利号；伪造、仿造他人专利；侵吞他人专利，擅自实施他人专利；故意贩运仿造或者变造他人专利的产品；故意销售伪造或者擅自制造的他人专利标记；进口假冒他人专利的产品；冒充专利等行为。未经授权在产品上使用他人专利的行为也构成假冒专利罪。需要注意的是，构成本罪的要件需要达到情节严重的标准，如假冒他人专利手段恶劣、非法获利数额较大、给专利人或国家造成重大损害、在国际国内造成恶劣影响等。

例如，护士徐某在某医院儿科工作，在给宝宝打针的时候，她发现打针必须脱掉宝宝的外套。天冷的时候，很多来打针的宝宝经常因此而感冒。徐某突发奇想，设计出一套打针服，不用脱掉宝宝的外衣就能为宝宝打针，徐某为此申请了专利。某服装店的老板王某得知后，在没有取得徐某授权的情况下，便在店里出售使用该专利的儿童服装，取得了非常大的收益。依据上述条文的规定，王某的行为就构成了假冒专利罪。

侵犯他人著作权，会构成犯罪吗？

我国《刑法》第二百一十七条规定："以营利为目的，有下列侵犯著作权或者与著作权有关的权利的情形之一，违法所得数额较大或者有其他严重情节的，处三年以下有期徒刑，并处或者单处罚金；违法所得数额巨大或者有其他特别严重情节的，处三年以上十年以下有期徒刑，并处罚金：（一）未经著作权人许可，复制发行、通过信息网络向公众传播其文字作品、音乐、美术、视听作品、计算机软件及法律、行政法规规定的其他作品的；（二）出版他人享有专有出版权的图书的；（三）未经录音录像制作者许可，复制发行、通过信息网络向公众传播其制作的录音录像的；（四）未经表演者许可，复制发行录有其表演的录音录像制品，或者通过信息网络向公众传播其表演的；（五）制作、出售假冒他人署名的美术作品的；（六）未经著作权人或者与著作权有关的权利人许可，故意避开或者破坏权利人为其作品、录音录像制品等采取的保护著作权或者与著作权有关的权利的技术措施的。"

《最高人民法院、最高人民检察院关于办理侵犯知识产权刑事案件具体应用法律若干问题的解释》第五条规定："以营利为目的，实施刑法第二百一十七条所列侵犯著作权行为之一，违法所得数额在三万元以上的，属于"违法所得数额较大"；具有下列情形之一的，属于"有其他严重情节"，应当以侵犯著作权罪判处三年以下有期徒刑或者拘役，并处或者单处罚金：（一）非法经营数额在五万元以上的；（二）未经著作权人许可，复制发行其文字作品、音乐、电影、电视、录像作品、计算机软件及其他作品，复制品数量合计在一千张（份）以上的；（三）其他严重情节的情形。以营利为目的，实施刑法第二百一十七条所列侵犯著作权行为之一，违法所得数额在十五万元以上的，属于"违法所得数额巨大"；具有下列情形之一的，属于"有其他特别严重情节"，应当以侵犯著作权罪判处三年以上七年以下有期徒刑，并处罚金：（一）非法经营数额在二十五万元以上的；（二）未经著作权人许可，复制发行其文字作品、音乐、电影、电视、录像作品、计算机软件及其他作品，复制品数量合计在五千张（份）以上的；（三）其他特别严重情节的情形。"

可见，侵犯他人著作权要构成犯罪，除具有侵犯他人著作权的行为外，必须以营利为目的，且违法所得数额较大或者有其他严重情节。

💡 什么样的行为会构成逃避商检罪？实施逃避商检的行为人会受到什么刑罚处罚？

天津某国际货运有限公司想要向英国出口一批保健产品，但考虑到保健产品很难取得商检部门的检验单据，便向某公司购买了"文具"的《出境货物换证凭条》，将"保健品"冒充"文具"出口，从而骗取了出入境检验检疫局的商检手续。那么，天津某国际货运公司的行为就构成逃避商检罪。

对逃避商检罪，我国《刑法》第二百三十条规定："违反进出口商品检验法的规定，逃避商品检验，将必须经商检机构检验的进口商品未报经检验而擅自销售、使用，或者将必须经商检机构检验的出口商品未报经检验合格而擅自出口，情节严重的，处三年以下有期徒刑或者拘役，并处或者单处罚金。"需要注意的是，该罪的犯罪主体既包括自然人，也包括其所在的单位。

由条文规定可知，逃避商检罪有两种表现形式：一是对于必须经商检机构检验的进口商品，未报经检验而擅自销售、使用；二是必须经商检机构检验的出口商品，在未报经检验合格的情况下就擅自出口。案例中，天津某国际货运有限公司的行为就属于刑法规定的逃避商检罪的第二种表现形式。依据刑法条文的规定，应当对该公司判处罚金，并对公司负责人或其他责任人处以三年以下有期徒刑或者拘役。

💡 未经申报邮寄货物入境销售是否构成犯罪？

某甲的姐姐某乙在澳洲留学后定居当地，见国内代购行业有利可图，便与某乙一起做起了"代购生意"（主要代购奶粉、保健品、奢侈品），某甲负责出钱购货和销售，某乙负责在国外买货寄回，营利所得六四分。为降低成本，二人从未申报缴税，几个月下来获利数百万元。甲乙二人的行为是否构成犯罪？

某甲伙同某乙未经申报邮寄货物入境，此行为涉及走私偷逃税款，涉嫌构成走私普通货物罪。所谓走私普通货物罪，是指行为人逃避海关监管，非法运输、携带、邮寄国家禁止进出口的文物、金银或其他贵金属以及武器、弹药、假币、珍稀动植物及其制品、淫秽物品、毒品等物品之外的货物、物品进出境，偷逃应纳税额5万元以上的行为。

对此，我国《刑法》第一百五十三条规定："走私本法第一百五十一条、第一百五十二条、第三百四十七条规定以外的货物、物品的，根据情节轻重，分别依照下列规定处罚：（一）走私货物、物品偷逃应缴税额较大或者一年内曾因走私被给予二次行政处罚后又走私的，处三年以下有期徒刑或者拘役，并处偷逃应缴税额一倍以上五倍以下罚金。（二）走私货物、物品偷逃应缴税额巨大或者有其他严重情节的，处三年以上十年以下有期徒刑，并处偷逃应缴税额一倍以上五倍以下罚金……"

案例中，甲乙二人从境外购买货物未经申报缴税便入境销售，营利数百万元，所偷逃税额至少数十万元，情节严重，可能会以走私普通货物罪定罪处罚。需要注意的是，没有走私行为，直接向走私人非法收购走私进口的一般货物，数额较大的，也会构成犯罪。

私企员工收受客户财物，为其牟利，属于受贿吗？

受贿的主体并不仅限于国家工作人员，非国家工作人员利用职务便利向他人索要财物或非法收受他人财物，为他人谋取不正当利益的，也会构成犯罪。

我国《刑法》第一百六十三条第一款、第二款规定："公司、企业或者其他单位的工作人员，利用职务上的便利，索取他人财物或者非法收受他人财物，为他人谋取利益，数额较大的，处三年以下有期徒刑或者拘役，并处罚金；数额巨大或者有其他严重情节的，处三年以上十年以下有期徒刑，并处罚金；数额特别巨大或者有其他特别严重情节的，处十年以上有期徒刑或者无期徒刑，并处罚金。公司、企业或者其他单位的工作人员在经济往来中，利用职务上的便利，违反国家规定，收受各种名义的回扣、手续费，归个人所有的，依照前款的规定处罚……"

由此可知，非国家工作人员也会触犯受贿罪，构成非国家工作人员受贿罪。例如，某甲系某中外合资公司的采购部经理，某公司为获得这笔生意，向某甲的私人账户打款10万元，某甲得知后碍于情面与该公司合作。此时，某甲就涉嫌构成非国家工作人员受贿罪。

企业将从银行取得的信贷资金转贷给他人，构成犯罪吗？

A公司欲开启新的生产线，因资金筹措困难，遂请托B公司向某商业银行贷款1000万元，并许诺将提供高额利息。贷款批下后，B公司随即将该笔贷款悉数转借给A公司，借期半年，每月利息50万元，共获利300万元。B公司是否构成犯罪？

我国《刑法》第一百七十五条规定："以转贷牟利为目的，套取金融机构信贷资金高利转贷他人,违法所得数额较大的,处三年以下有期徒刑或者拘役,并处违法所得一倍以上五倍以下罚金;数额巨大的,处三年以上七年以下有期徒刑,并处违法所得一倍以上五倍以下罚金。单位犯前款罪的,对单位判处罚金,并对其直接负责的主管人员和其他直接责任人员,处三年以下有期徒刑或者拘役。"

由此可知,高利转贷行为严重危害信贷资金的市场秩序,依法会受到严惩。案例中,B 公司以转贷牟利为目的将贷得的信贷资金转贷给 A 公司,非法获利数额巨大,涉嫌构成高利转贷罪,B 公司的直接负责人等责任人员也将以此被定罪处罚。需要注意的是,除有信贷资格的企业外,个人也可成为高利转贷罪的犯罪主体。

四、妨碍社会管理秩序的犯罪

聚众"打砸抢",造成他人伤残、死亡的,构成什么罪?

我国《刑法》第二百八十九条规定:"聚众'打砸抢',致人伤残、死亡的,依照本法第二百三十四条、第二百三十二条的规定定罪处罚。毁坏或者抢走公私财物的,除判令退赔外,对首要分子,依照本法第二百六十三条的规定定罪处罚。"

由此可见,对于聚众"打砸抢",致人伤残、死亡的,分别以故意伤害罪和故意杀人罪定罪处罚。对于在"打砸抢"过程中,毁坏或抢走公私财物的,除要返还原物和赔偿损失外,对于"打砸抢"中的首要分子,以抢劫罪定罪处罚。

例如,石某因不满自己被某公司开除,于是,便找到一些社会上的朋友,聚集到某公司闹事,并对公司进行打砸抢,导致公司3名员工受伤。此时,石某等人构成的便是故意伤害罪。如果石某等人的行为导致人员死亡,则以故意杀人罪处罚。此外,对于损坏的财物,石某不但要承担损害赔偿责任,还构成了抢劫罪。

组织他人持器械聚众斗殴的,构成何种犯罪?

于某因和方某在工作中发生纠纷,而对此怀恨在心。一天,于某跟朋友聚餐时提起此事,后又带着自己的几个朋友,拿着棍棒到方某的公司殴打方某，导致方某及其公司的三名同事受伤。那么，请问于某带人聚众斗殴的行为构成何种犯罪？

我国《刑法》第二百九十二条规定："聚众斗殴的，对首要分子和其他积极参加的，处三年以下有期徒刑、拘役或者管制；有下列情形之一的，对首要分子和其他积极参加的，处三年以上十年以下有期徒刑：（一）多次聚众斗殴的；（二）聚众斗殴人数多，规模大，社会影响恶劣的；（三）在公共场所或者交通要道聚众斗殴，造成社会秩序严重混乱的；（四）持械聚众斗殴的。聚众斗殴，致人重伤、死亡的，依照本法第二百三十四条、第二百三十二条的规定定罪处罚。"

由此可知，聚众斗殴的，一般会构成聚众斗殴罪，持械聚众斗殴的，要从重处罚。如果聚众斗殴致人重伤或者死亡，则会构成故意伤害罪或者杀人罪。在前面的案例中，于某带人拿着棍棒到方某公司殴打方某，构成聚众斗殴罪，并且其属于持械斗殴，应从重处罚。

随意殴打他人的行为是否构成犯罪？

我国《刑法》第二百九十三条明确规定："有下列寻衅滋事行为之一，破坏社会秩序的，处五年以下有期徒刑、拘役或者管制：（一）随意殴打他人，情节恶劣的；（二）追逐、拦截、辱骂、恐吓他人，情节恶劣的；（三）强拿硬要或者任意损毁、占用公私财物，情节严重的；（四）在公共场所起哄闹事，造成公共场所秩序严重混乱的。纠集他人多次实施前款行为，严重破坏社会秩序的，处五年以上十年以下有期徒刑，可以并处罚金。"

由此可知，随意殴打他人，情节严重的，可构成寻衅滋事罪。

寻衅滋事罪的动机一般是出于无端寻衅、逞能显势、打人取乐或发泄、逞威风等，其侵害的对象是不特定的。但是，需要注意的是，构成此罪，一般要求情节严重。例如，一天，张某为了在自己的兄弟面前逞威风，在某商场，随意殴打一个正在逛街的女孩子。后来，经过诊断，认定该女孩已经构成重伤。在此种情况下，张某的行为就构成寻衅滋事罪。

参加黑社会又故意杀人的行为是否需要数罪并罚？

费某参加了某地的黑社会组织，一次，费某在与其他人一起收保护费时，因武某拒绝缴纳保护费，双方为此发生口角。后来，费某一气之下，用水果刀杀害了武某。那么，请问费某的行为是否需要数罪并罚？

根据分工不同，行为人可能触犯组织黑社会性质组织罪、参加黑社会性质组织罪、领导黑社会性质组织罪。我国《刑法》第二百九十四条第一款规定："组织、领导黑社会性质的组织的，处七年以上有期徒刑，并处没收财产；积极参加的，处三年以上七年以下有期徒刑，可以并处罚金或者没收财产；其他参加的，处三年以下有期徒刑、拘役、管制或者剥夺政治权利，可以并处罚金。"同时，该条第四款规定："犯前三款罪又有其他犯罪行为的，依照数罪并罚的规定处罚。"

由此可见，参加黑社会组织又有其他犯罪行为的，会把参加黑社会性质组织罪和所犯的其他罪进行数罪并罚。在前面的案例中，费某参加黑社会组织，构成参加黑社会组织罪。同时，其在参加黑社会组织后，又故意杀害他人，构成故意杀人罪。因此，根据《刑法》第二百九十四条第四款的规定，应当两罪并罚。

故意篡改国歌歌词的行为是否构成犯罪?

朱某是某大学的学生,在开学典礼上,朱某在唱国歌时,为了引起大家的注意,故意篡改国歌的歌词。那么,请问朱某篡改国歌歌词的行为是否构成犯罪?

我国《刑法》第二百九十九条规定:"在公共场合,故意以焚烧、毁损、涂划、玷污、践踏等方式侮辱中华人民共和国国旗、国徽的,处三年以下有期徒刑、拘役、管制或者剥夺政治权利。在公共场合,故意篡改中华人民共和国国歌歌词、曲谱,以歪曲、贬损方式奏唱国歌,或者以其他方式侮辱国歌,情节严重的,依照前款的规定处罚。"

由此可见,在公共场合,故意篡改国歌,情节严重的,将构成犯罪。在前面的案例中,朱某故意篡改国歌歌词的行为如果情节严重,则构成犯罪,需要承担刑事责任。

开设赌场是否构成犯罪?

顾某是某村村民,平日里非常喜欢赌博,甚至以赌博为业。后来,顾某在某一次赌博中赢了很多钱,便自己开设了一个赌场,以从中赚取利润。那么,请问顾某开设赌场是否构成犯罪?

我国《刑法》第三百零三条明确规定:"以营利为目的,聚众赌博或者以赌博为业的,处三年以下有期徒刑、拘役或者管制,并处罚金。开设赌场的,处五年以下有期徒刑、拘役或者管制,并处罚金;情节严重的,处五年以上十年以下有期徒刑,并处罚金。组织中华人民共和国公民参与国(境)外赌博,数额巨大或者有其他严重情节的,依照前款的规定处罚。"

据此可知,开设赌场的行为构成开设赌场罪。在前面的案例中，顾某开设赌场，构成开设赌场罪。

证人作伪证会构成犯罪吗？

证人作伪证会构成伪证罪。对此，我国《刑法》第三百零五条明确规定："在刑事诉讼中，证人、鉴定人、记录人、翻译人对与案件有重要关系的情节，故意作虚假证明、鉴定、记录、翻译，意图陷害他人或者隐匿罪证的，处三年以下有期徒刑或者拘役；情节严重的，处三年以上七年以下有期徒刑。"

据此可知，构成伪证罪须符合下列条件：（1）必须是对与案件有重要关系的情节作伪证；（2）行为人主观上存在故意。此外，伪证罪只能发生在刑事诉讼中，在民事诉讼中作伪证不成立此罪。例如，吴某因涉嫌故意杀人罪被立案侦查，法院在审判中，检察院提出请吴某的邻居杜某出庭作证，证明吴某曾经在案发时进入过被害人的家中。杜某因与吴某有仇，打算借机报复吴某，便故意扭曲事实作伪证。此时，杜某就构成伪证罪。

帮助他人窝藏赃物构成犯罪吗？

沈某与朋友一起在晚上盗窃了某珠宝店价值50万元的珠宝。后来，为了避免被警察发现，沈某让其表哥于某帮忙窝藏盗窃的珠宝。那么，于某的窝藏行为是否构成犯罪？

帮助他人隐藏犯罪所得赃物成立掩饰、隐瞒犯罪所得罪。我国《刑法》第三百一十二条规定："明知是犯罪所得及其产生的收益而予以窝藏、转移、收购、代为销售或者以其他方式掩饰、隐瞒的，处三年以下有期徒刑、拘役或者管制，并处或者单处罚金……"由此可知，该罪要求行为人必须明知是犯罪所得，如果不知是犯罪所得则不成立此罪。在前面的案例中，如果于某知道沈某的珠宝是盗窃所得，则构成掩饰、隐瞒犯罪所得罪。反之，如果于某对此并不知情，则不构成犯罪。

为犯罪分子提供隐藏住所的行为是否构成犯罪？

方某甲因涉嫌诈骗罪被公安机关立案侦查，后方某甲逃往住在农村的姐姐方某乙家里。方某乙为避免弟弟被警察发现，为方某甲提供了隐藏住处。那么，请问方某乙的行为是否构成犯罪？

我国《刑法》第三百一十条规定："明知是犯罪的人而为其提供隐藏处所、财物，帮助其逃匿或者作假证明包庇的，处三年以下有期徒刑、拘役或者管制；情节严重的，处三年以上十年以下有期徒刑。犯前款罪，事前通谋的，以共同犯罪论处。"

据此可知，明知是犯罪分子，还为其提供隐藏住所的构成窝藏罪。本罪是一个选择性罪名，包括窝藏罪和包庇罪两种罪名。其中，为犯罪分子提供隐藏处所、财物，以使其不被司法机关发现的行为构成窝藏罪。向司法机关隐瞒真实情况，出示虚假证明，虚构事实，谎报逃跑方向的构成包庇罪。同时还需要注意的是，行为人在事前并不知道犯罪分子要进行犯罪行为，在犯罪分子实施完犯罪后为其提供这些便利条件的行为才构成此种犯罪。如果在事前就为犯罪分子提供这些帮助，然后犯罪分子才动手实施犯罪，那么行为人则构成共犯。

在前面的案例中，方某乙在事前并不知道方某甲的犯罪行为，只是在方某甲实施诈骗行为后为其提供隐藏住处，故构成窝藏罪。

为了牟取利润而出售淫秽书籍的行为是否构成犯罪？

我国《刑法》第三百六十三条明确规定："以牟利为目的,制作、复制、出版、贩卖、传播淫秽物品的,处三年以下有期徒刑、拘役或者管制,并处罚金;情节严重的,处三年以上十年以下有期徒刑,并处罚金;情节特别严重的,处十年以上有期徒刑或者无期徒刑,并处罚金或者没收财产。为他人提供书号,出版淫秽书刊的,处三年以下有期徒刑、拘役或者管制,并处或者单处罚金;明知他人用于出版淫秽书刊而提供书号的,依照前款的规定处罚。"

由此可知,以牟利为目的,贩卖淫秽书籍的,构成贩卖淫秽物品牟利罪。换言之,要构成制作、复制、出版、贩卖、传播淫秽物品牟利罪,必须要有以牟利为目的的主观要件。例如,张某是某书店的老板,为了谋取巨额利润,在书店出售淫秽色情刊物。此种情况下,张某构成贩卖淫秽物品牟利罪。此外,明知他人用于出版淫秽书籍而提供书号的行为也构成此罪。

非法出售考研试题的行为是否构成犯罪？

徐某是某大学研究生招生办的行政人员,平时经常能够接触到本校的考研试题。一天,徐某的一个朋友张某称要从他那里出钱买今年该校某专业的考研试题。在巨额利益面前,徐某决定将试题出售给张某。那么,请问非法出售考研试题的行为是否构成犯罪？

我国《刑法》第二百八十四条之一规定："在法律规定的国家考试中,组织作弊的,处三年以下有期徒刑或者拘役,并处或者单处罚金;情节严重的,处三年以上七年以下有期徒刑,并处罚金。为他人实施前款犯罪提供作弊器材或者其他帮助的,依照前款的规定处罚。为实施考试作弊行为,向他人非法出售或者提供第一款规定的考试的试题、答案的，依照第一款的规定处罚。代替他人或者让他人代替自己参加第一款规定的考试的，处拘役或者管制，并处或者单处罚金。"

据此可知，在法律规定的国家考试中，向他人出售考试试题的，构成非法出售、提供试题、答案罪。在前面的案例中，徐某在法律规定的国家研究生招生考试中，向他人出售试题的行为，已经构成非法出售、提供试题、答案罪。

在微博上故意编造将要发生地震的虚假信息的行为构成何种犯罪？

我国《刑法》第二百九十一条之一第二款规定："编造虚假的险情、疫情、灾情、警情，在信息网络或者其他媒体上传播，或者明知是上述虚假信息，故意在信息网络或者其他媒体上传播，严重扰乱社会秩序的，处三年以下有期徒刑、拘役或者管制；造成严重后果的，处三年以上七年以下有期徒刑。"

由此可知，编造虚假的险情、疫情、灾情或者明知是虚假的信息而在网络上进行传播，并严重扰乱社会秩序的行为，严重危害了社会管理秩序，构成编造虚假信息罪。何某为了使自己的微博得到大家的关注，便在微博上故意编造虚假灾情，称某地马上就要发生地震，大家需要提前做好准备，及时逃离。因何某编造虚假灾情，造成当地民众的恐慌，严重扰乱了社会秩序。那么，在此种情况下，何某的行为就构成编造虚假信息罪。

未按照主管机关许可的路线进行游行的，是否构成犯罪？

我国《刑法》第二百九十六条规定："举行集会、游行、示威，未依照法律规定申请或者申请未获许可，或者未按照主管机关许可的起止时间、地点、路线进行，又拒不服从解散命令，严重破坏社会秩序的，对集会、游行、示威的负责人和直接责任人员，处五年以下有期徒刑、拘役、管制或者剥夺政治权利。"

据此可知，构成非法集会、游行、示威罪，需要同时符合下列条件：（1）未依照法律规定申请或者申请未获许可，或者未按照主管机关许可的起止时间、地点、路线进行；（2）在主管机关要求解散时拒绝服从命令；（3）严重破坏社会秩序。因此，未按照主管机关许可的路线进行游行的行为不一定构成犯罪。如某单位向公安机关申请在某地进行游行，公安机关予以许可，并规定了游行的时间、地点和路线。但是，在进行游行时，该单位的人员并未按照许可的路线进行，在公安机关要求其解散时，如果其能够听从公安机关的要求，则并不构成该罪。但由于其拒绝解散，继续游行，严重破坏了社会秩序，在此种情况下，该单位负责游行的责任人才构成非法游行罪。

有能力执行判决而拒不执行的，会构成什么犯罪？

黄某与王某因借款纠纷诉至法院，法院经过审理后，判决王某根据借款合同归还所欠黄某的款项，并支付利息。在判决生效后，王某有能力履行还款义务而拒不执行。在工作人员要求强制执行时，王某使用暴力，将法院执行人员打伤。那么，请问王某构成何种犯罪？

我国《刑法》第三百一十三条规定："对人民法院的判决、裁定有能力执行而拒不执行，情节严重的，处三年以下有期徒刑、拘役或者罚金；情节特别严重的，处三年以上七年以下有期徒刑，并处罚金。单位犯前款罪的,对单位判处罚金,并对其直接负责的主管人员和其他直接责任人员,依照前款的规定处罚。"

由此可知,构成拒不执行判决、裁定罪的前提条件必须是,被执行人有能力执行生效的判决、裁定而拒不执行,如果被执行人没有能力执行,则不构成此罪。在前面的案例中,王某有能力履行还款义务而拒绝执行法院的判决,并且将执行人员打伤,情节严重,因此,王某构成拒不执行判决、裁定罪。

故意毁坏历史博物馆文物的,是否构成犯罪?

我国《刑法》第三百二十四条规定:"故意损毁国家保护的珍贵文物或者被确定为全国重点文物保护单位、省级文物保护单位的文物的,处三年以下有期徒刑或者拘役,并处或者单处罚金;情节严重的,处三年以上十年以下有期徒刑,并处罚金。故意损毁国家保护的名胜古迹,情节严重的,处五年以下有期徒刑或者拘役,并处或者单处罚金。过失损毁国家保护的珍贵文物或者被确定为全国重点文物保护单位、省级文物保护单位的文物,造成严重后果的,处三年以下有期徒刑或者拘役。"

据此可知,毁坏历史文物不一定构成犯罪,要根据其所毁坏的历史文物的级别来确定。一般情况下,行为人破坏历史文物的行为仅仅属于扰乱社会治安,会被处以治安处罚。如果行为人毁坏的是国家保护的珍贵文物,或者是被确定为重点文物保护单位、省级文物保护单位的文物的,则构成故意损毁文物罪。例如,董某到某地旅游,在参观当地的历史博物馆时,故意毁坏馆内珍藏的唐朝年间的一件文物,由于此文物属于国家保护的珍贵文物,此时,董某构成故意损毁文物罪。

非法猎捕国家重点保护的野生动物构成何种罪？

非法猎捕国家重点保护的野生动物可能会构成非法猎捕、杀害珍贵、濒危野生动物罪。我国《刑法》第三百四十一条第一款规定："非法猎捕、杀害国家重点保护的珍贵、濒危野生动物的，或者非法收购、运输、出售国家重点保护的珍贵、濒危野生动物及其制品的，处五年以下有期徒刑或者拘役，并处罚金；情节严重的，处五年以上十年以下有期徒刑，并处罚金；情节特别严重的，处十年以上有期徒刑，并处罚金或者没收财产。"此外，《刑法修正案（十一）》在刑法第三百四十一条中增加一款作为第三款："违反野生动物保护管理法规，以食用为目的非法猎捕、收购、运输、出售第一款规定以外的在野外环境自然生长繁殖的陆生野生动物，情节严重的，依照前款的规定处罚。"

由此可知，行为人猎捕、杀害的野生动物属于国家重点保护的珍贵、濒危野生动物的，就会构成本罪。例如，王某平时喜欢打猎，其经常到树林里猎捕野兔，此种情况下，王某并不构成犯罪，只是违反了《治安管理处罚法》的相关规定，可能会被处以治安处罚。但是，如果王某猎捕的野生动物属于国家重点保护的珍贵、濒危野生动物，如中华鲟、黄羊等，此时王某则构成非法猎捕、杀害珍贵、濒危野生动物罪，需要承担刑事责任。

非法持有毒品是否构成犯罪？

杜某在国外留学时染上毒瘾，回国之后，杜某继续吸毒，还经常请朋友帮忙购买毒品。因此，在杜某的家中经常藏有二三十克的海洛因。那么，请问杜某持有毒品的行为是否构成犯罪？

非法持有毒品的行为构成非法持有毒品罪。对此，我国《刑法》第三百四十八条规定："非法持有鸦片一千克以上、海洛因或者甲基苯丙胺五十克以上或者其他毒品数量大的，处七年以上有期徒刑或者无期徒刑，并处罚金；非法持有鸦片二百克以上不满一千克、海洛因或者甲基苯丙胺十克以上不满五十克或者其他毒品数量较大的，处三年以下有期徒刑、拘役或者管制，并处罚金；情节严重的，处三年以上七年以下有期徒刑，并处罚金。"

由此可知，非法持有毒品只限制非法持有毒品，而不论持有毒品的原因，并且非法持有毒品需要达到一定数量时才构成本罪。在前面的案例中，杜某经常在家中放置二三十克的海洛因，根据法律规定，非法持有海洛因十克以上则构成犯罪。因此，杜某构成非法持有毒品罪。需要注意的是，如果行为人持有毒品是基于法律的规定，如因研究毒品而持有，则无论数量多少，都不构成此罪。

💡 为犯罪分子窝藏毒品的，构成何种犯罪？

沈某一直非法贩卖毒品。2021年3月，沈某贩卖毒品的行为被公安机关发现，为了逃避公安机关的侦查，沈某请求其好朋友吴某帮忙存放毒品，吴某答应了沈某的请求，并帮助其窝藏毒品。那么请问，吴某构成何种犯罪？

我国《刑法》第三百四十九条第一款明确规定："包庇走私、贩卖、运输、制造毒品的犯罪分子的，为犯罪分子窝藏、转移、隐瞒毒品或者犯罪所得的财物的，处三年以下有期徒刑、拘役或者管制；情节严重的，处三年以上十年以下有期徒刑。"

据此可知，为犯罪分子窝藏毒品的，构成窝藏毒品罪。在前面的案例中，吴某帮助沈某窝藏毒品，以逃避公安机关的侦查，吴某已构成窝藏毒品罪。此外，该条第二款、第三款规定："缉毒人员或者其他国家机关工作人员掩护、包庇走私、贩卖、运输、制造毒品的犯罪分子的，依照前款的规定从重处罚。犯前两款罪，事先通谋的，以走私、贩卖、运输、制造毒品罪的共犯论处。"可见，如果行为人是国家机关工作人员，则要从重处罚。

容留他人在自己家里吸毒是否构成犯罪？

容留他人在自己家里吸毒的行为，构成容留他人吸毒罪。对此，我国《刑法》第三百五十四条规定："容留他人吸食、注射毒品的，处三年以下有期徒刑、拘役或者管制，并处罚金。"

据此可知，容留他人在家里吸食毒品、注射毒品的，构成犯罪。例如，陈某与方某是好朋友，方某一直都在吸毒，后来，陈某在方某的引诱之下也染上毒瘾，两人经常相约到朋友于某的酒吧吸毒，而于某也经常为两人提供吸毒的场所。在此情况下，于某则构成容留他人吸毒罪。对于本罪，需要注意的是，容留他人吸毒，既可以是行为人主动提供吸毒场所，也可以是应吸毒者的要求而被动提供。但是，行为人必须主观上故意才构成犯罪，如果行为人属于过失，则不构成犯罪。

教唆未成年人贩卖毒品的，是否要从重处罚？

陈某一直走私、贩卖毒品，一次，为了将毒品贩卖给他人，陈某教唆其14岁的侄子帮助贩卖毒品，并称在事成之后会给侄子一大笔钱。那么，请问教唆未成年人贩卖毒品的行为是否会被从重处罚？

教唆未成年人贩卖毒品的要从重处罚。我国《刑法》第三百四十七条规定："走私、贩卖、运输、制造毒品，无论数量多少，都应当追究刑事责任，予以刑事处罚。……利用、教唆未成年人走私、贩卖、运输、制造毒品，或者向未成年人出售毒品的，从重处罚。"

由此可知，对于走私、贩卖、运输、制造毒品的行为，无论数量多少，都应受到刑法的处罚。教唆未成年人走私、贩卖、运输、制造毒品的，还要从重处罚。在前面的案例中，陈某为了贩卖毒品，教唆未成年的侄子帮助其贩卖的行为，要从重处罚。

💡 利用微信发布销售毒品信息的行为是否构成犯罪？

盛某一直私下销售毒品，获利不少。随着手机微信的普及，盛某便经常在微信上发布有关销售毒品的信息，并利用此种方法销售了大量毒品。那么，请问盛某利用微信发布销售毒品信息的行为是否构成犯罪？

我国《刑法》第二百八十七条之一规定："利用信息网络实施下列行为之一，情节严重的，处三年以下有期徒刑或者拘役，并处或者单处罚金：……（二）发布有关制作或者销售毒品、枪支、淫秽物品等违禁物品、管制物品或者其他违法犯罪信息的；……单位犯前款罪的，对单位判处罚金，并对其直接负责的主管人员和其他直接责任人员，依照第一款的规定处罚。有前两款行为，同时构成其他犯罪的，依照处罚较重的规定定罪处罚。"

据此可知，利用信息网络发布有关制作或销售毒品等违禁品或者其他违法犯罪信息，并且情节严重的，构成非法利用信息网络罪。在前面的案例中，盛某在微信上发布有关销售毒品信息，并且利用此种方法销售了大量毒品，情节严重，依法已经构成非法利用信息网络罪。对于此种行为，盛某将会被处三年以下有期徒刑或拘役，并处或单处罚金。

介绍卖淫的行为是否构成犯罪？

根据法律规定，介绍卖淫的行为也构成犯罪。我国《刑法》第三百五十九条明确规定："引诱、容留、介绍他人卖淫的，处五年以下有期徒刑、拘役或者管制，并处罚金；情节严重的，处五年以上有期徒刑，并处罚金。引诱不满十四周岁的幼女卖淫的，处五年以上有期徒刑，并处罚金。"

据此可知，介绍卖淫的行为构成介绍卖淫罪，需要承担相应的刑事责任。如贺某是某酒吧的老板，其经常将卖淫者介绍给一些光顾酒吧的老顾客。那么，贺某则构成介绍卖淫罪。需要注意的是，介绍卖淫的行为多表现为双向介绍，但是，单向介绍也构成此罪。如行为人将嫖客的相关信息告诉卖淫者，卖淫者自己去联系嫖客。在此种情况下，行为人也构成介绍卖淫罪。

使用暴力阻碍国家工作人员执行职务的，会构成何种罪名？

于某是某超市的老板，一天，该县市场监管局来超市例行检查，发现该超市存在过期食品，便准备将这些食品没收，并责令该超市停业整顿。但是，在工作人员执行任务时，于某使用暴力阻止。那么，请问于某阻止市场监管局工作人员执行职务的行为构成何种罪行？

我国《刑法》第二百七十七条规定："以暴力、威胁方法阻碍国家机关工作人员依法执行职务的，处三年以下有期徒刑、拘役、管制或者罚金。以暴力、威胁方法阻碍全国人民代表大会和地方各级人民代表大会代表依法执行代表职务的，依照前款的规定处罚。

在自然灾害和突发事件中，以暴力、威胁方法阻碍红十字会工作人员依法履行职责的，依照第一款的规定处罚。故意阻碍国家安全机关、公安机关依法执行国家安全工作任务，未使用暴力、威胁方法，造成严重后果的，依照第一款的规定处罚。暴力袭击正在依法执行职务的人民警察的，处三年以下有期徒刑、拘役或者管制；使用枪支、管制刀具，或者以驾驶机动车撞击等手段，严重危及其人身安全的，处三年以上七年以下有期徒刑。"

由此可知，使用暴力阻碍国家工作人员依法执行职务的行为构成妨害公务罪。此外，在此罪名中，注意行为人需要采用的是暴力、威胁的方法。在前面的案例中，市场监管局工作人员对超市例行检查，属于依法执行职务的行为，于某不但不配合，反而使用暴力阻止执法，其行为构成妨害公务罪。

冒充交警对过路车辆进行罚款的行为构成何罪？

一天，王某穿着警察制服，冒充交警，在某路口拦截过路的车辆，以车辆违规行驶而对车辆进行罚款。那么，请问王某的此种行为构成什么罪？

王某的此种行为构成招摇撞骗罪。我国《刑法》第二百七十九条规定："冒充国家机关工作人员招摇撞骗的，处三年以下有期徒刑、拘役、管制或者剥夺政治权利；情节严重的，处三年以上十年以下有期徒刑。冒充人民警察招摇撞骗的，依照前款的规定从重处罚。"

据此可知，构成招摇撞骗罪需要满足以下条件：一是冒充的必须是国家机关工作人员；二是要有招摇撞骗的行为。此外，构成此罪还必须要有谋取非法利益的目的，该目的既可以是物质利益，也可以是非物质利益，如骗得荣誉、职位、恋爱关系等。在前面的案例中，王某冒充警察对过路车辆进行罚款以获取利益，故王某构成招摇撞骗罪。

违反防疫规定，是犯罪行为吗？

我国《刑法》第三百三十条第一款规定："违反传染病防治法的规定，有下列情形之一，引起甲类传染病以及依法确定采取甲类传染病预防、控制措施的传染病传播或者有传播严重危险的，处三年以下有期徒刑或者拘役；后果特别严重的，处三年以上七年以下有期徒刑：（一）供水单位供应的饮用水不符合国家规定的卫生标准的；（二）拒绝按照疾病预防控制机构提出的卫生要求，对传染病病原体污染的污水、污物、场所和物品进行消毒处理的；（三）准许或者纵容传染病病人、病原携带者和疑似传染病病人从事国务院卫生行政部门规定禁止从事的易使该传染病扩散的工作的；（四）出售、运输疫区中被传染病病原体污染或者可能被传染病病原体污染的物品，未进行消毒处理的；（五）拒绝执行县级以上人民政府、疾病预防控制机构依照传染病防治法提出的预防、控制措施的。"

由此可知，违反传染病防治法等防疫规定，并不一定构成犯罪。在违反传染病防治法规定的前提下，符合上述法律条文规定的相应情形，并引起甲类传染病以及依法确定采取甲类传染病预防、控制措施的传染病传播或者有传播严重危险的，才构成犯罪。

随意倾倒有害物质，要承担怎样的后果？

福某工厂是专门处理放射物的工厂，今年为减少开支，直接将未经处理的含放射性元素的废物倾倒进附近的湖泊，导致湖泊水质发生变化,附近的居民也因此患上了"怪病",难以治愈,并且发生了死人事件。那么,福某工厂要承担怎样的法律后果?

我国《刑法》第三百三十八条规定:"违反国家规定,排放、倾倒或者处置有放射性的废物、含传染病病原体的废物、有毒物质或者其他有害物质,严重污染环境的,处三年以下有期徒刑或者拘役,并处或者单处罚金;情节严重的,处三年以上七年以下有期徒刑,并处罚金;有下列情形之一的,处七年以上有期徒刑,并处罚金:(一)在饮用水水源保护区、自然保护地核心保护区等依法确定的重点保护区域排放、倾倒、处置有放射性的废物、含传染病病原体的废物、有毒物质,情节特别严重的;(二)向国家确定的重要江河、湖泊水域排放、倾倒、处置有放射性的废物、含传染病病原体的废物、有毒物质,情节特别严重的;(三)致使大量永久基本农田基本功能丧失或者遭受永久性破坏的;(四)致使多人重伤、严重疾病,或者致人严重残疾、死亡的。有前款行为,同时构成其他犯罪的,依照处罚较重的规定定罪处罚。"

由此可知,违反国家规定,随意倾倒有害物质,严重污染环境的,是会构成犯罪的,要承担刑事责任。在上面的案例中,福某工厂向湖泊水域倾倒含放射性的废物,导致多人患上难以治愈的疾病,且造成人员死亡,构成犯罪,应将其负责人处七年以上有期徒刑,还要对工厂并处罚金。

五、侵犯他人人身、财产的犯罪

（一）侵犯他人人身的犯罪

诱骗、教唆他人自杀者构成故意杀人罪吗？

某甲系某邪教组织的成员，某乙系某甲父亲的仇敌，为帮父亲"铲除"某乙，某甲以迷信邪说诱使某乙成为其粉丝。一日，某甲称其在梦中遇见"指引者"，"指引者"称某乙于次日九时跳江便会寻得最终的解脱与救赎。后某乙果然听信某甲的说法跳江身亡。某甲是否构成犯罪？

《最高人民法院、最高人民检察院关于办理组织、利用邪教组织破坏法律实施等刑事案件适用法律若干问题的解释》第十一条规定："组织、利用邪教组织，制造、散布迷信邪说，组织、策划、煽动、胁迫、教唆、帮助其成员或者他人实施自杀、自伤的，依照刑法第二百三十二条、第二百三十四条的规定，以故意杀人罪或者故意伤害罪定罪处罚。"

据此可知，行为人利用邪教组织和迷信邪说教唆他人自杀的，将依故意杀人罪定罪处罚。前面的案例中，某甲具有使某乙死亡的故意且其行为与某乙的自杀行为构成刑法上的因果关系，尽管某甲并未直接实施杀害某乙的行为，但其教唆行为同样也构成故意杀人罪。

为了索要债务将他人关起来构成犯罪吗?

某甲欠某乙和某丙200万元多年未还,一日,某乙得知某甲老家拆迁,将获得大笔拆迁款。为实现债权,某乙和某丙以商量债务延期为由将某甲骗至某乙家,要求某甲还钱。因某甲暂时无法还钱,乙丙遂将某甲关在家中4日。请问,乙丙二人的行为是否构成犯罪?

乙丙二人的行为涉嫌非法拘禁罪。我国《刑法》第二百三十八条明确规定:"非法拘禁他人或者以其他方法非法剥夺他人人身自由的,处三年以下有期徒刑、拘役、管制或者剥夺政治权利。具有殴打、侮辱情节的,从重处罚。犯前款罪,致人重伤的,处三年以上十年以下有期徒刑;致人死亡的,处十年以上有期徒刑。使用暴力致人伤残、死亡的,依照本法第二百三十四条、第二百三十二条的规定定罪处罚。为索取债务非法扣押、拘禁他人的,依照前两款的规定处罚。国家机关工作人员利用职权犯前三款罪的,依照前三款的规定从重处罚。"

由此可见,为了索要债务,非法扣押、拘禁他人会构成非法拘禁罪。案例中,乙丙二人尽管是为了实现自己的合法债权,但二人将某甲关在家中的行为却属于非法限制了某甲的人身自由,且已经超过24小时,构成了非法拘禁,应以非法拘禁罪定罪处罚。需要注意的是,如乙丙二人索要的钱财超过其债权数额,还可能构成绑架罪。

以索要财物为目的偷盗婴儿涉嫌构成何种犯罪?

我国《刑法》第二百三十九条规定:"以勒索财物为目的绑架他人的,或者绑架他人作为人质的,处十年以上有期徒刑或者无期徒刑，并处罚金或者没收财产；情节较轻的，处五年以上十年以下有期徒刑，并处罚金。犯前款罪，杀害被绑架人的，或者故意伤害被绑架人，致人重伤、死亡的，处无期徒刑或者死刑，并处没收财产。以勒索财物为目的偷盗婴幼儿的，依照前两款的规定处罚。"

由此可知，以勒索财物为目的偷盗婴幼儿的，构成绑架罪。但需要注意的是，婴幼儿智力、行动能力发育不成熟，即使行为人未使用暴力，而采取哄骗、利诱等方式使婴幼儿脱离其监护人或看护人的监护或看护的，该行为也属于"偷盗婴幼儿"，会按照绑架罪来定罪处罚。例如，李某为向邻居张某索取财物以购买毒品，趁张某及其家人不注意时用棒棒糖将张某家的两岁幼儿哄骗至自己家中，继而以此为由要求张某支付"赎金"，李某的此行为属于以索取财物为目的偷盗婴幼儿，将以绑架罪定罪处罚。可见，绑架罪的成立并不一定需要实施暴力行为，以索要财物为目的的偷盗婴幼儿也涉嫌构成绑架罪。

拐卖途中强奸被拐卖的妇女的，构成何罪？

某甲系某拐卖团伙的人员，平时仅负责将上家"送"过来的被害人带到指定地点交易。一日，某甲遇一女性，见其手无缚鸡之力便心生歹念，将被害人带至住处实施了强奸。请问，某甲的行为犯了什么罪？

我国《刑法》第二百四十条规定："拐卖妇女、儿童的，处五年以上十年以下有期徒刑，并处罚金；有下列情形之一的，处十年以上有期徒刑或者无期徒刑，并处罚金或者没收财产；情节特别严重的，处死刑，并处没收财产：（一）拐卖妇女、儿童集团的首要分子；（二）拐卖妇女、儿童三人以上的；（三）奸淫被拐卖的妇女的;(四)诱骗、强迫被拐卖的妇女卖淫或者将被拐卖的妇女卖给他人迫使其卖淫的;(五)以出卖为目的,使用暴力、胁迫或者麻醉方法绑架妇女、儿童的;(六)以出卖为目的,偷盗婴幼儿的;(七)造成被拐卖的妇女、儿童或者其亲属重伤、死亡或者其他严重后果的;(八)将妇女、儿童卖往境外的。拐卖妇女、儿童是指以出卖为目的,有拐骗、绑架、收买、贩卖、接送、中转妇女、儿童的行为之一的。"

由此可见,在拐卖妇女的途中,奸淫被拐卖的妇女的,奸淫行为不单独构成强奸罪,而是作为拐卖妇女、儿童罪的加重情节论处。上面案例中,某甲在拐卖团伙中负责中转被害人,其行为已经构成拐卖妇女罪。后其又在拐卖途中实施了奸淫行为,属于情节加重犯,依法会按照拐卖妇女、儿童罪的严重情形定罪处罚。

灌醉女性后实施猥亵是否构成犯罪?

我国《刑法》第二百三十七条第一款、第二款规定:"以暴力、胁迫或者其他方法强制猥亵他人或者侮辱妇女的,处五年以下有期徒刑或者拘役。聚众或者在公共场所当众犯前款罪的,或者有其他恶劣情节的,处五年以上有期徒刑。"

所谓猥亵,是指为了满足性欲或寻求刺激,用性交之外的方法实施的淫秽下流行为。根据法律规定,通过暴力、胁迫等手段强制猥亵他人的,才构成强制猥亵罪,但是否意味着以其他方式猥亵被害人的就不构成犯罪呢?非也。强制猥亵的本质是违背被害人意志而对其实施猥亵行为,较为常见的方式是暴力和胁迫,但是,通过恐吓、欺骗或用下药、麻醉等方式让被害人处于无意识状态无法反抗、不知反抗而实施猥亵,也构成犯罪。例如,某甲(男)爱慕某乙（女）但不得，某日见某乙在聚会上喝醉昏睡，冲动上头，某甲便借机送某乙回家，在路上对某乙实施抠摸、亲吻、吸吮等不当行为，尽管某甲未使用暴力，但其也涉嫌构成强制猥亵罪。

幼女自愿与某成年人发生性行为，该成年人是否构成强奸罪？

我国《刑法》第二百三十六条规定："以暴力、胁迫或者其他手段强奸妇女的，处三年以上十年以下有期徒刑。奸淫不满十四周岁的幼女的，以强奸论，从重处罚。强奸妇女、奸淫幼女，有下列情形之一的，处十年以上有期徒刑、无期徒刑或者死刑：（一）强奸妇女、奸淫幼女情节恶劣的；（二）强奸妇女、奸淫幼女多人的；（三）在公共场所当众强奸妇女、奸淫幼女的；（四）二人以上轮奸的；（五）奸淫不满十周岁的幼女或者造成幼女伤害的；（六）致使被害人重伤、死亡或者造成其他严重后果的。"根据该规定，与未满十四周岁的幼女发生性行为，无论对方自愿与否，行为人均构成强奸罪。

由于幼女的心智发育不成熟，不具备对性行为的基本认知能力和自我保护能力，为了最大限度保护儿童人身安全和身心健康，法律对奸淫幼女的行为一向坚持零容忍的态度。若某人明知对方系未满十四周岁的幼女，还通过诱哄或其他方式使幼女自愿与其发生性行为的，以强奸罪论处，并且从重处罚。所谓"明知"包括行为人知道或者应当知道对方是不满十四周岁的幼女，若对方系不满12周岁的幼女或对方已满十二周岁不满十四周岁，但能从其身体发育状况、言谈举止、衣着特征、生活作息规律等观察可能是幼女的，也可推定行为人明知其系幼女。

💡 与未成年的养女发生性行为，是犯罪吗？

白某与妻子收养了一名小女孩小菁。妻子去世后，白某一直单独抚养小菁。小菁十五岁时，白某与之发生了性关系。那么，请问白某是否构成犯罪？

我国《刑法》第二百三十六条之一规定："对已满十四周岁不满十六周岁的未成年女性负有监护、收养、看护、教育、医疗等特殊职责的人员，与该未成年女性发生性关系的，处三年以下有期徒刑；情节恶劣的，处三年以上十年以下有期徒刑。有前款行为，同时又构成本法第二百三十六条规定①之罪的，依照处罚较重的规定定罪处罚。"

对不满十六周岁的未成年女性负有监护、收养、看护、教育、医疗等特殊职责的人员，与该未成年女性发生性关系的，属于负有照护职责人员性侵罪，应处以三年以下有期徒刑，情节严重的，则处以三年以上十年以下有期徒刑。如果同时犯有强奸罪，即通过暴力、胁迫等手段，迫使妇女进行性行为的，则依照这两种罪中处罚较重的进行处罚。在上面案例中，白某与已满十四周岁未满十六周岁的小菁发生性关系，构成了负有照护职责人员性侵罪；如果他是迫使小菁与其进行性行为，那么还构成强奸罪，就要依照较重的处罚进行惩罚。

---

① 《中华人民共和国刑法》第二百三十六条　以暴力、胁迫或者其他手段强奸妇女的，处三年以上十年以下有期徒刑。奸淫不满十四周岁的幼女的，以强奸论，从重处罚。强奸妇女、奸淫幼女，有下列情形之一的，处十年以上有期徒刑、无期徒刑或者死刑：（一）强奸妇女、奸淫幼女情节恶劣的；（二）强奸妇女、奸淫幼女多人的；（三）在公共场所当众强奸妇女、奸淫幼女的；（四）二人以上轮奸的；（五）奸淫不满十周岁的幼女或者造成幼女伤害的；（六）致使被害人重伤、死亡或者造成其他严重后果的。

猥亵女童构成犯罪，而猥亵男童就不构成犯罪吗？

李某是一名幼儿园老师，他常利用老师这一角色，多次专挑小男孩进行猥亵，并说这是老师和小朋友的"约定"，所以小男孩都不敢告诉家长。班里的小女孩没有被猥亵过，因此认为自己并没有和老师"约定"，回家后把事情一五一十地告诉了家长。李某被抓获后，认为自己没有猥亵女孩，不构成犯罪。

我国《刑法》第二百三十七条第三款规定："猥亵儿童的，处五年以下有期徒刑；有下列情形之一的，处五年以上有期徒刑：（一）猥亵儿童多人或者多次的；（二）聚众猥亵儿童的，或者在公共场所当众猥亵儿童，情节恶劣的；（三）造成儿童伤害或者其他严重后果的；（四）猥亵手段恶劣或者有其他恶劣情节的。"

据此可知，猥亵儿童是犯罪行为，不区分被猥亵对象的性别，都构成犯罪，要承担五年有期徒刑的法律责任；具有上面法律规定的四种情形的，处五年以上有期徒刑。在上面的案例中，李某多次在作为公共场所的教室里，当着小朋友的面多次猥亵多名儿童，还威胁他们不准说出去，情节十分恶劣。该罪的侵害对象不区分男童或女童，因此，李某构成猥亵儿童罪，应判处五年以上有期徒刑。

在网上发布第三者隐私，导致第三者自杀的，是否构成犯罪？

我国《刑法》第二百四十六条规定："以暴力或者其他方法公然侮辱他人或者捏造事实诽谤他人，情节严重的，处三年以下有期徒刑、拘役、管制或者剥夺政治权利。前款罪，告诉的才处理，但是严重危害社会秩序和国家利益的除外。通过信息网络实施第一款规定的行为，被害人向人民法院告诉，但提供证据确有困难的，人民法院可以要求公安机关提供协助。"据此可知，通过暴力、言语或其他方式公然侮辱他人或编造虚假事实诽谤他人，贬损他人人格、破坏他人名誉的行为属于犯罪。

现实生活中，有的原配为发泄情绪，将其配偶与第三者的隐私视频发布到网络上，导致第三者自杀；有的父母为替子女"讨公道"，将他人的隐私公之于众，并使用侮辱性文字、语言贬损他人人格，迫使其自杀。但需要注意的是，无论行为人的动机多么"正义"，都掩盖不了其犯罪事实。根据刑法规定，以贬损他人人格、破坏他人名誉为目的而通过暴力、言语侮辱等方式侮辱他人，造成严重后果的，将涉嫌侮辱罪。被害人有权要求将行为人绳之以法。在此，我们也呼吁权利人以正当合法途径维护自己的合法权益，切不可冲动妄为。

警察在办案时刑讯逼供的，构成何罪？

某甲是公安局的一名工作人员，其在一次办案过程中为了尽快获得供词，使用暴力手段对待犯罪嫌疑人，导致犯罪嫌疑人违心作了假口供。某甲的行为构成何罪？

我国法律严格保障公民的人身权利，即使公务人员在执行公务过程中，也不得随意侵犯犯罪嫌疑人或被告人的人身权利。对此，我国《刑法》第二百四十七条明确规定："司法工作人员对犯罪嫌疑人、被告人实行刑讯逼供或者使用暴力逼取证人证言的，处三年以下有期徒刑或者拘役。致人伤残、死亡的，依照本法第二百三十四条、第二百三十二条的规定定罪从重处罚。"

由此可见，司法工作人员如，警察、检察官等在办案过程中为获得口供而对犯罪嫌疑人或被告人实施暴力的，构成刑讯逼供，将以刑讯逼供罪定罪处罚。若因刑讯逼供造成犯罪嫌疑人或被告人伤残、死亡的,将以故意伤害罪或故意杀人罪定罪处罚。

💡 组织、策划、指挥残疾人、儿童乞讨涉嫌构成何种犯罪?

我国《刑法》第二百六十二条之一规定:"以暴力、胁迫手段组织残疾人或者不满十四周岁的未成年人乞讨的,处三年以下有期徒刑或者拘役,并处罚金;情节严重的,处三年以上七年以下有期徒刑,并处罚金。"

根据该规定可知,行为人通过暴力、威胁等方式强迫残疾人、儿童乞讨的,将涉嫌构成组织残疾人、儿童乞讨罪。需要注意的是,此处的儿童是指未满十四周岁的未成年人,且该罪的犯罪主体是组织者、策划者、指挥者,具体实施乞讨行为的残疾人或儿童并不构成此罪。例如,某甲系某"福利院"的负责人,为获得金钱利益,某甲通过殴打、威胁等方式强迫其"收容"的流浪儿童外出乞讨,并组织、策划了多次集体乞讨行动。在该案中,仅某甲涉嫌构成组织儿童乞讨罪,向人乞讨的儿童是受害人,并非罪犯,不会因此受到处罚。

💡 放狗咬人会构成故意伤害罪吗?

某甲与某乙系商业上的竞争对手,二者住同一小区。一日,某甲遛狗时偶遇某乙,二人发生口角,某甲松开牵引绳指令小狗扑向某乙,后小狗将某乙咬成轻伤,请问,某甲是否构成故意伤害罪?

我国《刑法》第二百三十四条规定:"故意伤害他人身体的,处三年以下有期徒刑、拘役或者管制。犯前款罪,致人重伤的,处三年以上十年以下有期徒刑;致人死亡或者以特别残忍手段致人重伤造成严重残疾的,处十年以上有期徒刑、无期徒刑或者死刑。本法另有规定的,依照规定。"

故意伤害可以表现为积极行为,也可表现为不作为,前者如拳打脚踢,后者如义务人见幼儿受到伤害而自己不施救。根据法律规定可知,故意伤害罪强调的是"故意伤害行为",而由谁去实施伤害行为则不那么重要。故不论是放蛇还是放狗故意伤害他人身体的,行为人同样都会构成故意伤害罪。案例中,某甲故意放狗将某乙咬成轻伤的行为涉嫌构成故意伤害罪。

检举失实,构成诬告陷害罪吗?

某甲偶然发现一份显示某乙可能涉嫌受贿罪的证据,遂向相关单位检举某乙。后经查证,某乙并无任何违法犯罪行为,某乙称某甲是诬告陷害,是犯罪,那么,某甲究竟是否构成诬告陷害罪呢?

某甲并不构成诬告陷害罪。根据我国《刑法》第二百四十三条规定:"捏造事实诬告陷害他人,意图使他人受刑事追究,情节严重的,处三年以下有期徒刑、拘役或者管制;造成严重后果的,处三年以上十年以下有期徒刑。国家机关工作人员犯前款罪的,从重处罚。不是有意诬陷,而是错告,或者检举失实的,不适用前两款的规定。"

据此可知,诬告陷害强调的是"捏造"事实诬陷他人以使他人被追究刑事责任。案例中,某甲并不是故意编造事实诬陷某乙受贿,而是错误检举,故某甲并不构成犯罪。

向辅导机构贩卖学生信息构成犯罪吗?

公民个人信息是指能够用于识别特定个体的身份或反映特定个体活动情况的各类信息,包括姓名、公民身份号码、联系方式(电话号码、住址等）、账户资料及密码、资产状况以及活动踪迹等。个人信息涉及个人隐私，他人不得侵害，否则将构成犯罪。

我国《刑法》第二百五十三条之一规定："违反国家有关规定，向他人出售或者提供公民个人信息，情节严重的，处三年以下有期徒刑或者拘役，并处或者单处罚金；情节特别严重的，处三年以上七年以下有期徒刑，并处罚金。违反国家有关规定，将在履行职责或者提供服务过程中获得的公民个人信息，出售或者提供给他人的，依照前款的规定从重处罚……"

该罪的犯罪主体是特殊主体，如国家机关或者金融、电信、交通、教育、医疗等单位以及这些单位的工作人员（自然人），如某中学教务主任将本校学生及家长的联系电话打包卖给辅导机构、留学中介的，就属于侵害公民个人信息的行为，涉嫌犯罪。

保姆虐待看护的老年人，是犯罪吗？

某甲系某乙家的保姆，专门负责替某乙照顾某乙卧病在床的父亲（86岁）。因某乙未同意某甲涨工资的申请，故某甲暗地"欺负"乙父，多次不给吃饱饭、不给穿暖衣，甚至言语辱骂、讽刺乙父，造成乙父心理抑郁。某甲的行为是否构成犯罪？

某甲的行为涉嫌构成虐待被看护人罪。我国《刑法》第二百六十条之一规定："对未成年人、老年人、患病的人、残疾人等负有监护、看护职责的人虐待被监护、看护的人，情节恶劣的，处三年以下有期徒刑或者拘役……"

此处的"虐待"是指行为人经常性通过殴打、捆绑、禁闭、谩骂、侮辱、有病不给治疗等作为或不作为方式对待被监护人或被看护人的行为。案例中，某甲作为对乙父负有看护职责的人，应当勤恳照顾，而其却经常不给吃饱饭、不给穿暖衣以及辱骂、讽刺乙父，该行为属于虐待，涉嫌犯罪。

💡 生了孩子不想要，将其留在医院，构成遗弃罪吗？

所谓遗弃罪，是指对年迈、年幼、患病等无法独立生活的人具有扶养义务的人拒绝履行扶养义务，情节恶劣的行为。

我国《刑法》第二百六十一条规定："对于年老、年幼、患病或者其他没有独立生活能力的人，负有扶养义务而拒绝扶养，情节恶劣的，处五年以下有期徒刑、拘役或者管制。"

家庭成员如父母子女、夫妻之间相互具有法定的扶养义务，扶养义务人在另一方不具备独立生活能力时（如无劳动能力、无生活来源、生活不能自理等等）拒不扶养的，就会涉嫌此罪。现实生活中这样的案例有很多，如丈夫将患有精神病的妻子"扔"掉致使其流离失所的；子女不扶养年迈的父母导致父母饿死、冻死的；父母将幼儿遗弃在外，导致幼儿孤苦无依，乞讨为生的；生下孩子后不想要，将其留在医院的等，都涉嫌构成遗弃罪。

（二）侵犯他人财产的犯罪

💡 入户抢劫或在公共交通工具上抢劫的，会面临加重处罚吗？

所谓抢劫罪是指行为人以非法占有为目的，使用暴力、胁迫或其他手段使被害人处于不能反抗、不敢反抗的状态，强行劫取公私财物的行为。抢劫罪不仅侵害了权利人的人身和财产安全，还危及社会管理秩序。因抢劫形式多样且场合各异，我国《刑法》第二百六十三条特别对该罪的加重情节作出明确规定："以暴力、胁迫或者其他方法抢劫公私财物的，处三年以上十年以下有期徒刑，并处罚金；有下列情形之一的，处十年以上有期徒刑、无期徒刑或者死刑，并处罚金或者没收财产：（一）入户抢劫的；（二）在公共交通工具上抢劫的；（三）抢劫银行或者其他金融机构的……"因此，若行为人为劫取财物而进入他人生活区域，例如某甲进入被害人的住房或生活用的渔船等区域进行抢劫，或在公交车、火车等公共交通工具上实施抢劫的，将面临加重处罚。

使用盗接通信线路的行为也构成犯罪吗？

我国《刑法》第二百六十五条规定："以牟利为目的，盗接他人通信线路、复制他人电信码号或者明知是盗接、复制的电信设备、设施而使用的，依照本法第二百六十四条的规定定罪处罚。"根据该规定可知，盗窃罪的客体并不只包括金钱、物品等有形财产的所有权，无形财产也可成为盗窃罪的客体。行为人为了牟利而盗接他人通信线路、复制他人电信码号或明知相关电信设施设备系盗接仍然使用的，将以盗窃罪定罪处罚。例如，某甲为牟利私下盗接了某电信线路，某乙得知后，为了多获得利益，便与某甲共同使用该线路的，即使某乙并未直接实施盗接电信线路的行为，其也构成盗窃罪，因为其明知该设备是盗接的，为了牟利仍然使用。

抢夺财物时怀里揣着凶器但是没有用，涉嫌构成什么罪？

某甲和某乙二人欲上街抢夺财物，以防"万一"，二人身上都带了管制刀具。之后，某甲开着摩托车搭载某乙，在摩托车行进过程中抢走了正在路边打电话的女子的手包，包里面约有现金7千元。后某甲、某乙被在不远处执勤的警察捉拿归案，藏在身上的刀具也被搜出。请问，某甲、某乙涉嫌构成何罪？

我国《刑法》第二百六十七条明确规定："抢夺公私财物，数额较大的，或者多次抢夺的，处三年以下有期徒刑、拘役或者管制，并处或者单处罚金……携带凶器抢夺的，依照本法第二百六十三条的规定定罪处罚。"由此可见，趁人不备抢夺财物的行为一般构成抢夺罪。但如果行为人抢夺时携带了凶器的，则应当以抢劫罪定罪处罚，而不论行为人是否使用了凶器。案例中，某甲和某乙在抢夺时携带管制刀具，危害性大，且抢夺数额较大，构成抢劫罪既遂。

💡 捡到他人的遗失物拒不归还，是否涉嫌犯罪？

唐某在某商场一柜台处捡到王某遗失的钱包，内有现金3万余元和银行卡若干。王某通过商场监控和商店的客户信息查询到唐某的联系方式，希望其归还财物，并许诺愿意支付1千元报酬。但唐某坚决予以否认，拒不归还钱包和包内财物。请问，唐某的行为是否构成犯罪？

唐某的行为涉嫌构成侵占罪。我国《刑法》第二百七十条规定："将代为保管的他人财物非法占为己有，数额较大，拒不退还的，处二年以下有期徒刑、拘役或者罚金；数额巨大或者有其他严重情节的，处二年以上五年以下有期徒刑，并处罚金。将他人的遗忘物或者埋藏物非法占为己有，数额较大，拒不交出的，依照前款的规定处罚。本条罪，告诉的才处理。"

根据该规定可知，非法将保管物、遗失物或埋藏物据为己有，拒不交出且数额较大的，将构成侵占罪。前面的案例中，唐某以占有财物为目的拒不归还其拾得的遗失物，数额达万元，已经达到数额较大的标准,涉嫌构成侵占罪。对此,受害人王某可向人民法院起诉,要求追究唐某的刑事责任。

通过编造事实骗取钱财的,可能构成何种犯罪?

所谓诈骗罪,即为了谋取不正当利益,采取虚构事实或隐瞒真相的手段,使被害人陷入错误认识,骗取公私财物的行为。我国《刑法》第二百六十六条规定:"诈骗公私财物,数额较大的,处三年以下有期徒刑、拘役或者管制,并处或者单处罚金;数额巨大或者有其他严重情节的,处三年以上十年以下有期徒刑,并处罚金;数额特别巨大或者有其他特别严重情节的,处十年以上有期徒刑或者无期徒刑,并处罚金或者没收财产。本法另有规定的,依照规定。"例如,某甲在某地拾得某乙的存折,后托人伪造证件和手续,成功使银行工作人员陷入错误认识,将存折中的存款悉数取出给某甲;再如,丙公司通过欺骗手段获取增值税专用发票或其他可以用于骗取出口退税、抵扣税款的其他发票的,也构成诈骗。简言之,通过编造事实骗取钱财的,可能涉嫌诈骗罪。

挪用公司资金做投资涉嫌构成什么罪?

某甲系A公司(民营企业)的财务。近日,某甲见股市利好欲投资股票,因其定期存款要两个月后才到期,故某甲借机挪用了公司100万元,想着等自己的钱款取出来后再补上。谁料,一个月后,某甲投资失利且其挪用资金的行为败露,公司选择报警。请问,某甲的行为构成何种犯罪?

某甲的行为涉嫌构成挪用资金罪。我国《刑法》第二百七十二条规定:"公司、企业或者其他单位的工作人员,利用职务上的便利，挪用本单位资金归个人使用或者借贷给他人，数额较大、超过三个月未还的，或者虽未超过三个月，但数额较大、进行营利活动的，或者进行非法活动的，处三年以下有期徒刑或者拘役；挪用本单位资金数额巨大的，处三年以上七年以下有期徒刑；数额特别巨大的，处七年以上有期徒刑。国有公司、企业或者其他国有单位中从事公务的人员和国有公司、企业或者其他国有单位委派到非国有公司、企业以及其他单位从事公务的人员有前款行为的，依照本法第三百八十四条的规定定罪处罚。有第一款行为，在提起公诉前将挪用的资金退还的，可以从轻或者减轻处罚。其中，犯罪较轻的，可以减轻或者免除处罚。"简言之，若行为人利用职务便利挪用资金数额较大超过三个月不还的，或者虽然没有超过三个月，但其将挪用的资金用于营利活动或非法活动的，都会构成挪用资金罪。需要注意的是，如果行为人是国有公司、企业或者其他国有单位中从事公务的人员和国有公司、企业或者其他国有单位委派到非国有公司、企业以及其他单位从事公务的人员的，其从事前述行为时，构成挪用公款罪。案例中，某甲挪用公司资金虽未超过三个月，但其将该资金投入股市，属于利用挪用资金进行营利活动，涉嫌构成挪用资金罪。

复制他人电话号码牟利的行为构成何罪？

我国《刑法》第二百六十四条规定："盗窃公私财物，数额较大的，或者多次盗窃、入户盗窃、携带凶器盗窃、扒窃的，处三年以下有期徒刑、拘役或者管制，并处或者单处罚金；数额巨大或者有其他严重情节的，处三年以上十年以下有期徒刑，并处罚金；数额特别巨大或者有其他特别严重情节的，处十年以上有期徒刑或者无期徒刑，并处罚金或者没收财产。"第二百六十五条规定："以牟利为目的，盗接他人通信线路、复制他人电信码号或者明知是盗接、复制的电信设备、设施而使用的，依照本法第二百六十四条的规定定罪处罚。"

盗窃是指行为人以非法占有为目的，偷盗公私财物的行为。随着科技的发展，盗窃的方式更加多样，如我们的手机号码也可以成为罪犯盗窃的对象。例如，杨某曾通过复制他人电话号码，盗用资费甚至通过该电话号码获得了被害人的支付密码，继而盗取账户内的资金。根据我国《刑法》第二百六十四条和第二百六十五条的规定，杨某被认定为构成盗窃罪，被判处有期徒刑一年。

谎称自己被绑架敲诈父母，是否构成犯罪？

某甲打游戏花光了钱，为了向父母要钱，某甲与网友某乙编造了一起"绑架案"，制造某甲被人绑架的假象，促使某甲父母支付了3万元"赎金"，后某甲分得2.5万元，某乙分得0.5万元。请问，某甲和某乙的行为是否构成犯罪？

某甲和某乙的行为可能涉嫌敲诈勒索罪。我国《刑法》第二百七十四条规定："诈勒索公私财物，数额较大或者多次敲诈勒索的，处三年以下有期徒刑、拘役或者管制，并处或者单处罚金；数额巨大或者有其他严重情节的，处三年以上十年以下有期徒刑，并处罚金；数额特别巨大或者有其他特别严重情节的，处十年以上有期徒刑，并处罚金。"所谓敲诈勒索，是指行为人以非法占有他人财物为目的，对被害人实施恐吓、威胁，使被害人陷入恐惧而交出财物的行为。案例中，某甲和某乙伪造某甲被绑架的事实，恐吓、威胁某甲的父母，使其出于害怕和担忧不得不支付3万元，就属于敲诈勒索行为。需要注意的是，除案例中的方式外，行为人也会以杀人、伤人、毁坏财物、揭发隐私、告发不法行为、利用被害人困境等手段相威胁，此种威胁可以是口头的，也可以是书面的，可以当场威胁，也可以通过第三人或电信等方式威胁。

毁坏公私财物构成犯罪吗？

我国《刑法》第二百七十五条规定："故意毁坏公私财物，数额较大或者有其他严重情节的，处三年以下有期徒刑、拘役或者罚金；数额巨大或者有其他特别严重情节的，处三年以上七年以下有期徒刑。"

可见，毁坏公私财物不仅要承担民事赔偿责任，还可能面临刑事责任。那么，是否所有毁坏财物的行为都构成犯罪呢？其实不然。故意毁坏财物罪的构成要件是：行为人主观上有毁坏财物的故意，并在客观上实施了毁坏财物的行为，如焚烧、打砸等，而且需要毁坏财物的数额较大或引发了其他严重后果等。例如，某丙在开车过程为了避让行人，撞坏了公路旁的交通灯，尽管某丙确实损坏了公共财物，但其并不构成故意毁坏财物罪，因为他主观上并没有损坏交通灯的故意。但是，如果张三为了报复邻居李四，故意采取手段毁坏李四停在车库的豪车，则有可能构成故意毁坏财物罪，因为他带着毁害李四财物的目的故意实施了毁害行为并且导致了严重后果。

六、贪污贿赂、渎职犯罪

对侵吞国有财产的国有公司工作人员应以贪污罪论处吗？

某市保温容器公司属于国有企业，于前年进行改制工作。祝某是该国有企业的总经理，在改制过程中，将公司所有的两间厂房变更登记到其表弟赵某名下。公司改制完成后，祝某又将厂房变更到自己名下。在此期间，祝某一直隐瞒上述两间厂房的存在。那么，祝某的行为构成贪污罪吗？

我国《刑法》第三百八十二条明确规定："国家工作人员利用职务上的便利，侵吞、窃取、骗取或者以其他手段非法占有公共财物的，是贪污罪。受国家机关、国有公司、企业、事业单位、人民团体委托管理、经营国有财产的人员，利用职务上的便利，侵吞、窃取、骗取或者以其他手段非法占有国有财物的，以贪污论。与前两款所列人员勾结，伙同贪污的，以共犯论处。"

由条文规定可知，祝某作为国有企业的总经理，也能成为贪污罪的犯罪主体。成立本罪要求犯罪主体是国家工作人员，或者受国家机关、国有公司、企业、事业单位、人民团体委托管理、经营国有财产的人员。该罪的另一个构成要件是上述人员有利用职务之便，实施侵吞、窃取、骗取国有财产的行为。

利用丈夫的职务收受贿赂的行为是否构成犯罪？

曾某的丈夫是某县县委书记。一天，曾某的朋友韩某找到她，给了她2万元现金，请曾某帮助自己的女儿调动工作。曾某收下了现金，并答应了韩某的请求。之后，曾某利用丈夫的职权和地位形成的便利条件，请丈夫在韩某下属的材料上作出批示，要求对韩某女儿的工作调动予以照顾。那么，请问曾某的行为是否构成犯罪？

曾某的行为构成利用影响力受贿罪。对此，我国《刑法》第三百八十八条之一规定："国家工作人员的近亲属或者其他与该国家工作人员关系密切的人，通过该国家工作人员职务上的行为，或者利用该国家工作人员职权或者地位形成的便利条件，通过其他国家工作人员职务上的行为，为请托人谋取不正当利益，索取请托人财物或者收受请托人财物，数额较大或者有其他较重情节的，处三年以下有期徒刑或者拘役，并处罚金；数额巨大或者有其他严重情节的，处三年以上七年以下有期徒刑，并处罚金；数额特别巨大或者有其他特别严重情节的，处七年以上有期徒刑，并处罚金或者没收财产。离职的国家工作人员或者其近亲属以及其他与其关系密切的人，利用该离职的国家工作人员原职权或者地位形成的便利条件实施前款行为的，依照前款的规定定罪处罚。"

由此可见，利用影响力受贿罪的犯罪构成是：（1）行为人利用了其对国家工作人员的"影响力"，行为人直接对国家工作人员产生影响，使其为或不为某种行为；（2）行为人通过国家工作人员的职务行为为请托人谋取不正当利益。在前面的案例中，曾某利用丈夫的影响力帮助请托人韩某谋取不正当利益，故曾某的行为构成利用影响力受贿罪。

私分国有财产的行为人会面临什么刑罚处罚?

私分国有资产罪,是指国家机关、国有公司、企业、事业单位、人民团体,违反国家规定,以单位名义将国有资产集体私分给个人,且数额较大的行为。

对私分国有资产的行为人应如何进行处罚,我国《刑法》第三百九十六条作出明确规定:"国家机关、国有公司、企业、事业单位、人民团体,违反国家规定,以单位名义将国有资产集体私分给个人,数额较大的,对其直接负责的主管人员和其他直接责任人员,处三年以下有期徒刑或者拘役,并处或者单处罚金;数额巨大的,处三年以上七年以下有期徒刑,并处罚金。司法机关、行政执法机关违反国家规定,将应当上缴国家的罚没财物,以单位名义集体私分给个人的,依照前款的规定处罚。"例如,某银行某营业部经理李某,负责该营业部的全面管理,利用自己的职权私设小金库,将国债交易等各种名义虚列成本所产生的利润存入小金库,并以单位名义将该部分钱款发放给工作人员,作为员工的奖金。李某的行为就构成私分国有资产罪,依据刑法的规定,应对李某处以三年以下有期徒刑并处或者单处罚金。

不能如实交代巨额财产来源的国家工作人员会受到刑罚处罚吗?

国家工作人员拒不交代巨额财产来源的,可以以巨额财产来源不明罪进行定罪处罚。我国《刑法》第三百九十五条对此有明确规定:"国家工作人员的财产、支出明显超过合法收入,差额巨大的,可以责令该国家工作人员说明来源,不能说明来源的,差额部分以非法所得论,处五年以下有期徒刑或者拘役;差额特别巨大的,处五年以上十年以下有期徒刑。财产的差额部分予以追缴。国家工作人员在境外的存款,应当依照国家规定申报。数额较大、隐瞒不报的,处二年以下有期徒刑或者拘役;情节较轻的,由其所在单位或者上级主管机关酌情给予行政处分。"

由条文规定可知,只有国家工作人员才能成为本罪的主体。对于国家工作人员而言,其财产收入必须有明确的出处,如果不能如实说明巨额财产的来源,则会受到刑罚处罚。例如,某县水利局副局长陈某,被查出家庭财产支出明显超过家庭合法收入,差额约122万元。如果陈某不能向司法机关说明这122万元钱款的来源,那么陈某就构成巨额财产来源不明罪。该罪的独特之处在于,检察机关只要证明行为人的财产明显超过合法收入就完成了举证责任,而犯罪嫌疑人则需要承担举证责任,以证明财产来源正当,否则就直接对行为人以巨额财产来源不明定罪处罚。

💡 国家工作人员在查禁犯罪活动中帮助犯罪分子逃避处罚的行为,触犯了刑法什么罪名?

某市开发区纪委书记郑某,因涉嫌贪污罪被羁押在某市看守所,郑某为减轻罪责,便写好串供信。郑某制造机会告知该看守所副中队长魏某,让其帮自己传递给证人王某。魏某为了金钱利益,接受了郑某的请求,为其传递串供信件,帮助郑某逃避处罚。请问,魏某作为国家工作人员,为犯罪嫌疑人郑某传递串供信件,帮助其逃避处罚的行为触犯了什么罪名?

案例中,魏某的行为触犯了刑法规定的帮助犯罪分子逃避处罚罪。帮助犯罪分子逃避处罚罪,是指有查禁犯罪活动职责的国家机关工作人员,向犯罪分子通风报信、提供便利,帮助犯罪分子逃避处罚的行为。本罪的主体是负有查禁犯罪活动职责的国家机关工作人员，主要指司法机关（包括公安机关、国家安全机关、人民检察院、人民法院）的工作人员，各级党委、政府机关中主管查禁犯罪活动的人员。而本罪的犯罪对象必须是犯罪分子，其中包括犯罪之后，潜逃在外，尚未抓获的犯罪分子，也包括尚未被司法机关发觉的犯罪分子。对触犯本罪的行为人，我国《刑法》第四百一十七条规定："有查禁犯罪活动职责的国家机关工作人员，向犯罪分子通风报信、提供便利，帮助犯罪分子逃避处罚的，处三年以下有期徒刑或者拘役；情节严重的，处三年以上十年以下有期徒刑。"

国家公务人员在签订合同时因失职而被骗，会受到何种刑罚处罚？

我国《刑法》第四百零六条规定："国家机关工作人员在签订、履行合同过程中，因严重不负责任被诈骗，致使国家利益遭受重大损失的，处三年以下有期徒刑或者拘役；致使国家利益遭受特别重大损失的，处三年以上七年以下有期徒刑。"据此可以得知，国家公务人员在签订合同时，由于失职而被骗的，构成国家机关工作人员签订、履行合同失职被骗罪。

本罪的责任形式是过失。这里的过失，是指应当预见自己严重不负责任可能发生被骗致使国家利益遭受重大损失的结果，由于疏忽大意而没有预见，或者已经预见而轻信能够避免，以致发生这种结果的主观心理状态。主要表现为国家公务人员在履职中极其不负责，粗心大意、三心二意。例如，某省盐务局副局长郭某，在任职期间违反规定，签订合同时极度不负责，未就合同内容进行审查即签字盖章，支付给合同对方当事人保证金、中介费 28 万元，致使盐务局遭受重大经济损失。郭某的行为犯下国家机关工作人员签订、履行合同失职被骗罪，依法会受到三年以下有期徒刑或者拘役；若致使国家利益遭受特别重大损失的，将面临三年以上七年以下有期徒刑。

国有企业经理滥用职权购买不合格设备，造成国家损失的，构成何种犯罪？

江某是某国有企业的经理。该企业需要购进一批设备，以扩大生产规模。然而，在购买设备时，江某竟然要求该企业购买国外淘汰的一批设备，最终导致在生产过程中出现大量不合格产品，给国家造成重大经济损失。那么，请问江某的行为构成何种犯罪？

江某的行为构成滥用职权罪。所谓"滥用职权"，是指国家机关工作人员超越职权，违法、违规决定或者违法规定处理公务，导致公共财产、国家和人民利益遭受重大损失的行为。我国《刑法》第三百九十七条规定："国家机关工作人员滥用职权或者玩忽职守，致使公共财产、国家和人民利益遭受重大损失的，处三年以下有期徒刑或者拘役；情节特别严重的，处三年以上七年以下有期徒刑。本法另有规定的，依照规定。国家机关工作人员徇私舞弊，犯前款罪的，处五年以下有期徒刑或者拘役；情节特别严重的，处五年以上十年以下有期徒刑。本法另有规定的，依照规定。"

需要注意的是，行为人滥用职权的行为必须是造成了重大损失的后果。而且，本条属于滥用职权罪的普通法条，如果行为人触犯了滥用职权罪的特别法条，则应认定为特别法条规定的犯罪，如传染病防治失职罪，滥用管理公司、证券职权罪。在前面的案例中，江某作为国有企业的工作人员，违反规定作出决定，并且给国家造成重大经济损失，故构成滥用职权罪。

图书在版编目（CIP）数据

法律问答十卷书. 违法犯罪卷／荣丽双编著. —北京：中国法制出版社，2023.3
ISBN 978-7-5216-2777-0

Ⅰ.①法… Ⅱ.①荣… Ⅲ.①刑法-中国-问题解答 Ⅳ.①D920.5

中国版本图书馆 CIP 数据核字（2022）第 122895 号

策划编辑：李佳　　　责任编辑：刘冰清　　　封面设计：杨鑫宇

法律问答十卷书. 违法犯罪卷
FALÜ WENDA SHI JUAN SHU. WEIFAFANZUIJUAN

编著／荣丽双
经销／新华书店
印刷／三河市紫恒印装有限公司
开本／880 毫米×1230 毫米　32 开　　　　　印张／2.75　字数／60 千
版次／2023 年 3 月第 1 版　　　　　　　　　2023 年 3 月第 1 次印刷

中国法制出版社出版
书号 ISBN 978-7-5216-2777-0　　　　　　　（全十册）总定价：79.80 元

北京市西城区西便门西里甲 16 号西便门办公区
邮政编码：100053　　　　　　　　　　　　　传真：010-63141600
网址 http：∥www.zgfzs.com　　　　　　　　编辑部电话：010-63141837
市场营销部电话：010-63141612　　　　　　印务部电话：010-63141606

（如有印装质量问题，请与本社印务部联系。）

法律问答十卷书

诉讼指南卷

中国法制出版社
CHINA LEGAL PUBLISHING HOUSE

前 言

在人与人交往的社会关系中，发生纠纷、冲突、侵权等问题在所难免。不同的人会选择不同解决问题的方式，有的人会选择退一步海阔天空的握手和解，有的人会选择有中间人牵线搭桥的调解，有的人会选择相对快捷的仲裁，有的人会选择对簿公堂的诉讼……其中，诉讼应该是大多数人解决纠纷与侵权等问题的最终途径。事实上，诉讼也是大家解决纠纷、进行权利救济的最后一道防线。

诉讼，又称打官司，是一项专业的法律活动。大家在面对诉讼时，往往需要律师的帮助。对于一些复杂的案子，我们提倡大家委托律师等法律专业人士来承办，但是，对于一些事实清楚、权利义务关系明确、案情不复杂的案子，如果当事人懂得一些简单的法律知识和诉讼知识，那么大可不必请律师，靠自己就可以完成诉讼活动。如此，不仅可以增加自己参与用法解决纠纷的经验，还可以省去一大笔律师费用。

能够达到自己独立全程参与诉讼活动的标准，应该具备一些相关的诉讼法律知识。在此，为了帮助大家能够自己打官司，我们特意精心编写了《法律问答十卷书．诉讼指南卷》，提炼了大量与诉讼有关的法律知识，希望能给大家带来启迪和帮助。下面，我们一起来了解一下本书。

本书的内容以"提出问题——解决问题"的方式呈现，主要特色可归纳为以下四点：

第一，全面性。虽然本书的总字数不多，但是问题量大，知识点丰富，常见的法律知识点都被囊括其中，具有相当的全面性。

第二，专业性。本书的编写者为专业的法律人士，他们都具有扎实、深厚的法律功底以及法律实践经验，能最大限度地保证本书的严谨性与专业性。

第三，实用性。本书的选题宗旨之一即为"实用"。能给读者带来实惠、帮助读者解答和解决问题，是我们写书的职责所在。

第四，通俗性。法律专业语言晦涩难懂，法律条文内容也大多不易理解。我们在书中注重用通俗易懂的语言来解答各种法律问题，有些还辅以例证来解读，以期能够把问题讲清楚、讲透彻、讲明白。

最后，希望本书能给您的人生带来启迪与帮助！书中存在的不足之处，敬请批评指正！

本书编委会

2022 年 8 月

目 录

一、如何起诉
(一) 民事诉讼

1	不识字的人可以口头起诉吗?
2	因借款纠纷提起诉讼,应在诉状中写明哪些事项呢?
2	侵权行为发生后,被侵权人可以向哪些法院提起诉讼呢?
3	因不动产纠纷提起的诉讼是由不动产所在地专属管辖吗?
4	儿女在不同辖区,老人因赡养问题起诉,应到哪个法院呢?
4	丈夫外出两年未归,妻子可以向自己所在地的法院提起离婚诉讼吗?
5	在继承纠纷中,若其中一位继承人在国外,如何确定管辖法院呢?
6	丈夫因被判处两年有期徒刑在监狱服刑,妻子可以在她所在地的法院提起离婚诉讼吗?
6	对户口已经迁出但未办理落户的人提起诉讼,哪些法院享有管辖权呢?
7	怎样区分"住所地"和"经常居住地"?
8	在国内结婚后定居国外的夫妻,如果一方想要离婚,可以向国内法院提起诉讼吗?
9	协议离婚后,定居在国外的夫妻,因财产分割问题想要提起诉讼,哪些法院有管辖权呢?

9	怎样确定"合同履行地"？
10	因保险合同发生纠纷，应该到哪个法院提起诉讼？
11	发生专利权纠纷，当事人可以向哪些法院起诉？
11	因产品质量问题遭受身体损害，当事人应向哪个法院提起诉讼？
12	管辖权异议应当在什么时间内提出？
13	案件受理后，管辖法院会因当事人户口迁往别处而变更吗？
13	石某在给某公司清洁室外玻璃时给他人造成伤害，需要承担赔偿责任吗？
14	没有参加诉讼的第三人在案件审理完后还能再提起诉讼吗？
14	向法院起诉必须缴纳诉讼费吗？
15	恶意提起诉讼的当事人会受到法律制裁吗？
16	冒充他人参与诉讼要承担什么法律责任？

（二）行政诉讼

16	当事人需要符合哪些条件才能提起行政诉讼？
17	行政复议是提起行政诉讼的必经程序吗？
18	对行政复议不服，若提起行政诉讼，应当以谁作为被告？
18	作出行政行为的机关不存在了，应当以谁为被告？
19	多个机关作出的同一行政行为，当事人不服，可以将多个机关作为共同被告吗？
19	法院对起诉不受理也不说明理由时，当事人该怎么办？

（三）刑事诉讼

20	在刑事案件中，当事人可以自己提起诉讼吗？
21	被害人可以在刑事附带民事诉讼中主张精神损害赔偿吗？
21	什么是刑事速裁程序？哪些案件能够适用速裁程序审理呢？

二、诉讼权利
(一) 民事诉讼

23	申请审判人员回避的情形有哪些？
24	申请人在法院采取保全措施后多少日内不提起诉讼或仲裁，法院会解除保全？
24	人民法院解除保全的条件有哪些？
25	人民法院裁定先予执行的条件是什么？
25	如何理解因情况紧急需要先予执行中的"情况紧急"？
26	法院进行调解必须征得双方当事人的同意吗？
26	所有的案件都必须公开审理吗？

(二) 行政诉讼

27	行政诉讼期间，行政机关的行政行为一律停止执行吗？
28	行政诉讼中，被告方负责人与审判人员有利害关系，原告可主张什么权利？
28	与民事诉讼案件相比，调解制度是否适用于行政诉讼案件？
29	行政诉讼案件，法院是否可以作出加重原告义务的变更判决？

(三) 刑事诉讼

30	在刑事诉讼中，只有具备律师身份的人才可以担任辩护人吗？
30	刑事诉讼被告人可以拒绝辩护人为其辩护吗？其后果是什么？
31	刑事诉讼中，未成年人犯罪的案件，也必须公开审理吗？
31	哪些情形下需要签署认罪认罚具结书？

三、证据运作

(一) 民事诉讼

33	在诉讼中，举证责任的一般原则是什么?
34	在诉讼当中，当事人不需要证明的事实有哪些?
34	当事人因证据涉及个人隐私不能自行收集时，应采取哪些措施?
35	当事人若想申请证据保全，须何时提出?
36	未经过质证的证据，可以作为认定案件事实的依据吗?
37	以严重侵害他人合法权益的方式获得的证据，能否作为认定案件事实的依据?
38	在哪些情形下，当事人可以不用提交书证原件?
38	如何认定作为证据中的电子数据?
39	拒绝签署保证书的证人提供的证言，能否作为认定事实的依据?
40	当事人打算鉴定的，需要向谁申请? 何时提出申请?
41	被胁迫写下的借条，能否作为有效证据使用?
41	当事人毁灭重要证据的，将面临何种法律后果?
42	当事人逼迫他人作伪证的，将面临何种法律后果?

(二) 行政诉讼

43	行政诉讼中的举证责任如何分配?
44	行政不作为诉讼案件中，有哪些情形原告可以不提交曾经提出申请的证据材料?
45	在认定被诉行政行为合法时，哪些证据不能作为依据?
45	在行政程序中未作为行政行为依据的证据，原告在诉讼中提出的，能否作为认定被诉行政行为合法的依据?

（三）刑事诉讼

46	提交可以证明犯罪嫌疑人有罪的证据，是否属于公民的义务？
46	公安司法机关应如何保护因作证而面临危险的证人？
47	犯罪嫌疑人拒不认罪但证据确凿的，法院是否可以直接定罪？
48	刑讯逼供得到的口供，能否作为定罪的依据？

四、判决之后

（一）民事诉讼

50	在民事诉讼中，当事人可以在多长时间内提起上诉？
51	因发生台风导致未在法定期限内上诉的，是否还有权提起上诉？
51	对于判决生效的案件，当事人发现新证据后，是否可以要求法院重审？
52	法院在审理案件中徇私舞弊导致当事人败诉的，败诉当事人是否可以申请再审？
52	对于已经发生效力的调解书，当事人是否可以申请再审？
53	当事人在第一审程序中实施的诉讼行为，在第二审程序中是否有约束力？
54	对于再审案件，当事人是否还可以提出上诉？
54	当事人在何种情况下可以向人民检察院申请抗诉？
55	据以执行的判决被法院撤销的，已经被执行的财产是否需要返还？
56	当事人对法院的执行存在异议的，应该怎么办？
56	被执行人提供执行担保后仍未履行义务的，应该怎么办？

57	在执行中,双方达成和解协议后,一方未履行的,另一方应该怎么办?
58	当事人应当向哪个法院申请强制执行?申请强制执行的期限是多久?
58	谁来承担强制执行产生的费用?
59	在法院强制执行后,被执行人仍不能履行债务的,债权人是否还可以继续申请强制执行?
60	被执行人履行了法律文书确定的义务后,其名字可以从失信被执行人名单中删除吗?
60	当事人拒不履行已经生效的判决书的,将会受到什么处罚?
61	哪些行为属于"拒不履行人民法院已经发生法律效力的裁判文书的行为"?
62	被执行人不履行判决书确定的义务的,是否需要报告其财产状况?
63	被执行人拒绝接受因强制迁出房屋而被搬出的财物,损失应当由谁承担?
63	毁坏已经被扣押的财产的,将要承担何种责任?
64	被执行人死亡的,法院是否还可以强制执行?

(二)行政诉讼

65	在行政诉讼中,当事人可以在多长时间内提起上诉?
66	在行政诉讼中,当事人可以在多长时间内提出再审?
66	在行政行为作出后,当事人既不提起诉讼,也不履行的,将会面临什么后果?

(三)刑事诉讼

| 67 | 在刑事诉讼中,如果被告人提起上诉,二审可以加重被告人的刑罚吗? |

68	刑事判决生效后,发现判决的罪名错误,应该怎么办?

五、法律援助

69	在赡养费纠纷中,经济困难的老年人可以申请法律援助吗?
69	在追索工资报酬的案件中,工人无力支付律师费,可以申请法律援助吗?
70	善意施救却被当成恶意伤人,可以申请法律援助吗?
71	在刑事自诉案件中,当事人能申请法律援助吗?
72	法律援助包括法律咨询吗?当事人可以咨询哪些案件?
72	法律援助申请失败后的救济措施有哪些?
73	法律援助办案人员是无偿为当事人提供法律服务吗?
74	在法律援助案件中,当事人可以向法律援助机构申请更换律师吗?
74	未成年人必须由其法定代理人申请法律援助吗?

一、如何起诉

（一）民事诉讼

💡 不识字的人可以口头起诉吗？

孔某今年 69 岁，丈夫在两年前去世。她与丈夫有一个儿子周某，早已经成家立业。丈夫去世后，孔某独自生活，没有经济来源，儿子周某也不给她生活费。孔某听人说可以向法院起诉，跟儿子要赡养费。但孔某不识字，她可以口头起诉吗？

我国《民事诉讼法》第一百二十三条规定："起诉应当向人民法院递交起诉状，并按照被告人数提出副本。书写起诉状确有困难的，可以口头起诉，由人民法院记入笔录，并告知对方当事人。"由此可知，对不识字或者因其他原因导致不能书写起诉状的当事人，我国法律允许其以口头起诉的方式向法院提起诉讼。案例中，孔某不识字，便可以通过口头方式起诉。《民事诉讼法》作出这样的规定是考虑到如果必须提交书面起诉状才能提起诉讼的话，像案例中孔某这样的当事人就不能通过法律途径维护自身的合法权益。所以，我国法律允许在特殊情况下，当事人用口头方式向法院提起诉讼。

因借款纠纷提起诉讼，应在诉状中写明哪些事项呢？

我国《民事诉讼法》第一百二十四条明确规定："起诉状应当记明下列事项：（一）原告的姓名、性别、年龄、民族、职业、工作单位、住所、联系方式，法人或者其他组织的名称、住所和法定代表人或者主要负责人的姓名、职务、联系方式；（二）被告的姓名、性别、工作单位、住所等信息，法人或者其他组织的名称、住所等信息；（三）诉讼请求和所根据的事实与理由；（四）证据和证据来源，证人姓名和住所。"

根据以上规定，法院审理案件，需要确定原告、被告等当事人身份信息，以明确诉讼主体。确定诉讼主体后，法院会审查是否有明确的诉讼请求及事实和理由，是否有必要的证据支撑，以确定人民法院是否能对案件进行审理，是否属于法院受理案件的范围。例如，王某向朋友陈某借款120万元，承诺按年利率24%的标准向陈某支付利息，但后来投资失败，王某无力支付利息及借款本金。陈某多次索要无果，便向人民法院提起诉讼。在起诉状中，陈某应在诉状中列明双方身份信息，然后在诉讼请求方面写明要求王某偿还借款本金及相应利息的具体数额。在事实和理由方面，陈某需要写明借款的事实和经过，并提供相应的证据，如借条、向被告打款的转账记录等。

侵权行为发生后，被侵权人可以向哪些法院提起诉讼呢？

果果非常喜欢小动物，在生日前告诉妈妈倪某说想要养一只小狗。于是，倪某带着女儿果果到某宠物店挑选小狗。结果，因宠物店的失误，导致果果被狗狗咬，伤了腿部。在赔偿方面，倪某未与宠物店达成一致，便想向法院提起诉讼。那么，倪某可以向哪些法院起诉呢？

我国《民事诉讼法》第二十九条规定："因侵权行为提起的诉讼，由侵权行为地或者被告住所地人民法院管辖。"同时，《最高人民法院关于适用〈中华人民共和国民事诉讼法〉的解释》第二十四条对"侵权行为地"作出明确规定："民事诉讼法第二十九条规定的侵权行为地，包括侵权行为实施地、侵权结果发生地。"由此可知，案例中倪某的女儿在宠物店被咬伤，宠物店所在地为侵权行为地，也是侵权结果发生地。另外，因宠物店为本案被告，被告所在地与侵权行为地重合，所以倪某应当向宠物店所在地的人民法院提起诉讼。

因不动产纠纷提起的诉讼是由不动产所在地专属管辖吗？

某保温容器厂于 2011 年将厂内的某处厂房租给职工董某使用，租期为十年，租金每年 3 万元。到期后，该厂不同意续租，但董某想继续使用厂房，拒不交还厂房。保温容器厂如果起诉要求董某返还房屋，应向哪个法院提起呢？

我国《民事诉讼法》第三十四条规定："下列案件，由本条规定的人民法院专属管辖：

（一）因不动产纠纷提起的诉讼，由不动产所在地人民法院管辖；（二）因港口作业中发生纠纷提起的诉讼，由港口所在地人民法院管辖；（三）因继承遗产纠纷提起的诉讼，由被继承人死亡时住所地或者主要遗产所在地人民法院管辖。"由条文规定可知，因不动产提起的诉讼，应由不动产所在地人民法院专属管辖，以方便对不动产进行勘察检测、执行判决等。案例中某保温容器厂以要求董某返还出租给他的房屋为由起诉，依法应向出租房屋所在地的人民法院提起诉讼。

儿女在不同辖区，老人因赡养问题起诉，应到哪个法院呢？

《最高人民法院关于适用〈中华人民共和国民事诉讼法〉的解释》第九条规定："追索赡养费、抚育费、扶养费案件的几个被告住所地不在同一辖区的，可以由原告住所地人民法院管辖。"

据此可知，为方便当事人起诉，若老人以赡养纠纷对子女提起诉讼，而子女又在不同辖区的，可以由老人所在地的人民法院管辖。我国法律作出这样的规定，是基于老人年老体弱，行动不便，处于相对弱势的地位，为维护老人的合法权益，制定了倾斜于老人的规则，以保证相对的公平。例如，毕某与老伴狄某生育了两女一子，三个孩子都已经结婚。毕某夫妇二人生活在某市 A 县，两个女儿都嫁到了市里，分别在市里的 B 区和 C 区生活。小儿子大学毕业后留校当了老师，因此就在大学所在地的外省定居。在照顾父母的问题上，三个子女相互推诿，都不愿意承担赡养老人的义务。在这种情况下，毕某夫妇便可以向他们居住地的某市 A 县人民法院提起诉讼。

丈夫外出两年未归，妻子可以向自己所在地的法院提起离婚诉讼吗？

赵某的丈夫孟某是一位画家。孟某为了绘画创作，决定外出寻找灵感，结果一去就是两年，一直没回过家。赵某觉得丈夫把绘画创作放在第一位，对家庭没有责任感，决定与丈夫离婚。这种情况下，赵某可以向自己所在地的法院提起诉讼吗？

《最高人民法院关于适用〈中华人民共和国民事诉讼法〉的解

释》第十二条规定:"夫妻一方离开住所地超过一年,另一方起诉离婚的案件,可以由原告住所地人民法院管辖。夫妻双方离开住所地超过一年,一方起诉离婚的案件,由被告经常居住地人民法院管辖;没有经常居住地的,由原告起诉时被告居住地人民法院管辖。"我国民事诉讼的一般管辖原则为"原告就被告",也就是一般由被告所在地的人民法院管辖。但因一些特殊原因,无法确定被告经常居住地的,我国法律也规定了可以由原告所在地的人民法院管辖。例如,上面的案例,孟某外出两年,没有经常居住地,此时,赵某就可以向她自己所在地的人民法院提起离婚诉讼。

💡 在继承纠纷中,若其中一位继承人在国外,如何确定管辖法院呢?

我国《民事诉讼法》第二十三条特别规定:"下列民事诉讼,由原告住所地人民法院管辖;原告住所地与经常居住地不一致的,由原告经常居住地人民法院管辖:(一)对不在中华人民共和国领域内居住的人提起的有关身份关系的诉讼;(二)对下落不明或者宣告失踪的人提起的有关身份关系的诉讼;(三)对被采取强制性教育措施的人提起的诉讼;(四)对被监禁的人提起的诉讼。"

由条文规定可知,并不是所有的案件都以"原告就被告"的原则确定管辖法院,对因身份关系提起的诉讼,若当事人在国外或下落不明、被宣告失踪,或被采取强制教育措施、被监禁的,可以向原告所在的地人民法院提起诉讼。具体到案例,袁某与前妻生育一女靓靓,靓靓10岁时,袁某与前妻离婚,后与汤某结婚,生下一子。靓靓在20岁的时候去了英国留学,留学三年后定居在国外。现袁某因病去世,汤某因继承问题提起诉讼,因靓靓在国外,依据上述条文的规定，汤某就可以向其自己住所所在地的人民法院提起诉讼。

丈夫因被判处两年有期徒刑在监狱服刑，妻子可以在她所在地的法院提起离婚诉讼吗？

孙某一直从事专车司机的工作。他的朋友李某经常让他接几位女士到某指定地点，然后给付他相应的报酬。后李某被刑事拘留，孙某才得知，这几位女士从事的是卖淫行为。孙某也因此被以协助组织卖淫罪被判处两年有期徒刑。孙某的妻子安某不想因此事被人指指点点，准备提出离婚，那么安某可以在她住所地的法院起诉吗？

我国《民事诉讼法》第二十三条规定："下列民事诉讼，由原告住所地人民法院管辖；原告住所地与经常居住地不一致的，由原告经常居住地人民法院管辖：（一）对不在中华人民共和国领域内居住的人提起的有关身份关系的诉讼；（二）对下落不明或者宣告失踪的人提起的有关身份关系的诉讼；（三）对被采取强制性教育措施的人提起的诉讼；（四）对被监禁的人提起的诉讼。"也就是说，对被采取强制性教育措施或被监禁的人提起民事诉讼，因被告人身自由受到限制，可以由原告所在地人民法院提起诉讼。案例中，安某可以向她所在地的人民法院提起离婚诉讼。

对户口已经迁出但未办理落户的人提起诉讼，哪些法院享有管辖权呢？

《最高人民法院关于适用〈中华人民共和国民事诉讼法〉的解释》第七条规定："当事人的户籍迁出后尚未落户，有经常居住地的，由该地人民法院管辖；没有经常居住地的，由其原户籍所在地人民法院管辖。"

根据条文规定可以得知，在民事诉讼中，确定管辖法院时，一般以当事人的经常居住地或者住所地为准。但现实生活中也存在无法确定经常居住地或住所地的情况，如户籍迁出尚未落户的，对这种情况，我国法律规定了可以由经常居住地人民法院管辖。若没有经常居住地的，由其原户籍所在地的人民法院管辖。例如，汪某的户籍在C市，大学毕业后到G市工作，在G市B区居住了两年。后该市出台政策，本市户籍在买房时享受优惠。为此，汪某将户籍从C市迁出，想要落户到G市。在落户前，房产销售公司以汪某违反合同为由提起诉讼。此时，汪某户口已经迁出，尚未办理G市的户口，但因其在G市B区已经居住两年，房产销售公司就可以向G市B区人民法院提起诉讼。

💡 怎样区分"住所地"和"经常居住地"？

祝某与同事舒某同住在公司的宿舍，朝夕相处已经有一年半的时间了。某天，舒某不小心将水洒到了祝某的电脑上，导致电脑损坏。祝某要求舒某赔偿被拒，于是祝某便向法院起诉舒某要求其赔偿，但在写诉状时把舒某户籍地当成经常居住地，并向该地法院提起了诉讼。那么，应怎样区分"住所地"和"经常居住地"呢？

《最高人民法院关于适用〈中华人民共和国民事诉讼法〉的解释》第三条第一款、第二款规定："公民的住所地是指公民的户籍所在地，法人或者其他组织的住所地是指法人或者其他组织的主要办事机构所在地。法人或者其他组织的主要办事机构所在地不能确定的，法人或者其他组织的注册地或者登记地为住所地。"同时，该司法解释第四条规定："公民的经常居住地是指公民离开住所地至起诉时已连续居住一年以上的地方，但公民住院就医的地方除外。"由条文规定可知，"经常居住地"并不是案例中祝某所认为的户籍所在地，因为舒某离开住所地，即自己的户籍所在地，至被起诉前已经有连续居住一年以上的地方，也就是公司宿舍所在地。因此，住所地与经常居住地是不同的，在这个案例中，祝某应当向舒某经常居住地法院，即公司宿舍所在地法院提起诉讼。

💡 在国内结婚后定居国外的夫妻，如果一方想要离婚，可以向国内法院提起诉讼吗？

我国《最高人民法院关于适用〈中华人民共和国民事诉讼法〉的解释》第十三条规定："在国内结婚并定居国外的华侨，如定居国法院以离婚诉讼须由婚姻缔结地法院管辖为由不予受理，当事人向人民法院提出离婚诉讼的，由婚姻缔结地或者一方在国内的最后居住地人民法院管辖。"

由条文规定可知，男女双方在国内结婚，后来到某国定居，如果因婚姻问题向国外法院提起离婚诉讼，但国外法院认为应由婚姻缔结地法院管辖的，当事人可以向国内法院起诉。国内具有管辖权的法院，应当为婚姻缔结地法院或一方在国内的最后居住地的人民法院。例如，何某与妻子席某在我国天津市河东区领证结婚，婚后两人在河东区生活了两年。后来，何某夫妻到某国定居。因感情问题，何某决定与席某离婚，遂向该国法院提起离婚诉讼。但该国法院以离婚属于婚姻缔结地法院管辖为由不予受理。那么，此时，何某就可以向天津市河东区人民法院提起离婚诉讼。

💡 协议离婚后，定居在国外的夫妻，因财产分割问题想要提起诉讼，哪些法院有管辖权呢？

苏某与妻子唐某在韩国定居生活。后因苏某与韩国人金某相恋，决定与妻子唐某协议离婚，唐某要求全部财产归自己所有，苏某净身出户。为了早点离婚，苏某同意了唐某的要求。离婚后，苏某没有经济来源，想要再分割与唐某的夫妻共同财产。那么，苏某应向哪个法院提起诉讼呢？

《最高人民法院关于适用〈中华人民共和国民事诉讼法〉的解释》第十七条规定："已经离婚的中国公民，双方均定居国外，仅就国内财产分割提起诉讼的，由主要财产所在地人民法院管辖。"由条文规定可知，苏某与前妻唐某协议离婚，并双双定居在韩国，苏某在协议离婚时，将全部财产都分割给了唐某，又因没有经济来源，所以想就财产分割问题提起诉讼。这种情况下，苏某可以向主要财产所在地的法院提起诉讼。

💡 怎样确定"合同履行地"？

我国《民事诉讼法》第二十四条规定："因合同纠纷提起的诉讼，由被告住所地或者合同履行地人民法院管辖。"同时，《最高人民法院关于适用〈中华人民共和国民事诉讼法〉的解释》第十八条对"合同履行地"作出更为全面的解释："合同约定履行地点的，以约定的履行地点为合同履行地。合同对履行地点没有约定或者约定不明确，争议标的为给付货币的，接收货币一方所在地为合同履行地；交付不动产的，不动产所在地为合同履行地；其他标的，履行义务一方所在地为合同履行地。即时结清的合同，交易行为地为合同履行地。合同没有实际履行，当事人双方住所地都不在合同约定的履行地的，由被告住所地人民法院管辖。"

根据条文规定，因合同纠纷起诉的，如果要选择合同履行地人民法院管辖，就必须结合具体合同约定或者合同标的确定合同履行地。例如，白某的朋友金某因买房向他借款 30 万元。借款到期后，白某多次要求金某偿还借款，但金某一直说没钱，还一直躲着白某。白某想向法院提起诉讼，如果白某要选择向合同履行地法院起诉，那么，因其合同履行的标的为给付货币，那么，作为接收货币的一方，白某可以向自己所在地的法院起诉，以方便自己诉讼。

因保险合同发生纠纷，应该到哪个法院提起诉讼？

魏某为工作方便买了一辆新车，在某保险公司购买了交强险和商业三者险。由于魏某刚刚拿到驾照不久，开车还不熟练。某一天，在上班路上，不小心与另一辆私家车发生碰撞。那么，魏某应向哪个法院提起诉讼呢？

保险纠纷分为财产保险合同纠纷和人身保险合同纠纷，对不同种类的保险合同，我国法律在管辖法院上作出不同的规定。根据《最高人民法院关于适用〈中华人民共和国民事诉讼法〉的解释》第二十一条第一款、第二款的规定："因财产保险合同纠纷提起的诉讼，如果保险标的物是运输工具或者运输中的货物，可以由运输工具登记注册地、运输目的地、保险事故发生地人民法院管辖。因人身保险合同纠纷提起的诉讼，可以由被保险人住所地人民法院管辖。"案例中，魏某驾驶新车与其他车辆发生碰撞，属于保险合同纠纷中的财产保险纠纷，若魏某提起诉讼，魏某购买车辆的登记注册地或保险事故发生地的人民法院都有管辖权，魏某择一起诉即可。

发生专利权纠纷，当事人可以向哪些法院起诉？

《最高人民法院关于适用〈中华人民共和国民事诉讼法〉的解释》第二条第一款规定："专利纠纷案件由知识产权法院、最高人民法院确定的中级人民法院和基层人民法院管辖。"同时，我国《民事诉讼法》第二十九条规定："因侵权行为提起的诉讼，由侵权行为地或者被告住所地人民法院管辖。"

由此可知，因专利权纠纷涉及知识产权等方面比较专业性的问题，我国法律将审理专利权纠纷的法院确定为知识产权法院、最高人民法院确定的中级人民法院和基层人民法院。而由于专利权纠纷属于侵权案件，结合上文规定，审理该案的法院同时应当是该侵权行为地或者侵权行为住所地法院。例如，某医科大学教授韦某和他的同事卫某一起研发了一项清除血栓的技术。韦某成功申请了专利，成为专利权人。在使用专利的问题上，卫某与韦某产生争议，卫某想要提起诉讼，就需要向当地的知识产权法院、最高人民法院指定的中级人民法院或基层人民法院提起诉讼。

因产品质量问题遭受身体损害，当事人应向哪个法院提起诉讼？

崔某生完孩子后，体重一直没有下降。因照顾孩子，崔某没有时间去健身房，便到某运动器材店买了一台跑步机，打算在家中运动。结果，跑步机刚用了一个礼拜就出现故障，导致崔某从机器上摔下来，伤了手臂。崔某如果起诉，应向哪个法院提起呢？

《最高人民法院关于适用〈中华人民共和国民事诉讼法〉的解释》第二十六条规定："因产品、服务质量不合格造成他人财产、人身损害提起的诉讼，产品制造地、产品销售地、服务提供地、侵权行为地和被告住所地人民法院都有管辖权。"由条文规定可知，因产品质量纠纷提起诉讼，法律规定了产品制造地、产品销售地、服务提供地、侵权行为地及被告住所地的法院都有管辖权，以方便消费者择一起诉。与生产、销售厂家相比，消费者处于相对弱势的地位，为方便消费者维权，我国法律作出上述规定。因此，案例中的崔某可以出于自身便利考虑，从上面有管辖权的法院中选择一个起诉即可。

管辖权异议应当在什么时间内提出？

包某因与丈夫侯某感情出现问题，便离开他们婚后在某市路南区的住房，回到娘家路北区居住生活。一年后，侯某觉得两人感情已经不能挽回，便向路南区人民法院提起诉讼。包某收到诉状后，认为自己的经常居住地为路北区，便想向法院提起管辖权异议的申请，那么应在什么时间内提出呢？

我国《民事诉讼法》第二十二条第一款规定："对公民提起的民事诉讼，由被告住所地人民法院管辖；被告住所地与经常居住地不一致的，由经常居住地人民法院管辖。"另外，该法第一百三十条规定："人民法院受理案件后，当事人对管辖权有异议的，应当在提交答辩状期间提出。人民法院对当事人提出的异议，应当审查。异议成立的，裁定将案件移送有管辖权的人民法院；异议不成立的，裁定驳回。"

据此可知，民事诉讼一般由被告住所地人民法院管辖，如果住所地与经常居住地不一致的，由经常居住地人民法院管辖。在人民法院受理案件后，如果被告认为管辖权存在争议，可以在提交答辩状期间向法院提起管辖权异议申请。案例中，包某已经在路北区居住满一年，可以以经常居住地在路北区为由提起管辖权异议，并且应在答辩期内以口头或者书面的形式提出,否则就会失去提出管辖权异议的胜诉权。

案件受理后,管辖法院会因当事人户口迁往别处而变更吗?

在我国司法实践中,民事诉讼案件确定管辖法院后,遵循管辖恒定的原则,不因确定管辖的因素变动而变更管辖法院。对此,《最高人民法院关于适用〈中华人民共和国民事诉讼法〉的解释》第三十七条作出明确规定:"案件受理后,受诉人民法院的管辖权不受当事人住所地、经常居住地变更的影响。"

由条文规定可知,当法院受理案件后,如果当事人户口迁往别处,依据管辖恒定的原则,受理法院对该案件仍然具有管辖权。具体到案例:郭某因成立美容店向好友唐某借款 10 万元,后因收益不高,郭某将美容院转让给了别人。唐某得知后催促郭某还款,但因郭某拒绝还款,唐某向法院起诉。法院受理后,郭某与丈夫结婚,并将户口迁到丈夫的户口所在地。那么,依据上述条文的规定,已经受理本案的法院依据管辖恒定的原则继续审理本案,该案不会发生管辖法院变更。

石某在给某公司清洁室外玻璃时给他人造成伤害,需要承担赔偿责任吗?

某贸易公司后勤部门决定对公司大楼的玻璃进行清洁,便雇用了石某等六个人从事清洁工作。石某在清洁第十层的玻璃时,不小心将清洁工具弄掉,将路人甲砸伤。如果路人甲提起诉讼的话,石某需要对甲的损害承担赔偿责任吗?

《最高人民法院关于适用〈中华人民共和国民事诉讼法〉的解

释》第五十七条规定:"提供劳务一方因劳务造成他人损害,受害人提起诉讼的,以接受劳务一方为被告。"由条文规定可知,某贸易公司雇用石某等人从事清洁工作,他们之间就形成了劳务关系,石某等劳务提供者在工作时造成他人损害,适用无过错责任,由接受劳务的某贸易公司承担赔偿责任。

没有参加诉讼的第三人在案件审理完后还能再提起诉讼吗?

季某想把房子赠给孙子小奇,因小奇没有达到法定年龄,所以暂时将房子登记在小奇父母名下,季某在遗嘱中已将这一情况列明。后来,小奇的父母因贷款被借贷公司起诉,法院判决将房产抵押给借贷公司。小奇知道后,可以以房子的真正所有人的身份提起诉讼吗?

我国《民事诉讼法》第五十九条第三款规定:"……因不能归责于本人的事由未参加诉讼,但有证据证明发生法律效力的判决、裁定、调解书的部分或者全部内容错误,损害其民事权益的,可以自知道或者应当知道其民事权益受到损害之日起六个月内,向作出该判决、裁定、调解书的人民法院提起诉讼……"由此可知,案例中,小奇因年龄小未能参加父母与借贷公司之间的诉讼,导致法院判决将季某赠与小奇的房子抵押给了贷款公司,损害了小奇的合法权益。依据上述条文的规定,小奇可以向法院再次提起诉讼,主张自己是涉案房屋的真正所有权人。

向法院起诉必须缴纳诉讼费吗?

我国《民事诉讼法》第一百二十一条第一款、第二款、第三款明确规定:"当事人进行民事诉讼,应当按照规定交纳案件受理费。

财产案件除交纳案件受理费外,并按照规定交纳其他诉讼费用。当事人交纳诉讼费用确有困难的,可以按照规定向人民法院申请缓交、减交或者免交。收取诉讼费用的办法另行制定。"

由此可知,提起诉讼是需要向法院缴纳案件受理费的,而且财产案件还应按规定交纳其他诉讼费用。但该条也规定了,在当事人有困难的时候,可以按照规定向人民法院申请缓交、减交或者免交。具体到案例,田某在商场停车的时候,因车位的问题与胡某发生争吵,胡某动手打了田某,致田某受伤,治疗时花了6000元的医疗费。田某向法院提起诉讼。法院的工作人员说需要缴纳诉讼费,田某则认为法院属于国家机关,应义务为老百姓服务,不应收费。田某的说法就是错误的,在起诉时应向法院先缴纳诉讼费,如果被告败诉,可以主张由被告承担。

💡 恶意提起诉讼的当事人会受到法律制裁吗?

成某是我国某机关单位的职员。成某所在单位要评职称,成某在候选人的名单中。宋某平时就与成某不合,他听说,如果候选人涉及诉讼,就不能参加评选了。因嫉妒成某,宋某故意向法院提起借款纠纷的诉讼,导致成某未能参与评选。请问,宋某恶意诉讼,会受到法律制裁吗?

我国《民事诉讼法》第一百一十五条明确规定:"当事人之间恶意串通,企图通过诉讼、调解等方式侵害他人合法权益的,人民法院应当驳回其请求,并根据情节轻重予以罚款、拘留;构成犯罪的,依法追究刑事责任。"由条文规定可知,宋某为阻碍成某参与评选,故意制造借款纠纷向法院提起诉讼。对宋某恶意提起的诉讼,法院会驳回其申请,而且会根据情节轻重,对宋某作出罚款、拘留甚至追究其刑事责任的处罚。

冒充他人参与诉讼要承担什么法律责任？

《最高人民法院关于适用〈中华人民共和国民事诉讼法〉的解释》第一百八十九条规定："诉讼参与人或者其他人有下列行为之一的，人民法院可以适用民事诉讼法第一百一十四条的规定处理：（一）冒充他人提起诉讼或者参加诉讼的……"而我国《民事诉讼法》第一百一十四条规定："诉讼参与人或者其他人有下列行为之一的，人民法院可以根据情节轻重予以罚款、拘留；构成犯罪的，依法追究刑事责任……"

由条文规定可知，冒充他人参与诉讼属于我国民事诉讼法规定的妨碍司法行为，对冒充他人参加诉讼的人，人民法院会对其做出罚款、拘留的处罚；如果构成犯罪的，将会被追究刑事责任。例如，任某是被收养的孩子，他的养父去世后留下一笔财产，而养父的亲生子女因这笔遗产提起了继承纠纷，任某没有与养父的子女见过面，也不想继承这笔遗产，决定不参加这次诉讼。任某的朋友张某知道详情后，便瞒着任某，以任某的名义参加诉讼，想得到部分钱财。任某的行为就是冒充他人参加诉讼，属于条文规定的妨碍司法行为，法院将依法对任某做出相应的处罚。

（二）行政诉讼

当事人需要符合哪些条件才能提起行政诉讼？

朱某在开车路过收费站时，被民警怀疑吸毒送到派出所，派出所的一名干警在未进行尿检的情况下，就强行剪掉朱某头发进行毛发检测，后朱某主动交代有吸毒行为，某区公安局遂对朱某作出行政拘留十五日的处罚。朱某向区政府提出复议，区政府维持区公安局处罚决定。如果朱某要提起行政诉讼，需要符合哪些条件呢？

根据我国《中华人民共和国民事诉讼法》第一百二十二条的规定，提起诉讼应当符合下列条件：（一）原告是与本案有直接利害关系的公民、法人和其他组织；（二）有明确的被告；（三）有具体的诉讼请求和事实、理由；（四）属于人民法院受理民事诉讼的范围和受诉人民法院管辖。案例中，朱某作为与本案有直接利害关系的行政相对人，根据《行政诉讼法》第二十六条，若提起行政诉讼需以公安局及区政府作为被告，以撤销区公安局行政处罚决定及区政府行政复议决定为诉讼请求，再向有管辖权的法院提起诉讼即可。

行政复议是提起行政诉讼的必经程序吗？

我国《行政诉讼法》第四十四条第一款、第二款规定："对属于人民法院受案范围的行政案件，公民、法人或者其他组织可以先向行政机关申请复议，对复议决定不服的，再向人民法院提起诉讼；也可以直接向人民法院提起诉讼。法律、法规规定应当先向行政机关申请复议，对复议决定不服再向人民法院提起诉讼的，依照法律、法规的规定。"

由条文规定可知，除法律、法规明确规定行政复议前置的案件外，其他案件可以根据行政相对人自己的意愿选择是否先进行行政复议，当事人可以直接向法院提起行政诉讼。也就是说，行政复议并不是行政诉讼的必经程序。例如，卢某接受公司指派到外地出差，因为堵车，卢某赶到火车站时，高铁已经关闭，正要发车，结果卢某强行扒车门，造成高铁延迟发车。公安机关在对案件进行调查后，对卢某作出 2000 元罚款的决定。卢某如果对罚款决定不服，可以直接提起行政诉讼。

对行政复议不服，若提起行政诉讼，应当以谁作为被告？

沈某因殴打孙某被 A 县某镇派出所作出罚款 300 元的行政处罚。沈某不服，向 A 县公安局申请行政复议，A 县公安局受理后作出维持原行政处罚的决定。此时，沈某对复议决定不服，应当以谁为被告提起行政诉讼呢？

我国《行政诉讼法》第二十六条第二款、第三款规定："经复议的案件，复议机关决定维持原行政行为的，作出原行政行为的行政机关和复议机关是共同被告；复议机关改变原行政行为的，复议机关是被告。复议机关在法定期限内未作出复议决定，公民、法人或者其他组织起诉原行政行为的，作出原行政行为的行政机关是被告；起诉复议机关不作为的，复议机关是被告。"由条文规定可知，沈某需要根据复议机关作出的复议决定来确定提起行政诉讼的被告。在本案中，沈某被 A 县某镇派出所罚款 300 元，A 县公安局作出《行政复议决定书》予以维持，这种情况下，沈某应以 A 县某镇派出所及 A 县公安局作为共同被告提起诉讼。

作出行政行为的机关不存在了，应当以谁为被告？

我国《行政诉讼法》第二十六条第六款规定："行政机关被撤销或者职权变更的，继续行使其职权的行政机关是被告。"由条文规定可知，行政行为相对人认为行政机关作出的行政行为违反法律规定，但维权时做出行政行为的行政机关已经被撤销的，可以以继续行使该职权的行政机关作为被告提起行政诉讼。我国法律作出这样的规定，是出于信赖保护利益，让老百姓可以有救济渠道来维护自己的合法权益。例如，苏某想成立某健身工作室，依照当地的规定，苏某需要经过运动器材检验局批准。苏某于 2020 年 9 月提出申请许可，10 月，运动器材检验局对苏某的申请不予以批准。11 月，运动器材检验局被撤销，其职权由工商局行使。依据上述条文的规定，苏某可以以工商局作为被告提起行政诉讼。

💡 多个机关作出的同一行政行为，当事人不服，可以将多个机关作为共同被告吗？

H 市某粮油供应公司在某区新华路家乐小区内建设了面积为 4087 平方米的 1 号楼、2 号楼，该市住房和城乡建设局以该粮油供应公司未办理《建设工程规划许可证》为由对其作出行政处罚决定书，该市城市管理综合执法局在行政处罚决定书上加盖单位公章。如果某粮油供应公司对行政处罚决定不服，可以将两个行政机关作为共同被告提起诉讼吗？

我国《行政诉讼法》第二十六条第四款规定："两个以上行政机关作出同一行政行为的，共同作出行政行为的行政机关是共同被告。"由条文规定可知，案例中，某市住房和城乡建设局对粮油供应公司进行行政处罚，该市城市管理综合执法局在行政处罚决定书上盖章，属于两个行政机关共同对粮油供应公司作出同一行政行为，依据上述条文规定，粮油供应公司可以将这两个行政机关作为共同被告，提起行政诉讼。

💡 法院对起诉不受理也不说明理由时，当事人该怎么办？

我国《行政诉讼法》第五十一条第三款及第四款规定："起诉

状内容欠缺或者有其他错误的,应当给予指导和释明,并一次性告知当事人需要补正的内容。不得未经指导和释明即以起诉不符合条件为由不接收起诉状。对于不接收起诉状、接收起诉状后不出具书面凭证,以及不一次性告知当事人需要补正的起诉状内容的,当事人可以向上级人民法院投诉,上级人民法院应当责令改正,并对直接负责的主管人员和其他直接责任人员依法给予处分。"

据此可知,当事人因诉讼向法院递交起诉状时,若起诉状有内容欠缺或者其他错误的,立案法官应当给予指导和释明,并告知当事人如何补正。不得在没有指导或者释明的情况下不予受理,更不能不告知当事人不予受理的理由。否则,当事人就可以向上级人民法院投诉,由上级法院对立案法院予以责令改正、给予处分等。例如,56岁的李某在老伴过世后因遗产继承问题与子女产生纠纷,向法院提起诉讼,结果没有在诉状中写清楚诉讼请求。立案时,立案法官不耐烦地告诉她不符合立案条件不予以受理就让李某离开了。对于这种情况,李某就可以向上级人民法院投诉。

(三) 刑事诉讼

在刑事案件中,当事人可以自己提起诉讼吗?

姚某因工作能力强,人又长得漂亮,得到了老板的赏识和重用。同事刘某心生嫉妒,便把姚某的照片进行了处理,与其他女士的裸照结合在一起,放到了网络上,被公司的人疯狂转发。姚某知道后,可以以侮辱罪自己向法院提起诉讼吗?

我国《刑事诉讼法》第二百一十条规定:"自诉案件包括下列案件:(一)告诉才处理的案件;(二)被害人有证据证明的轻微

刑事案件；（三）被害人有证据证明对被告人侵犯自己人身、财产权利的行为应当依法追究刑事责任，而公安机关或者人民检察院不予追究被告人刑事责任的案件。"据此可知，刑事诉讼大都是由人民检察院提起公诉的，但我国法律也允许部分案件由当事人自己提起诉讼，即自诉案件。上面姚某涉及的侮辱罪的案例就属于告诉才处理的案件，除侮辱、诽谤罪，还有暴力干涉婚姻自由、虐待罪也属于告诉才处理的案件，对于这类案件，受害人可以自己向法院提起刑事诉讼。

被害人可以在刑事附带民事诉讼中主张精神损害赔偿吗？

我国《刑事诉讼法》第一百零一条第一款、第二款规定："被害人由于被告人的犯罪行为而遭受物质损失的，在刑事诉讼过程中，有权提起附带民事诉讼。被害人死亡或者丧失行为能力的，被害人的法定代理人、近亲属有权提起附带民事诉讼。如果是国家财产、集体财产遭受损失的，人民检察院在提起公诉的时候，可以提起附带民事诉讼。"

由条文规定可知，在刑事附带民事诉讼中，被害人或者其法定代理人、近亲属可以就所遭受的物质损害请求赔偿，对精神损害赔偿，法院则不会支持。例如，秦某伙同方某到某手机店抢劫，在抢劫的过程中，秦某打伤了手机店员工刘某的眼睛，导致刘某失明。在对秦某等人提起的刑事附带民事诉讼中，刘某只能就自己遭受的财产损失主张赔偿，而不能针对眼睛失明向秦某主张精神损害赔偿。

什么是刑事速裁程序？哪些案件能够适用速裁程序审理呢？

刑事速裁程序被称为刑事诉讼的"快车道"，是指对事实清楚、被告人认罪认罚、依法可能判处三年以下有期徒刑的案件，由法官独任审判的程序。相对于普通程序，速裁程序更有效率，节省司法资源。对此，我国《刑事诉讼法》第二百二十二条第一款、第二款规定："基层人民法院管辖的可能判处三年有期徒刑以下刑罚的案件，案件事实清楚，证据确实、充分，被告人认罪认罚并同意适用速裁程序的，可以适用速裁程序，由审判员一人独任审判。人民检察院在提起公诉的时候，可以建议人民法院适用速裁程序。"例如，常某在逛街时，背包被张某偷走，包里有2万元现金，以及价值8千元的手机。张某当场被便衣刑警抓获，其可能面临三年以下的刑罚处罚。由于张某对犯罪事实供认不讳，希望及早判决，此时就可以适用速裁程序对张某盗窃罪进行审理。

二、诉讼权利

（一）民事诉讼

申请审判人员回避的情形有哪些？

我国《民事诉讼法》第四十七条规定："审判人员有下列情形之一的，应当自行回避，当事人有权用口头或者书面方式申请他们回避：（一）是本案当事人或者当事人、诉讼代理人近亲属的；（二）与本案有利害关系的；（三）与本案当事人、诉讼代理人有其他关系，可能影响对案件公正审理的。审判人员接受当事人、诉讼代理人请客送礼，或者违反规定会见当事人、诉讼代理人的，当事人有权要求他们回避。审判人员有前款规定的行为的，应当依法追究法律责任……"

由此可见，为了保障庭审的公平公正，审判人员遇有上述规定的回避情形时，应该自觉回避。否则，案件当事人也可以申请他们回避。例如，潘某借款十万元给贾某，到期后贾某恶意不还。无奈之下，潘某将贾某诉至法院。庭审过程中，潘某意外发现本案的主审法官竟是贾某的孙女。此时，潘某可及时向法院申请贾某回避。

申请人在法院采取保全措施后多少日内不提起诉讼或仲裁,法院会解除保全?

我国《民事诉讼法》第一百零一条规定:"利害关系人因情况紧急,不立即申请保全将会使其合法权益受到难以弥补的损害的,可以在提起诉讼或者申请仲裁前向被保全财产所在地、被申请人住所地或者对案件有管辖权的人民法院申请采取保全措施。申请人应当提供担保,不提供担保的,裁定驳回申请……申请人在人民法院采取保全措施后三十日内不依法提起诉讼或者申请仲裁的,人民法院应当解除保全。"

由此可见,为了不浪费司法资源,避免被申请人的利益受到不必要的损害,申请采取保全措施后,申请人应在三十日内提起诉讼或申请仲裁。例如,因借款合同纠纷,丁某于8月30日向法院提起诉讼前保全申请,次日法院采取了保全措施。那么,于某应该在9月30日之前向该法院提起诉讼,否则,法院应当依法解除保全。

人民法院解除保全的条件有哪些?

我国《民事诉讼法》第一百零七条规定:"财产纠纷案件,被申请人提供担保的,人民法院应当裁定解除保全。"由此可见,在财产纠纷的案件中,只要满足被申请人提供了担保这一条件,法院就必须解除保全措施,包括财产保全和行为保全。

例如,王某与李某签订了货物买卖合同,王某依约定提供了货物,但李某未按约定支付价款。王某向法院提起诉讼,并申请了财产保全,法院审查后查封了李某的轿车两辆。诉讼过程中,李某提供了相应担保,则法院应当裁定解除保全措施,即解除对李某两辆轿车的查封。

人民法院裁定先予执行的条件是什么？

张某与小琪系母女关系，张某只有小琪一个孩子，张某的丈夫早已去世，张某身体也日渐衰老，又无其他经济来源，而小琪经济条件良好，但拒绝支付赡养费。现张某为向小琪索要赡养费，将其诉至法院。若张某申请先予执行，法院能否支持张某的请求？

我国《民事诉讼法》第一百零九条规定："人民法院对下列案件，根据当事人的申请，可以裁定先予执行：（一）追索赡养费、扶养费、抚育费、抚恤金、医疗费用的……"同时，该法第一百一十条规定："人民法院裁定先予执行的，应当符合下列条件：（一）当事人之间权利义务关系明确，不先予执行将严重影响申请人的生活或者生产经营的；（二）被申请人有履行能力。人民法院可以责令申请人提供担保，申请人不提供担保的，驳回申请。申请人败诉的，应当赔偿被申请人因先予执行遭受的财产损失。"

由此可见，案例中，张某与小琪之间系追索赡养费纠纷，张某可以根据自己的情况向法院申请先予执行。小琪具备支付赡养费的能力，若不先予执行将严重影响张某的生活，因此，法院应当裁定先予执行。

如何理解因情况紧急需要先予执行中的"情况紧急"？

《最高人民法院关于适用〈中华人民共和国民事诉讼法〉的解释》第一百七十条规定："民事诉讼法第一百零九条第三项规定的情况紧急，包括：（一）需要立即停止侵害、排除妨碍的；（二）需要立即制止某项行为的；（三）追索恢复生产、经营急需的保险理赔费的；（四）需要立即返还社会保险金、社会救助资金的；（五）不立即返还款项，将严重影响权利人生活和生产经营的。"

例如，周某一年前借款 20 万元给秦某，未约定借款期限。现周某经营的饭店经营困难，经几次催要，秦某推脱不还。无奈，周某诉至法院，并申请先予执行。法院经查明原被告权利义务关系明确，借款事实清楚，且若不立即返还欠款将严重影响周某的经营。最终，法院认为周某请求先予执行的理由符合法律规定的"情况紧急"，裁定先予执行。

法院进行调解必须征得双方当事人的同意吗？

李某与董某于 2020 年 11 月签订了产品加工合同。后因董某加工的产品不符合约定的质量标准，李某拒绝支付相应货款，董某诉至法院，请求李某支付货款。法院受理后欲对此案进行调解处理，但董某明确表示不同意调解。那么，该法院能否强制调解？

我国《民事诉讼法》第一百二十五条规定："当事人起诉到人民法院的民事纠纷，适宜调解的，先行调解，但当事人拒绝调解的除外。"同时，《最高人民法院关于适用〈中华人民共和国民事诉讼法〉的解释》第一百四十二条规定："人民法院受理案件后，经审查，认为法律关系明确、事实清楚，在征得当事人双方同意后，可以径行调解。"由此可见，案件当事人都同意调解的，法院才可以组织调解。一方当事人不同意的，则法院无权进行强制调解。案例中，因董某表示不同意调解，法院不可强制调解。

所有的案件都必须公开审理吗？

我国《民事诉讼法》第一百三十七条第一款、第二款规定："人民法院审理民事案件，除涉及国家秘密、个人隐私或者法律另有规定的以外，应当公开进行。离婚案件，涉及商业秘密的案件，当事人申请不公开审理的,可以不公开审理。"

由此可见,我国司法实践中,案件审判以公开审理为原则,不公开审理为例外。法律规定不应当公开审理的案件包含涉及国家秘密、个人隐私或法律另有规定的。而对于离婚案件和涉及商业秘密的案件,若当事人申请不公开审理,则也可以不公开审理。例如,姜某因妻子王某婚内出轨,向法院起诉离婚,并向法院提起不公开审理的申请。因离婚是很敏感的话题,若一律对离婚案件进行公开审理,则对夫妻双方以及亲人都会造成严重的影响。因此,姜某有权申请不公开审理,法院会裁定不公开审理。

(二)行政诉讼

行政诉讼期间,行政机关的行政行为一律停止执行吗?

我国《行政诉讼法》第五十六条规定:"诉讼期间,不停止行政行为的执行。但有下列情形之一的,裁定停止执行:(一)被告认为需要停止执行的;(二)原告或者利害关系人申请停止执行,人民法院认为该行政行为的执行会造成难以弥补的损失,并且停止执行不损害国家利益、社会公共利益的;(三)人民法院认为该行政行为的执行会给国家利益、社会公共利益造成重大损害的;(四)法律、法规规定停止执行的。当事人对停止执行或者不停止执行的裁定不服的,可以申请复议一次。"

由此可看出,行政诉讼期间,行政行为原则上是不停止执行的。当事人对法院作出的停止执行或者不停止执行裁定有异议的,可申请复议一次。例如,韩某为赶时间,违反了交通规则,警察李某对其罚款五十元。韩某认为警察的处罚并不合法,于是,韩某向法院提起诉讼。行政诉讼期间，韩某仍需要按照交警的处罚决定缴纳罚款。

行政诉讼中，被告方负责人与审判人员有利害关系，原告可主张什么权利？

我国《行政诉讼法》第五十五条第一款、第二款、第三款规定："当事人认为审判人员与本案有利害关系或者有其他关系可能影响公正审判，有权申请审判人员回避。审判人员认为自己与本案有利害关系或者有其他关系，应当申请回避。前两款规定，适用于书记员、翻译人员、鉴定人、勘验人。"

由此可见，为保障庭审的公正性，避免裁判结果受各种物质或情感因素的影响，法律规定了当事人有申请审判人员回避的权利。例如，陈某承包了本村的一块鱼塘及周边土地。2020年10月，当地城管局以陈某承包的区域被政府征收为由直接组织相关人员强制拆除陈某的养殖设备。陈某认为其强拆行为违法，诉至法院。开庭时，陈某得知该案审判长正是城管局局长的舅舅。在审判长未主动回避的情形下，陈某向法院提出了申请审判长回避的主张，依照上述法律规定，陈某的申请应依法得到支持。

与民事诉讼案件相比，调解制度是否适用于行政诉讼案件？

刘某的林地与曹某的林地相邻，但两地边界不明确，刘某为多占林地，提交了虚假的申请材料，市政府最终为刘某颁发了林权证。曹某认为市政府的行政行为侵犯了其合法权益，故提起行政诉讼。那么，这一案件是否适用调解？

我国《行政诉讼法》第六十条第一款、第二款规定："人民法院审理行政案件，不适用调解。但是，行政赔偿、补偿以及行政机关行使法律、法规规定的自由裁量权的案件可以调解。调解应当遵循自愿、合法原则，不得损害国家利益、社会公共利益和他人合法权益。"由此可见，通常情况下，行政机关作出的行政行为不适用调解制度，只有行政赔偿、补偿等案件可以适用调解，但调解仍然需要建立在双方自愿的基础上。上面的案例中，市政府颁发林权证的行为属于行政许可行为，是不适用调解的。

行政诉讼案件，法院是否可以作出加重原告义务的变更判决？

我国《行政诉讼法》第七十七条第一款、第二款规定："行政处罚明显不当，或者其他行政行为涉及对款额的确定、认定确有错误的，人民法院可以判决变更。人民法院判决变更，不得加重原告的义务或者减损原告的权益。但利害关系人同为原告，且诉讼请求相反的除外。"

由此可见，为正确发挥行政诉讼的作用，切实维护原告的合法权益，避免原告产生"因诉讼可能给自己带来不利后果"的顾虑，法律明确规定法院在审理行政诉讼案件过程中有权变更判决，但不得加重原告义务或减损原告权益。

例如，由于杨某在公路上超速行驶、不按规定使用转向灯，某交警支队对其处以300元罚款。杨某对此行政处罚决定不服，向法院提起行政诉讼。法院经审理认为，杨某的行为系情节严重，作出对杨某进行600元罚款的变更判决。本案中，法院作出的变更判决加重了杨某的义务，是违反法律规定的，是明显错误的。

（三）刑事诉讼

💡 在刑事诉讼中，只有具备律师身份的人才可以担任辩护人吗？

郑某因涉嫌聚众斗殴被刑事拘留，后被当地检察院提起公诉。开庭前，郑某父亲想聘请一位专业律师为郑某辩护，而郑某想让父亲为自己辩护。那么，郑某的父亲可以在此案中担任郑某的辩护人吗？

我国《刑事诉讼法》第三十三条规定："犯罪嫌疑人、被告人除自己行使辩护权以外，还可以委托一至二人作为辩护人。下列的人可以被委托为辩护人：（一）律师；（二）人民团体或者犯罪嫌疑人、被告人所在单位推荐的人；（三）犯罪嫌疑人、被告人的监护人、亲友。正在被执行刑罚或者依法被剥夺、限制人身自由的人，不得担任辩护人。被开除公职和被吊销律师、公证员执业证书的人，不得担任辩护人，但系犯罪嫌疑人、被告人的监护人、近亲属的除外。"

由此可见，并非只有具备律师身份的人才可以被委托担任刑事案件的辩护人。上述案例中，若郑某想让父亲担任自己的辩护人也是完全可以的，而且郑某可以委托父亲和一名律师同时为自己辩护。

💡 刑事诉讼被告人可以拒绝辩护人为其辩护吗？其后果是什么？

我国《刑事诉讼法》第四十五条规定："在审判过程中，被告人可以拒绝辩护人继续为他辩护，也可以另行委托辩护人辩护。"同时，《最高人民法院关于适用〈中华人民共和国刑事诉讼法〉的解释》第五十条规定："被告人拒绝法律援助机构指派的律师为其辩护，坚持自己行使辩护权的，人民法院应当准许。属于应当提供法律援助的情形，被告人拒绝指派的律师为其辩护的，人民法院应当查明原因。理由正当的，应当准许，但被告人应当在五日以内另行委托辩护人；被告人未另行委托辩护人的，人民法院应当在三日以内通知法律援助机构另行指派律师为其提供辩护。"

由此可见，刑事被告人可以拒绝辩护人为其辩护。但是，若属于应当提供法律援助的情形，被告人不能自行辩护，须另行委托辩护人或法院另行指派辩护律师。

刑事诉讼中，未成年人犯罪的案件，也必须公开审理吗？

我国《刑事诉讼法》第二百八十五条规定："审判的时候被告人不满十八周岁的案件，不公开审理。但是，经未成年被告人及其法定代理人同意，未成年被告人所在学校和未成年人保护组织可以派代表到场。"

基于未成年人案件的特殊性，为了保护未成年人的心理健康，法律明文规定对审判的时候被告人不满十八周岁的案件，不进行公开审理。例如，小明的父母在小明六岁时离婚，后小明一直随父生活。因父母离婚后对小明的关心甚少，小明刚上初中就开始酗酒。某日，小明在酒吧喝酒时与钟某发生口角，将手中酒瓶砸向钟某头部，致钟某当场死亡。小明被提起公诉，法院查明小明在开庭审理时刚满十七周岁，于是依法对此案进行了不公开审理。

哪些情形下需要签署认罪认罚具结书？

我国《刑事诉讼法》第一百七十四条规定："犯罪嫌疑人自愿认罪，同意量刑建议和程序适用的，应当在辩护人或者值班律师在场的情况下签署认罪认罚具结书。犯罪嫌疑人认罪认罚，有下列情形之一的，不需要签署认罪认罚具结书：（一）犯罪嫌疑人是盲、聋、哑人，或者是尚未完全丧失辨认或者控制自己行为能力的精神病人的；（二）未成年犯罪嫌疑人的法定代理人、辩护人对未成年人认罪认罚有异议的；（三）其他不需要签署认罪认罚具结书的情形。"

认罪认罚具结书是犯罪嫌疑人、被告人自愿如实供述自己的罪行，对指控的主要犯罪事实及罪名无异议，同意公诉机关的量刑建议，同意适用速裁程序或简易程序，愿意承担相应法律责任，并且认真悔过而签署的一种法律文书，是法院对被告人从宽处理的一种依据。例如，邹某因涉嫌聚众斗殴罪被提起公诉，开庭前，邹某对指控的犯罪事实、罪名和量刑建议均无异议，并且同意适用简易程序审理。此时，邹某在其辩护人或者值班律师在场的情况下，可以签署认罪认罚具结书，以争取法院的从宽处理。

三、证　据

（一）民事诉讼

在诉讼中，举证责任的一般原则是什么？

《最高人民法院关于适用〈中华人民共和国民事诉讼法〉的解释》第九十一条规定："人民法院应当依照下列原则确定举证证明责任的承担，但法律另有规定的除外：（一）主张法律关系存在的当事人，应当对产生该法律关系的基本事实承担举证证明责任；（二）主张法律关系变更、消灭或者权利受到妨害的当事人，应当对该法律关系变更、消灭或者权利受到妨害的基本事实承担举证证明责任。"

由此可知，在民事诉讼中，举证责任的一般原则是"谁主张，谁举证"，即如果一方当事人提出与诉讼请求有关的事实，则由其对主张的事实予以证明。当然，这只是一般的原则，例外情形还要参照法律的其他规定。例如，因借款纠纷，小孙将小杨诉至法院，主张小杨向其借款五万元，至今未还。那么，小孙就要对小杨借款的基本事实承担举证证明责任。如果小杨坚称自己已经偿还借款，则需要举证其还款的证明。

在诉讼当中，当事人不需要证明的事实有哪些？

根据《最高人民法院关于民事诉讼证据的若干规定》第十条的规定："下列事实，当事人无须举证证明：（一）自然规律以及定理、定律；（二）众所周知的事实；（三）根据法律规定推定的事实；（四）根据已知的事实和日常生活经验法则推定出的另一事实；（五）已为仲裁机构的生效裁决所确认的事实；（六）已为人民法院发生法律效力的裁判所确认的基本事实；（七）已为有效公证文书所证明的事实。前款第二项至第五项事实，当事人有相反证据足以反驳的除外；第六项、第七项事实，当事人有相反证据足以推翻的除外。"

由此可见，当事人需要提供证据证明自己所主张的事实存在，但对于自然规律、定理、定律或众所周知的事实等法律明确列举的上述七种事实，当事人不需要予以证明。

当事人因证据涉及个人隐私不能自行收集时，应采取哪些措施？

《最高人民法院关于适用〈中华人民共和国民事诉讼法〉的解释》第九十四条规定："民事诉讼法第六十七条第二款规定的当事人及其诉讼代理人因客观原因不能自行收集的证据包括：（一）证据由国家有关部门保存，当事人及其诉讼代理人无权查阅调取的；（二）涉及国家秘密、商业秘密或者个人隐私的；（三）当事人及其诉讼代理人因客观原因不能自行收集的其他证据。当事人及其诉讼代理人因客观原因不能自行收集的证据，可以在举证期限届满前书面申请人民法院调查收集。"同时，《最高人民法院关于民事诉讼证据的若干规定》第二十条第一款、第二款规定："当事人及其诉讼代理人申请人民法院调查收集证据，应当在举证期限届满前提交书面申请。申请书应当载明被调查人的姓名或者单位名称、住所地等基本情况、所要调查收集的证据名称或者内容、需要由人民法院调查收集证据的原因及其要证明的事实以及明确的线索。"

由此可知，民事诉讼中，当事人应拿出足够的证据证明自己所主张的与诉讼请求有关的事实。但是，在收集相关证据时，当事人及其诉讼代理人可能会遇到因法律规定的客观原因不能自行收集的情况，那么可以在举证期限届满前书面申请法院调查收集。同时也要注意书面申请书应当载明法律规定的事项。例如，因乙拖欠甲五千万元工程款，甲将其起诉至法院。在证明乙具有偿还能力时，有部分证据因涉及乙的隐私，甲无法自行收集。此时，甲可以在举证期限届满之前书面申请法院调查收集这部分证据。

当事人若想申请证据保全，须何时提出？

周某与韩某感情不和，周某诉至法院要求离婚。后来，周某得知韩某名下还有五十万元存款，为防止韩某转移财产，周某打算申请对此项证据进行保全。请问，周某应何时提出申请？

《最高人民法院关于民事诉讼证据的若干规定》第二十五条第一款、第二款、第三款规定："当事人或者利害关系人根据民事诉讼法第八十一条的规定申请证据保全的，申请书应当载明需要保全的证据的基本情况、申请保全的理由以及采取何种保全措施等内容。当事人根据民事诉讼法第八十一条第一款的规定申请证据保全的，应当在举证期限届满前向人民法院提出。法律、司法解释对诉前证据保全有规定的，依照其规定办理。"

同时该规定第二十六条第一款、第二款规定："当事人或者利害关系人申请采取查封、扣押等限制保全标的物使用、流通等保全措施，或者保全可能对证据持有人造成损失的，人民法院应当责令申请人提供相应的担保。担保方式或者数额由人民法院根据保全措施对证据持有人的影响、保全标的物的价值、当事人或者利害关系人争议的诉讼标的金额等因素综合确定。"

由此可知，当事人为了保全诉讼证据，可以向人民法院申请证据保全。当事人若想申请证据保全，须在举证期限届满前向人民法院提交书面的证据保全申请。如果进行证据保全可能会对证据持有人造成损失或者申请采取的是查封、扣押等限制保全标的物使用、流通等保全措施，那么法院会责令申请人提供相应担保。所以，在上面的案例中，周某可以在举证期限届满前向法院提交书面的证据保全申请。

未经过质证的证据，可以作为认定案件事实的依据吗？

甲在乙餐厅吃饭时，被服务员端上来的热汤烫伤，甲要求乙餐厅赔偿损失，但乙餐厅一直推脱。后来，甲将乙餐厅起诉至法院，但在法院审理过程中，甲发现其提交的一份证据尚未经过质证。请问，此证据还能否作为认定案件事实的依据？

《最高人民法院关于适用〈中华人民共和国民事诉讼法〉的解释》第一百零三条第一款规定："证据应当在法庭上出示，由当事人互相质证。未经当事人质证的证据，不得作为认定案件事实的根据。"同时，《最高人民法院关于民事诉讼证据的若干规定》第六十条第一款、第二款规定："当事人在审理前的准备阶段或者人民法院调查、询问过程中发表过质证意见的证据，视为质证过的证据。当事人要求以书面方式发表质证意见，人民法院在听取对方当事人意见后认为有必要的，可以准许。人民法院应当及时将书面质证意见送交对方当事人。"

由此可知，证据作为认定案件基本事实的关键，必须要经过当事人双方的互相质证，否则该证据不能作为认定案件事实的依据。当然，如果在审理前的准备阶段或者人民法院调查、询问过程中质证过的证据，视为质证过的证据，无须再当庭质证。所以，上面列举的案例，甲提供的那份未经过质证的证据，不能作为认定案件事实的依据。

💡 以严重侵害他人合法权益的方式获得的证据，能否作为认定案件事实的依据？

甲向乙借款但没有借条。借款到期后，甲迟迟不归还借款。乙打算向法院起诉，但没有证据。于是，趁到甲家催要借款之机，乙偷偷在甲的茶几下面安装了窃听器。结果，当天晚上，甲就与其妻子谈起向乙借款的事情。请问，乙这样取得的证据，能否作为认定案件事实的依据？

我国《民事诉讼法》第七十四条规定："人民法院对视听资料，应当辨别真伪，并结合本案的其他证据，审查确定能否作为认定事实的根据。"同时，《最高人民法院关于适用〈中华人民共和国民事诉讼法〉的解释》第一百零六条规定："对以严重侵害他人合法权益、违反法律禁止性规定或者严重违背公序良俗的方法形成或者获取的证据，不得作为认定案件事实的根据。"

由此可知，证据作为认定案件基本事实的依据，首先要具备合法性的特征。如果证据是以严重侵犯他人合法权益、违反法律禁止性规定或严重违背公序良俗的方式形成或取得的，那么显然不符合证据的合法性特征，因此，不能作为认定案件事实的根据。所以，上面所列举的例子，偷装窃听器取得的证据不能作为认定案件事实的根据。

在哪些情形下，当事人可以不用提交书证原件？

我国《民事诉讼法》第七十三条规定："书证应当提交原件。物证应当提交原物。提交原件或者原物确有困难的，可以提交复制品、照片、副本、节录本……"《最高人民法院关于适用〈中华人民共和国民事诉讼法〉的解释》第一百一十一条第一款规定："民事诉讼法第七十三条规定的提交书证原件确有困难，包括下列情形：（一）书证原件遗失、灭失或者毁损的；（二）原件在对方当事人控制之下，经合法通知提交而拒不提交的；（三）原件在他人控制之下，而其有权不提交的；（四）原件因篇幅或者体积过大而不便提交的；（五）承担举证证明责任的当事人通过申请人民法院调查收集或者其他方式无法获得书证原件的。"

在实践中，有时提交书证原件确有困难，因此，法律明确规定了上述五种情形，若具备其中一种，当事人就可以不提交书证原件。例如，小吴向小田购买五吨水泥，并订立书面合同。后来，小吴迟迟不支付货款，小田将其诉至法院。但小田的水泥买卖合同原件丢失，只有合同的复印件，而小吴拒不提交合同原件。那么，此种情形下，小田可以只提交水泥买卖合同的复印件。

如何认定作为证据中的电子数据？

韩某与刘某签订了零部件购买合同。收货后，韩某发现零部件不符合约定，要求刘某承担违约责任，但刘某拒不履行。当前韩某的证据有：零部件购买合同、韩某与刘某的微信聊天记录、转款记录等。请问，韩某与刘某的微信聊天记录可以作为证据中的电子数据吗？

《最高人民法院关于民事诉讼证据的若干规定》第十四条规定："电子数据包括下列信息、电子文件：（一）网页、博客、微博客等网络平台发布的信息；（二）手机短信、电子邮件、即时通信、通讯群组等网络应用服务的通信信息；（三）用户注册信息、身份认证信息、电子交易记录、通信记录、登录日志等信息；（四）文档、图片、音频、视频、数字证书、计算机程序等电子文件；（五）其他以数字化形式存储、处理、传输的能够证明案件事实的信息。"

在实践中，一些可以作为认定案件事实的信息可能会通过电子邮件、电子数据交换、网上聊天记录等形成或存储在电子介质中。前文所列举的例子，韩某与刘某的微信聊天记录应当作为电子数据类证据使用。

拒绝签署保证书的证人提供的证言，能否作为认定事实的依据？

小王因丈夫小高出轨，向法院提起离婚诉讼。为了证明小高出轨的事实，小王提交了证人小牛的证言，但在开庭时小牛却拒绝签署证人保证书。请问，小牛提供的证言还能作为认定小高出轨的依据吗？

《最高人民法院关于民事诉讼证据的若干规定》第七十一条规定："人民法院应当要求证人在作证之前签署保证书，并在法庭上宣读保证书的内容。但无民事行为能力人和限制民事行为能力人作为证人的除外。证人确有正当理由不能宣读保证书的，由书记员代为宣读并进行说明。证人拒绝签署或者宣读保证书的，不得作证，并自行承担相关费用。证人保证书的内容适用当事人保证书的规定。"

由此可知，证人出庭作证，应当保证自己证言的真实性和准确性，应当对自己作出的证言承担相应的责任。按照法律规定，证人应当签署保证自己证言真实、正确的保证书，否则证人不得作证，其证言不能作为认定案件事实的依据。所以，前文所列举的例子，小牛因拒绝签署保证书，不得作证，其证言不能作为认定案件事实的依据。

当事人打算鉴定的，需要向谁申请？何时提出申请？

《最高人民法院关于民事诉讼证据的若干规定》第三十一条第一款、第二款规定："当事人申请鉴定，应当在人民法院指定期间内提出，并预交鉴定费用。逾期不提出申请或者不预交鉴定费用的，视为放弃申请。对需要鉴定的待证事实负有举证责任的当事人，在人民法院指定期间内无正当理由不提出鉴定申请或者不预交鉴定费用，或者拒不提供相关材料，致使待证事实无法查明的，应当承担举证不能的法律后果。"同时第三十二条第一款、第二款、第三款规定："人民法院准许鉴定申请的，应当组织双方当事人协商确定具备相应资格的鉴定人。当事人协商不成的，由人民法院指定。人民法院依职权委托鉴定的，可以在询问当事人的意见后，指定具备相应资格的鉴定人。人民法院在确定鉴定人后应当出具委托书，委托书中应当载明鉴定事项、鉴定范围、鉴定目的和鉴定期限。"

由此可知，当事人应当在人民法院指定期间内，向人民法院提出书面鉴定申请，由法院决定是否准许；若人民法院准许，当事人协商确定具备相应资格的鉴定人，如果无法达成一致，则再由人民法院指定。例如，甲雇用乙装修房屋，乙在施工过程中不慎从架子上摔落，要求甲承担人身损害赔偿。为了确定伤残情况，乙打算申请鉴定，那么，乙可以在举证期限届满前向法院提出书面鉴定申请。

被胁迫写下的借条，能否作为有效证据使用？

郑某乘坐齐某车时，不慎发生车祸，腿部受伤。齐某承担郑某全部费用后，郑某仍要求齐某赔偿损失，并威胁他，若不赔偿就让他家永无安宁。无奈之下，齐某为郑某写了一个五万元的借条。请问，该借条将来能够作为有效证据使用吗？

我国《民事诉讼法》第六十七条第一款规定："当事人对自己提出的主张，有责任提供证据。"同时，《最高人民法院关于适用〈中华人民共和国民事诉讼法〉的解释》第一百零九条规定："当事人对欺诈、胁迫、恶意串通事实的证明，以及对口头遗嘱或者赠与事实的证明，人民法院确信该待证事实存在的可能性能够排除合理怀疑的，应当认定该事实存在。"

由此可知，当事人应对自己的主张提供相应的证据证明。但是，当事人对欺诈、胁迫等事实提供的证明，若法院确信上述待证事实存在的可能性足够排除合理怀疑，那么应认定该事实存在。所以，前面所列举的案例，对借条是被胁迫写下的事实，法院确信其存在的可能性是够排除合理怀疑，那么应认定该事实存在，该借条不能作为有效证据使用。

当事人毁灭重要证据的，将面临何种法律后果？

《民事诉讼法》第一百一十四条规定："诉讼参与人或者其他人有下列行为之一的，人民法院可以根据情节轻重予以罚款、拘留；构成犯罪的，依法追究刑事责任：（一）伪造、毁灭重要证据，妨碍人民法院审理案件的……人民法院对有前款规定的行为之一的单位，可以对其主要负责人或者直接负责人予以罚款、拘留；构成犯罪的，依法追究刑事责任。"

由此可知，当事人及其他诉讼参与人应当如实提交与案件有关的证据资料，如果存在上述伪造、毁灭重要证据，妨碍法院审理案件等六种行为之一，那么法院可以根据情节的轻重，对相关人员予以罚款、拘留；若构成犯罪的，则会依法追究刑事责任。例如，患有尘肺病的董某要求其工作的煤场支付治疗费用，但却屡遭拒绝。后董某诉至法院，煤场担心承担责任，便将所有关于董某的资料全部销毁。那么，法院可以根据煤场销毁证据情节的轻重，对其主要负责人或直接负责人给予罚款、拘留；若构成犯罪的，则依法对其追究刑事责任。

当事人逼迫他人作伪证的，将面临何种法律后果？

甲公司辞退谢某，谢某不服诉至法院，要求甲公司支付赔偿金。甲公司为证明辞退谢某是因其严重违背公司制度，便以扣除工资为由威胁员工孙某等人作证。请问，甲公司应承担怎样的法律后果？

《最高人民法院关于民事诉讼证据的若干规定》第七十八条第一款、第二款规定："当事人及其诉讼代理人对证人的询问与待证事实无关，或者存在威胁、侮辱证人或不适当引导等情形的，审判人员应当及时制止。必要时可以依照民事诉讼法第一百一十条、第一百一十一条的规定进行处罚。证人故意作虚假陈述，诉讼参与人或者其他人以暴力、威胁、贿买等方法妨碍证人作证，或者在证人作证后以侮辱、诽谤、诬陷、恐吓、殴打等方式对证人打击报复的,人民法院应当根据情节,依照民事诉讼法第一百一十一条的规定,对行为人进行处罚。"

同时,我国《民事诉讼法》第一百一十四条规定:"诉讼参与人或者其他人有下列行为之一的,人民法院可以根据情节轻重予以罚款、拘留;构成犯罪的,依法追究刑事责任:……(二)以暴力、威胁、贿买方法阻止证人作证或者指使、贿买、胁迫他人作伪证的;……人民法院对有前款规定的行为之一的单位,可以对其主要负责人或者直接负责人予以罚款、拘留;构成犯罪的,依法追究刑事责任。"

由此可知,当事人应当依法提交合法真实有效的证据,不可为了一己私利而逼迫他人为其作伪证,否则,法院可以根据情节轻重对当事人、单位主要负责或直接负责人予以罚款、拘留;构成犯罪的,还会依法追究其刑事责任。所以,上面所列举的例子,甲公司主要负责人或直接负责人将面临法院给予的罚款或拘留;若构成犯罪的,还会被依法追究刑事责任。

(二) 行政诉讼

行政诉讼中的举证责任如何分配?

《行政诉讼法》第三十四条第一款、第二款规定:"被告对作出的行政行为负有举证责任,应当提供作出该行政行为的证据和所依据的规范性文件。被告不提供或者无正当理由逾期提供证据,视为没有相应证据。但是,被诉行政行为涉及第三人合法权益,第三人提供证据的除外。"同时,本法第三十五条规定:"在诉讼过程中,被告及其诉讼代理人不得自行向原告、第三人和证人收集证据。"

由此可知,在行政诉讼中,行政机关应提供证据证明自己实施的行政行为合法。且在诉讼过程中,行政机关不得向原告、第三人和证人收集证据,这表明行政机关提供的只能是其在作出行政行为时就已经存在的证据。例如,小杨与邻居小张因宅基地确权一事发生冲突,后当地派出所作出"小杨向小张赔偿五千元"的决定。小杨不服,申请行政复议,复议维持原决定。于是,小杨诉至法院。那么,当地公安机关应提供证据证明其作出的决定合法。

行政不作为诉讼案件中,有哪些情形原告可以不提交曾经提出申请的证据材料?

高某向县自然资源和规划局提出书面申请,请求该局依法查处其所在村的耕地被有关工程项目违法强行占用的行为,但该局对此并不予以回应。因该局不作为,高某诉至法院。请问,在此案例中,高某可以不提交其曾经提出申请的证据材料吗?

《最高人民法院关于行政诉讼证据若干问题的规定》第四条第二款规定:"在起诉被告不作为的案件中,原告应当提供其在行政程序中曾经提出申请的证据材料。但有下列情形的除外:(一)被告应当依职权主动履行法定职责的;(二)原告因被告受理申请的登记制度不完善等正当事由不能提供相关证据材料并能作出合理说明的。"

由此可知,在不作为的行政案件中,原告原则上应提供其在行政程序中曾提出申请的证据材料,但符合上述条文规定的这两种情形之一时,原告可以不提交。所以,在上面列举的例子中,高某可以不提交其在行政程序中曾提出申请的证据材料。

三、证　据　45

💡 在认定被诉行政行为合法时，哪些证据不能作为依据？

《最高人民法院关于行政诉讼证据若干问题的规定》第六十条规定："下列证据不能作为认定被诉具体行政行为合法的依据：（一）被告及其诉讼代理人在作出具体行政行为后或者在诉讼程序中自行收集的证据；（二）被告在行政程序中非法剥夺公民、法人或者其他组织依法享有的陈述、申辩或者听证权利所采用的证据；（三）原告或者第三人在诉讼程序中提供的、被告在行政程序中未作为具体行政行为依据的证据。"

由此可知，在行政诉讼中，并不是所有的证据都能作为认定被诉行政行为合法的依据，上述三类证据，法律明确规定不能作为认定被诉行政行为合法的依据。例如，因县房管局将高某过世父母的房屋登记到其表弟名下，高某以县房管局违规登记为由诉至法院。法院立案后，县房管局又自行向高某表弟及周围邻居收集证言，以证明其行政行为合法，但该证据不能作为认定该案的有效依据。

💡 在行政程序中未作为行政行为依据的证据，原告在诉讼中提出的，能否作为认定被诉行政行为合法的依据？

沈某父母去世后，留给其一套房屋。他办理过户手续时，房管局总以手续不全为由拒绝为其办理。后沈某将房管局诉至法院，并提交了一份父母死亡证明，但房管局当时并没有以该证明作为行政行为依据。请问，该证明能作为认定被诉行政行为合法的依据吗？

我国《最高人民法院关于行政诉讼证据若干问题的规定》第六十条规定："下列证据不能作为认定被诉行政行为合法的依据：……（三）原告或者第三人在诉讼程序中提供的、被告在行政程序中未作为行政行为依据的证据。"

由此可知，在行政诉讼中，如果原告或第三人在诉讼程序中提供了证据而被告行政机关在作出行政行为时并没有将其作为依据，那么这个证据不能作为认定行政行为合法的依据。所以，上面列举的案例，沈某父母的死亡证明不能作为认定被诉行政行为合法的依据。

（三）刑事诉讼

提交可以证明犯罪嫌疑人有罪的证据，是否属于公民的义务？

由于常年受乙的挤对，甲的生意非常不好，为了支撑生活，甲已经负债累累。出于泄愤，某日晚上，甲躲在乙家附近，在乙回家时将其杀害。而这一幕恰巧被路过的丙看到，丙将乙被杀的经过录成视频。请问，丙有义务提交乙被甲杀害的视频吗？

我国《刑事诉讼法》第一百三十七条规定："任何单位和个人，有义务按照人民检察院和公安机关的要求，交出可以证明犯罪嫌疑人有罪或者无罪的物证、书证、视听资料等证据。"

由此可知，按照公安司法机关的要求，提供证明犯罪嫌疑人有罪或无罪的物证、书证等证据，是我们每一个公民应尽的义务。所以，上面列举的案例，丙有义务依法交出乙被甲杀害的视频。

公安司法机关应如何保护因作证而面临危险的证人？

《刑事诉讼法》第六十四条第一款规定："对于危害国家安全犯罪、恐怖活动犯罪、黑社会性质的组织犯罪、毒品犯罪等案件，证人、鉴定人、被害人因在诉讼中作证，本人或者其近亲属的人身安全面临危险的，人民法院、人民检察院和公安机关应当采取以下一项或者多项保护措施：（一）不公开真实姓名、住址和工作单位等个人信息；（二）采取不暴露外貌、真实声音等出庭作证措施；（三）禁止特定的人员接触证人、鉴定人、被害人及其近亲属；（四）对人身和住宅采取专门性保护措施；（五）其他必要的保护措施。"

由此可知，对于毒品犯罪等特定刑事案件，证人愿意出庭作证帮助公安司法机关查明案件真相，但由此可能导致自身或其近亲属的人身安全受到威胁的，公安司法机关应对其及其近亲属予以上述五种必要的司法保护。例如，在一起重大贩毒案件中，程某是案件的唯一证人，但案件审理时，仍有一名贩毒头目在逃，为了保护程某及其近亲属的人身安全，公安司法机关可以采取不公开真实姓名、不暴露外貌等措施予以保护。

犯罪嫌疑人拒不认罪但证据确凿的，法院是否可以直接定罪？

在办理一起强奸案时，侦查人员迅速将犯罪嫌疑人认定为小王。小王到案后，拒不认罪，但监控视频、被害人体内液体检验等都表明强奸犯就是小王。请问，此情形下，法院可以直接对小王定罪吗？

我国《刑事诉讼法》第五十五条规定："对一切案件的判处都要重证据，重调查研究，不轻信口供。只有被告人供述，没有其他证据的，不能认定被告人有罪和处以刑罚；没有被告人供述，证据确实、充分的，可以认定被告人有罪和处以刑罚。证据确实、充分，应当符合以下条件：（一）定罪量刑的事实都有证据证明；（二）据以定案的证据均经法定程序查证属实；（三）综合全案证据，对所认定事实已排除合理怀疑。"

由此可知，虽然犯罪嫌疑人和被告人的供述，可以直接认定案件事实，但只有口供而没有其他证据，是不能定罪处罚的。然而即使没有口供，但其他证据已经形成证据链的，同样也可以认定案件事实，判处犯罪嫌疑人罪名成立。所以，上面列举的案件，法院可以直接对小王定罪。

刑讯逼供得到的口供，能否作为定罪的依据？

《刑事诉讼法》第五十二条规定："审判人员、检察人员、侦查人员必须依照法定程序，收集能够证实犯罪嫌疑人、被告人有罪或者无罪、犯罪情节轻重的各种证据。严禁刑讯逼供和以威胁、引诱、欺骗以及其他非法方法收集证据，不得强迫任何人证实自己有罪。必须保证一切与案件有关或者了解案情的公民，有客观地充分地提供证据的条件，除特殊情况外，可以吸收他们协助调查。"《最高人民法院关于适用〈中华人民共和国刑事诉讼法〉的解释》第一百二十三条规定："采用下列非法方法收集的被告人供述，应当予以排除：（一）采用殴打、违法使用戒具等暴力方法或者变相肉刑的恶劣手段，使被告人遭受难以忍受的痛苦而违背意愿作出的供述；（二）采用以暴力或者严重损害本人及其近亲属合法权益等相威胁的方法，使被告人遭受难以忍受的痛苦而违背意愿作出的供述；（三）采用非法拘禁等非法限制人身自由的方法收集的被告人供述。"该解释第一百二十四条规定："采用刑讯逼供方法使被告人作出供述，之后被告人受该刑讯逼供行为影响而作出的与该供述相同的重复性供述，应当一并排除，但下列情形除外：（一）调查、侦查期间，监察机关、侦查机关根据控告、举报或者自己发现等，确认或者不能排除以非法方法收集证据而更换调查、侦查人员，其他调查、侦查人员再次讯问时告知有关权利和认罪的法律后果，被告人自愿供述的；（二）审查逮捕、审查起诉和审判期间，检察人员、审判人员讯问时告知诉讼权利和认罪的法律后果，被告人自愿供述的。"这些即是关于非法证据排除的部分规定。

由此可知，证据必须在内容上、形式上、收集和认定的人员与程序上均符合法律规定，才能保证证据的合法性。因此，当事人和司法人员必须要依照法定程序收集和提供证据，否则该证据不能作为认定案件事实的依据。例如，在一起抢劫杀人案件中，小区保安严某被认定为犯罪嫌疑人。严某到案后，拒不承认罪行，为了获得严某的认罪口供，当地公安局干警洪某四天不让严某吃饭，并对其进行殴打，后获得严某认罪口供。那么，洪某采取刑讯逼供手段获得的严某认罪口供，不能作为合法证据使用。

四、判决之后

（一）民事诉讼

在民事诉讼中，当事人可以在多长时间内提起上诉？

杜某与贺某因房屋买卖合同发生纠纷，为此，杜某提起诉讼。某基层法院在受理此案之后，依法作出判决。贺某不服，在收到判决书之后准备提起上诉。那么，请问贺某应该在多长时间内提起上诉？

上诉，是指当事人不服地方第一审人民法院作出的未生效裁判，在法定期间内，要求上一级人民法院对上诉请求的有关事实和法律适用，进行审理的诉讼行为。我国《民事诉讼法》第一百七十一条第一款、第二款规定："当事人不服地方人民法院第一审判决的，有权在判决书送达之日起十五日内向上一级人民法院提起上诉。当事人不服地方人民法院第一审裁定的，有权在裁定书送达之日起十日内向上一级人民法院提起上诉。"

据此可知，在民事诉讼中，当事人对一审判决不服的，应当在判决书送达之日起十五日内提起上诉；对一审裁定不服的，应当在裁定书送达之日起十日内提起上诉。在上面的案例中，贺某对一审法院的判决不服，应该在判决书送达之日起的十五日内向中级人民法院提起上诉。如果超过法定期限，则其不能再提起上诉。

💡 因发生台风导致未在法定期限内上诉的,是否还有权提起上诉?

因发生台风等自然灾害导致当事人未在法定期限内提起上诉的,其仍然有权提出上诉。对此,我国《民事诉讼法》第八十六条规定:"当事人因不可抗拒的事由或者其他正当理由耽误期限的,在障碍消除后的十日内,可以申请顺延期限,是否准许,由人民法院决定。"

据此可知,在民事诉讼中,当事人一般情况下必须要在法定期限内提出上诉,但是也有例外,如果当事人因不可抗拒的原因耽误期限,如遇到自然灾害等,其可以在障碍消除后的十日内向法院申请顺延期限。如覃某与吴某因借款合同发生纠纷诉至法院,法院受理案件后,依法判决吴某偿还覃某债务,并支付利息。对此,吴某不服,准备提起上诉。但是,由于吴某到外地出差,遇上台风,不能及时赶回。在此种情况下,吴某可以在回到当地后的十日内向法院申请顺延期限,如果法院允许其顺延,则吴某仍然有权提起上诉。

💡 对于判决生效的案件,当事人发现新证据后,是否可以要求法院重审?

王一与王二因继承纠纷诉至法院,某县人民法院审理后,判决王一与王二按照法律规定平分父亲的遗产。在判决生效后,王二无意中发现了父亲生前写下的遗嘱,该遗嘱写明将遗产全部留给王二。那么,请问王二是否可以据此要求法院重审此案?

王二可以根据发现的新证据要求法院重审此案。我国《民事诉讼法》第二百零七条规定:"当事人的申请符合下列情形之一的,人民法院应当再审:(一)有新的证据,足以推翻原判决、裁定的……"

据此可知，如果当事人有足以推翻原判决、裁定的新证据，就可以向法院申请再审，法院不得拒绝。在前面的案例中，虽然王一与王二的继承纠纷判决已经生效，但是，王二发现了其父亲生前留下的遗嘱，该遗嘱足以推翻原来已经生效的判决。因此，王二可以以此作为新证据，请求法院重审此案。

💡 法院在审理案件中徇私舞弊导致当事人败诉的，败诉当事人是否可以申请再审？

我国《民事诉讼法》第二百零七条规定："当事人的申请符合下列情形之一的，人民法院应当再审：……（十三）审判人员审理该案件时有贪污受贿，徇私舞弊，枉法裁判行为的。"

由此可知，法院在审理案件的过程中，如果审判人员有徇私舞弊枉法裁判的行为，当事人可以以此为依据向上一级法院申请再审。例如，林某与贺某因买卖合同发生纠纷，林某起诉到法院，法官王某因与贺某的一个好朋友认识，故在审判过程中徇私舞弊，判决贺某胜诉。在此种情况下，林某可以以此为由向中级人民法院申请再审。

💡 对于已经发生效力的调解书，当事人是否可以申请再审？

于某与吴某因离婚纠纷起诉到法院，法院在双方都同意的情况下依法进行调解，并制作了调解书送交给双方签字。但是，在调解书生效后，吴某提出其是在于某的威胁下才同意调解的。那么，请问对于生效的调解书，吴某可以申请再审吗？

对于生效的调解书，当事人可以申请再审。对此，我国《民事诉讼法》第二百零八条明确规定："当事人对已经发生法律效力的调解书，提出证据证明调解违反自愿则或者调解协议的内容违反法律的，可以申请再审。经人民法院审查属实的，应当再审。"

由此可知，对于已经生效的调解书，如果出现下列情形，当事人可以向法院申请再审：（1）提出证据证明调解违反自愿原则的；（2）调解协议的内容违反法律的。一般情况下，调解是人民法院在当事人自愿的原则下进行的，是当事人真实意思表示，因此当事人通常不会申请再审，也不允许当事人对调解书随意申请再审。在前面的案例中，如果吴某是在非自愿的情况下达成的调解，其可以提出证据证明调解书并非其真实的意思表示，进而向法院申请再审。

当事人在第一审程序中实施的诉讼行为，在第二审程序中是否有约束力？

《最高人民法院关于适用〈中华人民共和国民事诉讼法〉的解释》第三百四十条规定："当事人在第一审程序中实施的诉讼行为，在第二审程序中对该当事人仍具有拘束力。当事人推翻其在第一审程序中实施的诉讼行为时，人民法院应当责令其说明理由。理由不成立的，不予支持。"

由此可知，当事人在一审程序中实施的诉讼行为，在二审程序中对该当事人是有约束力的。此外，当事人推翻其在第一审程序中实施的诉讼行为时，人民法院应当责令其说明理由。理由不成立的，不予支持。例如，沈某与吴某因房屋买卖发生纠纷诉至法院。人民法院依法审理后判决沈某胜诉。吴某不服提出上诉。由于在一审中吴某承认自己应承担一部分违约责任，但是，在二审中，吴某却推翻了自己在一审中的行为。在此种情况下，审理人员应当要求其说明理由。

对于再审案件，当事人是否还可以提出上诉？

我国《民事诉讼法》第二百一十四条第一款明确规定："人民法院按照审判监督程序再审的案件，发生法律效力的判决、裁定是由第一审法院作出的，按照第一审程序审理，所作的判决、裁定，当事人可以上诉；发生法律效力的判决、裁定是由第二审法院作出的，按照第二审程序审理，所作的判决、裁定，是发生法律效力的判决、裁定；上级人民法院按照审判监督程序提审的，按照第二审程序审理，所作的判决、裁定是发生法律效力的判决、裁定。"

据此可知，再审案件是否可以提起上诉，取决于原生效的判决、裁定是由哪一审法院作出的。如果是由一审法院作出的，是可以上诉的，否则，是不能上诉的。例如，赵某与张某因财产分割问题诉至法院，法院审理后依法做出判决。然而，判决生效后，张某发现审理此案的法官在审理过程中有徇私舞弊行为，于是提起再审。由于原生效判决是由一审法院作出的，所以再审此案时，应按照第一审程序审理，所做的判决也属于一审判决，如果当事人不服，可以行使上诉权。

当事人在何种情况下可以向人民检察院申请抗诉？

我国《民事诉讼法》第二百一十六条规定："有下列情形之一的，当事人可以向人民检察院申请检察建议或者抗诉：（一）人民法院驳回再审申请的；（二）人民法院逾期未对再审申请作出裁定的；（三）再审判决、裁定有明显错误的。人民检察院对当事人的申请应当在三个月内进行审查，作出提出或者不予提出检察建议或者抗诉的决定。当事人不得再次向人民检察院申请检察建议或者抗诉。"

据此可知，在上述三种情形下，当事人可以向人民检察院申请检察建议或抗诉。此外，对于当事人的申请，人民检察院在三个月内进行审查。如果检察院作出不予提出检察建议或抗诉的决定，当事人不能再次行使此权利，也就是说，当事人申请检察建议或者抗诉的权利仅限一次。如顾某与石某因著作权纠纷起诉到法院，法院经过审理后依法做出判决。在判决生效后，顾某以发现新证据为由提起再审，法院经过审查，裁定驳回。在此种情况下，根据法律规定，顾某可以向人民检察院申请检察建议，或者申请人民检察院进行抗诉。

据以执行的判决被法院撤销的，已经被执行的财产是否需要返还？

我国《民事诉讼法》第二百四十条规定："执行完毕后，据以执行的判决、裁定和其他法律文书确有错误，被人民法院撤销的，对已被执行的财产，人民法院应当作出裁定，责令取得财产的人返还；拒不返还的，强制执行。"

据此可知，如果据以执行的判决因错误而被法院撤销的，对于已经执行的财产，法院应当要求取得财产的人予以返还。在案件执行完毕后，会存在执行错误的情形，需要采取补救措施纠正执行中的错误，这就是执行回转制度。例如，单某与钱某因借款纠纷诉至法院，某区人民法院在受理后依法作出判决，要求钱某依法承担偿还义务，并支付利息。判决生效后，因钱某未在法定期限内履行义务，经单某申请后，法院强制执行。但是后来此案的判决书因适用法律错误，被中级人民法院撤销。此种情况下，人民法院应当要求单某返还财产。如果其拒不返还，法院可以强制执行。

当事人对法院的执行存在异议的，应该怎么办？

我国《民事诉讼法》第二百三十二条规定："当事人、利害关系人认为执行行为违反法律规定的，可以向负责执行的人民法院提出书面异议。当事人、利害关系人提出书面异议的，人民法院应当自收到书面异议之日起十五日内审查，理由成立的，裁定撤销或者改正；理由不成立的，裁定驳回。当事人、利害关系人对裁定不服的，可以自裁定送达之日起十日内向上一级人民法院申请复议。"

据此可知，在强制执行过程中，如果当事人或利害关系人认为法院的执行行为违反规定，则可以向法院提出异议。例如，李某与杨某发生借款纠纷诉至法院，法院判决杨某偿还李某10万元借款。在判决生效后，李某申请强制执行，然而，法院在强制执行的过程中，却查封了杨某价值100万元的房子，属于严重超标查封，对此，杨某可以向负责执行的法院提出书面异议。

被执行人提供执行担保后仍未履行义务的，应该怎么办？

沈某与吴某因遗产继承发生纠纷，沈某向法院起诉。在判决生效后，因吴某不履行归还财产的义务，沈某申请强制执行。在强制执行中，吴某提出以杜某价值20万元的一幅画作为财产担保。为此，法院暂缓执行3个月。但是，在期限届满后，其仍未履行义务。请问，沈某应该怎么办？

在执行过程中，被执行人为了延缓执行，向法院提供财产担保或人保，在取得法院和申请执行人同意后，可以暂缓执行，这就是执行担保。对此，我国《民事诉讼法》第二百三十八条规定："在执行中，被执行人向人民法院提供担保，并经申请执行人同意的，人民法院可以决定暂缓执行及暂缓执行的期限。被执行人逾期仍不履行的，人民法院有权执行被执行人的担保财产或者担保人的财产。"

由此可知，如果暂缓执行期满被执行人还不履行义务，法院可以执行被执行人提供的担保财产或裁定执行担保人的财产。如果执行了担保人的财产，担保人可以向被执行人追偿。在前面的案例中，吴某在提供财产担保后仍未履行义务，法院可以执行杜某价值20万元的画。

💡 在执行中，双方达成和解协议后，一方未履行的，另一方应该怎么办？

对于达成的执行和解，一方当事人未履行的，另一方可依据我国《民事诉讼法》第二百三十七条第一款、第二款的规定来处理："在执行中，双方当事人自行和解达成协议的，执行员应当将协议内容记入笔录，由双方当事人签名或者盖章。申请执行人因受欺诈、胁迫与被执行人达成和解协议，或者当事人不履行和解协议的，人民法院可以根据当事人的申请，恢复对原生效法律文书的执行。"

由此可知，双方达成和解协议后，如果一方不履行，另一方可以申请法院恢复执行原来的生效判决，而不是请求法院执行和解协议。如果一方已经履行了一部分和解协议，则法院在执行生效判决时可以将该部分扣除。例如，在一次交通事故中，贺某将瞿某撞伤，因赔偿问题诉至法院。法院判决贺某承担赔偿责任。但是，在判决生效后，因贺某未履行义务，瞿某申请强制执行。在执行中，双方达成和解协议，然而，贺某依然未按照和解协议履行支付赔偿金的义务。在此种情况下，瞿某可以向法院申请恢复执行原来的生效判决书。

当事人应当向哪个法院申请强制执行？申请强制执行的期限是多久？

我国《民事诉讼法》第二百三十一条第一款、第二款规定："发生法律效力的民事判决、裁定，以及刑事判决、裁定中的财产部分，由第一审人民法院或者与第一审人民法院同级的被执行的财产所在地人民法院执行。法律规定由人民法院执行的其他法律文书，由被执行人住所地或者被执行的财产所在地人民法院执行。"由此可知，必须是针对已经发生法律效力的法律文书，当事人才可以申请强制执行。对于不同的法律文书，管辖的法院也是不同的。

而关于申请强制执行的期限，我国《民事诉讼法》第二百四十六条规定："申请执行的期间为二年。申请执行时效的中止、中断，适用法律有关诉讼时效中止、中断的规定。前款规定的期间，从法律文书规定履行期间的最后一日起计算；法律文书规定分期履行的，从规定的每次履行期间的最后一日起计算；法律文书未规定履行期间的，从法律文书生效之日起计算。"

如孙某与季某因房屋买卖合同发生纠纷，孙某起诉到A县人民法院。法院依法做出判决，因季某不履行义务，孙某准备向法院申请强制执行。但是，季某的房屋在B县。此时，因发生法律效力的是民事判决书，故孙某可以向A县或者B县法院申请强制执行。需要注意的，孙某应当在判决规定的履行期间的最后一日起两年内提出申请。

谁来承担强制执行产生的费用？

我国《民事诉讼法》第二百五十二条明确规定："对判决、裁定和其他法律文书指定的行为，被执行人未按执行通知履行的，人民法院可以强制执行或者委托有关单位或者其他人完成,费用由被执行人承担。"

由此可见,在强制执行中会产生一系列费用,如保管、查封、扣押费用等,这些强制执行的有关费用由被执行人承担。例如,朱某与胡某因专利权发生纠纷,在起诉到法院后,某区人民法院依法做出判决。因胡某在判决生效后未履行义务,朱某便向法院申请强制执行。人民法院扣押了胡某价值 30 万元的轿车,并进行了拍卖。对于扣押、拍卖胡某的轿车所产生的费用,应当由被执行人胡某承担。

💡 在法院强制执行后,被执行人仍不能履行债务的,债权人是否还可以继续申请强制执行?

顾某向肖某借款 20 万元,借款到期,顾某不履行还款义务,肖某起诉到法院。法院依法判决顾某履行还款义务。在判决生效后,肖某向法院申请强制执行。但是,法院依法执行了顾某的财产后,仍然无法偿还所欠债务。那么请问肖某以后是否还可以申请强制执行?

在法院强制执行后,被执行人仍不能履行债务的,债权人是否还可以继续申请强制执行,对此,我国《民事诉讼法》第二百六十一条规定:"人民法院采取本法第二百四十九条、第二百五十条、第二百五十一条规定的执行措施后,被执行人仍不能偿还债务的,应当继续履行义务。债权人发现被执行人有其他财产的,可以随时请求人民法院执行。"

由此可见,人民法院通过查封、扣押、冻结、变价等方式,被执行人仍不能偿还债务的,如果债权人以后发现被执行人有其他财产的，其还可以申请法院强制执行。在前面的案例中，虽然法院通过强制执行，但顾某仍无法偿还所欠债务。但是，一旦以后发现其有其他财产，肖某可以继续向法院申请强制执行。

被执行人履行了法律文书确定的义务后，其名字可以从失信被执行人名单中删除吗？

戴某与窦某因遗产债务问题发生纠纷，为此，戴某诉至法院。法院审理后依法作出判决，因窦某未按时履行，戴某向法院申请强制执行。窦某有能力履行偿还义务而不履行，故被纳入失信名单。后来，窦某在他人的劝说下履行了义务。那么，其名字可以从失信被执行人名单中删除吗？

《最高人民法院关于公布失信被执行人名单信息的若干规定》第一条规定："被执行人未履行生效法律文书确定的义务，并具有下列情形之一的，人民法院应当将其纳入失信被执行人名单，依法对其进行信用惩戒：（一）有履行能力而拒不履行生效法律文书确定义务的……"此外，该法第十条第一款规定："具有下列情形之一的，人民法院应当在三个工作日内删除失信信息：（一）被执行人已履行生效法律文书确定的义务或人民法院已执行完毕的……"

由此可知，已经被纳入失信被执行人名单后又依法履行了义务，则法院应当在三个工作日内将失信被执行人的信息从信息库中删除。在前面的案例中，戴某因未履行偿还债务的义务而被纳入失信名单，在其依法履行了义务后，法院应将其信息删除。

当事人拒不履行已经生效的判决书的，将会受到什么处罚？

周某从盛某处购买了价值3万元的水果，但是，其一直以各种理由拖延支付货款。盛某诉至法院，某县法院受理后依法判决周某履行偿还货款的义务。但是，在强制执行过程中，周某有能力支付货款，却使用暴力拒不履行。那么，请问周某将会受到什么处罚？

对于当事人拒不履行已经生效判决书的行为，我国《民事诉讼法》第一百一十四条明确规定："诉讼参与人或者其他人有下列行为之一的，人民法院可以根据情节轻重予以罚款、拘留；构成犯罪的，依法追究刑事责任：……（六）拒不履行人民法院已经发生法律效力的判决、裁定的。人民法院对有前款规定的行为之一的单位，可以对其主要负责人或者直接责任人员予以罚款、拘留；构成犯罪的，依法追究刑事责任。"

据此可知，有能力履行判决书规定的义务而拒不履行的，法院可以根据情节轻重予以罚款、拘留，如果构成犯罪的，还要承担刑事责任。在前面的案例中，盛某有能力支付货款，却在执行中使用暴力拒绝履行义务。对此，法院可以对其处以罚款或拘留。如果其行为构成犯罪，还会被判处刑罚。

哪些行为属于"拒不履行人民法院已经发生法律效力的裁判文书的行为"？

《最高人民法院关于适用〈中华人民共和国民事诉讼法〉的解释》第一百八十八条规定："民事诉讼法第一百一十一条第一款第六项规定的拒不履行人民法院已经发生法律效力的判决、裁定的行为，包括：（一）在法律文书发生法律效力后隐藏、转移、变卖、毁损财产或者无偿转让财产、以明显不合理的价格交易财产、放弃到期债权、无偿为他人提供担保等，致使人民法院无法执行的；（二）隐藏、转移、毁损或者未经人民法院允许处分已向人民法院提供担保的财产的；（三）违反人民法院限制高消费令进行消费的；（四）有履行能力而拒不按照人民法院执行通知履行生效法律文书确定的义务的；（五）有义务协助执行的个人接到人民法院协助执行通知书后，拒不协助执行的。"

由此可见，上述五种行为属于拒不履行人民法院已经发生法律效力的裁判文书的行为。例如，曾某与仲某因交通事故赔偿金问题发生纠纷，诉至法院，某区法院经过审理依法判决仲某支付赔偿金25万元。因其未按时履行义务被法院强制执行。但是，仲某在法院强制执行期间变卖自己一辆价值40万元的轿车，致使人民法院无财产可执行。仲某的此种行为则属于拒不履行已经发生法律效力的裁判文书的行为。

被执行人不履行判决书确定的义务的，是否需要报告其财产状况？

我国《民事诉讼法》第二百四十八条规定："被执行人未按执行通知履行法律文书确定的义务，应当报告当前以及收到执行通知之日前一年的财产情况。被执行人拒绝报告或者虚假报告的，人民法院可以根据情节轻重对被执行人或者其法定代理人、有关单位的主要负责人或者直接责任人员予以罚款、拘留。"

据此可知，对于不按照执行通知履行判决书确定的义务的被执行人，有义务报告其当前以及收到执行通知之日前一年的财产状况。如果拒绝报告或虚假报告，将会受到相应的处罚。例如，高某与王某因房屋装修问题发生纠纷，王某拒绝支付装修款项。高某诉至法院，法院判决后，在强制执行中，王某未按照判决书履行支付装修款的义务。对此，王某应当向法院报告他当前以及收到执行通知之日前一年的财产状况。如果王某进行虚假报告，或者拒绝报告，法院可以对其予以罚款、拘留。

💡 被执行人拒绝接受因强制迁出房屋而被搬出的财物，损失应当由谁承担？

李某与沈某因借贷问题发生纠纷，沈某起诉到法院。法院依法判决李某承担偿还义务。判决生效后，沈某申请强制执行。法院查封了李某一套价值50万元的房屋，强制其搬出房屋。对于从房屋中搬出的财物，李某拒绝接受。那么，请问对此造成的损失应该由谁承担？

我国《民事诉讼法》第二百五十七条第三款规定："强制迁出房屋被搬出的财物，由人民法院派人运至指定处所，交给被执行人。被执行人是公民的，也可以交给他的成年家属。因拒绝接收而造成的损失，由被执行人承担。"

据此可知，对于被执行人强制迁出房屋而搬出的财物，应交给被执行人。如果因被执行人拒绝接受而造成的损失，需要由被执行人自己承担。在上面的案例中，李某因未按时履行还款义务而被法院强制执行，在强制执行过程中，李某拒绝接受被搬出的财物所造成的损失，应该由李某自己承担。

💡 毁坏已经被扣押的财产的，将要承担何种责任？

童某与王某因房屋租赁问题发生纠纷，童某拒不支付王某房租，王某诉至法院。法院依法审理后作出判决。在强制执行过程中，法院扣押了童某一台价值10000元的笔记本电脑。但是，在扣押后，童某故意将电脑损坏。请问，童某将要承担什么责任？

依据我国《民事诉讼法》第一百一十四条规定："诉讼参与人或者其他人有下列行为之一的，人民法院可以根据情节轻重予以罚款、拘留；构成犯罪的，依法追究刑事责任：……（三）隐藏、转移、变卖、毁损已被查封、扣押的财产，或者已被清点并责令其保管的财产，转移已被冻结的财产的；……人民法院对有前款规定的行为之一的单位，可以对其主要负责人或者直接责任人员予以罚款、拘留；构成犯罪的，依法追究刑事责任。"

由此可见，诉讼参与人隐藏、转移、变卖、毁损已被查封、扣押的财产，或者已被清点并责令其保管的财产，转移已被冻结的财产的，将会被法院根据情节轻重处以罚款、拘留，如果构成犯罪，还要承担刑事责任。在上面的案例中，童某毁坏已经被扣押的笔记本电脑的行为，将会被法院处以罚款或拘留。

被执行人死亡的，法院是否还可以强制执行？

吴某与齐某因著作权问题发生纠纷，吴某诉至法院，法院判决齐某承担侵权责任，向吴某支付赔偿金 10 万元。因齐某未按时履行义务，吴某申请强制执行。在强制执行中，齐某因发生交通事故死亡。请问，法院是否还可以继续强制执行？

我国《民事诉讼法》第二百三十九条规定："作为被执行人的公民死亡的，以其遗产偿还债务。作为被执行人的法人或者其他组织终止的，由其权利义务承受人履行义务。"同时，《最高人民法院关于适用〈中华人民共和国民事诉讼法〉的解释》第四百七十三条规定："作为被执行人的公民死亡，其遗产继承人没有放弃继承的，人民法院可以裁定变更被执行人，由该继承人在遗产的范围内偿还债务。继承人放弃继承的，人民法院可以直接执行被执行人的遗产。"

由此可见，在强制执行中，如果被执行人死亡，执行还要继续，以被执行人的遗产偿还债务。在前面的案例中，齐某死亡后，如果其继承人未放弃继承，法院可以要求继承人在遗产范围内承担偿还义务；如果继承人放弃继承的，法院则可以直接执行齐某的遗产。

（二）行政诉讼

在行政诉讼中，当事人可以在多长时间内提起上诉？

张某准备成立一家公司，其到工商局进行注册时，因工商局工作人员未在法定期限内受理，张某提起诉讼。法院审理后，裁定驳回张某的起诉。对此，张某不服。那么，其应当在多长时间内上诉？

我国《行政诉讼法》第八十五条规定："当事人不服人民法院第一审判决的，有权在判决书送达之日起十五日内向上一级人民法院提起上诉。当事人不服人民法院第一审裁定的，有权在裁定书送达之日起十日内向上一级人民法院提起上诉。逾期不提起上诉的，人民法院的第一审判决或者裁定发生法律效力。"

据此可知，在行政诉讼中，当事人提起上诉的时间因裁判文书的不同而不同。对于判决书，应当在十五日内提起上诉，如果是裁定，则应当在十日内上诉。在上面的案例中，对于一审法院作出的裁定，张某应当在裁定书送达之日起十日内向上一级人民法院提起上诉。如果超过法定期限，则失去上诉权。

在行政诉讼中，当事人可以在多长时间内提出再审？

我国《行政诉讼法》第九十条规定："当事人对已经发生法律效力的判决、裁定，认为确有错误的，可以向上一级人民法院申请再审，但判决、裁定不停止执行。"同时，《最高人民法院关于适用〈中华人民共和国行政诉讼法〉的解释》第一百一十条规定："当事人向上一级人民法院申请再审，应当在判决、裁定或者调解书发生法律效力后六个月内提出。有下列情形之一的，自知道或者应当知道之日起六个月内提出：（一）有新的证据，足以推翻原判决、裁定的；（二）原判决、裁定认定事实的主要证据是伪造的；（三）据以作出原判决、裁定的法律文书被撤销或者变更的；（四）审判人员审理该案件时有贪污受贿、徇私舞弊、枉法裁判行为的。"

由此可知，在行政诉讼中，当事人认为已经生效的判决、裁定有错误的，如果发现新证据，应当在知道或者应当知道新证据之日起六个月内向上一级人民法院申请再审。如林某不服工商局对其进行的行政处罚，向某法院提起行政诉讼。法院受理后，驳回了林某的起诉。在裁定生效后，林某发现了新的证据，准备申请再审。在此情形下，林某可以在发现新证据之日起六个月内向上一级人民法院提起诉讼。

在行政行为作出后，当事人既不提起诉讼，也不履行的，将会面临什么后果？

单某是某化工厂的老板，该化工厂因排放污水而被当地的环保局处罚，责令其停业整顿。但是，在环保局作出处罚后，该化工厂既未提起诉讼，也未关闭工厂，停业整顿。那么请问化工厂将会面临何种后果？

根据我国《行政诉讼法》第九十七条规定："公民、法人或者其他组织对行政行为在法定期限内不提起诉讼又不履行的，行政机关可以申请人民法院强制执行，或者依法强制执行。"

由此可见，行政行为作出后，相对人既不起诉也不履行的，行政机关可以申请人民法院强制执行，如果行政机关有权强制执行，也可以自己依法强制执行。在此需要注意的是，只有有权强制执行的行政机关，才能自己强制执行。在前面的案例中，由于环保局在作出责令整顿的行政行为后，化工厂既没有提起诉讼，也未依法履行义务，此时，环保局因没有强制执行权，故其可以依法向法院申请强制执行。

（三）刑事诉讼

💡 **在刑事诉讼中，如果被告人提起上诉，二审可以加重被告人的刑罚吗？**

我国《刑事诉讼法》第二百三十七条第一款、第二款规定："第二审人民法院审理被告人或者他的法定代理人、辩护人、近亲属上诉的案件，不得加重被告人的刑罚。第二审人民法院发回原审人民法院重新审判的案件，除有新的犯罪事实，人民检察院补充起诉的以外，原审人民法院也不得加重被告人的刑罚。人民检察院提出抗诉或者自诉人提出上诉的，不受前款规定的限制。"

由此可见，在刑事诉讼中，如果一审判决后，被告人提出上诉，在二审判决中，不得加重被告人的刑罚，这就是"上诉不加刑"原则。例如，赵某因故意伤害罪而被法院依法判处有期徒刑5

年。在一审判决后，赵某提出上诉。因赵某是被告人，故在二审中，上级法院不得加重赵某的刑罚，即所判处的刑罚不得超过 5 年。但是，如果在此案中是检察院提起的抗诉，则不受此原则的影响。在此种情况下，法院可以根据实际情况依法加重被告人的刑罚，即可以超过 5 年。

刑事判决生效后，发现判决的罪名错误，应该怎么办？

范某因抢夺他人财物而被检察院提起公诉，人民法院经过审理，以抢夺罪依法判处范某有期徒刑 7 年。在判决生效后，上级人民检察院发现某县人民法院判决的罪名是错误的。请问，此种情况下应该怎么办？

我国《刑事诉讼法》第二百五十四条第三款、第四款规定："最高人民检察院对各级人民法院已经发生法律效力的判决和裁定，上级人民检察院对下级人民法院已经发生法律效力的判决和裁定，如果发现确有错误，有权按照审判监督程序向同级人民法院提出抗诉。人民检察院抗诉的案件，接受抗诉的人民法院应当组成合议庭重新审理，对于原判决事实不清楚或者证据不足的，可以指令下级人民法院再审。"

由此可见，如果发现法院判决的罪名有误，则上级检察院可以按照审判监督程序向其同级的人民法院提出抗诉。在上面的案例中，上级人民检察院发现某县法院判决的罪名有误的，其可以向其同级人民法院即某市中级人民法院提出抗诉。

五、法律援助

在赡养费纠纷中,经济困难的老年人可以申请法律援助吗?

屈老太的两个儿子都已经成家立业,但对屈老太不管不问。因向两个儿子索要赡养费的问题,屈老太已经找过居委会、派出所、司法局等机构寻求帮助,都没能解决。屈老太现在想打官司,但没有钱请律师。那她可以申请法律援助吗?如何申请?

依据我国《法律援助条例》第十条第一款第(四)项的规定:"公民对下列需要代理的事项,因经济困难没有委托代理人的,可以向法律援助机构申请法律援助:……(四)请求给付赡养费、抚养费、扶养费的……"由本条规定可知,在追索赡养费的纠纷中,当事人经济困难,符合申请法律援助的条件,可以依据本条例第十四条的规定,向给付赡养费的义务人住所地的法律援助机构提出申请。

在追索工资报酬的案件中,工人无力支付律师费,可以申请法律援助吗?

我国《法律援助条例》第十条第一款第(五)项规定:"公民对下列需要代理的事项,因经济困难没有委托代理人的,可以向法律援助机构申请法律援助：……（五）请求支付劳动报酬的……"。同时本条例第十四条第（四）项规定："……（四）请求支付劳动报酬的，向支付劳动报酬的义务人住所地的法律援助机构提出申请……"

据此可知，请求支付劳动报酬的工人若有经济困难，可以向拖欠劳动报酬的公司住所地的法律援助机构提出法律援助的申请。具体到案例：牛某经人介绍到某牛奶制品有限公司从事挤奶工的工作，工资每月3500元。后来该牛奶制品有限公司因质量问题被责令停业整顿，拖欠牛某等职工的工资没有发放，牛某因过年回老家需置办年货，多次向公司讨薪未果。在牛某无力支付律师代理费的情况下，可以依据上述规定申请法律援助。

善意施救却被当成恶意伤人，可以申请法律援助吗？

赵某是村里的"光棍汉"，整日游手好闲，村里人都对他避之不及。某天，谢某被人在背后打了一棍子晕倒了。赵某发现后，将谢某背起并送到他家中。结果，谢某的家人却认为赵某是伤人者，将赵某起诉至法院。赵某没有收入，请不起律师，可以申请法律援助吗？

我国《法律援助条例》第十条第一款第（六）项规定："公民对下列需要代理的事项，因经济困难没有委托代理人的，可以向法律援助机构申请法律援助：……（六）主张因见义勇为行为产生的民事权益的……"同时，本条例第十四条第（五）项规定："……（五）主张因见义勇为行为产生的民事权益的，向被请求人住所地的法律援助机构提出申请。"据此可知，我国法律是鼓励见义勇为行为的，对于因此被起诉而无力聘请律师的人，可以通过法律援助的方式获得法律帮助,让做好事的好心人获得好报。正如上面的例子,赵某本来做了好事,却被当成恶人,在赵某被起诉而又无力支付律师费的情况下,赵某可以申请法律援助。

在刑事自诉案件中,当事人能申请法律援助吗?

我国《法律援助条例》第十一条规定:"刑事诉讼中有下列情形之一的,公民可以向法律援助机构申请法律援助:(一)犯罪嫌疑人在被侦查机关第一次讯问后或者采取强制措施之日起,因经济困难没有聘请律师的;(二)公诉案件中的被害人及其法定代理人或者近亲属,自案件移送审查起诉之日起,因经济困难没有委托诉讼代理人的;(三)自诉案件的自诉人及其法定代理人,自案件被人民法院受理之日起,因经济困难没有委托诉讼代理人的。"同时,我国《关于刑事诉讼法律援助工作的规定》第三条规定:"……自诉案件中的自诉人及其法定代理人,因经济困难没有委托诉讼代理人的,可以向办理案件的人民检察院、人民法院所在地同级司法行政机关所属法律援助机构申请法律援助。"

据此可知,刑事自诉案件当事人及其法定代理人在符合相关条件的情况下,有权向法律援助机构申请法律援助。例如,冯某因妻子朱某出轨而与妻子离婚,自离婚后整个人变得性格孤僻,脾气暴躁,经常对16岁的儿子亮亮拳打脚踢,以报复妻子的出轨行为。亮亮的奶奶心疼孙子,但无法阻止儿子冯某的虐待行为又没有钱来请律师帮他们打官司。这种情况下,亮亮的奶奶和亮亮就可以依据条文规定申请法律援助,提起刑事自诉。

法律援助包括法律咨询吗？当事人可以咨询哪些案件？

关某在二十年前因医院错误注射药物导致残疾，一条腿不能正常活动。今年，关某所在乡镇发布了一项惠民政策，为生活困难的公民提供最低生活保障待遇。但关某没有享受到，关某可以就此事向法律援助机构咨询吗？

我国《法律援助条例》第二条规定："符合本条例规定的公民，可以依照本条例获得法律咨询、代理、刑事辩护等无偿法律服务。"同时，本条例第十条规定："公民对下列需要代理的事项，因经济困难没有委托代理人的，可以向法律援助机构申请法律援助：……（二）请求给予社会保险待遇或者最低生活保障待遇的……省、自治区、直辖市人民政府可以对前款规定以外的法律援助事项作出补充规定。公民可以就本条第一款、第二款规定的事项向法律援助机构申请法律咨询。"上述条文规定了可以向法律援助机构申请咨询的案件的范围，案例中，关某的情况符合法律规定，因此关某是可以就相关问题向法律援助机构咨询的。

法律援助申请失败后的救济措施有哪些？

我国《办理法律援助案件程序规定》第十九条第一款、第二款规定："申请人对法律援助机构不予法律援助的决定有异议的，可以向主管该法律援助机构的司法行政机关提出。司法行政机关经审查认为申请人符合法律援助条件的，应当以书面形式责令法律援助机构及时对该申请人提供法律援助，同时书面告知申请人；认为申请人不符合法律援助条件的，应当维持法律援助机构不予法律援助的决定，书面告知申请人并说明理由。"

据此可知，法律援助机构对申请人的法律援助申请没有批准时，申请人可以向主管该法律援助机构的司法行政机关提出异议申请。若申请人符合条件，司法行政机关应当书面责令法律援助机构提供法律援助；若不符合条件，则维持不予以法律援助的决定。例如，高某是在集市上出售蔬菜的小贩，因蔬菜价格与顾客刘某发生争吵并被刘某打伤。高某向法律援助机构申请法律援助，被告知不符合条件，此时，高某可以依据上述条文的规定向当地司法行政机关提出异议申请。

法律援助办案人员是无偿为当事人提供法律服务吗？

吕某因追索劳动报酬的案件申请了法律援助，法律援助机构指派了某律师事务所的卢律师为其代理案件。卢律师告诉吕某说，办理法律援助案件，律师都会要求被援助人员支付300元的交通费。吕某心存疑惑，难道法律援助的律师不是无偿提供服务的吗？

我国《法律援助条例》第二十二条规定："办理法律援助案件的人员，应当遵守职业道德和执业纪律，提供法律援助不得收取任何财物。"同时，本条例第二十八条规定："律师有下列情形之一的，由司法行政部门给予警告、责令改正；情节严重的，给予1个月以上3个月以下停止执业的处罚：（一）无正当理由拒绝接受、擅自终止法律援助案件的；（二）办理法律援助案件收取财物的。有前款第（二）项违法行为的，由司法行政部门责令退还违法所得的财物，可以并处所收财物价值1倍以上3倍以下的罚款。"据此可知，法律援助律师提供法律服务是无偿的，不得收取当事人任何财物。案例中的卢律师是不能向吕某收取任何费用的。因其情节较轻，司法行政部门应当给予卢律师警告、责令改正的处罚。

💡 在法律援助案件中，当事人可以向法律援助机构申请更换律师吗？

我国《办理法律援助案件程序规定》第三十二条第一款、第二款规定："受援人有证据证明法律援助人员不依法履行义务的，可以请求法律援助机构更换法律援助人员。法律援助机构应当自受援人申请更换之日起5个工作日内决定是否更换……"

据此可知，若法律援助人员存在不依法履行义务的行为，受援人可以向法律援助机构申请更换律师。例如，徐某因赡养纠纷向法律援助机构提出法律援助申请，在审查徐某符合相关条件的情况下，法律援助机构指派某律所顾律师为徐某代理本案。在代理案件的过程中，顾某因忙于其他收费高的案件而没有重视徐某的案件，第一次开庭时未能出庭。这种情况下，徐某就可以顾律师不履行义务为由申请更换律师。

💡 未成年人必须由其法定代理人申请法律援助吗？

我国《法律援助条例》第十六条第一款、第二款规定："申请人为无民事行为能力人或者限制民事行为能力人的，由其法定代理人代为提出申请。无民事行为能力人或者限制民事行为能力人与其法定代理人之间发生诉讼或者因其他利益纠纷需要法律援助的，由与该争议事项无利害关系的其他法定代理人代为提出申请。"

由条文规定可知，未成年人是不能自己向法律援助机构申请法律援助的，必须由法定代理人代为申请。例如，钟某 9 岁时父亲因病过世，一直与母亲蔡某相依为命，生活拮据。钟某 15 岁上初中时，被社会上的小混混孙某骚扰，并被拍了裸照和视频，孙某将裸照和视频发布到了网上。为了不让母亲担心，钟某想自己申请法律援助解决此事。但因条文规定，未成年人不能由其本人申请法律援助，所以钟某只能告诉母亲，由她的母亲代为申请。

图书在版编目（CIP）数据

法律问答十卷书. 诉讼指南卷 / 荣丽双编著. —北京：中国法制出版社，2023.3
ISBN 978-7-5216-2777-0

Ⅰ.①法… Ⅱ.①荣… Ⅲ.①诉讼法-中国-问题解答 Ⅳ.①D920.5

中国版本图书馆CIP数据核字（2022）第122887号

策划编辑：李佳　　　责任编辑：刘冰清　　　封面设计：杨鑫宇

法律问答十卷书. 诉讼指南卷
FALÜ WENDA SHI JUAN SHU. SUSONGZHINANJUAN

编著/荣丽双
经销/新华书店
印刷/三河市紫恒印装有限公司
开本/880毫米×1230毫米 32开　　　　印张/2.75　字数/60千
版次/2023年3月第1版　　　　　　　　2023年3月第1次印刷

中国法制出版社出版
书号 ISBN 978-7-5216-2777-0　　　　（全十册）总定价：79.80元

北京市西城区西便门西里甲16号西便门办公区
邮政编码：100053　　　　　　　　　传真：010-63141600
网址：http://www.zgfzs.com　　　　编辑部电话：010-63141837
市场营销部电话：010-63141612　　　印务部电话：010-63141606

（如有印装质量问题，请与本社印务部联系。）